A Organização Criminosa Empresarial sob a Perspetiva Político-Jurídico-Criminal

A Organização Criminosa Empresarial sob a Perspetiva Político-Jurídico-Criminal

2024

Rodrigo Luís Ziembowicz

ALMEDINA

A ORGANIZAÇÃO CRIMINOSA EMPRESARIAL
SOB A PERSPETIVA POLÍTICO-JURÍDICO-CRIMINAL
AUTOR
Rodrigo Luís Ziembowicz

CONSELHO CIENTÍFICO DA COLEÇÃO *RATIO IURIS*

EDITOR
EDIÇÕES ALMEDINA, S.A.
Avenida Emídio Navarro, 81, 3D
3000-151 Coimbra
Tel.: 239 851 904 · Fax: 239 851 901
www.almedina.net · editora@almedina.net
DESIGN DE CAPA
EDIÇÕES ALMEDINA, S.A.
PRÉ-IMPRESSÃO
EDIÇÕES ALMEDINA, S.A.

IMPRESSÃO E ACABAMENTO
Europress – Indústria Gráfica

Fevereiro, 2024

ISBN
978-989-40-1778-3

DEPÓSITO LEGAL
527953/24

ALMEDINA | GRUPOALMEDINA

Este trabalho científico, apresentado para provas públicas de doutoramento em Direito na Universidade Autónoma de Lisboa em 05 de junho de 2023, foi desenvolvido:

a. no âmbito do Projeto de I&D: *Corpus Delicti – Estudos de Criminalidade Organizada Transnacional*, sediado no *Ratio Legis* – Centro de Investigação e Desenvolvimento em Ciências Jurídicas da Universidade Autónoma de Lisboa, sob a coordenação científica do Professor Doutor Manuel Monteiro Guedes Valente;
b. através de Convênio firmado entre a Universidade Autónoma de Lisboa e a Polícia Federal do Brasil, com fomento do Comitê Gestor de Capacitação (CGC/ANP/DGP/PF – Processo nº 08204.000023/2019-58), na condição de pesquisador do Grupo de Pesquisa *Observatório de Criminalidade Organizada*, do Departamento de Polícia Federal, registado no DGP/CNPq – Diretório dos Grupos de Pesquisa no Brasil do Conselho Nacional de Desenvolvimento Científico e Tecnológico.

DEDICATÓRIA

A Deus e aos meus pais Leopoldo (*in memoriam*) e Moseli Baron Ziembowicz, por terem sempre me presenteado com amor incondicional e sabedoria, insuflando no meu ser, de forma perene, esta crença inabalável no ser humano e na busca incessante por um mundo melhor para todos, em especial através do estudo e do trabalho honesto, sempre acompanhados por uma resiliente fé nos esforços daqueles que se dedicam à construção de uma sociedade mais livre, justa e segura.

AGRADECIMENTOS

A Deus, pelas bênçãos constantes!

À minha família, pelo amor incondicional que palavras jamais conseguiriam descrever, além dos exemplos de sucesso através do estudo, do trabalho e de uma perseverança inabalável, acreditando sempre num futuro melhor que podemos ajudar a construir com nossas ações!

À Valéria, por compartilhar este projeto comigo e por me amparar nos momentos mais difíceis com um amor sem fronteiras!

Aos meus amigos e amigas, pelo apoio fraterno e pelos incentivos constantes!

Ao Doutor Manuel Monteiro Guedes Valente, pela ímpar capacidade de estimular o aperfeiçoamento intelectual e humanista em cada aula, reunião ou seminário, inebriando seus discípulos da "famiglia" com uma busca incessante de conhecimento voltado para a construção de uma sociedade mais livre, justa, segura e fraterna!

Aos Doutores Pedro Trovão do Rosário, Alex Sander Xavier Pires, Jónatas Mendes Machado, Constança Urbano Sousa, Miguel Santos Neves e Armindo Saraiva Matias, pelas lições e profícuas discussões que muito enriqueceram a nossa capacidade de pesquisa e de compreensão de um mundo cada vez mais complexo e acelerado, em que devemos semear de forma incessante a busca por uma sociedade mais pacífica, mais livre, mais justa, mais segura e mais solidária!

Aos "primos" do Grupo de Pesquisas *Corpus Delicti*, Emanuel, Inês e José, pela enorme gentileza e amor fraterno com que me acolheram nesta "famiglia" do grupo de pesquisas *Ratio Legis* – Centro de Investigação e Desenvolvimento da Universidade Autónoma de Lisboa, em que também são Pesquisadores!

Ao Magnífico Reitor e às demais pessoas que se dedicam aos alunos e à ciência nos mais diversos setores da Universidade Autónoma de Lisboa, pela excelência do ensino e pela gentileza e eficiência com que auxiliam os alunos!

Aos colegas do período de aulas presenciais do doutoramento, Carlos, Paulo, Roberta e Verônica, pela generosidade com que compartilharam tantos conhecimentos e experiências adquiridos ao longo das suas trajetórias profissionais e académicas, além das fraternas amizades!

À Polícia Federal, à Academia Nacional de Polícia e ao Comitê de Gestão de Capacitação, por viabilizarem e estimularem este período de estudos intensivos, que exige dedicação integral durante alguns semestres e envolve enormes investimentos, tanto da instituição quanto do servidor, mas que refletem de forma muito positiva na busca constante pelo aperfeiçoamento institucional e pela multiplicação do conhecimento, aprimorando o atendimento às justas e constitucionais expetativas dos cidadãos!

Aos nobres membros da Polícia Federal que acreditam no potencial transformador do conhecimento e da ciência para o aperfeiçoamento da instituição e da sociedade!

Ao Magnífico Reitor da UAL, Doutor José Amado da Silva, na qualidade de Presidente do Júri de Defesa da Tese de Doutoramento, e aos demais membros do Júri, Doutora Laura Zuñiga Rodríguez (Primeira Arguente), Doutor Pedro Freitas (Segundo Arguente), Doutora Flávia Noversa Loureiro (Vogal), Doutora Maria João Guia (Vogal), Doutor Manuel Monteiro Guedes Valente (Orientador), pelas profícuas discussões e comentários excecionais realizados durante as provas públicas sobre o tema desenvolvido em nossa pesquisa!

Queiram todos receber o meu mais sincero agradecimento, acompanhado dos votos de elevada estima e distinta consideração por participarem desta longa e árdua, porém feliz e entusiasmante, jornada em busca de conhecimento e de partilha de ideias!

Apenas existe segurança através do direito quando o próprio direito é seguro.

Arthur Kaufmann, *Filosofia do Direito*. Lisboa: Fundação Calouste Gulbenkian, 2014, p. 281.

O ladrão que furta para comer, não vai, nem leva ao Inferno; os que não só vão, mas levam, de que eu trato, são outros ladrões, de maior calibre e de mais alta esfera [...] Não são só ladrões, diz o santo, os que cortam bolsas ou espreitam os que se vão banhar, para lhes colher a roupa: os ladrões que mais própria e dignamente merecem este título são aqueles a quem os reis encomendam os exércitos e legiões, ou o governo das províncias, ou a administração das cidades, os quais já com manha, já com força, roubam e despojam os povos. – Os outros ladrões roubam um homem: estes roubam cidades e reinos; os outros furtam debaixo do seu risco: estes sem temor, nem perigo; os outros, se furtam, são enforcados: estes furtam e enforcam. Diógenes, que tudo via com mais aguda vista que os outros homens, viu que uma grande tropa de varas e ministros de justiça levavam a enforcar uns ladrões, e começou a bradar: '- Lá vão os ladrões grandes a enforcar os pequenos!' – Ditosa Grécia, que tinha tal pregador!

Padre António Vieira, *Sermão do Bom Ladrão*. Igreja da Misericórdia de Lisboa, 1655.

RESUMO

A sociedade continua em acelerado processo de globalização e experimenta profundas transformações, que têm influência direta e indireta nas atividades e nas interações sociais, políticas, económicas, científicas, enfim, em todas as dinâmicas humanas.

Neste panorama, diversos avanços (científicos, tecnológicos, educacionais, entre outros) foram alcançados pela humanidade (embora não tenham sido viabilizados a muitas pessoas de países pobres), bem como as relações das mais diversas searas foram facilitadas por sistemas de comunicação e de transportes céleres e acessíveis.

Entretanto, além de fatores que colaboram para o desenvolvimento dos indivíduos e da sociedade, a globalização e o aumento exponencial da livre circulação de pessoas, bens, serviços e valores, enfim, os sistemas hodiernos, também desencadearam diversas consequências negativas, desde alterações climáticas e problemas ambientais graves, proliferação de fontes de energia radioativa e de lixo tóxico, pandemias, desrespeito a direitos humanos e práticas nocivas por corporações transnacionais, entre outros riscos graves para a própria existência da humanidade.

Dentre estes impactos negativos desta pós-modernidade ou sociedade tardo-moderna, salienta-se a expansão das organizações criminosas, que se tornaram transnacionais e adotaram estruturas empresariais complexas, utilizando métodos gerenciais avançados e sistemas em rede que dificultam ou até inviabilizam a prevenção e a repressão pelos órgãos estatais de persecução penal.

Estas organizações criminosas provavelmente representam um dos maiores desafios contemporâneos para os Estados e para a sociedade, pois os próprios Estados, enquanto instrumentos de promoção de liberdade, segurança e justiça, estão enfraquecidos e limitados por normas (e órgãos estatais de persecução penal) de alcance nacional num ambiente globalizado, concorrendo (ainda) com múltiplos novos atores e fontes normativas no cenário internacional (nacionais, supranacionais e internacionais, públicos e privados), que possuem parcial ou total independência dos sistemas políticos (democráticos) nacionais e estabelecem suas próprias normas em redes especializadas (de sistemas como o comércio, finanças, indústria farmacêutica, bélica, de energia, transportes, entre outros).

Após a análise do cenário recém descrito e das suas características, que consideramos imprescindível para a compreensão de alguns dos mais importantes fatores que influenciam o tratamento dado ao fenómeno criminológico representado pelas organizações criminosas, este estudo vai realizar uma abordagem histórica e normativa dos grupos organizados de malfeitores e/ou de criminosos, estabelecer diferenças entre a criminalidade de massa e a criminalidade organizada, além de uma avaliação das organizações criminosas tradicionais (ou clássicas) e das organizações criminosas avançadas, em suas interconexões com as pessoas coletivas, bem como em relação à transnacionalidade da criminalidade organizada.

Depois, serão discutidos assuntos intimamente ligados à criminalidade organizada contemporânea, quanto à transnacionalidade dos crimes e dos danos causados, bem como às estruturas empresariais utilizadas, abordando a cooperação policial e judiciária entre os Estados, a aproximação e a harmonização dos ordenamentos jurídicos e os instrumentos internacionais de prevenção e repressão à criminalidade organizada, em especial a empresarial.

Prosseguindo neste viés, serão investigadas as organizações criminosas empresariais sob o ponto de vista normativo internacional, com ênfase nas respostas intergovernamentais internacionais (como a Convenção das Nações Unidas Contra a Criminalidade Organizada Transnacional) e algumas iniciativas privadas, além de instrumentos jurídicos internacionais de prevenção e repressão a duas espécies de crime utilizadas há muito tempo por grupos criminosos, a corrupção e o branqueamento de capitais, para então averiguar estas questões quanto ao tratamento político-jurídico-criminal utilizado em Portugal e no Brasil.

Posteriormente, abordaremos a relação da pessoa coletiva com a criminalidade organizada (violenta e não violenta), quer seja como mero instrumento para o programa criminoso (por meio de pessoa coletiva fantasma, fictícia ou de fachada), quer seja como centro ético-jurídico para a prática de crimes graves, definindo a conceção de organização criminosa empresarial. Neste intuito, também serão averiguadas a lesividade política, económica e social das atividades das organizações criminosas empresariais, a necessária coerência que deve reinar na ciência conjunta do direito penal, além do equilíbrio e da proporcionalidade exigidos dos Estados na definição da política criminal e na tutela dos direitos, liberdades e garantias constitucionais, com o fim de proporcionar uma convivência pacífica com liberdade, segurança e justiça.

Palavras-chave: Organização criminosa empresarial. Liberdade, segurança e justiça. Direitos fundamentais e sistema penal.

ABSTRACT

The society continues in accelerated process of globalization and under profound changes, which have a direct and indirect influence on social, political, economic and scientific activities and interactions, in other words, on all human dynamics.

In this scenario, several advances (scientific, technological, educational, among others) were achieved by humanity (although they were not made possible by many people from poor countries), as well as the relationships of the most diverse fields were facilitated by communication and transport systems fast and affordable.

However, in addition to factors that contribute to the development of individuals and society, the globalization and the exponential increase in the free movement of people, goods, services and values, in other words, today's systems, have also triggered several negative consequences, such as the climate change and serious environmental problems, proliferation of radioactive energy sources and toxic waste, pandemics, disrespect for human rights and harmful practices by transnational corporations, among other serious risks to the existence of humanity.

Among these negative impacts of this post-modernity or late-modern society, there is the expansion of criminal organizations, which have become transnational and have adopted complex business structures, using advanced management methods and network systems that make it difficult or even impossible to prevent and repress the crimes by state criminal prosecution bodies.

These criminal organizations probably represent one of the greatest contemporary challenges for States and society, as the States themselves, as instruments for the promotion of freedom, security and justice, are weakened and limited by norms (and State criminal prosecution bodies) of national reach in a globalized environment, competing (also) with multiple new actors and normative sources in the international scenario (national, supranational and international, public and private), which have partial or complete independence from national (democratic) political systems and establish their own norms in specialized networks (of systems such as commerce, finance, pharmaceutical, military, energy, transport, among others).

After analyzing the scenario described and its characteristics, which we consider essential for understanding some of the most important factors influencing the treatment given to the criminological phenomenon represented by criminal organizations, this study will carry out a historical and normative approach to organized groups of malefactors and/or criminals, establish differences between mass crime and organized crime, in addition to an assessment of traditional (or classic) criminal organizations and advanced criminal organizations, in their interconnections with legal persons, as well as in relation to transnationality of organized crime.

Afterwards, issues closely related to contemporary organized crime will be discussed, regarding the transnationality of the crimes and damages caused, as well as the business structures used, examinig police and judicial cooperation between States, the approximation and harmonization of legal systems and instruments for the prevention and repression of organized crime, in particular organized corporate crime.

Continuing, corporate criminal organizations will be investigated from an international normative point of view, with an emphasis on international intergovernmental responses (such as the United Nations Convention against Transnational Organized Crime) and some private initiatives, in addition to international legal instruments for prevention and repression of two types of crime used for a long time by criminal groups, corruption and money laundering, to investigate these issues regarding the political--juridical-criminal treatment used in Portugal and Brazil.

We will discuss the corporate's relationship with organized crime (violent and non--violent), either as a mere instrument for the criminal program (through a ghost company, fictitious company or shell company), or as an ethical-legal center for the practice of serious crimes, defining the concept of corporate criminal organization. To this end, the political, economic and social harm of the activities of organized corporate crime will also be investigated, the necessary coherence that must reign in the science of criminal law, in addition to the balance and proportionality required of States in the definition of criminal policy and protection of the rights, freedom and constitutional guarantees, in order to provide a peaceful coexistence with freedom, security and justice.

***Key Words**: Corporate criminal organization. Freedom, security and justice. Fundamental rights and penal system.*

RESUMEN

La sociedad continúa en acelerado proceso de globalización y experimenta profundos cambios, que inciden directa e indirectamente en las actividades e interacciones sociales, políticas, económicas, científicas, i. e., en todas las dinámicas humanas.

En este panorama, varios avances (científicos, tecnológicos, educativos, entre otros) han sido logrados por la humanidad (aunque no se han puesto al alcance de muchas personas de los países pobres), así como las relaciones de diversos campos fueron facilitadas por sistemas de comunicación y transporte rápidos y baratos.

Sin embargo, además de los factores que contribuyen al desarrollo de las personas y la sociedad, la globalización y el aumento exponencial de la libre circulación de personas, bienes, servicios y valores, i. e., los sistemas actuales, también han desencadenado varias consecuencias negativas, a partir del cambio climático y otros graves problemas ambientales, proliferación de fuentes de energía radiactiva y desechos tóxicos, pandemias, irrespeto a los derechos humanos y prácticas nocivas por parte de las empresas transnacionales, entre otros graves riesgos para la propia existencia de la humanidad.

Entre estos impactos negativos de esta sociedad posmoderna o tardomoderna, se encuentra la expansión de las organizaciones criminales, que se han convertido en transnacionales y han adoptado estructuras empresariales complejas, utilizando métodos de gestión avanzados y sistemas de red que dificultan o incluso imposibilitan la prevención y la represión por parte de los órganos estatales de persecución penal.

Estas organizaciones criminales probablemente representen uno de los mayores desafíos contemporáneos para los Estados y la sociedad, ya que los propios Estados, como instrumentos para la promoción de libertad, seguridad y justicia, están debilitados y limitados por normas (y órganos de persecución penal estatal) de alcance nacional en un mundo globalizado, compitiendo (aún) con múltiples nuevos actores y fuentes normativas en el escenario internacional (nacional, supranacional e internacional, público y privado), que tienen una independencia parcial o total de los sistemas políticos nacionales (democráticos) y establecen sus propias normas en redes especializadas (de sistemas como comercio, finanzas, farmacéutico, militar, energético, transporte, entre otros).

Luego de analizar el escenario recién descrito y sus características, que consideramos imprescindibles para comprender algunos de los factores más importantes que inciden en el tratamiento que se le da al fenómeno criminológico que representan las organizaciones criminales, este estudio realizará un abordaje histórico y normativo de los grupos organizados de malhechores y/o criminales, establecer diferencias entre crimen de masa y crimen organizado, analizar las organizaciones criminales tradicionales (o clásicas) y las organizaciones criminales avanzadas, en sus interconexiones con personas jurídicas, así como en relación a la transnacionalidad del crimen organizado.

Posteriormente, se abordarán temas estrechamente relacionados con la criminalidad organizada contemporánea, en cuanto a la transnacionalidad de los delitos y daños ocasionados, así como las estructuras empresariales utilizadas, abordando la cooperación policial y judicial entre Estados, la aproximación y armonización de sistemas e instrumentos jurídicos para la prevención y represión de la criminalidad organizada, en particular la criminalidad organizada empresarial.

Continuando con este sesgo, las organizaciones criminales empresariales serán investigadas desde un punto de vista normativo internacional, con énfasis en las respuestas intergubernamentales internacionales (como la Convención de las Naciones Unidas contra la Criminalidad Organizada Transnacional) y algunas iniciativas privadas, además de los instrumentos legales internacionales para la prevención y la represión de dos tipos de crímenes utilizados durante mucho tiempo por los grupos criminales, la corrupción y el blanqueo de capitales, para luego investigar estos temas sobre el tratamiento político-jurídico-penal utilizado en Portugal y Brasil.

Discutiremos la relación de la empresa con el crimen organizado (violento y no violento), ya sea como mero instrumento del programa criminal (a través de una empresa fantasma, empresa ficticia o empresa pantalla), o como un centro ético-legal de la práctica de delitos graves, definiendo el concepto de organización criminal empresarial. Para ello, también se investigará el daño político, económico y social de las actividades de las organizaciones criminales empresariales, la necesaria coherencia que debe reinar en la ciencia conjunta del derecho penal, además del equilibrio y proporcionalidad exigidos a los Estados en la definición de la política penal y la protección de derechos, libertades y garantías constitucionales, a fin de proveer una convivencia pacífica con libertad, seguridad y justicia.

Palabras clave: *Organización criminal corporativa. Libertad, seguridad y justicia. Derechos fundamentales y sistema penal.*

RÉSUMÉ

La société continue en processus accéléré de mondialisation et a connu de profonds changements, qui ont une influence directe et indirecte sur les activités et interactions sociales, politiques, économiques, scientifiques, i. e., sur toutes les dynamiques humaines.

Dans ce panorama, plusieurs avancées (scientifiques, technologiques, éducatives, entre autres) ont été réalisées par l'humanité (bien qu'elles n'aient pas été rendues possibles par de nombreuses personnes des pays pauvres), ainsi que les relations des domaines les plus divers ont été facilitées par la communication et systèmes de transport rapides et pas cher.

Cependant, en plus des facteurs qui contribuent au développement des individus et de la société, la mondialisation et l'augmentation exponentielle de la libre circulation des personnes, des biens, des services et des valeurs, bref, les systèmes d'aujourd'hui, ont également déclenché plusieurs conséquences négatives, du changement climatique et de graves problèmes environnementaux, la prolifération de sources d'énergie radioactives et de déchets toxiques, les pandémies, le manque de respect aux droits de l'homme et les pratiques nocives des entreprises transnationales, entre autres risques graves pour l'existence de l'humanité.

Parmi ces impacts négatifs de cette société post-moderne, il y a l'expansion des organisations criminelles, devenues transnationales et ayant adopté des structures d'entreprises complexes, utilisant des méthodes de gestion avancées et des systèmes de réseau qui rendent difficile, voire impossible, la prévention et la répression des crimes graves par les organes de poursuite pénale de l'État.

Ces organisations criminelles représentent probablement l'un des plus grands défis contemporains pour les États et la société, car les États eux-mêmes, en tant qu'instruments de promotion de la liberté, de la sécurité et de la justice, sont affaiblis et limités par des normes (et des organes de poursuite pénale de l'État) de portée nationale dans un environnement mondialisé, en concurrence (encore) avec de multiples nouveaux acteurs et sources normatives dans le scénario international (national, supranational et international, public et privé), qui ont une indépendance partielle ou complète des systèmes politiques nationaux (démocratiques) et établissent leurs propres normes dans des réseaux spécialisés (de systèmes tels que le commerce, la finance, la pharmacie, l'énergie, les transports, entre autres).

Après avoir analysé ce scénario et ses caractéristiques, que nous considérons comme essentiels pour comprendre certains des facteurs les plus importants influençant le traitement donné au phénomène criminologique représenté par les organisations criminelles, cette étude procédera à une approche historique et normative des groupes organisés de malfaiteurs et/ou criminels, établir les différences entre le crime de masse et le crime organisé, en plus d'une évaluation des organisations criminelles traditionnelles (ou classiques) et des organisations criminelles avancées, dans leurs interconnexions avec les personnes morales, ainsi que par rapport à la transnationalité du crime organisé.

Ensuite, des questions étroitement liées à la criminalité organisée contemporaine seront abordées, concernant la transnationalité des crimes et des dommages causés, ainsi que les structures d'entreprises utilisées, abordant la coopération policière et judiciaire entre les États, le rapprochement et l'harmonisation des systèmes et instruments juridiques pour la prévention et la répression du crime organisé, en particulier du crime d'entreprise organisé.

Dans la continuité de ce parti pris, les organisations criminelles d'entreprise seront étudiées d'un point de vue normatif international, en mettant l'accent sur les réponses intergouvernementales internationales (telles que la Convention des Nations Unies contre la Criminalité Transnationale Organisée) et certaines initiatives privées, en plus des instruments juridiques internationaux de prévention et de répression de deux types de délits utilisés depuis longtemps par les groupes criminels, la corruption et le blanchiment d›argent, pour ensuite enquêter sur ces questions concernant le traitement politico-juridique-pénal utilisé au Portugal et au Brésil.

Ensuite, nous discuterons de la relation de l'entreprise avec le crime organisé (violent et non-violent), soit en tant que simple instrument du programme criminel (à travers une société fantôme, une société fictive ou une société écran), soit en tant que centre éthico-juridique pour le pratique de délits graves, définissant le concept d'organisation criminelle d'entreprise. A cette fin, les dommages politiques, économiques et sociaux des activités des organisations criminelles d' entreprise seront également recherchés, la cohérence nécessaire qui doit régner dans la science commune du droit pénal, en plus de l'équilibre et de la proportionnalité exigés des États dans la définition de la politique pénale et des droits fondamentaux, des libertés et des garanties constitutionnelles, afin d'assurer une coexistence pacifique avec la liberté, la sécurité et la justice.

Mots-clés: *Organisation criminelle d'entreprise. Liberté, sécurité et justice. Droits fondamentaux et système pénal.*

RIASSUNTO

La nostra società è ancora sottoposta a un processo accelerato di globalizzazione e sta vivendo profonde trasformazioni, che hanno un'influenza diretta e indiretta sulle attività e sulle interazioni sociali, politiche, economiche e scientifiche, in breve, su tutte le dinamiche umane.

In questo panorama, diversi progressi (scientifici, tecnologici, educativi, tra gli altri) sono stati raggiunti dall'umanità (anche se non sono stati resi possibili per molte persone provenienti da Paesi poveri), così come le relazioni nei settori più diversi sono state facilitate da sistemi di comunicazione e di trasporto veloci e accessibili.

Nondimeno, oltre ai fattori che contribuiscono allo sviluppo degli individui e della società, la globalizzazione e l'aumento esponenziale della libera circolazione di persone, beni, servizi e valori, in breve i sistemi odierni, hanno innescato diverse conseguenze negative, dal cambiamento climatico e dai gravi problemi ambientali, alla proliferazione di fonti energetiche radioattive e di rifiuti tossici, alle pandemie, al mancato rispetto dei diritti umani e alle pratiche dannose delle imprese transnazionali, tra gli altri gravi rischi per l'esistenza stessa dell'umanità.

Tra gli impatti negativi di questa post-modernità o società tardo-moderna c'è l'espansione delle organizzazioni criminali, che sono diventate transnazionali e hanno adottato strutture imprenditoriali complesse, utilizzando metodi di gestione avanzati e sistemi in rete che rendono difficile o addirittura impossibile la prevenzione e il perseguimento penale da parte dello Stato.

Queste organizzazioni criminose rappresentano probabilmente una delle maggiori sfide contemporanee per gli Stati e la società, poiché gli Stati stessi, in quanto strumenti di promozione della libertà, della sicurezza e della giustizia, sono indeboliti e limitati dalle norme nazionali (e degli uffici statali di perseguimento penale) in un ambiente globalizzato, in competizione con molteplici nuovi attori e fonti normative sulla scena internazionale (nazionali, sovranazionali e internazionali, pubbliche e private), che hanno un'indipendenza parziale o totale dai sistemi politici nazionali (democratici) e stabiliscono le proprie norme in reti specializzate (da sistemi come il commercio, la finanza, la farmaceutica, la guerra, l'energia, i trasporti ecc.).

Dopo l'analisi dello scenario appena descritto e delle sue caratteristiche, che riteniamo indispensabili per comprendere alcuni dei fattori più importanti che influenzano il trattamento riservato al fenomeno criminologico rappresentato dalle organizzazioni criminali, con un approccio acronico e sincronico, in questo studio si indagherà l'istituto della criminalità organizzata, al fine di stabilire le differenze tra criminalità di massa e criminalità organizzata, e offrire una valutazione delle organizzazioni criminali tradizionali (o classiche) e delle organizzazioni criminali avanzate, nelle loro interconnessioni con le persone giuridiche, nonché in relazione alla transnazionalità della criminalità organizzata.

Verranno poi discusse le questioni strettamente legate alla criminalità organizzata contemporanea, in termini di transnazionalità dei crimini e dei danni causati, nonché delle strutture societarie utilizzate, affrontando la cooperazione giudiziaria e di polizia tra gli Stati, il ravvicinamento e l'armonizzazione dei sistemi giuridici e gli strumenti internazionali per la prevenzione e la repressione della criminalità organizzata, in particolare di quella societaria.

In seguito, le criminalità organizzate d'impresa saranno esaminate da una prospettiva normativa internazionale, ponendo l'accento sulle risposte intergovernative internazionali (come la Convenzione delle Nazioni Unite contro la criminalità organizzata transnazionale) e su alcune iniziative private, nonché sugli strumenti giuridici internazionali per la prevenzione e la repressione di due tipologie di reato utilizzate da tempo dai gruppi criminali, la corruzione e il riciclaggio di denaro, per poi approfondire queste tematiche in termini di trattamento politico-giuridico-criminale utilizzato in Portogallo e Brasile.

Successivamente, si affronterà il rapporto della persona giuridica con la criminalità organizzata (violenta e non), sia come mero strumento del programma criminale (attraverso una persona giuridica fantasma, fittizia o di facciata), sia come centro etico-giuridico per la commissione di gravi reati, definendo il concetto di organizzazione criminale aziendale. A questo proposito, si indagherà anche la nocività politica, economica e sociale delle attività delle organizzazioni criminali societarie, nonché la necessaria coerenza che deve regnare nella scienza comune del diritto penale, oltre all'equilibrio e alla proporzionalità richiesti agli Stati nella definizione della politica criminale e nella tutela dei diritti, delle libertà e delle garanzie costituzionali, con l'obiettivo di fornire una convivenza pacifica con libertà, sicurezza e giustizia.

Parole chiave*: Criminalità organizzata d'impresa. Libertà, sicurezza e giustizia. Diritti fondamentali e sistema penale.*

SUMÁRIO

LISTA DE GRÁFICOS

LISTA DE ABREVIATURAS E SIGLAS

AdC	-	Autoridade da Concorrência
AEPD	-	Autoridade Europeia para a Proteção de Dados
ASAE	-	Autoridade de Segurança Alimentar e Económica
ASF	-	Autoridade de Supervisão de Seguros e Fundos de Pensões
CDFUE	-	Carta dos Direitos Fundamentais da União Europeia
CEDH	-	Convenção Europeia dos Direitos do Homem
CEPOL	-	Agência da União Europeia para a Formação Policial
CICC	-	Convenção Interamericana contra a Corrupção
CMVM	-	Comissão do Mercado de Valores Mobiliários
CNUC	-	Convenção das Nações Unidas contra a Corrupção
CNUCOT	-	Convenção das Nações Unidas contra a Criminalidade Organizada Transnacional
COAF	-	Conselho de Controle de Atividades Financeiras
CP	-	Código Penal
CPP	-	Código de Processo Penal
CRFB	-	Constituição da República Federativa do Brasil
CRP	-	Constituição da República Portuguesa
DUDH	-	Declaração Universal dos Direitos Humanos
EASO	-	Gabinete Europeu de Apoio em Matéria de Asilo
EJN	-	Rede Judiciária Europeia

EMCDDA	–	Observatório Europeu da Droga e da Toxicodependência
EUA	–	Estados Unidos da América
eu-LISA	–	Agência Europeia para a Gestão Operacional de Sistemas Informáticos de Grande Escala
EUROJUST	–	Agência da União Europeia para a Cooperação Judiciária Penal
EUROPOL	–	Agência da União Europeia para a Cooperação Policial
FATF	–	*Financial Action Task Force*
FCPA	–	*Foreign Corrupt Practices Act*
FIDH	–	*Fédération Internationale des Droits de l'Homme*
FMI	–	Fundo Monetário Internacional
FRA	–	Agência dos Direitos Fundamentais da União Europeia
FRONTEX	–	Agência Europeia da Guarda de Fronteiras e Costeira
GAFI	–	*Groupe d'Action Financière*
GCPC	–	Grupo Especializado de Controlo Parlamentar Conjunto da União Europeia
GRECO	–	Grupo de Estados contra a Corrupção
ICC	–	*International Chamber of Commerce*
IDH	–	Índice de Desenvolvimento Humano
IFC	–	*International Finance Corporation*
IMPIC	–	Instituto dos Mercados Públicos, do Imobiliário e da Construção
IOE	–	*International Organisation of Employers*
OCDE	–	Organização para a Cooperação e Desenvolvimento Económico
OEA	–	Organização dos Estados Americanos
OLAF	–	Organismo Europeu de Luta Antifraude
OMC	–	Organização Mundial do Comércio
ONU	–	Organização das Nações Unidas
PESC	–	Política Externa e de Segurança Comum da União Europeia

PCSD – Política Comum de Segurança e Defesa da União Europeia
PF – Polícia Federal
PJ – Polícia Judiciária
PSP – Polícia de Segurança Pública
RCBE – Registo Central do Beneficiário Efetivo
RGCO – Regime Geral das Contraordenações
RSE – Responsabilidade Social Empresarial
TI – *Transparency International*
TFUE – Tratado de Funcionamento da União Europeia
TUE – Tratado da União Europeia
UN – *United Nations*
UNCAC – *United Nations Convention Against Corruption*
UNCTAD – *United Nations Conference on Trade and Development*
UNGASS 2021 – *United Nations General Assembly Special Session Against Corruption 2021*
UNODC – *United Nations Office on Drugs and Crime*
URSS – União das Repúblicas Socialistas Soviéticas

INTRODUÇÃO

A sociedade está passando por uma fase de importantes e aceleradas mutações (ou até metamorfoses) a nível global, que repercutem nas dinâmicas económicas, sociais e políticas desta civilização tardo-moderna. A globalização (ou mundialização) brindou a humanidade com avanços significativos, ao proporcionar um expressivo aumento da circulação de mercadorias, serviços, tecnologias, recursos financeiros, pessoas (empresários, trabalhadores, estudantes, turistas etc.), viabilizando o desenvolvimento de muitas economias, em especial dos países mais ricos.

Ampliaram-se as interações sociais, profissionais, tecnológicas e educacionais, entre outras, tanto em quantidade quanto em qualidade, aproximando pessoas e organizações das mais diferentes origens e locais. Entre as principais vantagens desse processo de globalização, citam-se também o desenvolvimento científico e da consciência internacional quanto ao significado, alcance e necessidade de promoção e proteção dos direitos humanos e de outros bens essenciais para a humanidade.

Entretanto, a globalização e a evolução dos processos e técnicas de produção (nas searas industrial, comercial, financeira etc.), entre outros fatores, trouxe consigo diversos aspetos negativos. Os estudos e a divulgação dos riscos que têm sido criados (e podem até mesmo extinguir a própria espécie humana) demonstraram que essas ameaças são autogeradas pela própria sociedade pós-industrial, mas apesar do conhecimento desta situação a nível mundial, as dinâmicas económicas e sociais não têm sido alteradas para diminuir estes riscos ou para controlá-los, mantendo-os em níveis aceitáveis.

Ademais, só lentas melhoras têm sido alcançadas pela comunidade internacional em searas como o auxílio humanitário, erradicação da pobreza e da fome, direito à paz e à segurança, direito a uma economia segura, mudanças climáticas, preservação ambiental, controlo de pandemias e manuseio de lixo tóxico ou radioativo.

Além disso, percebe-se uma gradual diminuição do poder dos Estados nacionais, não apenas devido à flexibilização das fronteiras, mas também em face do alcance nacional das normas e instituições de controlo num mundo globalizado nos mais diversos aspetos. Neste panorama, as interações transnacionais, quer sejam diretas ou indiretas, são realizadas entre instituições estatais e/ou privadas nos mais variados setores (económicos, sociais, culturais, educacionais, profissionais, tecnológicos, financeiros e políticos), refletindo também nas ordens jurídicas nacionais e no âmbito internacional.

Verifica-se, portanto, que enquanto os ordenamentos jurídicos dos Estados têm alcance nacional, as relações e as sociedades vêm se tornando globalizadas sob os mais variados prismas.

Surgiram ou consolidaram-se, de facto, diferentes sistemas jurídicos (infranacionais, nacionais, supranacionais – como a União Europeia – e internacionais), denotando um pluralismo jurídico no plano internacional, inclusive com o deslocamento do poder de influência sobre a sociedade e sobre as decisões políticas importantes, percebendo-se a ampliação do poder de alguns atores (estatais ou não) e a redução do predomínio ou influência de outros.

Neste quadro, a própria facilitação do fluxo de pessoas, bens, serviços e recursos financeiros, com o relevante desenvolvimento dos transportes e das comunicações (que se tornaram muito mais céleres e baratos), acompanhados pela redução (ou até exclusão) das fronteiras físicas, económicas e financeiras (que permitiam um certo controlo estatal), pela desregulação e pela falta de supervisão intergovernamental dos mercados económico-financeiros no âmbito internacional, também causou resultados negativos para a sociedade desta "aldeia global". Entre os mais graves efeitos, citem-se os danos causados pela crise financeira (e económica) mundial a partir de 2008, as mudanças climáticas, as pandemias (como a de COVID-19) e a acentuada expansão da criminalidade organizada.

Quanto às organizações criminosas, estas encontraram oportunidades inéditas e novos mercados de consumo (gigantescos) para os seus serviços, mercadorias e negócios ilegais e/ou criminosos, bem como variadas facilidades proporcionadas pelos avanços tecnológicos e pela liberação e/ou o esmaecimento dos controles de fronteira entre os países. Estes fatores, entre outros, viabilizaram meios ágeis de comunicação, de circulação de criminosos e de transporte de artigos proibidos, além da movimentação internacional e anónima de recursos financeiros provindos das atividades delituosas, mediante a utilização de variados métodos para ocultação dos bens e da identidade dos seus líderes e membros (beneficiários efetivos). A criminalidade organizada tornou-se transnacional e ampliou o seu alcance e a respetiva lucratividade em escala global.

Desta maneira, a *criminalidade organizada clássica* (ou tradicional), cujos pilares são a rígida hierarquia (verticalizada), a violência praticada por agentes armados e as sólidas ligações sociais ou étnicas, vem sendo substituída por uma *criminalidade organizada avançada*, com estruturas empresariais dinâmicas e métodos gerenciais evoluídos, formando redes difusas, voláteis e transnacionais (que se reconfiguram ou se desfazem em caso de deteção pelos órgãos de controlo estatal), de forma a facilitar suas atividades à margem da lei, dificultar a sua prevenção e repressão, além de obstaculizar a individualização das suas lideranças e o confisco dos bens e valores obtidos de forma ilícita.

Neste cenário globalizado, os Estados buscam o aperfeiçoamento e uma maior eficácia dos sistemas (policiais e judiciais) de cooperação transnacional, adotando diversos instrumentos jurídico-políticos internacionais voltados à prevenção e à repressão da criminalidade organizada, visando também ultrapassar as barreiras representadas pelas diferenças nas legislações domésticas. No entanto, essas normas encontram ferrenha oposição na seara jurídica, sob a ponderação de que muitas dessas medidas reduziriam ou nulificariam diversos direitos e garantias fundamentais previstos nos sistemas penais e processuais penais dos Estados de direito democráticos, alcançados a duras penas mediante séculos de avanço civilizatório, sobretudo a partir do iluminismo.

Diante deste quadro geral, surge o *tema* que será abordado nesta investigação científica, *a organização criminosa empresarial sob a perspetiva político-jurídico-criminal*. De facto, uma das características mais relevantes da criminalidade avançada (macrocriminalidade) é a adoção de estruturas empresariais das mais variadas formas e mediante métodos diversos, quer seja como instrumento para o transporte de mercadorias proibidas e/ou para o branqueamento de capitais, quer seja como empreendimento criminoso (e centro ético-social de imputação jurídico-penal, portanto), objetivando um resultado económico e/ ou a ampliação do seu poder, entre outras finalidades ilícitas. Na realidade, as organizações criminosas avançadas têm utilizado de forma racional a lógica do mercado, usando as pessoas jurídicas em seus programas criminosos para *maximizar os lucros e minimizar os riscos.*

As sociedades coletivas (e sobretudo as empresas) são utilizadas pela criminalidade organizada das mais variadas formas, entre as quais se destacam: aquelas que nem sequer existem, mas são citadas apenas para justificar remessas de bens e recursos financeiros; aquelas estabelecidas de modo formal, mas utilizadas só para branqueamento de capitais e para ocultar os reais beneficiários; pessoas jurídicas com estrutura mínima e poucas atividades económico-financeiras regulares, preponderando as atividades criminosas; sociedades coletivas (em especial empresas) estabelecidas conforme a legislação e com atividades económicas regulares preponderantes, mas que praticam crimes graves de modo rotineiro no seio da pessoa jurídica, num programa criminoso que se adequa à tipologia de uma organização criminosa.

E as organizações criminosas com contornos empresariais têm potencial de causar danos em larga escala à sociedade, aos Estados e aos mercados económicos e financeiros, sob diversos prismas. De facto, além de movimentarem vastas quantidades de recursos financeiros e de bens de modo rotineiro, têm maior capacidade de infiltrarem-se nas estruturas políticas, estatais, económicas e sociais (podendo paralisar o Estado ou fazer, *v. g.*, com que as autoridades políticas aprovem normas e adotem decisões administrativas com finalidades ilícitas e/ou criminosas).

Refira-se que o mascaramento de ações criminosas em sociedades coletivas e/ou estruturas empresariais dificulta de modo consistente as atividades de prevenção e de repressão das organizações criminosas, em especial naqueles casos em que as operações legais e as ilegais e/ou criminosas se confundem, em que as estruturas são complexas e possuem numerosos níveis gerenciais, com pessoas jurídicas coligadas ou subordinadas situadas em outros países.

Em contraponto, é de considerar que o Estado não pode nem deve atentar contra as liberdades públicas e demais garantias individuais do ser humano, desconsiderando as balizas constitucionais, ao promover a persecução criminal desses fenómenos criminológicos, no afã de proporcionar justiça e segurança às pessoas e instituições.

Deste modo, estabelecidos o cerne e as linhas gerais deste estudo, o *principal problema* que será tratado nesta investigação, conjugado com o exame filosófico, socioeconómico, político e jurídico dos temas circunvizinhos, envolve a *análise conjunta de três aspetos interdependentes*, visando lançar um novo olhar sobre a criminalidade organizada empresarial, em que a empresa não é utilizada tão só como mero instrumento para o branqueamento de capitais ou para o transporte ilegal de mercadorias proibidas, mas também como um ente ético-jurídico para o cometimento de crimes graves.

A *primeira questão* a ser respondida prende-se com a necessidade e a legitimidade de tipificar como organização criminosa um "grupo estruturado de três ou mais pessoas, existindo durante um período de tempo e actuando concertadamente com a finalidade de cometer um ou mais crimes graves[1] [...] com a intenção de obter, directa ou indirectamente, um benefício económico ou outro benefício material"[2], quando este grupo estiver atuando numa sociedade coletiva em que as atividades legítimas são maioritárias ou minoritárias, e os crimes graves cometidos são relacionados com a *criminalidade organizada violenta* (como o tráfico de armas, de estupefacientes, de pessoas, de crianças, de órgãos humanos, de lixo tóxico ou radioativo etc.) ou *não têm qualquer relação com a criminalidade organizada violenta* (como pode ocorrer em

[1] A Convenção das Nações Unidas contra a Criminalidade Organizada Transnacional (Convenção de Palermo ou CNUCOT) foi internalizada no ordenamento jurídico português através do Decreto do Presidente da República n.º 19/2004, de 02 de abril; no Brasil, através do Decreto n.º 5015/2004, de 12 de março; e na União Europeia, através da Decisão do Conselho n.º 2004/579/CE, de 29 de abril de 2004. O art. 2.º da Convenção de Palermo estabelece: "[...] b) 'Crime grave' um acto que constitua uma infracção punível com uma pena privativa de liberdade não inferior a 4 anos ou com pena superior; [...]". Abordaremos as questões relativas ao catálogo de crimes que podem vir a configurar uma organização criminosa a partir do Título II deste estudo.

[2] Trata-se da reprodução parcial da conceituação de grupo criminoso organizado prevista no art. 2.º da CNUCOT: "[...] a) 'Grupo criminoso organizado' um grupo estruturado de três ou mais pessoas, existindo durante um período de tempo e actuando concertadamente com a finalidade de cometer um ou mais crimes graves ou infracções estabelecidas na presente Convenção, com a intenção de obter, directa ou indirectamente, um benefício económico ou outro benefício material;" Quanto às demais infrações penais estabelecidas na Convenção de Palermo, são estas a participação num grupo criminoso organizado (art. 5.º), o branqueamento do produto do crime (art. 6.º), a corrupção (art. 8.º) e a obstrução da Justiça (art. 23.º).

crimes tributários, contra a seguridade social, de manipulação do mercado mobiliário, de corrupção, de branqueamento de capitais e outros).

A *segunda questão* diz respeito à existência (ou não) de instrumentos penais e processuais penais adequados e legítimos para a prevenção e repressão da criminalidade organizada empresarial em Portugal e no Brasil, numa perspetiva comparada.

A *terceira questão*, complementar da segunda, diz respeito aos instrumentos supranacionais e internacionais de prevenção e repressão da criminalidade organizada empresarial, verificando se são legítimos e adequados para este fim (inclusive quanto à cooperação internacional), bem como em quais processos e sistemas internacionais foram alcançados os mais relevantes avanços.

Essas três principais questões suscitadas, ponderadas em conjunto e fortalecidas pela investigação dos temas circunvizinhos que envolvem esta temática, permitirão analisar de forma mais adequada os instrumentos jurídicos (nacionais, supranacionais e internacionais) de prevenção e repressão à criminalidade organizada empresarial, em suas vertentes nacional e transnacional.

Assim, com espírito crítico, será lançado um novo olhar sobre esses problemas, aos quais são direcionadas soluções díspares e até antagônicas na legislação, na jurisprudência e na doutrina. Esta tarefa é complexa porque o tema pesquisado foi pouco sistematizado, encontrando variadas e conflitantes soluções (ou até a falta destas) no cenário internacional, muito embora tenha repercussão global.

Neste contexto, será priorizado o *método de investigação dialético*, construindo o discurso argumentativo a partir da análise do Direito positivado (nacional, supranacional e internacional) e de fontes doutrinárias portuguesas, brasileiras e estrangeiras (sobretudo europeias), além de algumas decisões judiciais das cortes superiores portuguesa e brasileira. Entretanto, não podemos olvidar que, nesta era das complexidades e das incertezas, a ciência não pode evoluir baseada num roteiro inflexível e previsível, motivo pelo qual também serão utilizados, quando necessários, os *métodos comparativo e hipotético-dedutivo*.

Acrescente-se que a sistematização dos estudos desenvolvidos, sobre a criminalidade organizada empresarial, viabilizará uma espinha dorsal que direcionará os esforços realizados, balizando-se pelo tema e pelo problema principal estabelecidos, de forma criteriosa e isenta, mas sem descurar dos problemas secundários, viabilizando a validação das conclusões centrais do trabalho, ao final.

Para alcançar os objetivos citados, além do foco na investigação bibliográfica (física e digital) da política criminal, da dogmática penal e da criminologia, não serão negligenciadas as demais ciências (em particular as criminais) que influem de forma transversal na realidade hodierna e são imprescindíveis para a correta análise do tema. Neste rumo, será utilizada bibliografia selecionada e atualizada, em revistas e livros especializados, mas sem perder de vista as lições advindas das obras clássicas que viabilizaram o atual estado da arte quanto à matéria.

Proceder-se-á, então, a uma *construção crítico-argumentativa*, com base na *política criminal e na dogmática-penal*, sem olvidar a *criminologia*, densificada pelos contributos da doutrina, do ordenamento jurídico-penal em vigor e da jurisprudência de Portugal e do Brasil.

Acrescente-se que, além dos estudos portugueses e brasileiros sobre o tema, também serão analisadas as abordagens mais relevantes (regionais, internacionais e de outras ordens jurídicas), priorizando aquelas de origem romano-germânica, que se integram em uma única família de direito e possuem estruturas judiciárias e ordenamentos jurídicos codificados assemelhados, embora sem um paralelismo perfeito.

Esta busca de aperfeiçoamento através do direito comparado e da análise do cenário internacional enriquecerá a qualidade dos conhecimentos trazidos ao estudo, ampliando as possibilidades de oferecer melhores soluções para a prevenção e a repressão equilibradas e legítimas ao fenómeno representado pela criminalidade organizada empresarial (nacional e transnacional).

Estabelecidos o tema, a metodologia e os problemas desta investigação, cabe alertar que as atenções da legiferação e da doutrina, bem como da jurisprudência, no que se refere à criminalidade organizada, estão voltadas de forma quase exclusiva para a *criminalidade organizada violenta*, envolvendo condutas como o tráfico de drogas, armas, pessoas e órgãos humanos.

Por outro lado, alguns membros de organismos internacionais e algumas (poucas) vozes entre os doutrinadores têm alertado sobre a (muito mais) *alta lesividade* da *criminalidade organizada não violenta*, muito embora esta modalidade de organização criminosa não costume utilizar a violência (que causa elevada repulsa perante a sociedade e aumenta a insegurança cognitiva das pessoas).

Isto se deve, em grande parte, ao facto de que os crimes praticados pela criminalidade organizada empresarial causam danos a vítimas difusas, atingidas de forma indireta (*crimes without victims*) na maior parte dos casos, bem como se caracteriza por possuir fortes alianças com as estruturas políticas, sociais e económicas da sociedade, ou então por se infiltrar e, em certas oportunidades, até tomar algumas destas estruturas.

Uma vez que o objetivo principal deste estudo será investigar as organizações criminosas empresariais (com maior ênfase nas avançadas e não violentas), indagando e comparando a adequação dos sistemas penais português e brasileiro para prevenirem e reprimirem esta macrocriminalidade, perante o cenário de uma sociedade globalizada, serão também cumpridos outros objetivos após o delineamento do eixo temático central.

Serão, portanto, revisitadas e identificadas as atribuições do Estado para a promoção de liberdade, justiça, segurança e desenvolvimento, bem como será analisado o atual panorama internacional, em que o mesmo Estado está limitado por estabelecer normas de alcance nacional perante dinâmicas económicas e sociais globalizadas, em que há múltiplas fontes normativas e ocorre a expansão de redes socioeconómicas especializadas (algumas das quais voltadas para fins lícitos e outras para finalidades criminosas).

Serão examinadas também a *organização criminosa tradicional* e a *organização criminosa avançada*, diferenciando a verdadeira criminalidade organizada da criminalidade de massa, permitindo não apenas uma abordagem sistemática destes fenómenos, mas também aclarar e definir com maior precisão o conceito de *criminalidade organizada empresarial*.

Neste quadro, serão analisadas a cooperação entre os Estados, a aproximação e a harmonização dos ordenamentos jurídicos e a atuação dos principais organismos internacionais nos esforços regionais e internacionais de prevenção e repressão às organizações criminosas, visando verificar sua adequação e legitimidade.

Quanto às Convenções Internacionais e às outras iniciativas relativas às organizações criminosas transnacionais (*hard law* e *soft law*), serão interpretados a Convenção das Nações Unidas Contra a Criminalidade Organizada Transnacional (Convenção de Palermo), seus Protocolos Adicionais e outros instrumentos jurídicos internacionais de *hard law* de grande importância nesta seara, pois estabeleceram métodos para prevenção e repressão penal de duas condutas praticadas pelo crime organizado (violento e não violento) há muito tempo. Serão ainda examinadas a Convenção das Nações Unidas contra a Corrupção e as Convenções que dispõem sobre o branqueamento de capitais. Estas Convenções serão analisadas definindo conceitos e interpretando estes instrumentos (e demais normas de *soft law* correlacionadas) em sua significação concernente à organização criminosa empresarial.

Tendo em vista a larga utilização de sistemas empresariais pelas organizações criminosas, serão também estudadas e distinguidas, após uma breve análise da possibilidade de *responsabilização penal da pessoa coletiva*, as sociedades coletivas (e sobretudo as empresas) que são utilizadas como meros instrumentos para o programa criminoso e aquelas que realizam atividades em sua maioria lícitas, mas que se tornam centros ético-sociais para a prática de crimes graves por uma organização criminosa.

Concluídos e definidos esses aspetos, será possível conceituar a organização criminosa empresarial, analisando-se também a sua lesividade e as sanções estabelecidas, inclusive à luz da análise económica do direito. Os resultados obtidos serão analisados em consonância com as atribuições constitucionais dos Estados português e brasileiro, em relação ao desenvolvimento económico-social e demais bens jurídicos essenciais tutelados.

As conclusões terão como escopo não apenas a formulação de propostas de *jure constituendo*, evitando que a ciência jurídica se transmute em conhecimento inócuo e incapaz de contribuir para o aperfeiçoamento da sociedade e dos ordenamentos jurídicos, pois também visam reavivar este debate entre os juristas, académicos e demais membros da sociedade, diante da gravidade deste fenómeno criminal.

Refira-se que serão abordados temas de renovada importância neste momento tumultuado, acelerado e caracterizado por relevantes mutações, em que o tecido social globalizado, de uma sociedade líquida e do risco, deve encontrar meios legítimos para continuar promovendo e protegendo os direitos fundamentais, constitucional e socialmente reconhecidos em *Estados de Direito Democráticos*. Os próprios Estados nacionais, para serem dignos deste título, devem redescobrir as suas mais importantes atribuições (que legitimam a sua existência e estão centradas no ser humano), atuando como instrumentos que priorizem e viabilizem uma convivência pacífica e harmoniosa, com liberdade, justiça e segurança para as pessoas.

De todo modo, reitera-se que será analisado este momento civilizatório ímpar mediante um profundo enlace entre as mais diversas áreas da ciência, em especial do direito, da política, da sociologia e da economia, *i. e.*, evitar-se-á uma leitura compartimentada e dissociada da realidade complexa desta sociedade tardo-moderna.

Acrescente-se, ainda, que o Estado deve sempre ponderar uma série de princípios e regras constitucionais ao tratar do tema, protegendo a atividade empresarial lícita (inclusive mediante a tutela penal quando esta se fizer necessária e legítima), mas sem ultrapassar as barreiras delineadas pelos direitos e liberdades fundamentais e, por obviedade, sem criminalizar a atividade empresarial regular, que possui extremada relevância para a sociedade e deve ser fomentada pelo Estado.

TÍTULO I
DO ESTADO, DOS ORGANISMOS INTERNACIONAIS E DA CRIMINALIDADE ORGANIZADA

Um Estado de Direito Democrático (digno de deste nome) deve promover e proteger uma coexistência pacífica com liberdade, justiça e segurança para as pessoas, promovendo e tutelando os direitos humanos[3] e os direitos fundamentais[4], cujo cerne é a dignidade do ser humano[5].

[3] Compartilhamos o entendimento de Canotilho (2003, p. 393), no sentido de que os *direitos humanos* "são válidos para todos os povos e em todos os tempos (dimensão jusnaturalista-universalista)", enquanto os *direitos fundamentais* "são os direitos do homem, jurídico-institucionalmente garantidos e limitados espacio-temporalmente." Comenta, ainda, que os *direitos humanos* advêm da própria natureza humana, concedendo-lhes o caráter "inviolável, intemporal e universal", enquanto os *direitos fundamentais* são os direitos "objectivamente vigentes numa ordem jurídica concreta."

[4] Numa conceção semelhante a Canotilho, Pérez Luño (2007, p. 46-47) anota que os *direitos humanos* têm um contorno mais amplo e impreciso, e são compreendidos como um conjunto de direitos naturais, faculdades e instituições que concretizam as exigências de dignidade, liberdade e igualdade humanas, que devem ser reconhecidas positivamente pelos sistemas jurídicos nacionais e internacionais (convenções, tratados etc.). Explicita que os *direitos fundamentais* são os direitos humanos garantidos pelo ordenamento jurídico positivado, em regra na respetiva Constituição dos países, gozando de uma tutela reforçada, porém delimitados no espaço e no tempo, caracterizando-se como base de um sistema jurídico-político de um Estado de Direito.

[5] Para Vieira de Andrade (2009, p. 17-50), os *direitos fundamentais* devem ser analisados diante das suas dimensões ou perspetivas: *a) universalista ou internacionalista*, como direitos mais importantes dos seres humanos em determinado tempo, em todo lugar ou, no mínimo, em

E o Estado consiste, em sua essência, "numa comunidade de pessoas entrelaçado com um poder institucionalizado", constata Jorge Miranda (2018, p. 11-15), ponderando que, apesar de ocorrerem outros fenómenos políticos e jurídicos (que existiram antes ou surgiram nas últimas décadas), é sobretudo o Estado que exerce a autoridade de modo direto sobre as pessoas, as quais podem, por outro lado, participar na formação da vontade funcional, em se tratando de um Estado de Direito Democrático.

Neste vértice compartilhamos a ideia de que, em sociedades desenvolvidas e democráticas, o Estado existe para servir ao bem comum, ao interesse público (*res publica*) e ao seu povo, conforme sustenta Sellers (2005, p. 686), com estruturas com certa maleabilidade que possam se modificar de acordo com a estrutura do país e os interesses do povo a que serve, sobretudo a dignidade humana[6]. Acrescenta que os Estados mal estruturados devem ser modificados para melhor servirem à justiça (que devem assegurar) e às necessidades do seu respetivo povo[7].

grandes regiões do planeta; *b) filosófica ou jusnaturalista*, como direitos naturais de todas as pessoas, independentemente de tempo e lugar [e se percebe que essas duas primeiras perspetivas – *a)* e *b)* – englobam, em suma, a conceção de Canotilho (2003, p. 393) e de Pérez Luño (2007, p. 46-47) para direitos humanos]; *estadual ou constitucional*, como direitos essenciais dos indivíduos, em certo tempo e lugar, *i. e.*, um Estado concreto ou uma comunidade de Estados [representando a ideia de Canotilho e de Pérez Luño para direitos fundamentais, citados nas notas acima]. Após, Vieira de Andrade (2009, p. 39, nota 67) observa que, "da pluralidade de designações que nos oferece a matéria, a expressão 'direitos fundamentais', sem deixar de ser um super-conceito, designaria em sentido estrito os direitos constitucionalmente protegidos; à perspetiva internacionalista atribuir-se-iam o termo 'direitos do homem', ou, melhor ainda, o de 'direitos humanos', e guardar-se-iam as fórmulas 'direitos naturais', 'direitos originários', e em geral as que transportam uma carga afectiva (direitos 'imprescritíveis', 'inalienáveis', 'invioláveis') para a dimensão filosófica."

6 Lembramos, com Kriele (2009, p. 283-289), que "toda pessoa tem, por força de sua mera existência humana, a prerrogativa ao respeito de sua dignidade humana. [...] O princípio da dignidade humana coloca um limite absoluto, instransponível a todas as ponderações finalistas da fundamentação jurídica. Ele compõe o sentido contrário à fundamentação jurídica por mera racionalidade utilitarista. [...] O respeito à dignidade humana não é condicionado por sua aptidão para certos fins, seja lá qual for a importância destes. Ele carrega um fim em si mesmo. [...] o Direito da pessoa como pessoa exige sua inviolabilidade incondicional."

7 O Estado de Direito (*rule of law*) e o equilíbrio entre os poderes, num governo republicano, são tão importantes quanto a democracia, completa Sellers (2005, p. 680-688), visando impedir a tirania da maioria (que pode atingir direitos fundamentais das minorias) ou algum populismo irracional. Alerta, ainda, que que os termos "povo" (associação política e geográfica) e "nação" (afinidades culturais e/ou étnicas) são distintos, sendo que os povos costumam se

Entretanto, não pode ser ignorado que as dinâmicas desta sociedade em que vivemos estão sofrendo profundas modificações e as relações (económicas, financeiras, sociais, educacionais etc.) estão se tornando cada vez mais globalizadas, ultrapassando as fronteiras territoriais do Estado-nação pós-Westefália.

Este franco (e acelerado[8]) processo de globalização desenvolve-se em grande parte à margem do Estado, dos seus processos democráticos e desta relação "doméstica" que tinha como principais atores o Estado e os seus respetivos cidadãos.

De facto, os Estados nacionais deixaram de possuir a exclusividade (ou a quase exclusividade) na definição dos rumos desta sociedade globalizada, surgindo ou consolidando-se múltiplos atores que também exercem poder de influência e vêm absorvendo parcelas importantes do poder que antes era concentrado nos poderes estatais.

Nesta conjuntura, em especial o poder político-jurídico também tem sido modificado, recebendo impulsos de vários setores desta comunidade internacional[9] que está em evidente "processo de adaptação" às novas realidades,

conformar em Estados políticos e com territórios definidos com o passar do tempo, enquanto as nações (etnias) não são obrigatoriamente delimitadas em fronteiras geográficas ou políticas. Lembra que os povos, em geral de modo lento ao longo da história, constroem e consolidam a sua identidade cultural (como nação) para manter sua união política e geográfica, enquanto os Estados existem para promoverem e manterem a justiça e a realização do bem comum entre os indivíduos e os povos, além do desenvolvimento de um sentimento, entre os seus cidadãos, de uma nacionalidade comum, sob princípios estruturantes e legitimantes como a soberania popular, os direitos humanos, a separação dos poderes, o sistema de freios e contrapesos, o judiciário independente, entre outros.

[8] A globalização em curso tem como principais características a velocidade, a ubiquidade e a liberdade, sustenta Jayme (2005, p. 3-6), e teme-se muito que ela viole a dignidade da pessoa humana, em especial dos indivíduos de países menos desenvolvidos, pois a abertura dos mercados a nível global está, na realidade, submetendo os seres humanos (e os Estados) às regras da (acirrada) concorrência em escala internacional e, aos poucos, reduzindo ou extinguindo a tutela estatal, quer seja na proteção dos postos de trabalho, dos consumidores e do meio ambiente, quer seja na manutenção de programas sociais e de assistência aos mais pobres.

[9] Lembra Ferrajoli (2018, p. 66) que o direito internacional não constitui, de facto, um ordenamento jurídico a cujas normas todos os seus membros (Estados) estejam submetidos de modo igual, pois se caracteriza mais como um sistema através de pactos entre Estados, no qual rege a "lei do mais forte", mediante políticas ditadas pelas potências, i. e., na relação dos Estados em suas relações recíprocas vige a lei do "estado de natureza", como a descreveram Thomas Hobbes e John Locke.

com diversas instituições (públicas e privadas) em busca de espaço e de poder para influenciar os rumos desta "aldeia global" que está se (re)formando.

Diante desses fatores e de um dos mais relevantes fenómenos criminológicos da atualidade, caracterizado pela expansão da criminalidade organizada[10], que vem adotando estruturas e métodos empresariais[11] e transnacionais avançados, não podemos abordar o tema desta investigação, a criminalidade organizada empresarial, sem analisarmos os temas circunvizinhos que influenciam de forma direta a compreensão desta manifestação criminógena.

Isto exposto, serão tratados importantes aspetos do momento atual desta sociedade globalizada, os quais se conectam de modo direto e indireto ao tratamento direcionado pela comunidade internacional à criminalidade organizada (inclusive empresarial), envolvendo o Estado, organismos internacionais e outros atores relevantes neste período de múltiplas influências e fontes normativas no panorama mundializado.

[10] Consta no Plano de Acção contra a Criminalidade Organizada (97/C 251/01), adoptado pelo Conselho da União Europeia em 28 de abril de 1997: "[...] A criminalidade organizada tem vindo a tornar-se uma ameaça crescente para a sociedade, tal como a conhecemos e desejamos preservar. O comportamento criminoso já não é apenas obra de indivíduos, mas também de organizações que penetram nas diversas estruturas da sociedade civil e, efectivamente, na sociedade no seu todo. A criminalidade está a ser cada vez mais organizada através das fronteiras nacionais, tirando igualmente partido da livre circulação de bens, capitais, serviços e pessoas. Inovações tecnológicas como a Internet ou as operações bancárias electrónicas acabam por revelar-se veículos extremamente úteis para a perpetração de delitos ou a transferência dos produtos do crime para actividades aparentemente lícitas. A fraude e a corrupção assumem proporções massivas, defraudando indiscriminadamente cidadãos e instituições civis. Comparativamente, o desenvolvimento de meios eficazes de prevenção e repressão destas actividades criminosas processa-se a um ritmo lento, quase sempre desfasado delas. Se a Europa pretende desenvolver-se como um espaço de liberdade, segurança e justiça, tem de organizar-se melhor e elaborar respostas estratégicas e tácticas ao desafio com que se depara. Essa actuação requer um compromisso político ao mais alto nível."

[11] O Relatório sobre o Crime Organizado e Grave na UE 2021 (SOCTA/OCTA) apresentado pela Europol (2021, p. 10-28) informa que 80% das organizações criminosas com atividades na União Europeia utilizam estruturas empresariais legais nas suas atividades criminosas, 60% das organizações adotam estruturas criminosas fluidas e dinâmicas, 68% realizam o branqueamento de capitais de modo regular e 60% utilizam a corrupção como ferramenta de modo habitual.

CAPÍTULO 1
DO ESTADO E DA SOCIEDADE GLOBALIZADA

A sociedade ocidental está lastreada, em grande parte, na relação entre o Estado e seus cidadãos, sendo que o Estado constitui a "sociedade política" que melhor caracteriza os últimos séculos da humanidade, com ampla possibilidade de ser a mais sólida, complexa e expansiva da história, como pontua Jorge Miranda (1997, p. 11-12). Acrescenta que o Estado (do modelo europeu) deve ser entendido, em síntese, como *Estado-comunidade* (do qual fazemos parte, em que o poder é – e deve ser – exercido para o bem comum) e como *Estado-poder* (que se manifesta por meio de órgãos, serviços e relações de autoridade), sendo que essas perspetivas se complementam formando um todo, uma unidade jurídica (resultante de normas jurídicas), em que não só os indivíduos subordinam-se ao ordenamento jurídico, pois também o Estado e demais instituições que atuam com autoridade pública devem obedecer ao Direito.

Esta relação entre o Estado nacional e os seus cidadãos sofreu diversas modificações e os avanços ao longo dos últimos séculos, apesar de alguns retrocessos neste processo não linear, culminando (nos países mais avançados) com a conquista representada pelo *Estado de Direito Democrático*, balizado por uma Constituição, que estabelece os direitos e os deveres dos cidadãos e dos poderes institucionalizados, vinculando-os.

Entre esses direitos "assegurados" pela Constituição aos cidadãos, possuem maior relevância os direitos fundamentais[12], previstos de forma expressa (ou implícita) no respetivo texto constitucional, com força vinculativa máxima na ordem jurídica e cujas efetivas promoção e proteção constituem verdadeiro termómetro para mensurar o nível de desenvolvimento de uma sociedade.

Leciona Jorge Miranda (2018, p. 12-13) que só com o advento do constitucionalismo moderno e da respetiva conceção de limitação do poder os direitos fundamentais adquiriram verdadeiro sentido, diante dos seus três principais pressupostos:

a) uma relação imediata das pessoas com o poder político, favorecidas por um estatuto comum e sem separações por pertencerem a este ou aquele grupo ou instituição, pois não existem direitos fundamentais sem um Estado que os proteja e os respeite;

b) não existem direitos fundamentais se não há reconhecimento e efetiva concessão de autonomia das pessoas frente ao poder, *i. e.*, não há direitos fundamentais em regimes totalitários;

c) não existem direitos fundamentais sem uma Constituição (segundo a conceção moderna, como sistema de racionalização das normas que conformam o poder e a comunidade, concebido por um poder constituinte).

[12] Inclusive quando a Constituição de um Estado proclama os direitos humanos, esta proclamação apenas reconhece algo que tem, por si mesmo e de modo independente desta norma escrita, categoria suprema, metaconstitucional e transconstitucional, pontua Ferreira Monte (2012, p. 69-73). Comenta que enquanto alguns direitos (inclusive certos *direitos fundamentais*) podem ser estabelecidos unicamente pela via legal, os *direitos humanos*, pela sua radicalidade e independentemente de quaisquer outros fundamentos, preexistem à norma escrita, no sentido de que eles se impõem pela sua própria natureza, pois apesar de se converterem em normas jurídicas, não derivam em sua essência de um convencionalismo ou de contrato social, por se encontrarem no denominador comum axiológico, no sentimento ou reconhecimento universal das pessoas, antes de se tornar direito positivado, *v. g.*, como o direito à vida, pois radica na própria natureza do ser humano o seu direito à vida, mesmo que não esteja consagrado em normas escritas. Perfilhando o entendimento de Canotilho (2003, p. 393), já nos manifestamos no sentido de que "os direitos humanos são aqueles que existem por si mesmos, em sua dimensão jusnaturalista-universalista, independentemente de previsão no ordenamento jurídico, e são vigentes a qualquer tempo. Por seu turno, os direitos fundamentais são aqueles previstos na Constituição do seu respectivo país, com força vinculativa máxima, com a vigência estabelecida pela própria Carta Política." (Ziembowicz, 2020a, p. 39-40).

Deste modo, há direitos fundamentais de facto só quando o Estado (autoridade) e o ser humano (com sua liberdade) se distinguem e, em certa medida, contrapõem-se, mas não pode ser olvidado, como ressalta Jorge Miranda (2018, p. 15), que esses entes, Estado e pessoa, são interdependentes, postulam-se reciprocamente, condicionam-se entre eles.

Para Ferrajoli (2004, p. 283-286), o *fundamento axiológico* dos direitos fundamentais, em resposta à pergunta sobre quais são os direitos que devem verdadeiramente ser considerados, de forma justa, direitos fundamentais (do ponto de vista ético-político ou jusnaturalista), *i. e.*, qual é o fundamento que justifica que esses valores ou princípios de justiça devam ser tratados como fundamentais, deve basear-se em quatro critérios, todos relacionados ao valor da pessoa humana: *a) a igualdade; b) a democracia; c) a paz; d) a proteção do mais fraco ou débil*[13]. Entretanto, esta não é a corrente majoritária, sobretudo porque a *liberdade* também deve ser considerada um critério essencial. Quanto ao *fundamento jurídico* dos direitos fundamentais, comenta que são direitos fundamentais aqueles previstos no direito positivo, como os dispostos no ordenamento jurídico italiano (ordem jurídica interna) ou no ordenamento internacional, como a Declaração Universal dos Direitos Humanos (UN, 1948), o Pacto Internacional dos Direitos Civis e Políticos (UN, 1966a), o Pacto Internacional dos Direitos Sociais, Econômicos e Culturais (UN, 1966b) e demais Convenções e Tratados Internacionais sobre Direitos Humanos.

Neste vértice, reitera-se que apenas o Estado possui condições de impor o respeito aos direitos fundamentais e de protegê-los contra as agressões externas e as agressões internas praticadas por agentes do próprio Estado ou por particulares, desde que atue em estrita obediência aos comandos constitucionais e com um viés fundado no ponto de vista do "ser humano".

Assim, conforme Canotilho (2003, p. 399, 409), Canotilho e Vital Moreira (2007, p. 478-479), Mantovani (2008, p. 423-424) e outros autores, entre os direitos fundamentais está inserido inclusive o direito de ser protegido

[13] Este aspeto da proteção dos direitos fundamentais foi desenvolvido por Ferrajoli (2010b, *passim*) com profundidade, em especial no sentido de que os direitos fundamentais devem se afirmar também como *leis do mais débil*, protegendo e amparando em maior proporção aos mais vulneráveis (e promovendo assim uma maior igualdade em questões sociais, económicas, culturais e outras), em alternativa à *lei do mais forte*, que rege ou regeria se a lei do mais débil fosse ausente.

pelo Estado contra agressões de qualquer pessoa, quer seja física ou jurídica, quer seja pública ou privada, "sendo também direito fundamental da pessoa humana o 'direito de estar livre do crime'."

No entanto, repita-se, as transformações que vêm ocorrendo na sociedade, a globalização[14] das mais diversas relações (económicas, sociais, culturais etc.), o progresso técnico e científico (nas mais diversas áreas e com algumas consequências devastadoras, como os acidentes nucleares e o lixo radioativo, tóxico ou hospitalar) e a crise fiscal dos Estados, entre outros fatores, têm diminuído de forma relevante a capacidade do Estado de promover e proteger os direitos fundamentais dos seus cidadãos, de oferecer uma certa segurança às pessoas no interior dos seus territórios.

Além disso, está ocorrendo uma gradual separação entre a política e o poder (elementos que estruturavam o Estado nacional e viabilizavam algumas garantias à comunidade interna), com o deslocamento do poder para o cenário globalizado, repleto de incertezas, extraterritorial e sem controle ou legitimação política, dominado em especial por forças do mercado económico e/ou financeiro, além de diversos outros atores de maior ou menor capacidade de influenciar determinadas redes e/ou setores socioeconómicos.

Neste rumo, a globalização é caracterizada, segundo Jayme (2005, p. 4-5), pelo facto dos Estados não ocuparem mais a posição de "centros do poder e da proteção da pessoa humana", pois estão cedendo grande parte dos seus poderes aos diferentes mercados e o comportamento dos indivíduos e a vida são determinados pelas regras da concorrência (sem controlo ou supervisão), gerando um sentimento constante de perda da segurança nas pessoas, que

[14] Entre as dezenas ou centenas de definições apresentadas por pesquisadores para conceituar este fenómeno, deu-se precedência neste trabalho à conceção sugerida por Faria Costa (2010, p. 83-84), no sentido de que "a globalização se recorta como 'mecanismo' social hiperdinâmico que torna globais os espaços económicos, culturais e informativos que antes se estruturavam, primacialmente, a um nível nacional". Em muito esta aproximação se coaduna com a ideia de Giddens (1998, p. 45-46), de um fenómeno de grande ampliação da intensidade das interações sociais, económicas e políticas mundiais, ligando áreas distantes de forma que eventos locais recebem forte influência de acontecimentos ocorridos em locais afastados e vice-versa. Lembremo-nos, entretanto, da utilização do termo "globalização" por Theodore Levitt (1983, *passim*), como a crescente padronização internacional dos hábitos de consumo, levando o mundo a uma semelhança convergente proporcionada em grande parte pela tecnologia, reforçada pela diminuição dos custos das comunicações, transportes e viagens, gerando mercados globais (em escalas muito maiores que os mercados apenas multinacionais).

não encontram mais amparo ou uma existência protegida por aquelas instituições tradicionais que, até pouco tempo atrás, tutelavam seus bens jurídicos fundamentais, como o Estado ou os juízes.

Diante desta complexa e acelerada dinâmica, Guéhenno (1994, p. 30-45) verifica que a sociedade contemporânea tornou-se uma sociedade de redes, em que a relação entre os cidadãos e o corpo político concorre com infindáveis outras conexões que não estão ao alcance deste, de modo que a política[15], que vinha sendo (nos dois últimos séculos) o princípio organizador da vida das pessoas em comunidade num determinado território, viabilizando um espaço de solidariedade em que os indivíduos estabeleciam suas prioridades e exprimiam sua vontade comum por meios democráticos, tornou-se uma construção artificial e secundária, com pouca capacidade de se adaptar e de solucionar os problemas práticos desta sociedade "relacional" e globalizada.

Diante deste quadro, muito embora os Estados nacionais se mantenham como uma das mais relevantes instituições na comunidade internacional, em especial como instrumento (com relativa capacidade) para promover e proteger os direitos fundamentais (e o seu núcleo essencial, a dignidade da pessoa humana), com liberdade, justiça e segurança (e convivência pacífica e harmoniosa), a análise do momento atual exige a abordagem de alguns fatores de elevada importância.

Entre estes, destacam-se as limitações representadas pelo alcance nacional das normas estatais diante de um cenário globalizado, bem como a existência de múltiplas fontes normativas e a expansão da quantidade e do poder de influência de outras instituições (públicas e privadas) que surgiram e/ou se consolidaram no plano internacional.

Esses fatores permitem compreender, com maior acuidade, a complexidade e a constante necessidade de aprimoramento (obedecendo às balizas

[15] Para Guéhenno (1994, p. 30-31), uma vez que foram "jogados para o ar os cortes geográficos" desde que as atividades humanas (sociais, económicas, culturais etc.) se desconectaram das limitações territoriais, enfraqueceram-se também os elos que conectavam os cidadãos politicamente, motivo pelo qual o autor se pergunta se a política sobreviverá a estas mudanças contemporâneas, pois desde a cidade grega, a arte de governar sempre esteve vinculada a uma coletividade de indivíduos enraizados em determinado espaço, como uma cidade (*polis*) ou um Estado-nação.

constitucionais) dos sistemas de prevenção[16] e de repressão à criminalidade organizada em suas diferentes facetas, lembrando-se que as atividades das organizações criminosas transnacionais não se exaurem no território de apenas um Estado nacional, exigindo uma resposta coordenada entre os países e suas instituições de persecução penal, bem como a adoção de estruturas empresariais[17] por esta criminalidade organizada demanda uma maior compreensão desta relação entre as pessoas coletivas e o crime, tanto para aplicação de uma adequada e legítima política criminal quanto para o desenvolvimento de uma ponderada política económica e financeira.

1.1. O Estado como Instrumento de Promoção de Liberdade, Justiça e Segurança

O Estado de Direito democrático de modelo europeu passou por diversas transformações ao longo do tempo até atingir o atual nível de desenvolvimento. E o Estado, como "categoria política estruturante do pensamento político-constitucional europeu", comenta Canotilho (2003, p. 89-91), tinha como aspetos que o distinguiam das outras organizações de poder, em primeiro lugar, a qualidade de poder soberano, traduzindo-se num *poder supremo* no âmbito interno (com o monopólio na elaboração do Direito positivo e no uso da coação física legítima para impor suas normas) e num poder independente

[16] Consta no Plano de Acção contra a Criminalidade Organizada (97/C 251/01), adoptado pelo Conselho em 28 de abril de 1997: "[...] Capítulo II [...] 5. [...] f) A prevenção não é menos importante que a repressão numa abordagem integrada da criminalidade organizada, na medida em que o seu objectivo é reduzir o campo de manobra da criminalidade organizada. A União deveria dispor dos instrumentos que lhe permitam defrontar a criminalidade organizada em cada um dos passos do percurso que vai da prevenção à repressão e à acção penal. Importa particularmente que a legislação não convide à fraude ou a outros aproveitamentos indevidos. Os Estados-membros e, quando for o caso, a instituição legislativa, deveriam assegurar que isso não aconteça."

[17] Anotam Ferreira e Cardoso (2006, p. 619-620) que o crime organizado contemporâneo tem usado estruturas e mecanismos empresariais complexos e, ao mesmo tempo, versáteis, em que se confundem a criminalidade organizada e a criminalidade económica (diante do alto grau de intercomunicabilidade, pois a versatilidade do programa criminoso dessas organizações se caracteriza em especial pela sua multidimensionalidade (atuando e adaptando-se a qualquer atividade económica), de modo fluido e incerto, multifacetado.

no cenário internacional, caracterizando-se como poder político de comando, cujos destinatários são os respetivos cidadãos nacionais (povo) reunidos em determinado território. Por outro lado, entende que a *soberania internacional* (ou independência) é relativa por natureza, pois sempre existem outros Estados soberanos, embora represente a igualdade soberana entre os Estados, que não reconhecem outro poder superior a eles, conforme o modelo surgido com a Paz de Westefália (1648).

Em contraponto, esta ideia de unidade política soberana de Estado está em crise, decorrente da globalização, da integração interestatal e da internacionalização, pondera Canotilho (2003, p. 90-91), mas continua sendo uma conceção que demonstra duas propriedades relevantes do Estado enquanto "comunidade juridicamente organizada", pois viabiliza uma estrutura "aceitável de *racionalização* institucional das sociedades modernas", somando-se ao facto de que o Estado constitucional "é uma *tecnologia política de equilíbrio político-social*" para evitar as arbitrariedades dos modelos que o antecederam, em especial a autocracia absolutista do poder e os estamentos orgânico-corporativos privilegiados da Idade Média.

Em outra obra, desenvolvida cerca de uma década[18] após e já sob relevantes avanços na integração da União Europeia (conforme o Tratado de Nice, que entrou em vigor em 01.02.2003, e o Tratado de Lisboa, vigorando a partir de 01.12.2009) e na globalização socioeconómica, Canotilho (2012, p. 183-187) passa a reconhecer de forma expressa que o Direito Constitucional (dos Estados) deixa de ser uma disciplina *dirigente*, que se sobrepõe aos demais ramos do Direito e irradia seus efeitos sobre todo o ordenamento jurídico, desenvolvendo de modo autónomo "paradigmas, conceitos, teorias e teoremas", para se tornar uma disciplina *dirigida*, que deve recorrer a "*transferts* paradigmáticos e conceituais" externos para se estruturar. Pontua então que, no seio da União Europeia[19] e também em outras regiões, diante de tantas normas impostas

[18] Nesta análise, deve-se levar em conta que a 7.ª ed. da obra *Direito Constitucional* (Canotilho, 2003) foi elaborada no início dos anos 2000 e a 2ª ed. do livro *"Brancosos" e Interconstitucionalidade* foi publicada cerca de uma década depois (Canotilho, 2012), após o Tratado de Lisboa.

[19] Comente-se que o Tratado de Funcionamento da União Europeia (Tratado de Lisboa, 2007), estabelece, inclusive, uma série de competências exclusivas da União Europeia: "artigo 3.º - 1. A União dispõe de competência exclusiva nos seguintes domínios: *a)* União aduaneira; *b)* Estabelecimento das regras de concorrência necessárias ao funcionamento do mercado interno; *c)* Política monetária para os Estados-Membros cuja moeda seja o euro;

a nível internacional, o Direito Constitucional está perdendo a "dimensão nuclear de um *direito do político e para o político*", tornando-se: um "direito residual", um "Direito do resto do Estado", diante da transferências de tantas competências e atribuições do Estado em favor de organizações supranacionais ; um "Direito do resto do nacionalismo jurídico", diante da consistência e persistência da "internacionalização e globalização" que estão reduzindo o Estado a um mero "herói do local"[20]; um "Direito dos restos de regulação", uma vez demonstrada uma eficácia superior da autorregulação privada e corporativa em relação aos esquemas reguladores estatais; um "Direito dos restos das regionalizações", diante de tantos "espaços unitarizantes" das soberanias estatais.

d) Conservação dos recursos biológicos do mar, no âmbito da política comum das pescas; *e)* Política comercial comum. 2. A União dispõe igualmente de competência exclusiva para celebrar acordos internacionais quando tal celebração esteja prevista num ato legislativo da União, seja necessária para lhe dar a possibilidade de exercer a sua competência interna, ou seja, suscetível de afetar regras comuns ou de alterar o alcance das mesmas." Foram estabelecidas, também, competências partilhadas entre a EU e os Estados-Membros: "Artigo 4.º [...] 2. As competências partilhadas entre a União e os Estados-Membros aplicam-se aos principais domínios a seguir enunciados: *a)* Mercado interno; *b)* Política social, no que se refere aos aspetos definidos no presente Tratado; *c)* Coesão económica, social e territorial; *d)* Agricultura e pescas, com exceção da conservação dos recursos biológicos do mar; *e)* Ambiente; *f)* Defesa dos consumidores; *g)* Transportes; *h)* Redes transeuropeias; *i)* Energia; *j)* Espaço de liberdade, segurança e justiça; *k)* Problemas comuns de segurança em matéria de saúde pública, no que se refere aos aspetos definidos no presente Tratado. 3. Nos domínios da investigação, do desenvolvimento tecnológico e do espaço, a União dispõe de competência para desenvolver ações, nomeadamente para definir e executar programas, sem que o exercício dessa competência possa impedir os Estados-Membros de exercerem a sua. 4. Nos domínios da cooperação para o desenvolvimento e da ajuda humanitária, a União dispõe de competência para desenvolver ações e uma política comum, sem que o exercício dessa competência possa impedir os Estados-Membros de exercerem a sua."

20 Anota Vital Moreira (2012, p. 504) que a União Europeia, apesar de não ser um Estado, tem evidentes características de um Estado; que, embora não seja uma federação, tem significativos e crescentes traços federais; que, apesar de não ter uma Constituição formal, há bastante tempo fala-se em "Constituição da EU" e em "Direito Constitucional Europeu", diante de tantos elementos que viabilizam uma leitura constitucional e só podem ser compreendidos de facto mediante uma "chave constitucional", desde o Tratado de Maastricht (Tratado da União Europeia, 1992), que somou ao pilar da integração económica os dois novos pilares: espaço de liberdade, segurança e justiça; política externa e de segurança comum. Acrescenta que os Tratados de Nice (2001) e de Lisboa (2007) acentuaram de forma notável a elaboração constitucional no seio da União Europeia.

Ao nosso sentir, este enfraquecimento do poder do Estado, decorrente da cessão de importantes parcelas do seu poder político e regulador diante do cenário globalizado, além da "assimilação de *standards* supranacionais e/ou internacionais" e da quase impossibilidade de impor normas e fazer com que sejam respeitadas num ambiente globalizado, reflete de modo claro na baixa assertividade e na incapacidade de imposição da Constituição (aqui entendida como norma de hierarquia superior, estruturada como conjunto de valores e instrumento de promoção e proteção de bens essenciais de uma sociedade), a qual, até há pouco tempo, irradiava seus efeitos sobre todo o arcabouço jurídico do respetivo Estado.

É neste cenário globalizado que Faria Costa (2009a, p. 98-105) verifica com preocupação muitos organismos internacionais com escassa legitimidade democrática e muito afastados das realidades específicas de cada país impondo normas e vinculando Estados às suas decisões, mediante uma evidente "voragem centrípeta" que tem se acentuado ao longo dos anos. Reconhece neste processo, ainda, outro fator de desgaste do Estado, com os movimentos de regionalização (supranacionais) e de ampliação de autonomia das suas sub-regiões, além de uma das mais salientes características de todo este processo: a privatização de várias tarefas e funções que eram consideradas até há poucos anos alguns "pilares sacrossantos do Estado", como a saúde, as telecomunicações, a educação etc., e se a segurança interna e a defesa (como tarefas estatais nucleares) ainda parecem ser privativas do Estado, não podemos deixar de perceber os inúmeros instrumentos que já viabilizam e tornam uma realidade as formas privadas de segurança.

Entretanto, não podemos ignorar o quanto a invasão da Ucrânia pela Rússia demonstrou a necessidade de alianças militares para que um país possa evitar, de facto, agressões de potências militares, viabilizando uma certa proteção mediante a persuasão representada por blocos de aliados político-militares como a OTAN – Organização do Tratado do Atlântico Norte (em inglês, NATO – North Atlantic Treaty Organization).

Por outro lado, ressalta Faria Costa (2009a, p. 98-105) que apesar do seu enfraquecimento, o Estado nacional permanece como a "pedra de toque essencial" para a repressão da criminalidade organizada e económica, pois o esvaziamento das funções estatais sem estabelecer uma alternativa viável e válida criará as condições mais vantajosas possíveis para que a ineficácia domine a repressão contra a criminalidade, que se aproveita das lacunas normativas e das indecisões que prejudicam a real e eficaz aplicação atempada da legislação penal, debilitam a diuturna e contínua prossecução penal que se faz tão necessária.

É neste sentido que Figueiredo Dias (2009, p. 24) comenta que a criminalidade, em especial a criminalidade organizada e transnacional, "aumentou em muito a sua complexidade e também a capacidade de se defender da intromissão dos órgãos de polícia criminal", asseverando que "isto não pode se esquecido nem minimizado". Acrescenta que tem sido cultivada na opinião pública "uma espécie de dicotomia, que reput[a] completamente errada, entre órgãos persecutórios, MP e polícias, que são, por essência, 'maus' e 'repressores', e os arguidos, que são, por definição, 'bons' e 'inocentes'."

Diante deste panorama, acompanhamos Beck (1999, p. 33-36) quando afirma que a globalização representa a "*negação* do Estado. Mais precisamente: *sociedade mundial sem Estado mundial e sem governo mundial.*" Acrescenta que "[e]stá se disseminando um capitalismo global desorganizado, pois não há poder hegemónico ou regime internacional económico ou político." Lembra, ainda, que a globalização significa pluridimensionalidade, ambiguidades e paradoxos, como o facto de que o desenvolvimento económico e o poder político, de ente tributador e regulador, "escapam" do Estado nacional[21], mas as suas consequências (como desemprego em massa, pobreza, emigração etc.) se amontoam sobre os sistemas e programas sociais do Estado do bem-estar, do Estado-providência que ainda resta.

[21] Para Beck (1999, p. 30-31), deve-se quebrar o "encanto despolitizado do globalismo", em que os mercados "expulsam" o primado da política na definição dos rumos da sociedade e a substituem pelo primado da economia, sem quaisquer vínculos com os valores considerados essenciais pela sociedade, que foram construídos ao longo de séculos de evolução. A globalização, sustenta, tem como características: "1. Ampliação geográfica e crescente interação do comércio internacional, a conexão global dos mercados financeiros e o crescimento do poder das companhias transnacionais; 2. A ininterrupta revolução dos meios tecnológicos de informação e comunicação; 3. A exigência, universalmente imposta, por direitos humanos – ou seja, o princípio (do discurso) democrático; 4. As correntes icônicas da indústria cultural global; 5. À política mundial pós-internacional e policêntrica – em poder e número – fazem par aos governos uma quantidade cada vez maior de atores transnacionais (companhias, organizações não-governamentais, uniões nacionais); 6. A questão da pobreza mundial; 7. A destruição ambiental mundial; 8. Conflitos transculturais localizados." Anota, então, que a política precisa se reinventar e se reformular para esta nova realidade, em torno do eixo global-local.

Por seu turno, Kosta (2012, p. 343-346) também reconhece que o Estado já não é mais a única fonte de direito, inclusive confrontando-se com regras forjadas à margem dos Estados, *v. g.*, por organizações empresariais transnacionais e mercados especializados estruturados em rede, afetando também aquele que seria o "último reduto jurídico-político da soberania", a Constituição, com seus flancos descobertos em face de tantas normas globais de um "constitucionalismo multi-nível" (ou "constitucionalismo pós-nacional" ou "supranacionalização das Constituições estaduais"), mediante entes como a Organização Mundial do Comércio. Entretanto, aduz que esta tensão que vincula o Estado ao "Projeto-Global" não é um "jogo de soma zero", pois embora os Estados estejam cedendo parte da soberania, ao facultarem uma fatia ao Projeto-Global, também o Projeto-Global cede parte da sua soberania aos Estados, *i. e.*, não perdem tudo, apesar de não existir uma proporcionalidade entre ganhos e perdas.

Assim, apesar da diminuição do poder do Estado perante as dinâmicas económicas e financeiras globalizadas, conclui Kosta (2012, p. 343-346) que ainda não é o momento de "fazer o velório da soberania do Estado" ou do próprio "Estado", que continua sendo instrumento de enorme relevância para a garantia de direitos fundamentais e do seu núcleo essencial (a dignidade da pessoa humana), dada a realidade contemporânea. Sustenta esta ideia citando o forte movimento estatal-regulador impulsionado pelo colapso financeiro e económico iniciado em 2007, crise esta "vivida (e provocada?) pelos mercados financeiros", que deveria promover uma reformulação das instituições financeiras globais, por meio de "uma regulação mais racional e menos virtual dos mercados."

Quanto a estas dificuldades do Estado (neste período de globalização), lembra Zippelius (2016, p. 230-231) também o facto de que o poder estatal continua sendo desafiado de modo contínuo por questões políticas concretas, que resultam na necessidade de adaptar a ordem social às condições históricas vivenciadas e às mudanças de opinião ou de necessidades da população. Desta maneira, adverte que o Estado (enquanto comunidade estatal, Estado-coletividade) deve buscar a medida adequada para tomar decisões nos casos concretos, através de uma ponderação razoável entre os fins fundamentais (em especial constitucionais) do Estado, como conceções específicas "de justiça e de ordem de uma determinada comunidade jurídica numa determinada situação histórica", na busca por uma conciliação justa, a melhor possível, entre os bens jurídicos essenciais em eventual conflito.

Entre estes bens jurídicos jusfundamentais, têm especial relevo para Zippelius (2016, p. 230) "[...] a garantia do desenvolvimento da personalidade, a justiça social, a prosperidade e estabilidade económicas, a salvaguarda dos postos de trabalho, a garantia da ordem e da paz jurídica e a segurança externa, a proteção do meio ambiente [...]", reiterando que a concretização desses fins deve encontrar as posições justas e o melhor compromisso alcançável entre eles.

Neste aspeto, lembra Zippelius (2016, p. 231) que as decisões de um Estado quanto aos seus fins (e eventual priorização entre eles em determinado momento histórico) não se encerram com o ato constituinte e, numa democracia, cabe aos representantes eleitos estabelecerem de modo constante objetivos para atingir determinados fins (constitucionais) e justificá-los, em debate constante com a opinião da sociedade e da oposição, na busca por consensos de uma maioria que lhe confere legitimidade, mas sem jamais nulificar ou reduzir de modo demasiado qualquer um deles.

Nesta senda, diante de inevitáveis conflitos entre diversas atribuições e fins estabelecidos para o Estado na Constituição, numa conceção de que o Estado existe "no interesse do bem-estar das pessoas", Zippelius (2016, p. 225-227) pontua que, ao atender aos direitos fundamentais dos indivíduos, sobretudo as "necessidades de desenvolvimento pessoal e de autodeterminação, bem-estar e segurança", o Estado e, em especial, o Estado-legislador, como expressão da vontade política "sensata[22] dos seus cidadãos", deve atuar de forma "concreta, imaginativa e útil", de acordo com a realidade, as possibilidades disponíveis e objetivos atingíveis de modo concreto.

[22] Para Zippelius (2016, p. 225), se a vontade política da comunidade deve basear-se na "vontade sensata" dos seus concidadãos, um discernimento lastreado na realidade deve ser cultivado e a educação pública e gratuita não deve ser apenas um objetivo de um Estado civilizado, mas também um objetivo democrático. Deste modo, alerta que a disponibilização de instituições de ensino que viabilizem a todos uma real e igual possibilidade de desenvolvimento das suas capacidades e do seu discernimento, representam a íntima correlação que há entre o ideal de comunidade e o ideal de instrução, como Aristóteles já propugnava, e só esta educação permitiria uma democracia "crescida", amadurecida, consolidada através da relação honesta e baseada na realidade entre os cidadãos e os seus representantes.

A compreensão dos cidadãos sobre os problemas (inclusive os mais incômodos) não pode derivar de ilusões ou de promessas de "falsos profetas que fazem exigências e fazem nascer desejos, sem apresentarem custos e vias concretas para a execução", acrescenta Zippelius (2016, p. 225-227), sustentando que os cidadãos fazem jus a uma atuação transparente, sincera e honesta dos seus representantes, de modo que todos possam conhecer de forma clara os custos e os efeitos secundários das mudanças político-jurídicas sugeridas, uma verdadeira democratização no sentido da realidade dos processos de escolha, entre as alternativas possíveis.

E isto se torna ainda mais importante quando estão em discussão valores essenciais de uma sociedade organizada juridicamente num Estado de Direito Democrático, ou mesmo quando se trata de uma escolha supranacional de representantes de países que formam uma comunidade, como ocorre no caso da União Europeia[23].

Neste cenário, destacam-se algumas das finalidades da União Europeia[24], consubstanciadas no objetivo de assegurar um "espaço de liberdade, justiça e segurança" aos seus cidadãos, em virtude dos conflitos que podem surgir quando estes pilares da sociedade ocidental se contrapõem.

A própria CRP[25] contém este objetivo, de forma expressa, ao tratar das relações internacionais e em diversos outros dispositivos, *v. g.*, ao estatuir

[23] Conforme pondera Vital Moreira (2012, p. 503-507), a discussão sobre a natureza institucional da União Europeia (UE) parece que jamais se esgotará, pois é mais do que uma "organização internacional do tipo confederal" e menos do que um "Estado federal", representando uma construção original, gerada sem roteiro ou modelo precedente, contendo traços destes dois modelos de organização política. Leciona que a UE constitui o mais desenvolvido modelo de integração pluriestadual, transformado numa "nova entidade supranacional", para a qual os Estados-Membros transferiram parcelas dos seus poderes de soberania (legislativos, executivos e judiciais) em prol de objetivos comuns, conformando um "*multilevel government*" em que o Estado deixa de ser o único ente dotado de poderes soberanos, transmutando-se em apenas um dos níveis de um poder político dividido em "estratos ou camadas sobrepostas", com maior ou menor articulação entre si.

[24] De facto, diversos preceitos da CRP foram modificados em virtude dos tratados e demais normas que foram sendo estabelecidas no âmbito da União Europeia. Citem-se as modificações da CRP, *v. g.*, consubstanciadas nos seguintes dispositivos: art. 7.º, n.º 5 e n.º 6; art. 8.º, n.º 4; art. 15.º, n.º 5; art. 133.º, alínea *b)*; art. 161.º, alínea *n)*; art. 163.º, alínea *f)*; art. 164.º, alínea *p)*; art. 197.º, n.º 1, alínea *i)*; art. 227.º, n.º 1, alíneas *v)* e *x)*.

[25] A CRP estabelece: "art. 7.º [...] 6. Portugal pode, em condições de reciprocidade, com respeito pelos princípios fundamentais do Estado de direito democrático e pelo princípio da

que todos têm direito à liberdade e à segurança (art. 27.º, n.º 1) e que cabe ao Estado assegurar a liberdade e a segurança das populações contra qualquer agressão ou ameaça externas (art. 273.º, n.º 2).

Por seu turno, sustenta Zuñiga Rodriguez (2018d, p. 88-89) que o Estado Moderno que surgiu após a Revolução Francesa tem como uma das suas finalidades fundamentais salvaguardar a segurança dos cidadãos, segurança esta consubstanciada na proteção dos direitos humanos das pessoas, em especial aqueles previstos na respetiva Constituição (direitos fundamentais), quer seja contra lesões praticadas pelo Estado, quer seja por agressão realizada por terceiros, pessoas físicas ou jurídicas[26].

Alerta, ainda, que o Estado detém o monopólio desta tutela dos direitos humanos, cabendo-lhe a obrigação de legislar, de estabelecer normas que proporcionem uma eficaz proteção dos direitos humanos, além de adotar os atos necessários à consecução desta atribuição constitucional de promoção e proteção dos direitos humanos (apesar de todas pessoas, físicas e jurídicas, influírem, de uma forma ou de outra, no respeito efetivo a esses direitos essenciais). Perfilhamo-nos com Zuñiga Rodriguez (2018d, p. 88), pois afirma que já é tempo de nos afastarmos da "falsa dicotomia" que coloca em contraposição os direitos humanos e a segurança, ou liberdade e segurança, através de programas como "tolerância zero" ou de punitivismo desproporcional, pois ao Estado cabe, de facto, a proteção dos direitos humanos, em especial dos mais vulneráveis.

subsidiariedade e tendo em vista a realização da coesão económica, social e territorial, de um espaço de liberdade, segurança e justiça e a definição e execução de uma política externa, de segurança e de defesa comuns, convencionar o exercício, em comum, em cooperação ou pelas instituições da União, dos poderes necessários à construção e aprofundamento da União Europeia."

[26] Pondera Ferrajoli (1985, *passim*) que o direito penal deve ser utilizado em *ultima et extrema ratio*, para a proteção de bens jurídicos fundamentais. Leciona que, antes das demais funções, cabe ao direito penal proteger os mais fracos (ou vulneráveis) contra os mais fortes, quer sejam os fracos lesionados ou ameaçados pela conduta criminosa, quer sejam os fracos (infratores) ameaçados pela vingança do ofendido e das demais pessoas com ele solidárias. Assim, como o Estado monopolizou o uso da força, bem como delimitou os pressupostos para o reconhecimento de uma conduta criminosa e as sanções respetivas, proibindo o exercício arbitrário das próprias razões aos indivídos, percebe Ferrajoli que a vedação de determinados comportamentos e a previsão de penas protegem também os criminosos de reações mais severas por vingança, *i. e.*, contra a violência arbitrária e desproporcional.

Ademais, deve-se aplicar em todas decisões e ações dos poderes públicos o princípio da *superioridade ética do Estado,* como sustenta Valente (2020c, p. 754-755), "enquanto fundamento, fim e limite da persecução penal, e princípio e axioma regentes do *ser* e do *dever-ser* dos operadores judiciários", inclusive quando os órgãos do Estado atuarem na prevenção e na repressão penal às organizações criminosas. Esclarece que este princípio se consubstancia no íntimo vínculo que possui com os princípios da constitucionalidade e da legalidade, da igualdade, da boa-fé, da prossecução do interesse público (enquanto legitimado e legalmente protegido) e da imparcialidade.

Com efeito, num Estado de Direito Democrático (com todos os valores que consagra), cabe ao Estado proteger e promover os direitos humanos[27], empregando um ordenamento jurídico balizado pela respetiva Constituição (e nos instrumentos internacionais de proteção aos direitos humanos), inclusive mediante a utilização do Direito Penal (como *ultima* e *extrema ratio*), diante das mais graves (e intoleráveis) lesões[28] a esses direitos essenciais, praticadas pelo Estado, por pessoas físicas ou por pessoas coletivas[29].

[27] Ao dirigir-se à Assembleia-Geral das Nações Unidas, Kofi Annan (UN, 2005, p. 41) asseverou no seu informe: "[...] Os direitos humanos são igualmente fundamentais para os pobres e para os ricos, e a sua proteção é tão importante para a segurança e prosperidade do mundo desenvolvido quanto para o mundo em desenvolvimento. Seria um erro tratar os direitos humanos como se estivessem contrapostos a outros objetivos, como a segurança e o desenvolvimento. Cederíamos terreno na luta contra os horrores da pobreza extrema ou do terrorismo se, nos nossos esforços para acabar com esses males, negássemos os mesmos direitos humanos de que esses flagelos privam os cidadãos. As estratégias baseadas na proteção dos direitos humanos são fundamentais tanto para nossa posição moral quanto para a eficácia prática das nossas ações." (Livre tradução nossa).

[28] O Secretário-Geral das Nações Unidas, Kofi Annan (UN, 2005, p. 27), ao publicar informe dirigido à Assembleia-Geral há mais de quinze anos, intitulado "Um conceito mais amplo de liberdade: desenvolvimento, segurança e direitos humanos para todos", comentou no parágrafo 78: "Entre as ameaças à paz e à segurança no século XXI se encontram não apenas as guerras e os conflitos internacionais, mas também os distúrbios civis, a criminalidade organizada, o terrorismo e as armas de destruição em massa. Também contam a pobreza, as doenças infecciosas mortais e a degradação do meio ambiente, pois também podem ter consequências catastróficas. Todas estas ameaças podem ser causa de morte ou reduzir gravemente as possibilidades de vida." (Livre tradução nossa).

[29] Ao nos referirmos à responsabilização penal de pessoas coletivas logo utilizamos como referência a empresa, lembra Zuñiga Rodriguez (2004, p. 151-154), sobretudo ao tratarmos da criminalidade económica, mas diversos crimes podem ser cometidos por ou através de outras pessoas coletivas que também podem ser agentes criminógenos, como um partido

1.2. Normas de Alcance Nacional perante Dinâmicas Socioeconómicas Globalizadas

Ao longo da história das civilizações e até pouco tempo atrás, em especial durante o século XIX, os ordenamentos jurídicos eram caracterizados como sistemas nacionais, positivistas, unitários e fechados[30].

Entretanto, a realidade atual é de uma sociedade pós-moderna, globalizada sob os mais diversos prismas. Por um lado, as vantagens para a humanidade provenientes desta globalização são muitas, em especial porque ampliaram-se (em qualidade e quantidade) as interações (educacionais, tecnológicas, profissionais, sociais etc.) neste mundo ou aldeia globalizados. Foram aproximadas pessoas das mais variadas origens (que têm acesso à tecnologia), viabilizando melhoras na difusão e no desenvolvimento de uma consciência internacional referente ao significado, ao alcance e à necessidade de promoção e proteção dos direitos humanos, de uma vida com um mínimo de dignidade. Expandiram-se as pesquisas, as publicações e as medidas internacionais referentes às diversas mudanças imprescindíveis para promovermos e protegermos os direitos humanos (e, inclusive, para preservarmos a espécie humana).

Por outro lado, a comunidade internacional está conseguindo apenas lentas melhorias na aplicação prática desses conhecimentos e princípios consolidados, *v. g.*, na intervenção e apoio humanitários e/ou no auxílio a "Estados falhados", preservação do meio ambiente e manejo de lixo radioativo, hospitalar ou altamente tóxico, na erradicação da fome e da miséria, bem como na viabilização do exercício do direito à paz.

Adverte Amartya Sen (Sen e Kliksberg, 2010b, p. 17-32) que a globalização, além de não ser uma ocidentalização globalizada (ou uma continuidade do imperialismo colonialista europeu sob outras vestes), também não é uma "maldição". Explica que por milhares de anos a globalização tem contribuído de forma clara para o progresso da humanidade através do comércio, das viagens, das migrações, da difusão do conhecimento e do saber, além da disseminação

político ou uma associação sem fins lucrativos, ampliando o espectro conceitual quanto aos crimes que se cometem numa organização de pessoas.

30 Vogel (2008, p. 160) acrescenta que esta representação da soberania do Estado-nação para estabelecer o seu ordenamento jurídico tornou-se, há tempos, uma ficção ou uma ideologia jurídica mantida por estratos jurídicos profissionalizados.

das mais diversas influências culturais, inter-relações humanas estas que têm sido produtivas para desenvolver muitos países, somando-se ao facto de que muitos agentes efetivos da globalização se situam no Oriente, como ocorre há mais de mil anos[31].

Assim, crê que resistir às contribuições globais, que vêm das mais diversas partes do planeta e que consolidam a ciência, a tecnologia e os demais saberes que vêm sendo desenvolvidos, é uma decisão muito tola do ponto de vista prático e contraproducente, tendo em vista a extensão do quanto todos podem se beneficiar com a globalização, lembra Amartya Sen (Sen e Kliksberg, 2010b, p. 17-32). Alerta que deve ser discutida com maior ênfase a justa e proporcional distribuição dos benefícios da globalização e da economia de mercado (global), em especial aqueles de caráter económico, social, educacional, de saúde, de assistência social e outros, vinculados de modo direto à dignidade da pessoa humana. E mais: esta justiça (distributiva e, se necessária, redistributiva) se refere tanto à divisão das benesses entre os países, quanto à justa repartição no âmbito interno dos países.

Entretanto, há outros aspetos a serem escrutinados de forma isenta (porém crítica), como alguns fatores da globalização com elevadas consequências negativas, entre as quais a expansão da criminalidade organizada transnacional[32], do terrorismo e da criminalidade económica, sendo que, em muitas ocasiões, estes fenómenos criminológicos se confundem, confluem entre si,

[31] Anota Amartya Sen (Sen e Kliksberg, 2010b, p. 18-19) que a globalização permitiu, *v.g.*, que por volta do ano 1.000 d. C. o alcance global da ciência, da matemática e da tecnologia mudasse o Velho Mundo, numa difusão de conhecimento e saber em sentido oposto, em especial da atual China para o Ocidente, com avanços como o papel, a tipografia, a pólvora, a balestra, a bússola, o carrinho de mão, a ponte suspensa por correntes de ferro e outras tecnologias com ampla utilização na China, mas desconhecidas na Europa. Cita, ainda, a matemática e o sistema decimal, utilizado e muito desenvolvido na Índia nos séculos II a VI d. C., depois aperfeiçoados por matemáticos árabes, alcançando a Europa por volta do século X. Acrescenta que a Europa teria sido muito mais pobre, sob os prismas económico, científico e cultural, se tivesse resistido à globalização naquele período em que adotou tantas tecnologias, a matemática e as demais ciências orientais.

[32] A Convenção das Nações Unidas contra o Crime Organizado Transnacional (CNUCOT), estabelece a transnacionalidade do delito quando a infração: "for cometida em mais de um Estado; for cometida num só Estado, mas uma parte substancial da sua preparação, planejamento, direção ou controle tenha lugar noutro Estado; for num só Estado, mas envolva a participação de um grupo criminoso organizado que pratique atividades criminosas em mais de um Estado; ou for cometida num só Estado, mas produza efeitos substanciais noutro Estado."

impedindo até mesmo discernir as fronteiras (se é que existem) entre uma e outra forma de criminalidade.

Possui grande relevância, também, o facto de que uma pluralidade de ordenamentos jurídicos (infranacionais, nacionais, supranacionais e internacionais) tem regulado o Direito, conformando uma verdadeira "interlegalidade", como anota Santos (1990, p. 34-39), caracterizada por "diferentes comunidades jurídicas organizadas em redes de legalidade". Acrescenta que essas redes de legalidade às vezes se sobrepõem umas às outras, ou então se complementam, atuam paralelamente ou até podem ser antagônicas, demonstrando uma verdadeira "porosidade jurídica", sobretudo dos pontos de vista espacial e temporal.

Refira-se que o desenvolvimento das instituições sociais modernas, bem como dos direitos humanos e das suas respetivas garantias, difundidos em nível mundial, como pontua Giddens (1998, p. 08-21), oportunizaram aos seres humanos o gozo de uma existência mais segura e mais gratificante que aquela que era encontrada em qualquer tipo de sistema anterior. Em contraponto, analisa que esta modernidade também trouxe consigo "um lado sombrio"[33],

[33] Para Touraine (2013, *passim*), a crise financeira de 2007 deixou em evidência a decomposição do capitalismo industrial, fazendo com que todas as instituições sociais (como a família, a escola, os sistemas de proteção e de controle social, os negócios e a própria política) perdessem sentido. Pondera que o principal papel do capital financeiro, representado pela sua *disponibilização para investimento e crédito*, foi totalmente desviado das suas funções para uma lógica única de especulação, num desenvolvimento massivo de operações unicamente financeiras, sem qualquer finalidade económica, enfraquecendo de modo grave o capitalismo industrial e comercial e criando uma crise com profundos danos sociais, colapsando as mais diversas instituições sociais, pois os recursos económicos não eram mais alocados em qualquer sistema com utilidade social ou política. Assinala, ainda, que a situação é muito agravada pelo facto de que os alicerces institucionais e sociais das nossas sociedades democráticas estão ruindo justamente quando são mais necessários, em que deveriam estar sendo fortalecidos face à globalização em curso. Alerta, entretanto, que as sociedades democráticas não podem ceder ao medo do caos (que costuma acompanhar e até acelerar o declínio): ao contrário, devem resgatar os valores mais importantes que construíram a vida coletiva (e também individual), no sentido da defesa e proteção do ser humano a nível universal, na proteção intransigente dos direitos humanos "contra todas as lógicas de interesse e poder", o que tem sido demonstrado através de movimentos éticos como a Primavera Árabe, a ocupação de Wall Street, os indignados da "Puerta del Sol", os dissidentes chineses, os estudantes chilenos, os movimentos femininos ou ecológicos, de forma que sejam fortalecidos (e não sejam efêmeros, destinados ao fracasso ou enfraquecimento logo após começarem), pois apenas assim os indivíduos e as comunidades retomariam sua condição de atores no cenário globalizado e da *financeirização*

o qual se tornou muito aparente na atualidade, diante da insegurança que transpassa a sociedade por diversos fatores, como os conflitos que geraram mais de 100 milhões de mortes no século XX e continuam ceifando vidas em diversos pontos do planeta.

De facto, se tanto os comportamentos individuais quanto os coletivos são determinados ou influenciados pelo fenómeno da globalização, lembra Faria Costa (2009a, p. 97-98) que também as condutas criminosas não podem deixar de serem determinadas por esta mesma realidade hodierna. Acrescenta que este mecanismo social hiperdinâmico que tornou globalizados os espaços económicos, financeiros, informativos e culturais, que antes se estruturavam em nível nacional, agora está baseado em sistemas de comunicação que operam em tempo real, não reconhecem limites territoriais e não parecem ter nem lugar nem tempo.

É neste quadro de incertezas, desordem, conflitos e/ou lacunas entre jurisdições e legislações no âmbito internacional, que vem ocorrendo uma acentuada expansão da criminalidade organizada a nível transnacional, em especial após a queda do muro de Berlim (em 1989), que sinalizou o término da guerra fria e viabilizou um período de relevante abertura do mercado económico (que se tornou mundial) e a expansão sem fronteiras das mais diversas interações entre os seres humanos, nem todas com finalidades ou resultados positivos para a sociedade.

Este aumento significativo do mercado internacional, potencializado por relevantes avanços tecnológicos nas mais diversas searas (incluindo as áreas de comunicações, digital, financeira e de transportes etc.), também resultou na atenuação ou no desaparecimento da vigilância em muitas fronteiras[34],

extrema do mundo, viabilizando algum controle sobre o capitalismo financeiro que se tornou selvagem e não tem demonstrado absolutamente nenhum mínimo compromisso ético com os indivíduos, com a comunidade ou com os direitos humanos que vêm sendo consolidados ao longo dos últimos séculos.

[34] São diversas as formas de gestão que buscam organizar o controle e a vigilância de fronteiras, lembra França (2018, p. 392-394), a depender de múltiplos fatores, como o tamanho do território a ser fiscalizado e guardado, a relação com os países vizinhos, a eventual existência de movimentos separatistas, o nível de desenvolvimento económico dos países fronteiriços e das áreas de fronteira. Acrescenta que os modelos de estruturas e instituições que realizam esta fiscalização e controlo de fronteiras são muito díspares, existindo desde o formato utilizado pelos Estados Unidos, com a atuação de várias agências diferentes, até o emprego de uma instituição apenas, com variadas funções, conforme modelos uruguaio e chinês, ou

diminuindo sensivelmente o controlo estatal sobre a circulação de agentes económicos (pessoas, bens, valores), entre outros complexos fatores de semelhante envergadura.

Por outro lado, seu reflexo criminológico (representado pela expansão significativa das organizações criminosas[35]) não advém apenas do desaparecimento (ou enfraquecimento) dos diversos obstáculos representados pelos controles fronteiriços dos Estados nacionais[36].

Favorece também as organizações criminosas o facto de que tanto as normas penais quanto os órgãos de prevenção, deteção e repressão estatais (como polícias e poder judiciário) possuem estruturas e alcance nacional em grande parte dos casos, dificultando sobremaneira a atuação desses órgãos de persecução às atividades criminosas transnacionais, apesar dos esforços da comunidade internacional para aperfeiçoar os instrumentos de cooperação policial e judiciária a nível internacional e/ou supranacional (como ocorre no caso da União Europeia).

De facto, a diminuição dos controles de fronteiras e a liberalização da circulação de agentes económicos viabilizou, *v. g.*, que as organizações criminosas não apenas expandam as suas áreas de atuação delituosa[37], mas também

então através da cooperação de vários países dentro de blocos económicos e/ou políticos, conforme formato utilizado pela União Europeia, através de um sistema supranacional de vigilância e controle.

[35] Não foram apenas as grandes empresas (e o capitalismo) que se reorganizaram em redes, de forma mais flexível, descentralizada e globalizada, ressalta Castells (2017, p. 61-62), pois também as organizações criminosas adotaram sistemas avançados em rede, transnacionais e adaptáveis às oportunidades de uma economia de mercado e aos florescentes mercados (lícitos e ilícitos) que vêm surgindo, redes estas que se ajustam e se reorganizam também em função dos sistemas e medidas estatais de prevenção e repressão penal.

[36] Ao examinar os traços das organizações criminosas atuais, transnacionais, Zuñiga Rodriguez (2016a, p. 64-66) afirma que estas não encontram mais as dificuldades representadas pelas fronteiras nacionais, exemplificando através da cibercriminalidade, que através da *web* (e especialmente da *deepweb*) vende mercadorias e fornece serviços ilícitos a clientes de qualquer parte do globo terrestre, ou então comete fraudes ou outros delitos lesionando vítimas de qualquer país. Do mesmo modo, cita os sistemas financeiros e bancários globais (com regulação e supervisão deficientes), que impulsionam as organizações criminosas ao favorecerem o branqueamento de capitais e a utilização dos recursos financeiros de origem criminosa por meio de transferências instantâneas.

[37] Destaca Zuñiga Rodriguez (2009, p. 306-310) que no contexto de aberturas da globalização, do capitalismo sem responsabilidades ou responsabilização, de Estados mínimos que não conseguem cobrir sequer as necessidades mínimas dos mais vulneráveis, a violência

cometam crimes em determinado(s) país(es), refugiem-se em outro(s) e mantenham ou façam circular os bens provenientes das práticas ilícitas em outro(s) Estado(s)[38], atividades estas que foram facilitadas pelas amplas possibilidades de movimentar recursos financeiros utilizando equipamentos e sistemas informatizados em qualquer parte do mundo.

Diante desses e de outros fatores, a própria União Europeia representa a mais "sofisticada" demonstração da crise do Estado, quer seja como conceção (westfaliana) de soberania estadual, quer seja como Estado-Nação, acrescenta Vital Moreira (2012, p. 503-505), diante do erodimento das fronteiras dos territórios (decorrentes da integração), do esmaecimento da cidadania nacional (gerada pela liberdade de circulação, de residência e dos direitos políticos concedidos aos demais cidadãos europeus) e, sobretudo, do deterioramento da soberania nacional (proveniente da entrega de poderes soberanos para a União). Alerta que a criação da UE como um novo ente supranacional (mediante integração pluriestadual e transferência de poderes soberanos antes pertencentes ao Estado), resulta na transformação do Estado-membro num dos vários níveis de um poder político dividido em camadas sobrepostas e articuladas entre si, em maior ou menor grau.

Entretanto, ressalta que o próprio processo de globalização tem gerado esta necessidade de governação transnacional, diante da dimensão transfronteiriça de problemas como a regulação económica, a concorrência fiscal internacional, o meio ambiente, a segurança, o terrorismo e as redes criminosas internacionais, que deixam claro para Vital Moreira (2012, p. 503-505) que nenhum desses fenómenos de gravíssimas consequências podem ser resolvidos em nível nacional, *i. e.*, a integração regional é uma necessidade e uma resposta a esta crise, análise à qual nos perfilhamos.

desorganizada e a criminalidade organizada encontraram largos horizontes para atuarem, pois quando se descobriu que a remoção das barreiras também seria utilizada para fins perversos, já era tarde, somando-se ao facto de que a imposição da razão económica sobre as razões políticas, éticas ou humanistas, entre outras, parece ter se consolidado, em vários aspetos.

[38] A internacionalização ou transnacionalização da criminalidade organizada e das suas atividades delitivas, segundo Castells (2012, p. 202-206), caracteriza-se por alianças estratégicas entre as organizações criminosas de diversos países, num sistema de cooperação (em vez de conflitos entre elas), inclusive mediante sistemas de subcontratação e *joint ventures* entre as organizações criminosas, acompanhando a lógica do mercado formal, de empresas atuando em redes.

Percebem-se, assim, as grandes dificuldades impostas pela atual limitação do poder do Estado nacional, com capacidade de legislar e de impor seu ordenamento jurídico (proporcionando uma relativa proteção ao ser humano) apenas no âmbito nacional, enquanto social, política e economicamente[39] a sociedade se encontra num mundo globalizado, com o deslocamento de grande parcela de poder para entes internacionais (intergovernamentais e privados) e um aumento exponencial da criminalidade organizada transnacional.

1.3. A Multiplicidade de Fontes Normativas e a Expansão de Redes Socioeconómicas Especializadas e de Redes Criminosas

A globalização (ou mundialização) dos mercados económicos e financeiros recebeu forte impulso após o final da "guerra fria" (que cindia o mundo em ocidente e oriente), viabilizando a globalização também sob muitos aspetos sociais, políticos e culturais[40]. Entretanto, essa economia de mercado mundializada, além de criar um enorme fluxo de bens, recursos financeiros, pessoas e tecnologias[41], trouxe várias consequências consigo, como uma forte

[39] A "economia mundial" existe no Ocidente desde o século XVI (no mínimo), entendida como uma economia na qual a acumulação de capital avança por todo o mundo, anota Castells (2017, p. 155-156). Por outro lado, a "economia global" é uma nova realidade histórica, definida como "como uma economia cujos componentes centrais têm a capacidade institucional, organizacional e tecnológica de trabalhar em unidade e em tempo real, ou em tempo escolhido, em escala planetária." Reconhece, ainda, que existe esta "economia global" porque as economias de todos Estados dependem do seu núcleo globalizado, que contém os mercados financeiros, a produção transnacional, o comércio internacional, além de outros fatores, *v. g.*, como a mão de obra especializada, a ciência e a tecnologia.

[40] Entre os teóricos da globalização, a maioria sustenta que este fenómeno se desenvolveu modernamente, depois do colapso do bloco socialista e da queda do muro de Berlim, embora outros aleguem que esta teve início após o término da Segunda Guerra Mundial. No entanto, destacam-se outros momentos importantes da história da humanidade, em que a economia e a consequente aproximação cultural também aproximavam diferentes continentes, como a Rota da Seda, que teve início no século I a. C. e, posteriormente, interligava a Ásia, a África e a Europa. Destacam-se também as grandes navegações, que a partir do final do século XV viabilizaram trocas comerciais e económicas transcontinentais, muito embora fossem baseadas no sistema colonialista.

[41] Para Klaus Schwab (2016), fundador e diretor do Fórum Económico Mundial, esta quarta revolução industrial está alterando o modo de viver, de trabalhar e de se relacionar da humanidade, não sendo apenas um novo ciclo do aperfeiçoamento da tecnologia, mas sim

interdependência económico-financeira (e também em diversas outras searas) entre os países, em que uma crise num Estado nacional pode atingir rapidamente outros Estados e causar danos a nível global[42].

Além disso, a globalização promoveu um relevante deslocamento dos centros de decisão e da capacidade de imposição de normas que estruturam a atual "sociedade globalizada", transferida do Estado-nação para o âmbito internacional, no qual o Estado tem pouca capacidade de impor seu ordenamento jurídico de alcance nacional. Refira-se que a própria necessidade imposta aos Estados nacionais, no sentido de adotarem padrões internacionais nas mais diversas matérias, para que permaneçam integrados nesta sociedade multifacetária e globalizada de integração económico-financeira, impõe aos Estados diversas transformações, reduzindo sua capacidade de manobra para estabelecer até mesmo as políticas públicas a nível doméstico.

De facto, a sociedade global está sendo ordenada por um verdadeiro pluralismo jurídico de diferentes níveis (infranacional, nacional, supranacional e internacional), como anota Vogel (2008, p. 160), com validez diferente, direta ou indireta, *hard* (dura) ou *soft* (branda), legal ou social. E mais: essas normas atualmente são produzidas por Estados nacionais, seus parlamentos, seus governos ou administrações, organizações supra ou internacionais (estatais ou privadas), além de outros atores não estatais, como as empresas multinacionais (reunidas em bloco de acordo com a área de atuação) e organizações não governamentais, compondo uma "interlegalidade", anota Santos (1990, p. 36), que causa constantes transformações e/ou transições.

Prosseguindo em sua análise, acrescenta Santos (1990, p. 36-37) que esses múltiplos "direitos" se interpenetram, em diversos sistemas complexos e assíncronos, contendo regulações e normas diferentes e muitas vezes discrepantes, velhas ou novas, emergentes ou decadentes, nativas ou vindas do

uma metamorfose, em que sistemas são criados sobre a infraestrutura da revolução digital, convergindo com as mais recentes tecnologias digitais, físicas e biológicas (nanotecnologia, engenharia genética e neurotecnologia), com complexidade e possibilidades inéditas.

42 A interdependência entre os países pode ser demonstrada através de fenómenos como a crise económico-financeira que se iniciou nos Estados Unidos em 2007 e se alastrou pelo mundo em 2008, bem como através da pandemia de COVID-19, que teve início na China em dezembro de 2019 e se propagou pelo globo terrestre em 2020, com terríveis consequências em todos aspetos (economia, saúde, qualidade de vida etc.), atingindo com mais vigor justamente as pessoas mais pobres e os países que têm as economias mais frágeis.

exterior, umas impostas e outras advindas do senso comum. Percebe, ainda, o esvaziamento da dicotomia que até há pouco tempo definia a sociedade ocidental e os seus ordenamentos jurídicos, proveniente da relação entre o Estado e a Sociedade Civil no interior dos próprios territórios nacionais, a qual está sendo substituída por sistemas múltiplos e transnacionais, baseados na atual (des)organização global, com a ascensão de diversos atores que não representam os Estados e a Sociedade Civil, mas têm enorme poder de persuasão e de definição das políticas globais, como as empresas transnacionais e os operadores financeiros internacionais.

Esta mudança de uma "constelação nacional" para uma "constelação pós-nacional", conforme Habermas (2001, p. 76-78), causa enormes preocupações quanto ao futuro da democracia e do Estado de bem-estar social[43], talhados no ocidente durante aproximadamente duzentos anos de avanços (apesar de alguns retrocessos nesse processo histórico não linear), em que os valores comuns (entre as respetivas fronteiras nacionais) foram se densificando e se fortalecendo em torno da conceção da dignidade humana e dos direitos humanos[44], através de programas sociais e de outras medidas que tinham o Estado como instrumento para proporcionar uma vida digna a todos, uma convivência pacífica[45] com liberdade, justiça e segurança no interior dos seus territórios.

[43] Neste sentido, Bobbitt (2003, p. 228-230) entende que o "Estado do Bem-Estar Social" era nacional e eventualmente podia atender a diversas reivindicações sociais no interior do seu território, mas que atualmente o Estado nacional, perante a globalização socioeconómica, a revolução tecnológica e a crise fiscal, tornou-se um "Estado-Mercado" que busca agir de modo transnacional, para expandir globalmente o seu sistema económico e proporcionar maiores oportunidades e benefícios para as empresas localizadas em seus territórios, em evidente dependência "dos mercados de capitais internacionais e, em menor grau, da moderna rede de empresas multinacionais para criar estabilidade na economia mundial."

[44] Vejam-se as análises realizadas por Christófolo (2019, p. 170-195), realizando uma reconstituição histórica sobre o gradual reconhecimento dos direitos humanos na ordem jurídica internacional, sobretudo "a natureza indissociável entre paz, desenvolvimento e direitos humanos". Em outra obra, aborda Christófolo (2016, p. 271-277) o enorme esforço da ONU no sentido de estabelecer as responsabilidades dos Estados (*responsibility to protect*) no sentido de prevenir e proteger seus cidadãos contra as mais graves violações dos direitos humanos, como genocídio, crimes de guerra, crimes contra a humanidade e outros.

[45] O Sistema de Paz das Nações Unidas, pontua Pires (2019, p. 9-20), formou-se em quatro passos: 1.º - Instituição das bases para a conceção do sistema, nos cinco primeiros períodos de sessões da Assembleia Geral; 2.º - Instauração da Cultura de Paz; 3.º - Declaração sobre

Neste vértice, sustenta Castells (2012, p. 412-414) que um novo mundo foi se formando a partir da década de 1970, em que confluíram três processos, da revolução da tecnologia da informação, da crise do estatismo (de inspiração soviética) e do capitalismo (com a reestruturação de ambos, em especial do capitalismo), e do apogeu de movimentos como os de direitos humanos, do ambientalismo e do feminismo.

A interação entre esses processos teria feito surgir a *sociedade em rede*, além de governos, economias e empresas terem desenvolvido uma nova forma de capitalismo, caracterizada pela globalização das principais atividades económicas e por severa competitividade, flexibilidade das organizações, forte interdependência entre os países e para com o sistema financeiro, sustenta Castells (2012, p. 412-414). Analisa, então, que esses fatores causaram uma transformação na forma de gerar riquezas (em que trabalho e capital deixaram de ter a mesma importância, com este sobrepujando aquele) e uma ampliação clara do poder do patronato em suas relações com os trabalhadores e sindicatos, debilitando os investimentos do Estado de bem-estar social, que era um dos pilares fundamentais do contrato social na era industrial.

Por seu turno, Neves (2009, p. 30-31) anota que, enquanto a economia, a ciência, a educação e a técnica (e suas inter-relações) não dependem da segmentação territorial para avançarem, reproduzirem-se ou alcançarem legitimidade (segmentação esta que poderia, inclusive, prejudicá-las), a política encontra-se numa situação distinta, oposta. Justifica este ponto de vista reconhecendo que, embora estejamos compondo uma "sociedade mundial", a reprodução e a legitimação políticas ainda estão vinculadas aos territórios (consubstanciados em Estados), com seus sistemas e subsistemas políticos nacionais e regionais, "não havendo perspetivas de uma política mundial abrangente que possa prescindir da formação dos Estados", *i. e.*, ainda não há uma "nova ordem mundial" que possa substituir (nem em parte) os Estados.

Isto se verifica, inclusive, no facto de que a tomada de decisões coletivamente vinculantes para os Estados (e depois para os respetivos cidadãos) ainda depende de processos políticos desenvolvidos nos âmbitos nacional ou regional, pontua Neves (2009, p. 30-31), tornando "a política e o direito

o Direito à Paz; 4.º - Designação da Promoção da Paz como requisito imprescindível para o pleno desfrute dos Direitos Humanos para todos.

relativamente fracos diante dos sistemas que se reproduzem no plano mundial de forma cada vez mais intensa [e sem] segmentação territorial."

Trata-se de um momento em que foi relativizado o postulado da plenitude da ordem jurídico-constitucional dos Estados, corolário de sistemas que eram únicos e fechados, interpreta Pérez Luño (2012, p. 25-27), diante do pluralismo de fontes e da multiplicidade de instâncias jurisdicionais que vêm se afirmando a nível internacional, conformando uma dimensão plural e aberta do ordenamento. Acompanhamos sua análise, quando afirma que foi superado o âmbito estatal como centro de gravidade das fontes jurídicas, passando para uma "supraestatalidade normativa" (enquanto poderes normativos superiores ao Estado) e, em paralelo, a uma ampliação da capacidade normativa por parte de entes intermediários, que não são nem o cidadão nem o Estado, caracterizando-se, portanto, um verdadeiro "transbordamento das fontes do direito".

Acrescente-se que a emergência de novos e cada vez mais complexos problemas globais ocorre, de modo paradoxal, no momento em que se tornou notória esta diminuição da capacidade regulatória do Estado, ao qual são atribuídas mais e mais tarefas diante dos novos desafios da sociedade mundial, leitura do momento atual à qual nos perfilhamos com Neves (2009, p. 34). Lembra, ainda, a emergência representada por novos atores, sistemas, regimes e redes globais com pretensão de tomar e impor decisões coletivamente vinculantes e produzir normas jurídicas, mas considera que o Estado continua sendo um "foco fundamental da reprodução da nova ordem normativa mundial", embora considere problemática a ideia de estabelecer fronteiras entre redes governamentais e redes privadas ou quase públicas de atores globais, diante do entrelaçamento de "ordens estatais, internacionais, supranacionais, transnacionais e locais no âmbito de um sistema jurídico mundial de níveis múltiplos, a partir do qual tem se desenvolvido o transconstitucionalismo da sociedade mundial."

Por outro lado, na atualidade a *lex mercatoria* parece coordenar as políticas globais (desta "desorganização" global), e os Estados aparentemente se tornaram "gerentes" de negócios (pouco conectados aos direitos humanos e às suas mais importantes atribuições constitucionais relacionadas aos cidadãos), com pouquíssima capacidade de estabelecer normas e vincular entes transnacionais. Acrescente-se que a própria margem de manobra dos poderes executivo e legislativo dos Estados parecem diminuir a passos largos, em atendimento aos *standards* estabelecidos por organismos supra ou internacionais, intergovernamentais ou privados.

Este terceiro período do capitalismo, que começou na década de 1960, é um período mais complexo e deveria ser designado como período de "capitalismo desorganizado", sustenta Santos (1999, p. 87-92), não apenas pelas perplexidades que está gerando, mas também pela desconstrução das estruturas e das instituições que vinham vigorando, saindo de um período de regulação para um período de emancipação e descontrole. Reconhece, então, que o "princípio do mercado" alcançou poder sem precedentes, extravasando do "económico" e colonizando também o "princípio do Estado" e o "princípio da comunidade", em que a expansão do mercado em escala global e as empresas (multinacionais, depois transnacionais e, na atualidade, globais) tornaram possível contornar e/ou neutralizar a capacidade regulatória dos Estados[46].

O mercado e as empresas atuam no sentido de modelar as comunidades e os indivíduos (inclusive através dos meios de comunicação de massa que eles mesmos financiam, entre outras técnicas), anota Santos (1999, p. 87-92), que a passos constantes e coordenados, vão desmanchando o Estado do bem-estar, tornando-o este mesmo Estado obsoleto perante os cidadãos (sobretudo nos países periféricos e semiperiféricos, mas também nos países centrais, com menor intensidade).

Deste modo, fragilizado e sobrepujado pelo mercado económico, o Estado tem devolvido à sociedade civil muitas responsabilidades que havia assumido no século anterior (diga-se de passagem, em troca de uma considerável carga tributária impingida sobre os cidadãos), ponderação em que acompanhamos Santos (1999, p. 87-92), mas este mesmo Estado não está reduzindo de

[46] Nesta senda, Ferrajoli (2014, p. 92) comenta que a relação entre a política e a economia se inverteu, pois não são mais os Estados, através dos seus governos e parlamentos eleitos, que com suas políticas controlam os mercados e os setores de negócios, impondo suas e limites para protegerem o interesse geral e os direitos fundamentais das pessoas. Pondera que, na atualidade, são os mercados, i. e., algumas poucas dezenas de milhares de especuladores financeiros e algumas agências de qualificação, que controlam, influenciam e governam os Estados, impingindo suas políticas ademocráticas e antisociais em benefício de seus próprios interesses privados e especulativos, visando máxima lucratividade e baixos riscos. Conclui, então, que "já não temos mais o governo público e político da economia, agora temos o governo privado e económico da política."

modo proporcional os tributos e, em alguns casos, governantes têm buscado compensar este enfraquecimento do poder estatal mediante o aumento do autoritarismo[47], gerando "microdespotismos burocráticos" das mais variadas ordens e afastando-se ainda mais dos cidadãos, que já não reconhecem o Estado como um aliado ou garantidor (mediante uma contrapartida) dos seus direitos fundamentais.

Vive-se, de facto, numa sociedade que sofre aceleradas transformações, causando diferentes medos, angústias e incertezas, perante dinâmicas socioeconómicas de uma sociedade líquida (Bauman), internético-personocêntrica (Valente) e de riscos (Beck) com relevante potencial de destruição, com maior capacidade de lesionar justamente as pessoas com maior fragilidade económica e social, muitas vezes incapazes de proverem a si mesmos o mínimo necessário para sua subsistência, ou para sua defesa (e proteção) ante as agressões de terceiros (pessoas físicas ou jurídicas, estatais ou privadas).

Por seu turno, Bravo (2021, p. 29-30) ressalta muitos outros novos riscos e desafios trazidos pela matriz tecnológica contemporânea, pois entende que a sociedade da informação se direciona a uma sociedade digitalmente totalitária (dos *Big Data* ou *Total Data*), em que os dados representam o "novo petróleo", somando-se aos novos avanços na Inteligência Artificial e nas *machine learning*, nas tecnologias robotizadas e tecnologias de identificação e vigilância que causam tantas inquietudes.

Quanto às ameaças que pairam sobre o ser humano, a atual "sociedade de risco" aumentou de maneira exponencial a capacidade industrial e comercial, mas não diminuiu a desigualdade social e, ao mesmo tempo, criou autoameaças gigantescas, que podem provocar até mesmo a extinção da vida neste planeta[48], alerta Beck (2010, p. 23-32), diante do objetivo (quase cego)

[47] Numa verdadeira democracia, de caráter liberal, o Estado é fraco por definição diante dos cidadãos, pontua Fukuyama (1992, p. 37-38, 123-125), pois a preservação de uma esfera de direitos individuais representa e deve representar uma clara delimitação do seu poder, sob pena de falta de legitimidade e de base de sustentação plausível a longo prazo, as quais são proporcionadas pela democracia e pela soberania popular.

[48] Para exemplificar, Beck (2010, p. 23-32) cita as centenas de usinas nucleares e o constante aumento dos depósitos de lixo radioativo, o incremento da quantidade de dejetos industriais altamente tóxicos, a produção acelerada de substâncias químicas e biológicas com grande potencial para intoxicar e contaminar pessoas e animais pelo ar, água ou alimentos (com efeitos nocivos e acumulativos a longo prazo, como os herbicidas), entre outros procedimentos

de aumentar o desempenho económico e a maximização dos lucros sem considerações éticas[49], sociais (ou até mesmo biológicas).

Por outro lado, não existem apenas más notícias. Neste sentido, o laureado com o Prêmio Nobel de Economia Amartya Sen e Bernardo Kliksberg (2010b, p. 362-367) enaltecem o quanto a sociedade civil organizada tem se tornado "cada vez mais forte, articulada e participativa", em especial nas democracias consolidadas, em que os cidadãos fazem cada vez mais exigências, em alta voz, direcionando-as aos políticos e também aos empresários, através de ONGs (Organizações Não Governamentais) e da opinião pública, fazendo avançar a conceção e o paradigma da *Responsabilidade Social Empresarial* (RSE), a ponto de surpreender a classe empresarial em algumas oportunidades e fazer com que esta responsabilidade social da empresa seja vista como a forma de fazer negócios no século XXI.

Esta RSE, observam Sen e Kliksberg (2010b, p. 362-367), é composta por algumas premissas e características estruturantes:

1. Políticas de pessoal que respeitem os direitos dos que fazem parte da empresa e favoreçam o seu desenvolvimento;
2. Transparência e boa governança corporativa;
3. "Jogo limpo" com o consumidor;
4. Políticas ativas de proteção do meio ambiente.

intoleráveis sob os prismas ético, social, medicinal, ecológico e, inclusive, psicológico, além dos danos potenciais representados pela criminalidade organizada transnacional.

[49] A aproximação entre ética e economia seria benéfica não apenas para a economia, avalia Amartya Sen (1999, p. 94-106), mas também para a ética, pois muitas sociedades e comportamentos não podem ser compreendidos apenas com base no comportamento autointeressado e no aumento do próprio bem-estar do indivíduo, diante da complexidade da sociedade moderna e de tantas externalidades, em especial diante da "riqueza de considerações éticas nas avaliações em economia do bem-estar [que] têm relevância direta para o comportamento pessoal", com maior ênfase nas sociedades mais avançadas, cuja sociedade civil organizada e cidadãos têm exigido, v. g., alto nível de responsabilidade social das empresas (RSE), como relatam Amartya Sen e Bernardo Kliksberg (2010b, p. 362-367), inclusive no sentido de que as empresas não utilizem um *código de conduta ética duplo*, em que seguem as normas estabelecidas e adotam comportamentos éticos nos seus países sede, mas agem de forma oposta nos países subdesenvolvidos ou em desenvolvimento em que possuem filiais ou subsidiárias, empregando condutas sem o mínimo senso ético e descumprindo normas relativas aos trabalhadores, consumidores, ambientais, fiscais e outras.

Além disso, reconhecem que a sociedade civil organizada e seus movimentos têm exigido uma rutura paradigmática com o sistema anterior, baseado apenas no *lucro*, exigindo uma transformação para que as empresas alcancem alta responsabilidade social empresarial, mediante, ainda: "5. Integração aos grandes temas que produzem o bem-estar comum; 6. Não praticar um código de ética duplo."

Quanto a este último aspeto, advertem Amartya Sen e Bernardo Kliksberg (2010b, p. 364-365) que as empresas, para manterem coerência entre o discurso de RSE e a prática, além da credibilidade perante a sociedade e os órgãos de regulação e fiscalização, não podem aplicar um código ou comportamento ético no seu país-sede, e outro nos países em desenvolvimento, como vinha ocorrendo, em que tantas empresas empregavam mão de obra infantil ou análoga à escravidão, degradavam o meio ambiente, deixavam os trabalhadores expostos a substâncias tóxicas ou a outros constantes riscos, entre outras condutas de elevada danosidade para os indivíduos e para a sociedade em seu conjunto.

É importante recordar, como pontua Ruggie (2014, p. 19-21), que durante a década de 1990 a Subcomissão da ONU de Promoção e Proteção dos Direitos Humanos começou a elaboração de um instrumento semelhante a um tratado intitulado "Normas de Responsabilidades de Corporações Transnacionais e outras Empresas em Relação aos Direitos Humanos", cujo texto foi apresentado em 2003 à Comissão de Direitos Humanos. Estas Normas imporiam uma série de deveres às empresas para "promover, garantir o cumprimento de, respeitar, garantir o respeito a e proteger os direitos humanos", mas resultou num debate de extrema polarização entre grupos de defesa de direitos humanos e grupos empresariais.

Os ativistas de direitos humanos queriam que estas responsabilidades constantes das Normas fossem obrigatórias para empresas com atuação internacional e as instituições empresariais reagiram com veemência, relata Ruggie (2014, p. 19-21), utilizando todos os meios disponíveis, alegando que as Normas iriam "privatizar os direitos humanos", transferindo à livre iniciativa os deveres que eram dos Estados, *i. e.*, a comunidade empresarial não aceitou que fosse submetida a Normas obrigatórias quanto aos direitos humanos, aderindo apenas à ideia de que as empresas que quisessem poderiam, de forma voluntária, seguir as recomendações referentes ao tema. Deste modo, relata que a proposta não teve nenhum defensor na Comissão de Direitos Humanos da ONU, que decidiu não a implementar.

A partir de 2005, a convite de Kofi Annan, afirma Ruggie (2014, p. 21-25) que desenvolveu um projeto, como representante especial do Secretário-Geral da ONU, "sobre o assunto de direitos humanos e corporações transnacionais e outros empreendimentos de negócios", realizando diversos estudos e consultas nos cinco continentes sobre este tema, buscando trabalhar com todos os setores envolvidos: governos, empresas e sociedade civil. Entretanto, no início dos seus trabalhos percebeu a manutenção da intensa polarização, em que a Anistia Internacional e a Federação Internacional para os Direitos Humanos (*Fédération Internationale des Droits de l'Homme* – FIDH), com mais de 180 organizações em quase uma centena de países, exigiam um "marco jurídico global para a responsabilidade corporativa". Em contraposição, relata que a Câmara do Comércio Internacional (*International Chamber of Commerce* – ICC) e a Organização Internacional dos Empregadores (*International Organisation of Employers* – IOE), na condição de maiores associações empresariais do mundo, exigiam que não fosse estabelecido um marco jurídico sobre o tema, e que os estudos e trabalhos deveriam identificar, promover e difundir boas práticas que poderiam vir a serem utilizadas, de forma voluntária, pelas empresas.

Em 2011, após seis anos, vários projetos e milhares de páginas de estudos e relatórios, Ruggie (2014, p. 22-23) apresentou os "Princípios Orientadores sobre Empresas e Direitos Humanos", endossados por unanimidade pelo Conselho de Direitos Humanos da ONU. Comenta que o referido instrumento define de modo detalhado as etapas indispensáveis para que tanto governos quanto empresas efetuem o Quadro Referencial "Proteger, Respeitar, Remediar". Nestes moldes, o tratamento referente aos direitos humanos em relação aos governos, empresas e sociedade civil envolve:

a) *Proteger* – O dever dos Estados de protegerem as pessoas contra abusos praticados contra os direitos humanos por terceiros, inclusive empresas, mediante políticas públicas, regulamentação e julgamento adequados;
b) *Respeitar* – A responsabilidade de todas as empresas no sentido de respeitarem os direitos humanos, incluindo o dever de realizarem processos de auditoria para evitarem as violações de direitos humanos,

além de abordarem os impactos negativos com os quais as empresas tenham se envolvido;

c) *Remediar* – O imprescindível melhor acesso das vítimas à devida e efetiva reparação, tanto por meio de ações judiciais quanto extrajudiciais.

Em síntese, cabe ao Estado proteger, à empresa respeitar, e àquele que foi lesionado, a justa indenização (para remediar, ao menos em parte, o dano causado), anota Ruggie (2014, p. 22-26). Acrescenta que muitos elementos essenciais destes princípios foram adotados por outras instituições com capacidade de normatizar determinadas searas internacionais, como a Organização para a Cooperação e Desenvolvimento Económico (OCDE), a Corporação Financeira Internacional – IFC (do Grupo Banco Mundial), a Organização Internacional de Normalização – ISO e a União Europeia, saindo de um extremismo entre setores de proteção de direitos humanos e grupos empresariais para uma significativa convergência, o qual representou, no entanto, apenas um primeiro passo.

Os decisores políticos dos Estados, apesar de reconhecerem que deviam agir para tutelarem os direitos humanos em relação a terceiros, inclusive diante de lesões e abusos cometidos por empresas, por hospedarem companhias multinacionais e competirem com outros países para atraírem investimentos estrangeiros, pondera Ruggie (2014, p. 22-26), ficaram e continuam paralisados, sem saberem como atuar. No mesmo vértice, entende que governantes de Estados onde as sedes das empresas estão instaladas não querem que suas companhias percam oportunidades de investimentos e de ganhos para uma concorrência inescrupulosa, sendo que os políticos de ambos os Estados sofrem enorme pressão da classe empresarial para que as políticas de defesa dos direitos humanos em relação às empresas sejam de caráter voluntário, jamais obrigatório.

E neste aspeto, são importantes instrumentos de *soft law* como estes "Princípios Orientadores sobre Empresas e Direitos Humanos", que podem não ser vinculativos para os Estados e para a comunidade internacional do ponto de vista jurídico-formal, mas têm viabilizado avanços significativos em diversas searas, ressalta Ruggie (2014, p. 22-26), trazendo muitos bons resultados com o passar do tempo através de mudanças cumulativas e com sucesso em larga escala, diante da legitimidade que possuem enquanto instrumentos de defesa e de promoção dos direitos humanos.

Por outro lado, ao interpretar as características desta vida tardo-moderna, verifica Bauman (2021b, p. 10-21) com preocupação uma "separação" entre o poder e a política, estruturantes do Estado-nação e aptos a proporcionarem uma relativa segurança ao ser humano. Sustenta que o poder, outrora disponível para o Estado, deslocou-se para o âmbito global (extraterritorial e politicamente descontrolado), alterando os poderes há pouco emancipados num cenário transnacional de acentuadas incertezas, cedidas em grande parte às forças do mercado económico e financeiro, diminuindo de maneira gradual a segurança da comunidade proporcionada pelo Estado-nação, prejudicando de modo significativo, *v. g.*, a solidariedade social.

Analisando a globalização após a queda pacífica do muro de Berlim, Beck (1999, p. 13-28) afirmou que essa rutura não significaria o "fim da política" (diante do arrefecimento da oposição entre a "direita" e a "esquerda", entre o capitalismo e o socialismo), mas sim a saída da política do "marco categorial do Estado nacional", diante do surgimento de novos atores (com protagonismo) na política a nível transnacional, os quais não estariam mais "domesticados" ou submetidos ao Estado do bem-estar, ao Estado estruturado sobre bases democráticas. Seriam estes protagonistas, em especial, as empresas que atuam de modo global[50], que exercem um papel central não apenas na economia, mas também na configuração da sociedade como um todo e na definição das políticas dos Estados nacionais, os quais se tornaram "domesticados" perante as empresas transnacionais, numa certa inversão dos papéis sob o "domínio subordinador do mercado mundial"[51].

[50] Anota Jayme (2005, p. 4-5) que o mercado globalizado viabiliza fusões de grandes empresas, concentração de poder económico em escala gigantesca e inédita, que conseguem impor diversas condições aos Estados que pretendem atrair seus investimentos no território nacional, esmaecendo a capacidade do indivíduo de manter seu emprego mediante a proteção do Estado, dificultando sobremaneira a tutela do consumidor, do meio ambiente e de uma ecologia equilibrada etc.

[51] Conforme Anabela M. Rodrigues (2020, p. 29-30), neste tempo-espaço de globalização, as grandes empresas multinacionais que desenvolvem a sua atividade à escala mundial "têm uma localização incerta, escapam aos controlos estaduais e não prestam contas a qualquer eleitorado", sendo que "o país mais favorável em domínios tão variados como o fiscal, laboral, segurança social, capacidade industrial, exigências ambientais, apoios públicos ou em matéria de sigilo bancário determina a localização, total ou parcial, da atividade empresarial",

Deste modo, não é por acaso que Teubner (2003, p. 11-14) afirma que o direito global deve ser interpretado através de uma teoria das fontes do Direito baseada no pluralismo jurídico, diante de tão variados (e espontâneos) processos que formam o direito e desfrutam de significativa autonomia do direito que os Estados nacionais estabelecem de forma individual ou através de ações intergovernamentais. Acrescenta que esse direito, não obstante o pequeno respaldo político que possui no cenário internacional, decorre de profunda conexão a processos económicos, financeiros e sociais que o impulsionam, formando sistemas altamente especializados que são estabelecidos com independência em relação aos Estados e aos organismos intergovernamentais[52].

Ademais, nesta crise do monopólio estatal para criar e interpretar as normas diante de um mercado globalizado, em que a lei vem sendo substituída pelo contrato transnacional (e a regulação estatal pela autorregulação), o direito do cenário económico globalizado tem se tornado quase que totalmente privado[53], como anota Mercado Pacheco (2005, p. 129-134). Sustenta que se trata de um direito instituído segundo o princípio da eficiência económica e com a finalidade de maximizar os lucros, concebido sem a participação dos seus principais destinatários, retirando das pessoas a possibilidade de opinarem dentro de um sistema democrático ou de interferirem, situação esta que é agravada pela falta de transparência nesse processo. Além dos indivíduos, resta também muito diminuído, observa o autor, o poder de influência dos

incluindo-se, "também, o direito penal, cujas opções legislativas condicionam o investimento e são, em contrapartida, condicionadas por ele." Conclui que, neste momento, as "grandes empresas desterritorializadas detêm o poder real e invisível de definir as agendas políticas globais, cabendo aos Estados procederem à sua concretização de forma visível."

52 Trata-se de um processo dinâmico de globalização não-política, provindo da lógica da ordem económico-financeira do capitalismo e de múltiplos subsistemas (económico, financeiro, comercial, industrial, científico, cultural, militar, de comunicação social, de transporte, de energia e outros), com diferentes velocidades de desenvolvimento e de aplicação, como uma *lex mercatoria* com abrangência global (Teubner, 2003, p. 11-14).

53 Este método de resolução de conflitos mercantis, industriais ou financeiros no âmbito internacional, sem a atuação de entes estatais estabelecidos (Poder Judicial ou Cortes de Arbitragem estatais), ocorre regularmente nas transações internacionais, tendo em vista que as empresas costumam estabelecer nos contratos um tribunal arbitral comercial (privado) para resolverem eventuais contendas. Deste modo, buscam evitar os processos judiciais infindáveis decorrentes dos conflitos de normas e jurisdições, utilizando um sistema que substitui o Poder Judicial estatal e propicia a emancipação e a autonomia das empresas em negócios transnacionais, num mercado que estabelece as próprias regras.

Estados nesse sistema internacional, inclusive em organismos internacionais como o Banco Mundial, o Fundo Monetário Internacional e a Organização Mundial do Comércio, porque não só o Estado perdeu a capacidade de impor suas normas sobre as empresas transnacionais, como também estas, ao contrário, atingiram a capacidade de condicionar as políticas públicas aos interesses económicos.

Além disto, este sistema paralelo aos Estados possui diversos subsistemas privados (e especializados) que forjam o direito através de organismos (também privados) e o aplicam em cortes e tribunais (igualmente privados) de arbitragem de âmbito internacional, nas mais variadas áreas. Contudo, esta relevante independência conquistada pelos mercados económico e financeiro, estabelecendo as suas próprias normas com autonomia em relação ao poder político dos Estados nacionais, não reflete uma novidade[54], salvo o crescimento significativo do mercado, potencializado pelos avanços tecnológicos nos sistemas de comunicações, de produção, de transportes e de movimentação de recursos financeiros, entre outros.

Por outro lado, lembra Amartya Sen (2010a, p. 150-192) que as pessoas vivem e interagem num mundo de instituições, e as oportunidades e perspetivas dependem de modo crucial das instituições que existem e da maneira que funcionam, que podem (e devem) contribuir para nossas liberdades, para o nosso desenvolvimento e para a melhoria ou manutenção da qualidade de vida dos indivíduos. Assim, avalia que instituições como o mercado, o sistema democrático, a administração pública e outras precisam ser avaliadas de modo conjunto, verificando o que podem fazer quando combinadas de forma integrada.

Acrescenta Amartya Sen (2010a, p. 150-192) que o mercado, em especial, apesar de despertar tantas paixões (favoráveis ou opostas) é um mecanismo básico pelo qual as pessoas podem interagir e dedicarem-se a atividades e negócios com mútuas vantagens, *i. e.*, eventual problema não reside no mecanismo do mercado em si, pois surgem de outras fontes como a falta de preparo para as

[54] Na década de 1960, aprofundando as pesquisas de Clive Schmittoff e Berthold Goldman sobre a *Lex Mercatoria*, Fouchard (1965, passim) já reconhecia a significativa autonomia da arbitragem comercial e negocial internacional, dirimindo os conflitos entre empresas multinacionais no plano do comércio internacional, aprofundando estes estudos nas décadas seguintes (Fouchard, Gaillard e Goldman, 1996, *passim*).

transações do mercado, ocultamento não coibido de informações relevantes, a utilização de atividades e métodos não regulamentados ou não fiscalizados que permitem aos poderosos tirarem proveito das sua vantagens assimétricas (em relação aos consumidores, trabalhadores, meio ambiente etc.).

Isto exposto, o mercado não deve ser suprimido, mas sim impulsionado para que funcione melhor, com maior equidade e acompanhamento, anota Amartya Sen (2010a, p. 150-192), pois as realizações (globais) do mercado costumam depender das disposições políticas e sociais, em especial educacionais[55] e profissionalizantes, de assistência à saúde e económicas (de acesso aos postos de trabalho e às oportunidades), pois não há consumo de produtos e serviços onde não há trabalho e não são auferidas rendas.

Este panorama, entretanto, permite verificar diversos fatores de preocupação para a sociedade, como o gradativo esmaecimento do poder dos Estados nacionais, cujos governos e parlamentos assistem quase com total passividade à constante diminuição da sua capacidade de manobra para estabelecerem as normas em seus próprios territórios, além da incapacidade de projetarem o seu poder a nível internacional, pois não conseguem vincular agentes económicos aos seus ordenamentos jurídicos (de alcance nacional) neste mundo globalizado, regido por múltiplas fontes de direito e por uma ainda incipiente capacidade de regulação e supervisão dos Estados no plano internacional[56].

[55] Lembra Amartya Sen (2010a, passim) em diversas oportunidades que todos os países desenvolvidos do mundo alcançaram esta posição e o alto nível de qualidade de vida (IDH - Índice de Desenvolvimento Humano) porque, em algum momento da sua história, começaram a investir muito na educação e na formação dos seus cidadãos, nos seus recursos humanos, e que "o desenvolvimento humano é sobretudo um aliado dos pobres, e não dos ricos e abastados", pois cria oportunidades sociais que contribuem de modo direto nas capacidades humanas e na qualidade de vida, havendo diversas evidências científicas de que, mesmo em países com renda relativamente baixa, mas que asseguram serviços de saúde e de educação para todos, são obtidos resultados notáveis no florescimento e desenvolvimento económico.

[56] Ao analisar o cenário internacional, Franco (2000, p. 105-107) anota que a globalização tem uma dimensão plural, i. e., há diversas globalizações em curso, no rumo de uma sociedade mundial, mas construída em torno da existência de um mercado económico mundial que não conhece ou reconhece fronteiras. Acrescenta que a concentração maciça de capitais entre as empresas multinacionais, o desaparecimento da bipolaridade entre EUA e URSS (ou entre capitalismo e socialismo) e a crise do Estado-providência, impossibilitado de garantir os direitos sociais e a redução da desigualdade económica, viabilizou um novo capitalismo, em que foi criado um mercado de escala mundial, "gerido por regras próprias e dotado de enorme força de propagação", causando a queda de barreiras protecionistas dos países e excluindo "o

De facto, a nível global tem transparecido a incapacidade dos Estados nacionais de vincularem os entes privados multinacionais às suas ordens jurídicas de alcance nacional, tanto do ponto de vista do direito material quanto processual, somando-se às enormes dificuldades contidas nos sistemas burocratizados e territorializados dos órgãos estatais (de controle e de supervisão), inadaptados para este cenário globalizado, que então permanece desordenado, multifragmentado por especialidades e interesses específicos, submetido às forças do mercado, salvo em raras exceções)[57].

Neste vértice, aos Estados tornou-se imperiosa a soma de esforços[58] através de organismos intergovernamentais internacionais, com alguma capacidade de estabelecerem padrões mínimos em certas áreas internacionais específicas e, além disso, resgatarem uma pequena parcela da capacidade estatal de regular e de supervisionar (algumas) atividades socioeconómicas[59] e de fazer frente a algumas das ameaças que pairam sobre o ser humano. Esta cooperação

controle de toda e qualquer agência estatal." Desta maneira, entende que não é mais o Estado-nação que tem relevância, mas sim o conglomerado de empresas transnacionais que atuam como atores do mercado global, i. e., apesar de ainda se falar em soberania do Estado dentro dos seus limites territoriais, a realidade faz transparecer que esta sociedade mundial não reconhece mais espaços fechados e as políticas estatais (económicas, financeiras, monetárias, sociais, ambientais etc.) têm "seus centros de decisão fora do Estado-nação, não em outro ou outros Estados-nações, mas, sim, nos grandes conglomerados económicos transnacionais", causando um enorme efeito desagregador sobre as estruturas políticas e institucionais e sobre os ordenamentos jurídicos forjados pelos Estados-nação.

57 Para Mayor Zaragoza (2003, p. 79-86), na atualidade se globalizaram de facto a pobreza e a exclusão social, a injustiça e a guerra, além da hegemonia de algumas potências mundiais e a falta de empregos, os conflitos armados, o tráfico de armas, drogas, mulheres e crianças, enfim, a criminalidade organizada.

58 Também Zagrebelsky (2011, p. 10-12) trata da crise da soberania nacional, e Vogel (2008, p. 160-162) afirma que a realidade jurídico-política se tornou pós-nacional ou da globalização, não correspondendo àquela desenvolvida no século XIX, representada por ordenamentos jurídicos cerrados, pois caracteriza-se no momento atual pela pluralidade de ordenamentos jurídicos de diferentes níveis, nacional, supranacional ou internacional, que denomina inter-legalidade, estimando que dois terços das legislações penais da Europa nas últimas décadas baseiam-se em instrumentos internacionais e europeus, significando que a legislação penal recente então não é nacional ou autónoma em sua essência, pois tornou-se "essencialmente internacionalizada".

59 Para Anabela M. Rodrigues (2020, p. 30-31), o poder da elite das grandes empresas transnacionais e a capacidade que alcançaram de definir as agendas políticas globais "coloca-as numa posição de sobre-hegemonia, favorecendo simultaneamente a abertura dos mercados, o desenvolvimento da economia global e o enfraquecimento do poder soberano estadual."

entre Estados é necessária, em especial, no tratamento daquelas atividades e condutas que geram vastos e complexos riscos e/ou danos plurilocalizados à sociedade[60], exigindo ações conjuntas entre os países, embora com eficácia mais limitada em face da globalização.

Neste rumo, Kosta (2012, p. 348-350) lembra, inclusive, que o próprio Projeto-Global deve perceber que o Estado tem sido relevante catalisador deste processo, pois tem passado por ele a globalização das economias locais e a manutenção de alguma ordem e regulação, além de um funcionamento global que depende desta fatia de soberania cedida pelos Estados. Em outras palavras, sustenta que a morte do Estado significaria a morte do seu irmão siamês, o "Global", pois se o "Local" for sacrificado, ao caos e iniquidade da globalização que serão instalados sucederá uma retomada extrema do "Local", *i. e.*, a *globalização* depende da *localização*, que pode ser considerada, de forma paradoxal, seu seguro de vida.

Além disso, Innerarity (2013, p. 19-26) lembra que a sociedade perdeu a crença na "inocência do progresso" e a substituiu pela "suspeita de perigosidade" acerca de inovações científicas, contestando-se a preponderância do tecnicismo[61] (que vinha "reinando" de forma quase absoluta) sobre a política,

[60] Ao tratar dessas ameaças que ameaçam o ser humano, Beck (2010, p. 23-32) comenta que a atual *sociedade do risco* aumentou de forma exponencial a capacidade industrial, mas não diminuiu a desigualdade social e, ao mesmo tempo, criou autoameaças gigantescas, que podem provocar até mesmo a extinção da vida neste planeta, diante do objetivo (quase cego) de aumentar o desempenho económico e a maximização dos lucros sem considerações éticas ou morais. Exemplifica citando as centenas de usinas nucleares e o constante aumento dos depósitos de lixo radioativo, o incremento da quantidade de dejetos industriais muitíssimo tóxicos, a produção acelerada de substâncias químicas e biológicas com grande potencial para intoxicar e contaminar pessoas e animais pelo ar, água ou alimentos (com efeitos nocivos e acumulativos a longo prazo, como os herbicidas), entre outros procedimentos intoleráveis sob os prismas ético, social, medicinal, ecológico e, inclusive, psicológico, além dos danos potenciais representados pela criminalidade organizada (nacional e transnacional).

[61] Sob uma perpetiva com algumas semelhanças, Nedel (2006, p. 283) comenta: "O mundo moderno, fundamentado no princípio libertário de uma subjetividade individualista, promoveu uma ruptura com o autoritarismo dogmático da metafísica medieval, propiciando a emergência de uma nova civilização, logicamente estruturada a partir de critérios racionais e científicos. Mas, paradoxalmente, foram as luzes que trouxeram a escuridão, pois os avanços científicos viabilizados pela racionalidade moderna é que engendraram o hipercientificismo que hoje impõe o domínio da técnica sobre a vida, reduzindo-a, pragmático-instrumentalmente, ao determinismo mecânico ditado pela lógica das máquinas."

diante de acontecimentos como a crise financeira de 2008, os eventos climáticos, as ameaças à segurança[62], os riscos radioativos, sanitários e alimentares, entre outros. Após ressaltar que os excessos alarmistas que pretendem excluir de forma absoluta o risco são contraproducentes e podem causar estados de exceção permanentes, em vez do desejável gerenciamento (democratizante) dos riscos através da cultura política do diálogo e da resolução de conflitos, conclui que a política se fortaleceu com o malogro da técnica, pois os avanços científicos geraram novas necessidades normativas e regulatórias por criarem graves ameaças aos direitos e bens essenciais dos cidadãos, os quais vêm exigindo dos Estados (inclusive na forma de governança a nível global) condições para prevenir e/ou enfrentar estas consequências lesivas de larga escala, proporcionado uma segurança razoável diante dos perigos e dos acidentes que as modernas técnicas apresentam.

Segundo Beck (2015, p. 417-418), diante das complexidades, das ameaças e dos riscos[63] atuais, a cooperação "constitui o cerne do novo realismo político" e o "isolacionismo nacional é uma ilusão, uma ficção, uma relíquia condenada ao fracasso e contraprodutiva." Acrescenta que "as ameaças para si e as ameaças dos outros da sociedade de risco mundial fizeram desaparecer a autonomia do Estado"[64], e que só essa coligação de soberanias nacionais permite ao

[62] Anota Sousa (2016, p. 393-395) que "[o] direito fundamental à segurança está reconhecido não só na Constituição portuguesa (espec. art. 27.º), mas na generalidade das Constituições modernas e nos principais diplomas internacionais que incidem sobre direitos humanos." A Constituição da República Portuguesa estabelece: "Artigo 27.º (Direito à liberdade e à segurança) 1. Todos têm direito à liberdade e à segurança. [...]."

[63] Lembra Beck (2013, p. 32-34) que as perceções do risco global muitas vezes são ampliadas, inclusive pelos meios de comunicação de massa, quando deveriam os riscos serem tratados mediante uma gestão racional, democrática e transparente das informações disponíveis, pois um tratamento alarmista pode causar danos elevados e prejudicar outros bens jurídicos essenciais. Pontua que as percepções do risco global se caracterizam por três aspetos: *a) Deslocalização*, pois suas causas e efeitos não são limitadas a um único espaço; *b) Incalculabilidade*, porque suas consequências não podem ser calculadas; *c) Não-compensabilidade*, pois as mudanças climáticas e as crises financeiras mundiais, *v. g.*, podem causar danos irreversíveis, exigindo a precaução pela prevenção.

[64] Pondera Franco (2000, p. 107) que, neste momento, as grandes decisões em matéria de desenvolvimento tecnológico, pesquisa, moeda, produção industrial, comércio e sistema financeiro são tomadas no âmbito de organismos multilaterais, conglomerados empresariais transnacionais, bancos, fundos de investimento e outros setores especializados com atuação global. Deste modo, reconhece a impossibilidade de controlar esses movimentos

Estado resolver uma parcela relevante dos problemas internos, concluindo que "não é a soberania nacional que permite a cooperação, mas sim a cooperação transnacional que torna possível a soberania nacional."

Entre tantos e complexos fatores, esta sociedade económico-financeira globalizada tem trazido à tona, ainda, diversas outras assimetrias na distribuição dos lucros e dos benefícios da mundialização, que permanecem sendo direcionados em grande parte aos países ricos (e, dentro de muitos países, as vantagens alcançam apenas uma pequena parcela da população). Estas desigualdades entre países desenvolvidos ou em vias de desenvolvimento de um lado, e países pobres no canto oposto, muitos dos quais permanecem ou se tornam países falhados, resultam em problemas com consequências de alcance internacional.

Criam-se, desta maneira, as perfeitas condições para o constante desrespeito a direitos humanos, migrações em massa para países desenvolvidos, exploração de trabalhadores em condições análogas à escravidão e/ou detratoras da dignidade do ser humano, *Estados falhados* envolvidos de maneira direta com a criminalidade organizada (como os narcoestados e outros envolvidos com a pirataria) ou sendo utilizados como entrepostos para o transporte de bens ilegais, recrutamento de membros para as organizações criminosas, além de planejamento e treinamento de criminosos para a prática de atos de terrorismo.

Estes e outros fatores[65] também trazem à tona o facto de que a segurança interna (de qualquer país) não pode mais ser tratada (ou planejada) como

transnacionais dos mercados mediante mecanismos que têm seu alcance circunscrito às fronteiras do país.

[65] A criminalidade estruturada e a criminalidade organizada transnacional, regional e nacional, analisa Valente (2020b, p. 37-40), causam uma sensação de insegurança entre os cidadãos, em geral resultando na adoção de medidas legislativas e operativas pelos decisores no afã de restabelecer a paz social, de repor a sensação de segurança cognitiva (e, em muitos casos, manipulando este medo mediante métodos populistas – do caminho mais fácil – e detratoras dos direitos, liberdades e garantias). São então gerados efeitos como o aumento das prerrogativas ou da polícia (securativistas) ou do Ministério Público ou do juiz (justicialistas), chegando a promover alterações sistémicas que modificam a valoração do ser humano, transformando-o e classificando-o em "inimigo e amigo, pessoa e não-pessoa, cidadão e não-cidadão", despersonalizando o ser humano e transformando-o em coisa, o que se estende à respetiva família, aos amigos e aos vizinhos. Salienta ainda que, na atualidade, a sociedade tornou-se "internético-personocêntrica", na qual os cidadãos não têm percebido

uma questão de um Estado apenas, soberano (porém isolado), pois a realidade atual, de riscos, ameaças e agressões aos bens jurídicos essenciais da sociedade a nível nacional, regional e global, tem transformado o *Estado fronteira* (westefaliano) no *Estado fronteiras,* como anota Valente (2013c, p. 37-39, 124-126), em que não é possível proporcionar segurança interna quando o quadro legislativo e o sistema de segurança se resumem ao quadro interno, à *marca nacional.* Nesta senda, a segurança interna dos países, em especial na União Europeia (de um verdadeiro *Estado fronteiras*[66] ou *Estado regional* diante do respetivo espaço de segurança comum), deve emergir de uma verdadeira prevenção [e repressão às ações criminosas] nos níveis *nacional,* de *Estado Fronteiras* (Estados-Membros da UE) e também *global,* neste período de desterritorialização da segurança perante a globalização e a glocalização, em que os fenómenos (inclusive criminógenos) são transnacionais[67] dos pontos de vista económico, político, cultural, jurídico e, também, judiciário e policial.

o quanto estão se autoisolando e se autocoisificando, mediante uma clara subserviência aos instrumentos comunicacionais e às tecnologias digitais e virtuais, em que o ser humano está se tornando apático às mudanças da realidade, está presente e ausente ao mesmo tempo (diante da digitalização e virtualização da comunicação e dos relacionamentos), tecnologias estas que tornaram o mundo ainda mais complexo, onde verifica-se uma certa "evaporação do ser humano". Acrescenta Valente (2016, p. 13-15) que o nosso tempo e o nosso espaço, líquidos, tecnológicos e dos riscos, colocam à prova tanto a densidade quanto a consistência do Direito, pois a "celeridade da vida" tem atropelado o Direito e, em grande parte, o Direito tem se recusado a evitar os atropelos humanos à sua estrutura total enquanto sistema (que têm atingido seus princípios gerais, axiomas, normas e regras jurídicas). Pondera então Valente (2022, p. 7-10) o quanto o fenómeno da criminalidade organizada exige um estudo multicientífico e transnacional, pois nem o Direito nem qualquer outra ciência isolada serão capazes de apontar caminhos para solucionar ou atenuar este problema que vem assolando a sociedade e não se esgota num território ou espaço nacional, tendo se transnacionalizado com a voracidade que caracteriza a pessoa humana.

[66] Comenta Valente (2013c, p. 90, 124) que a expressão Estado fronteiras foi utilizada por Adriano Moreira no seminário sobre terrorismo realizado em 07 de maio de 2004, no Instituto Superior de Ciências Policiais e Segurança Interna, em Lisboa, representando esta queda das soberanias físicas e territoriais - do Estado fronteira – e transformando este em Estado fronteiras, um "Estado exógeno pela imperatividade dos factores externos que excedem sua autonomia de decisão", em que a "fronteira de segurança se dissociou da fronteira geográfica", assim como a fronteira económico-financeira, cultural e científica.

[67] Nesta sociedade dos riscos, verificou-se que uma pandemia (de COVID19) viabilizou, durante pouco mais de um ano, um resgate de parte do poder do *Estado fronteira* (westefaliano), em que as medidas sanitárias restabeleceram as fronteiras físicas entre os países quanto ao

Percebe-se, portanto, que as lideranças dos Estados devem (re)descobrir o papel do Estado-nação neste mundo acelerado e com elevados riscos[68], para que possa superar os desafios que estão surgindo, de forma a proporcionar uma existência digna às pessoas, com liberdade, justiça e segurança[69], em especial diante da (des)organização global, que têm permitido a ascensão (ou até hegemonia) de atores como as empresas transnacionais (económicas e financeiras) e seus subsistemas especializados na determinação dos rumos da política internacional e na fixação de regras que exercem enorme influência sobre o dia-a-dia dos seres humanos. Este "poder" não tem qualquer vínculo com os valores essenciais da sociedade e é baseado apenas no interesse dos acionistas pela maximização dos lucros com risco proporcional, além de

deslocamento das pessoas entre um e outro Estado, pondo em causa uma parcela dos efeitos da globalização.

[68] É importante destacar que os efeitos da sociedade de risco não podem ser controlados por meios políticos (ou político-criminais) de forma isolada, mas a política de segurança pública pode e deve, analisa Hassemer (1994, p. 67-71), amortecer suas consequências para a humanidade, reduzir a "des-solidarização" em curso (que parece deixar cada pessoa entregue à sua própria sorte), amenizar os processos de erosão das normas (que estão anulando conquistas alcançadas em séculos de avanços civilizatórios na proteção de liberdades, direitos e garantias fundamentais) e de economicização da sociedade e da vida dos indivíduos (em que tudo parece obedecer e depender da lex mercatoria, como se não houvesse outra solução possível). Analisa que uma política de segurança adequada pode atenuar ou repartir certos impactos da modernização e da globalização (que não podem ser revogadas), em especial para proteger os mais vulneráveis, os mais fracos, os idosos, os jovens e as minorias étnicas.

[69] Preocupa-se Castells (2017, p. 62-64) com a significativa desestruturação de organizações e com a ampla deslegitimação de instituições e de movimentos sociais que, até há pouco tempo atrás, regulavam as interações sociais e económicas, sobretudo as políticas (que proporcionavam uma certa participação popular e escolhas democráticas), pois estão mergulhadas em escândalos e fraudes, incapacitadas também por uma economia de mercado que causa forte interdependência entre os Estados e quase anula a margem de decisão dos poderes democráticos, numa certa "esquizofrenia estrutural". Esta desconfiança, entre outros fatores, como o aumento do abismo entre o desenvolvimento de alguns e a miséria humana de outros, gera disputas (norte e sul, ocidentais e muçulmanos, ricos e pobres) em que a comunicação se rompe, não mais ocorrendo sequer a (necessária) comunicação conflituosa (como as lutas sociais, o debate e a oposição políticos), gerando uma alienação entre países, grupos sociais e/ou étnicos, e até mesmo entre indivíduos, de modo que, num primeiro momento, passam a considerar um ao outro como estranhos, para logo a seguir verem ao outro como uma ameaça. Completa-se, então, um *ciclo destrutivo*, de *fragmentação social*, em que as identidades se tornam mais específicas e, de maneira gradual, mais difíceis de compartilhar, gerando conflitos violentos, insegurança, *verdadeiras correntes de destruição* entre países, grupos sociais, étnicos, em total contraposição à *tolerância*, que deveria *coroar a evolução do ser humano*.

viabilizar a expansão da criminalidade organizada transnacional, com enorme potencial de lesionar justamente os mais importantes bens jurídicos da sociedade e as pessoas mais vulneráveis.

Considerações capitulares

A sociedade continua em processo acelerado de globalização e de metamorfoses estruturais que influem de modo direto e indireto nas atividades e nas relações sociais, políticas, económicas, científicas, culturais etc.

Neste cenário, destaca-se a enorme influência que fatores externos aos Estados-nação têm sobre os poderes estatais (legislativo, executivo e judiciário) dos países ocidentais. Este panorama de uma sociedade globalizada sob os mais diversos pontos de vista exige que o Estado nacional reavalie e aperfeiçoe os seus sistemas e ações, para que possa cumprir as suas atribuições constitucionais, em especial a promoção e a proteção dos direitos fundamentais.

De facto, analisando-se o papel do Estado-nação nesta sociedade pós-moderna de acelerada globalização, em que tantos riscos, incertezas e complexidades afligem as pessoas e erodem os pilares da sociedade, inclusive o próprio Estado, percebe-se a necessidade premente de aperfeiçoar sua atuação para se adaptar às realidades contemporâneas[70].

[70] Depois de avaliar as conceções de Touraine (1969, *passim*) e de Bell (1973, *passim*), sugere Lyotard (1979, p. 11-17) que as sociedades entram no período pós-moderno e/ou pós-industrial, a partir do final da década de 1950, marcando o fim da reconstrução pós-guerra da Europa e a enorme influência de uma mudança no saber, com os avanços nas ciências e em variadas técnicas, em que os sistemas informatizados, entre outras tecnologias, afetaram de modo direto a pesquisa e a transmissão de conhecimentos, além de diversos outros setores das sociedades, em maior ou menor velocidade e intensidade, a depender da localização e do desenvolvimento alcançado. Prosseguindo, Lyotard (1988, p. 3-7) pontuou (quase que de forma profética): "[...] Sabe-se que o saber tornou-se nos últimos decênios a principal força de produção, que já modificou sensivelmente a composição das populações ativas nos países mais desenvolvidos e constitui o principal ponto de estrangulamento para os países em vias de desenvolvimento. Na idade pós-industrial e pós-moderna, a ciência conservará e sem dúvida reforçará ainda mais sua importância na disputa das capacidades produtivas dos Estados-nações. Esta situação constitui mesmo uma das razões que faz pensar que o afastamento em relação aos países em vias de desenvolvimento não cessará de alargar-se no futuro. Mas este aspecto não deve fazer esquecer outro que lhe é complementar. Sob a forma de mercadoria informacional indispensável ao poderio produtivo, o saber já é e será um desafio maior, talvez o mais importante,

Por outro lado, apesar de muitos avanços (e de vários retrocessos e falhas) na conformação e execução das políticas públicas, o Estado (nacional) de Direito Democrático (reforçado por iniciativas da sociedade civil organizada) ainda parece representar o único instrumento capaz de viabilizar uma coexistência pacífica com consideráveis liberdade, justiça e segurança[71].

Em grande parte, isto se deve ao facto de que o Estado pode ser demandado e pressionado pelos cidadãos (num processo que ainda mantém alguma legitimidade democrática) para que cumpra suas atribuições constitucionais,

na competição mundial pelo poder. Do mesmo modo que os Estados-nações se bateram para dominar territórios, e com isto dominar o acesso e a exploração das matérias-primas e da mão-de-obra barata, é concebível que eles se batam no futuro para dominar as informações. Assim encontra-se aberto um novo campo para as estratégias industriais e comerciais e para as estratégias militares e políticas. Contudo, a perspectiva assim aberta não é tão simples como se diz, pois a mercantilização do saber não poderá deixar intacto o privilégio que os Estados-nações modernos detinham e detêm ainda no que concerne à produção e à difusão dos conhecimentos. A ideia de que estes dependem do "cérebro" ou do "espírito" da sociedade que é o Estado será suplantada à medida que seja reforçado o princípio inverso, segundo o qual a sociedade não existe e não progride a não ser que as mensagens que nela circulem sejam ricas em informação e fáceis de decodificar. O Estado começará a aparecer como um fator de opacidade e de "ruído" para uma ideologia da "transparência" comunicacional, que se relaciona estritamente com a comercialização dos saberes. É sob este ângulo que se arrisca a apresentar-se com uma nova acuidade o problema das relações entre as instâncias econômicas e as instâncias estatais. Já nos decênios anteriores, aquelas puderam pôr em perigo a estabilidade destas graças às novas formas de circulação de capitais, às quais deu-se o nome genérico de empresas multinacionais. Estas formas implicam que as decisões relativas ao investimento escapam, pelo menos em parte, ao controle dos Estados-nações. Com a tecnologia informacional e telemática, a questão corre o risco de tornar-se ainda mais espinhosa. [...] A transformação da natureza do saber pode assim ter sobre os poderes públicos estabelecidos um efeito de retorno tal que os obrigue a reconsiderar suas relações de direito e de fato com as grandes empresas e mais genericamente com a sociedade civil. A reabertura do mercado mundial, a retomada de uma competição econômica ativa, o desaparecimento da hegemonia exclusiva do capitalismo americano, o declínio da alternativa socialista, a abertura provável do mercado chinês às trocas, e muitos outros fatores, vêm preparar os Estados, neste final dos anos 70, para uma revisão séria do papel que se habituaram a desempenhar desde os anos 30, que era de proteção e guia, e até de planificação dos investimentos."

[71] Segundo Gouveia (2018, p. 296-305), o direito à segurança também é um direito fundamental, na modalidade de "direito, liberdade e garantia", e como um direito fundamental no Direito Constitucional Português, está conformado em regime específico e tutelado no mais alto grau do ordenamento jurídico, possuindo uma *dimensão negativa*, no sentido de que, vinculado ao direito fundamental à liberdade, o direito à segurança é um direito subjetivo perante eventual agressão do poder público, e uma *dimensão positiva*, como um direito positivo à proteção por meio do poder público contra as ameaças ou agressões de terceiros.

priorizando, promovendo e protegendo a dignidade humana e os direitos fundamentais.

Por outro lado, não podemos ignorar que estamos diante de um processo de afastamento entre a política e o poder no ambiente globalizado, em que, de modo gradual, os setores económicos especializados e suas respetivas representações organizadas estão se sobrepondo ao poder estatal, mediante complexas estruturas em rede, somando-se às instituições intergovernamentais (com escassa legitimidade democrática) que promovem modificações nas Constituições dos Estados, os quais são pressionados para assimilarem *standards* estabelecidos por aquelas instituições supranacionais ou internacionais.

Entre estas circunstâncias, exsurgem as limitações do Estado representadas pelo alcance nacional de suas normas num mundo com tantas dinâmicas económico-financeiras, sociais e culturais globalizadas, em que emergem tantas fontes de direito (infranacionais, nacionais, supranacionais e internacionais) desvinculadas das normas legisladas pelos parlamentos nacionais e de outros processos democráticos, que visam (ao menos formalmente) o bem-comum.

Estas outras fontes do direito, organizadas em *redes de legalidade*, provêm de múltiplos atores, alguns antigos e outros novos, em sistemas assíncronos e complexos, alguns com seu poder em ascensão e outros em declínio, algumas vezes complementando-se, outras vezes se sobrepondo entre si (ou até mesmo em antagonismo), mediante instrumentos de *soft* ou de *hard law*, emanando de organismos intergovernamentais (supra ou internacionais), organizações não governamentais ou entes privados, configurando uma "porosidade jurídica" de manifesta "interlegalidade".

Porém, o destino da humanidade não pode ser entregue a organismos internacionais de segmentos privados do mercado, baseados quase que com exclusividade no interesse em *maximizar os lucros*, sem a devida regulação e descompromissados com os valores éticos e bens jurídicos essenciais à vida da sociedade, sobretudo aqueles que consubstanciam os direitos humanos.

Diante de complexidades e desafios inéditos que pairam sobre o ser humano, tanto no que se refere à transferência de importantes parcelas de poder do Estado aos mercados quanto à expansão da criminalidade organizada, entre outras ameaças, a soma de esforços dos Estados em organismos supra ou internacionais parece ser o único caminho viável. Visa-se, através desta cooperação entre Estados, tanto resgatar parte da capacidade de regular e supervisionar atividades económicas e financeiras, quanto prevenir e reprimir condutas criminosas que geram elevados riscos e/ou danos plurilocalizados a bens jurídicos essenciais à sociedade, desde que sejam utilizadas medidas e ações adequadas e legítimas, equilibrando liberdade, segurança[72], justiça e desenvolvimento económico sustentável.

Neste sentido, também preocupa o movimento global que vem restringindo o Estado do bem-estar (que promove a seguridade social e programas de auxílio aos mais vulneráveis) e privatizando funções estatais essenciais, como a saúde e a educação, pois enquanto os lucros decorrentes do capitalismo globalizado, desregulado e desorganizado, são canalizados para as grandes empresas transnacionais e globais, as suas grandes consequências, como o desemprego em massa, a pobreza e as emigrações, permanecem sendo amontoadas sobre o Estado que resta, que em contrapartida está perdendo este poder de ente regulador e tributador.

Acrescente-se que o próprio progresso técnico-científico, apesar de proporcionar muitos aspetos positivos aos indivíduos, também trouxe outras consequências devastadoras, como o lixo radioativo, tóxico e hospitalar, os acidentes nucleares, as pandemias, as mudanças climáticas, as crises económico-financeiras de alcance global e a crise fiscal do Estado.

Desta maneira, os cidadãos desta sociedade tardo-moderna perderam a crença na inocência do progresso e das inovações científicas, substituindo esta confiança pela suspeita de perigosidade, gerando a convicção de que o tecnicismo não pode permanecer dissociado da política (assente na democracia) e das devidas regulação e supervisão estatais, necessárias para conter os graves riscos criados.

Além disso, a globalização económica e o esmaecimento das fronteiras, em simultaneidade com os avanços dos meios de transporte, de comunicação e de circulação de agentes económicos, além da adoção de estruturas em rede em

[72] Neste rumo, lembramos com Valente (2015a, p. 112) que este equilíbrio é de extrema relevância, pois um Estado de Direito Democrático não pode tolerar, promover e muito menos estimular a "*construção de um sistema jurídico ao serviço da segurança, sacralizada* como único valor jurídico digno de reforço legiferante e de tutela jurídico-criminal", em que a liberdade, a justiça, os direitos humanos e os demais princípios e valores centrados no ser humano sejam desconsiderados.

atividades económicas e sociais, também foram utilizados pelas organizações criminosas, que incorporaram sistemas de gestão avançados e em constante adaptação a essas novas realidades, aproveitando-se também do anonimato que essas tecnologias proporcionam e do acesso global a novos mercados e oportunidades, pois não estão mais limitadas pelas fronteiras geográficas, ao qual estão submetidos, entretanto, os órgãos estatais de prevenção e de persecução criminal.

Soma-se o facto de que o ser humano depende (em grande parte) dos Estados para a proteção e promoção dos direitos humanos e, diante do princípio da proporcionalidade, que veda ao Estado tanto o excesso arbitrário quanto a proteção deficiente dos bens jusfundamentais, depende deste Estado-coletividade também para a prevenção e a repressão a estas organizações criminosas e à criminalidade.

Ressalta-se, ainda, que até mesmo as empresas globais e os diversos setores económicos dependem dos Estados para manterem alguma ordem a nível mundial, um ambiente em que seja viável produzir bens e riquezas, proporcionando o consumo e o lucro, *i. e.*, há uma relação simbiótica (embora parcial) em que a morte do Estado também causará a morte dos mercados e dos conglomerados empresariais.

Isto exposto, apesar do esvaziamento das funções estatais e da sua capacidade económica e reguladora das relações, inexiste na atualidade outra alternativa válida e viável para substituí-lo, nesta sociedade mundial sem um Estado mundial, cabendo à sociedade civil organizada[73], quando for possível,

[73] Neste aspeto, v. g., a Convenção das Nações Unidas contra a Corrupção deixa clara a extrema relevância da sociedade civil organizada: "[...] Artigo 13.º **Participação da sociedade**. 1. Cada Estado Parte deverá, na medida em que os seus meios o permitirem e em conformidade com os princípios fundamentais do seu direito interno, adoptar as medidas adequadas para promover a participação activa de pessoas e de grupos que não pertencem ao sector público, tais como a sociedade civil, as organizações não governamentais e organizações locais baseadas nas comunidades, na prevenção e na luta contra a corrupção, bem como para a criação de uma maior consciencialização pública para a existência, as causas e a gravidade da corrupção e para a ameaça que ela representa. Esta participação deveria ser reforçada por medidas tais como: *a)* Aumentar a transparência e promover a participação do público nos processos de tomada de decisão; *b)* Assegurar o acesso efectivo do público à informação; *c)* Empreender actividades de informação para o público que o incitem a não tolerar a corrupção, bem como elaborar programas de educação, incluindo programas escolares e universitários; *d)* Respeitar, promover e proteger a liberdade de procurar e receber, publicar e difundir informação sobre

ocupar o seu espaço e colaborar com o aprimoramento dos mecanismos que viabilizam uma sociedade mais livre, igualitária, segura e fraterna, participando das mais importantes discussões e ajudando a encontrar o equilíbrio, em especial quando parecem se contrapor a liberdade e a segurança, dificultando a promoção de uma verdadeira justiça.

Diante deste cenário, repetimos que o Estado (de Direito Democrático) encontra uma das suas principais fontes de legitimidade (e de justificação para a sua manutenção) ao servir como instrumento para a promoção do bem comum e do interesse dos cidadãos, sobretudo por meio da proteção das liberdades, direitos e garantias fundamentais, e deve fazê-lo conforme a realidade e as possibilidades que estão presentes, através de metas factíveis, atuando com transparência perante a sociedade, de modo a consciencializar as pessoas sobre os problemas mais graves e sobre os efeitos das modificações (inclusive legislativas, económicas e sociais) propostas, democratizando de facto a realidade que se apresenta e as escolhas disponíveis, promovendo uma verdadeira relação honesta entre o Estado e os seus cidadãos.

Desta maneira, inclusive na prevenção e na repressão à criminalidade organizada e a outros fenómenos criminógenos relacionados, o Estado não pode utilizar o caminho mais fácil, populista, autoritário e com falsas promessas de segurança absoluta, pois este rumo restringe ao extremo os direitos humanos conquistados a duras penas ao longo da evolução civilizatória.

Da mesma forma, o mercado não deve ser eliminado, anulado ou controlado de forma tão rigorosa e inflexível a ponto de se tornar inviável, mas sim estimulado a funcionar melhor, com maior equidade e razoabilidade, sobretudo, mediante uma regulação (com a consequente e imprescindível fiscalização) que preserve e proteja os direitos humanos, bem como os demais bens jurídicos essenciais da sociedade.

a corrupção. Essa liberdade poderá ser objecto de certas restrições, devendo estas limitar-se àquelas previstas na lei e que sejam necessárias: *i)* Ao respeito pelos direitos ou pela reputação dos outros; *ii)* À protecção da segurança nacional, da ordem pública, da saúde ou da moral públicas. 2. Cada Estado Parte deverá adoptar as medidas adequadas para assegurar que os órgãos de luta contra a corrupção competentes, referidos na presente Convenção, sejam conhecidos do público e, quando apropriado, que este tenha acesso a eles, com vista à comunicação, incluindo ao abrigo do anonimato, dos factos passíveis de serem considerados infracção nos termos da presente Convenção." (Grifos no original).

CAPÍTULO 2
DA CRIMINALIDADE ORGANIZADA

A globalização que vem se desenvolvendo nesta sociedade tardo-moderna acelerada e líquida[74], caracterizada pela redução (ou exclusão em algumas regiões) das barreiras fronteiriças físicas e económico-financeiras, propiciou um relevante aumento da circulação de agentes económicos (trabalhadores, mercadorias, serviços, tecnologias e recursos financeiros, entre outros) e de pessoas (lazer, turismo, negócios etc.) a nível mundial, facilitando o desenvolvimento de muitas economias, especialmente dos países desenvolvidos.

São apontadas várias vantagens para a humanidade também na ampliação (em quantidade e qualidade) das interações (sociais, educacionais, profissionais, tecnológicas etc.) nesta "aldeia global", aproximando pessoas das mais diferentes origens (desde que tenham acesso aos meios tecnológicos adequados), permitindo também avanços na divulgação e no desenvolvimento de uma consciência internacional quanto ao real significado e alcance dos direitos humanos e de outros bens essenciais para os indivíduos.

[74] Ao referir-se à *sociedade líquida*, Bauman (2021b, p. 7-10) sustenta que as comunidades estão a passar da *fase sólida* (em que há estruturas que direcionam as escolhas individuais e definem os padrões de comportamento e as condutas) para uma fase líquida, na qual as dinâmicas e as estruturas da sociedade se liquefazem de forma mais veloz que o tempo que seria preciso para moldá-las, diluindo-se e "escapando entre os dedos". Comenta, ainda, que as pessoas estão se tornando submissas às oportunidades ou aos interesses momentâneos, sem um plano de vida a longo prazo (flexibilidade), sem comprometerem-se com o amanhã e com um *padrão mínimo de conformidade* imprescindível para uma *coexistência humana sustentável.*

No mesmo sentido, ampliam-se os estudos, a divulgação e as medidas internacionais relativas às várias mudanças necessárias para a promoção e para a proteção dos direitos humanos (e até para a preservação da espécie humana), apesar da comunidade internacional estar obtendo lentas melhoras quanto à aplicação desses conhecimentos e princípios de forma eficaz em diversas áreas, como na intervenção e auxílio humanitários, erradicação da fome, direito à paz, preservação ambiental e manuseio de lixo radioativo ou tóxico.

Entretanto, apesar de alguns benefícios trazidos à sociedade pela globalização, também existem vários outros aspetos a serem analisados de forma crítica[75], sobretudo alguns fatores negativos ao extremo, como a expansão da criminalidade organizada, que teve acesso a gigantescos mercados consumidores (e também a fornecedores) para os seus produtos e serviços ilegais, além de outras atividades criminosas, facilitadas pela redução ou exclusão de barreiras fronteiriças em muitos Estados.

Segundo Olasolo Alonso (2019, p. 50-53), o sistema glocal (global-local)[76] desenvolvido pelo novo modelo de globalização que surgiu após a queda do Muro de Berlim (em 1989), caracteriza-se pelo desenvolvimento de redes

[75] Numa análise crítica sobre o tema, Mayor Zaragoza (2003, p 79-86) assevera que (na sociedade atual) o que vem se globalizando de facto é a pobreza, a exclusão, a guerra, a injustiça e a prepotência de alguns Estados, além do desemprego e da precariedade de muitos empregos, da desigualdade, dos conflitos bélicos, do tráfico de armas, de drogas, de crianças e mulheres, de órgãos, de animais, com o incremento descontrolado da criminalidade.

[76] Lembra Reginaldo Rodrigues de Almeida (2003, p. 53) que a palavra *Glocalização* foi usada pela primeira vez por Philippe Quéau, Diretor de Informação da UNESCO, para associar *Globalização* com *Localização*, relacionando as realidades globais com as locais, mas acrescenta que não devemos perder de vista que algumas relações se tornaram globalitárias (global e totalitária). Comenta Quéau (1998, p. 198-205) que o conceito de civilização global é tendencioso, um sonho de uma minoria privilegiada, pois a imensa maioria das pessoas não compreende, não vive e nem se beneficia da globalização, embora seja afetada por ela e sofra suas consequências, asseverando que a glocalização significa, sobretudo, que "o impacto local de causas globais escraviza as pessoas incapazes de entender as verdadeiras forças que estão em operação", perguntando-se quem lucra mais com a globalização, quem fica com a maior parte do lucro, quem e quais locais sofrem a maior parte das consequências da globalização (como as instabilidades económicas e também financeiras, o desemprego crescente, os problemas ambientais, as desigualdades sociais), em especial quando a globalização vem ampliando o abismo entre o norte e o sul do globo terrestre, entre ricos e pobres, gerando a ampliação das perturbações políticas, sem uma visão global adequada ao nosso tempo. Arremata afirmando que "o *contrato social* em cada sociedade está ameaçado por uma globalização cega e sem fronteiras, sem nenhum interesse por projetos coletivos" ou pelo bem comum, alertando então

de capital, mercados, trabalho e informação que movimentam a construção económica, sociopolítica e cultural da aldeia global. Adverte que esta *dinâmica glocal* conecta, por meio da tecnologia, as funções, indivíduos e as localidades desde os centros de gestão de capital financeiro acumulado, mas desconectou das suas redes as populações e territórios sem valor ou interesse para seu sistema de funcionamento.

Deste modo, as áreas e pessoas conectadas ao sistema participam da chamada *cidadania global*, pondera Olasolo Alonso (2019, p. 50-53), acolhendo os principais conglomerados empresariais (inclusive de comunicação) e a vanguarda científica, cultural e intelectual, conforme modelo glocal estabelecido por corporações transnacionais, organizações internacionais, Estados e algumas organizações não governamentais transnacionais. Por outro lado, analisa que as demais áreas se tornaram *desconectadas*, ou então, no melhor dos casos, mantiveram apenas uma *conexão subordinada* por serem irrelevantes para o sistema glocal, prejudicando muitas regiões do mundo (com áreas bem definidas e conhecidas), cujas comunidades e pessoas não têm acesso a esta cidadania global e padecem pela fome, violência, falta de emprego, moradia, alimentos e atendimento de saúde básicos.

Algumas pesquisas (inclusive do Banco Mundial, de 2017) demonstram que mais de metade da população do planeta sobrevive com menos de três dólares por dia, observa Olasolo Alonso (2019, p. 50-53). Verifica, então, que esta enorme proporção da população mundial que vive na pobreza e está desconectada da cidadania global, torna-se um dos vetores para o desenvolvimento da criminalidade organizada transnacional e de uma verdadeira *economia criminal global*, provendo um infindável fornecimento de "recrutas" destas áreas à margem da sociedade para as organizações criminosas, além de prover bens e serviços proibidos para aqueles que pertencem às áreas conectadas da cidadania global, através de fluxos de bens, indivíduos e recursos financeiros que dificultam ou tornam impossível distinguir as atividades económicas lícitas das atividades criminosas.

Neste vértice, uma das mais acentuadas mutações da criminalidade organizada foi a adoção de estruturas e sistemas empresariais avançados e

que uma vida pública global ainda precisa ser criada, um espaço comum efetivo e voltado para o bem comum, uma verdadeira "ágora pública global".

complexos[77], como forma de facilitar a prática e dificultar a deteção de atividades ilegais e/ou criminosas. Anota Gayraud (2008, p. 13-14), em pesquisa sobre a história da criminalidade organizada e das medidas adotadas pelos órgãos estatais em relação a este fenómeno, que uma das principais questões quanto às máfias e demais tipos de organizações criminosas diz respeito à necessidade de tomada de consciência intelectual e política quanto à gravidade deste tema, sendo imprescindível a utilização de meios adequados para a deteção precoce das atividades de novas organizações criminosas, evitando que ditas organizações possam se instalar e criar raízes, *v.g.*, em determinados locais ou setores da economia legal.

As organizações criminosas, em face da sua natureza clandestina, costumam ser percebidas com retardo, destaca Gayraud (2008, p. 13-14), e reforça que quanto mais tardia for esta deteção e a adoção dos meios de repressão, mais difícil (ou até impossível) se tornará o processo de neutralização desta ameaça à sociedade. Então sustenta que os órgãos de persecução penal, acostumados a aplicarem o Direito Penal Comum a fatos pretéritos, não pode deixar de utilizar, cada vez em maior proporção, os centros de pesquisa e análise (incluindo a comunidade acadêmica) para acompanharem este fenómeno criminológico de modo constante, numa postura proativa e não apenas reativa.

Além disso, múltiplos outros fatores relevantes induzem a utilização de estruturas empresariais pelas organizações criminosas, como a facilitação das movimentações financeiras internacionais[78] para o branqueamento dos capitais, a aquisição de equipamentos de tecnologia sofisticada, a utilização de transportes de mercadorias e de pessoal para os mais diversos locais com aparência de legalidade, a justificativa para o acúmulo de bens e valores nesta

[77] Destaca Zuñiga Rodriguez (2019, p. 51-66) que a criminalidade organizada contemporânea, tanto a violenta quanto a não violenta, deve ser reconhecida pela sua complexidade, pela utilização de redes, estruturas empresariais, um emaranhado de articulações em múltiplos locais (Estados) e em diferentes níveis gerenciais, pois quanto maior e mais complexo for o número de movimentos do programa criminoso, maior será a dificuldade de detetar, investigar e reprimir a organização criminosa.

[78] Consta na Diretiva (UE) 2018/1673, de 23 de outubro de 2018, do Parlamento Europeu e o Conselho: "[...] O branqueamento de capitais e o financiamento do terrorismo e da criminalidade organizada com este relacionado continuam a ser problemas importantes ao nível da União, prejudicando a integridade, a estabilidade e a reputação do setor financeiro e ameaçando o mercado interno e a segurança interna da União."

busca constante pela maximização dos lucros, com a simultânea diminuição dos riscos, entre outros motivos desta natureza.

2.1. Escorço Histórico sobre Grupos Criminosos Organizados

Os sistemas avançados utilizados na atualidade pelas organizações criminosas não podem ser compreendidos sem conhecermos a essência da sua trajetória histórica, sem que retrocedamos no tempo para captarmos este fenómeno criminológico tão antigo quanto os primeiros agrupamentos humanos. De facto, as narrativas de grupos criminosos organizados (sobre os quais há registos) remontam a séculos antes da nossa era comum, embora sob uma conceção não apenas jurídico-penal[79], como temos hoje na maioria dos Estados, pontua Pereira (2020, p. 17-21), mas sobretudo como fenómeno socioeconómico e político.

Salienta-se que as conceções de crime organizado ao longo do tempo devem ser analisadas sob as perspetivas de cada período e sociedade histórica, *i. e.*, os exemplos citados a seguir não podem ser analisados sem a consciência de que as crenças, os valores socioeconómicos e estruturais, a própria conceção

[79] Segundo Newton (2011, p. 1-15), quanto às normas escritas sobre as quais há registos, verifica-se que: em 2350 a.C., Urukagina, governante da cidade-estado de Lagash (Mesopotâmia), instituiu o primeiro código de leis escrito do qual se tem registo (através de fontes secundárias), estabelecendo penas para roubo, usura e homicídio, além de limitar o poder de juízes, sacerdotes e outras autoridades públicas; Ur-Nammu, Rei de Ur (2112-2095 a.C.), criou o mais antigo código de leis dos quais há fragmentos, prevendo pena de morte por roubo ou homicídio, com pena de prisão e multa por sequestro de pessoas; Lipid-Ishtar, quinto governante da primeira dinastia de Isin (atual Ishan al-Bahriyat, Iraque) no período de 1934 a 1924 a.C., estabelece um código de normas incluindo previsões relativas à escravidão, prostituição e compensação monetária por danos à propriedade de outrem; em 1930 a.C., Eshunna (então governante da atual Ab'Harmal, Iraque) estabelece leis, por determinação do Rei amorita Bilalama, prescrevendo a pena de morte em casos de roubo, assassinato e crimes sexuais mais graves, impondo sanções mais leves para furto, lesões corporais e danos materiais; em 1760 a.C., o Rei Hammurabi, da Babilônia (1795-1750 a.C.), estabelece código com 282 artigos, inclusive delineando crimes punidos com a pena capital (homicídio, roubo, falsa acusação de crime etc.) e prescrevendo a mutilação para outros delitos; entre 1.500 e 1.400 a.C., o império Hitita, sediado em Hattusa (atual norte da Turquia), desenvolve um sistema com duzentas previsões legais, inclusive sobre lesões corporais leves e graves, roubo, invasão e/ou danos à propriedade alheia, contratos, preços e tarifas.

de Direito, de Justiça e sobre quais comportamentos seriam desviantes (ou ilegítimos), variaram de acordo com o tempo e o espaço em que as condutas eram praticadas[80].

Muitos factos que serão citados, inclusive, foram registados por forças ocupantes em territórios invadidos, como os gregos e os romanos, motivo pelo qual devem ser analisados com espírito crítico, mas sem desmerecer seus importantes contributos para a compreensão dos grupos criminosos (ou de resistência à ocupação por outros povos ou grupos) ao longo da história da humanidade[81], incluída a evolução do antigo conceito de associação ilícita (ou associação de malfeitores), passando pela associação criminosa e culminando, nas últimas décadas, com as conceções de organização criminosa.

Aliás, sustenta Neumann (2012, p. 521-523) que os próprios componentes normativos (no espaço-tempo) possuem raízes vinculadas a valorações caracterizadas por sua relatividade espacial, temporal e cultural.

Como a quantidade de estudos sobre os grupos de criminosos atingiu números inabarcáveis na atualidade, serão apresentadas algumas importantes pesquisas, as quais permitirão, de qualquer modo, uma visão ampla sobre o assunto.

Neste vértice, em investigação sobre o crime organizado no período entre 6000 a.C. e os dias atuais[82], entendido como "qualquer atividade criminosa significativa planejada e realizada com fins lucrativos por um grupo coeso de

[80] Lembra Zuñiga Rodriguez (2006, p. 157-159) que até na atualidade continua sendo difícil conceituar a criminalidade organizada, tendo em vista as diferentes manifestações e a complexidade deste fenómeno criminológico, a pluralidade de atividades e contextos em que atua, as diversas dimensões e as notas características que possuem em cada local ou setor em que realizam seu programa criminoso, além de se tratar de um fenómeno em constante adaptação às oportunidades que surgem, aos métodos de repressão dos órgãos estatais e a outros fatores desta natureza.

[81] Desde os mais antigos registos percebe-se a preocupação dos governantes e das elites quanto às associações ilícitas, em especial por motivos políticos, devido ao perigo de sedição ou conjuração, como Fragoso (1988, p. 293-294) e Godoy (2011, p. 26) anotam, quanto a texto de Marciano, que consta no Digesto (Lei n.º 47, título 22, n.º 1), que trata da proibição de confrarias e/ou sodalícios e, em geral, das congregações ilícitas (*illicitum collegium*).

[82] Newton (2011, p. 2-11) comenta que, embora naqueles momentos históricos e locais ainda não fossem considerados ilegais o cultivo, a posse e a utilização de substâncias entorpecentes: por volta de 6.000 a.C., sementes de cannabis já eram usadas na China; em 3.700 a.C. nativos americanos no Vale do Rio Grande já utilizavam o alucinógeno mescalina (com alcaloides psicoativos) dos botões de peiotes (cactos); em 3.400 a.C. papoulas para produção de ópio

criminosos", Newton (2011, p. 2-13) afirma que os grupos de crime organizado são tão antigos quanto a sociedade humana. Assevera, entretanto, que as primeiras organizações criminosas relevantes envolviam a pirataria no mar, incluindo os ataques às comunidades costeiras, como na região de Lukka e no restante do Mediterrâneo (atual Anatólia e Ásia Menor, entre 1.400 e 1.150 a.C.), os piratas da região de Creta (1.000 a 900 a.C.) ou aqueles que atacavam mercadores gregos e fenícios (700 a 600 a.C.), ou os *vikings* que realizaram ataques às ilhas britânicas e à Europa (a partir de 793 d.C.), de modo assemelhado à pirataria que depois foi praticada por frotas de criminosos nos mais variados locais do globo terrestre, tanto no Extremo Oriente quanto no Caribe[83].

Procurou demonstrar Wees (2009, p. 1-47), *v. g.*, que o sistema utilizado pelas famílias mafiosas nas regiões rurais da Sicília (sobretudo a partir da metade do séc. XIX, até a ascensão da máfia em centros urbanos) era muito assemelhado ao sistema que era utilizado na Grécia nos séculos VII e VI a.C., no período anterior às reformas realizadas por Sólon a partir de 594 a.C. Narra que tanto o regime implantado pela aristocracia rural (mafiosa) da Sicília, a partir de 1860, quanto o sistema que era adotado pela aristocracia rural de Atenas nos séculos VII e VI a.C., tinham surpreendente semelhança: algumas poucas famílias e/ou grupos organizados dominavam as comunidades rurais através do uso da violência (com grupos armados), da intimidação, das fraudes (na compra e venda de terras, de gado, de colheitas), da extorsão e da impossibilidade de reação dos demais cidadãos diante do controle total que essas famílias e/ou grupos possuíam sobre as principais autoridades locais (prefeitos, magistrados, cobradores de impostos, notários e até sacerdotes),

eram cultivadas na Mesopotâmia (e logo depois por assírios, babilônios e egípcios); e que em 3000 a.C. indígenas da América do Sul já mastigavam folhas de coca.

[83] Lembra Newton (2011, p. 2-13), inclusive, que alguns piratas, comandando frotas como corsários (i. e., "licenciados" por algum governante), algumas vezes eram considerados párias e caçados e, em outras oportunidades, eram homenageados por monarcas como heróis, como Sir Francis Drake (1540-1596), que recebeu o título de cavaleiro da Rainha Elizabeth I (Inglaterra) por seus atos de pirataria contra a Espanha no Novo Mundo, e o pirata chinês Zheng Zhilong (1604-1661), que inclusive tornou-se o "supremo almirante dos mares costeiros" da China, alcançando significativos poder e riqueza. Verifica-se, portanto, que há muito tempo esses grupos buscavam apoio e/ou ou proteção política, até legitimação, de forma a consolidar o seu poder, aumentar os lucros e diminuir os riscos.

vitimando a todos os demais membros dessas comunidades e, com especial gravidade, aos pequenos agricultores e trabalhadores mais pobres, subjugados inclusive mediante ameaças de escravidão perpétua por dívida.

Ao analisar a criminalidade que havia nos centros urbanos da Grécia (em especial de Atenas) nos séculos V e IV a.C., Fisher (2009, p. 53-84) comenta que as associações criminosas daquele período costumavam praticar condutas como fraudes na utilização de verbas públicas, na tomada das decisões políticas[84], nos julgamentos, no comércio marítimo, envolvendo a classe alta (por ambição, ganância, em busca da ampliação do poder e de riquezas etc., com ou sem violência e intimidação), normalmente sancionadas com penas leves ou apenas reprovação social. Quanto às associações criminosas das classes baixas (formadas por cidadãos com poucas posses) e estrangeiros, estas praticavam furtos, roubos, sequestros, prostituição, extorsão mediante violência, com penas severas (como a escravidão) e castigos físicos, inclusive a condenação à pena de morte ou à perda de membro (mutilação).

Diversas e importantes informações sobre aquele período, destaca Fisher (2009, p. 53-84), demonstram o quanto a história se repete ao longo das eras nesta caminhada humana, e apesar dos documentos e narrativas sobre aquela época terem sido elaborados por aristocratas, percebeu-se que as condutas desviantes que eram praticadas por grupos da elite política e/ou económica recebiam penas leves (ou eram ignoradas) e aqueles crimes praticados pelas classes baixas eram punidos com rigor extremo. Anotou, ainda, que muitos centros de negócios e de atividade comercial eram utilizados para a reunião das associações criminosas e outras atividades do grupo, em especial para evitar a deteção e identificação dos seus membros. Percebiam-se, já naquele

[84] Acrescenta Fisher (2009, p. 54-55) que pensadores daquele período consideravam que as ofensas podiam ser induzidas por *philotimia* (excessiva ambição, amor à honra, o desejo inconsequente de ser considerado superior etc.), cometidas em grande parte pelas pessoas ricas e/ou com poder político, ou então por aqueles que buscavam um lugar nesses grupos, cometendo crimes políticos, usando a violência e/ou a exploração de outrem motivados pela *hybris* (arrogância, agressividade, insolência, desprezo pelas demais pessoas). Por outro lado, os crimes também podiam ser cometidos em decorrência da *filocrematia* (ganância, amor ao dinheiro), e pondera que embora alguns infratores fossem homens da elite que aceitavam vastos subornos, a maioria dos criminosos incluídos nesta dilatada categoria eram designados como "malfeitores" (*kakourgoi*) ou "petty villains" (*mikroponeroi*), v. g., vilões insignificantes, sem importância.

período e sociedade, as relações que havia, em muitas oportunidades, entre o poder político e o crime organizado da alta sociedade, bem como a utilização de empreendimentos comerciais para mascarar as reuniões e atividades de criminosos.

Sob outro prisma, em pesquisa sobre a criminalidade organizada na antiguidade, Charles Tilly (1985, p. 172-173) se pergunta, inclusive, qual é a diferença entre o uso da violência por um grupo de pessoas comuns e a violência utilizada pelos Estados ou comunidades estruturadas para saquear uma outra comunidade, *i. e.*: quais seriam as diferenças entre o uso legítimo e o emprego ilegítimo da força, em especial porque os Estados empregam a violência numa escala maior, de forma mais eficiente e com maior eficácia? Pondera que, em muitos casos ao longo da história, o uso da violência por determinação da liderança da comunidade local ou do Estado contra populações civis (desarmadas ou com frágeis sistemas defensivos) de outros agrupamentos humanos não continha entre os agressores apenas pessoas subjugadas pelo poder dos respetivos governantes, mas também indivíduos que concordavam e apoiavam esses saques contra povos vizinhos. Deste modo, o autor se questiona: qual é a diferença entre uma comunidade organizada sob o mando de um senhor local que assalta uma comunidade ou Estado vizinho e um pirata que comanda vários navios repletos de homens para saquear uma cidade numa costa qualquer.

Nesta perspetiva, ao analisar as condutas de líderes de muitas comunidades da área central da península itálica nos séculos VI e V a.C., em particular quando comandavam ou ordenavam ataques para saquear, intimidar ou extorquir outros povoados (próximos ou distantes) por interesses privados, ou então quando atacavam aldeias governadas por adversários políticos (também aristocratas), Rawlings (2009, p. 97-116) verifica nessas condutas procedimentos de uma criminalidade organizada. Sustenta esta interpretação mesmo diante do facto de que essas ações gozavam de uma aparente legitimidade, porque as ordens emanavam dos senhores locais (ricos proprietários de terras da aristocracia romana) e muitas vezes contavam com a participação dos seus cidadãos na realização dos assaltos às outras comunidades ou propriedades, utilizando-se dos mais variados pretextos e alegações para justificar os ataques.

Entretanto, esses senhores locais estavam se tornando muito poderosos, fortalecendo vários comandantes de milícias privadas (assemelhados aos *condottieri*, comandantes de grupos mercenários que surgiram na Itália séculos mais tarde), e as querelas entre os ricos proprietários de terras romanos estavam causando forte desestabilização, ressalta Rawlings (2009, p. 97-116). Esta situação perigosa no interior de Roma exigiu medidas firmes logo no início da República Romana (a partir de 509 a.C.), para evitar uma escalada dos confrontos entre os aristocratas e o enfraquecimento de Roma. Verifica-se nesses casos, não obstante as diferentes conceções daquele momento e espaço social, claros indícios de comportamentos desviados, com grupos organizados saqueando outros agrupamentos humanos e causando severos danos às populações vitimadas, que nem sequer se incluíam entre povos estrangeiros e/ou inimigos.

De facto, os relatos sobre associações criminosas ao longo da história da humanidade são inúmeros. Segundo Alston (2009, p. 123-150), há diversas narrativas (de autores romanos e gregos) sobre grupos de saqueadores extremamente violentos que atuavam na região do delta do Nilo na década de 170 d.C. e que, após os ataques e emboscadas a barcos (e caravanas com menor frequência) escondiam-se nessa área de pântanos e rios pouco conhecidos pelos romanos que ocupavam o território. Esses registos romanos sobre os *boukoloi* consideravam essas atividades como banditismo e exigiram diversos esforços de Roma para reprimir esses grupos.

Numa região sul da cadeia de montanhas da Anatólia (entre as cidades de Fethiye e de Antália da Turquia atual), numa área em que havia uma região montanhosa e inóspita, ocupada por nômades, e uma região fértil para culturas agrícolas no vale, com vários portos utilizados pelos romanos, viabilizando um próspero comércio, Mitchell (2009, p. 155-171) comenta que vários registos históricos (em textos literários e legais) relatam os ataques praticados de forma endêmica por grandes grupos criminosos organizados de montanheses que saqueavam essas prósperas comunidades da planície, com frequência e muita violência. Ressalta que, em especial no período de 76 a.C. até o final do século I d.C., esta situação exigiu um gradativo aumento do número de militares na região para fazer frente a esta ameaça, além de ocorrerem focos de revolta diante da transformação da região em província subordinada a Roma e da respetiva imposição de tributos.

Por seu turno, Hopwood (2009, p. 177-197) analisa o período relativo aos séculos II a IV d.C. dessa região no sul da Turquia, citando significativas pilhagens realizadas por esses grandes grupos organizados de criminosos que, após os ataques, refugiavam-se nas montanhas inóspitas da região, onde viviam e escondiam os bens saqueados antes de negociá-los. Entretanto, narra que este período foi caótico devido também aos saques praticados na região pelo exército de Shahpur durante as guerras persas, causando problemas económicos, enfraquecendo o poder dos Conselhos das Cidades (formados pela elite dos proprietários locais, parcialmente subordinados a Roma) e diminuindo a sua capacidade de manter a ordem.

Diante desses fatores, muitos desses ricos proprietários preferiram deixar os Conselhos das Cidades diante da perda do poder e da situação caótica, complementa Hopwood (2009, p. 177-197). Destaca que então retornaram aos seus latifúndios rurais, fizeram acordos e contrataram muitos desses membros de grupos[85] de saqueadores violentos das regiões montanhosas, que passaram a trabalhar para essa elite como milícias privadas e permitiram, em certa medida, a retomada do poder pelos nobres locais.

Ao analisar a sociedade dos astecas, dedicando especial atenção ao período de 1428 a 1519 d.C., que antecedeu a chegada dos espanhóis, Berdan (2009, p. 255-269) preferiu chamá-los de *mexicas* (como eles se autodeclaravam), comentando que diversos crimes eram estabelecidos em rígidas normas, que previam sanções mais severas para os nobres, pois ocupavam todos os cargos importantes e, portanto, possuíam uma responsabilidade muito mais elevada perante os governantes e demais membros dessa sociedade[86]. Narra que havia

[85] Para Hopwood (2009, p. 177-197), esses acordos ocorreram porque muitos líderes desses grupos criminosos perceberam que suas vidas nas inóspitas regiões montanhosas, vivendo de incursões para saquear os ricos proprietários e/ou comerciantes nos vales próximos, proporcionavam uma existência de extrema dificuldade e miséria, com a morte espreitando a cada ataque ou patrulhamento romano, pois estavam sempre pressionados entre as centúrias de Roma e as forças dos ricos proprietários locais. Assim, obtiveram junto aos latifundiários não apenas proteção política e certa imunidade pelos crimes cometidos, pois também passaram a desfrutar de parte das vantagens e do conforto das propriedades dos latifundiários, inclusive usando essa legitimidade proporcionada pela subordinação aos senhores locais para praticarem outros delitos, agora de forma discreta, de forma a não comprometer o apoio dos latifundiários.

[86] Segundo Berdan (2009, p. 255-269), o império dos mexicas era formado principalmente por três cidades-estado, chamadas *altepetl* (Tenochtitlan, Texcoco e Tlacopan), com governos burocráticos e centralizados, diversidade política formada por grupos alinhados às suas origens étnicas, complexa e rígida hierarquia social e economia especializada, em que cada cidade-estado e povoamento possuía uma produção que a caracterizava, como a produção de cerâmica, de vestimentas etc. A sociedade era dividida de forma clara entre a nobreza e

assaltos de grupos organizados de saqueadores a caravanas de comerciantes, e que também havia propensão de autoridades públicas (políticos, juízes e outros) a receberem subornos e praticar fraudes, em especial os cobradores de tributos, que praticavam extorsão.

Ao traçar as origens da máfia que se consolidou na Itália e depois migrou para os Estados Unidos, Bequai (1979, p. 1-26) comenta que a região sul da Itália foi governada em diferentes momentos históricos por cartagineses, gregos, romanos, germânicos, árabes, espanhóis e franceses, sempre recebendo forte influência de uma cultura mediterrânea. Entretanto, acrescenta que uma das maiores migrações históricas em direção àquela região foi realizada por tribos albanesas, mediante convite ou autorização dos governantes do sul da península itálica, diante dos avanços da invasão otomana na região dos Balcãs no período entre 1359 e 1541 d.C.

A maioria desses migrantes se estabeleceu nas regiões montanhosas da Calábria, da Lucânia e da Sicília, e foram denominados *arbresheri* (ítalo-albaneses), relata Bequai (1979, p. 1-26), causando influência na cultura regional porque trouxeram consigo uma longa tradição tribalista e belicista amalgamada durante vários séculos, baseada numa tenaz dedicação e lealdade obsessiva à família e ao clã, o dever sagrado de manter e cumprir sua palavra de honra, o dever de silêncio e a obrigação de se vingar de agressões sofridas na mesma proporção dos danos causados à família e/ou clã, além de desdém e aversão a qualquer norma ou governante não pertencente à tribo, motivos pelos quais sempre foram hostis e se rebelavam contra tentativas de submetê-los a um monarca (como o Rei de Nápoles) ou, após, ao governo centralizado da Itália. Esses códigos de conduta iriam moldar, no futuro, a máfia italiana.

Na Calábria, nos séculos XVIII e XIX da nossa era, numerosos grupos de criminosos reunidos em sociedades secretas começaram a chamar a atenção das autoridades, em especial a *Onorta Società* (Sociedade de Honra), que praticava extorsão em larga escala e saques coordenados, complementa Bequai (1979, p. 1-26). Ressalta que, no início do século XIX, surgiu em Nápoles outro grupo secreto de criminosos que viria a se tornar a Camorra, no começo

os plebeus, em que apenas os guerreiros mais notórios e os mais importantes comerciantes (fornecedores de produtos para a nobreza) tinham uma pequena possibilidade de ascenderem socialmente.

vendendo proteção no interior de penitenciárias, para depois começar a atuar nas cidades e arredores por volta de 1850, contando então com doze famílias, cada uma das quais possuía o seu respetivo chefe (*capo*)[87].

Quanto à Sicília, Bequai (1979, p. 14-15) afirma que esta foi marcada pela violência e rebeliões desde a antiguidade romana, havendo diferentes estudos quanto à origem dessas associações criminosas secretas que depois se tornaram as organizações mafiosas que viriam a formar a *Cosa Nostra*. Comenta que alguns pesquisadores apontam seu surgimento no século IX, em contraposição à ocupação pelos árabes, e outros no século XIII, para enfrentar os ocupantes franceses em 1282 d.C. A versão mais aceita na atualidade, para Bequai, indica o surgimento da máfia no século XIX, no período feudal sob a governança dos reis da Casa de Bourbon, em que os ricos proprietários de terras passaram a contratar esses grupos de mafiosos (para proteção das suas propriedades e dos seus familiares, manter os camponeses subjugados e a criminalidade sob controle), transformando-os em exércitos privados que, após receberem terras, riquezas e apoio político desses nobres latifundiários a quem protegiam, tornaram-se poderosos e influentes. Esses grupos criminosos passaram então a vender proteção (inclusive forçada) a proprietários de terras, comerciantes e outras pessoas de quem pudessem extorquir algo de valor, somando-se ao facto de que a riqueza da qual já dispunham e a sua capacidade de intimidação e de manipular votos, que interessavam aos políticos da região, asseguravam-lhes também um importante instrumento de proteção política e imunidade, inviabilizando a tentativa de reprimi-los pelo governo italiano recém unificado, em 1878. Entretanto, a caçada aos mafiosos promovida por Mussolini a partir de 1924 obrigou-os a migrarem para outros países, com muitos dos seus líderes optando pelos Estados Unidos.

[87] Segundo Bequai (1979, p. 13), a partir de 1860, membros influentes da sociedade napolitana começaram a aderir à Camorra, e os esforços do governo da Casa de Saboia para destruí-la foram infrutíferos, pois já havia instalado franquias em outras áreas da Itália e desenvolvido a capacidade de manipular votos de eleitores, assegurando suporte político e proteção de membros importantes da sociedade. Anota que na virada do século a Camorra já governava Nápoles, mas com a ascensão de Mussolini ao poder e sua ferrenha determinação de exterminar os camorristas, muitos dos seus membros migraram para os Estados Unidos e outros locais, pois poucos daqueles que permaneceram não foram mortos ou presos, criando outros grupos criminosos que continuaram extorquindo dinheiro de empresários e, após, traficando narcóticos.

Os exemplos e registos históricos sobre organizações secretas do passado (muitas das quais se tornaram criminosas) são inumeráveis e ocorreram em todo o globo terrestre, como recorda Newton (2011, p. 38-40), exemplificando com a fundação, em 1761, da sociedade clandestina de resistência *Tiandihui* (Sociedade do Céu e Terra), reconhecida como a primeira tríade[88] chinesa, estabelecida por oponentes chineses à Dinastia *Qing* (de invasores manchus) na Província de Fujian, embora predominassem motivos de ordem política nesta sua gênese.

Por outro lado, Chu (2000, p. 11-15) revela que documentos recém vindos à tona e confecionados naquele período, inclusive alguns referentes a uma investigação realizada durante três anos por uma força-tarefa (com oficiais de todo o país), ordenada pelo imperador após conter uma rebelião liderada pela Tiandihui, em Taiwan, no ano de 1786, concluem que esta sociedade surgiu de forma espontânea como uma fraternidade para proteção mútua na província de Fujian (vila de Gaoxi, condado de Zhangpu), diante dos conflitos constantes entre os vários subgrupos étnicos na região, e não como uma forma de se contrapor à Dinastia Qing e restaurar a Dinastia Ming. Acrescenta que esses estudos recentes permitem concluir que muitos membros da Tiandihui estavam envolvidos em vários modos de crime organizado, sobretudo a venda de proteção privada para comerciantes e outras pessoas que precisavam viajar com frequência, sendo que a migração do povo de Fujian fez com que muitos dos seus membros se espalhassem pela província vizinha de Guangdong, Taiwan e outras áreas do sudeste da China[89].

[88] Comenta Newton (2011, p. 38-44) que os membros da Tiandihui organizaram uma revolta contra a Dinastia Qing que, em abril de 1768, realizou o primeiro ataque (em Zhangpu, na China) e efetuou outros posteriormente, sendo que a rebelião foi contida pelas autoridades da Dinastia Qing e mais de trezentos e sessenta associados da tríade foram presos ao longo dos meses seguintes. Entretanto, em 1786 as tríades voltam a chamar a atenção dos governantes chineses numa revolta em Taiwan, liderada por Lin Shuangwen, inclusive com registos dos rituais de iniciação nessas sociedades secretas. Em setembro de 1802, outra tríade liderou uma "rebelião" em Guandong (China), a qual foi contida no mês seguinte pelas autoridades e, após alguns anos, foi descrita pelo governador-geral de Liangguang como dirigida não por rebeldes, descontentes diante de abusos e de ilegalidades, mas sim por criminosos comuns com a intenção de roubar, de obter riquezas para si mesmas e usá-las, inclusive incitando as pessoas boas a roubarem.

[89] Para Chu (2000, p. 11-15), houve uma rápida expansão da Tiandihui porque sua estrutura era descentralizada, formando redes por meio de rituais de fraternidade juramentada de

Desde 1223 d.C., segundo Newton (2011, p. 14-15), piratas da região do atual Japão já atacavam regiões da costa sul da Coreia, tendo realizado 174 ataques às cidades costeiras coreanas entre os anos de 1376 e 1385, sendo que forças da Coreia atacaram as fortalezas piratas em Tsushima (Japão) em 1389, matando centenas de piratas e libertando mais de cento e trinta reféns. Anota que, em 1414, o rei coreano Taejon inclusive declarou guerra aos piratas da ilha Tsushima e atacou-os com 227 navios e mais de 17 mil soldados, destruindo 109 navios da frota pirata, antes da chegada de tropas japonesas.

A bula papal do Papa Sisto V, de 1588, já previa o crime associativo, anota Carrara (1884, p. 1116), descrevendo-o como "congregação de homens armados que se aliaram para criar tumultos, praticar vingança, depredar, saquear, proceder unidos e compartilhar os benefícios dos seus malfeitos."

Para Pereira (2020, p. 20-21), sobretudo as sociedades rurais (até o século XIX) eram mais suscetíveis à criminalidade organizada representada por grandes grupos de saqueadores que agiam nas regiões menos urbanizadas desses países[90], pois não havia sistemas de policiamento adequados para se oporem a esta espécie de grupos criminosos, os quais conseguiam proliferar nessas áreas e/ou nos momentos em que o Estado estava mais fraco ou ausente, como ocorreu no período da Revolução Francesa, em que cessaram ou esmaeceram diversos vínculos de autoridade entre governantes e súditos,

proteção mútua, permitindo que novas unidades fossem formadas com flexibilidade e de acordo com as necessidades de cada grupo, mas utilizando rígido código de conduta e senhas, poemas e gestos secretos que apenas seus membros reconheciam, formando quase que uma fraternidade secreta universal que oferecia uma espécie de "seguro de vida e proteção" a qualquer um dos seus membros, onde quer que se encontrassem. Tendo em vista a revolta de Taiwan, inclusive, o imperador declarou ilegais essas sociedades a partir de 1786, o que as obrigou a se tornarem clandestinas e/ou seus membros tiveram que migrar, mudando-se para Hong Kong, sudeste asiático, América do Norte e, depois, para a Europa, passando a agir nas comunidades chinesas (*Chinatowns*) nesses outros Estados, praticando de forma organizada não apenas o contrabando de ópio e a venda de proteção, mas também roubos, pirataria e tráfico de trabalhadores.

[90] Neste vértice, Pereira (2020, p. 19-22) cita o cangaceirismo de contrato que se estabeleceu no nordeste brasileiro a partir do século XIX, tomando maior relevância a partir da década de 1920, em especial com o grupo de cangaceiros chefiado por Lampião (Virgulino Ferreira da Silva), morto por forças públicas em 1938, mas que havia feito ataques a cidades, povoados e propriedades rurais na região nordeste do país durante quase duas décadas, cometendo saques, sequestros, homicídios, tortura, mutilação de pessoas e roubo de gado, com um grupo de criminosos que alcançou quase uma centena de criminosos em determinados períodos.

e as normas estabelecidas não ofereceriam segurança diante da impossibilidade estatal de fazer com que fossem respeitadas.

Entretanto, foi na França pós-revolucionária que surgiu não só um sistema de codificação de normas que serviu de referência a diversos países europeus[91] (e também influenciou muito o ordenamento jurídico brasileiro), pois também foram criadas previsões específicas sobre o crime de "associação de malfeitores"[92], cujas disposições serviram como modelo, *v. g.*, a Portugal e a diversos outros países.

O "Código Penal Portuguez" de 1852[93], aprovado por Decreto de 10 de dezembro de 1852, no seu art. 263.º, previu o crime de "Associação de

[91] Neste sentido, destaca-se que a Comissão composta por Carvalho, Lima e Jordão, ao encaminhar relatório dirigido ao Rei Português (em 20 de outubro de 1861), contendo comentários relativos ao Código Penal Português de 1852 e propostas de reforma, asseveraram que esse movimento de codificação foi liderado pelos franceses, que produziram um modelo de codificação simples, popular e quase universal [leia-se acessível e compreensível à população em geral]. Acrescentaram os membros da referida Comissão: "De 1830 em diante quasi todas as nações da Europa têem procedido á reforma completa da sua legislação criminal; e sucessivamente têem aparecido os novos codigos penaes da Grecia (1833), da Russia (1833), de Zurich (1835), das ilhas Jonias (1837), de Saxe (1837), de Berne (1839), do Wurtemberg (1839), da Sardenha (1839), do Hanover (1840), de Hesse (1841), de Baden (1845), de Cobourg (1850), da Prussja (1851), de Saxe-Cobourg-Gotha (1852), de Austria (1852), de Portugal (1852), da Toscana (1853) e de Modena (1855)." (Carvalho, Lima e Jordão, 1861, tomo I, p. 7-12).

[92] O "*Code Pénal de l'Empire Français*", outorgado pelo imperador Napoleão Bonaparte em 12 de fevereiro de 1810, entrou em vigor em 1º de janeiro de 1811. Este Código estabeleceu, no "*Livre III – Des Crimes, des Délits et de leur Punition [...]* ***Chapitre III – Crimes et Délits contre le Paix Publique*** *[...] Section V - Associations de Malfaiteurs, Vagabondage et Mendicité,* ***§ I.er – Association de malfaiteurs. Article 265.*** *Toute association de malfaiteurs envers les personnes ou les propriétés, est un crime contre la paix publique.* ***Article 266.*** *Ce crime existe par le seul fait d'organisation de bandes ou de correspondance entre elles et leurs chefs ou commandants, ou de conventions tendant à rendre compte ou à faire distribution ou partage du produit des méfaits.* ***Article 267.*** *Quand ce crime n'aurait été accompagné ni suivi d'aucun autre, les auteurs, directeurs de l'association, et les commandants en chef ou en sous-ordre de ces bandes, seront punis des travaux forcés à temps.* ***Article 268.*** *Seront punis de la réclusion tous autres individus chargés d'un service quelconque dans ces bandes, et ceux qui auront sciemment et volontairement fourni aux bandes ou à leurs divisions, des armes, munitions, instruments de crime, logement, retraite ou lieu de réunion.*" (Grifos no original). Lembra Aleo (2012, p. 8-9), que o mesmo Código Penal do Império Francês foi traduzido para a língua italiana e aplicado no "Regno d'Italia" a partir de 1810, perdurando até 11 de abril de 1814, quando Napoleão abdicou do trono e do título de Rei da Itália, para o qual havia sido coroado em 26 de maio de 1805, em Milão.

[93] Consta no CP português de 1852, aprovado pelo Decreto de 10 de dezembro de 1852: "[...] Título III. Dos Crimes Contra a Ordem e Tranquillidade Publica. [...] Capítulo IX – Dos Vadios,

Malfeitores", estabelecendo que "Todos os indivíduos, que fizerem parte de qualquer associação formada para atacar as pessoas, ou as propriedades, e cuja organisação se manifeste por convenção, ou por quaesquer outros factos, serão punidos com a pena de prisão maior temporaria com trabalho." Consta no mesmo art. 263.º que aqueles que exercerem direção ou comando serão punidos com trabalhos públicos temporários e que serão considerados cúmplices aqueles que, sabendo da associação, derem de modo voluntário pousada aos associados, acolhimento ou lugar para reunião.

Pode-se verificar, deste modo, uma forte semelhança com as previsões do Código Penal francês quanto a este crime, sendo que o cerne da tipologia empregada naquele momento continuou moldando o crime de associação de malfeitores estabelecido em Portugal a partir do Código Penal de 1852[94].

e Mendigos, e das Associações de Malfeitores. [...] **Secção 3.ª. Associação de Malfeitores. Artigo 263.º** Todos os indivíduos, que fizerem parte de qualquer associação formada para atacar as pessoas, ou as propriedades, e cuja organisação se manifeste por convenção, ou por quaesquer outros factos, serão punidos com a pena de prisão maior temporaria com trabalho. §1.º Os que fôrem auctores da associação, ou nella exercerem direcção, ou commando, serão punidos com trabalhos publicos temporarios. §2.º São applicaveis as regras sobre a cumplicidade a todo aquelle que, sendo sabedor da associação, der voluntariamente pousada aos associados, ou os acolher, ou lhes fornecer lugar de reunião." (Grifos no original).

94 Segundo Mendes de Almeida (1870, p. XL), as Ordenações Filipinas [Codigo Philippino ou Ordenações do Reino de Portugal], sancionadas por Philippe I em 1595 e vigorando a partir de 1603, quando foram promulgadas (além de impressas e distribuídas), já sob o governo de Philippe II, estabeleciam no Livro V, Título XLV: "Dos que fazem assuada, ou quebrão portas, ou as fechão de noite por fora. Qualquer pessoa, que com ajuntamento de gente, além dos que em sua caza tiver, entrar em caza de alguém para lhe fazer mal, e o ferir a elle, ou á outrem, que na dita caza stiver, morra morte natural. E postoque não fira, se fôs peão, seja publicamente açoutado pela Villa com baraço e pregão, e degradado dez annos para o Brazil. E se fôr scudeiro, ou Cavalleiro, ou dahi para cima, será degradado dez annos com pregão na audiência para Africa. 1. E se o ajuntamento de gente, que assi fez, fôr para fazer mal, ou dano a alguma pessoa, e não entra em caza alguma, posto que com o ajuntamento não faça mal, nem dano, se fôr fidalgo, seja preso e degradado quatro annos para Africa, e pague cem cruzados, ametade para quem o accusar, e a outra para nossa Camera. [...] E qualquer pessoa, que per força entrar em alguma caza, quebrando as portas, ou lançando-as fora do couce, ora comsigo leve gente de assuada, ora não, e fôr para ferir, matar, roubar, forçar, ou tomar mulher, ou injuriar alguma pessoa que dentro da caza stè, postoque nenhuma das sobreditas cousas faça, será degradado para sempre para o Brazil, e mais pagará a injuria á parte pela força, que lhe assi fez, havendo respeito á qualidade das pessoas. E além disso será punido, segundo o dano, ou ofensa, que lhe fizer." Segundo Godoy (2011, p. 5) este crime de assuada

O Código Penal Português de 1886, aprovado por Decreto de 16 de setembro de 1886, manteve uma redação muito assemelhada para o crime de associação de malfeitores (art. 263.º)[95], mas o legislador teve o cuidado de não manter a (criticada) limitação que havia no Código de 1852, aplicável apenas naqueles casos em que os crimes visados fossem de ataque às pessoas ou à propriedade.

Naquele período, tratando do Código Penal toscano em vigor, Carrara (1884, p. 1117-1118) já sustentava, inclusive, que a razão de existir da sociedade civil se baseia na necessidade de defender os direitos de todos, e uma sociedade que é constituída com a finalidade de lesionar ou agredir os direitos de todos põe-se em perfeito antagonismo com aquela sociedade civil, a qual estará perfeitamente legitimada para reprimi-la[96], *i. e.*, a sua simples constituição já demonstra ou representa "[...] uma força física objetiva suficiente para tornar legítima a sua repressão. [...] O código toscano [...] nesses atos preparatórios não terá punido uma tentativa, mas punido um crime completo e perfeito."

também era previsto nas Ordenações Afonsinas (Livro Quinto, Título LXXIII) e Manuelinas (Quinto Livro, Titulo LI).

[95] O Código Penal Português de 1886 previu: "Art. 263. Aqueles que fizerem parte de qualquer associação formada para cometer crimes, e cuja organização ou existência se manifeste por convenção ou por quaisquer outros factos, serão condenados à pena de prisão maior celular de dois a oito anos, ou, em alternativa, à pena de degrêdo temporário, salvo se forem autores da associação ou nela exercerem direcção ou comando, aos quais será aplicada a pena de dois a oito anos de prisão maior celular, ou, em alternativa, a de prisão maior temporária. Parágrafo único. Serão punidos como cúmplices os que a estas associações ou quaisquer divisões delas fornecerem ciente e voluntariamente armas, munições, instrumentos do crime, guarida ou lugar para reunião."

[96] Destacou Carrara (1884, p. 1116-1117) que "o tipo de crime que circula na prática toscana sob o nome de *associação para delinquir* tem sua própria história, mas não se pode dizer que ainda tenha sua teoria exata, completa e concordante com a legislação contemporânea [...] É bom que em todas estas legislações o mero facto da associação tenha uma pena própria. É bom que haja sempre um crime que seja perfeito em si mesmo e consumado por associar-se antes mesmo de qualquer outra infração à lei. É bom que a cada um dos membros da associação que cometer crimes especiais seja imposta a *pena própria por associar-se*, bem como as penas especiais para os demais crimes de que cada um tenha participado. Entretanto, a semelhança entre as figuras pode enganar. A ilusão deve desaparecer quando vemos que [enquanto] a ameaça de pena de prisão prevista entre nós [na Toscana] contra os dirigentes [da associação para delinquir], de três meses a três anos, e de um mês a um ano contra todos os outros membros, encontram-se nas outras legislações [penas de] prisão por até vinte anos." (Livre tradução nossa).

No Código Penal português de 1886, o tipo penal passou a exigir, neste aspeto, apenas o fim de cometer crimes. Por outro lado, comentam Beleza dos Santos (1937, p. 114-115) e Meireles (2017, p. 32-33), a tipologia prevista no Código de 1886 previu que a associação ocorreria quando houvesse organização (como constava no Código português anterior) ou *existência* (incluída no Código de 1886), a ser demonstrada por convenção ou por quaisquer outros factos. Desta maneira, relatam que a conduta adequava-se ao tipo penal mesmo quando não pudessem ser definidos os contornos da organização com nitidez, nos moldes das recentes doutrinas que tratavam do tema, bastando a comprovação da existência da associação de malfeitores, pois naquele momento histórico já se conhecia a natureza maleável e adaptável das associações criminosas, porque estas buscavam sempre manter-se na maior discrição possível dentro das suas possibilidades (para não serem detetadas e não sofrerem as ações repressivas dos órgãos de controle estatais), inviabilizando, na maioria das vezes, a comprovação relativa à sua estrutura organizativa ou ao seu funcionamento. Esta tipificação do art. 263.º foi modificada quase ao final da vigência do Código Penal português de 1886, através da Lei n.º 24/81, de 20 de agosto, e também com a entrada em vigor do Código Penal português de 1982 (Decreto-Lei n.º 400/82, de 23 de setembro), promovendo-se uma grande mudança no tratamento dispensado a esta tipologia.

Na atualidade, após as modificações realizadas (inclusive a renumeração do artigo com a epígrafe *associação criminosa*, muito embora trate de "grupo, organização ou associação")[97], o Código Penal português (Decreto-Lei n.º 400/82, de 23 de setembro) mantém-no como crime autónomo[98]. Refira-se

[97] Citem-se, com ênfase, a reforma substancial no Código Penal promovida pelo Decreto-Lei n.º 48/95, de 15 de março, e também a 23.ª alteração do Código Penal, efetuada através da Lei n.º 59/2007, de 04 de setembro.

[98] Neste momento, o CP português estabelece: "[...] Artigo 299.º Associação criminosa. 1 – Quem promover ou fundar grupo, organização ou associação cuja finalidade ou actividade seja dirigida à prática de um ou mais crimes é punido com pena de prisão de um a cinco anos. 2 – Na mesma pena incorre quem fizer parte de tais grupos, organizações ou associações ou quem os apoiar, nomeadamente fornecendo armas, munições, instrumentos de crime, guarda ou locais para as reuniões, ou qualquer auxílio para que se recrutem novos elementos. 3 – Quem chefiar ou dirigir os grupos, organizações ou associações referidos nos números anteriores é punido com pena de prisão de dois a oito anos. 4 - As penas referidas podem ser especialmente atenuadas ou não ter lugar a punição se o agente impedir ou se esforçar seriamente por impedir a continuação dos grupos, organizações ou associações, ou comunicar à

que o crime de *associação criminosa* tem previsão em diplomas penais avulsos, impondo ao intérprete e aplicador das normas, algumas vezes, dificuldades que podem provocar uma diminuição axiológica do princípio da segurança jurídica.

A redação do art. 299.º do CP de Portugal, com a epígrafe "Associação Criminosa", dispõe que quem "promover ou fundar grupo, organização ou associação cuja finalidade ou actividade seja dirigida à prática de um ou mais crimes é punido com pena de prisão de um a cinco anos." Prevê a mesma pena para "quem fizer parte de tais grupos, organizações ou associações ou quem os apoiar" quer seja fornecendo "armas, munições, instrumentos de crime, guarda ou locais para as reuniões", quer seja prestando "qualquer auxílio para que se recrutem novos elementos." Para quem "chefiar ou dirigir os grupos, organizações ou associações" a pena de prisão prevista é de dois a oito anos. As citadas penas podem ser atenuadas ou então não haver punição "se o agente impedir ou se esforçar seriamente por impedir a continuação dos grupos, organizações ou associações, ou comunicar à autoridade a sua existência de modo a esta poder evitar a prática de crimes." Consta no referido artigo, ainda, que "considera-se que existe grupo, organização ou associação quando esteja em causa um conjunto de, pelo menos, três pessoas, actuando concertadamente durante um certo período de tempo."

Dada a relevância do tema, inclusive a Constituição da República Portuguesa sofreu modificações, de modo a incluir ou alterar dispositivos, adotando a CRP previsões expressas quanto à *criminalidade altamente organizada* ou *criminalidade internacional organizada*, conforme disposto, *v. g.*, no art. 33.º, n.º 3, referente à extradição[99] (modificado pela Lei Constitucional n.º 1/97,

autoridade a sua existência de modo a esta poder evitar a prática de crimes. 5 – Para os efeitos do presente artigo, considera-se que existe grupo, organização ou associação quando esteja em causa um conjunto de, pelo menos, três pessoas, actuando concertadamente durante um certo período de tempo."

[99] Prevê a Constituição portuguesa, quanto à expulsão, extradição e direito de asilo: "[...] **Artigo 33.º (Expulsão, extradição e direito de asilo)** 1. Não é admitida a expulsão de cidadãos portugueses do território nacional. 2. A expulsão de quem tenha entrado ou permaneça regularmente no território nacional, de quem tenha obtido autorização de residência, ou de quem tenha apresentado pedido de asilo não recusado só pode ser determinada por autoridade judicial, assegurando a lei formas expeditas de decisão. 3. A extradição de cidadãos portugueses do território nacional só é admitida, em condições de reciprocidade estabelecidas em convenção internacional, nos casos de terrorismo e de *criminalidade internacional organizada*, e

de 20 de setembro – Quarta Revisão Constitucional); no art. 34.º, n.º 3, quanto à inviolabilidade do domicílio[100] (cuja modificação foi realizada através da Lei Constitucional n.º 1/2001, de 12 de dezembro – Quinta Revisão Constitucional); no art. 207.º, n.º 1, que trata do júri popular[101] (modificado pela Lei Constitucional n.º 1/97, de 20 de setembro – Quarta Revisão Constitucional).

Neste vértice, não podem ser esquecidas as disposições sobre grupo, organização ou associação criminosa, previstas no art. 184.º da Lei n.º 23/2007, de 04 de julho[102], no art. 89.º da Lei n.º 15/2001, de 05 de

desde que a ordem jurídica do Estado requisitante consagre garantias de um processo justo e equitativo. 4. Só é admitida a extradição por crimes a que corresponda, segundo o direito do Estado requisitante, pena ou medida de segurança privativa ou restritiva da liberdade com carácter perpétuo ou de duração indefinida, se, nesse domínio, o Estado requisitante for parte de convenção internacional a que Portugal esteja vinculado e oferecer garantias de que tal pena ou medida de segurança não será aplicada ou executada. 5. O disposto nos números anteriores não prejudica a aplicação das normas de cooperação judiciária penal estabelecidas no âmbito da União Europeia. [...].” (Grifos nossos).

[100] Consta na CRP, quanto à inviolabilidade do domicílio e da correspondência: “[...] **Artigo 34.º (Inviolabilidade do domicílio e da correspondência)** 1. O domicílio e o sigilo da correspondência e dos outros meios de comunicação privada são invioláveis. 2. A entrada no domicílio dos cidadãos contra a sua vontade só pode ser ordenada pela autoridade judicial competente, nos casos e segundo as formas previstos na lei. 3. Ninguém pode entrar durante a noite no domicílio de qualquer pessoa sem o seu consentimento, salvo em situação de flagrante delito ou mediante autorização judicial em casos de *criminalidade* especialmente violenta ou *altamente organizada*, incluindo *o terrorismo e o tráfico de pessoas, de armas e de estupefacientes*, nos termos previstos na lei. 4. É proibida toda a ingerência das autoridades públicas na correspondência, nas telecomunicações e nos demais meios de comunicação, salvos os casos previstos na lei em matéria de processo criminal.” (Grifos nossos).

[101] Consta na Constituição de Portugal: “[...] **Artigo 207.º (Júri, participação popular e assessoria técnica)** 1. O júri, nos casos e com a composição que a lei fixar, intervém no julgamento dos crimes graves, salvo os de terrorismo e os de *criminalidade altamente organizada*, designadamente quando a acusação ou a defesa o requeiram.” (Grifos nossos). Veja-se a análise realizada por Meireles (2017, p. 382-437), em que discute as decisões da Corte Constitucional portuguesa sobre o tema.

[102] A Lei n.º 23/2007, de 04 de julho, que aprova o regime jurídico de entrada, permanência, saída e afastamento de estrangeiros do território nacional, estabelece: “[...] **Artigo 184.º Associação de auxílio à imigração ilegal**. 1 - Quem promover ou fundar grupo, organização ou associação cuja finalidade ou atividade seja dirigida à prática dos crimes previstos no artigo anterior é punido com pena de prisão de um a seis anos. 2 - Incorre na mesma pena quem fizer arte de tais grupos, organizações ou associações, bem como quem os apoiar ou prestar auxílio para que se recrutem novos elementos. 3 - Quem chefiar ou dirigir os grupos, organizações ou associações mencionados nos números anteriores é punido com pena de prisão de dois a oito anos. 4 - A tentativa é punível. 5 - As penas aplicáveis às entidades referidas no n.º 1

junho[103], e no art. 28.º do Decreto-Lei n.º 15/93, de 22 de janeiro[104], porque também se incluem entre as previsões da alínea *m)*, art. 1.º, CPP, como ressalta Albuquerque (2011, p. 48-50).

No mesmo rumo, devem ser destacados os estudos que estão sendo desenvolvidos no âmbito do Projeto *Corpus Delicti* – Estudos de Criminalidade Organizada Transnacional –, em que o Investigador Colaborador do *Ratio Legis* – Centro de Investigação & Desenvolvimento em Ciências Jurídicas da Universidade Autónoma de Lisboa, José Joaquim Monteiro Ramos (2022, p. 134), desenvolve pesquisa e Tese de Doutoramento sobre a tópica jurídica da criminalidade organizada, sobretudo visando classificar as entidades criminosas (organização, associação, grupo e bando) sob aspetos como: "tempo de duração da entidade, o número dos seus elementos, a sua estrutura interna

do artigo 182.º são as de multa, cujos limites mínimo e máximo são elevados ao dobro, ou de interdição do exercício da atividade de um a cinco anos." (Grifos no original).

[103] A Lei n.º 15/2001, de 05 de junho, que estabelece um novo Regime Geral para as Infrações Tributárias, dispõe: "[...] **Artigo 89.º Associação criminosa.** 1 - Quem promover ou fundar grupo, organização ou associação cuja finalidade ou actividade seja dirigida à prática de crimes tributários é punido com pena de prisão de um a cinco anos, se pena mais grave não lhe couber, nos termos de outra lei penal. 2 - Na mesma pena incorre quem apoiar tais grupos, organizações ou associações, nomeadamente fornecendo armas, munições, instrumentos de crime, armazenagem, guarda ou locais para as reuniões, ou qualquer auxílio para que se recrutem novos elementos. 3 - Quem chefiar, dirigir ou fizer parte dos grupos, organizações ou associações referidos nos números anteriores é punido com pena de prisão de 2 a 8 anos, se pena mais grave não lhe couber, nos termos de outra lei penal. 4 - As penas referidas podem ser especialmente atenuadas ou não ter lugar a punição se o agente impedir ou se esforçar seriamente para impedir a continuação dos grupos, organizações ou associações, ou comunicar à autoridade a sua existência, de modo a esta poder evitar a prática de crimes tributários." (Grifos no original).

[104] O Decreto-Lei n.º 15/93, de 22 de janeiro, referente à repressão às drogas, prevê: "[...] **Artigo 28.º Associações criminosas.** 1 - Quem promover, fundar ou financiar grupo, organização ou associação de duas ou mais pessoas que, actuando concertadamente, vise praticar algum dos crimes previstos nos artigos 21.º e 22.º é punido com pena de prisão de 10 a 25 anos. 2 - Quem prestar colaboração, directa ou indirecta, aderir ou apoiar o grupo, organização ou associação referidos no número anterior é punido com pena de prisão de 5 a 15 anos. 3 - Incorre na pena de 12 a 25 anos de prisão quem chefiar ou dirigir grupo, organização ou associação referidos no n.º 1. 4 - Se o grupo, organização ou associação tiver como finalidade ou atividade a prática das condutas previstas nos n.os 3 a 5 do artigo 368.º-A do Código Penal face a vantagens ou a prática de recetação de coisas ou animais provenientes dos crimes previstos nos artigos 21.º e 22.º, o agente é punido: a) Nos casos dos n.os 1 e 3, com pena de prisão de 2 a 10 anos; b) No caso do n.º 2, com pena de prisão de um a oito anos." (Grifos no original).

(hierarquia, divisão de tarefas, disciplina interna e atuação conjunta), o desiderato comum, a intencionalidade da prática de atos tipificados como crimes e os meios utilizados (violência, corrupção e outros[105]).

Deste modo, podemos verificar a evolução do tratamento jurídico-penal e a política criminal que incidiu sobre este fenómeno criminológico ao longo do tempo, de um modo generalista, como faremos a seguir quanto ao Brasil. No decorrer deste trabalho, entretanto, abordaremos de forma específica as particularidades referentes às organizações criminosas, e os seus diversos aspetos.

Quanto ao Brasil, cabe destacar que, embora o "Código Criminal do Imperio do Brazil" (de 1830) tenha recebido forte influência do "*Code Pénal de l'Empire Français*", o tipo penal relativo aos "Ajuntamentos Illicitos", prevendo a ocorrência deste crime quando se reunissem três ou mais pessoas com a intenção de se ajudarem mutuamente para cometerem algum delito[106], inspirava-se (ou quase representava uma cópia) do projeto de Código Penal da Luisiana (*Report made to the General Assembly of the State of Lousiana of the Plan of a Penal Code for the said State*), elaborado pelo jurisconsulto nova-iorquino Edward Livingston e publicado em francês e inglês em New Orleans, em 1822, segundo

[105] Comenta Monteiro Ramos (2022, p. 119-135) que a "doutrina e a jurisprudência têm entendido que o bem jurídico protegido pela incriminação das entidades criminosas é a paz pública (densificado nos segmentos da ordem e da tranquilidade públicas), o que se entende e aceita à luz do atual paradigma punitivo legislativo, que insere sistematicamente o tipo base do crime de associação criminosa nos crimes de anti-socialidade perigosa (cfr. livro II, título IV, capítulo V, secção II do Código Penal Português)."

[106] Constava no "Codigo Criminal do Imperio do Brazil", votado pela então "Assemblea Geral", aprovado pelo Imperador Dom Pedro I e publicado como Lei de 16 de dezembro de 1830: "[...] Capítulo III, Ajuntamentos Illicitos. Art. 285. Julgar-se-ha commettido este crime, reunindo-se tres, ou mais pessoas com a intenção de se ajudarem mutuamente para commetterem algum delicto, ou para privarem illegalmente a alguem do gozo, em exercicio de algum direito, ou dever." Previa-se também, na Parte IV, capítulo II: "Sociedades Secretas. Art. 282. A reunião de mais de dez pessoas em uma casa em certos, e determinados dias, sómente se julgará criminosa, quando fôr para fim de que se exija segredo dos associados, e quando neste ultimo caso não se communicar em fórma legal ao Juiz de Paz do districto em que se fizer a reunião. Penas – de prisão por cinco a quinze dias ao chefe, dono, morador, ou administrador da casa; e pelo dobro, em caso de reincidência." Godoy (2011, p.7) ressalta que o Código Criminal brasileiro de 1830 foi o primeiro Código Penal elaborado na América Latina de forma autónoma, além de ter inspirado diversos códigos penais do continente sul-americano.

Dantas (2014, p. 173-185)[107]. Uma redação assemelhada foi mantida no art. 119.º do "Codigo Penal dos Estados Unidos do Brazil" (Decreto n.º 847/1890, de 11 de outubro), publicado menos de onze meses após a proclamação da República, ocorrida em 15 de novembro de 1889. Entretanto, elevou-se de três para quatro o número mínimo de pessoas necessário para a configuração do delito[108]. Por outro lado, apenas com a publicação do Código Penal de 1940 (Decreto-Lei n.º 2.848/1940, de 07 de dezembro), a definição de "quadrilha ou bando"[109]

[107] Segundo Dantas (2011, p. 28-37), a proposta de Edward Livingston não influenciou apenas a redação do art. 285.º (ajuntamentos ilícitos) do 'Codigo Criminal do Brazil' de 1830, mas também diversos outros tipos penais relativos a condutas contra a segurança interna do Imperio e contra a "publica tranquilidade", em especial aquelas praticadas por escravos, como o crime de insurreição (arts. 113.º ao 115.º), e outros delitos como rebelião (art. 110.º), resistência (arts. 116.º ao 119.º) e "tirada ou fugida de presos do Poder da Justiça e arrombamento de cadêas" (arts. 120.º ao 127.º). Acrescenta que essa utilização de redação muito próxima ao projeto (ou relatório) elaborado por Livingston em alguns artigos se deve, em grande parte, ao facto de que tanto aquele Estado norte-americano quanto o Brasil tinham sua economia com forte dependência da mão-de-obra escrava e havia uma grande preocupação quanto a possíveis revoltas de escravos, lembrando que estes representavam 40% da população do Brasil em 1820. Dantas (2014, p. 184) ainda anotou que a versão traduzida para a língua portuguesa do projeto de Código Penal de Livingston foi disponibilizada aos membros das "Camaras Legislativas" brasileiras na sessão de 21 de maio de 1829, tendo em vista que as versões em inglês e francês não eram compreendidas por todos os deputados e senadores.

[108] O "Codigo Penal dos Estados Unidos do Brazil", de 1890, estabeleceu: "[...] Art. 119. Ajuntarem-se mais de tres pessoas, em logar publico, com o designio de se ajudarem mutuamente, para por meio de motim, tumulto ou assuada: 1º, commetter algum crime; 2º, privar ou impedir a alguem o gozo ou exercicio de um direito ou dever; 3º, exercer algum acto de odio ou desprezo contra qualquer cidadão; 4º, perturbar uma reunião publica, ou a celebração de alguma festa civica ou religiosa: Pena - de prisão cellular por um a tres mezes." Relate-se que o Código Criminal de 1830 (art. 107.º) e o Código Penal de 1890 (art. 115.º) previam também o crime de conspiração, embora sua tipologia estivesse mais voltada à proteção da integridade do território, do governo e da Constituição, bem como ao livre exercício dos poderes instituídos.

[109] A redação original do Decreto-Lei n.º 2.848/1940, de 07 de dezembro, Código Penal brasileiro, que permaneceu em vigor após diversas e profundas reformas, previu: "Quadrilha ou bando. Art. 288. Associarem-se mais de três pessoas, em quadrilha ou bando, para o fim de cometer crimes: Pena - reclusão, de um a três anos. Parágrafo único. A pena aplica-se em dobro, se a quadrilha ou bando é armado." Essa foi uma tímida regulação do tema, em se tratando de um período em que já eram conhecidas a lesividade e a violência de organizações criminosas como a máfia, que agiam tanto na Itália quanto nos Estados Unidos, como anotam Kawamoto (2000, p. 424) e Godoy (2011, p. 15). Na parte geral, o referido Código Penal de 1940, também em sua redação original, previu no inciso V do art. 78.º que se presumem perigosos "os condenados por crime que hajam cometido como filiados a associação, bando ou quadrilha de malfeitores", denotando uma certa preocupação com grupos de criminosos.

adquire contornos semelhantes à definição deste crime utilizada em Portugal e noutros países europeus[110], como associação de malfeitores ou associação ilícita[111], permanecendo com redação assemelhada após a profunda reforma realizada em 1984, a qual voltou-se em especial à execução penal e à parte geral do Código Penal[112], e demais mudanças verificadas na parte especial do Código Penal no decorrer do tempo.

110 Anota Beleza dos Santos (1937, p. 114-115) que não apenas o Código Penal português de 1886, mas também os Códigos Penais da Espanha (1870, art. 198.º), da Holanda (1881, art. 140.º), da Itália (1889, arts. 248.º a 251.º; 1930, arts. 416.º e 417.º), da Noruega (arts. 159.º e 330.º) e da Polônia (arts. 166.º e 167.º) adotaram tipologia referente à associação criminosa em que a finalidade de cometer qualquer crime poderia caracterizá-la, i. e., não exigiam essas normas que os crimes pretendidos pelo grupo fossem contra a pessoa ou a propriedade, como o art. 265.º do Código Penal francês de 1810, que manteve esta previsão inclusive após a modificação promovida pela Lei de 18 de dezembro de 1893 no referido artigo.

111 A Lei n.º 12.720/2012, de 27 de setembro, acrescentou o art. 288-A ao Código Penal brasileiro: "Constituição de milícia privada. Art. 288-A. Constituir, organizar, integrar, manter ou custear organização paramilitar, milícia particular, grupo ou esquadrão com a finalidade de praticar qualquer dos crimes previstos neste Código: Pena - reclusão, de 4 (quatro) a 8 (oito) anos."

112 Quanto ao Brasil, comente-se que a Lei n.º 2.889/1956, de 1.º de outubro (Lei sobre o Genocídio), derivada da Convenção da ONU para a Prevenção e Repressão do Crime de Genocídio (Paris, 1948), previu o crime de associação criminosa para o fim de cometer genocídio (art. 2.º); a Lei n.º 1.802/1953, de 05 de janeiro, no seu art. 7º, previa o crime de associação criminosa de mais de três pessoas para a prática de "Crimes contra o Estado e a Ordem Política e Social", sendo revogada pelo Decreto-lei n.º 898/1969, de 29 de setembro, que passou a tratar de "Crimes contra a Segurança Nacional, a Ordem Política e Social", e previa, no art. 12.º, a associação (de duas ou mais pessoas) para cometer os referidos crimes, sendo após revogada pela Lei n.º 6.620/1978, de 17 de dezembro, por sua vez revogada pela Lei n.º 7.170/1983, de 14 de dezembro (Lei de Segurança Nacional), que tipificou nos arts. 16.º e 24.º a formação de grupos que tenham por objetivo mudar o regime vigente ou do Estado de Direito, por meios violentos ou com emprego de grave ameaça, ou organizações ilegais paramilitares, armadas ou não, com finalidade combativa. A Lei n.º 6.368/1976, de 21 de outubro, derivada da Convenção Única de Entorpecentes (ONU, New York, 1961), previu em seu art. 14.º o crime de associação de duas ou mais pessoas para o tráfico de drogas, mantendo uma redação semelhante na atual Lei de Drogas (Lei n.º 11.343/2006, de 23 de agosto), no seu art. 35.º, embora esta tenha incluído, em parágrafo único, quem se associa para financiar ou custear a prática dos crimes relacionados a entorpecentes. A Lei n.º 9.613/1998, de 03 de março, sobre lavagem de dinheiro, já previa no seu art. 1.º, a incidência dessa figura típica quando o branqueamento de capitais decorresse de determinados crimes, entre os quais aqueles praticados por organização criminosa (art. 1.º, inc. VII) ou por participante de grupo, associação ou escritório cuja atividade principal ou secundária seja a prática dos crimes previstos nesta lei (art. 1.º, § 2.º, inc. II).

Deste modo, no Brasil, a redação atual do art. 288.º do Código Penal, modificada pela Lei n.º 12.850/2013, de 02 de agosto (que trata das organizações criminosas), estabelece como associação criminosa a conduta de "Associarem-se 3 (três) ou mais pessoas, para o fim específico de cometer crimes", aplicando-lhe pena de reclusão de 1 (um) a 3 (três) anos, bem como o aumento da pena até a metade "se a associação é armada ou se houver a participação de criança ou adolescente."

Entretanto, diante da expansão das organizações criminosas no cenário internacional (decorrentes em especial da alta lucratividade proporcionada pelo tráfico de drogas, de armas, de pessoas, da corrupção, do branqueamento de capitais etc.), bem como em face da infiltração do crime organizado em instituições públicas e económicas, corrompendo diversos setores económico e/ou financeiros e muitos alicerces estruturantes da sociedade, fenómenos esses que foram agravados por ataques terroristas realizados contra algumas das maiores potências económicas e militares do globo (em atentados que causaram perplexidade), provocando uma aguda sensação de insegurança (ampliada por mídias de massa e alguns políticos com fins eleitoreiros), a criminalidade organizada e o terrorismo não foram mais considerados meros problemas que poderiam ser tratados como todas as demais dificuldades que a humanidade vinha enfrentando, representando um problema estratégico de elevada gravidade e em evidente ascensão.

Em contraponto, como apontam Rezek (2008, p. 678) e Godoy (2011, p. 46-47), os mecanismos utilizados pelas principais potências mundiais para lidarem com esta crise de segurança internacional, referente às ações de organizações criminosas e grupos terroristas, transformaram estas ameaças em verdadeiras questões de Estado (às quais os governantes deram elevada prioridade), mas suprimiram ou eliminaram de forma desarrazoada muitas liberdades e direitos fundamentais, com evidente viés repressivo, sem que fossem analisadas suas causas, em que os próprios sistemas de prevenção criminal, na realidade, representavam apenas um adiantamento[113] da ação de repressão.

[113] Sobre o adiantamento das medidas de repressão em relação aos delitos de organização, em especial sua legitimidade, adequação, necessidade e proporcionalidade em sentido estrito, discorrem Cancio Meliá e Silva Sánchez (2020, *passim*).

Nesta perspetiva, sob pressão internacional de grandes potências e diante do aumento da criminalidade no âmbito interno, apesar da ainda incipiente capacidade da comunidade internacional de definir contornos mínimos para conceituar uma organização criminosa, foi elaborado no Brasil o Projeto de Lei n.º 3.516/1989, o qual tramitou por vários anos e, após várias mudanças e substitutivos, resultou na promulgação da Lei n.º 9.034/1995, de 3 de maio, que dispunha "sobre a utilização de meios operacionais para a prevenção e repressão de ações praticadas por organizações criminosas".

Entretanto, esta lei foi considerada anacrônica e inconstitucional em muitos dos seus aspetos e dispositivos, sobretudo porque não trouxe uma definição de "organização criminosa", optando o legislador por prever sua ocorrência quando houvesse "crime resultante de ações de quadrilha ou bando", em total contraposição à doutrina nacional e internacional, que já distinguia quadrilha ou bando das organizações criminosas, que utilizavam estruturas e métodos mais avançados e se caracterizavam pela alta lesividade.

Além disso, a referida norma estendeu a utilização de meios de prova compressivos de liberdades e direitos fundamentais às ações praticadas por quadrilha ou bando, em muitos casos com estruturação mínima e pequena danosidade social, como registam Fernandes (1995, p. 3), Franco (2001, p. 575) e Godoy (2011, p. 56-57).

A Lei n.º 12.694/2012, de 24 de julho[114], estabeleceu que, em "processos ou procedimentos que tenham por objeto crimes praticados por organizações criminosas, o juiz poderá decidir pela formação de colegiado para a prática de qualquer ato processual", trazendo (em seu art. 2.º) uma definição de organização criminosa mais condizente com os instrumentos de Direito Internacional sobre o tema[115].

[114] Cabe lembrar, entretanto, que a definição de organização criminosa estabelecida pela Convenção de Palermo (CNUCOT) já vigorava no ordenamento jurídico brasileiro, em se tratando de organizações criminosas transnacionais, face ao Decreto n.º 5.015/2004, de 12 de março de 2004, que promulgou a Convenção das Nações Unidas contra o Crime Organizado Transnacional (CNUCOT) no Brasil.

[115] A Lei n.º 12.694/2012, de 24 de julho, previu a seguinte definição de organização criminosa: "Art. 2º Para os efeitos desta Lei, considera-se organização criminosa a associação, de 3 (três) ou mais pessoas, estruturalmente ordenada e caracterizada pela divisão de tarefas, ainda que informalmente, com objetivo de obter, direta ou indiretamente, vantagem de qualquer

No entanto, apenas com a entrada em vigor da Lei n.º 12.850/2013, de 02 de agosto, o Brasil passou a ter uma conceituação jurídico-penal de organização criminosa mais detalhada, embora contendo muitas das imperfeições contidas na Convenção das Nações Unidas contra o Crime Organizado Transnacional (CNUCOT ou Convenção de Palermo), da qual recebeu forte influência. O art. 1.º desta lei estabeleceu que "considera-se organização criminosa a associação de 4 (quatro) ou mais pessoas estruturalmente ordenada e caracterizada pela divisão de tarefas", mesmo nos casos em que esta divisão for informal, objetivando "obter, direta ou indiretamente, vantagem de qualquer natureza, mediante a prática de infrações penais cujas penas máximas sejam superiores a 4 (quatro) anos, ou que sejam de caráter transnacional."

Desta maneira, verificou-se, em traços gerais, a evolução do tratamento jurídico-penal e a política criminal que incidiu sobre este fenómeno criminógeno ao longo do tempo, em Portugal e no Brasil. Sua análise crítica será realizada *a posteriori*, durante a avaliação dos instrumentos internacionais que tratam deste objeto, mas este conhecimento inicial permite realizar uma viagem pelas modificações que vêm ocorrendo, tanto da perceção desta criminalidade de alta lesividade nas estruturas políticas, sociais e económicas da sociedade, quanto da reação dos poderes estatais, a nível doméstico e internacional.

Revela-se importante, também, conhecer os exemplos mais marcantes de grupos criminosos organizados (dos quais há registos) no decorrer da história da humanidade, citados neste capítulo, em especial sob o prisma criminológico, como comportamento desviante significativo, planejado e executado por um grupo coeso de criminosos, muito embora a violência fosse usada com frequência (e com relativa legitimidade) nas sociedades antigas, e a própria conceção de uso legítimo ou ilegítimo da violência, através de aparatos organizados de poder[116], não possuía contornos semelhantes aos atuais, mais definidos (apesar de ainda não haver uma conceituação imune a dúvidas e críticas).

natureza, mediante a prática de crimes cuja pena máxima seja igual ou superior a 4 (quatro) anos ou que sejam de caráter transnacional."

[116] Sobre aparatos organizados de poder, veja-se a reconstrução histórica e o tratamento atual do tema apresentado por Roxin (2016, p. 237-246, 689-702).

De facto, como pondera Pereira (2020, p. 18-19), esta análise de diferentes momentos da história humana (mesmo que perfunctória) nos permite compreender em parte este fenómeno socioeconómico e político que grassa desde a antiguidade, este desafio constante às normas representado por grupos estruturados que afrontam o poder de impor normas e o monopólio do uso da força pelo Estado. Trata-se de uma manifestação criminógena que desafia o Direito Penal e causa muita oscilação e dúvidas tanto nas ações das autoridades públicas (que elaboram as normas, interpretam-nas e aplicam-nas), quanto nas análises dos estudiosos do tema.

Isto se deve, em grande medida, ao facto de ser um fenómeno em constante mutação, neste jogo em que as organizações criminosas evoluem e adaptam-se de forma incessante aos métodos de prevenção, deteção e repressão adotados pelos órgãos estatais, antecipando-se sempre que possível e aplicando técnicas para dificultar ou inviabilizar sua deteção, aplicação das sanções correspondentes e apreensão ou confisco dos produtos das atividades criminosas.

O crime organizado representa neste momento, a despeito da tipologia ou modelo aplicado nos mais diversos Estados ou sociedades, o maior desafio[117] imposto pela criminalidade não apenas aos órgãos estatais de prevenção e repressão e aos governos[118], mas também a todas as estruturas da sociedade,

[117] No VIII Congresso das Nações Unidas sobre Prevenção de Crime e Tratamento dos Criminosos, o Secretariado da ONU (UN, 1990, p. 6-9) apresentou um estudo em que procurou demonstrar dados sobre a expansão acelerada da criminalidade organizada transnacional, sob fatores como os avanços tecnológicos e dos meios de comunicação, das atividades económicas, comerciais, financeiras, de turismo e de transporte internacionais. Pontuou, ainda, a utilização costumeira de empresas legítimas e avançadas técnicas de gerenciamento nos empreendimentos criminosos, com elevadas eficiência e rentabilidade, utilizando de modo eventual a violência e a intimidação. A partir de então, inclusive, a ONU deixou de considerar a criminalidade organizada como um problema entre vários outros (conforme ocorreu a partir do V Congresso das NU sobre Prevenção do Crime e Tratamento dos Delinquentes, realizado em 1975), alçando em 1990 o *crime organizado ao status de problema estratégico para a humanidade, i. e.*, de elevada e decisiva relevância.

[118] Em decorrência de indicadores de expansão da criminalidade organizada a nível internacional, além de fatores como as tratativas e reuniões realizadas pela ONU a partir do VIII Congresso das Nações Unidas sobre Prevenção de Crime e Tratamento dos Criminosos (UN, 1990), a União Europeia também impulsionou estudos mais profundos visando compreender a criminalidade organizada com atuação no seu território ou cujas atividades delitivas repercutiam na União Europeia, com especial destaque para relatórios então gerados por um Grupo Multidisciplinar sobre Crime Organizado: Doc. n.º 6204/2/97 ENFOPOL 35

quer sejam sociais, quer sejam políticas ou económicas, dado o seu poder de infiltração ou até de tomada dessas instituições.

Acrescente-se, como pondera Zuñiga Rodriguez (2017a, p. 200), que as diversas formas de criminalidade organizada se tornaram mutáveis, flexíveis e com vasta capacidade de causar danos à sociedade, tornando necessária a criação de instrumentos jurídicos idôneos para a prevenção e repressão destes fenómenos criminológicos nacionais e transnacionais. Preocupa-se, em especial, com o facto de que as organizações criminosas praticam suas condutas criminosas mais danosas em contextos normalizados, escritórios, administrações públicas, atividades industriais, comerciais ou profissionais com estrutura e negócios com aparência legal, mas que mesclam atividades legais com comportamentos criminosos.

Neste sentido, reconhece Zuñiga Rodriguez (2017a, p. 200-201) que a dificuldade imposta à criminologia e ao Estado para a adequada compreensão deste fenómeno (e desenvolvimento de instrumentos eficazes e legítimos para sua prevenção e repressão) deriva da constante metamorfose (ou capacidade

REV 2, Doc. n.º 11686/99 CRIMORG 145 ENFOPOL 66 e Doc. n.º 12669/99 CRIMORG 166, cujas recomendações passaram a ser adotadas pela União, sobretudo após a aprovação pelo Conselho, em 07 de julho de 2000 (CE, CRIMORG 107 2000). A partir de então, também a União Europeia passou a considerar a *criminalidade organizada transnacional* e o *terrorismo* como *problemas estratégicos*, inclusive adotando a *Estratégia Europeia de Segurança Referente à Dimensão Externa* em dezembro de 2003 e a *Estratégia Europeia de Segurança Interna* a partir de fevereiro de 2010. Em 10 de maio de 2005, a Comissão das Comunidades Europeias (COM, 2005-184, p. 7-11), em comunicação ao Conselho Europeu (CE) e ao Parlamento Europeu (PE), inclusive reforçou o *tratamento da criminalidade organizada* (objetivo n.º 8) como um dos dez *objectivos estratégicos da União Europeia*. Consta, inclusive: "[...] Será elaborado e aplicado, a nível da União Europeia, um conceito estratégico para combater a criminalidade organizada. Para o efeito, a Comissão apresentará brevemente uma Comunicação "Elaboração de um conceito estratégico para combater a criminalidade organizada" que incluirá medidas destinadas a melhorar o conhecimento do fenómeno e a reforçar a prevenção, a investigação e a cooperação em matéria de criminalidade organizada na União Europeia. A estratégia deve igualmente contemplar, como uma das suas prioridades, o reforço da cooperação com países terceiros e organizações internacionais nesta matéria. A luta contra a criminalidade organizada obriga a um reforço da cooperação entre as autoridades responsáveis pela aplicação da lei (polícia, justiça, autoridades aduaneiras) e a que sejam plenamente aproveitadas e desenvolvidas as potencialidades da Europol e da Eurojust. O desenvolvimento progressivo de um modelo europeu de informação criminal constitui uma das mais importantes tarefas futuras neste domínio e exigirá esforços conjuntos dos Estados-Membros e das instituições e órgãos da União Europeia.".

de adaptação das organizações criminosas) e do facto de que muitas das suas atividades criminosas não se opõem de modo direto aos valores de uma sociedade sã, isto é, não se tratam de comportamentos "patologizáveis", sobretudo no que se refere à *criminalidade organizada não violenta*.

Assim, remete-se a questão à realidade pós-moderna, no sentido de que a muitas condutas criminosas não podem ser aplicadas as teorias criminológicas anteriores, que permitiam uma clara separação entre as condutas desviadas (criminosas) individuais e a sociedade, observa Zuñiga Rodriguez (2017a, p. 200-201), pois a criminalidade organizada desta era tardo-moderna pratica suas condutas criminosas em larga escala em muitas relações socioeconómicas (ao menos parcialmente) consentidas, opacas, enganosas, com vítimas difusas e muitos danos indiretos ou transversais, que não se contrapõem à sociedade de um modo direto, dificultando a capacidade de reconhecer-se ou de desentranhar-se a ação criminosa do conjunto de atos regulares.

Reconhece-se que esta realidade causa enormes dificuldades não apenas à atividade de persecução penal estatal, pois também inviabiliza o funcionamento dos controles sociais informais no seio da sociedade, muitas vezes obstaculizando a identificação dos comportamentos desviantes e a respetiva reprovação social.

A esta perspetiva, acrescenta Tavares (2018, p. 15) que as organizações criminosas podem atingir alto nível de especialização e suas atividades criminosas podem incluir, a título principal ou acessório, o tráfico de drogas, pessoas, armas, objetos de arte, espécies raras e/ou em risco de extinção da flora e da fauna, a exploração sexual de adultos e crianças. Por outro lado, verifica que também podem envolver crimes económicos[119], como fraudes

[119] Consta no *Plano de Acção contra a Criminalidade Organizada* (97/C 251/01), adoptado pelo Conselho em 28 de abril de 1997: "[...] Capítulo II [...] 5. [...] g) O principal motor da criminalidade organizada é a busca de lucro financeiro. Este aspecto, por um lado, atrai a criminalidade para um número sempre crescente de áreas de actividade em que vislumbra possibilidades de delito económico (corrupção, falsificação, fraude em matéria de IVA e de outros domínios fiscais, piratagem, fraude lesiva dos interesses financeiros da Comunidade) e, por outro, coloca-a perante a necessidade de dar ulterior destino aos lucros obtidos; *h)* A criminalidade organizada revelou-se perfeitamente capaz de fazer reverter a seu favor a rapidez e o anonimato oferecidos pelas formas de comunicação modernas. Trata-se de uma área vasta e em rápida evolução que merece a atenção continuada tanto do legislador, como das autoridades responsáveis pela aplicação da lei."

fiscais e com subsídios, corrupção, tráfico de influência, descarga ilegal de resíduos tóxicos, o branqueamento de capitais. Relata, ainda, que as autoridades públicas devem direcionar sua atenção para "atividades e manifestações invisíveis e corrosivas do CO [Crime Organizado]", que comprometem tanto a segurança dos cidadãos quanto dos Estados, diante do poder económico e da influência que exercem sobre o poder político e sobre a administração pública esses *white colar crimes.*

Esta perceção é reforçada por Anes (2010, p. 13), que aponta a necessidade de atenção dos cidadãos, da mídia e do poder político para as "dimensões invisíveis, subterrâneas e permanentes que vão corroendo as sociedades", em que a criminalidade organizada atinge as mais altas esferas do Estado e erode as estruturas sociais, económicas e políticas.

Além disso, ao analisarmos a infiltração ou a tomada de poderes estruturantes (em especial do Estado) pelas organizações criminosas, não podemos esquecer que uma organização criminosa pode tanto tentar se infiltrar nas instituições, provinda de fora do aparato estatal, como pode ter sua génese em membros (internos) de poder(es) do Estado que decidem praticar condutas ilícitas que se adequam à tipologia de organização criminosa.

Nesta perspetiva, Valente (2017b, p. 147-149; 2019a, p. 27-28) divide a criminalidade organizada conforme seus traços característicos, embora possam se confundir em algumas oportunidades:

a) *criminalidade organizada violenta* (voltada sobretudo ao tráfico de armas, drogas, pessoas etc.);
b) *criminalidade organizada não violenta* (que costuma praticar crimes económicos, como a manipulação do mercado de valores, os crimes fiscais e/ou contra a seguridade social, o branqueamento de valores, o desvio de subvenções e de subsídios, a corrupção pública e privada, além de outros crimes desta natureza).

Desta forma, tendo em vista que tratamos da criminalidade organizada empresarial como tema central deste estudo, procuramos representar em gráfico esta divisão proposta por Valente (2017b, p. 147-149; 2019a, p. 27-28).

GRÁFICO 1 – Principais crimes cometidos pela criminalidade organizada violenta e pela criminalidade organizada não violenta

Fonte: Elaborado por Rodrigo L. Ziembowicz, com base na divisão da criminalidade organizada em violenta e não violenta proposta por Valente (2017b, p. 147-149; 2019a, p. 27-28).

Refira-se ainda, como adverte Pereira (2020, p. 19) em acutilante reflexão, que diante de tão reiterados casos de corrupção e demonstrações da presença de organizações criminosas em núcleos políticos, em estruturas estatais e no sistema jurídico-penal, cujas investigações e/ou condenações envolvem altas autoridades dos mais diversos países, até mesmo o Direito Penal e a sua capacidade de reprimir estas condutas de elevada danosidade social são colocados em xeque, pois as balizas que distinguem o público do privado parecem estar desaparecendo.

2.2. A Organização Criminosa Tradicional, a Organização Criminosa Avançada e as Interconexões com as Pessoas Coletivas

As mudanças introduzidas pelo processo de globalização, quer sejam económico-financeiras, quer sejam políticas e sociais, influíram muito para que o modelo de organização criminosa clássica (ou tradicional), estruturada em pilares como a rígida hierarquia e o emprego da violência e da intimidação[120], além de sólidas ligações sociais ou étnicas[121], venha sendo substituído por modelos estruturais mais avançados[122].

Nesse sentido, as organizações criminosas têm aperfeiçoado os seus sistemas de gestão, comenta Werner (2017, p. 21-27), realizando análises aprofundadas e selecionando de forma técnica e apurada as melhores escolhas para os empreendimentos criminosos e/ou empresas legais (pois ambos os

[120] Pontua Levi (2012, p. 612-615) que a compreensão do que venha a ser uma organização criminosa (nas análises académicas e das instituições de controle estatais) tem mudado nas últimas décadas, de hierarquias sólidas e colegiados para redes com alta flexibilidade, as quais se adaptam ao entorno operacional conforme a necessidade, como verdadeiros camaleões.

[121] Anote-se que a utilização da violência e rígida hierarquia ainda permanecem, sobretudo nos sistemas do tipo mafioso, de tráfico de drogas, de armas, de pessoas.

[122] Ressalta Zuñiga Rodriguez (2016b, p. 182-183) que neste momento da globalização a humanidade enfrenta novas ameaças, como a criminalidade organizada, a criminalidade empresarial e a corrupção, que muitas vezes confluem num só programa criminoso. Estas organizações criminosas se desenvolvem em pessoas coletivas, em redes (empresariais, sociais etc.), entrelaçamentos e conexões de variadas formas e mediante diferentes e cada vez mais complexas estruturas, em contextos normalizados e com ampla flexibilidade, envolvendo diversos Estados e, portanto, diversas ordens jurídicas, dificultando sobremaneira sua investigação e repressão.

instrumentos muitas vezes se confundem, *v. g.*, nas complexas formas de branqueamento de capitais), aplicando uma visão de mercado e operacional voltada para sistemas macroeconómicos, em especial quando se trata da *criminalidade organizada não violenta.*

Apesar da sistemática violação da lei e do planejamento e execução de um programa criminoso, a organização criminosa avançada evita ao máximo a utilização da violência (que chama a atenção indesejada dos órgãos estatais de persecução penal e da opinião pública), analisa Werner (2015, p. 66-78). Sustenta que a organização criminosa avançada[123] se caracteriza pela utilização de redes fluidas e de pessoas coletivas no esquema criminoso, com capacidade de cooperação entre diferentes organizações que conseguem manter o anonimato e o distanciamento (físico) entre os grupos (mediante o uso de redes, tecnologia, intermediários etc.), indispensáveis para reduzir a vulnerabilidade perante órgãos estatais de prevenção, deteção e repressão penal[124].

Acrescenta que a organização criminosa avançada opera mediante linhas de comando flexíveis e com capacidade de rápida adaptação (e recuperação) proporcionadas por esta maior independência e flexibilidade dos grupos conectados às redes criminosas (numa relação horizontal, não verticalizada ou hierarquizada), adequando-se às oportunidades que surgem e às novas técnicas de deteção e repressão de órgãos estatais com celeridade. Repete que isto se deve, em grande parte, ao conhecimento que possuem do entorno operacional e à desnecessidade de aguardar decisões de instâncias superiores para reagir às mais variadas situações (Werner, 2015, p. 66-78). Pontua que

[123] Sustenta Gayraud (2008, p. 18-19, 168) que as organizações criminosas atuais, inclusive as máfias, não se caracterizam pelo criminoso que foi criado e vive à margem da sociedade, produto de uma infância de pobreza e de vulnerabilidade social, conforme as teses marxistas. Sustenta que o membro de organização criminosa agora está inserido no coração da sociedade, frequenta os seus "salões dourados" e não está mais à margem da comunidade. Anota, ainda, que os líderes de organizações criminosas modernas (ou avançadas) tornaram-se "homens de negócios", dirigentes de empresas ordinárias e legítimas da economia capitalista.

[124] Lembra Zuñiga Rodriguez (2015a, p. 3-5) que a integração da União Europeia trouxe vantagens incalculáveis para a criminalidade organizada e, por outro lado, causou dificuldades enormes à sua persecução penal, resultando, em conjunto com outros fatores, na necessidade de criação do Terceiro Pilar da UE, *i. e.*, do "espaço de liberdade, segurança e justiça", reforçando a repressão à criminalidade organizada e outras formas de criminalidade grave, bem como a cooperação policial e judiciária.

o uso de redes e de pessoas coletivas[125] nos estratagemas criminosos viabiliza (inclusive às pequenas organizações criminosas) a utilização de técnicas avançadas para dissimulação das atividades criminosas e para inviabilizar a identificação dos membros e líderes, além de instrumentos sofisticados para branquear capitais e corromper autoridades dos poderes do Estado, das estruturas sociais e da iniciativa privada.

Trata-se, portanto, de um fenómeno criminológico multifacetado, complexo e em constante mutação, exigindo das autoridades encarregadas da prevenção e da repressão penal, dos governantes, dos legisladores, dos juízes, dos demais estudiosos e da sociedade um acompanhamento constante capaz de diagnosticar as mudanças e a adoção das medidas pertinentes em cada uma destas searas.

Estas estruturas avançadas e os seus programas criminosos, conformados em sistemas empresariais e interconectados em rede, pondera Braz (2010, p. 333-344), impõem uma mudança na metodologia utilizada para detetar, investigar e reprimir estas expressões novas de criminalidade organizada, pois o sistema (clássico) *reativo*, que objetiva tão só reconstituir historicamente um crime (com investigação *dedutiva*, lastreada em indícios e sinais do passado, mediante uma visão *retrospetiva*), revelou-se ineficaz para a prevenção e a repressão desta nova criminalidade, embora possa ser empregada para o tratamento da criminalidade comum.

Diante deste cenário, um novo paradigma metodológico investigativo e repressivo deve ser utilizado, conformado no conhecimento das atividades criminosas em andamento, inclusive procurando antever as futuras atividades criminosas e estratégicas dessas organizações, através de um prisma metodológico *prospetivo*, sustenta Braz (2010, p. 333-344), através de meios que produzam conhecimento novo e atualizado, incluindo pesquisa e inteligência policial (mediante meios autorizados e previstos em lei[126]), com o objetivo de

[125] Pondera Werner (2015, p. 68-72) que, enquanto os estudiosos de *redes* indicam a capacidade de adaptação, os meios sofisticados e a habilidade para se recuperar que as organizações criminosas possuem (diante das ações dos órgãos estatais de repressão penal), os pesquisadores de mercados percebem que a maioria dos criminosos organizados são empreendedores, conectados e com tendência a dominar setores do mercado.

[126] É importante ressaltar que o acompanhamento das condutas criminosas e eventual prática dos atos urgentes e necessários para a preservação da prova de eventuais crimes (sobretudo as medidas cautelares e de polícia), como alerta Valente (2013b, p. 507-508), devem obedecer

interromper o programa criminoso, viabilizar a responsabilização dos criminosos na seara penal e desarticular a organização.

Entretanto, dentre estes meios de investigação, devemos lembrar que uma investigação proativa não poderá significar, sob nenhuma hipótese, ultrapassar a "barreira intransponível" na produção da prova, representada pelos direitos, liberdades e garantias fundamentais pessoais, que só podem ser reduzidos e/ou relativizados em situações excecionalíssimas (e, conforme uma interpretação lastreada nos axiomas expressos e/ou implícitos na Constituição e nos diplomas supra e internacionais de proteção dos direitos humanos), como ressalta Valente (2020b, p. 63-81, 173-193).

Na União Europeia, o tratamento dado às organizações criminosas, a partir da década de 1990, permite verificar parte da complexidade envolvida nesta tentativa de definir e/ou tipificar uma organização criminosa[127]. De facto, a União Europeia impulsionou estudos mais profundos visando compreender a criminalidade organizada com atuação no seu território ou cujas atividades delitivas repercutiam na União Europeia a partir do *VIII Congresso das Nações Unidas sobre Prevenção de Crime e Tratamento dos Criminosos* (UN, 1990). Em 29 e 30 de novembro de 1993, o Conselho da União Europeia acordou sobre o estabelecimento de um mecanismo comum para recolher e analisar de modo sistemático as informações sobre a criminalidade organizada, conforme doc. 9908/2/93 (CRIMORG 2 REV 2) e doc. 12247/1/94 (ENFOPOL 161 REV 1).

Destacaram-se também os relatórios produzidos por um Grupo Multidisciplinar sobre Crime Organizado, buscando harmonização e homogeneidade entre os Estados-Membros no tratamento de informações sobre a

ao *princípio da legalidade* (atos previstos ou que sejam extraídos da lei) e ao *princípio da proporcionalidade lato sensu* (enquanto proibição do excesso).

[127] Este tema consta no *Plano de Acção contra a Criminalidade Organizada* (97/C 251/01), adoptado pelo Conselho em 28 de abril de 1997: "[...] Capítulo III [...] 6. [...] *b)* Na luta contra a criminalidade organizada afigura-se absolutamente necessário [...] *delimitar as características* que o tornam perigoso e, assim se espera, vulnerável. Isto, por sua vez, requer que se *criem e reúnam níveis elevados de especialização no domínio da análise, nomeadamente o apoio da comunidade científica, por parte de todos os Estados-membros* e, sempre que seja adequado, das instituições europeias e da Europol. Essa delimitação deveria, na medida do possível, operar-se de acordo com definições comuns, regras comuns e uma metodologia comum, no sentido de *facilitar o reconhecimento do fenómeno quando ele surge e a formulação de uma política eficaz* para [...] reprimi-lo a nível da aplicação da lei e da acção penal;" (Grifos nossos).

criminalidade organizada: Doc. n.º 6204/2/97 (ENFOPOL 35 REV 2), Doc. n.º 11686/99 (CRIMORG 145 ENFOPOL 66) e Doc. n.º 12669/99 (CRIMORG 166), cujas recomendações passaram a ser adotadas pela União, sobretudo após aprovação pelo Conselho, em 07 de julho de 2000 (CE, CRIMORG 107 2000). A partir de então, também a União Europeia passou a considerar a criminalidade organizada transnacional e o terrorismo como problemas estratégicos, inclusive adotando a estratégia europeia de segurança referente à dimensão externa em dezembro de 2003 e a estratégia europeia de segurança interna a partir de fevereiro de 2010.

Em 10 de maio de 2005, a Comissão das Comunidades Europeias (COM, 2005-184, p. 7-11), em comunicação ao Conselho Europeu (CE) e ao Parlamento Europeu (PE), reforçou o tratamento da criminalidade organizada como um dos dez *objectivos estratégicos da União Europeia* (objetivo n.º 8). Constou, inclusive: "Será elaborado e aplicado, a nível da União Europeia, um conceito estratégico para combater a criminalidade organizada."

Quanto à Organização dos Estados Americanos (OEA), fundada em 1948 mediante a assinatura da Carta da OEA, que vigorou a partir de dezembro de 1951, relata Castro (2018, p. 71-74) que a quase totalidade dos seus Estados-Membros ratificaram a Convenção das Nações Unidas contra a Criminalidade Organizada Transnacional e aderiram aos seus protocolos adicionais. Relata também que as atividades da criminalidade organizada e os danos que causaram mudaram a perceção deste fenómeno criminológico nas Américas, inclusive influindo na mudança do conceito interamericano de segurança, incluindo estas novas ameaças que desafiam tanto a segurança dos Estados quanto a segurança humana no continente americano. Comenta que esta mudança de perspetiva resultou na adoção pela OEA da *Declaração sobre Segurança nas Américas* (Cidade do México, 28 de outubro de 2003). Acrescenta que, em 25 de outubro de 2006, os Estados-Membros da OEA adotaram o *Plano de Ação contra o Crime Organizado Transnacional*, cuja principal finalidade foi exortar os Estados a aplicarem a Convenção de Palermo (CNUCOT) e seus protocolos adicionais, sobretudo as medidas de prevenção e repressão à criminalidade organizada e aquelas voltadas à cooperação policial e judiciária, mas com fiel respeito aos direitos humanos, aos valores democráticos e ao princípio da não-intervenção.

Este gradual reconhecimento da ameaça representada pela criminalidade organizada com atuação no continente americano foi reforçado pela OEA na

Declaração de San Salvador sobre Segurança Cidadã nas Américas (de 07 de junho de 2011), pontua Castro (2018, p. 71-74), pois reconheceu que os direitos humanos, a paz, a democracia, a segurança, o desenvolvimento e a cooperação são pilares do Sistema Interamericano e, nesta perspetiva, o ser humano deve estar no centro da preocupação relativa à segurança pública.

Diante deste panorama, a *Declaração de San Salvador* previu a necessidade de fortalecer a segurança das pessoas, sobretudo diante dos impactos negativos multidimensionais causados pela criminalidade organizada transnacional (em suas múltiplas faces e atividades criminosas, inclusive a lavagem de ativos e a corrupção). Assim, foram previstas diversas medidas, entre as quais se destacam:

a) o tratamento das causas da criminalidade e da insegurança;
b) o fortalecimento das medidas de "cooperação bilateral, sub-regional, regional e internacional em matéria de segurança pública" porque a criminalidade organizada afeta "o desenvolvimento social, econômico e político, e a ordem jurídica e institucional";
c) a participação das pessoas dos Estados-Membros, para que se tornem uma verdadeira "parte integrante da definição e implementação de alternativas para a construção de comunidades e sociedades mais seguras, sustentáveis e coerentes", sobretudo "com as suas aspirações democráticas e de desenvolvimento socioeconômico e cultural."

Entretanto, compartilhamos o entendimento de Giacomolli e Galícia (2020, p. 77-94), no sentido de que a cooperação em matéria penal no âmbito do Mercosul (em que se mantém a primazia da relação intergovernamental) está muito aquém do nível de cooperação alcançado na União Europeia (em que está prevista a primazia do direito da União), visto que no bloco latino devem ser envidados esforços para que a cooperação passe a ocorrer de forma mais horizontal (entre autoridades judiciárias e administrativas, como o Ministério Público e as polícias) e descentralizada. Deste modo, creem que deve ser dispensada a dependência ou obrigatoriedade de passagem de pedidos de cooperação pelas Autoridades Centrais designadas por cada país, que podem diminuir a celeridade dos pedidos e/ou exercer certo controle político das demandas (ativas e passivas).

Por outro lado, reconhecem que deve manter-se o relevante papel das citadas Autoridades Centrais no âmbito do Mercosul, enquanto facilitadoras do processamento dos pedidos de cooperação em assuntos penais, sobretudo para ultrapassarem os entraves técnicos (e viabilizarem, *v. g.*, recursos humanos, equipamentos e treinamento), bem como responsabilizando-se pela colheita de dados estatísticos, pelo aperfeiçoamento dos métodos e pela busca constante de aprimoramento da cooperação, racionalizando a persecução penal e promovendo o respeito à Convenção Americana dos Direitos Humanos, pois a permeabilidade das fronteiras e a expansão da criminalidade organizada transnacional impõem aos Estados a busca por equilíbrio nessa zona gris entre soberania, integração e interseção de jurisdições, condizentes com os avanços democráticos e com a proporcionalidade, enquanto proibição do excesso e vedação à proteção deficiente dos bens jurídicos essenciais ao ser humano.

Retornando à abordagem da criminalidade organizada no âmbito da União Europeia, é importante repetir que diversas reuniões e estudos foram realizados pelo Grupo Multidisciplinar sobre Crime Organizado, viabilizando relevantes debates tanto na Comissão, quanto no Parlamento e no Conselho, aperfeiçoando o entendimento quanto à conceituação de organização criminosa ao nível da UE.

Merecem destaques os esforços iniciados em 1993, que culminaram numa reunião de especialistas em 13 e 14 de fevereiro de 1997, expedindo-se o doc. 6204/2/97 (ENFOPOL 35 REV 2), a partir do qual foram realizados aprimoramentos no entendimento acerca da criminalidade organizada na União Europeia e na forma de analisá-la.

A partir daquele momento (em fevereiro de 1997), em especial no âmbito da Europol, passou-se a considerar (para fins de análise de informações pelos Estados-Membros) que um grupo de criminosos se enquadra na definição de *organização criminosa* quando atender a 6 (seis) dos critérios abaixo, sendo obrigatórios 4 (quatro) deles (critérios **1, 3, 5 e 11**, os quais estão grifados):

1. **Colaboração de mais de duas pessoas;**
2. Tarefas específicas atribuídas a cada uma das pessoas;
3. **Colaboração por um período de tempo prolongado ou indefinido** [este critério se refere à estabilidade e às estruturas do grupo que podem perdurar durante um período prolongado];

4. Uso de algum tipo de disciplina e controle;
5. **Suspeita de prática de crimes graves;**
6. Operar a nível internacional;
7. Uso de violência ou outros meios de intimidação;
8. Utilização de estruturas comerciais ou empresariais;
9. Envolvimento em branqueamento de capitais;
10. Influência no âmbito político, da mídia, das administrações públicas, das autoridades judiciais ou sobre a atividade económica;
11. **Ânimo de poder e/ou de lucro.** (Livre tradução e grifos nossos).

Esta quantidade de critérios, *per se*, demonstra a *multiplicidade de facetas e nuances*[128] que este fenómeno criminológico tem alcançado. Sob outro ângulo, não se pode perder de vista que as organizações criminosas, salvo raras exceções, têm como principais objetivos *maximizar os lucros* (inclusive como forma de consolidar o seu poder) e *minimizar os riscos*. Neste aspeto, é de suma importância a consciência de que a utilização de pessoas coletivas pelas organizações criminosas representa não apenas uma possibilidade muito maior de mascarar suas atividades ilegais e dificultar a sua deteção e repressão, pois também permite uma ampla (e legitimada) circulação de seus membros, de bens e de recursos financeiros neste mundo globalizado, em que houve a multiplicação das relações sociais, culturais, políticas e económico-financeiras entre as pessoas, as quais não sofrem mais as limitações territoriais dos Estados pós-westphalianos.

Ademais, como verificou-se antes, já na antiguidade os empreendimentos comerciais eram utilizados pelos grupos de criminosos, num primeiro momento como local para realizar as reuniões dos associados sem levantar

[128] Em pesquisa realizada por Albanese (2007, p . 4), verificaram-se quais eram os elementos constitutivos mais enfatizados pelos autores das mais importantes obras teóricas sobre o tema (nos 35 anos anteriores), ao definirem o conceito de crime organizado. O resultado foi, conforme característica e número de pesquisadores que a enfatizaram: *a)* Hierarquia organizada – 16 autores; *b)* Lucro racional por meio do crime – 13 teóricos; *c)* Uso de ameaças e/ou força – 12 estudiosos; *d)* Uso da corrupção para manter a imunidade – 11 autores; *e)* Atende a demanda da população por determinados serviços e/ou bens – 7 teóricos; *f)* Monopólio sobre mercado particular – 6 pesquisadores; *g)* Associação restrita – 4 estudiosos; *h)* Não ideológico – 4 autores; *i)* Especialização – 3 estudiosos; *j)* Código de Sigilo – 3 pesquisadores; *l)* Planejamento amplo – 2 teóricos.

suspeitas (ou esconder armas, objetos roubados ou membros que estavam sob persecução dos órgãos estatais de repressão), para num momento posterior serem utilizados para transportar mercadorias proibidas, legitimar algumas relações com figuras proeminentes e justificar determinados bens e riquezas acumulados pela associação de criminosos.

Na atualidade, os objetivos das organizações criminosas (no sentido contemporâneo) permanecem semelhantes em sua essência, com a utilização da pessoa jurídica pelas organizações criminosas para os mais diversos fins, mas sobretudo para dificultar a deteção e a repressão das atividades criminosas pelos órgãos estatais, a identificação dos membros e dos líderes, a individualização dos produtos do crime (com os consequentes congelamento e/ou confisco), entre outros fatores desta natureza, em se tratando da criminalidade organizada violenta. Em se tratando da *criminalidade organizada não violenta*, a própria pessoa jurídica costuma ser o centro ético-jurídico para a prática de crimes graves (como o branqueamento de capitais, a corrupção, crimes tributários[129] e contra a seguridade social, entre outros).

Embora as organizações criminosas tenham o lucro (rápido) como objetivo imediato, acrescenta Valente (2009, p. 160-161) que o controle económico, político e social são os seus grandes objetivos mediatos, pois mediante estes controles (parciais ou totais) conseguem influenciar ou dominar os tecidos produtivos (industriais, comerciais, de serviços etc.), aumentando os seus lucros económico-financeiros lícitos (e os ilegais), os quais serão branqueados para serem reintroduzidos no fluxo legal de capitais. Anota que este controle também viabiliza a influência (ou domínio) sobre setores políticos e sobre a legiferação, além de proporcionarem, em maior ou menor monta, influência sobre o poder judicial e sobre o tecido social (neste caso, sobretudo onde há

[129] Veja-se que, apenas num caso isolado envolvendo uma família reconhecida como uma organização criminosa (de quatro pessoas) segundo a Lei n.º 12.850/2013, de 02 de agosto, em que foram criadas diversas empresas com a finalidade de sonegar impostos, foram cometidos crimes tributários cento e trinta e quatro vezes, representando fraudes que somam mais de trezentos milhões de reais (cerca de cinquenta milhões de euros no início de 2022), conforme decisão do Supremo Tribunal Federal brasileiro – Primeira Turma – no Agravo Regimental no Recurso Ordinário em *Habeas Corpus* nº 182.208-RJ, de 15.04.2020.

ausência do Estado, quer seja quanto às políticas públicas, quer seja quanto aos programas sociais)[130].

A criminalidade organizada precisa desta rede (de pessoas coletivas) com aparência legal para se estabelecer, ampliar sua capacidade e se consolidar, complementa Valente (2009, p. 160-161), utilizando de forma direta ou paralela estas malhas legais e as lacunas da legislação para se entrincheirar e se fortalecer, ganhando "forma em primeira mão ilícita e em segunda mão lícita."

Deste modo, as empresas são empregadas pelo crime organizado não apenas para a legitimação de riquezas movimentadas e/ou reunidas, mas também para justificar a ampliação de poder e os relacionamentos (económico-financeiros, políticos e sociais) estabelecidos, quer sejam com outras empresas, quer sejam com indivíduos, autoridades civis ou públicas, nacionais ou estrangeiras.

No Relatório sobre o Crime Organizado e Grave (SOCTA/OCTA), a EUROPOL (2021, p. 18-21) avaliou as ameaças do crime organizado e grave na União Europeia, oportunidade em que destacou a influência corruptora causada pela infiltração e pelo enfraquecimento da economia e da sociedade europeias pelo crime organizado. Ressaltou, ainda, que:

a) Quase 40% das redes criminosas ativas na UE estão envolvidas no comércio de drogas ilegais;
b) Cerca de 60% das redes criminosas ativas na UE usam a violência como parte dos seus negócios criminosos;
c) *O uso da corrupção e o abuso de estruturas legais de negócios são características essenciais do crime organizado e grave na Europa;*
d) *Dois terços dos criminosos usam a corrupção regularmente;*
e) *Mais de 80% das redes criminosas usam estruturas comerciais legais.* (Grifos nossos).

130 Segundo Valente (2009, p. 161-162), faz-se de extrema necessidade uma consciencialização da sociedade quanto ao crime organizado, que representa "uma doença prolongada e devastadora para o desenvolvimento harmonioso da comunidade", pois se agora pode dar-lhes emprego, dinheiro, oportunidades económicas, políticas ou sociais, empréstimos, amanhã vai lhes cobrar (e muito) o auxílio antes prestado.

Percebe-se, portanto, a utilização generalizada das estruturas empresariais legais nos programas e/ou estruturas das organizações criminosas[131], denotando a atenção que deve ser dirigida às pessoas coletivas na análise deste fenómeno criminológico e também na adoção das políticas não apenas criminais, mas também económicas, financeiras e sociais.

A estes dados, acrescenta Zuñiga Rodriguez (2017a, p. 209-210) que, embora as organizações criminosas tenham tido ao longo do tempo estruturas com forte hierarquia (assim como as empresas), com um sistema de tomada de decisões centralizado, as atuais relações socioeconómicas, a complexidade da sociedade e a dinâmica transnacional e acelerada dos negócios (e das oportunidades) modificou este cenário. Complementa que o panorama global, portanto, fez com que tanto as empresas quanto as organizações criminosas adotassem *estruturas em rede*, menos hierarquizadas e mais *horizontais*, criando-se diversos subsistemas com maior *flexibilidade* e elevada *autonomia*, permitindo rápida adaptação e tomada de decisões nos mais diversos panoramas operativos, embora ligadas a um sistema maior, como uma grande organização criminosa ou empresa transnacional.

E o recente "Relatório sobre o Crime Organizado e Grave na UE 2021 (SOCTA/OCTA)", apresentado pela Europol (2021, p. 18-21), pontua que apenas 40% das organizações criminosas em atividade na União Europeia têm estruturas hierarquizadas, enquanto os outros 60% destas organizações adotam estruturas criminosas fluidas e dinâmicas.

Acrescente-se que esses sistemas em rede que caracterizam tanto as interconexões sociais e económicas legais quanto aquelas com finalidades criminosas, além de flexíveis e organizados em "nós" interconectados, como analisa Zuñiga Rodriguez (2017a, p. 209-210), também se configuram conforme a necessidade da rede, *v. g.*, mediante a desconexão de algum nó que seja redundante ou esteja sob investigação dos órgãos estatais de persecução penal, bem como acrescentando outros nós que sejam considerados úteis.

[131] Segundo Zuñiga Rodriguez (2016a, p. 95-96) pontua, oito critérios devem ser usados na definição da responsabilização penal da pessoa coletiva quando envolvida com uma organização criminosa: *i)* quantidade e qualidade da atividade legal e da ilegal; *ii)* complexidade da organização; *iii)* comportamento reiterado ou ocasional; iv) comportamentos criminosos em favor da pessoa jurídica ou de determinados sujeitos concretos; *v)* finalidade criminosa; *vi)* com ou sem atividade económica real; *vii)* uso da violência; *viii)* a classe dos crimes perpetrados.

Alerta que as novas formas de criminalidade organizada e de criminalidade empresarial podem e devem ser interpretadas através de estruturas em rede, porque permitem compreender os vínculos e as sinergias que surgem entre ambos os fenómenos criminológicos, muitas vezes fazendo desaparecer a diferença ou possível divisão entre ambos. Deste modo, anota Zuñiga Rodriguez (2017a, p. 210) que, em diversas oportunidades, percebe-se que a criminalidade empresarial (e/ou criminalidade económica) e a criminalidade organizada confluem de modo claro, tornam-se uma só[132], como se percebe, de forma paradigmática, no branqueamento de capitais[133] (crime económico empregado de modo habitual por organizações criminosas violentas e não violentas) e na utilização de sociedades empresariais para ocultar a origem criminosa dos capitais. Lembra, então, que quanto mais complexas e mais dispersas em diferentes países forem as empresas e as movimentações financeiras e de bens, mais difícil (ou até impossível) será comprovar perante o Poder Judicial a origem delituosa dos recursos financeiros, responsabilizar na seara penal os criminosos e reaver o capital ilícito, favorecendo de forma relevante a impunidade.

[132] Reforça Sanz Mulas (2016, p. 353-354) que a rutura com o princípio *societas delinquere non potest* pelo legislador espanhol, mediante a reforma de 2010, constituiu uma decisão fundamental da política criminal, conforme relevantes contribuições do Direito Penal comparado europeu, pois a maioria dos Estados-Membros da UE, nas últimas décadas, têm estabelecido a possibilidade de responsabilização penal das pessoas jurídicas, tratando-se de um passo essencial para a repressão da criminalidade empresarial, de enorme relevância no âmbito da criminalidade económica, da criminalidade organizada e da corrupção.

[133] Este tema consta no *Plano de Acção contra a Criminalidade Organizada* (97/C 251/01), adoptado pelo Conselho em 28 de abril de 1997: "[...] Parte II – Orientações Políticas [...] 8. [...] (11) O Conselho Europeu salienta a importância de cada Estado-membro dispor de legislação ampla e consistente no domínio da perda dos lucros provenientes da criminalidade e do branqueamento desses lucros. Solicita-se ao Conselho, e à Comissão, que elaborem propostas destinadas a reforçar essa legislação, tendo em mente a importância de que se reveste: — a instauração de métodos específicos para a detecção, apreensão e perda de produtos do crime; — evitar que a utilização excessiva de pagamentos em espécie e os câmbios de divisas em espécie por parte de pessoas singulares e colectivas sirvam para encobrir a conversão de produtos do crime noutros bens; — o alargamento do âmbito das disposições relativas ao branqueamento de capitais aos lucros provenientes de todas as formas de delito grave, e tornar o não cumprimento da obrigação de comunicar transacções financeiras suspeitas passível de sanções dissuasivas; — o tratamento da questão do branqueamento de capitais na internet e através de aplicações financeiras electrónicas."

Neste sentido, inclusive a criminalidade organizada violenta utiliza estruturas empresariais e métodos avançados em seus programas criminosos, sendo que o empresário que lidera organização criminosa se carateriza pela racionalidade, pela agressividade e pela inovação, anota Gayraud (2008, p. 168-170). Analisa que as empresas legais das organizações criminosas (nos mais diversos ramos da economia legal) têm forte tendência ao monopólio e à maximização dos lucros, graças a quatro vantagens que anulam as possibilidades de leal concorrência no respetivo mercado e afastam a boa-fé e a honestidade do setor de atuação, configurando um verdadeiro parasitismo:

a) a *grande disponibilidade financeira*, com nenhum custo para a empresa pertencente à organização criminosa, derivando de atividades criminosas;
b) o *desencorajamento da concorrência* através da intimidação, da violência, da corrupção;
c) o pagamento de salários menores e a dificuldade (ou impossibilidade) de receber indenizações decorrentes do descumprimento de direitos trabalhistas perante o Poder Judiciário, por medo de represálias;
d) a quantidade de clientes privados e públicos exclusivos, por interesse (corrupção e outras vantagens) ou por medo de represálias (ameaças e violência).

Acrescente-se que a utilização da pessoa coletiva no empreendimento criminoso, como sociedade fantasma, fictícia ou de fachada (*i. e.*, como instrumento ou pessoa coletiva interposta para a execução do programa criminoso da organização), ou a pessoa coletiva real (com atividades económicas legais preponderantes), aumentam o potencial de provocar danos e prejuízos elevados à sociedade e à economia, sob diversos aspetos[134], diante das significativas

[134] Em estudo de doze anos sobre o tema, Castells (2014, p. 257-258) concluiu que o branqueamento de capitais, em especial a movimentação de vultosos recursos advindos de condutas criminosas nos mercados financeiros e de valores, da indústria e do comércio legais, além de representar uma "fonte de desestabilização das finanças e mercados de capitais internacionais", manipula diretamente alguns setores ou até economias nacionais e, em alguns casos, "como na Colômbia, Peru, Bolívia ou Nigéria, representa um montante suficientemente grande para condicionar os processos macroeconómicos."

movimentações de bens e de valores que são realizadas, das deturpações que causam na livre e leal concorrência e das manipulações que praticam, inclusive do mercado de valores mobiliários. Somem-se a estes fatores a capacidade de se formar ou infiltrar em estruturas políticas, sociais e económicas (estatais ou privadas), que podem imobilizar o Estado ou direcionar as instituições públicas e/ou políticas, *v. g.*, para que determinadas normas sejam aprovadas e decisões administrativas sejam adotadas com finalidades ilícitas e/ou criminosas.

Deste modo, apesar da criminalidade organizada empresarial não praticar com habitualidade crimes violentos (que causam maior aversão na sociedade), provocam danos vastíssimos à sociedade de modo indireto (ou mesmo de maneira direta, em muitas oportunidades), em especial quando produzem prejuízos em âmbito nacional, regional ou global.

Por outro lado, esta compreensão quanto ao volume de danos provocados pela criminalidade organizada empresarial, envolvida com organização criminosa violenta ou não violenta, deve alcançar a sociedade civil. De facto, a divulgação repetida nos meios de comunicação de massa sobre um crime violento amplia a sensação de insegurança das pessoas de todo um Estado, provocando um medo desproporcional e sensibilizando a opinião pública, pressionando até mesmo os legisladores, sobretudo aqueles mais propensos ao discurso "eleitoreiro", em busca de votos e não do aperfeiçoamento da sociedade e das suas bases estruturantes[135].

Há inúmeros estudos sobre a manipulação da população através do medo, do "pânico emocional", promovido por uma mídia de massa irresponsável e apoiada por políticos pouco vinculados aos valores de um Estado de Direito Democrático, causando danos à sociedade e ao sistema penal, aos direitos,

135 Para Bauman (2021b, p. 14-21), tal como o dinheiro vivo, o "capital do medo" também pode ser utilizado para obtenção de qualquer tipo de lucro, tanto comercial quanto político. Anota que as ameaças à segurança se tornaram as maiores bandeiras em campanhas eleitorais e manifestos políticos, e que na guerra pela audiência dos meios de comunicação de massa, o medo tem sido reabastecido de modo constante, com enorme sucesso no *marketing*. Completa o raciocínio citando a propagação intensa da insegurança por publicitários inescrupulosos, que buscam vender produtos após semearem de maneira deliberada o medo, explorando os indivíduos, como denotam as vendas dos veículos SUVs nos Estados Unidos, que são oferecidos como "cápsulas defensivas" contra o "terrorismo catastrófico" e já representam 45% de todas as vendas de automóveis nos USA.

liberdades e garantias fundamentais, como consta no trabalho seminal de Cohen (1972, *passim*), além de análises contidas, *v. g.*, em trabalhos de Garcia Sílberman e Ramos Lira (1998, p. 369), Barata (2003, p. 498-508), Sanz Mulas (2005, p. 2-29) e Valente (2015b, p. 11).

Acrescentem-se os variados fatores que geram e ampliam os sentimentos de ameaça e de insegurança subjetivos surgem dos variados processos de erosão das normas sociais e das regras de conduta em comunidade (que até há pouco tempo eram seguidas), do isolamento individual, da "dessolidarização" e da relativização dos direitos, liberdades e garantias fundamentais, que resultaram em desestabilização normativa, conforme interpreta Hassemer (1994, p. 60-69). Alerta que o sentimento de ameaça e de insegurança não se concentra apenas em agressões e ataques criminosos, porque se tornou difuso, estendendo-se em múltiplas direções. Conclui, então, que só existirá uma política de segurança pública eficaz, do ponto de vista estratégico e de longo prazo, se a Política Criminal "iniciar e favorecer processos de solidarização e estabilização das normas", pois não existe (ou existirá) um "remédio de cura completa e imediata" para os problemas graves da criminalidade.

A política criminal não pode equivaler a tão só "política policial" ou "eficácia policial", como tem sido feito, observa Hassemer (1994, p. 60-69), pois também exige a promoção de direitos, liberdades e garantias fundamentais[136]. Assim, indica que a política de segurança pública deve levar em consideração a juventude (mediante escolas, oportunidades de trabalho e de cursos profissionalizantes remunerados etc.), moradia condigna, postos de trabalho, educação e outros programas sociais para aqueles mais necessitados, sob pena de converter-se num "espetáculo sem esperanças e sem fim previsível".

[136] Observam Wunderlich e Moraes de Oliveira (2008, p. 70-72) que o *sistema de garantias* do Direito Penal de Estados de Direito Democráticos resultam de avanços humanistas, conquistados mediante um alto custo para a humanidade ao longo da evolução da ciência e da cultura das civilizações, com o objetivo de negar o estado de barbárie, racionalizando os conflitos entre desviantes e não-desviantes, impedindo as formas de punição originárias utilizadas naqueles períodos de selvageria, bem como limitando os conflitos entre os próprios atores sociais contemporâneos e entre estes e o poder punitivo do Estado. Lembram, ainda, que garantir (tutelar, proteger) nada mais é do que defender os direitos das pessoas frente a eventual agressão de outros indivíduos e do próprio Estado. Concluem que a justiça penal só pode ser alcançada mediante um "núcleo ético-jurídico mínimo de preservação dos direitos humanos constitucionalizados."

Desta forma, acredita que "uma política de segurança só faz algum sentido no contexto de uma verdadeira Política interna bem definida, sincronizada e coordenada."

Neste rumo, preocupam-se Bauman (2021b, p. 20-26) e também Lagrange (2003, *passim*) com a falta de sensibilidade de governantes e autoridades públicas, que parecem desconhecer a realidade (ou não a deixam vir à tona, porque o medo é instrumento para a manipulação da população), no sentido de que a criminalidade violenta (organizada ou comum) se nutre da pobreza, da falta de oportunidades e da precariedade das condições de vida dos mais desfavorecidos.

O "pânico da segurança"[137] e os alarmes mais contundentes sobre o aumento da criminalidade (em especial da criminalidade de rua e/ou ligada ao tráfico local de drogas, mais violenta e praticada por jovens, causando maior repercussão na sociedade), utilizados como justificativa para o endurecimento das leis e o aumento das ações ostensivas das forças públicas de repressão, apenas estão substituindo "o Estado social pelo Estado prisional", num verdadeiro "impulso carcerário" e de uma lucrativa privatização da segurança, alertam Bauman (2021b, p. 20-26) e Lagrange (2003, *passim*). Avaliam, ainda, que a criminalidade tem aumentado desde os anos de 1960 nos países cujos serviços sociais são menos desenvolvidos ou naqueles em que a seguridade social vem sendo reduzida de forma drástica (como Estados Unidos e Inglaterra),

137 Neste sentido, Hassemer (1994, p. 61-66) comenta que criminalidade e medo do crime não são proporcionais e equivalentes, como o objeto e sua imagem refletida no espelho, visto que sentimentos de insegurança não representam a ameaça real, porque também estão vinculadas à situação de "des-solidarização social" e de diversos fatores de intranquilidade, como a escassez de postos de trabalho e de vagas em escolas, redução de salários e aumento do custo de vida (aluguéis, alimentação, saúde e outros), redução constante dos programas sociais, aumento da desigualdade social. E complementa: "Não é a ameaça real da criminalidade e da violência que constitui o fator decisivo para a política de segurança pública e sim a percepção de tal ameaça pela coletividade. Estes sentimentos de ameaça dominam a população, são canalizados para reivindicações de imediato arrocho nos meios coercitivos e tornam o relaxamento dos Direitos Fundamentais, bem como sua corrosão pelo Estado, não só toleráveis como objeto de exigência da população. Porém, não existe a mais remota relação causal entre ameaça e sentimento de ameaça, pelo contrário: Há mais medo do crime entre grupos sociais onde a probabilidade de ser sua vítima é mais remota. A recíproca também é verdadeira. A política de segurança pública deve, portanto, não apenas considerar as causas da criminalidade e da violência como também levar em conta os múltiplos fatores da sua percepção social."

i. e., a melhor política criminal advém de programas sociais e educacionais, e não da ampliação da severidade penal e das penas de encarceramento (conforme pesquisas que deixam transparecer que a diminuição ou aumento da criminalidade tem muito mais a ver com os índices de investimento em seguridade social e em educação profissionalizante, com pouca relação com o endurecimento de normas penais).

Reforça Zuñiga Rodriguez (1995, p. 148-149) que se deve distinguir a *insegurança subjetiva*, baseada nas perceções de cada indivíduo (com base nas informações parciais que cada ser humano possui, provenientes das mídias de massa e das experiências pessoais e/ou dos indivíduos próximos), da *insegurança objetiva* (concreta, real), esta baseada em dados científicos, na macrorrealidade analisada por especialistas, em especial por meio da criminologia[138].

Quanto ao aspeto político, o sentimento de insegurança dos cidadãos pode ser manipulado, complementa Zuñiga Rodriguez (1995, p. 148-149), impingindo-se uma visão maniqueísta sobre os indivíduos: ou se está "a favor do Estado-sociedade", como se ambos fossem um só, apoiando o Estado e suas decisões na "luta contra a criminalidade" e a favor da "segurança cidadã"; ou se está "a favor do crime", do inimigo interno do sistema social. Com base nisto, promulgam-se normas e mais normas penais, que restringem liberdades e direitos, direcionando a opinião pública aos problemas da criminalidade, sem que sejam solucionados de facto os problemas estruturais (em boa medida fomentadores da criminalidade violenta ou "de rua", como a falta de emprego, de habitação, de assistência médica e social, de oportunidades etc.)[139].

[138] Por outro lado, assevera Zaffaroni (2012, p. X-XVII) que deve ser vencido o evidente *apartheid criminológico* que está sendo utilizado a nível global, a criminologia com "discurso extremamente parcial" que manipula a opinião pública, procurando manter protegidos os criminosos nas mais altas esferas de poder (do Estado e/ou económica) e, mediante promessas eleitoreiras e popularismo (vulgar) referente à segurança, procura justificar o aumento da conflitividade mediante a criação de estereótipos e o direcionamento cada vez mais repressor do aparato penal tão só contra "os outros", os imigrantes "incivilizados", criando uma nova forma "lombrosiana" de indicar quem tem as características do "uomo delinquente", do criminoso nato, ou do "selvagem" incivilizado hobbesiano.

[139] Diante deste panorama, alerta Hassemer (1994, p. 63-67) que é relevante nos recordarmos de que a "política social é a melhor política criminal", uma verdade que é sabida há muito tempo. Acrescenta: "Não se trata de elaborar programas caros e ambiciosos, que em parte até já existem. Trata-se sobretudo de reconhecer as bases sociopolíticas de uma política de segurança e, de posse deste conhecimento, dirigir pelo menos uma fração das energias, da fantasia

Além disso, tratando-se a criminalidade organizada de um problema global, pontuam Jescheck e Weigend (2002, p. 182) que o *princípio do Direito Mundial* (ou da *universalidade*) está conformado nas ideias de "solidariedade do mundo cultural frente ao crime" e de "luta contra a criminalidade internacional perigosa", cujos crimes lesionam bens da cultura internacional (transnacional) em cuja proteção há interesse internacional (como o tráfico de drogas, comércio de escravos, pirataria aérea ou marítima, contra o meio ambiente, contra a humanidade e outros), e este princípio está ligado de modo íntimo com o *princípio da justiça suplementar*, que busca cobrir as lacunas de direito penal e processual penal entre as legislações dos diferentes Estados, assegurando que nenhum criminoso em fuga permaneça impune em razão do Estado em que se refugiar por falta de um ponto de conexão entre os ordenamentos jurídicos e o respetivo poder punitivo de cada um destes Estados [conforme o brocardo *aut dedere aut punire* – Hugo Grotius – ou, após os avanços na proteção da dignidade também de todo e qualquer indivíduo – inclusive dos acusados –, *aut dedere aut judicare, i. e.*, ou extraditar ou julgar).

Por outro lado, como leciona Valente (2012, p. 80-85), estes crimes lesionam de forma imediata e mediata a *topologia segurança com dimensão supranacional*, afetando o *estádio real* e também o *estádio cognitivo* de todos os indivíduos do planeta, por atingirem o núcleo central dos direitos humanos, através de crimes graves, *v. g.*, contra a humanidade e/ou contra a sociedade local e global (entre os quais podem ser citados os crimes contra a humanidade, o terrorismo, a criminalidade organizada), que ferem o âmago da liberdade do ser humano e da sua segurança.

e dos recursos que nós atualmente estamos dispostos a empregar em objetivos de segurança de curto prazo, para uma perspectiva de longo prazo." Para concluir, acrescenta que deve ser pavimentado um "caminho para solidarização a longo prazo [porque a] existência, a harmonia a igualdade e a justiça de uma sociedade se define por parâmetros não apenas econômicos, mas também normativos. Os direitos civis fundamentais de nossa constituição e da tradição européia podem converter-se, mais ainda na Alemanha em função dos problemas de nossa história recente, num fermento sobre o qual poderiam crescer um espírito comunitário e uma consciência solidária dos cidadãos. O óbvio e irrecusável respeito pelos direitos do outro constitui-se também numa eficaz barreira contra a dissolução da sociedade e o resvalamento para a criminalidade. Isto deveria levar-nos a pensar um pouco, quando colocamos nos pratos da balança eficácia policial e direitos humanos."

Este quadro converte a todos (que assumem a vida, a integridade pessoal e a liberdade como valores sagrados e essências para a dignidade da pessoa humana), onde quer que estejam neste vasto mundo, em vítimas mediatas das barbáries do terrorismo, dos crimes contra a humanidade (e aqui acrescentamos a criminalidade organizada), pontua Valente (2012, p. 80-85), pois todos podemos nos tornar alvos concretos, dada a "indefinição territorial" e a "indefinição dos alvos" dessas formas de criminalidade transnacional, gerando elevada *insegurança cognitiva*, que subjuga a insegurança real e germina nas pessoas o *medo esquizofrênico*, induzindo a uma "descapitalização de direitos, liberdades e garantias fundamentais" em prol de uma "sagrada topologia segurança." Pondera que este câmbio da *insegurança real* para a *insegurança cognitiva* provoca uma "não racionalidade" conceitual e causa a criação de um "Estado blindado", de viés securitário e até belicista, em que o espaço de liberdade e justiça naufraga num oceano securativista, impulsionado pela "teoria da perigosidade presumida".

O Direito é ou deve ser uma barreira de resistência contra esta "euforia utópica de segurança cognitiva", pois o Direito também deve ser reflexo do pensar do ser humano e do pensar de um Estado de direito material e social; democrático, complementa Valente (2012, p. 80-85), em que nossa edificação conceitual deve manter-se centrada na democracia, na liberdade, na justiça e na segurança em equilíbrio[140], *i. e.*, a prevenção e a repressão a crimes transnacionais que ameaçam a segurança e a paz transnacionais devem permanecer subordinados a uma "ordem jurídica material válida nacional, regional e supranacional".

Além disso, pontua Hassemer (1994, p. 62-69) que as discussões sobre a política de segurança pública precisam ser pragmáticas, rompendo com os limites estreitos e irracionais, indignos do momento civilizatório alcançado, em que os debates são travados apenas entre dogmáticas do tipo "contra" ou "favorável" às medidas processuais penais e técnicas de investigação restritivas de direitos humanos, liberdades e garantias[141], na repressão às organizações

[140] Pondera Valente (2013b, p. 50-60) que se exigem esforços para que a ciência jurídica se torne um efetivo caminho de afirmação e valoração do ser humano.

[141] Comentam Pieroth e Schlink (2019, p. 50-51) que, ao mesmo tempo em que o ser humano não pode viver sem sociedade e sem Estado, os direitos fundamentais e o seu exercício não necessitam de justificativa perante o Estado (desde que não violem outros direitos fundamentais).

criminosas e aos grupos terroristas. E para serem pragmáticas, alerta que as políticas de segurança devem ter meios de mensurar os reais efeitos alcançados pelos métodos utilizados (em especial daqueles que comprimem direitos fundamentais), efetuando as correções de rumo necessárias a depender dos resultados alcançados (e aqui cabe relembrar as avaliações em torno do princípio constitucional da proporcionalidade[142], quanto à *adequação*, à *necessidade* e à *proporcionalidade em sentido estrito*).

Desta maneira, os meios mais intrusivos e coercitivos (de compressão dos direitos fundamentais), após introduzidos no sistema penal, não podem continuar vagando pelos ordenamentos jurídicos dos mais variados Estados e nos instrumentos internacionais sem nenhum controle, avaliação ou conhecimento de seus resultados, pois pragmatismo significa considerar tanto os êxitos quanto os fracassos em relação aos efeitos buscados, pondera Hassemer (1994, p. 66-70), além de levar em conta, em especial na seara penal (que representa a mais conflituosa relação entre o cidadão e o Estado), os impactos colaterais (embora não desejados) que foram causados.

Uma verdadeira Política Criminal, digna de um Estado de Direito Democrático, deve considerar em seus programas não apenas a ampliação dos tipos penais e da severidade dos métodos coercitivos e restritivos de direitos, liberdades e garantias, alerta Hassemer (1994, p. 66-70), mas também "recuos, correções e amenizações", resgatando a credibilidade do Estado e das suas instituições de persecução penal, além da crença num sistema justo e equilibrado, capaz de proporcionar liberdade, segurança e justiça também a longo prazo.

No que se refere a estes aspetos, acrescente-se que as próprias normas devem proporcionar maior segurança jurídica e eficácia na pacificação social, inclusive no tratamento penal e processual penal das pessoas coletivas enquanto sujeitos não só de deveres, mas também de direitos, diante de tantas

Por outro lado, a limitação dos direitos fundamentais pelo Estado necessita de justificação, balizada pela Constituição.

142 Lembra Aguado-Correa (1999, p.55-56) que o *princípio da proporcionalidade*, embora remonte à antiguidade da civilização humana, só conseguiu se afirmar durante o período da ilustração, quando outros princípios do Direito Penal também passaram a ser defendidos perante arbitrariedades e excessos, como a *legalidade*, a *certeza*, a *igualdade* e, em especial, a *calculabilidade e a mensurabilidade das penas*, que devem ser estrita e evidentemente necessárias.

anomias e lacunas que, em muitas situações, promovem um tratamento desproporcional e desigual, em descompasso com a universalidade dos direitos, liberdades e garantias fundamentais[143], como destacam Valente *et al* (2022, p. 183-243) quanto à situação em Portugal e, no que diz respeito ao tratamento jurídico penal da pessoa coletiva no Brasil, destacam Japiassú e Ferreira (2022, p. 63-88).

Quanto a estas questões de segurança pública, também não se pode esquecer que a sensação de medo que grassa na sociedade traz ótimo retorno financeiro para as mídias sociais, interessadas no sobredimensionamento da criminalidade (em especial da violenta), porque notícias desta natureza chamam a atenção e "vendem bem", lembra Zuñiga Rodriguez (1995, p. 148-149), além de gerarem um ótimo retorno em votos aos políticos e, como dito acima, reduzir a pressão sobre os poderes executivo e legislativo no que tange aos verdadeiros problemas nacionais e à ainda elevada taxa de impunidade da criminalidade de colarinho branco, quer sejam grandes empresários e/ou empresas, quer sejam altas autoridades públicas e/ou políticas. Neste caminho, verifica um ciclo interminável (que se retroalimenta), de cunho apenas simbólico e ineficaz[144], restringindo mais e mais os direitos fundamentais: "criminalidade – sentimentos de insegurança cidadã não adequada à realidade – resposta penal simbólica (restringindo as liberdades) – criminalidade."

De facto, embora as respostas e as medidas adotadas em questões de segurança pelos órgãos (técnicos) estatais decorram de índices criminais, não podem ser esquecidos os componentes políticos na definição das políticas públicas de segurança, com forte embasamento no sentimento de insegurança

143 A CRP estabelece: "Art. 12.º (Princípio da universalidade) 1. Todos os cidadãos gozam dos direitos e estão sujeitos aos deveres consignados na Constituição. 2. As pessoas colectivas gozam dos direitos e estão sujeitas aos deveres compatíveis com a sua natureza."

144 Ressalta Zuñiga Rodriguez (2015b, p. 53-55) que a realidade da legislação e das decisões judiciais, sobretudo em relação à "criminalidade dos poderosos" (em que se destacam grandes empresários e altas autoridades públicas e legislativas), permite desenvolver a equação: "fómula empresarial pessoa jurídica + sujeitos bem situados social e economicamente = altos índices de impunidade." Acrescenta que os repetitivos escândalos políticos, económicos e financeiros demonstram nos mais diversos Estados como atua esta "criminalidade do poder", em que encontramos no seu núcleo fórmulas empresariais.

(subjetivo), como alerta Guinote (2009, p. 136-145)[145] ao refletir sobre esta temática.

Por outro lado, a falta de consciência coletiva sobre os danos causados pela criminalidade organizada empresarial pode ser demonstrada através da baixa repercussão de fraudes bilionárias contra a administração tributária estatal ou contra a seguridade social, impedindo que os Estados utilizem esses recursos para atenderem aos deveres constitucionais (e principalmente aos programas sociais, imprescindíveis para os mais necessitados[146]), ou então por meio da falta de perceção dos prejuízos representados pela dilapidação de investimentos e dos fundos de pensão de centenas de milhares de pessoas em decorrência de fraudes ou de outras atividades delitivas gravíssimas no mercado de valores mobiliários, que repercutem muito pouco e causam menos

[145] Anota Guinote (2009, p. 136-145) que a *insegurança subjetiva* não advém apenas da vitimização que o próprio indivíduo sofre pois, ao contrário, suas fontes são tão abrangentes quanto complexas, individuais e sociais, racionais e irracionais, tão relevantes quanto a importância que cada pessoa lhes dá. Assim, pondera que a sensação de insegurança pode ser distinguida em duas dimensões (ou níveis): o *medo pessoal*, que afeta apenas o indivíduo na sua conduta quotidiana e tem natureza personalizada, e a *preocupação com a ordem social*, que avalia a generalidade dos perigos e riscos existentes, de modo mais diluído na sociedade, com uma influência reflexiva por ser um problema que pode afetar a todos e não apenas a si mesmo.

[146] Registamos que toda e qualquer vítima de um crime merece e deve ser amparada pelo Estado e pela respetiva sociedade, respeitando-se também todos os demais direitos consagrados (de modo expresso ou implícito) na Constituição, nas normas supranacionais e internacionais de direitos humanos e na legislação infraconstitucional, sem olvidar a Lei n.º 130/2015, de 04 de setembro, que aprova o *Estatuto da Vítima*, transpondo a Diretiva 2012/29/UE do Parlamento Europeu e do Conselho, de 25 de outubro de 2012, e o Código de Processo Penal, o qual prevê: "[...] **Artigo 67.º-A. Vítima**. 1 – Considera-se: *a)* 'Vítima': i) A pessoa singular que sofreu um dano, nomeadamente um atentado à sua integridade física ou psíquica, um dano emocional ou moral, ou um dano patrimonial, diretamente causado por ação ou omissão, no âmbito da prática de um crime; ii) Os familiares de uma pessoa cuja morte tenha sido diretamente causada por um crime e que tenham sofrido um dano em consequência dessa morte; *b)* 'Vítima especialmente vulnerável', a vítima cuja especial fragilidade resulte, nomeadamente, da sua idade, do seu estado de saúde ou de deficiência, bem como do facto de o tipo, o grau e a duração da vitimização haver resultado em lesões com consequências graves no seu equilíbrio psicológico ou nas condições da sua integração social; [...] 4 – *Assistem à vítima os direitos de informação, de assistência, de proteção e de participação ativa no processo penal, previstos neste Código e no Estatuto da Vítima*. 5 – A vítima tem direito a colaborar com as autoridades policiais ou judiciárias competentes, prestando informações e facultando provas que se revelem necessárias à descoberta da verdade e à boa decisão da causa." (Grifos nossos).

consternação à comunidade do que um roubo de bicicleta (se houver emprego de violência), ou se a vítima for um idoso ou uma criança[147].

Analisou-se este aspeto também em outro estudo (Ziembowicz, 2020a, p. 97-109), pesquisando-se diferentes casos de delitos financeiros e/ou económicos transnacionais causadores de vastos danos à sociedade, incluindo-se a lavagem de capitais, crimes em desfavor de sócios e de investidores, contra o mercado de valores, corrupção e outros, cujas cifras alcançavam centenas de bilhões (mil milhões) de dólares enviados e ocultados em paraísos fiscais, bem como centenas de milhares de empresas *offshore* instituídas só para encobrirem a sonegação de tributos e elevadíssimas somas de origem ilícita (*Luxembourg Leaks, Swiss Leaks*, o precitado *Panama Papers* etc.).

Neste rumo, analisando de forma crítica as discussões doutrinárias e jurisprudenciais sobre o tema, em especial as escolas penais que sustentam que o Direito Penal contemporâneo efetua uma indevida "intervenção estatal social", em contraposição ao Direito Penal clássico liberal advindo da "época da ilustração", Schünemann (2002, p. 53-55) afirma que o precitado Direito Penal clássico recebeu impulsos e doses progressivas de humanização (inclusive quanto às penas a serem aplicadas), mas era e permaneceu clara sua parcialidade[148] e o seu direcionamento apenas contra determinadas classes[149]

147 No Brasil, a Lei n.º 11.690/2008, de 09 de junho, alterou dispositivos do Código de Processo Penal, ampliando os direitos da vítima (ofendido) de crimes, mas verdadeiros avanços na citada proteção ocorreram apenas em relação às vítimas do sexo feminino (e seus dependentes) em situação de violência doméstica ou familiar, através da Lei n.º 13.505/2017, de 08 de novembro, que acrescentou dispositivos à Lei n.º 11.340/2006, de 07 de agosto (Lei Maria da Penha), como antes abordamos (Ziembowicz, 2020d, p. 267-277). Esta proteção deveria se estender também às vítimas dos demais crimes, conforme já consta no Projeto de Lei n.º 3.890/2020, de 21 de julho, que está tramitando na Câmara dos Deputados brasileira e visa elaborar o *Estatuto da Vítima*.

148 Comenta Zuñiga Rodriguez (2017b, p. 280-287) que desde a década de 1970 são realizados estudos sobre as funções que cumpre o Direito Penal na realidade social, em especial sobre as injustiças observáveis quanto à desigualdade na aplicação do direito, o abismo que existe entre algumas normas e a realidade social, a "importação" ou até a imposição de muitas normas internacionais sem observar a sua aplicabilidade no meio social específico etc.

149 Como sustenta desde a década de 1970 Nozick (1991, p. 130-138), o Estado só pode ser entendido como "agência dominante" e legítima se satisfizer duas condições cruciais: possuir monopólio sobre o uso da força no seu território e proteger os direitos de todos dentro dos seus limites territoriais, inclusive com esta proteção geral sendo fornecida com base "redistributiva" (como obrigação ética) e equidade. Deste modo, compreende-se que um Direito

sociais (baixas e/ou de pobres), e os avanços do Direito Penal não resolveram os principais problemas deste sistema penal desproporcional e direcionado só contra determinados indivíduos.

As mudanças proporcionadas pelo período da ilustração foram mínimas neste aspeto, segundo Schünemann (2002, p. 53-55), pois embora tenham sido eliminadas, de modo gradual, crueldades e absurdos como a queima de bruxos e hereges, a tortura e outras "bestialidades" que antes eram cometidas, permaneceu o Direito Penal concentrado em crimes contra a propriedade privada (praticados pelas classes baixas), sem se contrapor a outros crimes contra a propriedade, de alta danosidade social, perpetrados por indivíduos da classe alta que praticavam (e praticam) essas condutas por meio do uso (criminoso do ponto de vista criminológico) da propriedade. Argumenta citando os dados de décadas anteriores, em que furtos e roubos, crimes característicos das classes baixas, representavam mais de 55% dos registos criminais, ultrapassando a cifra de 80% quando eram acrescentados os crimes relativos aos estupefacientes e/ou cometidos por estrangeiros.

Deste modo, Schünemann (2002, p. 52-63) discorda de forma veemente (e até verifica quase uma insanidade moral) nas teorias (normativas sociológico-criminais) que sustentam que os crimes económicos e os crimes ambientais possuem causas complexas e não poderiam ser imputados a indivíduos, sob os argumentos de que refletem problemas do sistema e não condutas individuais criminosas, e de que se trata de um risco do sistema económico capitalista adotado, lastreado no custo-rendimento.

De facto, os prejuízos causados por vários crimes contra a propriedade particular, apesar das severas penas estabelecidas nos *Códigos* Penais português e brasileiro, *v. g.*, não podem ser comparados (nem de forma remota) com a dimensão dos danos causados pelos crimes económicos de grandes proporções, embora estes não sejam percebidos pelos cidadãos, porque são

Penal que estabelece normas de caráter seletivo, que de facto efetuam a persecução penal e sancionam tão só determinada classe social, conforme desproporção de pessoas encarceradas nos mais diversos países, como consta ao longo deste trabalho, não possui proporcionalidade, não viabiliza a equidade e a pacificação social: ao contrário, além de ilegítimo, gera conflitos e amplia o abismo entre determinadas classes sociais, deixando de proporcionar liberdade, segurança e justiça, ao permitir a impunidade de agressões intoleráveis contra bens jurídicos essenciais, quando praticados por classes sociais hegemônicas, apesar de causarem danos muito mais vultosos em desfavor da sociedade, sobretudo a médio e longo prazos.

atingidos, na maior parte das vezes, de modo indireto ou transversal (*crimes without victims*).

A compreensão do volume de danos causados pelos comportamentos criminosos de empresários e corporações (mediante estruturas organizadas ou não), atingindo de forma direta ou indireta o tecido social, o desenvolvimento económico e a própria democracia, teve notável impulso a partir da segunda metade do século XIX, em que aconteceram diversas alianças criminosas entre políticos (subornados) e grupos empresariais inescrupulosos, além de ilicitudes praticadas por grandes corporações de forma rotineira.

Exemplifique-se através das obras de Karl Röder (1867) e de Pedro Dorado Montero (1895 e 1906), destacados membros da teoria criminológica correcionalista, a qual sustenta que o direito penal representa mero instrumento de controle social de grupos poderosos sobre os demais, e o economista e filósofo Thorstein Veblen (1899), que teorizou a economia institucionalista, em que criticava a classe mais rica e ociosa, que não realizava atividades produtivas e vivia às custas do trabalho alheio.

Com especial consciência interdisciplinar escreveram Ida Tarbell, analisando os negócios da *Standard Oil Company* (1904), e Upton Sinclair, que estudou as perigosas e nocivas técnicas empregadas na indústria da carne norte-americana (1906). Sobre o tema também escreveu Edward Alsworth Ross, em 1907, abordando o *criminaloid*, expressão que descrevia os indivíduos que alcançavam o sucesso mediante práticas ilícitas no exercício profissional, indicando a carência de qualquer sensibilidade moral face aos valores cívicos e éticos da sociedade.

Outro importante estudo foi apresentado por Willem Bonger em 1916, em que teorizou os *crimes in the suites* (*i. e.*, os crimes praticados pela elite socioeconómica) e os *crimes in the streets* (crimes de rua ou crimes de subsistência), relacionando-os ao desenvolvimento do egoísmo, que se justapõe ao altruísmo, influenciado pelo capitalismo burguês. Destacaram-se, ainda, a obra de Josephson (*The Robber Barons*, 1934), que divulgou diferentes fraudes e outras técnicas ilícitas empregadas por empresários norte-americanos, que lhes permitiram conquistar fortunas na expansão das ferrovias, bem como os estudos de Albert Morris (1935), alertando sobre indivíduos que, devido à posição social, à inteligência e à técnica, permaneciam imunes à repressão penal por suas condutas criminosas, classificando-os como *criminals of the upperworld*.

Neste rumo, o ponto de rutura que marcou os avanços da consciência científica sobre os crimes económicos foi realizado por Edwin Sutherland (1939, *passim*), pois num momento em que as teorias positivistas e criminológicas preponderavam e eram embasadas no determinismo biológico[150], psicológico ou económico-social, este sociólogo conceituou e construiu o termo "crime de colarinho branco", no decorrer de uma palestra proferida na 34ª Reunião Anual da *American Sociological Society* (27 de dezembro de 1939), na qual estavam reunidos sociólogos e economistas, na Philadelphia, porque ocorria simultaneamente a 52ª Reunião da *American Economic Society*, culminando com o posterior lançamento da sua obra prima *White-Collar Crime*, após uma década de pesquisas sobre as setenta maiores empresas norte-americanas e sobre as centenas de violações à lei que realizavam de modo contumaz, causando prejuízos às vítimas muitíssimo maiores do que os delitos cometidos pelas pessoas que não gozavam de alto *status* no exercício da sua profissão.

Em período mais recente, a crise económico-financeira de 2008, que atingiu quase todos os países, parece ser o melhor exemplo quanto aos danos profundos que a criminalidade (organizada) económico-financeira (ou macrocriminalidade) pode causar. Conforme análise de Anabela M. Rodrigues (2017a, p. 18-35; 2018, p. 13-30), na qual verifica as condutas criminosas que desencadearam a citada crise e as informações já disponibilizadas quanto aos métodos e consequências negativos ao extremo em desfavor da sociedade,

[150] Sobre o tema, Morrison (2012, p. 98-99) cita as milhares de pessoas que testemunharam, no período de 15 a 20 de novembro de 1885, no Palacio de Bellas Artes de Roma, uma imensa exposição de objetos, incluindo mais de trezentos crânios e vários milhares de fotografias e desenhos de epiléticos, delinquentes, enfermos mentais e "criminosos natos", além de mapas, gráficos e publicações que apontavam os resultados da nova disciplina de antropologia criminal. No decorrer da exposição, reuniram-se mais de 130 criminólogos e outros tantos antropólogos, médicos, psiquiatras e juristas no Primeiro Congresso Internacional de Antropologia Criminal, que contava com mais de quarenta expositores (italianos, franceses, alemães, húngaros, russos e outros), demonstrando através de crânios, fotos e desenhos, os "traços característicos" dos assaltantes, dos suicidas, das prostitutas, dos assassinos, dos doentes mentais etc. Entretanto, comenta que este importante evento, que reuniu diversos expertos e faz parte do movimento que resultou na criação daquela que seria etiquetada como Ciência da Criminologia, ainda sob relevante crença no determinismo biológico e/ou psicológico, era questionado por outras doutrinas, em especial pelo enfoque da pesquisa e análise das estatísticas sociais francesas, sob a liderança de Lacassagne, que davam ênfase à influência do entorno social em relação às estatísticas dos crimes.

não é possível "continuar a ignorar a presença e a quantidade da grande delinquência económica, frequentemente transnacional, e organizada de acordo com parâmetros empresariais"[151]. Acrescenta que esta obrigação de tutelar (inclusive mediante o Direito Penal) os bens jurídicos essenciais da sociedade, quer sejam individuais ou coletivos, deriva dos mais importantes valores traçados na Constituição, como a precedência de direitos fundamentais e a função social da propriedade, quando estiverem em conflito com as necessidades mercantis, industriais ou financeiras, inclusive neste cenário de economias de mercado[152].

Ademais, como sustenta Fernández Steinko (2013, p. 7-10), os próprios governos se tornaram incapazes de agir perante as decisões de entidades internacionais (públicas ou privadas), tendo de adotar políticas de flexibilização e de desregulação, reduzindo tributos sobre pessoas jurídicas e degradando os programas sociais (em especial de auxílio aos necessitados) e os direitos de trabalhadores etc. Pondera, ainda, que o Estado-nação continua mantendo uma certa posição central (na encruzilhada dos embates entre os poderes privados) sem conseguir conter a sua contração ou debilitamento, nesses processos de descentralização e recentralização (agora sob a governança de outros atores) decorrentes da globalização[153]. Assim, entende que os Estados

[151] Em publicação sobre o tema, Faraldo Cabana (1995, p. 25-26) comenta que, na exposição de motivos da Recomendação n.º R(81)12, elaborada pelo Comitê de Ministros do Conselho da Europa em 1981 e dirigida aos Estados-Membros, ao tratar da criminalidade económica, constavam incisivos alertas referentes às condutas económicas ilícitas, por causarem enormes danos a um número elevadíssimo de pessoas (assalariados, consumidores, acionistas, sócios, credores, concorrentes e outros), além de causar lesões à comunidade e ao mercado financeiro e económico local e internacional, com grandes prejuízos financeiros, provocando considerável perda de ingressos tributários e da seguridade social, tão necessários para que o Estado possa cumprir suas atribuições constitucionais.

[152] No entanto, Anabela M. Rodrigues (2017a, p. 35-37) sustenta que eventual criminalização de condutas criminosas económicas ou financeiras deve obedecer às regras constitucionais, protegendo bens jurídicos fundamentais, porque o equilíbrio político-criminal só pode ser obtido mediante rigor e correção técnico-penais, pois nem o excesso punitivista nem a abstenção estatal são legítimos ou compatíveis com estratégias preventivas funcionais.

[153] Ressalta Pereira Correia (2018, p. 135-141) que os princípios que norteavam o Estado Moderno estão ultrapassados por cinco séculos de transformações que se impuseram sobre as conceções clássicas e teóricas, resultando, na atualidade, no "Novíssimo Estado", que deve atualizar os princípios políticos, económicos e sociais, mediante novas e apuradas reflexões que proporcionem um adequado e contemporâneo conceito de Estado, com base na realidade

estão tentando gerenciar o medo, o mal-estar e a insegurança subjetiva, de forma que estes males possam se tornar uma fonte de legitimidade para a manutenção do Estado e do seu poder[154].

Por outro lado, pontua que este medo que está apoderando da cidadania, a ponto de não haver nenhuma pressão cidadã e nenhum resultado prático ante uma das maiores expropriações de bens e recursos públicos da nossa era, consubstanciada na crise financeira global de 2007, que afetou de modo irremediável a todos indivíduos e às suas expetativas. Reconhece Fernández Steinko (2013, p. 7-10), neste vértice, que as políticas penais se tornaram funcionais para encobrir esta realidade, a "macrocriminalidade dos poderosos", permanecendo orientada apenas aos delitos de menor vulto das classes subalternas ou em políticas que desviam o olhar para os imigrantes e outros sentimentos de intolerância, que parece estar encontrando acolhida na nossa sociedade.

Sob esta perspetiva, depois de citar uma série de manifestações sobre a crise financeira do governo alemão e, em especial, de autoridades da União Europeia, Schünemann (2013a, p. 367-370) se disse completamente surpreendido porque as declarações governamentais trataram a crise financeira como

atual e assentado na liberdade, que possa se adaptar às metamorfoses constantes, através de uma maior promoção da inclusão social e de uma configuração mais ágil e democrática, participativa e dinâmica, concedendo ou mantendo sua legitimidade, pois as lentas respostas às mudanças e as políticas públicas não atempadas geram um crescente e justificado desinteresse nos seus beneficiários (cidadãos), fragmentando a unidade do Estado e da nação.

154 Pontua Zuñiga Rodriguez (1995, p. 154-156) que a melhor política criminal, segundo a maioria dos penalistas, é uma boa política social, investindo-se em melhores níveis de educação, saúde, emprego etc., reduzindo os conflitos sociais e os índices de criminalidade, tornando desnecessária a utilização simbólica do Direito Penal e uma resposta ao medo da população com soluções incompletas (como o aumento das penas, novas criminalizações, restrições a direitos fundamentais) e outras políticas que podem trazer dividendos eleitorais, mas representam apenas pseudosoluções, pois não oferecem uma verdadeira proteção dos bens jurídicos nem efeitos preventivos eficazes. Argumenta que este método eleitoreiro apenas oferece uma parcial e temporária diminuição do desassossego da população e, a médio e longo prazos, produz efeitos nocivos sobre a credibilidade das instituições e do ordenamento jurídico-penal, diante da ineficácia e do desequilíbrio que causa na sociedade e no Estado de Direito, ao privilegiar de maneira demasiada a restrição de direitos fundamentais em relação às garantias e, sobretudo, por manter um caráter seletivo que direciona as sanções penais mais severas a determinadas classes sociais ou segmentos da população, enquanto às altas autoridades e aos profissionais de elevado *status* social e/ou económico se mostra de excessiva indulgência.

uma catástrofe natural (inevitável), como um facto consumado, como se a situação não exigisse uma verificação profunda e séria das responsabilidades (civis, administrativas e penais), investigação esta que deveria ser proporcional aos danos gigantescos causados aos indivíduos (como contribuintes, investidores, pensionistas, sócios, trabalhadores etc.), provavelmente os maiores desta geração, comparável apenas à crise de 1929.

Os discursos de governantes da União Europeia e de Estados europeus, afirmando que deveriam intensificar a persecução da fraude fiscal[155], do branqueamento de capitais por organizações criminosas e das movimentações financeiras clandestinas, observa Schünemann (2013a, p. 367-370), desviando o foco a crimes que configuravam um dano ínfimo quando comparado com os prejuízos de escala global causados pelos comportamentos criminosos (individualizáveis) praticados pelo *establishment* financeiro, tornavam difícil não escrever uma sátira sobre este comportamento negligente das autoridades públicas europeias nesta crise. Conclui que, apesar da magnitude dos danos causados pela crise financeira, de modo surpreendente os Estados europeus não investigaram ou responsabilizaram nenhum, repita-se, nenhum dos causadores dos citados prejuízos: ao contrário, ainda restringiram mais as liberdades dos cidadãos.

Diante desses fatores, não foi por acaso que, ao analisar de forma crítica os efeitos da globalização económica e da integração supranacional sobre a criminalidade, Silva Sánchez (1998, p. 68-69) já reconheceu há mais de vinte anos que suas principais características seriam os elementos de organização, a transnacionalidade e o poder económico, e que a criminalidade organizada, a criminalidade internacional e a criminalidade dos poderosos seriam as expressões que melhor definiriam a criminalidade da globalização.

De facto, os Estados nacionais encontraram enormes dificuldades para manter o controle e uma certa estabilidade interna e externa diante da globalização económico-financeira, em especial após a política adotada por Ronald

[155] Como sustentamos antes (Ziembowicz e Valadão, 2018b, p. 554), tanto os direitos fundamentais de primeira dimensão (ou geração), referentes à liberdade, quanto os direitos de segunda dimensão, relativos à igualdade, de terceira dimensão, quanto à solidariedade e à fraternidade, têm custos e exigem recursos financeiros para serem efetivados, dependendo da tributação para financiarem o Estado e as suas ações voltadas para a promoção e concretização dos direitos fundamentais.

Reagan e Margareth Thatcher no sentido de diminuir a regulação e a intervenção no mercado económico, liberalizando-o e adotando práticas e regras mais fortes para proteger investidores e investimentos estrangeiros[156].

Entretanto, esta desregulação dos mercados económico-financeiros e a falta de uma supervisão a nível mundial, somados aos danos em larga escala provocados pela crise financeira (e económica) global a partir de 2007, compeliram os Estados e os organismos intergovernamentais a incluírem na agenda política e criminal o debate[157] acerca das medidas a serem aplicadas diante

[156] Ressalta Ruggie (2014, p. 17, 28-31) as informações contidas no *World Investment Report* 2002 (UNCTAD, 2002, p. 7), estudo realizado por agência da ONU, comunicando que 94% de todas as normas e regulamentos nacionais referentes a investimentos estrangeiros diretos que foram modificadas de 1991 a 2001 facilitavam o investimento estrangeiro e a globalização económica, tornando os empreendimentos globais viáveis do ponto de vista económico e operações quase perfeitas, reforçadas pelas inovações nos transportes e nas comunicações, viabilizando uma enorme ampliação dos direitos das corporações multinacionais para operarem globalmente, sem que houvesse, em contrapartida, adequadas normas de proteção das pessoas e do meio ambiente, *v. g.*, ou então medidas para reduzir e remediar os impactos negativos desta expansão dos mercados e dos negócios. Por outro lado, reconhece Ruggie que muitos governos não conseguiam ou não queriam executar suas respetivas leis para fazerem frente às práticas corporativas nocivas porque poderiam afastar as empresas estrangeiras, e as empresas multinacionais não haviam se preparado para administrarem os riscos e os danos causados às pessoas e aos grupos de indivíduos em Estados nos quais a regulamentação era mais branda, nem as suas contribuições para a violação de direitos humanos nos mais diversos países em seus relacionamentos e atividades comerciais. Entretanto, anota que diversos escândalos envolvendo trabalho infantil, trabalho escravo e/ou outras condições desumanas envolvendo fábricas que participavam da cadeia de produção de marcas famosas (*v. g.*, os diamantes de sangue na África, o caso Nike, Bhopal na Índia, Shell na Nigéria – Ogononiland, o caso da Yahoo! na China – jornalista Shi Tao, entre outros), somados a diversos movimentos de proteção aos direitos humanos que estavam divulgando estas práticas empresariais nocivas, fizeram com que várias empresas multinacionais adotassem políticas e/ou promessas de utilizarem uma "conduta empresarial responsável", depois nominada como RSC – Responsabilidade Social Corporativa, inclusive mediante auditorias que monitoravam os locais que lhes forneciam produtos nas cadeias de produção. Entretanto, lembra que em 2005, de cerca de 80 mil empresas multinacionais, apenas uma centena de corporações adotava políticas ou práticas para evitar o envolvimento em violações a direitos humanos. Acrescenta que as iniciativas de RSC se desenvolveram bem na área ambiental, mas muito pouco na área de proteção de direitos humanos, além de mostrarem limitações óbvias decorrentes das lacunas da legislação e de governança, além de serem muito fracas quanto à prestação de contas e às reparações de danos causados, por serem recomendações que são cumpridas pelas empresas apenas quando estas desejarem, de modo voluntário.

[157] Relata Faraldo Cabana (1995, p. 25-26) que em 1975, no V Congresso das Nações Unidas para a Prevenção do Crime, os líderes de mais de cem países já demonstraram intensa

da criminalidade organizada transnacional, sobretudo da criminalidade organizada económico-financeira[158].

preocupação com a criminalidade económica existente em atividades comerciais, industriais, financeiras e outras.

[158] Quanto ao tema, Zuñiga Rodriguez (2013, p. 269) relata a imensa dificuldade para traçar linhas claras que possam diferenciar a criminalidade empresarial da criminalidade organizada, configurando verdadeira zona gris em que a realidade é muito mais complexa que aquela estabelecidade nas normas. Sustenta, por outro lado, que a criminalidade organizada tem fins lucrativos ilícitos, pratica crimes graves e baseia-se na ilicitude do bem que trafica ou do serviço que realiza, empregando a pessoa jurídica com finalidade instrumental, enquanto a criminalidade da empresa costuma ter finalidade lícita e pratica condutas criminosas apenas eventualmente, conformando uma criminalidade económica empresarial. Este ponto de vista está expresso, por exemplo, no Código Penal Alemão – *Strafgesetzbuch* [§ 129, (3), n.º 2]. Quanto a esta questão, entendemos que a criminalidade empresarial, ainda que a empresa tenha fim maioritariamente legal ou tenha sido criado com fins lícitos, pode ocasionalmente enquadrar-se nos critérios jurídicos e criminológicos relativos à tipologia da criminalidade organizada, embora sejam delitos socioeconómicos que, em regra, não envolvem a violência, mas possuem elevadíssima capacidade disruptiva sobre o tecido económico, social e político da sociedade. Assim, filiamo-nos ao entendimento de Luís Greco e Heloisa Estellita (2015, p. 1077, 1083) quanto a este aspeto, pois sustentam que inclusive quando "[..] o objetivo da associação dessas pessoas na atividade empresarial não seja a prática de crimes, pode suceder que em algum momento, algumas (ou todas, se a empresa for menor) pessoas decidam-se pela prática dos crimes", reunindo elementos como a pluralidade de sujeitos (quatro ou mais), associados por algum tempo e vínculo estável, com a finalidade, embora parcial, de perpetrar um número indeterminado de crimes graves. Assim, analisam que "[d]eterminante não pode ser o *motivo originário da associação* – a prática de delitos – no sentido de que só se pudesse considerar uma [associação ou organização criminosa] aquela que se uniu, desde sua origem, para a prática de crimes. Nada impede que pessoas associadas para a prática de condutas lícitas tomem a decisão, em um determinado momento, de manter essa associação agora para fins criminosos, ou mesmo parcialmente criminosos." Por este motivo, causa-nos profunda preocupação o previsto no Código Penal Alemão (*Strafgesetzbuch*), demonstrando desproporcional tolerância com a criminalidade organizada empresarial, com acentuada complacência e desproporcional indulgência para com crimes que causam danos gravíssimos aos indivíduos e à sociedade, desde que as atividades criminosas representem "até 49,99% das atividades realizadas pela pessoa coletiva". Esta situação se torna ainda mais grave diante dos recentes dados divulgados pela Europol (2021, p. 18), mediante o *Report Serious Organised Crime 2021* (SOCTA/OCTA), em que a análise das investigações realizadas no âmbito de toda a UE permitiu verificar que 80% das organizações criminosas em atividade na Europa usam estruturas empresariais legais nos seus programas criminosos. O Código Penal Alemão estabelece: "[...] **§ 129. Fundação de associações criminosas.** (1) Quem fundar uma associação ou participar como membro em associação que tenha por objeto ou atividade a prática de infrações penais puníveis com pena de prisão máxima de dois anos ou superior é punido com pena de prisão até cinco anos ou pena pecuniária. Quem apoiar tal associação ou recrutar membros ou apoiadores

2.3. A Criminalidade Organizada Transnacional

A abertura dos mercados, o esmaecimento dos controles de fronteira e os avanços tecnológicos, entre outros fatores, viabilizaram e facilitaram a transnacionalização da criminalidade organizada, criando significativas dificuldades para a prevenção e a deteção das atividades ilegais e/ou criminosas, bem como para a respetiva persecução penal, denotando ainda o enorme potencial de adaptação das organizações criminosas, quer seja para aproveitarem as oportunidades de gigantescos novos mercados para serviços e mercadorias proibidos (sob tutela penal), quer seja para evitarem a ação estatal ou reduzirem os danos causados pelos órgãos de persecução penal.

Neste viés, o Secretariado das Nações Unidas (UN, 1990, p. 6-9) apresentou um estudo no VIII Congresso das NU sobre Prevenção de Crime e Tratamento dos Criminosos, em 1990, demonstrando um crescimento acelerado da criminalidade organizada transnacional, sob fatores como os avanços tecnológicos e dos meios de comunicação, o aumento exponencial das atividades económicas, comerciais, financeiras, de turismo e de transporte internacionais. Acrescentou que a criminalidade organizada utiliza regularmente empresas legítimas e as mais avançadas técnicas de gestão nos empreendimentos, com elevada eficiência e alta rentabilidade, utilizando apenas de modo eventual a violência e a intimidação, que atrai redobrada atenção das instituições de persecução penal. Repita-se, então, que a partir daquele momento, em 1990, a Organização das Nações Unidas deixou de considerar a criminalidade organizada como um dentre vários problemas da humanidade (como vinha sendo tratada desde o V Congresso das NU sobre Prevenção do Crime e Tratamento dos Delinquentes, realizado em 1975), passando a conceituá-la como um problema *estratégico, i. e.*, de elevada e decisiva relevância para a humanidade.

para a mesma é punido com pena de prisão até três anos ou pena pecuniária [...] (3) A alínea 1 não se aplica [...] 2. se a prática de infrações penais for apenas uma finalidade ou uma atuação de importância secundária [...]." (Tradução parcial de Decomain, 2014, p. 139-141, complementada por livre tradução nossa, do CP Alemão – StGB – atualizado até dezembro de 2021).

Por seu turno, a Convenção das Nações Unidas contra o Crime Organizado Transnacional – CNUCOT[159], estabelece a transnacionalidade do delito quando a infração:

a) for cometida em mais de um Estado;
b) for cometida num só Estado, mas uma parte substancial da sua preparação, planejamento, direção ou controle tenha lugar noutro Estado;
c) for num só Estado, mas envolva a participação de um grupo criminoso organizado que pratique atividades criminosas em mais de um Estado; ou
d) for cometida num só Estado, mas produza efeitos substanciais noutro Estado.

Este reconhecimento da transnacionalidade dos crimes e/ou danos causados pela criminalidade organizada, bem como a adoção de medidas de prevenção e repressão sob esta nova realidade pelos tratados e convenções internacionais é relevante porque, aperfeiçoando os seus sistemas em diversos aspetos, as organizações criminosas têm adotado redes transnacionais, difusas e voláteis, através de modelos dinâmicos e da utilização de paraísos fiscais e estruturas empresariais[160], tanto para facilitar o seu agir criminoso[161], quanto para dificultar a deteção das condutas criminosas, a descoberta das suas lideranças e associados, assim como a identificação, o congelamento e o confisco dos recursos financeiros e bens advindos das atividades criminosas.

Neste vértice, Tavares (2018, p. 13-14) pontua que a criminalidade organizada revelou-se plenamente capaz de se adaptar e de empregar a rapidez e o anonimato proporcionados pelos novos sistemas de comunicação e de

[159] Relembramos que a Convenção das Nações Unidas contra o Crime Organizado Transnacional – CNUCOT foi adotada pela Assembleia Geral da ONU em Nova Iorque, em 15 de novembro de 2000, com vigência na ordem internacional a partir de 29.09.2003.

[160] O *Office on Drugs and Crime* (UNODC, 2002, *passim*) das Nações Unidas, em relevante pesquisa, descreveu várias estruturas da criminalidade organizada, além das características mais importantes dos diferentes modelos de estruturação das organizações criminosas.

[161] Entretanto, alguns traços característicos da criminalidade organizada não sofreram mudanças, como o emprego da corrupção para viabilizar crimes, manter-se impune e salvaguardar os bens de origem ilícita, bem como manter ligações com as estruturas estatais, além de utilizar vários métodos (cada vez mais avançados) para o branqueamento de capitais.

transmissão de dados, aumentando também o seu alcance transnacional, inclusive realizando transações criminosas em nível internacional, com elevados lucros[162] e com pequeníssimo risco de identificação, além de utilizar as facilidades para criar e extinguir empresas em diversos Estados, movimentar recursos financeiros por meios eletrônicos e realizar o branqueamento de capitais.

Além disso, a internacionalização ou transnacionalização do crime organizado e das suas atividades delitivas, segundo Castells (2012, p. 202-206), caracteriza-se por alianças estratégicas entre as organizações criminosas de diversos países, num sistema de cooperação (em vez de conflitos entre elas), inclusive mediante sistemas de subcontratação e *joint ventures* entre as organizações criminosas, acompanhando a lógica do mercado formal, de empresas atuando em redes.

De facto, a diminuição dos controles de fronteiras e a liberalização da circulação de agentes económicos viabilizou, *v. g.*, que as organizações criminosas não apenas expandam as suas áreas de atuação delituosa, mas também cometam crimes em determinado(s) país(es), refugiem-se em outro(s) e mantenham ou façam circular os bens provenientes das práticas ilícitas em outro(s) Estado(s), o que também foi facilitado pelas amplas possibilidades de movimentar recursos financeiros operando equipamentos e sistemas de informação em qualquer local do globo terrestre.

É neste sentido que Bravo (2021, p. 28-30) comenta que a criminalidade económico-financeira, *v. g.*, não atua apenas no contexto global ou transnacional, podendo praticar condutas criminosas nos âmbitos local, nacional e regional também, embora as tecnologias da informação e instrumentos

[162] Alertam Cepik e Borba (2011, p. 398-399) que o crime organizado se desenvolve e se tranforma de modo contínuo, parecendo não encontrar limites diante da alta lucratividade e da cada vez maior sofisticação que atingem na gestão dos seus programas criminosos. Entretanto, ponderam que existem sim limites à atuação das organizações criminosas: "A despeito de seu apetite inesgotável por lucros extraordinários, o crime organizado invariavelmente está sujeito a uma *acomodação de forças com uma autoridade que lhe é superior*, da qual dependem sua sobrevivência e o sucesso dos negócios. Antes de ameaçar ou destruir a ordem estabelecida, o crime organizado estabelece com ela uma *relação parasitária e autointeressada*, recorrendo para isso à corrupção, ao consenso e à coerção. Ao invés de subtrair a soberania de um povo e de seu governo, a criminalidade organizada atua como um *interesse corporativo privado*, que busca obter certos favores da máquina estatal, ainda que por meios ilegítimos." (Grifos nossos).

digitais proporcionem uma inequívoca desterritorialização, superando o paradigma económico-financeiro dos Estados-Nação.

Diante desses e de outros fatores, Zuñiga Rodriguez (2016a, p. 64-66) comenta que a vigência da legislação penal do Estado Nacional (transmitindo uma ilusória sensação de segurança) compõe só um "muro simbólico", aquietando a ansiedade por segurança dos cidadãos, apenas mantendo o mito do Estado como detentor do monopólio da lei no seu respetivo território, pois a criminalidade realmente organizada, que constitui uma das mais severas ameaças à sociedade no momento atual, adotou novos modos de agir e de gerenciar suas atividades, em especial através de estruturação transnacional.

Reconhece também Anabela M. Rodrigues (2019, p. 39) que a política criminal e o Direito Penal (*lato sensu*) estão em evidente processo de "desnacionalização", pois os Estados não conseguem promover adequadas deteção, prevenção e repressão à criminalidade organizada transnacional se atuarem de maneira isolada. Comenta, ainda, que esses sistemas internacionais que almejam aprimorar a cooperação policial e judiciária para prevenir e reprimir as organizações criminosas devem dar prioridade à harmonização dos ordenamentos jurídicos e respeitar os limites traçados pelos direitos fundamentais e pelos demais direitos e garantias penais, processuais penais e de execução penal de suspeitos, arguidos e presos, sem agir de forma inconstitucional ou ilegítima[163] no afã de proporcionar segurança.

Trata-se de um cenário complexo, portanto, em que diversas características das organizações criminosas e das suas atividades criminosas (e respetivos

[163] Neste rumo, Anabela M. Rodrigues (2019, p. 39-46) desaprova alguns dispositivos estabelecidos pela União Europeia, em especial quanto ao princípio do reconhecimento mútuo de decisões judiciárias na seara criminal, em que foi abolido o controle de dupla incriminação, o qual exigia que a conduta fosse considerada criminosa no Estado que expedisse o mandado de detenção e no Estado que fosse responsável por executar o mandado. Por outro lado, celebra outras iniciativas da União Europeia que objetivam proporcionar direitos mínimos e assegurar garantias a suspeitos e arguidos no processo penal, *v. g.*, a Resolução do Conselho, de 30 de novembro de 2009, que estabeleceu um plano para reforçar os direitos de suspeitos e de acusados no processo penal. Devem ser ressaltados também dispositivos que promovem a proteção e a diminuição dos prejuízos às vítimas de delitos, como a Decisão-Quadro do Conselho 2001/220/JAI, de 15 de março de 2001, relativa ao estatuto da vítima em processo penal, substituída pela Diretiva 2012/29/UE, do Parlamento Europeu e do Conselho, de 25 de outubro de 2012, a qual estabeleceu normas mínimas referentes aos direitos, ao apoio e à proteção das vítimas da criminalidade.

danos aos indivíduos e às comunidades) não se restringem mais aos limites geográficos, políticos, normativos, sociais e económicos de um país apenas, exigindo que também os Estados (e a sociedade) se reorganizem para proporcionarem às pessoas uma convivência pacífica, com liberdade, segurança e justiça, negando às organizações criminosas "refúgios seguros" para praticarem suas atividades criminosas e ocultarem os produtos do programa criminoso.

Considerações capitulares

A globalização, com as respetivas trocas económicas e culturais que viabiliza desde tempo remotos, proporcionou muitas vantagens às sociedades envolvidas, como o conhecimento de novas tecnologias e métodos até então desconhecidos em algumas regiões do planeta (*v. g.*, a matemática, a tipografia, a pólvora, a bússola etc.).

Nas últimas décadas, a globalização resultou num aumento exponencial da circulação de agentes económicos a nível mundial (como mercadorias, serviços, tecnologias, recursos financeiros, entre outros) e de pessoas (lazer, negócios, estudo, turismo etc.), potencializada por fatores como os avanços tecnológicos (que proporcionaram comunicações, movimentações financeiras e transportes muito mais velozes e baratos) e a permeabilização ou extinção de muitos controles fronteiriços.

Este desenvolvimento plurilocalizado e o aumento das interações sociais em tempo real das mais diversas áreas (sociais, educacionais, científicas, profissionais, tecnológicas e outras), desenvolvendo redes de capital, de setores (económicos, tecnológicos, científicos, de informação, de trabalho, culturais e outros), trouxe diversas vantagens para a humanidade, inclusive na propagação de uma certa consciência internacional quanto ao significado e alcance dos direitos humanos.

Entretanto, são lentos os avanços da comunidade internacional na intervenção humanitária, na redução da pobreza extrema e da fome, na preservação do meio ambiente, no tratamento de lixo tóxico ou radioativo e, inclusive, na necessidade de conectar também os indivíduos mais pobres e os países subdesenvolvidos a esta *cidadania global*, pois estes parecem receber apenas os reflexos negativos decorrentes da globalização, visto que são os mais vulneráveis, *v.g.*, às alterações climáticas, suportando os ônus (fome, desemprego, violência, moradia, alimentos e atendimento de saúde básicos) sem receber quaisquer bônus da globalização económica e do aumento exponencial da produção de bens e riquezas.

Estas metamorfoses motivadas pela globalização também provocaram ou viabilizaram, de modo direto ou indireto, uma série de reflexos negativos, entre os quais se destacam a redução do poder dos Estados (enquanto entes de promoção e proteção de direitos humanos, vinculados em bases democráticas), a diminuição da sua capacidade económica e das funções tributária e reguladora/fiscalizadora das atividades socioeconómicas, a redução ou desaparecimento dos controles fronteiriços (permeabilizados pela globalização económica), além da limitação representada por normas e instituições de persecução penal com alcance nacional num cenário globalizado, viabilizando a expansão da criminalidade organizada (violenta e não violenta, nacional e transnacional).

Ademais, a criminalidade organizada também se beneficiou dos avanços tecnológicos e das amplas possibilidades de anonimato e de celeridade que viabilizam, além de ter alcançado enormes mercados (globais) que surgiram para bens e serviços ilegais ou até mesmo lícitos, quando aproveitadas as lacunas legais entre as diferentes ordens jurídicas para a prática de condutas com extrema lesividade para os bens jurídicos essenciais de uma sociedade.

Além disso, as organizações criminosas adotaram sistemas gerenciais avançados, formas empresariais com aparência de legalidade e em rede, com grande capacidade de adaptação: ao entorno operacional (diante da maior flexibilidade e da elevada autonomia dos nós dessas estruturas em rede, menos hierarquizadas e mais horizontalizadas); às oportunidades e mercados que surgem; e aos métodos de deteção e repressão dos órgãos estatais de persecução criminal.

Estas características, entre outras, representaram um grande aumento na dificuldade de detetar as atividades ou programas criminosos destas organizações criminosas, diante da complexidade destas estruturas (plurilocalizadas e contendo múltiplos níveis), da difícil comprovação da origem criminosa dos capitais e da ilicitude das suas movimentações financeiras, e da relativa segurança e dinâmica complexa que as redes criminosas proporcionaram.

Estes obstáculos se tornaram ainda maiores para a interrupção do programa criminoso, comprovação das condutas criminosas perante o Poder Judiciário e desarticulação destas organizações.

Estas estruturas e programas criminosos estabelecidos mediante sistemas empresariais conectados em rede exigem uma mudança na perspetiva e nos métodos de deteção e investigação deste fenómeno criminológico, pois a postura (clássica) *reativa*, em que se busca reconstituir historicamente um crime (mediante uma investigação dedutiva, com base em indícios e sinais do passado, de caráter *retrospetivo*), a toda evidência é ineficaz para prevenir e reprimir esta nova criminalidade, embora possa ser utilizado na investigação da criminalidade comum.

Deve ser adotado, portanto, um novo paradigma metodológico investigativo (e repressivo), conformado na necessidade de conhecimento das atividades criminosas dessas organizações em tempo real, inclusive mediante uma visão *prospetiva*, com proatividade e produção de conhecimento novo, em especial mediante pesquisa e inteligência policial, visando interromper o programa criminoso e promover a responsabilização dos criminosos (na medida das respetivas condutas criminosas) antes que cause danos vastos e irreparáveis.

De facto, quanto mais retardada for a deteção da organização criminosa e das suas atividades delitivas, mais arraigada e infiltrada ela estará nas estruturas sociais, políticas e económicas, tornando na mesma proporção mais difícil interromper o respetivo programa criminoso e promover a adequada repressão penal da organização, além da exponencial e gradativa ampliação da capacidade de causar danos a bens jurídicos essenciais mediante o passar do tempo.

Contudo, reiteramos que todas as decisões e as ações dos poderes públicos de um Estado de direito material social democrático devem fiel e imprescindível obediência ao *princípio da constitucionalidade* e ao *princípio da legalidade* na persecução criminal, sobretudo a dignidade humana, inclusive quando os órgãos de persecução estatal atuarem na prevenção e na repressão penal à criminalidade organizada. Nesta senda, as medidas de investigação e/ou obtenção de prova que causam enorme intrusão nos direitos, liberdades e garantias fundamentais pessoais, em especial aquelas previstas para a prevenção e a repressão da criminalidade organizada, devem ser utilizadas em casos excecionalíssimos, bem como todas as demais ações dos operadores judiciários (Polícia, Ministério Público e Poder Judicial) devem observar o *princípio da superioridade ética do Estado*[164].

Acrescente-se que a tendência de uma organização criminosa, inclusive, é dominar um setor da economia e/ou uma região específica, dada a grande disponibilidade financeira proporcionada pelas demais atividades (criminosas, de natureza violenta ou não violenta), os métodos de corrupção que utiliza com regularidade e a possibilidade de, sobretudo quando se tratar de uma organização criminosa violenta, utilizar a intimidação física, características estas que causam um desvirtuamento e a erosão dos princípios basilares da economia, da política, da ética, da democracia, da solidariedade e dos demais valores essenciais para o desenvolvimento de uma sociedade e para a promoção de uma vida digna a todos.

Por outro lado, verifica-se que a própria definição do que vem a ser uma organização criminosa e a criação de uma tipificação penal adequada é uma árdua tarefa, diante de tantas definições e critérios utilizados, *v. g.*, entre os Estados-Membros da União Europeia, apesar de muitos esforços expendidos com este objetivo a partir da década de 1990 e, em especial, a partir de 2000, quando a criminalidade organizada passou a ser considerada um problema estratégico pela UE.

Estas dificuldades em definir uma organização criminosa e tipificar a conduta de participar de uma destas se deve, entre outros fatores, à multiplicidade de facetas e nuances que este fenómeno criminológico tem demonstrado, acrescidas às metamorfoses que vêm realizando ao longo do tempo, com os fins de maximizar os lucros e diminuir os riscos, em especial através da utilização de pessoas coletivas em seus programas criminosos, para darem maior aparência de legalidade às suas atividades, branquearem ativos financeiros, influenciarem através de diferentes meios a política, a opinião pública, a administração pública e os sistemas policial e judicial, além da própria economia.

[164] Como sustenta Valente (2020c, p. 754-755), além de respeitarem o *princípio da constitucionalidade* e o *princípio da legalidade*, entre outros, também é necessário que os órgãos de persecução penal estatal atendam ao *princípio da superioridade ética do Estado*, o qual está intimamente interligado com os dois precitados princípios e constitui "fundamento, fim e limite da persecução penal, e princípio e axioma regentes do *ser* e do *dever-ser* dos operadores judiciários", princípio este também integrado por sua conexão com os princípios da boa fé, da igualdade (e universalidade), da imparcialidade e da prossecução do interesse público (legítimo e legalmente protegido).

E a utilização da pessoa coletiva e/ou da empresa por grupos de criminosos organizados remonta às primeiras civilizações, em que os estabelecimentos eram utilizados para esconder ou vender mercadorias e outros produtos dos crimes praticados, refugiar criminosos procurados, armazenar e transportar armas e bens proibidos, entre outras atividades ilícitas, além de instrumento para legitimar o acúmulo de riquezas e as relações com autoridades do poder público, de setores económicos e de instituições sociais.

Na atualidade, os empreendimentos empresariais são usados mediante tramas e sistemas muito mais sofisticados pelas organizações criminosas, quer sejam como instrumentos para os respetivos programas criminosos (método mais utilizado pelas organizações criminosas violentas), quer sejam como centros ético-sociais para a prática de crimes graves (característicos das organizações criminosas não violentas)[165].

E os danos causados pela criminalidade organizada e as respetivas atividades delitivas atingiram uma escala que ultrapassa os limites territoriais, políticos, normativos, sociais e económicos dos Estados, atingindo as mais diversas regiões, comunidades e indivíduos do planeta, inclusive mediante alianças estratégicas entre organizações de diversos países, viabilizando que atividades criminosas sejam realizadas num Estado, os criminosos se refugiem em outro Estado e os produtos do programa criminoso, após circularem em diferentes países, sejam aplicados em atividades económicas lícitas em outros Estados, numa evidente desterritorialização.

Assim, em face dos vastos e plurilocalizados prejuízos decorrentes das atividades da criminalidade organizada nacional e transnacional (violenta ou não violenta), este debate deve ser aprofundado por toda a sociedade e medidas equilibradas, lastreadas na liberdade, na segurança e na justiça, conformadas com os direitos humanos e demais valores constitucionais, devem

[165] É importante reiterar que o Relatório sobre o Crime Organizado e Grave (SOCTA/OCTA) que há na União Europeia (EUROPOL, 2021, p. 18-21) destacou a influência corruptora provocada pela infiltração das organizações criminosas na economia e na sociedade, enfraquecendo-as, pois o "uso da corrupção e o abuso de estruturas legais de negócios são características essenciais do crime organizado e grave na Europa; [...] Dois terços dos criminosos usam a corrupção regularmente; [...] Mais de 80% das redes criminosas usam estruturas comerciais legais."

ser adotadas[166]. Estas prevenção e repressão a estes crimes, inclusive aqueles que ameaçam a segurança e a paz transnacionais, devem se subordinar a uma ordem jurídica material, válida e legítima, sob as dimensões nacional, supranacional e internacional, a depender do caso concreto, mas negando às organizações criminosas refúgios e/ou "paraísos" seguros para a prática de crimes, ocultação ou aplicação dos produtos das atividades delitivas ou guarida para os líderes e demais membros das organizações criminosas.

Estas medidas, por outro lado, não podem ser lastreadas no medo e no pânico que discursos eleitoreiros e mídias de massa procuram transmitir ou incutir, pois são descompromissados com a ética e com os valores essenciais da sociedade, buscando apenas lucro financeiro ou eleitoral[167], promovendo uma sensação de insegurança cognitiva (subjetiva) desconectada da realidade, da insegurança concreta, real (objetiva), alcançada mediante dados científicos analisados por especialistas.

[166] Como alerta Jorge Miranda (2012, p. 491-492), os atos jurídico-constitucionais (enquanto atos de governo) têm como características expressas na Constituição portuguesa: validade dependente de conformidade com a Constituição, consoante o art. 3.º da CRP; encontram-se vinculados ao respeito aos direitos, liberdades e garantias, os quais ostentam aplicação imediata (art. 18.º, n.º 1); a responsabilidade civil do Estado quando são violados os direitos, liberdades e garantias (art. 22.º); os titulares das instituições de onde emanam os atos devem responder politicamente e, conforme a legislação, criminal e civilmente, pela sua prática (art. 117.º, n.º 1). Para exemplificar, comenta que "o Governo não deve negociar, a Assembleia da República não deve aprovar e o Presidente da República não deve ratificar" um tratado que ofenda os direitos humanos.

[167] Por outro lado, não são apenas algumas empresas da mídia que buscam aumentar a audiência através de reiteradas transmissões de crimes violentos de forma sensacionalista e, com isto, negociar seus espaços publicitários por valores maiores, chegando a ponto de entrevistar pseudoespecialistas ou "palpiteiros" que semeam o medo através de manifestações que não estão fundamentadas em qualquer pesquisa idônea ou dados credíveis. Do mesmo modo, os exemplos de pessoas e instituições que incutem o pânico na população para obterem vantagens para si mesmos ou para seus grupos articulados não se encerram nos fins eleitoreiros. Basta pensar nas empresas que produzem armas e naquelas que vendem armas e munições, treinamentos e outros produtos e serviços nesta área, e também nas empresas de segurança privada, que podem ampliar em larga margem a sua carteira de clientes, a depender da sensação de insegurança (subjetiva) das pessoas, e não da insegurança objetiva, baseada em pesquisas e dados científicos reais, em especial dados referentes à violência obtidos dos órgãos estatais de persecução penal e institutos voltados a este fim, analisados por especialistas de diversas áreas, sobretudo criminólogos.

De facto, as medidas a serem adotadas devem ser baseadas em estudos e dados reais referentes a este fenómeno criminológico, promovendo uma política criminal de longo prazo e uma segurança pública estratégica, que não vise tão só a segurança, mas também a liberdade e a justiça, em equilíbrio[168], com a consciência de que o crime e o risco existem desde as primeiras civilizações, e jamais serão erradicados, mas devem ser controlados, de maneira tal que também não possam nos subjugar e/ou dominar. Em outras palavras, deve-se abandonar o discurso radical e contraproducente que se resume entre os favoráveis e os contrários às políticas securitárias, entre o garantismo e o securitarismo.

Acrescente-se que a Política Criminal jamais será eficaz sem uma atuação sincronizada com as demais políticas e programas estatais, rumo à solução de problemas estruturais, porque causaria uma substituição do Estado Social (aí incluídos a assistência social, o emprego, a saúde, a educação etc.) pelo Estado Prisional, insustentável a médio e longo prazos.

Esta Política Criminal, com foco nos mais importantes bens jurídicos da comunidade ocidental, entre os quais se destacam os direitos humanos[169],

[168] Lembra Dezan (2019, p. 174-177) que para atingir este equilíbrio, não há de prevalecer uma conceção ou posição sobre a outra, de forma desmesurada ou incontida, quer seja o vetor punitivo sobre o vetor defensivo, quer sejam as linhas de persecução dos interesses públicos sobre as linhas de garantias dos acusados e/ou investigados, assim também inversamente recíprocos, pois satisfazer uma única direção, em regra, provocará arbitrariedades [inconstitucionais], inviabilizando a concreção da maior parcela possível de cada um dos direitos fundamentais envolvidos em eventual conflito.

[169] Conforme lembra Machado (2019a, p. 170-175), no art. 7.º da CRP o constituinte português se manifesta de forma clara quanto aos princípios que irão reger suas relações internacionais, citando entre eles os "princípios da independência nacional, do respeito dos direitos do homem, dos direitos dos povos, da igualdade entre os Estados, da solução pacífica dos conflitos internacionais, da não ingerência nos assuntos internos dos outros Estados e da cooperação com todos os outros povos para a emancipação e o progresso da humanidade", demonstrando a amizade para com o Direito Internacional, pois são os pilares fundamentais da ordem jurídica internacional e marcam a continuidade material entre o Direito Interno e o Direito Internacional. Sustenta então que resta demonstrado um evidente caráter monista (que interpreta o Direito Internacional e o Direito interno como um sistema jurídico único) quanto aos valores e princípios, inclusive apontando uma tendência de primazia do Direito Internacional em relação ao Direito Interno quanto a esses princípios, sobretudo quanto aos direitos fundamentais, conforme consta no art. 16.º da CRP, estabelecendo que os direitos fundamentais consagrados na Constituição não excluem outros que constam em leis ou regras de Direito Internacional e na Declaração Universal dos Direitos do Homem.

deve proporcionar uma vida digna e pacífica, que permita uma convivência com liberdade, justiça e segurança, diminuindo os riscos e prevenindo, na medida do possível, os elevados danos que têm vitimado a sociedade, em especial aqueles praticados por organizações criminosas.

E para esta finalidade, os indivíduos, a sociedade, o Direito Penal, as políticas públicas e até a comunidade acadêmica não podem continuar ignorando (ou bagatelizando) os vastos danos causados pela criminalidade empresarial, em especial aquela conformada em organizações criminosas (violentas e não violentas), de modo que lesões de centenas de milhões (ou de vários milhares de milhões de euros) não passem mais despercebidos devido ao simples facto de suas vítimas serem, em regra, difusas (*crimes whitout victims*).

Diante das seríssimas lesões causadas por esta criminalidade organizada empresarial, que atingem de forma direta ou indireta os bens jurídicos fundamenais e o tecido social, o desenvolvimento económico e a própria democracia, mediante fraudes bilionárias contra a Fazenda ou contra a seguridade social, contra os sócios ou investidores nos mercados económico e financeiro, através de atos de corrupção ou de lavagem de capitais, a consciencialização da gravidade destas condutas (pelos cidadãos, pelos legisladores e pelos juízes) deve permitir avanços equilibrados na legislação e na aplicação da lei.

Desta maneira, visa-se evitar que estes crimes permaneçam impunes e estimulando sua prática reiterada, consolidando um sistema penal desigual, em que uma parcela é severa e dirigida contra a criminalidade de rua, de subsistência (ou contra imigrantes e outras espécies de intolerância manipulada), enquanto a outra parcela é complacente e generosa, voltada para as pessoas e organizações de alto *status* político ou económico, na maioria das vezes beneficiada pelas lacunas do ordenamento jurídico ou por uma complacente, ilegal e ilegítima interpretação do Direito Penal e/ou Processual Penal.

CAPÍTULO 3
DA REPRESSÃO À CRIMINALIDADE ORGANIZADA NO PLANO INTERNACIONAL

Neste período de instabilidade, complexidade e incerteza, os Estados nacionais aparentam estar numa fase de transição, tentando compreender o seu papel perante os seus cidadãos e também diante da comunidade internacional. Acrescente-se que, diante dos desafios e ameaças do cenário globalizado e da crise de legitimidade pela qual passa o Estado, este está voltando especial atenção à política de segurança (mesmo em países com baixos níveis de delinquência), em especial através de organismos intergovernamentais de alcance supra ou internacional.

De facto, tendo em vista que a criminalidade organizada transnacional representa um dos maiores desafios impostos aos Estados e à comunidade internacional neste momento histórico, diversas medidas têm sido adotadas para enfrentar este fenómeno em processo de expansão.

No mundo globalizado, que na atualidade não tem os controles de fronteiras e a segurança (embora relativa) do Estado nacional, as normas penais e a sua vigência no respetivo território parecem representar o último reduto de poder dos Estados, embora se trate de um "poder" muito atenuado[170]

[170] Estima Vogel (2008, p. 162) que dois terços da legislação penal dos Estados nacionais da União Europeia, nas últimas décadas, são baseados em instrumentos supranacionais (da União Europeia) ou internacionais.

diante da quantidade de normas penais que são definidas em organismos supranacionais ou internacionais (inclusive em organismos privados), numa constante tensão entre os valores e interesses nacionais e a busca de harmonização (ou assimilação), com o estabelecimento de *standards* (padrões mínimos) a nível supra ou internacional.

3.1. A Necessidade de Cooperação e os Organismos Internacionais

A sociedade contemporânea (ou tardo-moderna) caracteriza-se pela globalização económica, social, política e cultural, além de uma estruturação em rede destes e de outros setores da sociedade. Entretanto, não são apenas esses processos que se tornaram globalizados, pois também a criminalidade organizada se tornou transnacional, utilizando os mesmos avanços estruturais proporcionados às demais pessoas e instituições que realizam atividades lícitas.

Esta criminalidade organizada transnacional tem se expandido num mercado económico globalizado em que novas oportunidades e demandas[171] surgem a cada momento, facilitados não apenas pelos avanços na área de tecnologia da informação, transportes, fluxos de capital, de trabalhadores, turistas e outros, mas também pelo esmaecimento dos controles fronteiriços e da baixa capacidade dos Estados nacionais de imporem suas normas num cenário em que as relações também se tornaram transnacionais.

Deste modo, até mesmo o conceito de território, como expressão de soberania nacional, tem se modificado, pois muitas organizações criminosas não se limitam às fronteiras de determinado Estado e, como pontua Triunfante (2019, p. 15-16), alastram suas atividades criminosas com tal velocidade e alcance, que obrigam os órgãos de persecução penal a adotarem linhas de

[171] Relata Zuñiga Rodriguez (2018b, p. 368), lastreada em relatórios e estudos internacionais sobre a criminalidade organizada, que tem aumentado muito a proporção de organizações criminosas transnacionais que realizam mais de uma atividade criminosa para mitigar os riscos, reduzir os custos operacionais e aumentar as margens de lucro e outras vantagens, somando-se ao fato de que uma grande proporção dessas organizações criminosas possui alta flexibilidade e capacidade de migrar de uma atividade criminosa para outra ou então acrescentar mais uma prática criminosa ao programa criminoso da organização, a depender de fatores como a demanda, a lucratividade ou a repressão penal pelos órgãos estatais.

pensamento e de procedimento muito diferentes daquelas que eram utilizadas até há pouco tempo.

Em palestra proferida na Albert-Ludwigs-Universität em Freiburg im Breisgau (Alemanha), em 14 de junho de 1954, já alertava Jescheck (2006, p. 11-47) que o direito comparado havia apresentado grandes realizações e ainda continuaria a realizar novas e relevantes tarefas, em especial na relação de assistência jurídica interestatal e internacional, envolvendo tanto tratados bilaterais quanto múltiplas convenções na seara penal[172], citando diversos estudos, *v. g.*, sobre a extradição, sobre o tratamento de presos e sobre os princípios de proteção das testemunhas e do acusados em processo criminal. Acrescentou que muitos acordos internacionais no âmbito penal só se tornam viáveis por meio do estudo jurídico-comparado, inclusive através de pesquisas criminológicas e estatísticas, porque muitos crimes e modalidades criminosas, devido à respetiva natureza, ultrapassam os limites territoriais de determinado país e, na sua maior parte, "não são praticados por indivíduos, mas por organizações criminosas internacionais."

Diante destes fatores, na mesma oportunidade, em 1954, comentou Jescheck (2006, p. 11-47) que os Estados têm reconhecido que a prevenção e repressão a estes "crimes mundiais" só podem ser realizados de facto se esta se tornar "uma tarefa cultural conjunta", e que as mais importantes Convenções Internacionais têm estabelecido tipos penais comuns, a obrigatoriedade da persecução penal e o respetivo dever de extraditar, fortalecendo o princípio da universalidade, ajustando deveres de informação e organizando centros de estudos criminológicos.

De facto, com a globalização surgiram novas ameaças que ameaçam a humanidade e constituem os desafios mais relevantes para a Política Criminal

[172] Conforme deixou claro em sua palestra em 1954, Jescheck (2006, p. 39-46) já percebia a grande relevância do Direito Comparado Penal, dos tratados bilaterais e das convenções em matéria penal, em especial diante de crimes de alcance mundial cometidos não por infratores de modo individual, mas por organizações criminosas internacionais. Sustentava e mantinha esta posição apesar do Direito Penal Comparado não parecer tão útil quanto o Direito Comparado Civil, Comercial ou Público, que sempre estiveram um passo à frente e com concreta utilidade diante do entrelaçamento universal entre economia e circulação, entre acordos comerciais e políticos entre diferentes países, tanto no estabelecimento de sociedades comerciais e industriais internacionais, quanto nas organizações supranacionais ou internacionais que vão se tornando cada vez mais condensadas.

atual, analisa Zuñiga Rodriguez (2018d, p. 88), abordando a criminalidade organizada[173], a criminalidade empresarial, a corrupção e o terrorismo, os quais obrigaram a comunidade internacional a repensar conceitos como aqueles relativos à territorialidade da lei penal. Sustenta que estes fenómenos criminológicos costumam ser interconectados, desenvolvem-se em contextos de organizações, pessoas jurídicas e/ou redes, de maneira flexível e em conjunturas normalizadas, vinculando territórios e ordenamentos jurídicos diversos.

Neste rumo, a globalização e a integração socioeconómica em curso fazem com que o Direito Penal, que era até há pouco tempo o último bastião de soberania nacional, enfrente problemas transnacionais, como pondera Silva Sánchez (1998, p. 69-75). Anota que os ordenamentos jurídicos dos países possuem mais divergências do que similitudes, tornando necessárias algumas (difíceis) mudanças práticas que exigem árduo trabalho e coordenação entre os Estados, viabilizando uma resposta uniforme contra a criminalidade organizada[174] ou, ao menos, harmonizada, evitando que esta possa utilizar "paraísos jurídico-penais" que permitiriam, *v. g.*, a impunidade dos principais responsáveis e/ou líderes das organizações criminosas e a ocultação dos produtos do programa delitivo.

[173] Afirma Castells (1997, *passim*), quanto ao crime organizado global: "A globalização do crime organizado tornou obsoleta uma polícia ainda ancorada nos Estados nacionais, dados os limites da eficácia da Interpol, uma burocracia da informação sem capacidade de decisão. As redes multinacionais do crime permitem que seus membros operem em áreas relativamente protegidas da repressão (Rússia, Colômbia, sul da Itália, Aruba, Bahamas), ou do controle financeiro (Panamá, Venezuela, Ilhas Cayman, Vanuatu, Hong Kong, mas também, por um tempo, Luxemburgo – lembre-se do escândalo do banco BCCI). A partir dessas plataformas, que se deslocam quando se tornam menos seguras, as redes criminosas se posicionam nos mercados mais solventes para qualquer tipo de bem ou serviço." (Livre tradução nossa).

[174] Vejam-se, a este respeito, as análises realizadas por Aguado-Correa (2022, p. 152-157), sobre a necessidade de revisar e atualizar as disposições que, na atualidade, estão contidas na Decisão-Quadro do Conselho 2008/841/JAI, de 24 de outubro de 2008, relativa à luta contra a criminalidade organizada, que embora tenha realizado uma aproximação inicial para a conceituação de uma organização criminosa no âmbito da UE, não alcançou sua principal finalidade, de harmonizar (ao menos num grau mínimo) a definição dos crimes relativos à participação numa organização criminosa. Lembra-se que a Comissão Europeia iniciou estudos para desenvolver formas de aperfeiçoar a legislação atual sobre a prevenção e repressão das organizações criminosas, em especial através da Comunicação da Comissão ao Parlamento Europeu, ao Conselho, ao Comité Económico a Social Europeu e ao Comité das Regiões sobre a estratégia da UE para lutar contra a criminalidade organizada (2021-2025), adotada em Bruxelas, em 14.4.2021 COM(2021) 170 final.

Nesta linha de raciocínio, a cooperação judiciária internacional em matéria penal torna-se indispensável e, como um ramo do direito em franca expansão, faz com que os Estados e suas lideranças, de modo constante, tenham de sopesar e buscar equilíbrio entre a manutenção da soberania nacional e a necessidade de cooperação internacional, diante de desafios como a criminalidade organizada transnacional[175].

Nesta senda, reconhece Silva Sánchez (1998, p. 69-72) as enormes dificuldades nesta busca por uma maior homogeneidade da legislação penal, que não é garantida pela harmonização ou pela assimilação, pois permanecem acontecendo debates sobre os "déficits democráticos" das instituições do processo de integração supranacional e internacional.

Por outro lado, Vital Moreira (2012, p. 508-509) pondera que a significativa introdução de princípios (expressos) sobre a democracia da União (TUE, arts. 9.º ao 12.º) representou um evidente avanço na legitimação democrática da União Europeia, corrigindo em grande parte o anterior défice democrático que, desde o início, era infligido à integração europeia. Ressalta que este défice democrático era impingido também a nível nacional, diante da falta de participação dos parlamentos nacionais na política dos governos que, por meio do Conselho (formado pelos Chefes de Estado), dominavam a competência política e legislativa da Comunidade nas primeiras fases da integração na Europa. Anota, então, que mudanças constitucionais e de legislação a nível nacional foram realizando correções e superando este défice democrático, que deve continuar sendo tratado agora a nível da União Europeia[176],

175 Para Zuñiga Rodriguez (2017a, p. 198-199), está absolutamente claro que os instrumentos jurídicos disponíveis não estão sendo capazes de prevenir a criminalidade organizada e a criminalidade económica que "açoitam" as sociedades contemporâneas, quer sejam países desenvolvidos, quer sejam emergentes, falidos, pobres etc. Pontua que as diversas formas de criminalidade organizada colaboram entre si e estabelecem sinergias aproveitando os avanços da era da informação, que ampliam o alcance (e a lucratividade) dessas organizações criminosas e causam severos danos à economia em escala mundial, com enormes custos sociais (tanto diretos quanto indiretos), trazendo consigo insegurança, maiores índices de corrupção e de violência, pobreza e outros males desta natureza.

176 Em análise sobre este assunto, Vital Moreira (2012, p. 509-510) celebra que, salvo em alguns casos em que é adotado um regime legislativo especial, a partir da entrada em vigor do Tratado de Lisboa (TFUE, vigorando a partir de 01 de dezembro de 2009) toda a legislação da União passou a utilizar o procedimento legislativo ordinário, pressupondo ser aprovada pelo Parlamento Europeu e pelo Conselho, sendo que antes o Parlamento tinha apenas função

dados os incipientes poderes do Parlamento Europeu até a entrada em vigor do Tratado de Lisboa que, de modo acertado, alargou suas competências nos planos legislativo, orçamental e de controle político, bem como na aprovação de convenções internacionais.

Sob outro prisma, deve-se reconhecer que a Cooperação Judiciária Internacional em Matéria Penal se tornou um ramo do direito, analisa Triunfante (2019, p. 16-17), de caráter *universal*, sob fenómenos "como a globalização e a criminalidade internacional e transfronteiriça", provocando uma evolução contínua nas práticas policiais, forenses e jurisprudenciais referentes a este ramo, diante da obrigação de acompanhar a velocidade desta sociedade tardo-moderna acelerada. Acrescenta que este ramo do direito também se caracteriza pela *autonomia conceptual e prática*, decorrente de uma sólida base de conceitos, princípios e regras, marcada pelos recentes avanços do Direito Penal Internacional e influenciando as relações internacionais de modo contundente.

No entanto, apesar da citada autonomia conceptual e prática, Triunfante (2019, p. 16) reconhece que a cooperação internacional se relaciona com diversas outras searas jurídicas, como o Direito Internacional Público, o Direito Constitucional (em especial quanto aos direitos fundamentais), o Direito Penal (nacional e internacional), o Direito Processual Penal, o Direito Penitenciário, o Direito Administrativo e do Procedimento Administrativo. Podem-se incluir, ainda, o Direito Civil e Processual Civil, bem como o Direito Comercial, naqueles casos em que se trata, *v. g.*, de congelamento e de confisco de bens de origem criminosa, ou mesmo de responsabilização penal de pessoas coletivas[177] e entidades equiparadas, com sanções penais principais e acessórias, como aquelas previstas no Código Penal Português, em que se destacam:

consultiva em muitas searas. Por outro lado, o Parlamento Europeu ainda não controla os poderes de execução da Comissão (controle este de competência dos Estados-Membros), nem possui instrumentos para controle dos poderes executivos e políticos do Conselho, os quais são controlados apenas de modo indireto pelos parlamentos dos Estados quanto aos respectivos governos.

[177] O CP de Portugal estabelece: "CAPÍTULO VI – **Pessoas colectivas. Artigo 90.º-A Penas aplicáveis e determinação da pena.** 1 – Pelos crimes previstos no n.º 2 do artigo 11.º, são aplicáveis às pessoas colectivas e entidades equiparadas as penas principais de multa ou de dissolução. 2 – Pelos mesmos crimes e pelos previstos em legislação especial podem ser aplicadas às pessoas coletivas e entidades equiparadas as seguintes penas acessórias: *a)* Injunção

a) a execução do patrimônio da pessoa coletiva ou equiparada para pagamento da multa (art. 90.º-B, n.º 6)[178];

b) a dissolução (art. 90.º-F)[179];

judiciária; *b)* Interdição do exercício de actividade; *c)* Proibição de celebrar certos contratos ou contratos com determinadas entidades; *d)* Privação do direito a subsídios, subvenções ou incentivos; *e)* Encerramento de estabelecimento; *f)* Publicidade da decisão condenatória. 3 – Pelos mesmos crimes e pelos previstos em legislação especial podem ser aplicadas às pessoas coletivas e entidades equiparadas, em alternativa à pena de multa, as seguintes penas de substituição: *a)* Admoestação; *b)* Caução de boa conduta; *c)* Vigilância judiciária. 4 – O tribunal atenua especialmente a pena, nos termos do artigo 73.º e para além dos casos expressamente previstos na lei, de acordo com o disposto no artigo 72.º, considerando também a circunstância de a pessoa coletiva ou entidade equiparada ter adotado e implementado, antes da prática do crime, programa de cumprimento normativo adequado a prevenir a prática do crime ou de crimes da mesma espécie. 5 – O tribunal aplica uma pena acessória juntamente com a pena principal ou de substituição, sempre que tal se revele adequado e necessário para a realização das finalidades da punição, nomeadamente por a pessoa coletiva não ter ainda adotado e implementado programa de cumprimento normativo adequado a prevenir a prática do crime ou de crimes da mesma espécie. 6 – O tribunal substitui a pena de multa por pena alternativa que realize de forma adequada e suficiente as finalidades da punição, considerando, nomeadamente, a adoção ou implementação por parte da pessoa coletiva ou entidade equiparada de programa de cumprimento normativo adequado a prevenir a prática do crime ou de crimes da mesma espécie." (Grifos no original).

[178] Consta no CP: "**Artigo 90.º-B. Pena de multa**. 1 – Os limites mínimo e máximo da pena de multa aplicável às pessoas colectivas e entidades equiparadas são determinados tendo como referência a pena de prisão prevista para as pessoas singulares. 2 – Um mês de prisão corresponde, para as pessoas colectivas e entidades equiparadas, a 10 dias de multa. 3 – Sempre que a pena aplicável às pessoas singulares estiver determinada exclusiva ou alternativamente em multa, são aplicáveis às pessoas colectivas ou entidades equiparadas os mesmos dias de multa. 4 – A pena de multa é fixada em dias, de acordo com os critérios estabelecidos no n.º 1 do artigo 71.º, podendo ser considerada a circunstância de a pessoa coletiva ter adotado e executado, depois da comissão da infração e até à data da audiência de julgamento, um programa de cumprimento normativo com medidas de controlo e vigilância idóneas para prevenir crimes da mesma natureza ou para diminuir significativamente o risco da sua ocorrência. 5 – Cada dia de multa corresponde a uma quantia entre (euro) 100 e (euro) 10 000, que o tribunal fixa em função da situação económica e financeira do condenado e dos seus encargos com os trabalhadores, sendo aplicável o disposto nos n.os 3 a 5 do artigo 47.º. 6 – Findo o prazo de pagamento da multa ou de alguma das suas prestações sem que o pagamento esteja efectuado, procede-se à execução do património da pessoa colectiva ou entidade equiparada. 7 – A multa que não for voluntária ou coercivamente paga não pode ser convertida em prisão subsidiária." (Grifos no original).

[179] Dispõe o Código Penal: "**Artigo 90.º-F Pena de dissolução**. A pena de dissolução é decretada pelo tribunal quando a pessoa colectiva ou entidade equiparada tiver sido criada com a intenção exclusiva ou predominante de praticar os crimes indicados no n.º 2 do

c) a proibição de celebrar contratos (art. 90.º-H)[180];

d) a privação do direito a subsídios, subvenções ou incentivos (art. 90.º-I)[181];

e) a vigilância judiciária (art. 90.º-E)[182];

f) a interdição do exercício de determinada atividade (art. 90.º-J)[183];

artigo 11.º ou quando a prática reiterada de tais crimes mostre que a pessoa colectiva ou entidade equiparada está a ser utilizada, exclusiva ou predominantemente, para esse efeito, por quem nela ocupe uma posição de liderança." (Grifos no original).

180 Consoante o CP português: "**Artigo 90.º-H Proibição de celebrar contratos**. A proibição de celebrar certos contratos ou contratos com determinadas entidades é aplicável, pelo prazo de um a cinco anos, a pessoa colectiva ou entidade equiparada." (Grifos no original).

181 Estabelece o CP: "**Artigo 90.º-I Privação do direito a subsídios, subvenções ou incentivos**. A privação do direito a subsídios, subvenções ou incentivos outorgados pelo Estado e demais pessoas colectivas públicas é aplicável, pelo prazo de um a cinco anos, a pessoa colectiva ou entidade equiparada." (Grifos no original).

182 Conforme o CP português: "**Artigo 90.º-E Vigilância judiciária**. 1 – Se à pessoa coletiva ou entidade equiparada dever ser aplicada pena de multa em medida não superior a 600 dias, pode o tribunal limitar-se a determinar o seu acompanhamento por um representante judicial, pelo prazo de 1 a 5 anos, de modo que este proceda à fiscalização da atividade que determinou a condenação, bem como à fiscalização do cumprimento efetivo de um programa de cumprimento normativo com medidas de controlo e vigilância idóneas para prevenir crimes da mesma natureza ou para diminuir significativamente o risco da sua ocorrência. 2 – O tribunal pode limitar-se a determinar o acompanhamento da pessoa coletiva ou entidade equiparada por um representante judicial, pelo prazo de um a cinco anos, de modo a que este controle a adoção ou implementação de programa de cumprimento normativo adequado a prevenir a prática do crime ou de crimes da mesma espécie. 3 – O representante judicial não tem poderes de gestão da pessoa colectiva ou entidade equiparada. 4 – O representante judicial informa o tribunal da evolução da actividade da pessoa colectiva ou entidade equiparada semestralmente ou sempre que entender necessário. 5 – O tribunal revoga a pena de vigilância judiciária e ordena o cumprimento da pena de multa determinada na sentença se a pessoa coletiva ou entidade equiparada: *a)* Cometer crime, após a condenação, pelo qual vier a ser condenada e revelar que as finalidades da pena de vigilância judiciária não puderam, por meio dela, ser alcançadas; ou *b)* Não adotar ou implementar o programa de cumprimento normativo." (Grifos no original).

183 O CP dispõe: "**Artigo 90.º-J Interdição do exercício de actividade**. 1 – A interdição do exercício de certas actividades pode ser ordenada pelo tribunal, pelo prazo de três meses a cinco anos, quando o crime tiver sido cometido no exercício dessas actividades. 2 – Quando a pessoa colectiva ou entidade equiparada cometer crime punido com pena de multa superior a 600 dias, o tribunal pode determinar a interdição definitiva de certas actividades. 3 – No caso previsto no número anterior, o tribunal pode reabilitar a pessoa colectiva ou entidade equiparada se esta se tiver conduzido, por um período de cinco anos depois de cumprida a pena principal, de forma que torne razoável supor que não cometerá novos crimes." (Grifos no original).

g) o encerramento de estabelecimento (art. 90.º-L)[184].

Cabe destacar que as atividades criminosas de grande parte das organizações criminosas não se restringem a um país apenas, porque os seus tentáculos espalham-se entre diferentes Estados por terra, ar e mar, além de meios de comunicação e de transporte avançados, *i. e.*, a cooperação policial e judiciária torna-se imprescindível, assinala Valente (2009, p. 179-180), e a aproximação dos ordenamentos jurídicos dos Estados faz-se necessária[185]. Comenta que a investigação do crime organizado tem encontrado como uma das suas principais dificuldades e/ou duradoura limitação a resistência diante de desigualdades conceptuais e processuais em matéria penal entre os Estados, apesar das variadas Convenções e dos demais instrumentos jurídicos regionais e/ou internacionais que tratam de cooperação na seara penal, além do princípio da universalidade do direito penal. Assinala que a pretensa soberania penal, que vários Estados julgam deter, tem obstaculizado a prevenção e a repressão penal às situações mais preocupantes da globalização económica, as manifestações

[184] Consta no CP português: "**Artigo 90.º-L Encerramento de estabelecimento.** 1 – O encerramento de estabelecimento pode ser ordenado pelo tribunal, pelo prazo de três meses a cinco anos, quando a infracção tiver sido cometida no âmbito da respectiva actividade. 2 – Quando a pessoa colectiva ou entidade equiparada cometer crime punido com pena de multa superior a 600 dias, o tribunal pode determinar o encerramento definitivo do estabelecimento. 3 – No caso previsto no número anterior, o tribunal pode reabilitar a pessoa colectiva ou entidade equiparada e autorizar a reabertura do estabelecimento se esta se tiver conduzido, por um período de cinco anos depois de cumprida a pena principal, de forma que torne razoável supor que não cometerá novos crimes. 4 – Não obsta à aplicação da pena de encerramento a transmissão do estabelecimento ou a cedência de direitos de qualquer natureza, relacionadas com o exercício da actividade, efectuadas depois da instauração do processo ou depois da prática do crime, salvo se o adquirente se encontrar de boa fé. 5 – O encerramento do estabelecimento não constitui justa causa para o despedimento dos trabalhadores nem fundamento para a suspensão ou redução do pagamento das respectivas remunerações." (Grifos no original).

[185] Segundo Olasolo Alonso (2019, p. 62-64), o direito penal internacional não supera a soberania estatal pois, ao contrário, parece reafirmar dita soberania, ampliando o alcance das normas antes limitadas pelo alcance nacional, que não permitem adequada repressão à criminalidade organizada, que se tornou transnacional. Acrescenta que muitas definições que constam em tratados e convenções internacionais permitem certa flexibilidade na transposição para os ordenamentos jurídicos internos dos Estados, para que os respetivos legisladores possam interpretá-las e adaptá-las conforme as particularidades nacionais.

criminosas *globais*, que carecem de respostas penais e processuais penais também *globais*, *i. e.*, demandam uma *política criminal global*.

Aponta Valente (2009, p. 180-182) importantes avanços na Europa quanto à cooperação policial e judiciária em matéria penal, como o direito processual de execução de medidas e de meios de obtenção de prova na prevenção e repressão à criminalidade organizada (sob o ordenamento jurídico do Estado onde será executada a diligência de investigação criminal), além de outras ações que permitem, no interior da União Europeia, uma melhor cooperação judiciária horizontal de Estado-membro para Estado-membro, sem intervenção política, viabilizando um contato direto e uma cooperação mais célere. Contudo, ressalta que a cooperação entre autoridades policiais e judiciárias de diferentes Estados-Membros não pode atender ou executar esses pedidos de auxílio sem aferir antes, *v. g.*, sua conformação à *Convenção Europeia dos Direitos do Homem* (assinada em Roma, em 04 de novembro de 1950), a qual vincula todos os Estados da União Europeia[186], e à *Carta dos Direitos Fundamentais*

[186] Neste vértice, percebe-se que desde a criação da Europol houve uma preocupação no sentido de estabelecer um controle parlamentar (democrático) sobre as atividades da Europol, quanto ao respeito à Convenção Europol, às normas relativas à proteção de dados e aos direitos individuais, à fiscalização pelo conselho de administração etc.), bem como à sua gestão orçamental (porque a Europol deixou de ser uma agência intergovernamental e foi integrada no quadro jurídico e orçamental da União Europeia), além da fiscalização dos resultados obtidos, como consta na Comunicação *Controlo Democrático sobre a Europol*, apresentada pela Comissão ao Parlamento Europeu e ao Conselho, em 26 de fevereiro de 2002 [COM/2002/95 final], e na Comunicação sobre o *Reforço da Cooperação Policial e Aduaneira na UE*, apresentada pela Comissão ao Parlamento Europeu e ao Conselho, em 18 de maio de 2004 [COM/2004/0376 final]. Este controle democrático também é realizado pelos parlamentos nacionais dos Estados-Membros, através de informações que devem ser prestadas, em resumo, pelos respetivos ministros da justiça ou do interior (a depender da estrutura de cada Estado-membro), que indicam os representantes do Conselho de Administração da Europol, órgão este responsável pela orientação e pela supervisão da Europol. No Regulamento (UE) 2016/794, do Parlamento Europeu e do Conselho, de 11 de maio de 2016, que cria a Agência da União Europeia para a Cooperação Policial (Europol), constam outras medidas de acompanhamento e fiscalização quanto ao respeito a direitos e liberdades fundamentais, *v. g.*, como a supervisão pela Autoridade Europeia para a Proteção de Dados (AEPD) com a cooperação de autoridades nacionais de controlo (artigos 42.º a 44.º), o reforço do controlo parlamentar, pelo Parlamento Europeu e pelos parlamentos dos Estados-Membros, através do *Grupo Especializado de Controlo Parlamentar Conjunto* (GCPC), encarregado de exercer "o controlo político das atividades da Europol no exercício das suas atribuições, nomeadamente no que respeita ao seu impacto sobre os direitos e as liberdades fundamentais das pessoas singulares" (arts. 51.º e 52.º).

da União Europeia (proclamada em 7 de dezembro de 2000 e atualizada pelo Tratado de Lisboa). Por outro lado, reforça que a necessidade de cooperação policial e judiciária de diferentes Estados, em face de fenómenos criminológicos como a criminalidade organizada, lastreia-se na sólida convicção de que a cooperação entre os Estados nesta seara demonstra um fortalecimento da soberania, jamais um enfraquecimento do Estado nacional perante a comunidade internacional.

Nesta senda, a versão de Amesterdão (02 de outubro de 1997, vig. em 01 de maio de 1999) do Tratado da União Europeia (TUE) estabeleceu, entre os objetivos da União Europeia, "a manutenção e o desenvolvimento da União enquanto espaço de liberdade, de segurança e de justiça, em que seja assegurada a livre circulação de pessoas, em conjugação com medidas adequadas em matéria de controlos na fronteira externa, asilo e imigração, bem como de prevenção e combate à criminalidade". Nesta direção, avanços na seara da cooperação judiciária em matéria penal também foram alcançados mediante o Tratado de Funcionamento da União Europeia (Tratado de Lisboa – TFUE)[187].

[187] Consta no Capítulo 4 do Tratado de Funcionamento da União Europeia: "[...] **Cooperação Judiciária em Matéria Penal**. Artigo 82.º 1. A cooperação judiciária em matéria penal na União assenta no princípio do reconhecimento mútuo das sentenças e decisões judiciais e inclui a aproximação das disposições legislativas e regulamentares dos Estados-Membros nos domínios a que se referem o n.º 2 e o artigo 83.º. O Parlamento Europeu e o Conselho, deliberando de acordo com o processo legislativo ordinário, adotam medidas destinadas a: *a)* Definir regras e procedimentos para assegurar o reconhecimento em toda a União de todas as formas de sentenças e decisões judiciais; *b)* Prevenir e resolver os conflitos de jurisdição entre os Estados-Membros; *c)* Apoiar a formação de magistrados e de funcionários e agentes de justiça; *d)* Facilitar a cooperação entre as autoridades judiciárias ou outras equivalentes dos Estados-Membros, no âmbito da investigação e do exercício da ação penal, bem como da execução de decisões. 2. Na medida em que tal seja necessário para facilitar o reconhecimento mútuo das sentenças e decisões judiciais e a cooperação policial e judiciária nas matérias penais com dimensão transfronteiriça, o Parlamento Europeu e o Conselho, por meio de diretivas adotadas de acordo com o processo legislativo ordinário, podem estabelecer regras mínimas. Essas regras mínimas têm em conta as diferenças entre as tradições e os sistemas jurídicos dos Estados-Membros. Essas regras mínimas incidem sobre: *a)* A admissibilidade mútua dos meios de prova entre os Estados-Membros; *b)* Os direitos individuais em processo penal; *c)* Os direitos das vítimas da criminalidade; *d)* Outros elementos específicos do processo penal, identificados previamente pelo Conselho através de uma decisão. Para adotar essa decisão, o Conselho delibera por unanimidade, após aprovação do Parlamento Europeu. A adoção das regras mínimas referidas no presente número não impede os Estados-Membros de manterem ou introduzirem um nível mais elevado de proteção das pessoas. [...]." (Grifos no original).

Diante dessas novas competências da UE, recordam Weyembergh, Armada e Brière (2015, p. 259-260) que a União Europeia estabeleceu várias agências (especializadas e descentralizadas) com diferentes mandatos, como Europol, Eurojust, Agência Europeia da Guarda de Fronteiras e Costeira (Frontex), Agência da União Europeia para a Formação Policial (CEPOL), Gabinete Europeu de Apoio em Matéria de Asilo (EASO), Agência Europeia para a Gestão Operacional de Sistemas Informáticos de Grande Escala (eu-LISA), além de estruturas de apoio e outras iniciativas como a Rede Judiciária Europeia (EJN), o Organismo Europeu de Luta Antifraude (OLAF), o Observatório Europeu da Droga e da Toxicodependência (EMCDDA) e a Agência dos Direitos Fundamentais da União Europeia (FRA).

Algumas destas agências e estruturas de apoio comprovaram capacidade e conquistaram a confiança de autoridades estatais, enquanto outras continuam sob pressão para atingirem certos objetivos que justifiquem sua respetiva existência, assinalam Weyembergh, Armada e Brière (2015, p. 260-261). Esta discrepância se reflete nos recursos financeiros que são investidos em cada agência ou estrutura, sendo que a Europol costuma receber valores maiores em virtude da sua enorme relevância na Estratégia de Segurança Interna da UE, somada ao ciclo da política criminal da UE, com forte direcionamento para a repressão ao crime organizado[188].

[188] Conforme consta no *Programa de Estocolmo*, do Conselho Europeu (2010, p. C115-20), e no Relatório sobre as perspetivas futuras para a Europol e a Eurojust, elaborado por Comissão de senadores do *Sénat Français* (2014, p. 9), no citado Programa que objetiva proporcionar "uma Europa aberta e segura que sirva e proteja os cidadãos", o Conselho Europeu apelou à Europol para evoluir e se tornar o centro nevrálgico de intercâmbio de informações entre as autoridades policiais e serviços de aplicação da lei dos Estados-Membros, atuando como prestador de serviços e plataforma de cooperação dos serviços de polícia, instando, ainda, as autoridades dos Estados-Membros a utilizarem, quando possível, as equipas de investigação conjuntas. Acrescentou-se no *Programa de Estocolmo* do Conselho Europeu (2010, p. C115/20): "[...] A Europol e a Eurojust deverão também intensificar a cooperação já estabelecida. Competirá à Eurojust assegurar o seguimento dos seus trabalhos a nível judiciário. Importará ainda que a Europol e a Eurojust desenvolvam o trabalho realizado com os países terceiros, nomeadamente estreitando relações com as regiões e países vizinhos da União. A Europol deverá colaborar mais estreitamente com as missões de polícia instituídas no quadro da Política Comum de Segurança e Defesa (PCSD) e contribuir para a promoção dos padrões e boas práticas da cooperação policial da União em países terceiros. Haverá que intensificar a cooperação com a Interpol a fim de criar sinergias e evitar duplicações de esforços."

Por outro lado, que essas agências e estruturas de cooperação são marcadas por variadas diferenças quanto à cultura profissional dos funcionários que provêm de todos os Estados-Membros da UE, observam Weyembergh, Armada e Brière (2015, p. 260-261), além de diferentes sistemas de justiça criminal, variados esquemas de distribuição de atribuições entre os setores administrativos e/ou criminais dos seus respetivos Estados, bem como entre os órgãos policiais e o poder judiciário, ou então entre os respetivos órgãos policiais e os serviços de inteligência. Percebem que, como o TFUE impõe o respeito a essas diferenças e aos ordenamentos jurídicos e sistemas dos Estados-Membros, as ações dessas agências devem se ajustar a cada um deles, exigindo uma certa flexibilidade e capacidade de adaptação de seus membros e causando algumas dificuldades na comunicação e no relacionamento entre agências e Estados-Membros.

Neste sentido, algumas deficiências e vaguidades na legislação da UE quanto à cooperação policial, judiciária e interagências são percebidas por Weyembergh, Armada e Brière (2015, p. 260-261), mas também reconhecem que avanços estão ocorrendo, porque as relações entre as agências e estruturas citadas têm se consolidado, muitas vezes decorrentes das relações pessoais que vêm se estabelecendo entre seus profissionais, alavancadas por encontros e reuniões entre seus diretores e também entre seus membros operacionais, em que, *v. g.*, são divulgadas boas práticas, relatórios anuais conjuntos, entre outros esquemas de coordenação e monitoração de resultados que são compartilhados e difundidos.

Ao tratarem de duas agências que consideram "irmãs", a Europol[189] e a Eurojust, comentam Weyembergh, Armada e Brière (2015, p. 261-267) que

[189] O Tratado de Funcionamento da União Europeia estabelece: "[...] Artigo 88.º 1. A Europol tem por missão apoiar e reforçar a ação das autoridades policiais e dos outros serviços responsáveis pela aplicação da lei dos Estados-Membros, bem como a cooperação entre essas autoridades na prevenção das formas graves de criminalidade que afetem dois ou mais Estados-Membros, do terrorismo e das formas de criminalidade lesivas de um interesse comum que seja objeto de uma política da União, bem como no combate contra esses fenómenos. 2. O Parlamento Europeu e o Conselho, por meio de regulamentos adotados de acordo com o processo legislativo ordinário, determinam a estrutura, o funcionamento, o domínio de ação e as funções da Europol. *As funções da Europol podem incluir: a)* A recolha, armazenamento, tratamento, análise e intercâmbio das informações transmitidas, nomeadamente, pelas autoridades dos Estados-Membros ou de instâncias ou países terceiros; *b)* A coordenação, organização e realização de investigações e de ações operacionais, conduzidas em conjunto

ambas têm como objetivo precípuo apoiar e reforçar a cooperação entre autoridades nacionais vinculadas à prevenção e à repressão de crimes graves e da criminalidade organizada[190], que afetem dois ou mais Estados-Membros da UE[191]. Relatam que a Europol recolhe informações das polícias e de

com as autoridades competentes dos Estados-Membros ou no âmbito de equipas de investigação conjuntas, eventualmente em articulação com a Eurojust. Esses regulamentos definem igualmente as modalidades de controlo das atividades da Europol pelo Parlamento Europeu, controlo ao qual são associados os Parlamentos nacionais. 3. As ações operacionais da Europol devem ser conduzidas em articulação e com o acordo das autoridades do Estado-Membro ou dos Estados-Membros cujo território seja afetado. A aplicação de medidas coercivas releva exclusivamente das autoridades nacionais competentes." (Grifos nossos).

[190] O Regulamento (UE) 2018/1727, do Parlamento Europeu e do Conselho, que criou a Agência da União Europeia para a Cooperação Judiciária Penal (Eurojust), estabeleceu: "[...] Artigo 49.º Relações com a Europol. 1. A Eurojust toma todas as medidas adequadas para permitir que a Europol, no âmbito do seu mandato, tenha acesso indireto, com base num sistema de respostas positivas/negativas, às informações que lhe tenham sido comunicadas pelos Estados-Membros, pelos organismos da União, por países terceiros ou por organizações internacionais, sem prejuízo das limitações por estes indicadas. Em caso de resposta positiva, a Eurojust inicia o processo que permite a partilha das informações que geraram a resposta positiva, comunicadas à Eurojust pelo Estado-Membro, pelo órgão ou organismo da União, pelo país terceiro ou pela organização internacional em conformidade com a decisão da entidade que as comunicou. 2. As pesquisas de informações nos termos do n.o 1 são efetuadas exclusivamente para verificar se as informações de que a Europol dispõe correspondem às informações tratadas na Eurojust. 3. A Eurojust só autoriza pesquisas nos termos do n.º 1 após ter obtido da Europol informações sobre a identidade dos membros do seu pessoal que foram autorizados a efetuar essas pesquisas. 4. Se, durante as operações de tratamento das informações relativas a uma investigação, a Eurojust ou Estados-Membros detetarem a necessidade de coordenação, de cooperação ou de apoio, nos termos do mandato da Europol, a Eurojust notifica do facto a Europol e dá início ao processo de partilha das informações, em conformidade com a decisão do Estado-Membro que comunicou as informações. Nesse caso, a Eurojust consulta a Europol. 5. A Eurojust estabelece e mantém uma estreita cooperação com a Europol, na medida do necessário para o exercício das respetivas funções e para o cumprimento dos seus objetivos, tendo em conta a necessidade de evitar duplicações de esforços. Para esse efeito, o diretor executivo da Europol e o presidente da Eurojust reúnem-se periodicamente para debater questões de interesse comum. 6. A Europol deve respeitar todas as limitações de acesso ou de utilização, em termos gerais ou específicos, que tenham sido indicadas pelos Estados-Membros, pelos órgãos ou organismos da União, por países terceiros ou por organizações internacionais, relativamente às informações por eles comunicadas."

[191] Destaca-se que o Regulamento (UE) 2016/794, que institui a Agência da União Europeia para a Cooperação Policial (Europol), também prevê, em diversos dispositivos, o dever de estabelecer cooperação com a Eurojust, em especial no art. 21.º. Entretanto, já nas considerações iniciais elaboradas pelo Parlamento e pelo Conselho, consta: "[...] (9) Dada a importância da cooperação entre as agências, a Europol e a Eurojust deverão assegurar a criação

outros serviços de aplicação da lei nacionais e internacionais[192], realiza análises estratégicas e/ou operacionais, fornece essas informações consolidadas e/ou interpretadas de forma sistemática, coordena algumas ações de agência de aplicação da lei, *v. g.*, mediante apoio a ações em campo com seu gabinete móvel, analisando em tempo real as informações recolhidas, realizando perícias forenses e empregando outras ferramentas de pesquisa instantâneas inclusive nos dias em que são realizadas operações policiais promovidas pelo seus membros e/ou por outras agências europeias em cooperação com as autoridades dos Estados-Membros.

dos procedimentos necessários para otimizar a sua cooperação operacional, tendo na devida conta as respetivas missões e mandatos, assim como os interesses dos Estados-Membros. Mais concretamente, a Europol e a Eurojust deverão manter-se mutuamente informadas de quaisquer atividades que envolvam o financiamento de equipas de investigação conjuntas. (10) Sempre que são criadas equipas de investigação conjuntas, os acordos pertinentes deverão estabelecer as condições da participação do pessoal da Europol. A Europol deverá conservar registo da sua participação nas equipas de investigação conjuntas que visem combater as atividades criminosas abrangidas pelos seus objetivos. (11) A Europol deverá poder pedir aos Estados-Membros que iniciem, conduzam ou coordenem investigações penais em casos concretos quando a cooperação transnacional represente uma mais-valia. A Europol deverá informar a Eurojust desses pedidos. [...] (28) Tendo em vista reforçar a cooperação operacional entre as agências, em especial para estabelecer ligações entre os dados já conservados pelas diferentes agências, a Europol deverá permitir que a Eurojust e o Organismo Europeu de Luta Antifraude (OLAF) tenham o acesso, com base no sistema de respostas positivas/negativas, aos dados armazenados na Europol. A Europol e a Eurojust deverão poder celebrar um convénio de ordem prática que assegure, de forma recíproca no âmbito dos respetivos mandatos, o acesso a todas as informações que tenham sido fornecidas para fins de controlo cruzado em conformidade com as salvaguardas específicas e garantias de proteção de dados previstas no presente regulamento, e a possibilidade de as consultar. O acesso aos dados armazenados na Europol deverá ser limitado, por meios técnicos, às informações abrangidas pelos mandatos destes organismos da União."

[192] Conforme o Tratado de Funcionamento da União Europeia: "[...] Artigo 87.º 1. A União desenvolve uma cooperação policial que associa todas as autoridades competentes dos Estados-Membros, incluindo os serviços de polícia, das alfândegas e outros serviços responsáveis pela aplicação da lei especializados nos domínios da prevenção ou deteção de infrações penais e das investigações nessa matéria. 2. Para efeitos do n.º 1, o Parlamento Europeu e o Conselho, deliberando de acordo com o processo legislativo ordinário, podem estabelecer medidas sobre: *a)* Recolha, armazenamento, tratamento, análise e intercâmbio de informações pertinentes; *b)* Apoio à formação de pessoal, bem como em matéria de cooperação relativa ao intercâmbio de pessoal, ao equipamento e à investigação em criminalística; *c)* Técnicas comuns de investigação relativas à deteção de formas graves de criminalidade organizada. [...]"

Quanto a estes aspetos, a Europol foi instituída mediante a "Convenção elaborada com base no artigo K.3 do Tratado da União Europeia que cria um Serviço Europeu de Polícia – Convenção Europol"[193], por meio de Decisão do Conselho (95/C 316/01), de 26 de julho de 1995. Posteriormente, foi renovada pela Decisão 2009/371/JAI do Conselho (revogando a Convenção), enquanto organismo da União Europeia financiado a partir do orçamento geral da União para apoiar e reforçar a ação das autoridades competentes dos Estados-Membros e a sua cooperação mútua em matéria de prevenção e repressão à criminalidade organizada, ao terrorismo e a outras formas graves de criminalidade que afetem dois ou mais Estados-Membros. Neste momento, está estruturada conforme o Regulamento (UE) 2016/794, do Parlamento Europeu e do Conselho, de 11 de maio de 2016, que estabeleceu a Agência da União Europeia para a Cooperação Policial (Europol).

Ressalta-se que foi concluída em 9 de novembro de 2020 e publicada em 10 de dezembro de 2020 a Resolução do Conselho sobre o futuro da Europol (13956/20), visando manter o conceito bem-sucedido da Europol, reforçando-o e desenvolvendo-o com vistas aos desafios do futuro, no sentido de continuar aprimorando a Agência quanto a vários aspetos:

1. Verdadeiro valor acrescentado para a Europa;
2. Europol enquanto parceiro na Parceria Europeia de Polícia;
3. Parte integrante da arquitetura de segurança da Europa e do mundo;

[193] A *Convenção Europol* foi publicada no Jornal Oficial das Comunidades Europeias de 27 de novembro de 1995, e continha, entre outras, as seguintes disposições: "[...] Artigo 1.º Criação 1. Pela presente convenção, os Estados-membros da União Europeia, adiante designados por 'Estados-membros', criam um Serviço Europeu de Polícia, adiante designado por 'Europol'. 2. A Europol ficará ligada em cada Estado-membro a uma única unidade nacional, a criar ou a designar nos termos do artigo 4.º. Artigo 2.º 1. A Europol tem por objectivo melhorar por meio das medidas previstas na presente convenção, no âmbito da cooperação entre os Estados-membros em conformidade com o ponto 9 do artigo K.1 do Tratado da União Europeia, a eficácia dos serviços competentes dos Estados-membros e a sua cooperação no que diz respeito à prevenção e combate ao terrorismo, ao tráfico de estupefacientes e a outras *formas graves de criminalidade internacional*, quando haja indícios concretos da existência de uma estrutura ou de uma *organização criminosa* e quando dois ou mais Estados-membros sejam afectados por essas formas de criminalidade de modo tal que, pela amplitude, gravidade e consequências dos actos criminosos, seja necessária uma acção comum por parte dos Estados-membros. [...]" (Grifos nossos).

4. Direção conjunta dos Estados-Membros;
5. Reforçar as funções essenciais para reforçar a segurança interna;
6. Promover a inovação para a aplicação da lei no futuro;
7. Otimização do quadro jurídico;
8. Permitir a cooperação com organismos privados;
9. Partilha eficaz de informações com países terceiros;
10. Recursos adequados e orientados para o futuro.

Estes temas foram tratados numa proposta de Regulamento [2020/0349(COD)] que altera o Regulamento (UE) 2016/794 – Regulamento da Europol, apresentada pela Comissão ao Parlamento e ao Conselho, com o objetivo de fortalecer o mandato da Europol no que se refere às suas atribuições na repressão à criminalidade grave e organizada[194]. Salienta-se, entretanto, que a proposta da Comissão contém diversas disposições expressas, inclusive nas justificativas para a elaboração da norma, no sentido de que a ampliação das atribuições e possibilidades de investigação da Europol, sobretudo quando restringirem direitos fundamentais, devem atender à Carta de Direitos Fundamentais da União Europeia e demais instrumentos internacionais de direitos humanos adotados pela UE e/ou pelos Estados-Membros[195],

[194] Consta na proposta de Regulamento [2020/0349(COD)], que a Comissão visa reforçar o mandato da Europol, de modo a: "[...] permitir à Europol cooperar eficazmente com os organismos privados, colmatando a falta de uma cooperação eficaz entre estes e as autoridades policiais a fim de impedir a utilização de serviços transnacionais, como os serviços de comunicação, bancários ou de transporte, por parte de criminosos; permitir à Europol apoiar eficazmente os Estados-Membros e as suas investigações na análise de séries de dados grandes e complexas, enfrentando o desafio dos megadados que se coloca às autoridades policiais; reforçar o papel da Europol em matéria de investigação e de inovação, colmatando as lacunas pertinentes no domínio da aplicação coerciva da lei; reforçar a cooperação da Europol com os países terceiros em situações específicas e numa base casuística, para prevenir e combater a criminalidade abrangida pelo âmbito dos objetivos da Europol; clarificar que a Europol pode solicitar, em casos específicos, nos quais considere que deve ser iniciada uma investigação criminal, às autoridades competentes de um Estado-Membro que iniciem, conduzam ou coordenem uma investigação de um crime lesivo de um interesse comum que seja objeto de uma política da União, sem o requisito de uma dimensão transnacional do crime em causa; reforçar a cooperação da Europol com a Procuradoria Europeia; continuar a reforçar o quadro de proteção de dados aplicável à Europol; continuar a reforçar a supervisão e a responsabilização parlamentares da Europol."

[195] Neste vértice, é importante não perder de vista o estabelecido pela Carta de Direitos Fundamentais da União Europeia, *v.g.*: "[...] Artigo 7.º **Respeito pela vida privada e familiar.**

obedecendo a determinados critérios, inclusive a avaliação passo-a-passo sobre a necessidade e a proporcionalidade (*v. g.*, no acesso a dados pessoais e a comunicações particulares), a obrigação de sempre utilizar a medida que cause menor lesão aos direitos fundamentais dentre as ações (legais e legítimas) possíveis, além de várias disposições para salvaguardar os direitos e liberdades individuais.

Sob outro prisma, além Carta de Direitos Fundamentais da União Europeia e de instrumentos jurídicos internacionais de proteção dos direitos humanos, também deve ser levado em consideração o Regulamento (UE) 2018/1725, do Parlamento Europeu e do Conselho, de 23 de outubro de 2018, relativo à proteção das pessoas singulares no que diz respeito ao tratamento de dados pessoais pelas instituições e pelos órgãos e organismos da União e à livre circulação desses dados, bem como às atividades da Autoridade Europeia para a Proteção de Dados. Esta agência europeia (AEPD, 2021, p. 3-16) manifestou diversas preocupações quanto ao aumento dos poderes da Europol para acessar os dados pessoais e as comunicações dos indivíduos nos termos da proposta de Regulamento [2020/0349(COD)] da Comissão, realizando uma série de sugestões para evitar que fossem descumpridos direitos fundamentais de forma desproporcional ou desnecessária, pois embora reconheça que não existem direitos absolutos, estes não podem ser restringidos em desconformidade com a Carta de Direitos Fundamentais da União Europeia e com os valores de uma sociedade democrática.

Neste sentido, várias observações da AEPD (2021, p. 3-16) se referem a diversas garantias voltadas para a proteção de dados que estão sendo derrogadas ou minimizadas[196], eliminando o sistema de freios e contrapesos

Todas as pessoas têm direito ao respeito pela sua vida privada e familiar, pelo seu domicílio e pelas suas comunicações. Artigo 8.º **Proteção de dados pessoais**. 1. Todas as pessoas têm direito à proteção dos dados de caráter pessoal que lhes digam respeito. 2. Esses dados devem ser objeto de um tratamento leal, para fins específicos e com o consentimento da pessoa interessada ou com outro fundamento legítimo previsto por lei. Todas as pessoas têm o direito de aceder aos dados coligidos que lhes digam respeito e de obter a respetiva retificação. 3. O cumprimento destas regras fica sujeito a fiscalização por parte de uma autoridade independente." (Grifos no original).

[196] Alerta Trovão do Rosário (2018, p. 161-179) que o uso massivo de sistemas de informação, a expansão e facilidade de conexão entre ficheiros informatizados que potencializam o controlo do cidadão e prejudicam sua liberdade, os riscos policial e de multiplicação descontrolada de ficheiros com informações sobre cada indivíduo e sua associação com outros, causam perigos

quanto ao tratamento de dados pessoais e, embora existam nos considerandos (em especial no n.º 18) algumas orientações no sentido de que as medidas restritivas deverão ser excecionalíssimas, limitadas e justificadas, estas salvaguardas constam apenas nas justificativas da proposta, não constando no texto vinculativo (que contém os artigos do Regulamento).

Acrescenta a AEPD (2021, p. 3-16) uma série de análises de artigos da proposta (divididos por tema) que devem ser clarificados, de modo a estabelecer limites expressos aos dados que podem ser acessados e em quais situações, de modo que o "excecional não se torne a regra", bem como especificar as respetivas garantias jurídicas em cada um dos casos e as responsabilidades civis e penais dos agentes e da Europol que agirem em desconformidade com a ordem jurídica aplicável. Esta preocupação da AEPD é reforçada quanto à possibilidade de a Europol passar a processar *big data* (que consideram ainda sem embasamento jurídico) e a realizar o intercâmbio de dados pessoais com organismos privados. Conclui, ainda, que o sistema de supervisão e proteção de dados pessoais realizado pela AEPD deve ser reforçado na mesma proporção do reforço da capacidade da Europol, permitindo que realize a sua missão precípua de modo adequado, legítimo e transparente.

Quanto à Eurojust[197], esclarecem Weyembergh, Armada e Brière (2015, p. 261-267) que esta funciona como um "facilitador" da cooperação judicial,

quase incontroláveis a direitos fundamentais já afirmados em instrumentos como a Declaração Universal dos Direitos Humanos de 1948 e depois constitucionalizados. Exemplifica bens jusfundamentais como o direito à liberdade, à reserva de intimidade da vida privada, à integridade física e moral, à honra, à imagem, à proteção de dados pessoais, impondo um crescente cuidado e um específico dever de ação ao Estado, pois as novas tecnologias proporcionam amplas possibilidades e facilidades para a violação dos citados direitos fundamentais.

[197] O Tratado de Funcionamento da União Europeia prevê: "[...] Artigo 85.º 1. A Eurojust tem por missão apoiar e reforçar a coordenação e a cooperação entre as autoridades nacionais competentes para a investigação e o exercício da ação penal em matéria de criminalidade grave que afete dois ou mais Estados-Membros ou que exija o exercício de uma ação penal assente em bases comuns, com base nas operações conduzidas e nas informações transmitidas pelas autoridades dos Estados-Membros e pela Europol. Neste contexto, o Parlamento Europeu e o Conselho, por meio de regulamentos adotados de acordo com o processo legislativo ordinário, determinam a estrutura, o funcionamento, o domínio de ação e as funções da Eurojust. As funções da Eurojust podem incluir: *a)* A abertura de investigações criminais e a proposta de instauração de ações penais conduzidas pelas autoridades nacionais competentes, em especial as relativas a infrações lesivas dos interesses financeiros da União; *b)* A coordenação das investigações e ações penais referidas na alínea a); c) O reforço da cooperação judiciária,

de modo a agilizar (e "suavizar") a utilização dos instrumentos de cooperação judicial (como o mandado de detenção europeu[198]), resolver problemas legais em casos de maior complexidade (como nos casos de conflito de jurisdição) e estimular, de forma coordenada, a cooperação entre autoridades judiciárias.

A Eurojust foi criada pela Decisão 2002/187/JAI do Conselho, como órgão da União Europeia e dotado de personalidade jurídica, com os objetivos

inclusive mediante a resolução de conflitos de jurisdição e uma estreita cooperação com a Rede Judiciária Europeia. Esses regulamentos definem igualmente as modalidades de associação do Parlamento Europeu e dos Parlamentos nacionais à avaliação das atividades da Eurojust. 2. No âmbito do exercício das ações penais a que se refere o n.º 1 e sem prejuízo do artigo 86.º, os atos oficiais de procedimento judicial são executados pelos agentes nacionais competentes."

[198] Conforme previsto no ordenamento português, no art. 1.º, n.º 1, da Lei n.º 65/2003, de 23 de agosto, o mandado de detenção europeu "[...] é uma decisão judiciária emitida por um Estado membro com vista à detenção e entrega por outro Estado membro de uma pessoa procurada para efeitos de procedimento criminal ou para cumprimento de uma pena ou medida de segurança privativas da liberdade." Cabe ressaltar que foram realizadas alterações na referida Lei n.º 65/2003, de 23 de agosto, mediante a Lei n.º 115/2019, de 12 de setembro. Deste modo, com as modificações realizadas em 2019, deixou de ser realizado o controle da dupla incriminação do facto (no Estado de emissão e no Estado de execução), quanto a certos crimes, o que gerou muitas críticas na Europa. O art. 2.º, n.º 2, da Lei n.º 65/2003, de 23 de agosto, passou a prever: "2 – Será concedida a entrega da pessoa procurada com base num mandado de detenção europeu, *sem controlo da dupla incriminação do facto,* sempre que os factos, de acordo com a legislação do Estado membro de emissão, constituam as seguintes infrações, puníveis no Estado membro de emissão com pena ou medida de segurança privativas de liberdade de duração máxima não inferior a três anos: *a)* Participação numa *organização criminosa*; *b)* Terrorismo; *c)* Tráfico de seres humanos; *d)* Exploração sexual de crianças e pedopornografia; *e)* Tráfico ilícito de estupefacientes e de substâncias psicotrópicas; *f)* Tráfico ilícito de armas, munições e explosivos; *g) Corrupção*; *h)* Fraude, incluindo a fraude lesiva dos interesses financeiros das Comunidades Europeias, na acepção da convenção de 26 de Julho de 1995 relativa à protecção dos interesses financeiros das Comunidades Europeias; *i) Branqueamento dos produtos do crime*; [...]." (Grifos nossos). Neste ponto, alerta Valente (2006, p. 354-355) que o *mandado de detenção europeu* "não destrona nem pode agredir os direitos, as liberdades e as garantias fundamentais dos cidadãos europeus ou residentes na Europa, nem a materialização do MDE [mandado de detenção europeu] legitima qualquer agressão aos princípios – como o da igualdade e da universalidade dos direitos – e direitos consignados na CEDH [Convenção Europeia dos Direitos do Homem], que se ergue no seio da União Europeia como 'altar' a respeitar não só pelos Estados Parte, como pelos Estados-Membros e pela União no seu todo formal e material, por esta assentar nos 'princípios da liberdade, da democracia, do respeito pelos direitos do Homem e pelas liberdades fundamentais, bem como do Estado de direito' e estar adstrita ao respeito dos 'direitos fundamentais tal como os garante a Convenção Europeia de Salvaguarda dos Direitos do Homem e das Liberdades Fundamentais' [...]".

de estimular e de melhorar a coordenação e também a cooperação entre as autoridades judiciárias dos Estados-Membros, com ênfase nas formas graves de criminalidade organizada. O regime jurídico da Eurojust foi alterado pelas Decisões 2003/659/JAI e 2009/426/JAI, do Conselho, até a entrada em vigor do Regulamento (UE) 2018/1727 do Parlamento Europeu e do Conselho, de 14 de novembro de 2018, que criou a Agência da União Europeia para a Cooperação Judiciária Penal (Eurojust)[199], substituindo e revogando a citada Decisão 2002/187/JAI, do Conselho.

[199] O Regulamento (UE) 2018/1727, do Parlamento Europeu e do Conselho, que criou a *Agência da União Europeia para a Cooperação Judiciária Penal* (Eurojust), estabeleceu: "[...] Artigo 2.º Funções da Eurojust. 1. A Eurojust apoia e reforça a coordenação e a cooperação entre os ministérios públicos nacionais no que se refere aos crimes graves que sejam da competência da Eurojust nos termos do artigo 3.º, n.os 1 e 3, caso esses crimes lesem dois ou mais Estados-Membros, ou exijam uma ação penal em bases comuns, com base nas operações realizadas e nas informações comunicadas pelas autoridades dos Estados-Membros, pela Europol, pela Procuradoria Europeia ou pelo OLAF. 2. No exercício das suas funções, a Eurojust: *a)* Tem em conta os pedidos emanados das autoridades competentes dos Estados-Membros, as informações comunicadas pelas autoridades, instituições, órgãos e organismos competentes da União por força de disposições adotadas no âmbito dos Tratados e as informações recolhidas por si própria; *b)* Facilita a execução dos pedidos de cooperação judiciária e das decisões relativas à cooperação judiciária, incluindo os pedidos e as decisões baseados em instrumentos que dão execução ao princípio do reconhecimento mútuo. 3. A Eurojust exerce as suas funções a pedido das autoridades competentes dos Estados-Membros, por iniciativa própria ou a pedido da Procuradoria Europeia nos limites da competência desta. [...] Artigo 4.º Funções operacionais da Eurojust. 1. A Eurojust deve: *a)* Informar as autoridades competentes dos Estados-Membros das investigações e ações penais de que tenha conhecimento, que tenham repercussões a nível da União ou que possam lesar outros Estados-Membros não diretamente envolvidos; *b)* Prestar assistência às autoridades competentes dos Estados-Membros para assegurar a melhor coordenação possível das investigações e ações penais; *c) Prestar assistência no aperfeiçoamento da cooperação entre as autoridades competentes dos Estados-Membros, em especial com base em análises da Europol*; *d)* Cooperar com a Rede Judiciária Europeia e consultá-la em matéria penal, designadamente utilizando a base de dados documentais da Rede Judiciária Europeia e contribuir para o seu aperfeiçoamento; *e)* Cooperar estreitamente com a Procuradoria Europeia em questões relativas à sua competência; *f) Prestar apoio operacional, técnico e financeiro às operações e às investigações transfronteiriças dos Estados-Membros, incluindo as equipas de investigação conjuntas*; *g)* Apoiar os centros da União com competências especializadas criados pela Europol e por outras instituições, órgãos e organismos da União e, se for caso disso, participar nesses centros; *h)* Cooperar com as instituições, os órgãos e os organismos da União, e com as redes da União criadas no espaço de liberdade, segurança e justiça ao abrigo do título V do TFUE; *i)* Apoiar as medidas dos Estados-Membros para combater as formas graves de criminalidade enumeradas no anexo I. 2. No exercício das suas funções, a Eurojust pode solicitar, fundamentando o seu pedido, que as autoridades competentes dos

Quanto à cooperação policial através da Europol, também têm relevância as Equipas de Investigação Conjuntas (EICs)[200], que muitas vezes

Estados-Membros: *a)* Efetuem investigações sobre atos específicos, ou instaurem ações penais relativas a esses atos; *b)* Aceitem que uma delas possa estar em melhor posição para efetuar uma investigação sobre um ato específico, ou para instaurar uma ação penal relativa a esse ato; *c)* Se coordenem entre si; *d)* Constituam equipas de investigação conjuntas, de acordo com os instrumentos de cooperação pertinentes; *e)* Prestem todas as informações necessárias para o desempenho das suas funções; *f)* Tomem medidas especiais de investigação; *g)* Tomem outras medidas necessárias para uma investigação ou para uma ação penal. 3. A Eurojust pode também: *a)* Emitir pareceres dirigidos à Europol com base nas análises realizadas pela Europol; *b)* Prestar apoio logístico, incluindo a tradução, interpretação e organização de reuniões de coordenação. [...]" (Grifos nossos).

[200] Além de instrumentos como o *mandado de detenção europeu* e a *decisão europeia de investigação*, o Informativo da Eurojust (2020, p. 6-9) destaca os importantes resultados alcançados por Equipas Conjuntas de Investigação: "**EncroChat (2020)** Através de uma equipa de investigação conjunta, as autoridades policiais e judiciárias francesas e holandesas, a Europol e a Eurojust conseguiram desmantelar o EncroChat, uma rede telefónica codificada amplamente utilizada por redes criminosas. A investigação, que durou meses, permitiu intercetar, partilhar e analisar milhões de mensagens trocadas entre criminosos para planear crimes graves. A informação já está a ser utilizada em várias investigações criminais em curso e será analisada mais profundamente como uma fonte de conhecimento única sobre volumes sem precedentes de novas provas, para fazer frente de forma significativa a redes criminosas organizadas. [...] **Detenções coordenadas de indivíduos suspeitos de pertencerem a uma rede de introdução clandestina de migrantes (2020)** Como resultado de uma investigação transfronteiriça apoiada pela Eurojust e pela Europol, autoridades belgas e francesas detiveram 26 indivíduos suspeitos de pertencerem a um grupo de introdução clandestina de migrantes de grandes dimensões, que transportava principalmente refugiados asiáticos. A descoberta de 39 cidadãos vietnamitas falecidos dentro de um reboque refrigerado em Essex, no Reino Unido, em outubro de 2019, levou à criação de uma EIC entre a Bélgica, Irlanda, França, Reino Unido, Eurojust e Europol. Desde então, as autoridades judiciárias e policiais têm trabalhado em estreita colaboração no âmbito da EIC para mapear a alegada atividade do grupo de crime organizado e para determinar a possibilidade de encontrar ligações cruzadas com as investigações regionais e locais em curso sobre a atividade de introdução clandestina de migrantes. [...] **Detenção rápida de um alvo relevante do Estado islâmico (2019)** A coordenação da Eurojust da intervenção rápida das autoridades húngaras e belgas levou à detenção de um combatente terrorista estrangeiro repatriado suspeito de envolvimento ativo no assassinato de 20 pessoas na Síria. O intercâmbio de documentos cruciais e a tradução e partilha de informações 24 horas por dia, 7 dias por semana, entre a Hungria e a Bélgica, através da Eurojust, levaram à sua detenção por suspeita de delitos terroristas. [...] **Operação Pollino (2018)** A Operação Pollino foi a maior medida repressiva coordenada contra a máfia 'Ndrangheta' até hoje na Europa. A investigação durou quatro anos. Todo o conhecimento foi reunido pelas autoridades nacionais para criar uma estratégia conjunta para lidar com as complexas atividades criminosas. As ações sincronizadas de centenas de polícias,

contam também com apoio da Eurojust ou então são criadas pela própria Eurojust.

Destaca-se que no Conselho Europeu de Tampere, realizado nos dias 15 e 16 de outubro de 1999, já houve forte apelo à criação, com a maior brevidade possível e como primeira medida, destas Equipas de Investigação Conjuntas voltadas para a repressão à criminalidade organizada e ao terrorismo, nos termos do Tratado da União Europeia [em especial a partir do art. K. 2, n.º 2, alínea *a)*, que depois passou a constar no art. 34.º do TUE][201].

Este apelo recebeu novo impulso mediante a Decisão-Quadro do Conselho 2002/465/JAI, de 13 de Junho de 2002, relativa às equipas de investigação conjuntas, a qual estabeleceu as regras e as condicionantes para a criação e atuação das EICs, as suas atribuições, a responsabilidade das equipas e dos agentes que as compuserem, a eventual responsabilidade penal e civil dos agentes, bem como concedeu prazo até 1 de janeiro de 2003 para que os Estados-Membros da UE transpusessem para os seus respetivos ordenamentos jurídicos essas disposições relativas às EICs.

Estas Equipas de Investigação Conjuntas têm grande relevância para medidas investigativas quando há pessoas coletivas envolvidas com organizações criminosas, sobretudo quando são empresas que possuem estruturas complexas e transnacionais, quer sejam meras empresas instrumentais para a concretização de outros crimes graves, quer sejam empresas que são centros ético-jurídicos para a prática de crimes (*v. g.*, crimes tributários e crimes económicos ou financeiros graves)[202].

monitorizadas em tempo real a partir de um centro de coordenação na Eurojust, resultaram na deteção de quase 4.000 kg de cocaína e grandes quantidades de outros estupefacientes, na apreensão de 2 milhões de euros e em 84 detenções." (Grifos no original).

[201] O apelo referente à criação de Equipas de Investigação Conjunta também foi tratado na *Convenção relativa ao Auxílio Judiciário Mútuo em Matéria Penal entre os Estados-Membros da União Europeia*, de 29 de maio de 2000.

[202] O Regulamento (UE) 2016/794, que institui a atual Agência da União Europeia para a Cooperação Policial (Europol), estabelece, no seu art. 3.º, que cabe à Europol apoiar e reforçar "a ação das autoridades competentes dos Estados-Membros e a sua cooperação mútua em matéria de prevenção e luta contra a criminalidade grave que afete dois ou mais Estados-Membros, o terrorismo e formas de criminalidade que afetem um interesse comum abrangido por uma política da União", constando na lista do anexo I: "terrorismo; *crime organizado*; tráfico de estupefacientes; *branqueamento de capitais*; crimes associados a material nuclear e radioativo; introdução clandestina de imigrantes; tráfico de seres humanos; tráfico de veículos roubados;

Destaca-se que a Resolução do Conselho (2017/C 18/01), de 19 de janeiro de 2017, atualizou e consolidou um modelo de acordo para a criação de equipas de investigação conjuntas no âmbito da União Europeia, que veio sendo aperfeiçoado desde as primeiras EICs instituídas após a Decisão-Quadro do Conselho 2002/465/JAI, de 13 de junho de 2002.

Além disso, destaca Weyembergh (2013, p. 179-186) o quanto são necessárias as atividades de integração e coordenação entre as agências de cooperação (como Europol e Eurojust) e com os Estados-Membros da UE, lembrando que tando a Europol quanto a Eurojust podem dar abertura a investigações, inclusive através das EICs[203]. Ressalta que essas atuações conjuntas dependem de uma relação de respeito, confiança e cooperação mútuos entre esses serviços, bem como em relação às autoridades nacionais, de forma a continuar aumentando a eficácia no cumprimento das respetivas atribuições, respeitando-se os direitos e liberdades fundamentais.

Neste rumo, percebem Weyembergh, Armada e Brière (2015, p. 261-287) que, apesar de alguns pontos de atrito entre as agências, decorrentes de diferentes culturas (a policial, voltada para a eficiência, proatividade e pragmatismo, com hierarquia definida, e a judicial, marcada pelo formalismo, típico da filosofia judicial, e pelas decisões em colegiado), diversas iniciativas têm aproximado essas agências, pois possuem muito mais pontos em comum do que divergências, como agências de cooperação, além de viabilizarem a conquista da confiança das autoridades dos Estados-Membros, comprovando sua

homicídio voluntário e ofensas corporais graves; tráfico de órgãos e tecidos humanos; rapto, sequestro e tomada de reféns; racismo e xenofobia; roubo e furto qualificado; tráfico de bens culturais, incluindo antiguidades e obras de arte; *burla e fraude*; *crimes contra os interesses financeiros da União*; *abuso de informação privilegiada e manipulação do mercado financeiro*; extorsão de proteção e extorsão; *contrafação e piratagem de produtos*; *falsificação de documentos administrativos e respetivo tráfico*; falsificação de moeda e de meios de pagamento; criminalidade informática; *corrupção*; tráfico de armas, munições e explosivos; tráfico de espécies animais ameaçadas; tráfico de espécies e variedades vegetais ameaçadas; *crimes contra o ambiente*, incluindo a poluição por navios; tráfico de substâncias hormonais e outros estimuladores de crescimento; abuso e exploração sexual, incluindo material relacionado com o abuso sexual de crianças e aliciamento de crianças para fins sexuais; genocídio, crimes contra a humanidade e crimes de guerra." (Grifos nossos).

[203] Previsões expressas no Tratado de Funcionamento da União Europeia, conforme art. 85.º, n.º 1, alíneas *a)* e *b)*; art. 88.º, n.º 2, alínea *b)*.

mais-valia para as investigações, para as demais ações de repressão ao crime e para a promoção de ações judiciais penais pelas autoridades nacionais.

Deste modo, têm trazido bons resultados as trocas de informações entre as agências, as regulares reuniões entre o Diretor-Executivo da Europol e o Presidente do Colégio da Eurojust, bem como os encontros entre os membros seniores de ambas as agências, além das avaliações mútuas que realizam e o Relatório Conjunto que produzem anualmente (enviado à Comissão e ao Conselho), criando sistemas conjuntos de avaliação e outras interações que têm aproximado muito esses serviços entre si e também com as autoridades nacionais, inclusive mediante as EICs, que reúnem os membros de ambas as agências e ampliam em muito as relações de confiança, que se tornam pessoais.

Ademais, são diversos os resultados alcançados também pelas EICs criadas pela própria Eurojust. O Relatório Anual da Eurojust relativo ao ano de 2020 (2021, p. 6-24)[204] informa que em 2020 a Eurojust teve 188 EICs que haviam iniciado em anos anteriores e 74 novas EICs em 2020, totalizando 262 equipas de investigação conjuntas[205], nas quais houve a participação da Europol de pleno direito em 40 EICs. Relata, ainda, que a Eurojust apoiou 8.800 investigações criminais transfronteiriças em 2020, confirmando uma tendência de crescente complexidade dos processos encaminhados para a Agência, os quais têm exigido um tempo de apoio mais longo.

E os números de operações suportadas e apoiadas pela Europol também continuam crescendo, conforme Relatório Europol 2019 (2020, p. 14-18): 632 em 2014, 812 em 2015, 1056 em 2016, 1496 em 2017, 1748 em 2018 e 1874[206] em 2019. Em 2019 também foram produzidos pela Europol 9.368 relatórios

[204] O Relatório Anual da Eurojust referente ao ano de 2020 (2021, p. 6) demonstra o crescimento contante do número de investigações apoiadas em cada ano: 2014, com apoio a 3401 investigações; 2015, com apoio a 4173 investigações, representando um acréscimo de 23%; 2016, com apoio a 4877 investigações, *i. e.*, um acréscimo de 17%; 2017, com apoio a 5608 investigações, significando um acréscimo de 15%; 2018, com apoio a 6654 investigações, *i. e.*, um acréscimo de 19%; 2019, com apoio a 7804 investigações, representando um acréscimo de 17%; 2020, com apoio a 8799 investigações, significando um acréscimo de 13%.

[205] Consta no Relatório Anual da Eurojust relativo ao ano de 2020 (2021, p. 9) que em 2018 a Eurojust teve 235 equipas conjuntas e 270 EICs em 2019, denotando os avanços na utilização deste importante instrumento de investigação de crimes graves, além de salientar um aumento anual do número de EICs com Estados terceiros (não pertencentes à União Europeia).

[206] Destes 1.874 apoios operacionais e suportes a investigações prestados pela Europol em 2019, conforme Relatório Europol 2019 (2020, p. 17), 20 envolviam a cooperação com 20 ou

operacionais em apoio a investigações em andamento e mais de 80 mil contribuições operacionais foram processadas.

Quanto às citadas equipas, a República Federativa do Brasil[207] firmou o Acordo Quadro de Cooperação entre os Estados Partes do Mercosul e Estados Associados para a Criação de Equipes Conjuntas de Investigação, em San Juan, em 2 de agosto de 2010. Este Acordo Quadro foi promulgado através do Decreto n.º 10.452/2020, de 10 de agosto[208], e a previsão de Equipas Conjuntas de Investigação no âmbito da América Latina já eram previstas, *v. g.*, na Lei n.º 13.344/2017, de 6 de outubro, que dispõe sobre prevenção e repressão ao tráfico interno e internacional de pessoas e sobre medidas de atenção às vítimas.

O referido Acordo Quadro estabelece que as autoridades competentes de um Estado Parte, quando estiverem encarregadas de uma investigação penal, poderão requerer a criação de uma Equipe Conjunta de Investigação às autoridades competentes de outro Estado Parte, quando essa investigação tiver por objeto comportamentos criminosos que, por suas características, exijam a atuação coordenada de mais de um Estado Parte. A ECI terá a faculdade de atuar dentro dos territórios dos Estados Partes que a criaram, conforme a ordem jurídica dos Estados onde a ECI estiver atuando.

Há que se destacar, também, que as Equipas de Investigação Conjuntas constam de modo expresso em Convenções das Nações Unidas e noutros instrumentos internacionais de repressão à criminalidade grave há mais de trinta anos, *v. g.*, na Convenção das Nações Unidas contra o Tráfico Ilícito de

mais países, 57 abrangiam entre 11 e 20 Estados, 198 envolviam entre 6 e 10 países e 1599 operações apoiadas envolviam até 5 Estados.

[207] O Governo brasileiro depositou, junto à República do Paraguai (responsável pela Presidência do Mercosul naquele período), o instrumento de ratificação ao Acordo Quadro de Cooperação entre os Estados Partes do Mercosul e Estados Associados para a Criação de Equipes Conjuntas de Investigação, em 11 de janeiro de 2019, o qual entrou em vigor para a República Federativa do Brasil, no plano jurídico externo, em 22 de maio de 2020.

[208] Recordaram os Chefes de Estados Partes do Mercosul e dos Estados Associados que assinaram o Acordo Quadro sobre a criaçãos de ECIs que "a Convenção das Nações Unidas contra o Tráfico Ilícito de Entorpecentes e Substâncias Psicotrópicas (Convenção de Viena); a Convenção das Nações Unidas contra o Crime Organizado Transnacional (Convenção de Palermo) e seus Protocolos Adicionais; e a Convenção das Nações Unidas contra a Corrupção (Convenção de Mérida), já preveem a instrumentação de investigações conjuntas".

Estupefacientes e Substâncias Psicotrópicas[209] (Viena, 19 de dezembro de 1988), na Convenção das Nações Unidas contra o Crime Organizado Transnacional[210] (Palermo, 15 de outubro de 2000) e na Convenção das Nações Unidas contra a Corrupção[211] (Mérida, 31 de outubro de 2003).

Entretanto, esses meios de investigação devem ser analisados continuamente tanto do ponto de vista da eficácia na promoção da segurança e da justiça, quanto na promoção da liberdade e da proteção efetiva dos direitos fundamentais. Inclusive o aumento constante do número de ações de cooperação da Europol e da Eurojust, utilizando instrumentos como os mandados de detenção europeus, as decisões de investigação europeias e as equipas de investigação conjuntas, devem ser avaliadas com isenção, para verificar se

[209] Consta na Convenção de Viena: "[...] Artigo 9.º Outras formas de cooperação e formação. 1 - As Partes cooperam estreitamente, de acordo com os seus respectivos sistemas jurídicos e administrativos, a fim de reforçarem a eficácia das acções de detecção e de repressão com vista a pôr termo à prática das infracções estabelecidas de acordo com o n.º 1 do artigo 3.º. Devem, nomeadamente, com base em acordos ou protocolos bilaterais ou multilaterais: [...] *c)* Se for caso disso, e se tal não se mostrar contrário ao respectivo direito interno, criar, tendo em conta a necessidade de proteger a segurança das pessoas e das operações, **equipas mistas** encarregadas de aplicar as disposições do presente parágrafo. Os funcionários de qualquer das Partes, membros dessas equipas, devem agir em conformidade com a autorização prévia das autoridades competentes da Parte em cujo território a operação tiver lugar. Em todos estes casos, as Partes interessados zelam para que seja plenamente respeitada a soberania da Parte em cujo território a operação tiver lugar; [...]" (Grifos nossos).

[210] A Convenção de Palermo prevê: "[...] Artigo 19.º **Investigações conjuntas**. Os Estados Partes comprometem-se a celebrar acordos bilaterais ou multilaterais por força dos quais, relativamente às matérias que são objecto de investigações, de procedimentos criminais ou de processos judiciais num ou em vários Estados, as autoridades competentes envolvidas possam estabelecer equipas de investigação conjuntas. Na ausência destes acordos, as investigações conjuntas podem ser decididas numa base casuística. Os Estados Partes em causa deverão assegurar que a soberania do Estado Parte no território do qual a investigação decorre seja plenamente respeitada." (Grifos no original).

[211] A Convenção de Mérida estabelece: "[...] Artigo 49.º **Investigações conjuntas**. Os Estados Partes deverão considerar a celebração de acordos ou outros instrumentos jurídicos, bilaterais ou multilaterais, por força dos quais, relativamente às matérias que são objecto de investigações, de processos ou de procedimentos judiciais num ou em vários Estados, as autoridades competentes envolvidas possam criar equipas de investigação conjuntas. Na ausência desses acordos ou outros instrumentos jurídicos, as investigações conjuntas podem ser decididas numa base casuística. Os Estados Partes em causa deverão assegurar que a soberania do Estado Parte em cujo território decorre a investigação seja plenamente respeitada." (Grifos no original).

decorrem apenas do aumento exponencial da criminalidade transfronteiriça ou também de outros fatores (isolados ou conjugados com aquele), como a expansão das normas penais, a ampliação dos poderes destas agências e das autorizações para adotarem, a cada nova edição de um regulamento ou de uma diretiva, medidas ainda mais restritivas ou compressoras de liberdades e direitos fundamentais, sem nenhum movimento ou resistência no sentido contrário.

Neste rumo, a Comissão Europeia ressalta os valores consagrados pela União Europeia em Comunicação[212] recente sobre a "Estratégia da UE para a União da Segurança COM(2020) 605 final", preconizando que a política de

[212] Consoante a Comunicação: "[...] A proteção dos cidadãos não pode ser alcançada através de ações isoladas dos Estados-Membros. Tirar partido dos nossos pontos fortes para trabalhar em conjunto nunca foi tão essencial, e a UE nunca teve tanto potencial para fazer a diferença. Pode dar o exemplo, reforçando o seu sistema global de gestão de crises e trabalhando dentro e fora das suas fronteiras para contribuir para a estabilidade mundial. Embora a responsabilidade pela segurança caiba em primeiro lugar aos Estados-Membros, os anos mais recentes mostraram de forma cada vez mais evidente que a segurança de um Estado-Membro depende da segurança de todos. A UE pode dar uma resposta multidisciplinar e integrada, ajudando os intervenientes no domínio da segurança nos Estados-Membros com os instrumentos e as informações de que necessitam. A UE pode também assegurar que a política de segurança continua assente nos nossos valores comuns europeus – respeitando e defendendo o Estado de direito, a igualdade e os direitos fundamentais e garantindo a transparência, a responsabilização e o controlo democrático – para dar às políticas a base correta da confiança. Pode criar uma União da Segurança genuína e eficaz, na qual os direitos e liberdades das pessoas são bem protegidos. A segurança e o respeito dos direitos fundamentais não são objetivos incompatíveis, mas sim coerentes e complementares. Os nossos valores e direitos fundamentais devem constituir a base das políticas de segurança, assegurando o respeito dos princípios da necessidade, da proporcionalidade e da legalidade, com as salvaguardas adequadas em termos de responsabilização e de recursos judiciais, permitindo simultaneamente uma resposta eficaz de proteção das pessoas, em especial das mais vulneráveis. Já existem instrumentos jurídicos, práticos e de apoio significativos, mas estes têm de ser reforçados e aplicados de forma mais eficaz. Foram realizados muitos progressos no sentido de melhorar o intercâmbio de informações e a cooperação com os Estados-Membros em matéria de serviços de informação e de restringir o perímetro de ação dos terroristas e dos criminosos. Mas os esforços continuam a ser fragmentados. A nossa ação deve ultrapassar as fronteiras da UE. Proteger a União e os seus cidadãos já não é apenas garantir a segurança dentro das fronteiras da UE, mas também abordar a dimensão externa da segurança. A abordagem da UE em matéria de segurança externa no âmbito da Política Externa e de Segurança Comum (PESC) e da Política Comum de Segurança e Defesa (PCSD) continuará a ser uma componente essencial dos esforços da UE para reforçar a segurança na União. A cooperação com os países terceiros e a nível mundial para fazer face a desafios comuns é fundamental para uma resposta eficaz

segurança da União Europeia deve assegurar, de forma eficaz, que esta "continua assente nos nossos valores comuns europeus – respeitando e defendendo o Estado de direito, a igualdade e os direitos fundamentais e garantindo a transparência, a responsabilização e o controlo democrático [...]"[213].

Esta bem-vinda cooperação e aproximação entre os Estados (e suas respetivas instituições) deve priorizar a harmonização dos sistemas penais e processuais penais, reforça Zuñiga Rodriguez (2016a, p. 67-68), pois se trata de um método que permite superar as dificuldades que exsurgem das diferenças nas legislações nacionais, evitando-se a simples imposição da assimilação, que causa vários conflitos jurídicos internos nos ordenamentos e dificulta a preservação de direitos, liberdades e garantias pessoais.

3.2. A Aproximação e a Harmonização dos Ordenamentos Jurídicos

A realidade social e económica das últimas décadas tem experimentado mudanças notáveis, com a globalização e os avanços assombrosos nas mais diversas áreas científicas e/ou tecnológicas, com reflexos nas relações humanas, económicas, culturais, ambientais, na própria demografia e em movimentos migratórios, com os consequentes reflexos, por óbvio, nas dinâmicas criminais, como relata Pinto (2013, p. 55). Acrescenta que a política e o direito não deixam de acompanhar essas mudanças sociais e criminais, além de tentarem influenciar (e serem influenciados por elas), refletindo de modo claro na Ciência Conjunta (total ou global) do Direito Penal[214] (sob os prismas da política criminal, da dogmática jurídico-penal e da criminologia).

e abrangente, sendo a estabilidade e a segurança das zonas vizinhas da UE crucial para a própria segurança da UE."

[213] Por outro lado, não se pode esquecer que a Comissão propôs uma série de ampliações dos poderes da Europol, através de proposta de Regulamento [2020/0349(COD)] que altera o Regulamento (UE) 2016/794 – Regulamento da Europol, apresentada pela Comissão ao Parlamento e ao Conselho.

[214] Destaca Roxin (1999, p. 47-48) que um Direito Penal moderno não é possível sem uma estreita e constante colaboração de todas as disciplinas parciais da ciência global do Direito Penal.

De facto, se por um lado a globalização e os avanços tecnológicos permitiram alguns avanços civilizatórios[215], por outro viés também trouxeram enormes desafios à Ciência Penal, sobretudo diante de fenómenos criminológicos como o terrorismo[216] e a expansão das organizações criminosas (que se tornaram transnacionais e adotaram avançadas estruturas empresariais, ou então são empresas legítimas com atividades legais que passaram a adotar programas criminosos). A situação é agravada devido ao uso político do medo instalado e à transmissão massiva (em tempo real) e repetida de ações criminosas pelos meios de comunicação social, com a consequente ampliação da sensação de insegurança no ventre da sociedade, afetando quase todas as pessoas e Estados.

Neste vértice, a criminalidade organizada é um fenómeno que atinge qualquer estrato social, faixa etária ou país[217], lembram Ferreira e Cardoso (2006,

[215] Como percebe Delmas-Marty (1999, p. 134-137), a "mundialização do direito" não se voltou apenas à globalização económica, pois também houve um processo (de certa forma contraditório) de universalização dos direitos humanos, de cariz pluralista, apesar dos riscos de fragmentação desses direitos, quer seja mediante instrumentos de proteção com alcance apenas regional e diferentes níveis de tutela dos direitos humanos, quer seja através do atendimento de apenas alguns desses direitos (porque podem ser separados em diferentes conjuntos de direitos).

[216] É importante destacar que tanto na União Europeia quanto no Brasil a criminalidade organizada e o terrorismo são tratados como crimes diferentes, em especial porque as organizações criminosas têm ânimo de lucro e/ou poder, e o terrorismo tem fins políticos e ideológicos. Este entendimento fica claro, *v. g.*, nas manifestações do Grupo Multidisciplinar sobre o Crime Organizado criado no âmbito da União Europeia, como na "Revision of doc. 6204/2/97 ENFOPOL 35 REV 2, based on doc. 8469/1/99 CRIMORG 55 REV 1 – Brussels, 3 august 2000, do Conselho Europeu (2000, p. 13), em que consta de modo expresso, após a descrição dos critérios que permitem identificar uma organização criminosa, a seguinte afirmação: "Crimes com motivação política (por exemplo, terrorismo) não se enquadram nesta categoria. Nem outros grupos que são difíceis de categorizar, como ativistas ecológicos que violam a lei [...]" (Livre tradução nossa). Do mesmo modo, no Brasil a Lei n.º 12.850/2013, de 02 de agosto, que define organização criminosa e dispõe sobre a investigação criminal, os meios de obtenção da prova, infrações penais correlatas e o procedimento criminal contra membros das organizações criminosas, deixa evidente esta diferenciação entre a criminalidade organizada e o terrorismo, pois no seu art. 1.º, § 2.º, II, estabelece que esta norma (referente às organizações criminosas) também será aplicada "às organizações terroristas, entendidas como aquelas voltadas para a prática dos atos de terrorismo legalmente definidos."

[217] Quanto ao tema, Valente (2012, p. 84-85) observa: "A *prevenção* e a *repressão* de crimes de *dimensão internacional* – p. e., terrorismo, tráfico de armas, tráfico de droga, branqueamento de bens e corrupção – que ameaçam a paz e a segurança supranacional devem estar subordinadas

p. 615-616), inclusive vitimando grupos inteiros de uma população ou região, podendo até comprometer a capacidade de sobrevivência de alguns Estados, setores económicos etc. Anotam que as organizações criminosas podem destruir os fundamentos ou estruturas, corroendo a segurança, a estabilidade e a soberania de alguns Estados, colocando em causa até a paz mundial quando se tornam um "quinto poder", um verdadeiro "Estado dentro de um Estado", pondo em causa o desenvolvimento da personalidade e da autonomia dos indivíduos, absorvidos pelos mecanismos da criminalidade organizada.

Deste modo, vemo-nos premidos entre a necessidade de proteger os direitos das pessoas diante de uma criminalidade inédita e a imprescindibilidade de resistir à tentação de exceder os limites nessa meta de diminuir a insegurança (real e imaginária), ressalta Anabela M. Rodrigues (2008, p. 292-293), para que o próprio núcleo da democracia não seja comprometido. Pergunta-se a autora, então, o que devemos "fazer para controlar o 'caos'", neste "mundo aberto e complexo", em que somos quase que obrigados a conviver com uma criminalidade inserida no próprio funcionamento da sociedade, ao mesmo tempo em que devemos criar um sistema que impeça esta criminalidade de nos submergir, de estabelecer e/ou consolidar uma hegemonia sobre as instituições sociais, económicas e estatais.

Aliás, do ponto de vista estrutural, a criminalidade da globalização tem, como anota Silva Sánchez (1998, p. 69-71), a característica de ser organizada, em que intervém uma coletividade de pessoas, como empresa e/ou organização criminosa, dissociando a execução material delitiva e a responsabilidade penal, em que o resultado lesivo e eventuais provas [legítimas que poderiam ser apresentadas perante o Poder Judiciário] costumam aparecer separados de maneira significativa, tanto no espaço quanto no tempo, das ações ou ordens dos sujeitos mais importantes desses programas criminosos. Sob o prisma material, reconhece a criminalidade da globalização como uma criminalidade dos poderosos, diante da magnitude dos seus efeitos, em geral económicos, mas também políticos e sociais, com capacidade notável de

à *ordem jurídica material válida nacional, regional e supranacional*. Os operadores estatais e supra estatais devem concretizar o *princípio da extraterritorialidade* através do *princípio da universalidade* do Direito penal e evitar que se gere a certeza da impunidade dos agentes de crimes negadores de um espaço de liberdade e de justiça por niilificação da topologia segurança."

desestabilizar mercados e de corromper funcionários públicos, altas autoridades e governantes.

Percebe-se, então, que diante dos deveres estatais de proteção dos bens jusfundamentais e do cada vez mais acirrado debate (ou disputa) entre as correntes minimalista e securitária, o Estado vê-se desafiado (e pressionado) de modo constante perante exigências (paradoxais) da sociedade, no sentido de proporcionar mais segurança **às pessoas** e, de modo simultâneo, assegurar mais liberdade para os cidadãos e menos intervencionismo estatal, num mundo em que as dinâmicas socioeconómicas se tornaram globalizadas.

Neste sentido, abordando a Teoria do Estado, Roxin (2018, p. 17, 39-41) concebe como princípio básico e como um dos fatores de legitimação do sistema penal de um Estado Democrático de Direito: "o poder estatal de intervenção e a liberdade civil devem ser levados a um equilíbrio, de modo que garanta ao indivíduo tanta proteção estatal quanto seja necessária, assim como também tanta liberdade individual quanto seja possível."

Diante deste panorama, no qual tem especial destaque a transnacionalização das relações humanas (e também da criminalidade), os Estados têm sido conduzidos a uma gradativa ampliação da cooperação internacional e da aproximação dos ordenamentos jurídicos, ao nível regional e/ou internacional, bem como das práticas policiais e judiciárias.

Na leitura de Anabela M. Rodrigues (2008, p. 292-294), fez-se necessário encontrar "formas vertebrantes" de uma política criminal comum, liberta das suas referências ou limitações estaduais, consubstanciada (de forma significativa) no Tratado de Amesterdão, em que se tornou visível a importância dada às questões judiciária e policial no interior da União Europeia, adotando-se um fórmula de grande simbolismo, ao vincular liberdade, segurança e justiça[218], num espaço (europeu) no qual já não haveria fronteiras internas.

Mais importante do que inscrever a cooperação judiciária penal no âmbito da UE, o Tratado de Amesterdão teve como sua "mais-valia" o facto de dotar os Estados-Membros de um projeto comum também em questões penais,

[218] O TUE (na versão de Amesterdão) estabeleceu, entre os objetivos da União Europeia: "a manutenção e o desenvolvimento da União enquanto espaço de liberdade, de segurança e de justiça, em que seja assegurada a livre circulação de pessoas, em conjugação com medidas adequadas em matéria de controlos na fronteira externa, asilo e imigração, bem como de prevenção e combate à criminalidade".

com uma cooperação ao nível da definição da política criminal dentro de um espaço comunitário, assevera Anabela M. Rodrigues (2008, p. 292-294). Analisa que este novo conceito jurídico de espaço (dentro do qual os mesmos valores são partilhados e defendidos) permitiu recuperar parte da "soberania perdida"[219] neste tempo das redes internacionais e dos fluxos transnacionais, face "à amplitude e à sofisticação tecnológica e financeira que mostram as organizações criminosas, num mundo em que a economia também se globalizou".

O "Tratado que estabelece uma Constituição para a Europa" (assinado em Roma, em 29 de outubro de 2004) manteve como objetivo proporcionar um espaço de liberdade, justiça e segurança no interior da União Europeia, inclusive alçando-o à segunda posição entre os demais objetivos comunitários, mas o art. I-14.º, n.º 2, *j)*, deste instrumento jurídico, de modo claro, estabeleceu que as competências seriam partilhadas entre a União e os Estados-Membros neste aspeto (espaço de liberdade, justiça e segurança) e noutros domínios, como mercado interno, ambiente, transportes, energia etc.

Por outro lado, demonstra preocupação Anabela M. Rodrigues (2008, p. 296-298) quanto a esta construção penal europeia em curso, diante de um possível desvirtuamento em que a criação "foge à vontade do criador", face às tensões entre "unidade e diversidade", uniformidade e particularismo, em que a seara penal poderia ficar submetida, salvo algumas nuances, às normas comunitárias, por meio de instrumentos baseados, *v. g.*, no princípio da adoção de decisões por maioria qualificada. Ressalta o cuidado que se deve ter na definição desta crescente política criminal europeia e dos princípios que irão regê-las, porque embora a harmonização seja inevitável, esta deve ser

[219] Segundo Anabela M. Rodrigues (2008, p. 294-295), percebeu-se que, se os Estados não promoverem uma cooperação ao nível da política criminal, leis penais continuarão sendo violadas de modo impune e generalizado, e que a "soberania da lei" não poderá ser restaurada senão através de um nível superior àquele dos Estados isolados, motivos pelos quais o Tratado de Amesterdão trouxe algo mais ambicioso em seu bojo do que apenas a cooperação judiciária em matéria penal, ao estabelecer um "espaço penal comum". Anota, ainda, que a sessão extraordinária do Conselho Europeu de Tampere (em 15 e 16 de outubro de 1999) e suas respetivas conclusões complementaram esta visão de um projeto comum, mediante os princípios do reconhecimento mútuo e da harmonização dos dispositivos de Direito Penal, fortalecidos também pela instituição de órgãos europeus.

realizada de modo pensado e equilibrado, fugindo à tentação de um rumo excessivamente securitário e repressivo[220], cuja tendência se percebe[221].

Essas políticas estão sendo delineadas num suposto "consenso", mas sobretudo sem um debate público ou participação democrática, criando um "fosso" ou uma "ausência de diálogo" entre o poder político e a sociedade civil, alerta Anabela M. Rodrigues (2008, p. 296-298), com o afastamento desta das relevantíssimas questões decididas quanto aos contornos da política criminal europeia (que avança a passos largos), entre as necessidades de proteção das liberdades e direitos do cidadãos e as exigências de eficácia na prevenção e repressão da criminalidade grave, da qual a criminalidade organizada é um exemplo paradigmático.

De outra banda, resta óbvio que a harmonização não é ou será um processo fácil, quer seja no âmbito da União Europeia, quer seja no cenário da comunidade internacional, ainda mais em se tratando de matéria penal,

[220] Há um evidente movimento, no âmbito legislativo da União Europeia, no sentido de aperfeiçoar e facilitar o "direito de punir" dos Estados-Membros, ressalta Anabela M. Rodrigues (2021, p. 9-48), num aparente "nivelamento por baixo" das garantias processuais, sendo que a previsão de instrumentos repressivos está em larga vantagem sobre as normas que visam assegurar os direitos, liberdades e garantias dos indivíduos. Entretanto, além da CEDH e da CDFUE, cita outras importantes normas comunitárias relativas à proteção de direitos, liberdades e garantias: a Diretiva 2010/64/UE, de 20 de outubro de 2010, relativa ao direito à interpretação e tradução em processo penal; a Diretiva 2012/13/UE, de 22 de maio de 2012, relativa ao direito à informação em processo penal; a Diretiva 2013/48/UE, de 22 de outubro de 2013, relativa ao direito de acesso a um advogado em processo penal e nos processos de execução de mandados de detenção europeus, e ao direito de informar um terceiro aquando da privação de liberdade e de comunicar, numa situação de privação de liberdade, com terceiros e com as autoridades consulares; a Diretiva (UE) 2016/343, de 9 de março de 2016, relativa ao reforço de certos aspetos da presunção de inocência e do direito de comparecer em julgamento em processo penal; a Diretiva (UE) 2016/800, de 11 de maio de 2016, relativa a garantias processuais para os menores suspeitos ou arguidos em processo penal; e a Diretiva (UE) 2016/1919, de 26 de outubro de 2016, relativa ao apoio judiciário para suspeitos e arguidos em processo penal e para as pessoas procuradas em processos de execução de mandados de detenção europeus."

[221] Segundo Vogel (2003, p. 138-139), desde antes da virada do século já se percebia de modo claro que estava sendo elaborada uma política criminal europeia, afetando tanto a *parte geral* (no que se refere à harmonização dos tipos de sanções, do direito penal internacional, da responsabilização penal das pessoas jurídicas), quanto de variados domínios da *parte especial*, *v. g.*, branqueamento de capitais, corrupção, abuso de informação privilegiada, proteção penal da concorrência, criminalidade organizada, tráfico de drogas, de pessoas, crimes contra o meio ambiente, terrorismo e outros.

que representa a mais conflituosa e agressiva relação entre o Estado e o ser humano, gerando sempre tensões também entre os Estados nos debates realizados em organismos internacionais.

De facto, cada Estado busca, na maioria das vezes, um consenso que atenda em maior proporção às suas particularidades económicas, legais e sociais, ressaltando-se que alguns Estados têm tendências mais securitárias e outros adotam um viés de maior proteção às liberdades, direitos e garantias pessoais, quando o ideal é o ponto de equilíbrio entre ambos, de modo a proporcionar liberdade e segurança aos cidadãos com justiça, em conformidade com as balizas constitucionais[222].

Neste vértice, divergências ainda mais agudas surgem entre os Estados quando as discussões envolvem a possibilidade de responsabilização penal das empresas, o alcance e a intensidade das respetivas sanções. E não é diferente quando se trata da possibilidade de responsabilizar pessoas coletivas por envolvimento com organizações criminosas.

Comente-se que o próprio termo "harmonização" é impreciso, somando-se ao facto de que não existe um programa de harmonização gradativo ou planejado, muitas vezes sendo escolhidos e adotados rumos no "calor dos factos" e não na "prudente velocidade do Direito Penal"[223], como restou

[222] Conforme tratamos em outra obra (Ziembowicz, 2020c, p. 239, 244), em muitas oportunidades a própria Autoridade Policial é o primeiro agente do Estado a operar como garantidor dos direitos fundamentais em situações referentes a crime, devendo tutelar tanto os direitos das vítimas e testemunhas, quanto dos suspeitos, dos acusados, dos condenados e dos presos, interpretando e executando as normas penais e processuais penais conforme as balizas constitucionais.

[223] Neste aspeto deve-se levar em conta, como alerta Bonini (2018, p. 239-250), que a sanção penal tem uma enorme significação e ressonância social, além do seu cariz aflitivo acentuado, exigindo do legislador, que tem em suas mãos um "momento de força muito precioso" decorrente dos fenómenos criminosos desta era da globalização, um comportamento racional, seletivo e proporcional, devendo utilizar o Direito Penal quando for "estritamente necessário" e, em especial, utilizando o caminho mais longo para desenvolvê-lo com equilíbrio e sobriedade, de modo gradual, consciente e como *ultima ratio*, não como um caminho mais curto e fácil para diminuir a pressão da opinião pública e oferecer respostas (apenas simbólicas) ineficazes e que agridem de modo intolerável alguns dos valores mais importantes da sociedade (inclusive liberdades e garantias do direito penal substantivo e processual), em contraposição às atribuições constitucionais do Estado-Legislador. Ademais, esta perceção e necessidade de uma "prudente velocidade do Direito Penal" também decorre do facto de que, como adverte Moccia (2000a, p. 29-50), a "legislação de emergência" não tem vindo acompanhada de um

demonstrado no período que se seguiu ao atentado de setembro de 2001, de evidente cunho securitário e redutor das liberdades, direitos e garantias.

Quanto ao tema, Calderoni (2008, p. 265-275) comenta que tanto o conceito de crime organizado (porque se confunde ou se sobrepõe à criminalidade económica, ao terrorismo e até mesmo à economia legal, entre outros fatores), quanto o conceito de harmonização do direito penal e processual penal, são complexos e confusos, tornando-os dependentes, portanto, de uma melhor definição e de um constante aperfeiçoamento. Observa que a harmonização é tratada de diferentes formas na literatura científica, ora como um objetivo, ora como um método ou como um processo, imprecisão que originou acalorados debates entre os céticos e os entusiastas da harmonização, diante de tão diversas opiniões e abordagens. Salienta, então, que a perspetiva com maior aceitação adota a conceção de que a "*harmonização* é o processo de (re)ordenar a relação entre os diversos elementos de acordo com um padrão prefixado, de forma a evitar ou eliminar o atrito", enquanto a *aproximação* "corresponde à ideia de tornar dois sistemas diferentes mais semelhantes, eliminando algumas das diferenças entre eles"[224].

Deve-se prosseguir, entretanto, nesta tentativa de melhor conceituar a harmonização, mesmo que não o seja de modo definitivo, até porque, nesse "tumulto acelerado" da sociedade tardo-moderna, mudanças e adaptações à realidade social e económica exigem, de certa maneira, constantes atualizações ou aprimoramentos nas definições e conceitos jurídicos.

No cenário jurídico internacional, como anota Pinto (2013, p. 79-80), o termo "harmonização" significa o ato de aproximar os dispositivos normativos dos Estados (reunidos numa organização e/ou por meio de tratados) mediante consenso, visando definir princípios ou padrões mínimos comuns em determinada matéria, preservando-se parcela da capacidade dos Estados de conformarem a norma internacional às suas ordens jurídicas internas, embora objetivando eliminar divergências e/ou distorções. Acrescenta, ainda, que apesar de diversos textos oficiais e doutrinais utilizarem a palavra

abrandamento posterior. Sustenta que, ao contrário, a "legislação de emergência" tem se consolidado e se tornado perene, caminhando apenas na direção securitária e de restrição de direitos e garantias penais e processuais, ignorando princípios penais basilares e o caráter subsidiário da intervenção penal.

224 Livre tradução nossa.

"harmonização" (nas diversas línguas que compõem a União Europeia), os Tratados não costumam utilizar o termo "harmonização" em matéria penal, empregando, desde o Tratado de Amesterdão (02 de outubro de 1997), expressões como "aproximação[225] [...] das disposições de Direito Penal dos Estados-Membros", "compatibilidade[226] das normas aplicáveis nos Estados-Membros" para melhorar a cooperação, ou adopção de medidas que estabeleçam "regras mínimas"[227] quanto aos elementos que constituem as infrações penais e as respetivas sanções.

A maior parte dos textos que utilizam este termo "harmonização" não costumam defini-lo, analisa Pinto (2013, p. 81-82), por considerá-lo autoexplicativo ou pela inconveniência de lhe impingir um conteúdo rígido ou limitativo. Cita, então, diversos textos oficiais da União Europeia, como as referidas conclusões do Conselho Europeu de Tampere e outras Decisões-Quadro do período, em que os documentos oficiais foram traduzidos em algumas línguas dos Estados-Membros da EU com a utilização do termo "harmonização, *harmonization*" e, em outras, com as palavras "*aproximación, rapprochement, ravvicinamento*", denotando a utilização das expressões harmonização e aproximação de modo indiferente.

Entretanto, Giacomolli (2018, p. 233-234) comenta que, diferente da uniformização, a *harmonização* admite e reconhece diferenças compatíveis, rompendo com a conceção dualista (e simplificadora) de conformidade ou desconformidade da norma nacional com a norma internacional, combinando um certo controle internacional com uma relativa flexibilidade para os Estados por ocasião da internalização no respetivo ordenamento jurídico, distanciando-se da imposição de uma única norma para todos, incompatível com a realidade imprecisa, instável e complexa da sociedade contemporânea.

Deste modo, compreende-se a harmonização como o acto ou efeito de harmonizar, e o verbo harmonizar como conciliar, fazer concordar, congraçar, pôr em harmonia, estabelecer harmonia entre partes, conformar-se, relacionando-se a harmonia a um todo em que as partes são ordenadas de forma equilibrada, amigável, pacífica, proporcional e afinada.

[225] Citem-se o art. 29.º e o art. 34.º, n.º 2, *b)*, do TUE, com as modificações estabelecidas pelo Tratado de Amesterdão, e o art. 67.º, n.º 3, art. 82.º, n.º 1 e art. 83.º, n.º 2, do TFUE.

[226] Conforme art. 31.º, *c)*, do TUE (Amesterdão).

[227] Disposto no art. 31.º, *e)*, do TUE (Amesterdão), e no art. 82.º, n.º 2, e art. 83.º, n.º 2, do TFUE.

Percebe-se de forma clara, portanto, que a harmonização aceita, inclusive, a existência de divergências ou posicionamentos diferentes, os quais são conciliados com proporcionalidade, equilíbrio e coerência, evitando conflitos, apesar de eventuais individualidades ou particularidades que venham a se contrapor. É neste caminho, em princípio, que a harmonização das normas penais e processuais penais deve continuar sendo desenvolvida, evitando que a criminalidade organizada encontre refúgio seguro em um ou mais Estados desta sociedade globalizada, quer seja para a prática de crimes, quer seja para salvaguardar os bens e valores provenientes das atividades criminosas ou para abrigar os líderes e membros das organizações criminosas.

3.3. As Convenções Internacionais e outras Iniciativas de Prevenção e Repressão à Criminalidade Organizada Transnacional

O empenho intergovernamental para enfrentar a criminalidade organizada transnacional tem empregado, de forma destacada, as Convenções[228] e demais instrumentos da ONU (Organização das Nações Unidas) de cariz criminal, em face dos múltiplos países que compõem esse organismo internacional e da relevante aceitação das normas que têm sido discutidas e elaboradas nesse organismo internacional, em grande parte transpostas ou rececionadas nos ordenamentos jurídicos dos países signatários[229]. Entre os instrumentos

[228] Consoante Machado (2019a, p. 170-175), ao estabelecer no art. 8.º da CRP que as normas e princípios do Direito Internacional Geral ou Comum fazem parte integrante do direito português, que as normas provenientes de organizações internacionais de que Portugal seja parte vigoram de modo direto na ordem interna (quando assim estabelecido nos respectivos tratados constitutivos) e que as normas previstas em Convenções Internacionais, desde que ratificadas ou aprovadas, passam a vigorar na ordem interna após a sua publicação oficial, durante o período em que vincularem internacionalmente o Estado Português, representam cláusulas de *recepção automática plena*, em evidentes termos monistas (e mesmo que algumas convenções demandem uma intermediação legislativa ou regulamentar, quando não forem autoaplicáveis), a serem tratadas pelos tribunais como normas jurídicas diretamente aplicáveis e vinculativas.

[229] Leciona Jorge Miranda (2016, p. 154-157) que o art. 8.º, n.º 2, da CRP, faz a vigência na ordem interna das normas que constam em Convenções Internacionais (que tiverem sido ratificadas ou aprovadas) depender apenas da sua publicação oficial, o que se revela compreensível, pois deve-se dar aos destinatários das normas um meio objetivo de conhecê-las, o que não afasta a regra de *recepção geral plena* neste caso específico.

adotados por meio da ONU, buscando a harmonização das normas penais e processuais penais dos países-membros, bem como a coordenação dos órgãos de prevenção, deteção e persecução penal dos Estados, destacam-se aqueles que tratam:

a) da criminalidade organizada transnacional[230];
b) da corrupção[231];
c) do branqueamento de capitais[232];
d) do terrorismo[233];
e) do tráfico de drogas[234];

230 Deu-se atenção especial nas Nações Unidas às organizações criminosas, nacionais e transnacionais, reconhecendo-se a sua significativa lesividade às estruturas estatais, económicas e sociais, bem como os sistemas de negócio (*crime as business*) e a corrupção circundantes, no decorrer do V Congresso das Nações Unidas sobre Prevenção do Crime e Tratamento dos Delinquentes (Genebra, Suíça, 1 a 12 de setembro de 1975), cujos debates envolviam representantes dos governos de mais de cem Estados.

231 O Decreto do Presidente da República n.º 97/2007, de 21 de setembro (Portugal), e o Decreto n.º 5.687/2006, de 31 de janeiro (Brasil), transpuseram aos respetivos ordenamentos jurídicos a Convenção das Nações Unidas contra a Corrupção, também chamada Convenção de Mérida, na qual foi reconhecida a transnacionalidade da corrupção, vindo a consolidar no âmbito internacional diversas medidas para prevenir e reprimir os atos de corrupção, além de incentivar o emprego de diferentes técnicas e sistemas de cooperação internacional, bem como indicar estruturas e padrões mínimos para o adequado enfrentamento à corrupção.

232 Desde a Convenção das Nações Unidas contra o Tráfico Ilícito de Estupefacientes e Substâncias Psicotrópicas, concluída em Viena em dezembro de 1988, os instrumentos multilaterais das Nações Unidas contra a criminalidade têm previsto medidas contra a lavagem de capitais, como as convenções contra o crime organizado transnacional, contra o terrorismo e contra a corrupção, por exemplo. Possuem enormes repercussões também as ações realizadas pelo GAFI/FATF (Grupo de Ação Financeira contra a Lavagem de Dinheiro e o Financiamento do Terrorismo) e pelo Grupo de Egmont (FMI), este composto por Unidades de Inteligência Financeira de mais de 150 Estados.

233 A Convenção Internacional para Supressão do Financiamento do Terrorismo (Nações Unidas, 1999) foi promulgada em Portugal através do Decreto n.º 31/2002, de 02 de agosto, e no Brasil por meio do Decreto n.º 5.640/2005, de 26 de dezembro. Devem ser citadas ainda a Convenção Internacional sobre a Supressão de Atentados Terroristas com Bombas (Nações Unidas, 1997) e a Convenção Internacional para a Supressão de Atos de Terrorismo Nuclear (Nações Unidas, 2005). Acrescente-se que outros instrumentos internacionais trataram do tema, referindo-se a atentados praticados em solo, em aeronaves, embarcações ou plataformas marítimas, contra agentes diplomáticos e contra cidadãos.

234 A Convenção das Nações Unidas contra o Tráfico Ilícito de Estupefacientes e Substâncias Psicotrópicas (Nações Unidas, 1988), foi ratificada em Portugal através do Decreto do

f) do tráfico de pessoas[235];
g) do tráfico de armas[236];
h) de crimes contra a humanidade.

Aliás, houve um renovado impulso na criação de normas internacionais de caráter penal nas duas últimas décadas, através de organismos intergovernamentais.

Por outro lado, em tom crítico, Bauman (2021b, p. 19-22) estimula a sociedade a verificar, em especial nos países ou regiões com reduzidos índices de criminalidade, se o Estado que fracassou na missão de proporcionar bem-estar social para os cidadãos não está, de forma deliberada, apenas se redefinindo como Estado da Segurança neste momento político e económico, em busca de legitimação como "Estado da Proteção Pessoal".

As atuais ansiedades, alimentadas pela sensação subjetiva de insegurança, não se justificam na maioria dos Estados desenvolvidos (que desfrutam de uma das sociedades mais seguras da história da humanidade), acrescenta Bauman (2021b, p. 61-63). Assinala que, ao contrário das evidências objetivas, as pessoas desses países desenvolvidos se sentem ameaçadas e amedrontadas, "apaixonadas" por tudo aquilo que se refere à segurança e à proteção, numa busca frenética (que parece incurável), como se a segurança total (ou absoluta) pudesse ser alcançada.

Presidente da República n.º 45/1991, de 06 de setembro, e no Brasil por meio do Decreto n.º 154/1991, de 26 de junho. Esta "Convenção de Viena", como ficou conhecida, foi concluída depois de duas outras convenções, que também haviam tratado do tema no âmbito das Nações Unidas: Convenção Única sobre Entorpecentes (em 1961), emendada por um protocolo de 1972, e a Convenção sobre Substâncias Psicotrópicas (de 1971).

235 O "Protocolo Relativo à Prevenção, Repressão e Punição do Tráfico de Pessoas, em Especial Mulheres e Crianças", e o "Protocolo Relativo ao Combate ao Tráfico de Migrantes por Via Terrestre, Marítima e Aérea", integram a "Convenção das Nações Unidas contra a Criminalidade Organizada Transnacional" (CNUCOT).

236 A Convenção das Nações Unidas contra a Criminalidade Organizada Transnacional, aprovada através da Resolução n.º 55/25 da Assembleia Geral, de 15 de novembro de 2000, teve adicionado o "Protocolo contra a fabricação e o tráfico ilícito de armas de fogo, suas peças, componentes e munições", através da Resolução n.º 55/255, em 31 de maio de 2001. O referido protocolo foi transposto ao ordenamento jurídico português pelo Decreto do Presidente da República n.º 49/2011, de 06 de maio, e ao brasileiro pelo Decreto n.º 5.941/2006, de 26 de outubro.

É neste vértice que Hassemer (1994, p. 65-69) acrescenta que sempre foram os regimes autoritários que tiveram como característica marcante (como na extinta Alemanha oriental) esta falsa (e acalentadora) promessa de uma sociedade totalmente "isenta do crime", havendo também em outros países uma certa obstinação em produzir "uma purificação da sociedade" mediante medidas penais e processuais penais que, a passos constantes, vão restringindo mais e mais as liberdades, os direitos e as garantias pessoais. Assinala que estas restrições a direitos fundamentais só têm aumentado nos últimos tempos e que os "arrochos nos parafusos do controle social" não terão fim, pois a meta de total erradicação da criminalidade jamais poderá ser alcançada, diante do facto de que em todas as sociedades em todos os tempos sempre ocorreram comportamentos desviados (criminosos e/ou danosos aos indivíduos e à sociedade). Conclui que a criminalidade, embora possa ser controlada e reduzida a baixos índices (mediante políticas de médio e longo prazos), sempre continuará existindo, e as soluções só poderão ser alcançadas mediante políticas que articulem o equilíbrio entre eficácia técnica dos órgãos de persecução penal e a proteção intransigente dos Direitos Humanos, combinados com outras políticas públicas que oportunizem, *v. g.*, moradia, emprego, saúde, educação, seguridade social, em especial aos mais vulneráveis.

Contudo, se no passado as tipologias de criminalização internacional pretendiam responsabilizar em especial os chefes de Estado e outros oficiais estatais por atos praticados no decorrer de confrontos armados entre nações ou em conflitos internos, no momento atual, estão sendo priorizadas pela comunidade internacional, de facto, a prevenção e a repressão por crimes envolvendo o terrorismo e as organizações criminosas, sobretudo as transnacionais, com capacidade de lesionar de modo amplo tanto a sociedade local, quanto a regional ou mundial.

Analisando-se o cenário global, verifica-se o quanto o Direito Penal tem ocupado espaço no âmbito internacional, pois as convenções internacionais e os tratados multilaterais com previsões penais já representam 281 instrumentos intergovernamentais[237], embora se sobreponham em muitos casos, conforme examina Bassiouni (2014, p. 221, 142-145), ao ressaltar que estabelecem:

[237] Anota Valente (2017a, p. 198-205), enfatizando os princípios da *legalidade* (e o conteúdo axiológico que consagra) e da *reserva de código* (representado pela indispensabilidade de uma

a) de forma expressa ou implícita, 71 (setenta e um) crimes de caráter internacional, previstos no Direito Internacional e julgados diante de organismos internacionais caso não ocorra o regular julgamento no respetivo Estado;

b) o dever ou o direito dos países de realizarem ações de cooperação entre eles em 98 (noventa e oito) vezes, para promoverem a persecução penal (nos âmbitos judiciário e policial) e a aplicação das penalidades estabelecidas;

c) deveres atribuídos aos países com o fim de proibir, impedir, processar e sancionar 190 (cento e noventa) ações ou omissões consideradas relevantes do ponto de vista penal, através da transposição aos ordenamentos jurídicos dos Estados, encarregados do processo e do julgamento dessas condutas.

Acrescente-se que, apesar das avançadas estratégias adotadas pela criminalidade organizada contemporânea, das estruturas de gestão empresariais e da enorme capacidade de adaptação que possuem, as organizações criminosas não deixaram de utilizar de modo habitual duas condutas criminosas adotadas há muito tempo, a corrupção e o branqueamento de capitais[238]. Esta interconexão entre a criminalidade organizada, a corrupção e o branqueamento de capitais, bem como a gravidade e a alta lesividade destas condutas, exsurge também do facto de serem algumas das poucas formas de criminalidade em que o TFUE reservou à União Europeia a possibilidade de legislar e estabelecer regras mínimas para a definição dos crimes e das sanções[239].

legislação clara e segura, que possa ser conhecida por todos e reúna num código único as condutas proibidas e as sanções consequentes, na seara penal), que a expansão de normas penais nesta "esquizofrenia legislativa" causa indeterminabilidade normativa e insegurança jurídica, em descumprimento ao dever estatal de apresentar a todo cidadão uma legislação penal escrita, prévia e claramente compreensível.

238 O "Relatório sobre o Crime Organizado e Grave na UE 2021 (SOCTA/OCTA)", apresentado pela Europol (2021, p. 18-21) divulga que 80% das organizações criminosas utilizam estruturas empresariais legais nas suas atividades, 68% realizam o branqueamento de capitais de modo regular e 60% utilizam a corrupção.

239 O Tratado de Lisboa (TFUE) estabeleceu: "Artigo 83.º. 1. O Parlamento Europeu e o Conselho, por meio de diretivas adotadas de acordo com o processo legislativo ordinário, podem estabelecer regras mínimas relativas à definição das infrações penais e das sanções em domínios de *criminalidade particularmente grave* com dimensão transfronteiriça que resulte

Em face do cenário atual, destaca-se também que, na prevenção e adoção de meios de repressão a esses delitos no âmbito internacional, podem ser demonstrados alguns dos mais importantes mecanismos proporcionados pela utilização da *soft law* para reforçar esses procedimentos que devem visar a segurança da sociedade e dos indivíduos. Entretanto, repisamos que sempre deve ser verificada a legitimidade das previsões desses instrumentos de política internacional[240], conforme pontua Valente (2017a, p. 127), sob a perspetiva de uma Política Criminal e de um Direito Penal que buscam equilíbrio entre a tutela da sociedade e a proteção da liberdade individual.

E mais: quanto aos meios e técnicas utilizados no decorrer da investigação criminal e/ou do processo penal (inclusive quando estamos diante emergência representada pelo crime organizado), além de *legitimidade normativa, i. e.*, aquela que emana de uma previsão legal (legitimada do ponto de vista constitucional e oriunda do órgão eleito pelos cidadãos para este fim), devem as medidas que restringem as liberdades, direitos e garantias fundamentais estarem dotadas também de legitimidade sociológica, alerta Valente (2009, p. 164-165), vistas como necessárias e úteis sob a perceção dos mesmos cidadãos, inclusive em relação à confiança depositada nos operadores policiais e judiciários. Esta perspetiva deve estar ainda mais densificada na legiferação de normas cogentes de nível internacional e na sua respetiva internalização, que depende tanto do labor e de uma apurada técnica (além de sensibilidade social, económica e política) do legislador ao transpor o instrumento jurídico supra estatal ou internacional ao seu ordenamento jurídico.

da natureza ou das incidências dessas infrações, ou ainda da especial necessidade de as combater, assente em bases comuns. São os seguintes os domínios de criminalidade em causa: terrorismo, tráfico de seres humanos e exploração sexual de mulheres e crianças, tráfico de droga e de armas, *branqueamento de capitais, corrupção*, contrafação de meios de pagamento, criminalidade informática e *criminalidade organizada*. Consoante a evolução da criminalidade, o Conselho pode adotar uma decisão que identifique outros domínios de criminalidade que preencham os critérios referidos no presente número. O Conselho delibera por unanimidade, após aprovação do Parlamento Europeu." (Grifos nossos).

[240] Muitas normas referentes ao branqueamento de capitais revelam-se preocupantes, anota Aguado-Correa (2019b, p. 99-122), em especial aquelas previstas em instrumentos jurídicos internacionais (como as diretivas da União Europeia), quando analisadas sob o prisma da legitimidade. Destacam-se (de modo negativo), *v. g.*, aquelas que permitem o confisco (perda de bens) sem que tenha ocorrido a condenação definitiva do arguido, restringindo direitos fundamentais dos indivíduos e desrespeitando o princípio da proporcionalidade.

Acrescente-se que um dos principais vetores da globalização, do ponto de vista dos direitos fundamentais e da proteção da dignidade do ser humano, conforma-se na doutrina do *international concern*, uma superação do *domestic affair*, como desenvolvido na teoria do R2P (*responsability to protect* – responsabilidade para proteger), como analisa Kosta (2012, p. 349-351), significando a abertura do direito de ingerência e uma necessidade civilizacional (após a Segunda Guerra Mundial).

Este mecanismo, que tem sido aperfeiçoado pela comunidade internacional, estabelece uma espécie de *direito-dever* de intervir quando um Estado violar os direitos humanos dos seus cidadãos ou não conseguir protegê-los, embora este instrumento esteja sofrendo algumas utilizações oportunistas e abusivas, que retiram a credibilidade desses sistemas difusores da "global-humanização" e desacreditam os agentes (atuais ou que estão por vir)[241]

[241] Preocupa-se Bauman (2021b, p. 21-30) com o facto de que aqueles países que deveriam liderar o processo de redução de conflitos e de promoção da paz, visando viabilizar um mundo mais pacífico e seguro, inclusive por estarem à frente do Conselho de *Segurança* da ONU, não aderem às iniciativas mais importantes nesta seara e, ao contrário, parecem semear o medo e obter alta lucratividade com a venda deste medo e de armas. Neste vértice, segundo a BBC News (2019, *passim*), "[...] relatório do Instituto Internacional de Pesquisa para a Paz de Estocolmo (Sipri, na sigla em inglês) aponta que Estados Unidos, Rússia, França, Alemanha e China responderam, nesta ordem, por 75% das exportações de armas no período entre 2014 e 2018. [...] Os Estados Unidos respondem por 36% das exportações mundiais, enquanto a França vende 6,8%, a Alemanha contribuiu com 6,4% e a China com 5,2% deste lucrativo mercado. Americanos, franceses e alemães aumentaram suas vendas se comparados os períodos 2009-2013 e 2014-2018. A Rússia, por sua vez, viu suas exportações despencarem 17%." Conforme o jornal alemão Deutsche Welle (2015), relatório aponta que as vendas de armas leves (fuzis, submetralhadoras, pistolas etc.) pela Alemanha continuam subindo: "Cresce exportação de armas alemãs [...] Apesar de ter prometido conter a exportação de armas, o governo alemão ainda está lutando para largar seu vício pelo lucro com a guerra. O último relatório de exportação de armas, divulgado pelo governo nesta quarta-feira (21/10), mostrou que o volume da venda de armas da Alemanha saltou de 2,2 bilhões de euros no primeiro semestre de 2014 para 3,5 bilhões de euros na primeira metade de 2015. A Alemanha continua a ser o quarto maior exportador de armas do mundo, atrás de Estados Unidos, Rússia e China. [...] Mas uma estatística do relatório não mencionada na declaração de imprensa derruba o suposto escrúpulo do ministério alemão a respeito das armas de pequeno porte. Uma análise mais cuidadosa revela que, enquanto o valor das vendas globais de armas leves, de facto, caiu substancialmente (de 21,3 milhões de euros para 12,4 milhões de euros), o valor dessas vendas para os chamados "Estados terceiros" (em outras palavras, países que não pertencem nem à Otan nem à UE) mais do que triplicou (de 1,4 milhão de euros para 5,7 milhões de euros). 'Este é o maior escândalo de todos', alerta Grässlin. 'Isto é uma catástrofe.' [...] Em outras

desta causa de enorme relevância nesta sociedade em ritmo acelerado de globalização.

Neste vértice, adverte Kosta (2012, p. 350-351) que o "Estado internacional de direito" ou "comunidade internacional de direito" tem problemas sérios de afirmação, em especial diante das ações e interesses das maiores potências (económicas e bélicas) mundiais. Exemplifica, citando o Estatuto de Roma do Tribunal Penal Internacional (TPI), que dispõe que esta Corte terá competência para julgar os crimes de guerra, de genocídio, contra a humanidade e de agressão, previsões estas que levaram a maior potência mundial (EUA) a adotar 3 linhas de ação: não alinharam com o TPI e com as suas normas, negociaram tratados bilaterais para que os cidadãos norte-americanos não sejam entregues pela contraparte ao TPI e, através do Conselho de Segurança da ONU, criaram obstáculos ao TPI referentes aos interesses dos EUA. No mesmo sentido, relata que o Presidente Bush (EUA) não ratificou o Protocolo de Kyoto, voltado para a redução da emissão de gases que causam o efeito estufa e o aquecimento global. Deste modo, conclui que o "limite da globalização são os interesses soberanos de uma ou poucas potências relevantes da comunidade internacional."

palavras, países do Oriente Médio, América do Sul, África e Leste Asiático que ou estão envolvidos em conflitos ou têm registros de problemas com direitos humanos estão recebendo uma avalanche de rifles, revólveres e outras armas alemãs de pequeno porte. No primeiro semestre deste ano, a Alemanha vendeu armas ou munições para Iraque, Kuwait, Jordânia, Líbano, Mali, Chile, Índia, Indonésia e Emirados Árabes Unidos (entre outros). Sem falar em veículos militares, navios e outros grandes equipamentos bélicos vendidos para Arábia Saudita, Argélia, Rússia, China e Israel – todos eles ou estão envolvidos em conflitos ou têm violações dos direitos humanos amplamente denunciadas." Neste sentido, destaca Bauman (2021b, p. 29), amparando-se em relatório conjunto da Anistia Internacional e da OXFAM, que as armas leves são as "verdadeiras armas de destruição em massa", pois ceifam cerca de meio milhão de vidas por ano. Não se pode esquecer, neste aspeto, o *Tratado de Comércio de Armas das Nações Unidas*, assinado em New York em 2 de abril de 2013, que entrou em vigor em 24 de dezembro de 2014, ratificado pela Alemanha (02.04.2014), França (02.04.2014), Reino Unido (02.04.2014), Portugal (25.09.2014), Brasil (14.08.2018) e adesão pela China em 06.07.2020, conforme registo das Nações Unidas referente ao Tratado de Comércio de Armas (UN, 2021b). Os Estados Unidos, embora tivessem assinado o Tratado e ratificado durante a gestão de Barack Obama, comunicaram à ONU em 18.07.2019, sob a presidência de Donald Trump, sua retirada do citado Tratado, deixando de ser um Estado-parte do referido instrumento jurídico internacional.

Diante destes fatores, reitera-se a acentuada necessidade de aperfeiçoamento das instituições estatais e de renovação dos seus métodos para que os Estados nacionais possam fazer frente à expansão das organizações criminosas (violentas e não violentas), que vêm adotando mecanismos avançados de atuação, gerenciamento e dissimulação das atividades criminosas, tornando-se transnacionais e ampliando a sua capacidade de se infiltrarem nas estruturas estatais, sociais e económico-financeiras (ou então iniciam suas atividades criminosas no seio de uma pessoa jurídica voltada de forma maioritária para atividades legítimas[242]), com elevado potencial para lesionar os pilares estruturantes da sociedade e provocar danos de enormes proporções a médio e longo prazos.

Considerações capitulares

A criminalidade organizada adquiriu alcance transnacional e tem se expandido, aproveitando as oportunidades, demandas e lacunas legais deste mercado económico e financeiro globalizado, que facilitou muito a circulação de pessoas, de bens, valores e outros agentes económicos. Esta dinâmica foi reforçada pelas constantes evoluções da tecnologia da informação, dos fluxos de capital, de bens e de trabalhadores, dos transportes (cada vez mais céleres e acessíveis), somadas à redução dos controles fronteiriços e à baixa capacidade dos Estados nacionais de imporem suas normas num contexto em que as relações e os processos também se tornaram transnacionais.

Diante deste cenário globalizado, em que não apenas as atividades legais, mas também as ações criminosas, têm alcance transnacional, até mesmo o conceito de território, enquanto expressão da soberania nacional, modificou-se, tendo em vista que as organizações criminosas não respeitam limites geográficos ou políticos, alastrando suas atividades a diferentes Estados. Esta atuação plurilocalizada, com renovados alcance e velocidade, inclusive dificulta a identificação dos autores das condutas criminosas e dos produtos dos

[242] Nas palavras de Foffani (2001, p. 55), deve-se verificar, de facto, se a economia (entendida como mercado económico), além de ser um campo privilegiado de invasão ou de expansão da criminalidade organizada que tem origem em outro campo da atividade humana, também não é uma fonte de novas e específicas formas de criminalidade organizada.

crimes, bem como as demais ações de repressão penal, ainda restritas aos respetivos limites territoriais dos Estados, salvo algumas exceções.

Esta transnacionalidade das atividades delitivas das organizações criminosas, das movimentações dos recursos financeiros e demais produtos do programa criminoso, impõem aos Estados a necessidade de promoverem a prevenção e a repressão a estas organizações criminosas conjugando esforços e estruturas estatais, mediante cooperação policial e judiciária, repensando conceitos como o de territorialidade da norma penal.

De facto, estes fenómenos criminológicos estão, em regra, interconectados, desenvolvendo-se em organizações, pessoas coletivas e redes, com flexibilidade e em contextos normalizados, vinculando territórios e ordens jurídicas diversas.

Em contraposição a esta expansão das organizações criminosas e da sua transnacionalização, uma relevante quantidade de normas penais e de medidas processuais penais estão sendo elaboradas em organismos intergovernamentais supra ou internacionais[243], para evitar que as organizações criminosas, seus membros e os produtos do crime encontrem Estados nos quais possam encontrar refúgio e liberdade para executar seus projetos criminosos, quer seja pela fragilidade da legislação penal ou processual penal, quer seja pela incapacidade de promover a repressão penal destas organizações criminosas e/ou a cooperação (policial e/ou judiciária).

Entretanto, esta imposição de padrões mínimos em relação aos comportamentos criminosos mais graves e as respetivas medidas penais e processuais penais, mediante instrumentos jurídicos gerados em organismos internacionais, cria uma certa tensão entre valores, princípios e interesses nacionais e a necessidade de harmonização entre os diferentes ordenamentos jurídicos. Neste processo, as mais agudas divergências entre os Estados se refletem justamente na possibilidade de responsabilizar as pessoas coletivas no campo penal, bem como quais devem ser o rigor e o alcance das respetivas sanções, em especial em se tratando de empresas conectadas à criminalidade organizada.

243 Nesta senda, o Direito Penal têm ocupado importante espaço no âmbito internacional, pois mais de duzentos e oitenta convenções internacionais ou tratados multilaterais estabeleceram previsões penais e medidas processuais penais relacionadas à criminalidade.

Por outro lado, tanto a harmonização das normas penais e processuais penais mediante a definição de *standards* mínimos, quanto a cooperação policial e judiciária em matéria penal, revelam-se indispensáveis para a prevenção e repressão das organizações criminosas e de outras formas de criminalidade graves com alta lesividade e alcance transnacional, como o terrorismo, exigindo a busca de equilíbrio entre a soberania nacional em matéria penal e a necessidade de harmonização das legislações[244].

Esta harmonização precisa avançar sobretudo no tratamento das pessoas coletivas, utilizadas pelas organizações criminosas na maior parte dos casos e tornando-se um relevante instrumento da criminalidade organizada, potencializando não apenas os lucros destas organizações, mas também os acentuados impactos negativos (sociais, económicos e estruturais) das atividades criminosas.

Perante este cenário a nível global, as mais relevantes Convenções Internacionais de prevenção e repressão à criminalidade organizada e a outras graves modalidades delitivas têm definido tipos penais comuns, a obrigatoriedade de persecução penal e meios diferenciados de investigação, cooperação policial e judiciária, apreensão e confisco de bens e produtos das atividades criminosas, bem como medidas relativas às pessoas coletivas, além do dever de extradição e de reconhecimento de determinadas decisões judiciais, dando novas roupagens e reforçando o *Princípio da Universalidade do Direito Penal.*

Desta maneira, viabiliza-se uma resposta uniformizada ou, no mínimo, harmonizada, a estes fenómenos criminológicos de alcance transnacional, oferecendo respostas globais à criminalidade global e transformando a Cooperação Judiciária Internacional em Matéria Penal num ramo do direito, gerando uma evolução constante (embora lenta) nos estudos científicos e institucionais sobre o tema e nas práticas policiais, forenses e jurisprudenciais, inclusive através dos avanços alcançados por agências como Interpol, Europol, Eurojust, Frontex, CEPOL, eu-LISA, EJN, OLAF e EMCDDA, agências estas que, na maioria dos casos, têm aperfeiçoado seus métodos e melhorado o

[244] Lembra Vital Moreira (2012, p. 508-509), inclusive, que o défice democrático na elaboração das normas supranacionais, a nível da União Europeia, *v. g.*, vem sendo corrigido desde o Tratado de Lisboa, através da ampliação da participação do Parlamento Europeu na definição das políticas comunitárias e do alargamento das suas competências nos campos legislativo, do orçamento e de aprovação de convenções internacionais.

relacionamento e a troca de informações entre elas, apesar de alguns conflitos advindos das respetivas especificidades e atribuições.

Estas agências também estão sendo atendidas por medidas legislativas que ampliam sua capacidade de atuação, como a possibilidade de formar equipas conjuntas de investigação para determinadas atividades com integrantes de mais de uma agência e de mais de um Estado, instituir cooperação com organismos privados, tratamento de dados pessoais etc. Por outro lado, também são de enorme importância as diferentes formas de fiscalização e controlo contra abusos e excessos exercidos pelo Parlamento Europeu, pela Comissão Europeia, pelas Cortes Europeias e por agências como a Autoridade Europeia para a Proteção de Dados (AEPD) e a Agência dos Direitos Fundamentais da União Europeia (FRA).

Repita-se, então, que neste afã de oferecer segurança (e retomar parte da legitimidade perdida nas últimas décadas) os Estados e os organismos supra e internacionais não podem descurar das liberdades, garantias e direitos previstos nos instrumentos jurídicos supra e internacionais de proteção dos direitos humanos, pois a liberdade, a segurança e a justiça devem ser mantidas em equilíbrio. Na mesma direção, exige-se também do legislador nacional, ao transpor os instrumentos jurídicos supra ou internacionais de matéria penal para o respetivo ordenamento jurídico, profundo labor e apurada técnica legiferativa.

Ademais, devem ser permanentes as medidas para acompanhar estes meios de investigação diferenciados como o mandado de detenção europeu, a decisão de investigação e a equipa de investigação conjunta, inclusive para promover uma correção de rumo quando for necessária, avaliando-se estas medidas até quanto à eficácia na promoção de justiça e de segurança, garantindo o respeito aos valores comuns, o Estado de Direito, a igualdade de tratamento e a proporcionalidade, viabilizando então a transparência, uma eventual responsabilização por excessos e também o controlo democrático.

TÍTULO II
DA ORGANIZAÇÃO CRIMINOSA EMPRESARIAL NO CENÁRIO INTERNACIONAL E DAS RESPOSTAS INTERGOVERNAMENTAIS E PRIVADAS

No cenário internacional desta sociedade tardo-moderna (Faria Costa), pós-industrial (Bell e Touraine), do risco (Ulrich Beck), líquida (Zygmunt Bauman), da globalização (Anthony Giddens) e da interlegalidade (Boaventura de S. Santos), ressalta Günther Anders (2011, *passim*) que entramos na era das organizações, em que as pessoas coletivas, sobretudo aquelas de maior dimensão, poder económico e político, têm papel decisivo na definição dos contornos e nos rumos da sociedade de países capitalistas.

Neste panorama, a criminalidade empresarial tem alcançado maior envergadura, inclusive com o envolvimento de inúmeras pessoas jurídicas em projetos delitivos de organizações criminosas com acentuada lesividade social e económica, como instrumentos para a lavagem de capitais e para a prática de outros comportamentos criminosos, ou então como centros ético-sociais para a prática de diversos e graves crimes.

Deste modo, tentar controlar as organizações criminosas através da acusação, da condenação e da execução de penas privativas de liberdade pelos seus membros tem se revelado "totalmente ineficaz", analisam Ferreira e Cardoso (2006, p. 626-628), pois se trata de uma metodologia que possibilita aos demais membros das organizações e às estruturas gerenciais e económico-financeiras continuarem a desenvolver as atividades do programa delitivo, inclusive enquanto eventuais líderes ou membros estão presos ou refugiados em outros locais.

Neste vértice, os estudos de agências internacionais de prevenção e repressão à criminalidade organizada, bem como as convenções e tratados multilaterais referentes à criminalidade grave de nível internacional, têm elevada importância, inclusive por direcionarem especial atenção às estruturas que são utilizadas para o fim de executar os programas criminosos contemporâneos, que costumam proporcionar alta lucratividade aos infratores, mas também provocam acentuados impactos negativos aos bens jurídicos essenciais das mais diferentes comunidades e indivíduos.

Por esses motivos, tanto as investigações quanto as demais ações de persecução penal devem estar voltadas para a descoberta das estruturas económicas e empresariais da criminalidade organizada, sobretudo aquelas da economia legal, permitindo conhecer o programa criminoso e os seus respetivos sistemas, além da responsabilização de todos os membros e colaboradores que cooperam com o projeto criminoso (como os operadores financeiros, os consultores económicos ou jurídicos etc.).

Para este fim e, também com o objetivo de confiscar os produtos do crime e descapitalizar as organizações criminosas, exige-se um alto nível de cooperação policial e judiciária, além de uma adequada harmonização das normas penais e processuais penais, de modo a evitar que as organizações criminosas encontrem refúgio seguro para seus membros e para as vantagens dos crimes em qualquer Estado.

CAPÍTULO 1
DA ORGANIZAÇÃO CRIMINOSA E DA CONVENÇÃO DAS NAÇÕES UNIDAS CONTRA A CRIMINALIDADE ORGANIZADA TRANSNACIONAL (CONVENÇÃO DE PALERMO OU CNUCOT)

Diante da expansão das organizações criminosas, da sua transnacionalidade[245] e dos danos plurilocalizados que vinham se alastrando[246], a criminalidade organizada passou a ser considerada um problema estratégico pela comunidade internacional, tornando-se uma prioridade nas discussões intergovernamentais.

O Secretariado da ONU (UN, 1990, p. 6-9) apresentou relatório durante o VIII Congresso das Nações Unidas sobre Prevenção de Crime e Tratamento

245 A Convenção das Nações Unidas contra o Crime Organizado Transnacional (CNUCOT) dispõe que haverá a transnacionalidade do delito quando a infração: "for cometida em mais de um Estado; for cometida num só Estado, mas uma parte substancial da sua preparação, planejamento, direção ou controle tenha lugar noutro Estado; for num só Estado, mas envolva a participação de um grupo criminoso organizado que pratique atividades criminosas em mais de um Estado; ou for cometida num só Estado, mas produza efeitos substanciais noutro Estado."

246 Lembra Tavares (2018, p. 17) que a comunidade internacional já havia realizado importantes debates sobre as organizações criminosas com alcance transnacional e tráfico de drogas no início do século passado, nas Conferências Internacionais de Shangai (1909), Haia (1911), Genebra e Bangkok (entre 1924 e 1935).

dos Criminosos, em 1990, constatando uma expansão vertiginosa da criminalidade organizada transnacional[247], ancorada nos avanços tecnológicos e meios de comunicação sofisticados, na liberação e ampliação das atividades e relações económicas, comerciais, financeiras e de transporte internacionais.

Demonstrou-se naquela oportunidade que o crime organizado, de forma generalizada, estava usando empresas legítimas e os mais avançados métodos de gestão nos seus empreendimentos, de maneira eficiente e com alta rentabilidade, empregando a violência apenas em caso de extrema necessidade, tendo em vista que atrai a atenção indesejada dos órgãos de repressão estatais e causa repulsa social.

A partir daquele momento, em 1990, a Organização das Nações Unidas deixou de reputar a criminalidade organizada como um dos problemas da humanidade e passou a considerá-la como um *problema estratégico*, ou seja, de decisiva e acentuada relevância para a humanidade.

Alguns anos depois, uma série de relatórios produzidos por um Grupo Multidisciplinar sobre Crime Organizado[248], cuja missão era harmonizar o tratamento de informações sobre a criminalidade organizada entre os Estados-Membros da União Europeia, resultaram na emissão de uma série de recomendações, adotadas pela UE mediante aprovação pelo Conselho, em 07 de julho de 2000 (CE, CRIMORG 107 2000). Assim, também a UE reputou a criminalidade organizada transnacional (e o terrorismo) como problemas estratégicos, com a consequente repercussão nas ações comunitárias posteriores[249].

[247] Desde o V Congresso das Nações Unidas sobre Prevenção do Crime e Tratamento dos Delinquentes, realizado em Genebra, de 1 a 12 de setembro de 1975, representantes dos governos de mais de cem Estados destacavam o alcance transnacional e os acentuados danos plurilocalizados que vinham sendo provocados pela criminalidade organizada, bem como a utilização recorrente da corrupção e de empresas da economia legal pelas organizações criminosas.

[248] Entre os relatórios e estudos produzidos, destacam-se: Doc. n.º 6204/2/97 (ENFOPOL 35 REV 2), Doc. n.º 11686/99 (CRIMORG 145 ENFOPOL 66) e Doc. n.º 12669/99 (CRIMORG 166).

[249] Podem ser citadas, *v. g.*, as previsões específicas na estratégia europeia de segurança referente à dimensão externa (dezembro de 2003) e na estratégia europeia de segurança interna (fevereiro de 2010).

Neste contexto, teve especial relevância a Convenção das Nações Unidas contra a Criminalidade Organizada Transnacional (CNUCOT)[250], concluída em Palermo em novembro de 2000, caracterizada por Zuñiga Rodriguez (2016a, p. 69-70) como um enorme, longo e louvável esforço da comunidade internacional, através da Organização das Nações Unidas, para conceituar as organizações criminosas e estipular alguns *standards* (padrões mínimos) para a prevenção e a repressão à criminalidade organizada transnacional.

1.1. A Convenção de Palermo e o Conceito de Organização Criminosa

A Convenção das Nações Unidas contra a Criminalidade Organizada Transnacional (Convenção de Palermo ou CNUCOT) tem sido criticada, em especial por ter sido muito influenciada pelo direito anglo-saxão e por tentar implantar a noção de *conspiracy* (utilizado em países que adotam a *common law*), ao tipificar o "crime organizado" de modo difuso e alargado[251]. Esta é uma técnica conflitante com a prática jurídico-penal da Europa continental

[250] Em síntese, a CNUCOT previu os seguintes termos: "[...] *a)* 'Grupo criminoso organizado' é um 'grupo estruturado de três ou mais pessoas, existindo durante um período de tempo e actuando concertadamente com a finalidade de cometer um ou mais crimes graves ou infracções estabelecidas na Convenção, com a intenção de obter, directa ou indirectamente, um benefício económico ou outro benefício material;' *b)* 'Crime grave' é um 'acto que constitua uma infracção punível com uma pena privativa de liberdade não inferior a 4 anos ou com pena superior;' *c)* 'Grupo estruturado' é um 'grupo formado de maneira não fortuita para a prática imediata de uma infracção e cujos membros não tenham necessariamente funções formalmente definidas, podendo não haver continuidade na sua composição nem dispor de uma estrutura desenvolvida' [art. 2º]; *d)* a Convenção 'aplica-se à prevenção, à investigação e à repressão dos crimes de participação num grupo criminoso organizado, crimes graves, branqueamento do produto do crime, corrupção, obstrução da justiça num processo relacionado' aos precitados delitos [art. 3º]." Comente-se que a CNUCOT foi aprovada na União Europeia por meio da Decisão do Conselho n.º 2004/579/CE, de 29 de abril de 2004, e promulgada em Portugal através do Decreto do Presidente da República n.º 19/2004, de 02 de abril, e no Brasil, mediante o Decreto n.º 5015/2004, de 12 de março.

[251] Neste sentido, Anabela M. Rodrigues (2019, p. 44) entende que a conceituação de crime organizado da CNUCOT é vaga e imprecisa. Por seu turno, Valente (2019a, p. 16-17) assevera que a tipologia empregada na Convenção de Palermo, referente à organização criminosa, possui técnica deficiente e difusa, provocando insegurança jurídica e vulgarizando uma matéria de extrema importância para a sociedade.

(*civil law*), por conter uma conceituação demasiado ampla[252], adotar muitas das características do direito penal do inimigo e, de certa forma, omitir-se em relação ao facto de que as organizações criminosas são encontradas nas estruturas sociais e económicas dos Estados.

De facto, a criminalidade organizada não representa "um grupo de estrangeiros inadaptados" ou "os outros", mas sim uma parcela da própria sociedade à qual pertence, pontua Zuñiga Rodriguez (2016a, p. 69-70). Revela suma importância esta perceção, pois não se tornará possível enfrentar a criminalidade organizada (nacional e transnacional)[253] sem o conhecimento necessário sobre os seus métodos contemporâneos (que continuam evoluindo e se diversificando de maneira constante) e sobre a sua capacidade de infiltração nas estruturas sociais, económicas e estatais[254], de modo a tornar mais racional, inclusive, o emprego dos escassos recursos dos quais dispõem os órgãos de repressão penal para a persecução penal desta criminalidade com elevada capacidade de causar danos ao tecido social e à própria democracia.

[252] Comenta Zaffaroni (1996, p. 58-61) que as primeiras tentativas para criar o conceito ético-jurídico e tipificar o delito de organização criminosa (pertencer, coordenar etc.) foram frustradas cientificamente (apesar do êxito no campo político), justamente porque continham ideias difusas e indefinidas (sem limites certos) e causavam insegurança jurídica, em formato incompatível com a *civil law* (codificada).

[253] A CNUCOT prevê (art. 3º, n.º 2) a transnacionalidade da infração se: "*a)* For cometida em mais de um Estado; *b)* For cometida num só Estado, mas uma parte substancial da sua preparação, planeamento, direcção ou controlo tenha lugar noutro Estado; *c)* For cometida num só Estado, mas envolva a participação de um grupo criminoso organizado que pratique actividades criminosas em mais de um Estado; ou *d)* For cometida num só Estado, mas produza efeitos substanciais noutro Estado."

[254] Argumenta Valente (2019a, p. 25-29) que a *organização criminosa* divide-se em criminalidade organizada violenta (tráfico de pessoas, drogas, armas e outros) e criminalidade organizada não violenta (caracterizada pela corrupção pública e privada, por manipular o mercado de valores mobiliários e cometer crimes tributários, branquear capitais, desviar subvenções e subsídios financeiros etc.), diferenciando-se da *criminalidade meramente estruturada* porque a *criminalidade verdadeiramente organizada* tem quatro traços que podem paralisar, total ou parcialmente, os poderes estatais: *a)* são intangíveis e impenetráveis em grande medida, devido à forte mescla com as atividades lícitas e com muitas estruturas do Estado ou civis, dificultando ou inviabilizando as ações dos órgãos de persecução penal; *b)* os líderes e gerentes da organização mantêm-se ocultos e desvinculados de atividades propriamente criminosas, restando apenas a visibilidade dos autores materiais dos delitos; *c)* indeterminabilidade e difusidade das vítimas nos delitos que estruturam a organização, em especial da não violenta; *d)* elevado grau de danos a médio e longo prazos.

Acrescente-se que é imprescindível ao Estado esta consciência (e o direcionamento das ações e políticas criminais de acordo com esta compreensão) quanto às modernas técnicas de gestão das organizações criminosas, quanto aos mais contundentes prejuízos causados pela macrocriminalidade (*criminalidade organizada empresarial ou avançada*) em relação às lesões provocadas pela *criminalidade organizada violenta*, além da adequada diferenciação entre a *criminalidade (realmente) organizada* e a *criminalidade de massa* (ou criminalidade de rua, que apenas manifesta uma mínima estruturação, caracterizando, no máximo, uma associação criminosa)[255].

Por outro lado, apesar da conceituação jurídico-penal difusa e alargada utilizada pela Convenção de Palermo para definir organização criminosa (com base no conceito de *conspiracy* anglo-saxão), não era possível vislumbrar outra fórmula para a criação de padrões mínimos para enfrentar este fenómeno, de modo a alcançar uma concordância da maioria dos países que compõem as Nações Unidas, porque:

a) a Convenção representou um interesse partilhado por mais de cento e vinte Estados que participaram das discussões e a aprovaram durante

[255] Na ordem jurídica portuguesa, o termo "organização" está previsto no art. 299.º do Código Penal, no Código de Processo Penal e na legislação esparsa. O Código Penal português estabelece: "[...] **Associação criminosa - Artigo 299.º** - 1. Quem promover ou fundar grupo, organização ou associação cuja finalidade ou actividade seja dirigida à prática de um ou mais crimes é punido com pena de prisão de um a cinco anos. 2. Na mesma pena incorre quem fizer parte de tais grupos, organizações ou associações ou quem os apoiar, nomeadamente fornecendo armas, munições, instrumentos de crime, guarda ou locais para as reuniões, ou qualquer auxílio para que se recrutem novos elementos. 3. Quem chefiar ou dirigir os grupos, organizações ou associações referidas nos números anteriores é punido com pena de prisão de dois a oito anos. 4. As penas referidas podem ser especialmente atenuadas ou não ter lugar a punição se o agente impedir ou se esforçar seriamente por impedir a continuação dos grupos, organizações ou associações, ou comunicar à autoridade a sua existência de modo a esta poder evitar a prática de crimes. 5. Para os efeitos do presente artigo, considera-se que existe grupo, organização ou associação quando esteja em causa um conjunto de, pelo menos, três pessoas, actuando concertadamente durante um certo período de tempo." No Brasil, prevê-se o delito de associação criminosa no art. 288.º do CP, diferenciando-o da infração relativa a quem integrar ou exercer o comando de uma organização criminosa, prevista no art. 1.º, §1.º, da Lei n.º 12.850/2013, de 02 de agosto. Lê-se no CP brasileiro: "[...] **Associação Criminosa - Art. 288.** Associarem-se 3 (três) ou mais pessoas, para o fim específico de cometer crimes. Pena - reclusão, de 1 (um) a 3 (três) anos. Parágrafo único. A pena aumenta-se até a metade se a associação é armada ou se houver a participação de criança ou adolescente."

Assembleia Geral das Nações Unidas, envolvendo países de diferentes culturas, valores sociais e condições económicas, com as mais diversas ordens jurídicas[256];

b) a CNUCOT destinava-se tanto a países que utilizam a *civil law* quanto àqueles que adotam a *common law*;

c) as discussões sobre o tema vinham ocorrendo desde o V Congresso das Nações Unidas sobre Prevenção do Crime e Tratamento dos Delinquentes, realizado em 1975;

d) existia o consenso entre os governantes de que o fenómeno não poderia ser debatido *ad infinitum*, pois as organizações criminosas continuavam evoluindo e adotando sistemas gerenciais e empresariais avançados e fluidos, com elevada capacidade de provocar danos a curto, médio e longo prazo, obrigando a adoção urgente de ações coordenadas mínimas dos países para enfrentarem este fenómeno e inviabilizarem refúgios seguros para as organizações criminosas praticarem suas atividades criminosas, evitarem as sanções penais e ocultarem os produtos do crime;

e) aprofundava-se a capacidade de adaptação das organizações criminosas às novas oportunidades económico-financeiras e aos mercados de bens e serviços ilegais que surgiam, bem como aos novos métodos de deteção, prevenção e repressão empregados pelos órgãos dos Estados encarregados da persecução penal, *i. e.*, um sistema engessado e fechado para prevenir e reprimir os seus crimes se tornaria obsoleto em pouco tempo;

f) as organizações criminosas possuem diversos e multifacetados perfis, além de empregarem variadas técnicas e diferentes procedimentos criminosos, dependendo do local e do momento de atuação, tratando-se de um dos maiores desafios contemporâneos à ordem jurídica dos Estados (e internacional)[257];

[256] Para Vogel (2005, p. 126), faz-se necessário abandonar a ideia de uma ciência penal centrada só num determinado Direito Positivo, promovendo-se uma abertura metodológica que desenvolva um intercâmbio entre diferentes culturas jurídico-penais, sobretudo em face da criminalidade globalizada, com alcance e repercussão mundial.

[257] Esta foi a conclusão de Calderoni (2010, *passim*), após realizar abrangente pesquisa sobre a transposição dos tópicos estabelecidos pela CNUCOT e pela Decisão-Quadro 2008/841/JAI aos países-membros da União Europeia.

g) a CNUCOT e a maioria dos instrumentos intergovernamentais de caráter penal preveem que cada país deverá adotar as medidas necessárias (tanto legislativas quanto administrativas) para assegurar o cumprimento dos compromissos assumidos mediante o tratado multilateral ou convenção, de acordo com os princípios essenciais do seu ordenamento jurídico[258].

Neste aspeto, compartilhamos o ponto de vista de Calderoni (2010, p. 167), quando sustenta a extrema relevância que os Estados alcançam na transposição da Convenção de Palermo para a sua respetiva legislação, moldando os conceitos e os procedimentos aos princípios fundamentais, em especial aqueles delineados na Constituição[259] ou que se refiram aos direitos humanos, superando conceitos ou expressões vagas ou imprecisas da CNUCOT e da citada Decisão-quadro.

Acrescente-se que o Estado, tanto ao legislar (para transpor a Convenção) quanto ao julgar[260] (e firmar a jurisprudência) deve definir e moldar um

[258] Comente-se que a margem de discricionariedade se torna muito mais estreita em países como aqueles que compõem a União Europeia, submetidos também ao direito supranacional.

[259] A interpretação deve ser realizada conforme a Constituição, como lecionam Konrad Hesse (1991, *passim*; 1998, *passim*), Peter Häberle (1997, *passim*) e Karl Larenz (2019, p. 479), ressaltando-se os efeitos que os princípios ético-jurídicos constitucionais referentes aos direitos humanos irradiam sobre toda a ordem jurídica de um Estado de Direito Democrático digno deste nome.

[260] Refira-se, neste sentido, ao julgamento do Acórdão do Supremo Tribunal de Justiça português no processo n.º 18/07.2GAAMT.P1.S1, de 27.05.2010, cujos fundamentos legais e doutrinários foram utilizados como argumentos em dezenas de outras decisões do STJ e continuam sendo usados até a atualidade, como no Acórdão do STJ no processo n.º 206/18.6JELSB.L2.S1, de 03.11.2021, e em Tribunais de Relação: "[...] XII – O crime de associação criminosa configura-se como um crime de comparticipação necessária; para que a organização exista indispensável se torna a comparticipação de vários agentes, com ressalva da modalidade de acção traduzida na "promoção" – Figueiredo Dias, "Associações Criminosas", pág. 65 e Comentário Conimbricense, § 43, pág. 1172. XIII – Como anotado por Eduardo Correia (cf. Problemas fundamentais da comparticipação criminosa, Coimbra, 1951, págs. 45-46), os tipos cuja realização supõe a colaboração ou intervenção de várias pessoas, exigindo conceitualmente a intervenção de várias pessoas, dão lugar a uma comparticipação necessária, onde se distinguem dois grupos: os delitos de colisão ou de encontro e os delitos convergentes, aqui se incluindo aqueles crimes em que as condutas dos vários sujeitos não se dirigem umas de encontro às outras, mas convergem para a realização de um certo resultado. XIV – Do mesmo modo, Paulo Pinto Albuquerque (Comentário do CP, UCE, 2008, pág. 753) situando

sistema que torne mais claras e detalhadas as criminalizações, bem como as demais medidas previstas na Convenção, em cumprimento ao princípio da

a associação na modalidade de crime de convergência, ou seja, aquele em que os contributos dos vários comparticipantes para o facto se dirigem, na mesma direcção, à violação do bem jurídico. XV – Cavaleiro Ferreira, in Lições de Direito Penal, Editorial Verbo, 1987, 2.ª edição, I, pág. 360, refere que os crimes plurissubjectivos ou de participação necessária, são os que, por sua natureza, só podem ser cometidos por uma pluralidade de agentes, sendo, então, a pluralidade de agentes, elemento essencial da estrutura do crime. XVI – Escreveu o autor, a págs. 363-364, que, "entre os crimes de participação necessária contam-se, no CP, o crime de associações criminosas (art. 287.º) e o crime de organizações terroristas (art. 288.º). Ambos os crimes constituem materialmente uma antecipação da tutela penal, para além da conspiração e da preparação de qualquer crime; e neste aspecto, pouco condizentes com a restrição da punibilidade, admitida em princípio, das várias fases do iter criminis." XVII – Formalmente, o crime de associações criminosas "é um crime autónomo, diferente e separado dos crimes que venham a ser deliberados, preparados ou executados. (...) O crime consuma-se com a fundação da associação com a finalidade de praticar crimes, ou – relativamente a associados não fundadores – com a adesão ulterior. Haverá sempre que distinguir claramente o crime de associações criminosas dos crimes que venham a ser cometidos por todos ou alguns dos associados; entre um e outros haverá concurso de crimes. Caracteriza a associação o fim que se propõe: a prática de crimes. Mas sendo de excluir os crimes que não possam por qualquer modo a considerar-se ofensivos da «paz pública», ou de ramos de Direito Penal especial, bem como de contra-ordenações. Como associação, basta que tenha o mínimo de dois associados, mas pressupõe uma chefia e uma disciplina ou norma de funcionamento da organização." XVIII – Por conseguinte, o crime de associação criminosa consuma-se independentemente do começo de execução de qualquer dos delitos que se propôs levar a cabo, bastando-se com a mera organização votada e ajustada a esses fins, sendo certo que o facto de a associação ser já de si um crime conduz a que os participantes nela sejam responsabilizados pelos delitos que eventualmente venham a ser cometidos no âmbito da organização, segundo as regras da acumulação real. XIX – Nelson Hungria, em Comentário ao CP Brasileiro, IX, págs. 177 e ss., escreve que "Associar-se quer dizer reunir-se, aliar-se ou congregar-se estável e permanentemente, para a consecução de um fim comum" XX – O autor define a associação criminosa como reunião estável e permanente para o fim de perpetração de uma indeterminada série de crimes. A nota de estabilidade ou permanência da aliança é essencial. Não basta, como na co-participação criminosa, um ocasional e transitório concerto de vontades para determinado crime; é preciso que o acordo verse sobre uma duradoura actuação em comum, no sentido da prática de crimes não precisamente individualizados ou apenas ajustados quanto à espécie, que tanto pode ser única ou plúrima, "basta uma organização social rudimentar, a caracterizar-se apenas pela continuada vontade de um esforço comum." XXI – A associação criminosa distingue-se da comparticipação pela estabilidade e permanência que a acompanha, embora o fim num e noutro instituto possa ser o mesmo; mas o elemento distintivo fundamental da associação criminosa em relação à comparticipação reside na estrutura nova que se erige, uma estrutura autónoma superior ou diferente dos elementos que a integram e que não aparece na comparticipação. É mais que a actuação conjunta de várias pessoas."

legalidade, ao dever de prover uma legislação prévia, escrita, clara e acessível aos destinatários.

Transpor e detalhar as previsões estabelecidas na Convenção exigem muito labor legislativo (e colaboração doutrinária), mas viabiliza a diminuição exponencial do conflito entre os direitos fundamentais (e princípios constitucionais penais) e a legislação interna dos países, avalia Calderoni (2010, p. 170-171). Salienta, ainda, que este trabalho do Estado-legislador propicia um aumento da eficácia do sistema de prevenção e de repressão às organizações criminosas, inclusive por evitar que os limitados recursos dos órgãos repressivos sejam utilizados de maneira desproporcional contra a "pequena criminalidade", a "criminalidade de rua" ou "criminalidade de massa".

Conclui também Calderoni (2010, p. 170-171) que, nos Estados que mantiveram uma conceção de organização criminosa muito ampla, houve um claro efeito contraproducente, porque não viabilizou o direcionamento dos esforços dos órgãos estatais contra a criminalidade verdadeiramente organizada, somando-se ao facto de que os tribunais, ao julgarem, fundamentavam suas decisões em critérios mais restritivos quanto ao tipo penal de pertencimento ou exercício de comando de uma organização criminosa, gerando a absolvição dos acusados.

1.2. A Criminalidade Realmente Organizada e a Criminalidade de Massa

O Estado de Direito Democrático, nas suas ações para prevenir e reprimir as organizações criminosas, deve atuar de maneira ponderada e sensata, assevera Hassemer (1994, p. 55-69) há mais de duas décadas[261]. Argumenta

[261] Segundo Hassemer (1994, p. 55-69), tanto na percepção dos indivíduos quanto na opinião pública, a segurança, a criminalidade e a violência vêm alcançando uma importância crescente, diante de gravíssimos crimes e ameaças constantes a bens jurídicos essenciais que espalham o medo, causam revolta ou até fascinam, diante de dois fatores especiais: *i)* a *criminalidade organizada*, relatada de forma incessante em todos meios de comunicação, como um fenómeno que ninguém sabe o que é ou quem o produz, ao mesmo tempo difuso, encoberto e ameaçados, como se fosse capaz de "devorar" a tudo e a todos; *ii)* a *criminalidade de massa*, em que o Estado tem sido incapaz de conter os ilícitos criminais, conforme demonstram os dados estatísticos de arrombamentos, assaltos, furtos e roubos de automóveis, dando a entender que o Estado não está mais prevenindo e reprimindo esses crimes, mas apenas administrando este tipo de

que, apesar da criminalidade e da violência estarem ocupando o centro da preocupação (subjetiva) dos cidadãos, a política de "combate ao crime" está suplantando em enorme proporção (ou negligenciando) a política de "segurança da liberdade", sendo que a esta última deveria ser dada, no mínimo, igual prioridade. Pondera então que:

a) a política criminal não pode ser reduzida a política de segurança;
b) não se verifica uma proposta progressista de segurança pública;
c) os problemas de segurança são indicados de forma unilateral e se concentram na exacerbação e na ampliação de meios de "combate ao crime";
d) a perspetiva de segurança da liberdade é completamente negligenciada nos debates e na formulação das políticas públicas.

Quanto ao sentimento de insegurança e à sensação de constante ameaça, ao mesmo tempo difusa e intensa, causando intimidação (e indignação), somadas à impotência do Estado diante dos índices de criminalidade que continuavam subindo, sustenta Hassemer (1994, p. 55-69) o quanto o assunto criminalidade e discursos como "lei e ordem", somados ao medo incutido na população, podem atuar como sutis reguladores da opinião pública. Alerta, então, que o Estado também não pode deixar de se balizar pelos direitos fundamentais, de forma a prover uma legítima e correta reação a estes fenómenos criminológicos, quer seja na condição de Estado-legislador, quer seja na atuação como Estado-administrador das políticas públicas ou Estado-julgador[262]. Para tanto, observa que, para que se possa desenvolver uma política pública racional, com um mínimo de legitimidade constitucional e alguma probabilidade de eficácia, *ab initio* devem ser distinguidas:

"criminalidade de rua" ou "pequena criminalidade". Conclui então que a *Política Criminal* (e, inclusive, a *Política de Segurança Pública*) não pode ter como única voz as *atividades policiais*, que são *ineficazes quando utilizadas de forma isolada.*

[262] Manifesta certa preocupação Capparelli (2018, p. 105-133) porque o direito se tornou um *sistema integrado e multinível*, acrescentando à legislação nacional o direito supranacional e o direito internacional, causando uma progressiva *crise da reserva da lei* diante de tantas fontes normativas, ampliando ainda mais a já larga discricionariedade dos juízes, com a autorização para que afastem a aplicação da lei escrita interna e se tornem árbitros dos conflitos entre os regimes jurídicos nacional, supranacional e internacional.

a) a *criminalidade verdadeiramente organizada*, que subverte as estruturas dos órgãos de persecução criminal, infiltra-se ou domina estruturas estatais, paralisando-as ou fazendo-as atuarem para beneficiar interesses ilícitos, com traços dinâmicos e mutáveis, vítimas difusas, elevado poder de intimidar e de se dissimular, com condutas extremamente danosas para as estruturas estatais, económicas, sociais e para a própria democracia;

b) *a criminalidade de massa*, que pratica arrombamentos de casas, assaltos a pedestres, extorsões, pequeno comércio local de estupefacientes, delinquência juvenil e furtos de automóveis, cujos comportamentos criminosos devem ser enfrentados mediante policiamento ostensivo e outros métodos preventivos, incluindo políticas de inclusão social, embora esta "pequena criminalidade" seja responsável, em grande medida, pela sensação de insegurança no seio da sociedade[263].

Na perspetiva de um Estado de Direito Democrático, comenta Valente (2009, p. 6-7) que, apesar das atividades criminosas lesionarem ou colocarem em perigo de lesão bens jurídicos essenciais (que são dignos de tutela penal), *i. e.*, não obstante a ideia de que um bem jurídico, a *segurança*, é e está se tornando escasso nesta sociedade tardo-moderna, por outro lado, deve-se ter a compreensão de que este mesmo bem jurídico (a segurança), não pode ser deificado a ponto de apagar ou anular os demais direitos, liberdades e garantias fundamentais. Desta maneira, pondera que ao Estado não é permitido, ao cumprir esta atribuição estatal de prevenção e repressão à criminalidade

[263] Anota Hassemer (1994, p. 55-69) que assaltos a pedestres, furtos, o pequeno comércio local de drogas – que desencadeiam diversos atos violentos e a deliquência juvenil – e outras infrações penais desta *criminalidade de massa*, ocorrendo ao mesmo tempo em que a taxa de elucidação e a persecução penal desses tipos de delitos decrescem, afeta de modo direto as pessoas, como vítimas reais ou possíveis da criminalidade. E acrescenta: "Os efeitos não são apenas físicos e econômicos, mas sobretudo atingem nosso equilíbrio emocional e nosso senso normativo. Trata-se da sensação de desproteção e de debilidade diante de ameaças e perigos desconhecidos, que nos leva a duvidar da força do Direito. Esta dúvida atinge o cerne da experiência jurídica, abala a expectativa de neutralização de superpoderes sociais em questões centrais da vida cotidiana com os instrumentos do Direito, elimina a chance de que também os mais fracos, os seguidores da lei possam afirmar-se com o auxílio do Direito. Quando nada disso mais vale, não é apenas a jurisdicionalização da proteção jurídica, mas sua própria efetividade que estão chegando ao seu fim."

(em especial à *criminalidade organizada* e à *criminalidade de massa*), utilizar os mesmos métodos e ações que as associações ou organizações criminosas que este mesmo Estado tem por dever constitucional reprimir. Ao contrário, deve o Estado, dentro das balizas supraconstitucionais e constitucionais, desenvolver e aplicar instrumentos (jurídicos e operativos) equilibrados, adequados, necessários e indispensáveis, visando a prevenção e a repressão desses fenómenos criminológicos.

Neste sentido, verifica Canotilho (2009, p. 19-20) que também o terrorismo semeou o pânico e causou ruturas em estruturas fundantes do Direito Constitucional e do Direito Penal (em conjunto com a criminalidade organizada), somando-se a "exorcismos e estigmas" representados por *slogans* como *Law and Order*, *Zero Tolerance* e *Broken Windows*. Quanto ao Direito Constitucional, percebe que as críticas têm se dirigido contra o *garantismo* (ou *hipergarantismo*), cultura dominante e unidimensional considerada por muitos como uma "ideologia jurídica de suporte de organizações criminosas", como se o poder coercivo do Estado, embora legítimo, fosse tirânico, numa leitura ou pré-compreensão negativa da autoridade do Estado. No plano penal (e processual penal), Canotilho capta posicionamentos no sentido de que há uma *superlativação* das ideias iluminístico-liberais, centradas na proteção do criminoso e com desprezo pela vítima, em que o "direito penal do cidadão" equivale ao "direito penal do criminoso" e o direito constitucional dos direitos, liberdades e garantias fundamentais resulta no "direito constitucional à liberdade do crime".

Se por um lado não podem ser ignorados ou subestimados os custos constitucionais e penais do *hipergarantismo*, acompanhado por um longo e penoso processo de "desvitimização" (em que a vítima só foi redescoberta há pouco tempo), interpreta Canotilho (2009, p. 20-22) que, por outro lado, não podem ser destruídas as "raízes e cumplicidade dos direitos constitucional e penal", que possuem o ser humano como ponto de referência e sujeito de direitos, liberdades e garantias previstos de forma expressa na Carta Política. Assim, entende que este "giro antropológico", diante dos novos riscos e ameaças contemporâneos[264], de uma "criminalidade organizada ostensivamente

[264] Lembra Valente (2009, p. 164-165) que diversos meios de investigação criminal introduzidos há pouco nos ordenamentos de diversos países e previstos em instrumentos jurídicos

aniquiladora do sistema de direito do Estado de direito democrático-constitucional", está afetando o direito constitucional e o direito penal, que devem ter o seu equilíbrio (tanto interno quanto na relação entre ambos) reestabelecido, diante da "radical" modificação dos princípios fundantes e estruturantes sobre os quais está alicerçado o direito constitucional.

Esta mutação provém da desestabilização do sistema penal, que deveria retornar ao seu pressuposto de aplicação em *ultima et extrema ratio,* assinala Canotilho (2009, p. 20-22). Reforça que, neste momento, as regras se transformaram em exceção e, de maneira grave e temerária, as exceções (e o Estado de exceção) se transformaram em regras, pois o *direito penal de permanência* (construído ao longo de séculos de evolução) está sendo substituído por um *direito penal de emergência* (que parece ter se tornado permanente, perene – e não temporário –, ao contrário do que sua denominação significa e representa).

De facto, os meios de investigação e de persecução penal excecionais que são utilizados na repressão à criminalidade organizada ou ao terrorismo não podem se estender, por óbvio, aos crimes comuns, inclusive àqueles praticados pela *criminalidade de massa*[265], que inclui todos os tipos de crimes que

supra ou internacionais, para fazerem frente aos fenómenos representados pela criminalidade organizada e pelo terrorismo, causam elevada restrição de liberdades, direitos e garantias previstos nas respetivas Constituições, e por este motivo não são aceitos pela comunidade como regra geral, mas apenas em situações excecionalíssimas e conforme certos princípios. Deste modo, alerta que técnicas de investigação como buscas domiciliárias noturnas, agentes infiltrados, interceptação de comunicações e de sistemas de informação, provocam uma elevada restrição de liberdades e direitos fundamentais pessoais, fazendo com que sua legitimidade normativa tenha que ser verificada em relação à Constituição, inclusive quanto aos princípios juscontitucionais, aos quais a legislação penal e processual penal deve obediência.

265 Na Comunicação da Comissão ao Conselho e ao Parlamento Europeu sobre a prevenção da criminalidade da União Europeia, de 16 de abril de 2004, a Comissão sustentou: "[...] 1.2.1. *O conceito de criminalidade de massa.* A presente comunicação limita-se à prevenção da criminalidade não organizada. A Comissão considera que é melhor definir este tipo de criminalidade como *criminalidade de massa,* uma vez que inclui todos os tipos de crimes que são cometidos frequentemente e em que as vítimas são facilmente identificáveis. A *criminalidade de massa* constitui a *principal fonte de preocupação dos cidadãos europeus.* As infracções são normalmente cometidas contra a propriedade e envolvem frequentemente violência física. Como exemplos temos os roubos domésticos, os roubos de veículos, os assaltos comuns, os roubos na rua, etc. Estes tipos de criminalidade são abrangidos pelas três grandes áreas prioritárias identificadas pelo Conselho Europeu de Tampere: *delinquência juvenil, criminalidade em meio urbano e criminalidade associada à droga.* Uma característica importante da *criminalidade de massa* consiste no facto de revelar o perfil das famílias e dos cidadãos mais susceptíveis de serem vítimas deste

são praticados com frequência e nos quais as vítimas são identificáveis com facilidade, como verifica Guinote (2009, p. 124-126). Percebe, inclusive, a existência de consenso no sentido de que a *criminalidade de massa* é aquela que mais incomoda (e sugestiona, amedronta) os cidadãos comuns, o que significa dizer que não é a criminalidade organizada transnacional aquela que mais atemoriza ou causa sensação de insegurança entre os indivíduos na Europa.

Esta *criminalidade de massa*, abrangida de forma maioritária pela pequena criminalidade, que pratica crimes como o roubo, o furto, a agressão, o dano e outros, produz elevados índices criminais, complementa Guinote (2009, p. 124-126), embora não costume ter uma estrutura organizada, com hierarquia definida ou consolidada, praticando condutas desconexas e pouco coordenadas, quer quanto aos tipos de crimes cometidos, quer quanto às áreas geográficas atingidas. Por outro lado, uma vez que esses tipos de crimes incidem de modo direto sobre os cidadãos vitimizados, causam uma exponencial ampliação da sensação de insegurança (subjetiva).

Ademais, as contínuas narrativas da mídia e as ocorrências envolvendo a *criminalidade de massa*, analisa Hassemer (1994, p. 56-58), condimentam um sentimento de medo dos crimes, agravado pela impotência estatal para contê-los e por promessas de prover segurança não cumpridas pelo Estado (no sentido de que uma maior severidade na legislação penal resolveria este problema). Observa então que nada mudará enquanto a política criminal real não se debruçar sobre esta *criminalidade de massa*, que exigirá consideráveis recursos e uma virada na política criminal, porque: as fontes deste tipo de criminalidade são profundas e mais difíceis de estancar; os meios de prevenção são diferentes dos métodos a serem empregados contra a criminalidade organizada [e dependem, em grande proporção, de políticas de inclusão social,

tipo de infracções, o que tem repercussões para as políticas de prevenção, principalmente as que se centram mais na minimização deste tipo mais banal de criminalidade do que na redução do número de infracções 'mediáticas' que normalmente fazem parte da criminalidade organizada. Contudo, a sua importância em termos de custos financeiros para a sociedade não deverá também ser subestimada, embora as estimativas destes custos variem em função dos Estados-Membros. Além disso, alguns estudos revelaram que este tipo de criminalidade constitui, frequentemente, o primeiro passo que os jovens dão antes de participarem em formas de criminalidade mais graves, incluindo a criminalidade organizada. Desta forma, o investimento na prevenção da *criminalidade de massa* contribuiria também para reduzir a criminalidade mais grave." (Grifos nossos).

escolas, moradia, oportunidades de trabalho e de aperfeiçoamento etc.]; a ampliação e o endurecimento do arsenal de meios de investigação e de repressão empregados contra a criminalidade organizada, disponibilizados aos órgãos de persecução penal, surtem pouco efeito sobre a *criminalidade de massa*[266].

Neste aspeto, Figueiredo Dias (2008, p. 27-30) sugere que o conceito jurídico-penal de organização criminosa deve prever a prática da infração penal de associação criminosa agravada por crimes de especial nocividade, cujo catálogo o legislador deverá definir (como tráfico de estupefacientes, de armas, de seres humanos, de órgãos, branqueamento de capitais, corrupção), os quais devem ter elevada pena prevista, para excluir deste conceito "a pequena criminalidade".

Por seu turno, Silva Dias (2010, p. 26-30) rejeita a tese de conexão necessária entre criminalidade organizada e o crime de associação criminosa, por entender que se trata de relação que, embora tendencial, é meramente contingente, exigindo-se, isto sim, uma estrutura organizada (conforme previsto na Convenção de Palermo, internalizada no ordenamento jurídico português) no âmbito do qual são praticados os crimes do catálogo (de especial gravidade e conforme penas cominadas), pois entende que um crime pode pertencer ao catálogo legal e ter sido praticado de forma organizada, sem que sejam atendidos os critérios que configuram o crime de associação criminosa.

Neste tema, Nunes (2021, p. 31-33) discorda de Figueiredo Dias e concorda apenas de modo parcial com Silva Dias, pois rejeita a definição de um catálogo de crimes que possa delimitar o conceito de criminalidade organizada, sustentando que o que configura a criminalidade organizada é uma estrutura organizada para a prática de crimes, *i. e.*, o modo do seu cometimento, e não a prática dos crimes por si. Desta maneira, porque rejeita um catálogo de crimes específicos que poderiam configurar o conceito de criminalidade organizada, Nunes sustenta que o que configura a criminalidade organizada, repita-se,

266 Alerta Hassemer (1994, p. 64-69), por outro lado, que as autoridades públicas e as políticas criminais devem levar em conta, *v. g.*, que no campo das drogas a *criminalidade de massa* e a *criminalidade organizada* se encontram, sendo que o pequeno tráfico e as outras condutas criminosas que os tóxico-dependentes praticam para sustentarem seu vício representam uma boa parte da *criminalidade de massa*, enquanto o tráfico internacional de drogas constitui, em regra, a *criminalidade organizada*.

é o modo do seu cometimento, através de uma estrutura organizada[267] voltada para a prática de crimes (quaisquer crimes, *independentemente de um catálogo e do quantitativo de pena cominada*), pois assevera que não se pode excluir do âmbito da criminalidade organizada uma miríade de crimes que são cometidos de modo rotineiro pelo crime organizado, inclusive de modo massivo, mesmo que não sejam crimes graves ou com elevadas penas.

No passado concordávamos em parte com Nunes (2021, p. 31-33), pois também discordávamos da utilização de um catálogo de crimes específicos[268]

[267] Não concordamos com Pinheiro e Fernandes (1999, p. 464-466), quando, ao analisarem a conceituação de criminalidade altamente organizada, disposta no art. 207.º, 1, da CRP, que estabelece que o júri intervém no julgamento de crimes graves, salvo os de terrorismo e os de criminalidade altamente organizada, sugerem que caracteriza esta última: "[...] pensamos que o critério da sua determinação deve atender ao tipo de crime, e não ao grau de organização dos criminosos. Um caso típico que pode ser encontrado na lei é o das associações no âmbito do tráfico de estupefacientes (art. 28º do decreto-lei nº 15/83, de 22 de Janeiro)." Ao contrário, entendemos que tanto o grau de organização quanto a gravidade dos crimes que planejam ou têm por finalidade cometer são elementos que devem ser levados em consideração para a definição da criminalidade organizada, conforme tratamos ao longo deste estudo. É o que consta também no Acórdão n.º 450/2008, do Tribunal Constitucional português: "Daqui decorre que o conceito de "*criminalidade altamente organizada*", aditado ao então artigo 210.º da Constituição (actual artigo 207.º), assentou no conceito jus-penal decorrente do Direito Internacional e do conceito (então) fixado pela lei processual penal, ainda que não haja uma identidade absoluta entre este último e o conceito constitucional. Este conceito constitucional de "*criminalidade altamente organizada*" pressupõe: *i)* um elevado grau de organização do processo criminoso; *ii)* uma especial lesividade e perigosidade das condutas criminosas." (Grifos no original).

[268] Deste modo, gostaríamos de esclarecer nossa posição: entendemos que, num Sistema Penal próximo do ideal (coerente, proporcional e balizado pelos valores constitucionais de Estados de Direito Democráticos), em que o ser humano é priorizado (sobretudo a dignidade humana, enquanto cerne dos direitos fundamentais) e possui primazia sobre os demais interesses e bens jurídicos, em que o Direito (e especialmente o Direito Penal, Processual Penal e Penitenciário) promove a pacificação e a harmonia social, através de uma legislação escrita, prévia, acessível e inteligível a todos, com as devidas determinabilidade jurídica e taxatividade, atendido também o princípio da reserva de código, para prevenção e repressão às mais graves e intoleráveis lesões aos bens jurídicos dignos de tutela penal, dever-se-ia vincular o reconhecimento da criminalidade organizada (com a consequente aplicação das medidas processuais, penais e penitenciárias) à organização criada com a finalidade de planejar e/ou praticar crimes graves a partir de determinada pena de prisão (quantitativa), a ser fixada em cada Estado, conforme o tratamento que a respetiva comunidade entendesse ser o mais adequado, e não prevista mediante um rol de crimes específicos. Em outras palavras, a moldura penal cominada definiria os crimes que seriam tratados mediante os instrumentos direcionados à criminalidade organizada, sem a fixação de um catálogo de crimes. Entretanto,

cuja prática ou planejamento fosse um dos requisitos para a configuração da criminalidade organizada, com todas suas consequências processuais penais (sobretudo medidas investigativas e/ou processuais), penais e de execução da pena, tendo em vista a necessidade de manter a coerência do sistema penal, atender ao princípio da isonomia na definição da política criminal (tratando crimes com penas assemelhadas, *i. e.*, com "suposta" lesão a bens jurídicos com semelhante intensidade e/ou desvalor ético-jurídico). Entendíamos que, num sistema penal que deve ser proporcional e isonómico, não poderia ser inviabilizada a aplicação de medidas penais e processuais penais diferenciadas a crimes não catalogados[269], quando estes crimes possuíssem gravidade

conforme as breves pinceladas que iremos realizar neste capítulo e aprofundaremos adiante (sobretudo no Título III, cap. 3), tendo em vista a avalanche de tipos penais criminalizando condutas e sendo lançados em normas avulsas (em Portugal e no Brasil), conformando um direito penal que não atende ao *princípio da reserva de código*, que inviabiliza um mínimo de *segurança jurídica*, que não provê uma *legislação prévia, escrita, acessível e inteligível* a todos os destinatários (e nem sequer aos penalistas), que não atende à *taxatividade* e à *determinabilidade jurídica* (inclusive abusando das técnicas de normas penais em branco), características estas que deveriam servir de exemplo da seara penal aos demais ramos jurídicos (por representar o mais agressivo campo do direito no relacionamento entre o Estado e o cidadão), bem como diante da previsão de elevadas sanções (de mais de 4 anos de prisão) para condutas que ou não tutelam bem jurídico com dignidade penal ou são penas manifestamente desproporcionais (diante da ínfima ou leve lesão a bem jurídico, em descompasso com as penas fixadas para crimes semelhantes), passamos a sustentar, repita-se, a necessidade da definição de um *catálogo de crimes*, somada à pena cominada (e ambos a serem definidos pelo legislador, conforme as balizas constitucionais), como um dos requisitos para a configuração da criminalidade organizada, viabilizando um mínimo de segurança jurídica aos destinatários das normas.

269 Lembra Zuñiga Rodriguez (2010, p. 161-162) que, de 1998 a 2000, um grupo de renomados expertos sobre a criminalidade organizada e sobre o direito penal, coordenados pelo Prof. Doutor Vincenzo Militello em Palermo, foram encarregados pela UE da elaboração de um Projeto Comum Europeu de repressão à criminalidade organizada, resultando em propostas constantes no relatório "*Towards a European Criminal Law Against Organised Crime*", publicado em outubro de 2001. Comenta que uma das conclusões deste grupo de especialistas foi justamente prever que os crimes do programa criminoso devem ter caráter grave, de modo a não deixar aberta qualquer possibilidade da criação de uma lista de crimes de referência, embora tenha sido proposta uma lista de crimes que deveriam sempre ser considerados graves, independentemente da pena privativa de liberdade cominada: homicídio doloso, sequestro, tráfico de drogas, branqueamento de capitais e tráfico de seres humanos. Quanto à definição do que configuraria um crime grave, comenta que a gravidade deveria ser estabelecida por cada Estado de acordo com as respetivas circunstâncias, pois caberia a cada sociedade estabelecer a relevância da sua própria criminalidade. Acrescenta que o Conselho Europeu adotou a "Ação Comum Relativa à Incriminação da Participação numa Organização Criminosa

ou lesividade igual ou maior do que os crimes listados, conforme a moldura penal cominada aos crimes. Esta é a opção adotada, inclusive, pela maioria dos Estados-Membros da União Europeia[270] e pelo Brasil (art. 1.º, § 1.º,

nos Estados-Membros da União Europeia", em 21 de dezembro de 1998, levando em conta o relatório produzido pelo "Grupo de Alto Nível *Criminalidade Organizada*", formado a partir de junho de 1997 na UE, sendo previsto: "[...] Para efeitos da presente acção comum, entende-se por '*organização criminosa*' a associação estruturada de duas ou mais pessoas, que se mantém ao longo do tempo e actua de forma concertada, tendo em vista cometer infracções puníveis com pena privativa da liberdade ou medida de segurança privativa da liberdade cuja duração máxima seja de, pelo menos, quatro anos, ou com pena mais grave, quer essas infracções constituam um fim em si mesmas, quer um meio de obter benefícios materiais e, se for caso disso, de influenciar indevidamente a actuação de autoridades públicas. As infracções referidas no primeiro parágrafo incluem as mencionadas no artigo 2.º da Convenção Europol e no anexo dessa convenção que são passíveis de sanção no mínimo equivalente à prevista no primeiro parágrafo." Tendo em vista o principal tema deste estudo, cabe destacar que o Plano de Ação Comum também previu medidas específicas quanto às pessoas coletivas envolvidas com a criminalidade organizada: "[...] Artigo 3.º Cada Estado-membro assegurará, em termos a definir no respectivo direito interno, que as *pessoas colectivas* possam ser responsabilizadas criminalmente ou, caso tal não seja possível, de qualquer outra forma, pelas infracções abrangidas pelo n.º 1 do artigo 2.º por elas cometi das. Essa responsabilização da pessoa colectiva não prejudica a responsabilidade criminal das pessoas singulares que sejam autores dessas infracções ou cúmplices nas mesmas. Cada Estado-membro assegurará, nomeadamente, que as pessoas colectivas possam ser punidas de forma efectiva, proporcionada e dissuasora, sendo passíveis de sanções materiais e económicas." (Grifos nossos).

270 Esta conceção de reconhecimento da criminalidade organizada de maneira *independente de um catálogo de crimes*, baseada na quantidade de pena, é adotada na maioria dos Estados da União Europeia, como aponta Calderoni (2010, p. 127-129), ao pesquisar diversos aspetos da Convenção das Nações Unidas contra a Criminalidade Organizada Transnacional e, em especial, a aplicação efetiva realizada por 27 Estados da União Europeia quanto às normas mínimas estabelecidas pela Decisão-Quadro 2008/841/JAI, do Conselho, de 24 de outubro de 2008, relativa à luta contra a criminalidade organizada. Relata que uma das normas mínimas da referida Decisão-Quadro 2008/841/JAI prevê que os países devem estabelecer que um dos elementos de caracterização de uma organização criminosa deve ser a conduta de planejar ou cometer crimes punidos com 4 anos de prisão (no seu grau máximo) ou então pena superior. Depois, conferidas as legislações dos 27 Estados-Membros da UE, pontua que: *a)* **9 (nove) Estados-Membros** previram o reconhecimento de uma organização criminosa ao planejamento e/ou prática de crimes, sem vincular com determinada pena de prisão ou catálogo; *b)* **6 (seis) Estados-Membros** vincularam o reconhecimento de uma organização criminosa ao planejamento e/ou prática de crimes com pena de prisão (no seu limite máximo) de **3 (três) anos ou superior**, e **1 (um) destes Estados** estabeleceu, além da quantidade de pena, um **catálogo**; *c)* **4 (quatro) Estados** reconhecem juridicamente uma organização criminosa quando planejar ou cometer crimes com pena de prisão estabelecida de **4 (quatro) ou mais anos** no seu limite máximo, e **1 (um)** destes Estados estabeleceu, além da quantidade de pena,

da Lei n.º 12850/2013, de 2 de agosto), em que a moldura penal (quantidade de pena privativa de liberdade) define quais crimes deverão ser tratados, atendidos os demais requisitos fixados, como caracterizadores da criminalidade organizada e/ou organização criminosa.

Entretanto, não podemos deixar de observar o quanto o *princípio da legalidade* serviu para limitar o poder arbitrário dos monarcas, dos governantes e/ou legisladores, dos Estados totalitários, dos abusos e dos excessos[271], no passado. Acrescente-se o *princípio da constitucionalidade*, o *princípio da proporcionalidade*, o *princípio da odiosa sunt restringenda*, para percebermos o quanto é importante para os cidadãos de um Estado de direito material social democrático que os seus direitos, liberdades e garantias pessoais fundamentais sejam respeitados e, só em casos excecionalíssimos, restringidos, inclusive em razão da esquizofrenia legislativa que tem sido verificada nas últimas décadas, em visível contrariedade ao princípio da *reserva de código* e à *segurança jurídica* que seria proporcionada por uma legislação prévia, clara, escrita, compreensível e acessível a todos seus destinatários.

Desta forma, como proliferam (quase que diariamente) criminalizações de condutas em normas avulsas, inabarcáveis na atualidade até mesmo para penalistas (em que a quantidade de tipos penais *extra codicem* superam aqueles

um **catálogo de crimes**; *d)* **3 (três) Estados-Membros** vincularam o reconhecimento de uma organização criminosa ao planejamento e/ou prática de crimes com pena de prisão de **5 (cinco) anos ou superior,** e **1 (um)** destes Estados estabeleceu, além da quantidade de pena, um **catálogo**; *e)* **2 (dois) Estados** não estabelecem o crime de participação em organização criminosa em seus ordenamentos; *f)* **1 (um) Estado** estabeleceu em seu ordenamento jurídico que há uma organização criminosa quando esta planejar ou cometer crimes com pena de prisão estabelecida de **6 (seis) ou mais anos** no seu limite máximo; *g)* **1 (um) Estado** previu em sua ordem jurídica que há uma organização criminosa quando esta planejar ou cometer crimes previstos num catálogo (Portugal); *h)* **1 (um) Estado** estabeleceu em seu ordenamento jurídico que há uma organização criminosa quando esta planejar ou cometer crimes com pena de prisão estabelecida de **1 (um) ano ou superior** no seu limite máximo. Deste modo, verifica-se que 4 (quatro) Estados-Membros da União Europeia adotaram um critério qualitativo, baseado num catálogo de crimes que podem vir a configurar a criminalidade organizada.

[271] Lembramos, na esteira de Pereira (2021, p. 32-35), que a *concentração de poder* é a lógica do *Estado de Exceção*, e que a lógica do *Estado de Direito* [Democrático] é a *divisão do poder*. Refere, ainda, que apesar da ação do poder punitivo estatal ser sentida pelo cidadão sob uma perspectiva unificada, no Estado moderno (de direito e democrático) esse poder é exercido conforme pré-condições legislativas do ponto de vista formal, ações materialmente administrativas e decisões processualmente jurisdicionais.

previstos no Código Penal português ou brasileiro)[272], algumas visivelmente desproporcionais (em relação às penas previstas para crimes assemelhados) e com graves defeitos técnico-legiferativos[273], mediante um panpenalismo inconsequente (como se pudessem ser sanados os graves problemas estruturais, sociais, económicos e outros através de uma lei ou decreto da seara penal), bem como diante do abuso na utilização de normas penais em branco, não há como sustentar que as graves restrições de direitos, liberdades e garantias, previstas como meios de investigação e obtenção de prova para a repressão contra a criminalidade organizada, possam ser utilizados sem uma limitação de um catálogo de crimes, os quais podem, estes sim, serem conhecidos pelos cidadãos, pelos destinatários das normas, consignando um mínimo de segurança jurídica[274].

Neste rumo, em breve análise da legislação brasileira, verificamos que, entre os crimes cuja pena máxima é de quatro anos de prisão ou superior, que poderiam configurar os crimes graves dignos de tutela penal reforçada e medidas investigativas intrusivas em direitos, liberdades e garantias fundamentais (conforme previsto na CNUCOT e na Lei n.º 12.850/2013, de 02 de agosto), *v.g.*, está o crime de maus-tratos de animais domésticos, com pena cominada de *reclusão* (prisão) *de 2 (dois) a 5 (cinco) anos e multa* para quem praticar *ato de abuso, maus-tratos ou ferir cão ou gato*, conforme alteração recente introduzida na ordem jurídica brasileira mediante a Lei n.º 14.064/2020, de 29 de setembro, que alterou a Lei n.º 9.605/1998, de 12 de fevereiro, acrescentando o § 1º-A ao art. 32.º desta norma[275].

[272] Há mais de vinte anos Zaffaroni (1998, p. 458-459) ressalta a grave e crescente desordem da legislação penal, uma evidente diminuição na qualidade e no nível técnico, em que "urgências políticas imediatas" substituem o debate frutífero e o detido estudo no ramo criminal, situação muito agravada pela dispersão legislativa penal (através de normas sobrepostas e/ou esparsas), configurando um verdadeiro "adoecimento" do Direito Penal.

[273] Como lembra Castanheira Neves (2012, p. 9-17), este abuso do direito de legislar, sem o diligente e esforçado trabalho político, a acurada técnica legiferativa e a sistematicidade que são imprescindíveis, produz tão só "muitas leis e pouco direito".

[274] Reforçamos, com Kaufmann (2014, p. 281): "Apenas existe segurança através do direito quando o próprio direito é seguro."

[275] Estabelece a Lei n.º 9.605/1998, de 12 de fevereiro: "[...] Art. 32. Praticar ato de abuso, maus-tratos, ferir ou mutilar animais silvestres, domésticos ou domesticados, nativos ou exóticos: Pena – detenção, de três meses a um ano, e multa. § 1º Incorre nas mesmas penas quem realiza experiência dolorosa ou cruel em animal vivo, ainda que para fins didáticos ou

Esta esquizofrenia legislativa (absurda) poderia viabilizar a interpretação de que aqueles rapazes do bairro que atingiram há pouco a maioridade penal e, pelo terceiro ou quarto final de semana seguido, estão a perambular pelo bairro e a jogar pedras e galhos em cães e gatos de rua, compõem uma organização criminosa!?!?

Em Portugal, o crime de provocar poluição sonora que consta no art. 279.º do Código Penal Português, com pena de até 5 anos de prisão, nos faz refletir sobre a possibilidade de, em não havendo um catálogo de crimes estabelecido, considerar-se que aqueles rapazes que moram no bairro, recém alcançaram a maioridade penal e, pela terceiro ou quarto final de semana em sequência, reúnem-se em determinada praça da vizinhança com suas viaturas e utilizam em seus equipamentos de som um volume sonoro mais alto do que o permitido em disposições regulamentares, podem ser considerados como participantes de uma organização criminosa?!?!

No entanto, os exemplos não são apenas estes, pois há casos semelhantes tanto nos ordenamentos brasileiro e português, quanto em outros Estados. Neste sentido, destacamos, ainda, o facto de que proliferam criminalizações de outras condutas, cujos bens jurídicos não são credíveis e não possuem dignidade penal[276], como lembra Valente (2017a, p. 132-135), desrespeitando-se os princípios basilares de um Estado de direito material social democrático.

científicos, quando existirem recursos alternativos. § 1º-A Quando se tratar de cão ou gato, a pena para as condutas descritas no *caput* deste artigo será de reclusão, de 2 (dois) a 5 (cinco) anos, multa e proibição da guarda. (Incluído pela Lei nº 14.064, de 2020). § 2º A pena é aumentada de um sexto a um terço, se ocorre morte do animal."

[276] No quadro penal substantivo e processual, reconhece Valente (2017a, p. 132-135) que várias condutas estão sendo criminalizadas, sem que o bem jurídico seja verossímil ou tenha a mínima dignidade penal, como a criminalização das lutas entre animais (art. 31.º do Decreto-Lei n.º 315/2009, de 29 de outubro) e de maus-tratos ou abandono de animais (arts. 387.º a 389.º do Código Penal português). Estas condutas estão sendo criminalizadas ao mesmo tempo em que dezenas (ou centenas) de milhares de bois, ovelhas, aves e outras espécies de animais são sacrificados todos os dias para servirem como refeição, fornecerem pele ou lã, etc. Quanto às lutas entre animais, estas são criminalizadas ao mesmo tempo em que todo dia avança a quantidade de lutas entre seres humanos em octógonos e/ou outros ringues, em que os jorros de sangue de homens e de mulheres, as lesões nos competidores e os desmaios e sequelas graves decorrentes das lutas (altamente lucrativas) conformam espetáculos de sangue aceitos pela sociedade.

Deste modo, filiamo-nos ao entendimento de Valente (2020b, p. 74-81, 186-193), no sentido de que os meios investigativos e processuais utilizados contra a criminalidade organizada, porque causam elevada danosidade social ao restringirem de forma excessiva os direitos, liberdades e garantias pessoais, só podem ser utilizados de forma excecionalíssima. Acrescenta que, diante desta restrição acentuada, sobretudo à dignidade do ser humano, ao *princípio da legalidade* (em toda sua amplitude jurídico-constitucional), ao *princípio da proporcionalidade*, ao *princípio odiosa sunt restringenda*, e aos demais subprincípios e corolários que proporcionam uma *segurança jurídica* digna de um Estado de Direito Democrático (lastreado nos direitos fundamentais e na dignidade do ser humano), também deve ser atendido o *princípio do catálogo* dos crimes para a admissão dos meios de obtenção de prova intrusivos. Inclui, também, o *princípio da subsidiariedade* dos meios restritivos de direitos fundamentais pessoais, impondo que se esgotem as medidas menos danosas e, tão só quando estas não forem *adequadas, capazes e eficazes* para a prossecução dos fins do processo penal, poderão os operadores judiciais (Polícia, Ministério Público e Poder Judicial) se socorrerem de um meio de obtenção da prova ou investigação de maior lesividade social e intrusão nos direitos fundamentais pessoais, conforme previsto para os casos em que é reconhecida a *criminalidade organizada* (violenta ou não violenta).

Além disso, diante desta esquizofrenia legislativa securitária e dos claros abusos na legiferação atécnica, sob a perspetiva de um Estado de Direito Democrático e de um Sistema Penal Integral que reconhece a dignidade humana como cerne e como limite da intervenção penal estatal, não há como sustentar que todos os crimes com pena máxima prevista de 4 anos ou superior, caso seja praticada por um grupo estruturado, poderá configurar a criminalidade organizada.

Aliás, neste momento histórico em que se aviva o conflito entre liberdade[277] e segurança, os meios diferenciados de persecução penal (substantivos e processuais) utilizados, *v. g.*, na persecução penal à criminalidade organizada,

[277] Comenta Anabela M. Rodrigues (2008, p. 292-293) que estamos imprensados entre a evidente necessidade de tutelar os direitos dos indivíduos perante uma criminalidade sem precedentes e a necessidade de não cedermos à tentação de desrespeitarmos as balizas constitucionais neste objetivo de reduzir a insegurança (tanto real quanto imaginária), de maneira que o próprio cerne da democracia não seja comprometido.

permanecem sendo discutidos[278] quanto à legitimidade, à necessidade e à eficácia, por restringirem de modo contundente os direitos, liberdades e garantias fundamentais, só poderão ser utilizados em casos excecionais[279].

Por este motivo, não concordamos com Nunes (2021, p. 31-33) quando defende que a conceituação de criminalidade organizada, para o fim de autorizar a utilização destes meios diferenciados (penais e processuais penais) de repressão à criminalidade (e com alta compressão de direitos fundamentais), deve exigir apenas a existência de uma estrutura organizada para a prática de crimes, *i. e.*, para a prática de todo e qualquer crime, inclusive crimes que não sejam graves e não estejam previstos em catálogo, mas podem ser cometidos de forma massiva.

No nosso entender, portanto, cremos que os crimes que podem vir a configurar um dos elementos da conceituação de criminalidade organizada, devem ter alta pena cominada (cujo ponto de corte deve ser definido pelo legislador), como sustenta Silva Dias (2010, p. 26-30), e definição mediante um catálogo de crimes, porque estes meios diferenciados de persecução penal restringem de modo severo os direitos, liberdades e garantias fundamentais, não podendo ser utilizados contra grupos que praticam crimes de menor gravidade (com base na pena cominada), característicos da *criminalidade de massa*[280], pois representaria indevida e desproporcional intervenção estatal.

278 Pontua Roxin (2018, p. 17, 39-41) que, conforme a teoria do Estado, tomando-se por base o Estado Democrático de Direito, tem-se como princípio básico que a *intervenção estatal* (em especial a penal) e a *liberdade civil* devem ser mantidos em equilíbrio, "de modo que garanta ao indivíduo tanta proteção estatal quanto seja necessária, assim como também tanta liberdade individual quanto seja possível."

279 Neste rumo, assevera Valente (2020b, p. 175-178) que os meios excecionais de investigação criminal e a respetiva restrição desmedida de direitos, liberdades e garantias processuais penais, só são meios de obtenção de prova *excecionais* na designação dogmática, pois foram tão vulgarizados tanto na *legiferação* quanto na *aplicação prática* que torna-se uma contradição chamá-los de excecionais. Entretanto, os referidos meios deveriam ser de facto excecionais, acrescenta, conforme previsões constitucionais [art. 18.º, n.º 2; art. 165.º, n.º 1, alíneas *b)* e *c)*, da CRP] e infraconstitucionais, pois são intrusivos e de alta danosidade social por produzirem qualificada e grave restrição a direitos e liberdades fundamentais pessoais: reserva da intimidade da vida privada e familiar, da honra, da imagem, da palavra, da liberdade, da inviolabilidade de domicílio e das comunicações, da integridade pessoal e, na atualidade, também da inviolabilidade da identidade digital.

280 Pontua Braz (2013, p. 298-299), ao analisar o tema: "Alguns autores procuram a definição de *criminalidade organizada* devido à confusão com a definição de *criminalidade comum ou de*

Neste ponto, portanto, alinhamo-nos com Figueiredo Dias (2008, p. 27-30) e Silva Dias (2010, p. 26-30), quando sustentam que apenas os crimes aos quais forem cominadas penas mais graves poderão servir como um dos critérios para a configuração da criminalidade organizada, retirando deste conceito a pequena criminalidade, a criminalidade de rua que não pratica crimes com moldura penal cominada mais elevada.

Por outro lado, conforme discutiremos no decorrer dos demais capítulos, o catálogo dos crimes que podem vir a configurar, atendidos os demais elementos, uma organização criminosa, devem ser revistos com urgência em Portugal, sobretudo porque estão voltados quase que com exclusividade à *criminalidade organizada violenta*, *ignorando* os crimes de extremada danosidade social praticados pela *criminalidade organizada não violenta*, inclusive a criminalidade organizada empresarial que, em grande parte dos casos, não possui qualquer vínculo com organizações criminosas violentas.

Contudo, destacamos que não podemos deixar de reconhecer a dificuldade até mesmo para conceituar a *criminalidade organizada*, como observa Hassemer (1994, p. 57-64), motivo pelo qual ressalta que a polícia de um Estado Democrático de Direito, bem como os demais órgãos estatais de persecução penal, devem empregar meios massivos de pesquisa e de ampliação do conhecimento (inclusive criminológico) sobre as organizações criminosas, para que possam conhecê-las com a maior clareza possível[281], pois numa sociedade que

massas. Enquanto esta compreende condutas ilícitas, praticadas geralmente de forma isolada e individual, suscetíveis de assumir formas de violência gratuita, destituídas de qualquer sentido estratégico, aquela abarca o conjunto de condutas ilícitas praticadas de forma coletiva, sistemática, integrada e continuada, visando alcançar objetivos estrategicamente predefinidos."

[281] Neste vértice, é importante destacar que na Comunicação da Comissão ao Conselho e ao Parlamento Europeu sobre a *Elaboração de um conceito estratégico para combater a criminalidade organizada*, de 02 de junho de 2005 [COM(2005) 232 final], a Comissão já reconheceu de modo claro esta questão: "[...] 2. TEMAS PRIORITÁRIOS E OBJECTIVOS. 2.1. *Melhorar os conhecimentos sobre a criminalidade organizada e reforçar a recolha e a análise de informações.* 7. A evolução tecnológica e a globalização crescente criam novas oportunidades para as organizações criminosas. Para *prevenir e combater a criminalidade organizada, convém reunir e actualizar os conhecimentos sobre a mesma, os seus grupos criminosos e os pontos vulneráveis dos sectores lícitos, a fim de elaborar instrumentos de melhor qualidade*, tal como se reconhece em muitos dos documentos estratégicos acima mencionados, em especial o Programa da Haia. O futuro sistema europeu de estatísticas criminais deverá recolher informações junto dos serviços responsáveis pela aplicação da lei e dados quantitativos com base em sondagens realizadas junto dos cidadãos e das empresas, bem como *avaliar o nível de criminalidade e as suas vítimas em determinados grupos*

conquistou e respeita as liberdades, direitos e garantias fundamentais, não pode o Estado, que deve prover liberdade, segurança e justiça a todos, "desferir golpes a esmo desesperadamente", atingindo de forma contundente e agressiva a dignidade humana de centenas ou milhares de pessoas inocentes[282].

Tendo em vista, ainda, que os meios mais restritivos de direitos fundamentais devem (ou ao menos deveriam) ser utilizados apenas em situações excecionalíssimas, também não podem ser utilizados a esmo, de forma irresponsável ou detratora de direitos humanos consagrados, assevera Hassemer (1994, p. 57-64), tornando necessário um emprego cuidadoso e prudente, além de uma constante evolução científica (inclusive com o auxílio das ciências empíricas) para melhor compreensão do fenómeno e avaliação dos resultados dos meios investigativos e/ou processuais penais, diante das características da *criminalidade organizada*:

i) enorme potencial de ameaça, ainda incomensurável;
ii) perturba e/ou corrompe as estruturas fundamentais do poder de polícia (*i. e.*, as manifestações criminosas habituais, profissionais ou de mera associação, apenas por serem perigosas, planejadas ou com astúcia e dissimulação, não representam organizações criminosas, representando fenómenos que já constam nas normas policiais, penais e processuais penais há muito tempo);

específicos, tendo em vista contribuir para o processo de tomada de decisão em diferentes domínios políticos. O sistema de estatísticas criminais será desenvolvido em colaboração com os Estados Membros, recorrendo, se necessário, ao *programa estatístico comunitário*. Convém igualmente desenvolver, testar e divulgar uma metodologia aplicável aos estudos sobre a *vulnerabilidade dos sectores económicos perante a criminalidade organizada*. Neste contexto, a Comissão tem a intenção de apresentar um relatório anual ou semestral sobre a criminalidade na UE." (Grifos nossos).

282 Deve-se ressaltar que às autoridades públicas não é permitido cometer crimes para reprimir crimes, nem mesmo utilizar outras condutas ilegais (empregadas por delinquentes) nas atividades de repressão à criminalidade, porque devem ser aplicadas, em todas as decisões e ações dos poderes públicos, o *princípio da superioridade ética do Estado*, conforme Valente (2020c, p. 754-755), por se tratar de "fundamento, fim e limite da persecução penal", além de serem "princípio e axioma regentes do *ser* e do *dever-ser* dos operadores judiciários", mesmo quando os órgãos estatais atuarem para prevenir e reprimir as organizações criminosas e outras graves infrações penais. Pontua que este princípio se conforma no íntimo vínculo que mantém com os princípios da *constitucionalidade, legalidade, igualdade, boa-fé, prossecução do interesse público* (legítimo e previsto em lei) e *imparcialidade*.

iii) potencial para se infiltrar, usurpar ou assaltar estruturas centrais da ordem estatal;
iv) influi de modo criminoso na definição, na investigação e nos julgamentos dos atos criminosos[283] e se estabiliza, tornando confusas as fronteiras entre a criminalidade e a persecução penal, sendo esta última caracterizadora de um Estado de Direito;
v) é um fenómeno em constante mutação e adaptação, seguindo tendências dos mercados nacional e transnacional, dificultando muitas vezes que seja identificada e isolada (como ocorre no tráfico de lixo tóxico e/ou hospitalar de países industrializados para outros locais);
vi) envolve várias condutas criminosas que não possuem vítimas imediatas, com vítimas difusas (como ocorre na corrupção), em que o indivíduo não transmite informações às autoridades estatais;
vii) eventuais vítimas ou testemunhas sofrem forte intimidação, para que não prestem informações ou depoimentos às autoridades;
viii) possui maiores vantagens em bases nacionais, que não costumam beneficiar as organizações criminosas em outras regiões ou, então, produzem resultados diversos;
ix) utiliza diferentes e numerosas técnicas de disfarce, ocultação e dissimulação.

Percebe-se, portanto, o quanto são necessários os estudos e as análises institucionais e/ou académicas permanentes, numa perspetiva transdisciplinar, para a adequada compreensão, inclusive no tempo-espaço, quanto às estruturas e ações desenvolvidas pelas organizações criminosas, permitindo aos decisores políticos e aos órgãos de persecução penal a adoção das medidas mais acertadas e legítimas para a prevenção e a repressão deste fenómeno criminógeno multifacetado.

[283] As características apontadas, anota Hassemer (1994, p. 58-60), não significa dizer que deve ocorrer um adiamento na repressão ao crime organizado, pois não se deve, por obviedade, aguardar que a organização criminosa se estabilize por meio da corrupção ou coerção para que medidas penais e processuais penais sejam adotadas, porque o sistema penal e as normas sobre a investigação criminal já contêm há muito tempo a previsão de crimes de perigo e dispositivos para prevenir perigos, *i. e.*, não seria necessário aguardar o domínio ou consolidação da organização criminosa para que esta fosse reprimida.

1.3. A Criminalidade Organizada Empresarial na Convenção de Palermo

A perceção contemporânea da comunidade internacional quanto à utilização das pessoas coletivas para a prática de crimes graves de forma organizada, bem como a ampliada lesividade deste fenómeno criminológico proporcionada pela utilização de empresas para o acobertamento das atividades criminosas, para o mascaramento dos membros e líderes da organização e para a dissimulação ou ocultação dos ativos obtidos pelo programa criminoso, pode ser verificada pela reiterada previsão, em instrumentos internacionais contra a criminalidade, de medidas para responsabilizar as pessoas coletivas envolvidas com atividades criminosas.

A Convenção das Nações Unidas contra o Crime Organizado Transnacional (CNUCOT)[284] estabeleceu em seu art. 10.º, quanto às pessoas coletivas[285], que cada Estado, conforme sua ordem jurídica, deverá adotar as medidas necessárias "para responsabilizar as pessoas colectivas que participem em crimes graves envolvendo um grupo criminoso organizado" e que cometam as infrações penais de obstrução à justiça, branqueamento de capitais e corrupção. Consta no referido art. 10.º, ainda, que a responsabilidade das pessoas coletivas não obstará a responsabilização penal dos indivíduos que praticaram as infrações.

Verifica-se, portanto, que os representantes de governos e estudiosos de mais de 140 Estados, os quais participaram das discussões, negociações,

[284] A CNUCOT foi internalizada em Portugal por meio do Decreto do Presidente da República n.º 19/2004, de 02 de abril. No ordenamento brasileiro, mediante o Decreto n.º 5.015/2004, de 12 de março. Quanto à União Europeia, foi adotada através da Decisão do Conselho n.º 2004/579/CE, de 29 de abril de 2004.

[285] Consta na CNUCOT: "[...] Artigo 10.º **Responsabilidade das pessoas colectivas.** 1 – Cada Estado Parte deverá adoptar as medidas necessárias, em conformidade com o seu ordenamento jurídico, para responsabilizar as pessoas colectivas que participem em crimes graves envolvendo um grupo criminoso organizado e que cometam as infracções enunciadas nos artigos 5.º, 6.º, 8.º e 23.º da presente Convenção. 2 – Em conformidade com o ordenamento jurídico do Estado Parte, a responsabilidade das pessoas colectivas poderá ser penal, civil ou administrativa. 3 – A responsabilidade das pessoas colectivas não obstará à responsabilidade penal das pessoas singulares que tenham praticado as infracções. 4 – Cada Estado Parte deverá assegurar que as pessoas colectivas consideradas responsáveis em conformidade com o presente artigo sejam objecto de sanções eficazes, proporcionais e dissuasivas, de natureza penal ou outra, incluindo sanções pecuniárias." (Grifos no original).

elaboração e aprovação da CNUCOT[286], reconheceram a importância de medidas em relação às pessoas coletivas para prevenir e reprimir a criminalidade organizada, mediante a responsabilização da pessoa coletiva que tiver participação em crimes graves envolvendo uma organização criminosa.

Conforme pontuam Dias (2015, p. 216-219) e Vlassis (2002, p. 481), além de Bassiouni e Vetere (1998, p. xv-xix), um dos maiores impulsos relativos à prevenção e repressão ao crime organizado transnacional a nível internacional ocorreu no VIII Congresso das Nações Unidas sobre Prevenção de Crime e Tratamento dos Criminosos (UN, 1990), embora naquele momento as discussões e demandas de cooperação internacional estivessem focadas em métodos para a extradição, assistência legal, transferência de presos e procedimentos de caráter penal, além do reconhecimento de decisões judiciais, julgamentos e provas produzidas em outros Estados.

Em virtude daquele evento, a Resolução 45/108 da Assembleia Geral das Nações Unidas (de 24.12.1990) criou o Programa das Nações Unidas de Prevenção ao Crime e de Justiça Criminal, que resultou na criação da Comissão de Prevenção do Crime e Justiça Criminal, composta por representantes de governos de 40 Estados e vinculada ao Conselho Económico e Social

[286] O Centro para a Prevenção Internacional do Crime (UNODC) e o Centro Internacional para a Reforma do Direito Penal e Política em Matéria de Justiça Criminal elaboraram o *Guia Legislativo para a aplicação da Convenção das Nações Unidas contra a Criminalidade Organizada*, no qual constou de modo expresso (2003, p. 91): "Os crimes graves e sofisticados são frequentemente cometidos através ou a coberto de pessoas colectivas, tais como empresas ou organizações de caridade. Estruturas empresariais complexas podem efectivamente ocultar os verdadeiros proprietários, clientes ou operações concretas relacionadas com crimes que vão desde o contrabando ao branqueamento de capitais e à corrupção. Alguns dos dirigentes da empresa podem residir fora do país onde a infracção foi cometida e pode ser difícil provar a responsabilidade de determinadas pessoas em concreto. Por isso, tem vindo a ganhar terreno a ideia de que a única forma de eliminar este instrumento e escudo protector do crime organizado transnacional será a introdução da responsabilidade das pessoas colectivas. A responsabilidade penal das pessoas colectivas pode também ter um efeito dissuasor, em parte porque a "lesão do bom nome" pode ter elevados custos e em parte também porque pode funcionar como catalizador para o estabelecimento de estruturas de gestão e supervisão mais eficazes e capazes de garantir o cumprimento da lei. O princípio de que as pessoas colectivas não podem cometer crimes (*societas delinquere non potest*) costumava gozar de aceitação universal. Esta visão começou a mudar, inicialmente, nos sistemas da *common law*. Actualmente, o velho debate sobre a susceptibilidade de as pessoas colectivas poderem ou não incorrer em responsabilidade criminal deslocou-se para a questão de saber como definir e regular tal responsabilidade."

(ECOSOC) das Nações Unidas, sendo delegados a esta Comissão como temas prioritários (conforme Resolução 1992/22-UN) tanto o crime nacional quanto o transnacional, a criminalidade organizada, os crimes económicos e financeiros, inclusive o branqueamento de capitais, e o papel da legislação penal na proteção do meio ambiente.

Esta série de eventos e profícuos debates em reuniões e encontros foi tomando corpo, resultando naquele que Bassiouni e Vetere (1998, p. xviii-xix) consideram o mais importante evento histórico do Programa das Nações Unidas de Prevenção ao Crime e de Justiça Criminal, a Primeira Conferência Mundial sobre o Crime Organizado Transnacional (Nápoles, Itália, de 21 a 23 de novembro de 1994), cerca de dois meses após o assassinato do magistrado Giovanni Falcone pela Cosa Nostra em Palermo, reunindo mais de duas mil pessoas, sobretudo representantes de governos e expertos de mais de 140 países, resultando na Declaração Política de Nápoles e no Plano de Ação Global contra o Crime Organizado Transnacional, que serviram de base para as discussões da CNUCOT.

Acrescenta Vlassis (2002, p. 481) que vários Estados desenvolvidos, no início, resistiram com veemência à ideia de uma convenção específica sobre este tema, face às evidentes dificuldades que surgiriam nas negociações diante da diversidade de conceitos legais referentes às organizações criminosas em mais de uma centena de países envolvidos na discussão, apesar da maioria dos países em desenvolvimento serem favoráveis à adoção de uma Convenção das Nações Unidas sobre o tema.

Quanto aos debates e negociações[287] relativos de modo específico ao art. 10.º da CNUCOT, que trata do compromisso dos Estados no sentido de adotarem as medidas necessárias para responsabilizarem as *pessoas coletivas* envolvidas em crimes cometidos pela criminalidade organizada, a UNODC (2006, p. 91-94) relacionou algumas das principais reuniões e negociações sobre o texto deste artigo específico realizadas no âmbito das Nações Unidas, a partir de 1999:

[287] A UNODC (2006, p. ix-xxvi) compilou milhares de informações e centenas de documentos relativos aos debates e negociações que envolveram a construção e a consolidação da CNUCOT, bem como cada um dos seus artigos, no livro intitulado "Travaux Préparatoires of the Negotiations for the Elaboration of the United Nations Convention against Transnational Organized Crime and the Protocols thereto".

a) a primeira sessão, realizada de 19 a 29 de janeiro de 1999, em que a redação inicial do artigo para discussões foi aquela apresentada pela França [France (versão A/AC.254/5)];
b) modificações no texto (versão A/AC.254/4) e nas posteriores versões (A/AC.254/4/Rev.1; Rev.2 e Rev.3);
c) a quarta sessão, realizada de 28 de junho a 09 de julho de 1999, gerando a versão A/AC.254/4/Rev.4 e mediante amplo suporte para os debates pelo Comitê Especial, com posteriores discussões que geraram as versões A/AC.254/4/Rev.5 e Rev.6;
d) a sétima sessão, de 17 a 28 de janeiro de 2000, que gerou a versão A/AC.254/4/Rev.7 do artigo referente à responsabilização das pessoas jurídicas;
e) a décima sessão, em que o Comitê Especial considerou a redação do artigo finalizada;
f) alterações realizadas no texto final, conforme relatório do Comitê Especial (A/55/383, seção IV, projeto de resolução, anexo I), rececionado pela Assembleia Geral na 83.ª sessão plenária, de 17.12.1999, e publicada mediante a Resolução A/RES/54/126, de 26.01.2000.

Esta Resolução (A/RES/54/126) também determinou ao Comitê Especial que deveriam ser realizadas quatro sessões durante o ano de 2000, visando consolidar o texto da Convenção contra o Crime Organizado Transnacional e, sobretudo, debater e negociar os protocolos relativos ao tráfico de pessoas[288], especialmente mulheres e crianças, a fabricação e tráfico ilícito de armas de fogo, suas peças, componentes e munições, e o contrabando de migrantes por terra, mar e ar, para que esses projetos de protocolos fossem concluídos ao mesmo tempo que o projeto de Convenção.

288 Quanto ao tema, Emanuel Carvalho (2022, p. 173-193) expõe com clareza as mudanças normativas materiais e processuais (de cunhos preventivo e repressivo) no Estado português e na União Europeia, decorrentes da “Convenção das Nações Unidas contra a Criminalidade Organizada Transnacional” (CNUCOT) e, sobretudo, do “Protocolo Relativo à Prevenção, Repressão e Punição do Tráfico de Pessoas, em Especial Mulheres e Crianças”. Quanto às negociações ocorridas no âmbito das Nações Unidas que resultaram no Protocolo referente ao tráfico de pessoas, vejam-se as análises realizadas por Dias (2015, p. 215-233), em que aborda, inclusive, as discussões iniciais sobre o tema naquele organismo internacional.

Cremos, quanto à previsão expressa (no art. 10.º da CNUCOT) do compromisso dos Estados no sentido de adotarem as medidas necessárias para responsabilizarem as pessoas coletivas envolvidas em crimes praticados por organizações criminosas, que se trata de relevantíssimo instrumento para prevenir e reprimir a criminalidade organizada. De facto, as organizações criminosas priorizam a *maximização dos lucros* (inclusive para ampliarem o seu poder em certos territórios e/ou setores) e a *minimização dos riscos*, utilizando as empresas[289] também para mascararem suas práticas criminosas e para evitarem a deteção e a repressão pelos órgãos estatais de persecução penal.

Buscam, por meio das pessoas coletivas, dificultar ao máximo ou até mesmo impedir a individualização das suas lideranças, membros e produtos do crime (evitando seu congelamento ou confisco), além de justificarem a circulação de capitais, de bens e dos seus membros, bem como as relações sociais ou com autoridades públicas e políticas. No mesmo vértice, em muitas ocasiões a própria empresa é o centro ético-social de imputação penal, pela prática de condutas criminosas graves de forma organizada.

Além destes fatores, de enorme relevância por si mesmos, deve-se destacar que o lucro (rápido) costuma ser o objetivo imediato das organizações criminosas, como percebe Valente (2009, p. 160-168), mas elas têm o controle económico, político e social como seus grandes objetivos mediatos, pois através deles alcançam influência ou domínio sobre tecidos produtivos (industriais,

[289] O Grupo Multidisciplinar sobre Crime Organizado criado pela União Europeia (para assessorar e orientar a Comissão, o Parlamento e o Conselho), quanto à conceituação de organização criminosa e às formas adequadas de prevenção ou repressão, consolidou as pesquisas e análises realizadas desde os estudos iniciais de 1993, no doc. 6204/2/97 (ENFOPOL 35 REV 2), de 1997, passando-se a considerar, para fins de análise de informações pelos Estados-Membros e, em especial na Europol, que um grupo pode ser considerado uma organização criminosa quando adequar-se a 6 dos destes quesitos, sendo obrigatórios 4 deles (1, 3, 5 e 11): '1. Colaboração de mais de duas pessoas; 2. Tarefas específicas atribuídas a cada uma das pessoas; 3. Colaboração por um período de tempo prolongado ou indefinido (este critério se refere à estabilidade e às estruturas do grupo que podem perdurar durante um período prolongado); 4. Uso de algum tipo de disciplina e controle; 5. Suspeita de prática de crimes graves; 6. Operar a nível internacional; 7. Uso de violência ou outros meios de intimidação; 8. *Utilização de estruturas comerciais ou empresariais;* 9. Envolvimento em lavagem de dinheiro; 10. Influência no âmbito político, da mídia, das administrações públicas, das autoridades judiciais ou sobre a atividade económica; 11. Ânimo de poder e/ou de lucro'." (Livre tradução e grifos nossos).

de serviços, comerciais e outros), ampliando os seus capitais e seus lucros económico-financeiros lícitos (e ilícitos), os quais serão, em grande parte, reintroduzidos no fluxo legal de capitais mediante o branqueamento de valores e de outros bens. Interpreta que este controle também permite influenciar (ou dominar) setores da política e a legiferação, além de viabilizar, em menor ou maior proporção, influência (direta ou indireta) ou domínio sobre parcelas do poder judicial e do tecido social (em especial onde o Estado é ausente). Deste modo, conclui que as organizações criminosas necessitam destas redes (de pessoas coletivas) para expandirem seu programa criminoso e se consolidarem, empregando estas malhas de legalidade, além das lacunas e anomias da legislação, para se entrincheirarem e se estabilizarem com aparência de licitude. Comenta que buscam substituir a atividade "em primeira mão ilícita" pela "segunda mão lícita", dificultando ou até impedindo as ações de deteção e repressão dos órgãos estatais de persecução penal, exigindo destes e dos seus operadores um constante aprimoramento (técnico, profissional, académico, científico e ético), além de engenho e arte, que possam proporcionar a realização da justiça penal e paz jurídica, mediante soluções legitimadas do ponto de vista constitucional.

Considerações capitulares

Nesta "era das organizações" e da "globalização", as pessoas coletivas e as demais instituições (públicas e privadas, nacionais, regionais e internacionais) exercem maior influência sobre o destino da sociedade, em escala global, sobretudo aqueles conglomerados empresariais e/ou organismos supra e internacionais com maior dimensão, alcance e poder económico, político e/ou bélico.

Neste cenário de globalização económico-financeira, social e cultural, a criminalidade organizada e a criminalidade empresarial também obtiveram sensível evolução e alcançaram escala transnacional, muitas vezes confluindo entre si. Neste sentido, a relação simbiótica entre estas formas de criminalidade se tornaram evidentes nas últimas décadas, quer seja a *criminalidade organizada violenta* utilizando estruturas empresariais legítimas para branqueamento de capitais, ocultação de bens e transporte de mercadorias proibidas, quer seja a *criminalidade organizada não violenta*, em regra empresarial, prestando serviços para as organizações criminosas violentas ou utilizando alguns serviços ilegais e/ou criminosos destas, como o uso da força e da intimidação para afastar concorrentes ou para inibir e dificultar a fiscalização de órgãos estatais.

Na mesma proporção em que estas organizações criminosas ocuparam novos mercados e se sobrepuseram em outros, expandindo os projetos criminosos à escala transnacional, ampliaram seus lucros e também os impactos sociais e económicos negativos em desfavor da sociedade e dos bens considerados jusfundamentais.

Diante destas características da criminalidade organizada contemporânea, sobretudo daquela transnacional, e da acentuada danosidade plurilocalizada, a comunidade internacional foi compelida a adotar uma série de medidas em matéria penal e processual penal, destacando-se aquelas elaboradas em organismos intergovernamentais internacionais, como a Organização das Nações Unidas (ONU), em especial através de Convenções Internacionais voltadas para a prevenção e repressão da criminalidade de especial gravidade, como a criminalidade organizada, a corrupção e o branqueamento de capitais.

Neste sentido, teve especial destaque a Convenção das Nações Unidas contra a Criminalidade Organizada Transnacional (Convenção de Palermo ou CNUCOT), assinada em novembro de 2000, com vigência na ordem internacional a partir de setembro de 2003.

Tratou-se de um enorme esforço da comunidade internacional, no sentido de oferecer uma conceituação mínima de organização criminosa e definir alguns *standards* para a prevenção e repressão desta forma de criminalidade e dos crimes circunvizinhos, lembrando que as discussões sobre a criminalidade organizada no âmbito da ONU haviam iniciado em 1975. O debate sobre o tema recebeu novos impulsos a partir de 1990, quando a criminalidade organizada transnacional passou a ser considerada como um *problema estratégico* pela ONU, de enorme e decisiva importância para a humanidade, mediante decisão que contou com representantes dos governos de mais de cem Estados. Os estudos, discussões e dados analisados no organismo internacional culminaram com a adoção da Convenção de Palermo, em 2000.

Por outro lado, repita-se que a referida Convenção Internacional (CNUCOT) recebeu muitas críticas por utilizar conceitos difusos e alargados, como a conceção de *conspiracy*, característicos dos Estados que adotam a *common law*, mas de difícil harmonização com os ordenamentos jurídicos codificados, exigindo enorme trabalho e técnica legiferativa apurada dos legisladores destes países, ao internalizarem as previsões da Convenção de Palermo. Contudo, os Estados não podiam esperar indefinidamente por uma harmonização mínima neste campo, diante de tantos indicadores e estudos que apontavam a expansão das organizações criminosas em escala global. Desta forma, ao menos foram dados os primeiros passos visando a prevenção e a repressão da criminalidade organizada transnacional, reacendendo também os debates sobre o tema no âmbito das instituições estatais, dos centros de pesquisa e também dos setores económicos e financeiros, todos direta ou indiretamente afetados por esta criminalidade que não reconhece limites territoriais, políticos ou económicos.

Tendo em vista também o envolvimento de inúmeras pessoas coletivas em projetos criminosos de organizações criminosas com acentuada lesividade social e económica, como instrumentos para a lavagem de capitais e para a prática de outros comportamentos criminosos, ou então como centros ético-sociais para a prática de diversos e graves crimes, a referida Convenção de Palermo, além de outras Convenções Internacionais contra a Criminalidade Grave, como a Convenção das Nações Unidas contra a Corrupção, trouxeram consigo previsões expressas quanto à necessidade dos Estados tomarem medidas em relação às pessoas jurídicas, utilizadas em larga escala por organizações criminosas.

Neste vértice, percebeu-se também que as organizações criminosas não podem ser controladas de uma forma eficaz tão só através da acusação, da condenação e da prisão dos seus membros, pois esta metodologia permite aos demais membros e estruturas gerenciais permanecerem realizando as atividades criminosas e/ou económicas, em especial através das pessoas coletivas envolvidas.

Diante desses fatores, tanto os estudos das instituições de repressão penal quanto os demais centros de pesquisa da criminalidade organizada, além das convenções e tratados multilaterais de repressão à criminalidade grave, têm direcionado esforços no sentido de compreenderem as estruturas utilizadas pelas organizações criminosas, com ênfase nas pessoas jurídicas, nas estruturas em rede e nos programas criminosos.

Nesta senda, as investigações e as demais medidas de persecução penal devem visar a descoberta das estruturas económicas e empresariais, além das redes da criminalidade organizada, viabilizando a compreensão do programa criminoso, dos sistemas empregados e das atividades realizadas, de maneira a responsabilizar todos os criminosos envolvidos e os colaboradores, além do confisco dos produtos do crime, descapitalizando as organizações criminosas.

Além disso, verificada a transnacionalidade das mais avançadas (e lesivas) organizações criminosas, as atividades de prevenção e repressão às organizações criminosas também continuam a exigir um alto nível de cooperação policial e judiciária[290], sobretudo no âmbito operacional, além de avanços na harmonização das normas penais e processuais penais, impedindo que a criminalidade organizada encontre refúgio seguro para seus membros e para as vantagens dos crimes em qualquer Estado.

Nestas complexas e desafiantes tarefas, as instituições de persecução penal devem utilizar uma visão *prospetiva* e *proativa*[291] deste fenómeno criminológico multifacetado e dissimulado, não mais através de uma mera reconstituição do passado, *retrospetiva*, que só tem alguma eficácia na repressão à criminalidade

[290] Alertam Anabela M. Rodrigues e José L da Mota (2002b, p. 51-65), entretanto, que os gigantescos esforços a nível da União Europeia realizados ao longo do tempo visando harmonizar minimamente a legislação dos Estados-Membros e estabelecer instrumentos jurídicos de cooperação judiciária e policial em matéria penal serão "letra morta" se não houver o mesmo empenho para aplicar as normas, para operacionalizar o seu efetivo emprego ao nível do espaço da União Europeia, convertendo a simples "law in the books" na necessária "law in action". Ao nosso ver, este esforço envolve um adequado e verdadeiro investimento em recursos materiais, humanos, ensino, tecnologia e demais searas relacionadas à cooperação policial e judiciária, sob pena de submergirmos à criminalidade e, premidos pela exigência cada vez maior por segurança, num viés cada vez mais securitário, descurarmos de princípios básicos como liberdade, democracia, respeito e proteção incondicional dos direitos humanos, do Estado de Direito e direitos e liberdades fundamentais, como pontua Valente (2013c, p. 37-39, 124-127).

[291] Nesta direção, destacamos que investigação proativa não significa utilização de meios ilegais e/ou ilegítimos na persecução penal à criminalidade organizada. Neste aspeto, lembra Valente (2009, p. 164-165) que a legislação (inclusive diante da ameaça representada pela criminalidade organizada) deve atender não apenas à legitimidade normativa, enquanto norma legal provinda do órgão eleito pela população para este fim, mas também à legitimidade sociológica, conformada no entendimento de que as medidas investigativas e/ou processuais penais utilizadas na repressão penal são necessárias e úteis sob o olhar e perceção dos cidadãos, em especial quando são meios investigativos que restringem direitos fundamentais e, portanto, devem ser utilizados apenas em situações excecionais.

comum, de indivíduos isolados ou atuando em pequenos grupos, sem eficácia para interromper os projetos criminosos e a acentuada lesividade da criminalidade organizada contemporânea.

Neste rumo, uma Política Criminal racional e equilibrada também deve direcionar seus esforços mediante as técnicas e instrumentos adequados para cada um dos tipos de criminalidade (embora com atenção às interconexões entre estes): *a)* a *criminalidade de massa*, que pratica furtos em residências, agressões, o pequeno tráfico de drogas local e outros "crimes de rua", que causam boa parcela da sensação de insegurança (cognitiva) das pessoas, mas que são controláveis mediante policiamento ostensivo e outras práticas preventivas, que devem incluir políticas e programas sociais de inclusão; *b)* a *criminalidade verdadeiramente organizada*, que se estabelece mediante uma estrutura organizada, ocupando instituições governamentais, políticas e económicas, assumindo posições de influência em diversos setores, causando elevados danos e cujas vítimas são em regra difusas, com capacidade de intimidar e de se dissimular, com acentuado poder económico, político e social, erodindo os pilares da sociedade e da democracia.

Quanto ao tema, entendemos como adequada parte da conceção de organização criminosa que consta na Convenção de Palermo, *i. e.*, "um grupo estruturado de três ou mais pessoas, existindo durante um período de tempo e atuando concertadamente com a finalidade de cometer um ou mais crimes graves[292] [...] com a intenção de obter, direta ou indiretamente, um benefício económico ou outro benefício material".

Por outro lado, embora a CNUCOT preveja como crime grave um ato que constitua infração punível com uma pena privativa de liberdade não inferior a 4 anos ou com pena superior, esta conceção de crime grave varia de Estado para Estado, inclusive no âmbito da União Europeia.

Ao nosso ver, inclusive, entendemos que para ser configurada uma organização criminosa, o tipo de crime que a organização cometeu ou tem por finalidade cometer deve ser crime grave, com base na moldura penal

[292] Reportamo-nos à nossa manifestação anterior, no sentido de que devem ser crimes graves (com moldura penal cominada alta) e mediante a fixação de um catálogo de crimes, tendo em vista a acentuada restrição de direitos, liberdades e garantias fundamentais pessoais previstos para a repressão à criminalidade organizada, além das severas penas fixadas pela participação numa organização criminosa.

cominada, e previsto em catálogo, de modo a evitar que desvios legislativos ou a reiterada falta de técnica legiferativa (sobretudo diante da profusão de normas penais avulsas), ao prever pena máxima de 4 anos, transforme uma conduta de leve potencial ofensivo num crime que caracterize aquele grupo como uma organização criminosa.

Deste modo, entendemos que deve ser pressuposto para a configuração de uma organização a finalidade de cometer um crime previsto em catálogo e que também seja grave (com elevada pena prevista).

Por outro lado, urge corrigir o catálogo de crimes que viabiliza o reconhecimento da criminalidade organizada e proporciona instrumentos de persecução penal diferenciados na ordem jurídica portuguesa, pois na atualidade não são sancionados pela participação numa organização criminosa alguns agentes e organizações que praticaram outros crimes de igual ou maior gravidade, característicos da criminalidade organizada não violenta, provocando não apenas evidente desigualdade (inconstitucional) no tratamento penal e processual penal de crimes de igual gravidade ou, inclusive, crimes com gravidade e lesividade social que costuma ser mais elevada.

Assim, devem ser corrigidos os erros legislativos, que elaboram um catálogo[293] de crimes direcionados apenas à repressão "dos outros", daqueles que

[293] Percebe-se o quanto é importante a definição de um catálogo de crimes para o fim de autorizar as várias medidas que provocam acentuada restrição de liberdades, garantias e direitos fundamentais, diminuindo a insegurança jurídica, sobretudo diante da quantidade "avassaladora" de criminalizações que grassam em normas penais avulsas (inabarcáveis). Por outro lado, ao mesmo tempo em que no Brasil deve ser adotado um catálogo de crimes que possam configurar a criminalidade organizada (pois na atualidade exige-se apenas que seja infração penal cuja pena máxima seja superior a 4 anos, ou que seja de caráter transnacional, como veremos adiante), em Portugal o rol de crimes deve ser corrigido com urgência, pois está direcionado quase que totalmente à *criminalidade organizada violenta*, ignorando a *criminalidade organizada não violenta*, em geral conformando uma criminalidade económica e/ou política, *i. e.*, a criminalidade dos poderosos. No mesmo rumo, devem ser sanadas falhas graves: *a)* a discrepância entre o catálogo que consta no Código de Processo Penal [art. 1.º, al. *m)*] e a lista do art. 1.º da Lei n.º 5/2002, de 11 de janeiro, causando insegurança jurídica; *b)* a possibilidade de utilizar essas medidas compressivas de direitos fundamentais quando estiver em causa a *corrupção ativa para a prática de ato lícito* (art. 374.º, n.º 2, do CP), cuja pena é de prisão de *até 3 anos ou de multa* até 360 dias (causando dano social mínimo), sem que possam ser utilizados os mesmos meios contra aquele grupo que praticasse de forma organizada, *v. g.*: a burla qualificada [art. 218.º, n.º 2, alíneas *a), b), c)* e *d)*], com *pena de 2 a 8 anos de prisão*; a corrupção de substâncias alimentares ou medicinais (art. 282.º, n.º 1), com pena de 1 a 8 anos; a poluição com

não participam dos seus círculos sociais, que não financiam suas campanhas eleitorais (formal ou informalmente), daqueles que não possuem elevado *status* económico, político ou social, quando os mais danosos crimes contra os bens jurídicos essenciais são cometidos, nesta era das organizações, justamente por indivíduos de elevado *status* e/ou com altos cargos, além de pessoas coletivas com acentuada capacidade económica e política, as quais costumam ter alcance transnacional.

Entendemos, portanto, que para ser configurada uma organização criminosa, o tipo de crime que a organização cometeu ou tem por finalidade cometer não pode ser qualquer crime, pois deve ser crime grave, repita-se, com base na moldura penal cominada, e previsto em catálogo.

De facto, como os meios de investigação e de repressão penal às organizações criminosas causam alta restrição aos direitos, liberdades e garantias fundamentais, estas medidas diferenciadas e gravosas só podem ser usadas em caráter excecionalíssimo, definidos em lista e de maior gravidade, sob pena de realizar indevida e desproporcional intervenção penal contra grupos e/ou respetivos membros que cometem crimes de menor gravidade, característicos, em sua maior parte, da *criminalidade de massa*.

perigo comum dolosa [art. 280.º, al. a)], com *pena de 1 a 8 anos de prisão*. Podemos vislumbrar com clareza os graves riscos representados pelo tráfico de dejetos químicos ou hospitalares altamente tóxicos e o depósito de lixo radioativo proveniente de países industrializados. Os exemplos são múltiplos.

CAPÍTULO 2
A ORGANIZAÇÃO CRIMINOSA EMPRESARIAL E A CORRUPÇÃO

As normas jurídico-penais de um Estado Democrático de Direito devem ter como objetivo, ressalta Roxin (2018, p. 17-18), assegurar a todos os indivíduos uma coexistência pacífica, livre, sob a garantia de todos os direitos humanos. Diante disto, observa que o Estado também deve garantir, inclusive mediante instrumentos jurídico-penais, não apenas as condições necessárias para que os indivíduos tenham uma existência semelhante (tutelando a integridade física e a vida, a liberdade para atuar da forma voluntária, a propriedade etc.), mas também os órgãos do Estado adequados para esta finalidade, através de uma eficiente administração da justiça, sistemas económico e tributário saudáveis, entre outras instituições que necessitam de uma administração sem corrupção.

Esta questão é de relevante importância em qualquer sociedade, pois a criminalidade organizada contemporânea vem utilizando avançadas estratégias nos seus programas criminosos, mediante gestão e estruturas empresariais. Além disso, as organizações criminosas continuam utilizando de forma rotineira dois instrumentos usados há muito tempo: a corrupção e o branqueamento de capitais.

2.1. A Corrupção e a Organização Criminosa Empresarial

As organizações criminosas tradicionais, formadas por grupos baseados em rígida hierarquia, na violência e em relevantes laços sociais ou étnicos, vêm sendo suplantadas por uma delinquência organizada mais avançada, de redes difusas, discretas, voláteis e, muitas vezes, composta por membros com empresas e profissões legítimas, tornando muito mais difíceis tanto a prevenção quanto a deteção e a repressão das suas atividades ilegais, além da interrupção do programa criminoso e a recuperação dos produtos do crime.

De facto, as hierarquias rígidas de organizações criminosas e o emprego de violência ainda subsistem, em especial nos grupos que se dedicam ao tráfico de drogas, de armas e de pessoas, bem como em grupos mafiosos, mas a criminalidade organizada tem aperfeiçoado os seus métodos e sistemas estruturais[294], formando redes difusas, transnacionais e mutáveis, além de outros modelos organizacionais com grande volatilidade[295], atuando com a maior discrição possível e dificultando muito as atividades estatais de prevenção e repressão penais[296].

[294] Congram, Bell e Lauchs (2013, p. 119-120) alertam que o crime organizado transnacional custa à comunidade global mais de três trilhões de dólares por ano, que este valor vai continuar aumentando e que a corrupção também causa prejuízos de igual relevância à sociedade. Acrescentam que a revolução tecnológica, que permite a rápida e ágil movimentação de recursos financeiros e outros bens pela criminalidade organizada, bem como a venda de produtos e serviços na *deep web* (rede profunda ou clandestina) e uma série de outros crimes (cibernéticos ou não), também deve aparelhar em larga escala os órgãos estatais de deteção e de repressão aos grupos delinquentes. A organização *Transparency International*, em Relatório de Impacto de 2015 (p. 16), estimou que a corrupção custa aproximadamente um trilhão de dólares por ano à sociedade global.

[295] Entre vários estudos sobre o tema, tem especial importância a pesquisa realizada pelo *Office on Drugs and Crime* (UNODC, 2002, *passim*) das Nações Unidas, contendo a tipologia das organizações criminosas atuais, bem como as principais características de cada um dos tipos revelados durante o período de verificação.

[296] Entre algumas das principais características da criminalidade organizada contemporânea, além da transnacionalidade, Giacomolli (2017, p. 151-171) inclui a célere leitura que as organizações criminosas fazem do entorno operacional e a também rápida adaptação às novas conceções de espaço (território), tempo (temporalidade, superficialidade), poder económico e poder político, bem como adotam novas formas de energia e de comunicação, com estruturação em redes e empresas, mediante vínculos e conexões imperceptíveis, muitas vezes sem marcos territoriais definidos, tanto na conduta, quanto na organização, na execução e nos seus efeitos, instalando seus tentáculos e se diluindo, volatilizando e tornando ineficazes os

Quanto às redes (nacionais e transnacionais) e suas interconexões, Manuel Castells (2017, *passim*) pontua que não são apenas as instituições e os grupos com finalidades lícitas que se relacionam em sistemas de rede, mas também os criminosos e as organizações criminosas. Anota, também, que as "sociedades em rede" utilizam redes (potencializadas pelas modernas tecnologias de informação e comunicação) que são baseadas num conjunto de "nós" interconectados, sem um centro, e cada um destes "nós" pode possuir maior ou menor relevância para a rede, dependendo da sua capacidade de receber e processar informações de forma eficaz, de suas características especiais ou da sua competência para contribuir com as necessidades da rede ou de um ou mais dos "nós" conectados. Anota que todos os "nós" (em princípio) são necessários para a rede, *i. e.*, os "nós" redundantes não possuem função e são desconectados, enquanto outros "nós" são acrescentados à rede, que se autoreconfigura sempre que houver necessidade. Deste modo, leciona que essas redes são autoreconfiguráveis e possuem estruturas complexas e unidade de propósito(s), além de flexibilidade na execução e enorme capacidade de adaptação ao entorno operativo. Diante de tantas vantagens na utilização destes sistemas, comenta que estas estruturas em rede também são utilizadas pelas organizações criminosas em larga escala.

Por outro lado, esta evolução nas estruturas de organizações criminosas ocorreu não só em função da abertura dos mercados a uma economia global e das oportunidades que trouxe consigo para a criminalidade organizada, devido à demanda por mercadorias e serviços ilegais. De facto, a metamorfose das organizações criminosas também decorre da capacidade de adaptação da criminalidade organizada e teve, entre as suas principais motivações, a busca incessante por métodos que inviabilizem ou dificultem a descoberta de condutas ilícitas, o reconhecimento das suas lideranças e membros, bem como a deteção e o confisco de bens provenientes de atos criminosos.

Outra das características da criminalidade organizada, pondera Paoli (2013, p 150-151), é a utilização do sistema em redes, de enorme utilidade para

meios tradicionais de busca de prova. Em contrapartida, observa uma lentidão dos Estados na percepção desta nova realidade global, como demonstram a manutenção de uma pesada burocracia processual (que prejudica tanto o órgão de acusação quanto os investigados e/ou acusados), mediante processos demasiado lentos e métodos que, quando há necessidade de cooperação internacional, policial ou judiciária, esbarram na vetusta ideia de soberania.

descrever o relacionamento entre organizações criminosas e suas atividades delitivas, em que as conexões são estabelecidas com base na independência das partes e não de forma centralizada, *i. e.*, cada organização realiza suas ações criminosas, seus contatos e seus negócios neste mercado oculto e difuso (paralelo ou conectado ao mercado legal, de modo direto ou indireto), conforme forem surgindo oportunidades e novas alianças (com determinados pontos ou nós interconectados da rede) se tornarem mais vantajosas. Acrescenta que essas redes são voláteis e se reconfiguram com frequência, com a incorporação de novos participantes ou com a exclusão (temporária ou permanente) de outros, porque se tornam desnecessários ou estão sob intervenção de órgãos estatais de prevenção ou repressão à criminalidade.

Estas organizações criminosas, que vêm adotando mecanismos gerenciais e analíticos avançados, constata Werner (2017, p. 25-27), possuem líderes que realizam diversas ponderações antes de tomarem as decisões relevantes, empregando uma visão de mercado de características macroeconómicas na estrutura da empreitada criminosa. Ressalta que o dano causado por este tipo de organização criminosa atinge a própria democracia, através da violação sistemática da lei penal, com repercussões negativas de caráter económico, social, político e institucional, influindo na moralidade das pessoas, violando os direitos fundamentais, a paz e a harmonia na sociedade.

As organizações criminosas constituem também um dos mais relevantes fatores do atual sofrimento humano, comprometendo a estabilidade social e o desenvolvimento dos países, alerta Sanz Mulas (2016, p. 320-326), pois os crimes económicos, a corrupção e a criminalidade organizada[297], com profunda interconexão na atualidade, resultaram no incremento claro da criminalidade

[297] Comenta Zuñiga Rodriguez (2018c, p. 166-169) que há uma baixa perceção da sociedade e dos indivíduos quanto à acentuada danosidade económica e social da criminalidade dos grandes negócios, em que confluem "criminalidade organizada, criminalidade empresarial, corrupção privada, corrupção pública". Acrescenta que muitos dos crimes praticados por esta criminalidade organizada avançada são praticados em contextos normalizados, e que esta falta de consciência da sua alta lesividade aos pilares fundamentais da sociedade e da economia decorre de fatores como a manipulação realizada pela mídia social de massa e outros meios de comunicação (vinculados de modo exclusivo aos maiores patrocinadores), o facto de que não há (em regra) vítimas diretas dos crimes económicos (como acontece nos crimes de rua violentos), a criminalidade empresarial normalmente envolve pessoas que são exemplos de sucesso profissional, além de outros marcos conceituais que, de uma forma ou de outra, foram sendo implantados no cidadão médio da nossa sociedade.

da empresa, que não pode mais ser bagatelizado, diante da gravidade dos danos causados e da expansão desta criminalidade evidenciada nas últimas décadas. Constata que, se no passado a criminalidade da empresa apenas se aproximava da criminalidade organizada (do ponto de vista legislativo) em searas como o narcotráfico e o terrorismo, hoje a criminalidade da empresa e a criminalidade organizada se entrelaçam em muitas outras áreas, inclusive em campos como o meio ambiente e a corrupção em transações comerciais internacionais.

Neste momento não há a menor dúvida de que os comportamentos que causam os maiores danos sociais são cometidos por pessoas coletivas, complementa Sanz Mulas (2016, p. 320-326), os quais estão amparados no nome da empresa, na sua estrutura, nas suas possibilidades económicas e, sobretudo, na sombra representada pela incapacidade do próprio sistema de justiça penal de sancionar de modo adequado os entes coletivos. Observa que isto se deve à intolerável manutenção de um Direito Penal com suporte no delinquente pobre, enquanto a criminalidade da globalização está conformada por grupos, em diversos casos muito poderosos, que cometem crimes de natureza económica, que repercutem em muitas outras áreas e põem em risco a própria estabilidade democrática de muitos Estados através da corrupção de seus políticos e funcionários.

De facto, apesar das relevantes mudanças nas estruturas e nos modos de atuação empregados pelo crime organizado, há algumas características que não mudaram: a utilização da corrupção[298] como uma importante ferramenta para viabilizar as atividades ilícitas, a impunidade e a manutenção dos bens obtidos de maneira criminosa, neste cenário de globalização[299], bem como o

[298] O índice de perceção de corrupção, ferramenta utilizada desde 1995 e avaliando 180 países na atualidade, apontou o Brasil, em 2018, com a 105ª posição, com apenas 35 pontos e elevadíssimo índice de perceção de corrupção. Por seu turno, Portugal ocupa uma posição mais confortável (30ª posição), com 64 pontos, embora o relatório mais recente da Transparency International (2021, p. 61) indique que 88% dos portugueses consideram que há corrupção no governo e 48% dos mil entrevistados em Portugal tenha afirmado que teve que usar conexões pessoais para ter acesso a serviços públicos nos últimos 12 meses.

[299] A globalização da economia mundial, com a circulação de bens e capitais simplificada e ágil (quase que instantânea em muitos casos), promoveu várias melhorias para a sociedade, anota Davin (2007, p. 8-9), mas também viabilizou uma grande expansão da criminalidade organizada transnacional, a qual vem utilizando a enorme lacuna entre as legislações penais e processuais dos diferentes países nos quais atuam, bem como os avanços na liberdade de

branqueamento de capitais[300], muito embora sejam priorizadas as discussões acerca da corrupção neste capítulo[301].

Sob este prisma, ao analisar a corrupção associada à criminalidade organizada transnacional[302], Olasolo Alonso (2019, p. 61, 67) chega a considerar

circulação de bens, serviços, ativos financeiros e pessoas, para ampliar suas atividades nos mais diversos mercados e a sua capacidade de influência a nível regional e global.

300 No Relatório sobre o Crime Organizado e Grave 2021 (SOCTA/OCTA), a EUROPOL (2021, p. 10-28) realizou uma avaliação da ameaça do crime organizado e grave na União Europeia, destacando uma influência corruptora: a infiltração e o enfraquecimento da economia e da sociedade europeias pelo crime organizado. Ressaltou, ainda, que: "[...] *i)* Quase 40% das redes criminosas ativas na UE estão envolvidas no comércio de drogas ilegais; *ii)* Cerca de 60% das redes criminosas ativas na UE usam a violência como parte dos seus negócios criminosos; *iii) O uso da corrupção e o abuso de estruturas legais de negócios são características essenciais do crime organizado e grave na Europa; iv) Dois terços dos criminosos usam a corrupção regularmente; v)* Mais de 80% das redes criminosas usam estruturas comerciais legais." (Grifos nossos).

301 Na Diretiva (UE) 2018/1673, do Parlamento Europeu e do Conselho, de 23 de outubro de 2018, relativa ao combate ao branqueamento de capitais através do direito penal, o Parlamento Europeu e o Conselho Europeu (formado pelos Chefes de Estado europeus) estabeleceram, face à enorme preocupação com a *corrupção* de agentes públicos e à consequente *lavagem de dinheiro*: "[...] (7) Devido ao impacto das infrações de branqueamento de capitais cometidas por titulares de cargos públicos na esfera pública e na integridade das instituições públicas, os Estados-Membros deverão poder considerar a inclusão de sanções mais severas para os titulares de cargos públicos nos seus ordenamentos nacionais, em conformidade com as respetivas tradições jurídicas."

302 Nesta perspetiva, a declaração política preparada para Sessão Especial da Assembleia Geral da ONU contra a Corrupção, realizada em New York de 2 a 04 de junho de 2021 (Informe de la Conferencia de los Estados Partes en la Convención de las Naciones Unidas contra la Corrupción sobre sus trabajos preparatorios para el período extraordinario de sesiones de la Asamblea General sobre los desafíos y las medidas para prevenir y combatir la corrupción y reforzar la cooperación internacional – UNGASS 2021) destacou que 187 Estados-partes da ONU já ratificaram a Convenção das Nações Unidas contra a Corrupção, concedendo-lhe uma adesão quase universal. Os representantes desses Estados assumiram o compromisso na referida declaração política de prevenir e reprimir a corrupção, reforçar a cooperação internacional de forma coerente com o respeito aos direitos humanos, a justiça, a democracia e o Estado de Direito em todos os níveis, defendendo os propósitos e princípios estabelecidos na Carta das Nações Unidas, assim como na Convenção das Nações Unidas contra a Corrupção e na Convenção das Nações Unidas contra a Criminalidade Organizada Transnacional. Reforçaram que o impacto negativo de todas as formas de corrupção prejudica em grande escala o atendimento aos direitos humanos e exacerba a pobreza e a desigualdade, prejudicando com mais intensidade aos mais vulneráveis da sociedade. Reconheceram que a prevenção e a repressão à corrupção e aos fluxos financeiros ilegais, bem como a recuperação e devolução dos ativos confiscados, devem ser firmes compromissos a serem cumpridos pelos Estados, além da cooperação e assistência internacional para prevenir, detetar, investigar e promover

a corrupção como uma "atividade medular" das organizações criminosas, porque exerce um "papel central" nos programas criminosos e nas suas respetivas estratégias, que visam a *maximização dos lucros* (e a ampliação do poder) combinados com a *diminuição dos riscos*.

Aliás, diante da utilização sistemática (desde tempos remotos) da corrupção por grupos de criminosos, a Convenção das Nações Unidas contra a Criminalidade Organizada Transnacional (CNUCOT), concluída em Palermo em novembro de 2000, adjetivada por Zuñiga Rodriguez (2016a, p. 69-70) como um longo e notável esforço das Nações Unidas para elaborar um conceito jurídico-penal para o crime organizado e estabelecer padrões mínimos e medidas para o enfrentamento às organizações criminosas transnacionais, além de procedimentos para a cooperação policial e judiciária entre os países, deu especialíssima atenção à corrupção, em conjunto com medidas específicas relacionadas ao branqueamento de capitais e à obstrução da justiça[303].

Por outro lado, não se pode ignorar que a tipologia quanto à organização criminosa que consta nesta Convenção sofreu muitas críticas nos Estados cujo sistema é a *civil law*, por utilizar o conceito jurídico de *conspiracy* (de Estados com sistema de *common law*)[304] em países nos quais a ordem jurídica é codificada, estabelecendo vários critérios (fechado, aberto e remissivo) para tipificar o delito de organização criminosa, tornando o conceito difuso e amplo a ponto de permitir que um bando[305] que comete delitos característicos de uma

as ações judiciais previstas, inclusive através de instituições fortes, justas, eficazes, imparciais e transparentes que prestem contas.

303 Quanto à obstrução à justiça, prevista no art. 23 da CNUCOT, a sua tipologia prevê, como formas de embaraçar a justiça, além da força física, da ameaça e da intimidação, algumas formas de corromper testemunhas ou pessoas que possuem provas [art. 23, alínea *a)*, segunda parte], através de: "promessa, oferta ou concessão de um benefício indevido para obtenção de um falso testemunho ou para impedir um testemunho ou a apresentação de elementos de prova num processo relacionado com a prática de infrações" da criminalidade organizada.

304 Ressalta Zuñiga Rodriguez (2016a, p. 69-70) as muitas críticas direcionadas à referida convenção, em especial a influência do direito anglo-saxão na implantação da noção de *conspiracy* (característica de Estados de *common law*) para conceituar a "organização criminosa", incompatível em parte com a tradição jurídico-penal da Europa continental (de direito codificado), por conter conceitos difusos e alargados, além de não reconhecer que a criminalidade organizada está inserida nas estruturas sociais e económicas dos Estados, não constituindo um "um grupo de estrangeiros inadaptados" ou "os outros".

305 Algumas referências sobre as diferenças entre um bando e uma associação criminosa ou organização, encontramos a seguinte manifestação do Supremo Tribunal de Justiça, em

criminalidade de massa, v. g., seja considerado uma organização criminosa[306]. Viabiliza-se, deste modo, a aplicação de uma série de medidas investigativas e processuais penais que restringem de modo severo direitos fundamentais e só deveriam ser usadas em situações excecionalíssimas.

julgamento de Acórdão no processo n.º 138/09.9JELSB.L1.S2, em 17.04.2013: "X – O crime de tráfico de estupefacientes considera-se também agravado se o agente actuar como membro de bando destinado à prática reiterada dos crimes previstos nos arts. 21.º e 22.º, com a colaboração de, pelo menos, outro membro do bando, como dispõe o art. 24.º, al. *j)*, do DL 15/93, de 22-01. XI – Para a verificação deste tipo de crime basta que o agente actue com a consciência de participar num grupo, com objectivos definidos, sem que com isso obrigatoriamente conheça todos os membros envolvidos. A actuação em bando, traduz uma actuação com vista à prática reiterada de crimes, em que cada agente não tem consciência e (ou) intenção de pertença a um ente colectivo com personalidade distinta da sua e objectivos próprios – o que afastará a associação criminosa típica – mas em que os diversos 'colaboradores', inseridos numa orgânica ainda incipiente, reconhecem, todavia, a existência de uma liderança de facto a que se subordinam." Outras relevantes decisões sobre o tema são o Acórdão 18/07.2GAAMT.P1.S1, de 27.05.2010, e também o Acórdão 101/11.0PAVNO.S1, de 26.09.2012. Neste acórdão consta: "[...] O conceito de bando abarca uma pluralidade de pessoas, duas ou pelo menos duas, actuando de forma voluntária e concertada, com uma incipiente estruturação de funções que, embora mais grave do que a simples co-autoria e menos que a associação criminosa, se apresenta sem uma hierarquia de comando, divisão de tarefas e estruturação de funções. Constitui um grupo inorgânico, desarticulado, gozando os seus membros de alguma liberdade de acção, com vista à prática reiterada de infracções contra o património, como o caracterizam os Acs. do STJ de 01-10-1997, Proc. n.º 627/97 – 3.ª, de 24-02-1999, Proc. n.º 1136/99 – 3.ª, de 04-06-2002, Proc. n.º 1218/02 – 3.ª, e de 12-09-2007, Proc. n.º 07P2605." Vejam-se também as análises realizadas por Meireles (2017, p. 73-89), ressaltando que que a lei não define o que seja bando, lesionando o princípio da legalidade incriminatória, ao mesmo tempo em que reconhece que a figura jurídico-penal *bando*, prevista como qualificadora no Código Penal (art. 204.º, 2, *g*) e agravante no Decreto-Lei n.º 15/93, de 22 de janeiro (art. 24.º, *j*), revela um conceito-fronteira situado entre a comparticipação criminosa – no seu limite inferior – e a associação criminosa – no seu limite superior.

306 Como foi verificado antes, Hassemer (1994, p. 55-69) considera como *criminalidade de massa* aquela caracterizada por assaltos a pedestres e arrombamentos de residências, comércio local de drogas e furtos de automóveis, a delinquência juvenil e outros delitos característicos da "pequena criminalidade", que demandam programas de inclusão social e policiamento ostensivo, tratando-se de infrações penais cujo *modus operandi* e técnicas de deteção e repressão os órgãos de segurança pública já conhecem, muito embora seja este tipo de delinquência que mais causa a sensação de insegurança na sociedade. Por seu turno, Valente (2019a, p. 15-16) estende a esta *criminalidade de massa* a delinquência itinerante, também voltada para pequenos delitos, contendo estruturação simplificada, embora possa agir em mais de uma cidade ou Estado, revelando apenas grupos ou bandos delinquentes de uma criminalidade de rua.

Mais de duas décadas antes, diante de estudos e discussões sobre o tema que vinham sendo tratados no âmbito acadêmico e da Organizações das Nações Unidas, Hassemer (1994, p. 55-69) já repetia de forma incessante que a prevenção e a repressão à criminalidade organizada devem ser efetuadas com ponderação e sensatez, orientadas por valores constitucionais e distinguindo-a da criminalidade de massa para proporcionar uma resposta adequada, racional e legítima. Ponderou que a criminalidade verdadeiramente organizada atua de forma dinâmica, mutável e dissimulada, com vítimas (em geral) difusas e consequências danosas extremas às estruturas sociais e económico-financeiras, pois se manifesta pervertendo as instituições de persecução penal, entranhando-se ou capturando as estruturas dos poderes do Estado, imobilizando-o ou utilizando-o para atender a interesses e fins ilegais, esfacelando a democracia.

Neste diapasão, Valente (2019, p. 25-29) alerta que a criminalidade organizada tem como diferenças para a delinquência meramente estruturada a atuação não identificável e invisível das suas ações, com capacidade de paralisar ou corromper parcial ou totalmente uma ou mais estruturas estatais (legislativa, executiva e judiciária), indeterminabilidade da maior parte das vítimas e elevados danos a médio e longo prazos, dividindo-a em criminalidade organizada violenta (voltada principalmente para tráfico de armas, drogas, pessoas e outros) e não violenta (que prioriza crimes económicos, como manipulação do mercado de valores, crimes tributários e à seguridade social, branqueamento de capitais, desvio de subvenções e subsídios económico-financeiros, corrupção pública e privada, além de outros crimes desta natureza)[307].

[307] Há diversas classificações e conceituações acadêmicas relativas às empresas e às pessoas jurídicas em sua relação com a criminalidade organizada, mas em virtude do cerne desse estudo será utilizada a seguinte divisão: *empresas "fantasma"*, que apenas constam em documentos, mas não existem sob o ponto de vista jurídico e formal, costumeiramente empregadas para remeter valores ou bens a outras localidades; *empresas fictícias*, com existência somente formal, sendo usadas principalmente para branquear capitais e para ocultar o efetivo proprietário ou beneficiário de valores e de bens, em muitas ocasiões instituídas em "paraísos fiscais" como empresas *offshore*; *empresas de fachada*, instituídas jurídica e formalmente, muitas vezes com estrutura física ínfima e algumas atividades económicas legítimas, mas com atuação económica ou financeira maioritariamente de natureza criminosa, normalmente empregada para branquear capitais e para o tráfico de mercadorias ilegais (escondidas entre os bens legais transportados), além de outros crimes; e ainda podem ser *empresas reais* (legítimas), formal e juridicamente instituídas, na qual preponderam as atividades económicas e financeiras legais,

Segundo Figueiredo Dias (2008, p. 27-30), a conceituação jurídico-penal para organização criminosa deve incluir a prática do delito de associação criminosa agravada pelo cometimento de crimes de especial natureza e nocividade (de uma lista a ser definida pelo legislador, entre os quais o penalista inclui a corrupção[308]) e com maior gravidade (com sanções penais elevadas), excluindo a pequena criminalidade desta conceção. Pontua, então, que também são características do que se costuma considerar organização criminosa a prática criminosa reiterada de crimes de alta gravidade, por período indeterminado e duradouro, mediante divisão de tarefas, utilizando a organização "estruturas empresariais, societárias ou análogas" no seu programa criminoso, ou então a força e/ou o medo, ou mesmo exercendo influência por meio "da política, da mídia, da administração pública ou da economia."

Percebe-se, portanto, a profunda interconexão entre uma organização criminosa, a utilização de pessoas coletivas no desenvolvimento das atividades criminosas e a corrupção, combinação esta que aumenta exponencialmente a capacidade da criminalidade organizada de causar danos gravíssimos aos pilares de sustentação da sociedade, à economia, às estruturas estatais e aos bens jurídicos mais relevantes para os indivíduos. Ademais, a corrupção, em muitos casos, pode representar justamente a face mais nociva das organizações criminosas[309] e as ofensas mais graves aos bens jurídicos essenciais de uma comunidade, à dignidade dos indivíduos.

praticando condutas criminosas (em especial graves crimes económicos e a corrupção) para beneficiar a empresa, órgãos desta ou indivíduos da pessoa coletiva.

308 Aponta Figueiredo Dias (2008, p. 27-30) como pertinentes para serem incluídos no catálogo pelos legisladores, devido à gravidade e à sua particular natureza, os crimes "de tráfico (de droga, de armas, de órgãos, de seres humanos), os de branqueamento de capitais, os de corrupção." E acrescenta: "Direi apenas que os crimes do catálogo devem adequar-se muito particularmente, segundo a sua natureza, às mais importantes características sócio-criminológicas já de há muito atribuídas à criminalidade organizada. Elas podem sintetizar-se, penso, em crimes cuja prática planeada é presidida por intuitos de lucro ou de força, que em si e no seu conjunto se apresentam como de alta gravidade e nos quais actuam concertadamente pelo menos mais de dois comparticipantes, por tempo duradoiro e indeterminado, com divisão de tarefas; crimes em cuja prática se utiliza ou se planeia utilizar estruturas empresarias, societárias ou análogas, ou usar da força ou de outros meios destinados a causar medo, ou servir-se da influência da política, da mídia, da administração pública ou da economia."

309 Conforme previsto no art. 1.º, n.º 1, da Lei n.º 65/2003, de 23 de agosto, o mandado de detenção europeu "[...] é uma decisão judiciária emitida por um Estado membro com vista à detenção e entrega por outro Estado membro de uma pessoa procurada para efeitos de

Não se pode esquecer, também, a forte ligação das organizações criminosas e das condutas criminosas associadas à corrupção com a utilização do branqueamento de capitais[310] para ocultar os bens obtidos de modo criminoso, bem como para mascarar os beneficiários efetivos e as transações realizadas.

Para Werner (2017, p. 38), inclusive, o estudo da corrupção não pode mais se dissociar de uma análise integrada com o arcabouço teórico existente sobre a criminalidade organizada, nacional e transnacional, sob pena de perder-se a perceção do seu alcance e a dimensão atual no mundo social e economicamente globalizado.

procedimento criminal ou para cumprimento de uma pena ou medida de segurança privativas da liberdade." Mediante alterações realizadas na referida Lei n.º 65/2003, de 23 de agosto, através da Lei n.º 115/2019, de 12 de setembro, deixou de ser realizado o controlo da dupla incriminação do facto (no Estado de emissão e no Estado de execução), quanto a certos crimes, previsão esta que sofreu pesadas críticas na Europa, pois renomados juristas entenderam que estavam sendo indevidamente restringidos direitos, liberdades e garantias pessoais. Por outro lado, o catálogo de crimes deixou evidente esta proximidade, ou mesmo as ingerências mútuas entre o *crime organizado, a corrupção e o branqueamento de capitais.* O art. 2.º, n.º 2, da Lei n.º 65/2003, de 23 de agosto, passou a prever: "2 – Será concedida a entrega da pessoa procurada com base num mandado de detenção europeu, *sem controlo da dupla incriminação do facto,* sempre que os factos, de acordo com a legislação do Estado membro de emissão, constituam as seguintes infrações, puníveis no Estado membro de emissão com pena ou medida de segurança privativas de liberdade de duração máxima não inferior a três anos: *a)* Participação numa *organização criminosa*; *b)* Terrorismo; *c)* Tráfico de seres humanos; *d)* Exploração sexual de crianças e pedopornografia; *e)* Tráfico ilícito de estupefacientes e de substâncias psicotrópicas; *f)* Tráfico ilícito de armas, munições e explosivos; *g) Corrupção*; *h)* Fraude, incluindo a fraude lesiva dos interesses financeiros das Comunidades Europeias [...]; *i) Branqueamento dos produtos do crime*; [...]." (Grifos nossos). Criticamos com veemência este catálogo, semelhante ao rol de crimes que consta no Código de Processo Penal [art. 1.º, al. *m)*] e na lista do art. 1.º da Lei n.º 5/2002, de 11 de janeiro, pois está voltado quase que exclusivamente aos crimes praticados pela *criminalidade organizada violenta*, olvidando (?!) de forma ilegítima e manifestando clara desconexão com a realidade que tem demonstrado os acentuados (e muito mais vultosos) danos causados pela *criminalidade organizada não violenta*, em geral conformada na criminalidade económica e/ou política, *i. e.*, a criminalidade dos poderosos.

310 Deve-se ressaltar que a Convenção de Viena Contra as Drogas (1988) e vários outros instrumentos multilaterais da ONU contra a criminalidade estipularam medidas contra o branqueamento de capitais. Citem-se as Convenções contra o terrorismo, contra o crime organizado transnacional e até mesmo contra a corrupção. Devem ser destacadas, ainda, os programas e medidas propostas pelo Grupo de Ação Financeira contra a Lavagem de Dinheiro e o Financiamento do Terrorismo (GAFI/FATF) e pelo Grupo de Egmont (FMI), este composto por Unidades de Inteligência Financeira de mais de 150 países.

Aliás, não foi por outro motivo que a Assembleia Geral das Nações Unidas, por ocasião da adoção da CNUCOT (Resolução 55/25, de 15 de novembro de 2000), afirmou que estava "firmemente convencida" que a Convenção das Nações Unidas contra a Criminalidade Organizada Transnacional constituirá um "instrumento eficaz e o marco jurídico necessário para a cooperação internacional com o fim de combater, entre outras, as atividades delitivas como o branqueamento de dinheiro, a corrupção, o tráfico ilícito [...]".

No prefácio da referida convenção, o Secretário-Geral da ONU, Kofi A. Annan (UN, 2000), também ressaltou: "Se os inimigos do progresso e dos direitos humanos buscam servir-se da abertura e das possibilidades que oferece a mundialização para lograr seus fins, então nós devemos nos servir desses mesmos fatores para defender os direitos humanos e vencer a criminalidade, a corrupção [...]."

Conforme abordou-se antes, a criminalidade organizada com maior lesividade tem, direta ou indiretamente, capacidade de subverter as estruturas sociais, económicas e estatais, utilizando-as para fins dissociados do bem comum e dos valores essenciais consagrados nas constituições dos países democráticos, sendo que a prevenção, a deteção e a repressão das organizações criminosas devem ser priorizadas.

Neste rumo, a corrupção é um dos principais métodos, ou até o principal instrumento da criminalidade organizada para infiltrar-se ou dominar parcial ou totalmente as instituições do Estado e os mais variados setores económicos e financeiros da seara privada, significando, em muitos casos, a face com maior potencial danoso da atuação da criminalidade organizada na sociedade contemporânea. Este entendimento se aplica tanto às organizações criminosas violentas (criminalidade clássica ou microcriminalidade), quanto às organizações criminosas não violentas (criminalidade organizada avançada ou macrocriminalidade).

A fim de referenciar as principais faces da corrupção, comente-se que as pessoas concordam com os resultados danosos causados pela corrupção, mas não há consenso quanto à sua definição, quer seja nas normas, quer seja na doutrina ou na jurisprudência, alargando-se ainda mais esta dificuldade quando comparamos diferentes ordenamentos jurídicos.

Ao conceituarem a corrupção no Dicionário de Política, Bobbio, Matteucci e Pasquino (1998, p. 291-293) a descrevem como o fenómeno através do qual um funcionário público age de modo diferente daquele previsto no sistema normativo, favorecendo interesses particulares em troca de recompensa, *i. e.*, corrupto é o comportamento ilegal de quem desempenha uma função na estrutura estatal. Alertam, ainda, que a corrupção (em geral) visa intervir na fase da elaboração de normas ou decisões (parlamentares e demais *decision-makers*), na aplicação das normas por parte da Administração Pública e das suas instituições (governo e burocracia) e nas decisões que aplicam as sanções contra os infratores (judiciário)[311].

A palavra corrupção tem diversas aceções, mas do ponto de vista etimológico tem origem no vocábulo latino *corruptione*, significando quebra, rompimento, rutura de coisas centrais, representando "[...] a fragmentação do tecido social ocasionada pela sua prática nefasta[312]."

Para Machado e Costa (2019b, p. 100-101), numa aceção de direito público (não estritamente penal), corrupção significa um estado das coisas capaz de destruir, degradar, degenerar e "violar as normas fundamentais que regulam a interação dos indivíduos no seio da comunidade política", exprimindo jurídica e politicamente um "decaimento institucional e moral." Acrescentam que a corrupção ocorre quando as estruturas e os recursos públicos são utilizados para promover interesses privados e não coletivos, e a política é encarada como instrumento para alcançar fins pessoais e patrimoniais, esquecendo-se dos interesses e necessidades da maioria da população.

Por seu turno, Terradillos Basoco (2015, p. 12-15) faz uma breve digressão sobre a corrupção, afirmando que etimologicamente é reconhecida por todos como a decomposição de uma substância orgânica, mas comenta que a partir

[311] Alerta Palazzo (2012, p. 490-491) o quanto a separação de poderes no Estado Moderno, em suas três funções (administrar, legislar, julgar), configura um elemento de racionalização da teoria [e sistema] da legitimação democrática de poder, e a cada uma destas funções deve corresponder um órgão distinto "sem possibilidade de comunicação e interferência", quer seja quanto ao exercício da função de cada um deles, quer seja quanto à natureza destes órgãos, impedindo o domínio de um sobre o outro, não apenas porque a história nos ensina que quando um poder (de legislar, administrar ou julgar) se concentra nas mãos de um indivíduo apenas (ou de um pequeno grupo) há uma enorme tendência de ocorrerem abusos, uma expansão sem limites do poder (e da arbitrariedade, que gerou tantas tragédias históricas), mas também porque quando um poder ou instituição se corrompe, este sistema de freios e contrapesos é essencial para evitar a destruição do Estado e da sociedade.

[312] Esta conceituação do termo corrupção consta no guia Elementos de Construção do Programa Nacional de Prevenção Primária à Corrupção (Brasil, ENCCLA, 2018b, p. 4-5).

daí o termo encontra diversas interpretações e conteúdos muito distintos. Pondera, entretanto, que o paradigma da corrupção é o suborno, um prototípico delito de encontro em que suas diversas modalidades (próprio/impróprio, ativo/passivo, genérico/específico) revelam comportamentos criminosos de diferente gravidade, mas com uma característica criminológica decisiva: "os dois rostos da corrupção, quem corrompe e quem é corrompido"[313].

A corrupção, no sentido de decadência, demonstra-se na transição do estado de virtude (*areté*, forma grega do latim *virtu*) para o estado de vício (*kakós*, forma grega do latim *adjetio*), segundo o pensamento aristotélico, anota Werner (2017, p. 27-29, 73-74), distanciando as formas de governo baseadas na virtude, harmonia e equilíbrio, voltados para o bem comum, dos modelos de governo corrompidos por vícios como a tirania[314]. Através de uma pesquisa sociocultural e político-económica do fenómeno da corrupção, sustenta que o corruptor e o corrupto formam um relacionamento plural e recíproco com interações assimétricas que visam o poder e ganhos ilegais, buscando a captura do Estado ou de uma ou mais das suas estruturas e instituições através de instrumentos como o suborno e outras formas de corrupção (não tão evidentes), como o clientelismo, a patronagem, o particularismo e o assistencialismo, em que o bem público resta subjugado pelo interesse privado.

Estes métodos de atuação de um governo e/ou governantes corruptos são classificados por Werner (2017, p. 39-46):

a) *Clientelismo* – distribuição seletiva e ilegalmente direcionada de benefícios, empréstimos, facilidades ou acessos a certos recursos e/ou contratos públicos, concedidos a determinados grupos ou indivíduos

[313] Segundo Terradillos Basoco (2015, p. 12-14), a corrupção privada tem consequências que transcendem o interesse privado e adquirem uma dimensão institucional-coletiva, mas anota que, no caso da corrupção pública, são atingidos os direitos, interesses, instituições e princípios consagrados no texto constitucional.

[314] Pondera Werner (2017, p. 40-41) que as formas desviantes e corrompidas pelo vício, sem qualquer vínculo com o bem comum, resultam em governo do "tirano egoísta", que atende só aos seus desejos e vontades; na "oligarquia", onde um pequeno grupo impõe a sua vontade sobre todos os demais; ou então na "demagogia", em que as ações políticas são baseadas no populismo em que reinam as falsas promessas de promoção de um bem-estar geral, mas são ancoradas na bajulação, no favoritismo e na troca de favores entre aqueles que detêm o poder político e aqueles que possuem o poder económico.

em permuta por apoio político ou outra vantagem, selecionando pessoas (físicas ou jurídicas) para desempenharem determinada função pública sem que sejam adequadas ou estejam capacitadas para este fim, em regra envolvendo uma autoridade pública (com poder de deliberação sobre despesas públicas) e clientes (empresários e empresas), por meio de acordos ilegais que pactuam o superfaturamento de contratos públicos (obras, serviços etc.), desvios de recursos públicos, doações para campanhas de partidos políticos e outras condutas ilegais;

b) *Patronagem* – Método de controle de relações em que autoridades públicas e políticas, além de partidos políticos, distribuem empregos e cargos públicos em troca de lealdade política, apoio eleitoral e outras vantagens, em que a ocupação dos cargos independe de concurso público ou de seleção do mais capacitado para a função, em regra são cargos com poder discricionário para a realização de despesas públicas, além de viabilizarem o controle do grupo ou partido sobre a instituição e utilização desta para atrair novos partidários e/ou eleitores;

c) *Particularismo* (ou *favoritismo*) – O escolhido pela autoridade pública ou política, ou pelo partido político, obriga-se a retribuir os privilégios, emprego ou cargo recebido, de maneira a contribuir para a manutenção do grupo ou sistema político, ampliando o poder político e económico do governante e/ou asseclas de modo ilegal, através da distribuição de benesses e privilégios a funcionários públicos que seguem as diretrizes do grupo, e de concessões, licenças, contratos públicos e outros benefícios a empresas e outros interessados que aceitam participar do projeto ilícito;

d) *Assistencialismo* – Instrumento de matriz populista que utiliza políticas públicas destinadas tão só a determinados grupos, distribuindo ou redistribuindo de forma parcial e desproporcional recursos e programas públicos, em geral destinados às populações mais vulneráveis, que possam garantir a captação de votos dos eleitores e/ou outras vantagens para a manutenção ou ampliação do poder político, de maneira desproporcional, inconstitucional e ilegal.

Conclui então que, num Estado em que a corrupção não é objeto de prevenção e repressão, o sistema corrompido utiliza instrumentos legítimos das políticas públicas mediante lógicas deturpadas e viciadas, em que os poderosos recebem os benefícios do *clientelismo*, os mais pobres os resgates do *assistencialismo*, os amigos e/ou partidários o favorecimento do *particularismo*, e os mais comedidos ou reticentes a perspetiva da *patronagem*, causando nos demais cidadãos a descrença, a apatia e o desinteresse político, provocando uma confluência de fatores que culminam com a instalação da cleptocracia, erodindo os mais importantes pilares de sustentação de uma sociedade.

Desde as catilinárias ciceronianas, explica Canotilho (2011, p. 8-9), o fenómeno da corrupção tem como "epicentro jurídico e dogmático" o suborno de alguém com dinheiro (*aliquem pecunia corrumpere*), mas esta conceção tem sofrido um "transvase", por "excesso de líquido ou por defeitos de vasos jurídicos", porque tem transbordado de alguns complexos fácticos para outros, alcançando uma densidade simbólica caracterizada por uma dispersão jurídica e dogmática. Reconhece esta dispersão ou irradiação em diversas áreas, *v. g.*, no financiamento político, nas parcerias público-privadas, nas práticas esportivas, nas atividades urbanísticas, entre outras, incorporando tipos criminais como o tráfico de influência, o abuso de poder, a prevaricação, o peculato, a violação de normas urbanísticas. Lembra que as "contrapartidas", "luvas" ou "prendas" passam de modo invisível de mão em mão e, em grande parte das vezes, acabam no "aconchego financeiro das *offshores* opacamente globais", fenómeno este que configura um verdadeiro "subsistema transversal".

Este fenómeno é muito agravado pelo evidente entrelaçamento da corrupção com a "erosão da juridicidade e democraticidade do Estado", observa Canotilho (2011, p. 8-9), porque a corrupção é um claro obstáculo "à radicação do Estado de direito democrático", pois se beneficia de cumplicidades, promove a falta de transparência tanto de atividades públicas quanto privadas, refugia-se no "vazio de responsabilidades" e na ocultação de informações significativas, vivendo do "conúbio entre o económico e o político."

Para Carbajo Cascón (2012, p. 283-284), a corrupção relacionada à Administração Pública gira em torno do poder de decisão e controle do Estado, além do poder de aplicação de recursos públicos, de políticos eleitos ou servidores públicos, através de relações ilícitas e/ou criminosas que atendem a interesses económicos privados, próprios desses funcionários e políticos ou de terceiros, às custas do interesse público (interesse geral). Pontua que a corrupção pública supõe uma utilização desviada, desleal ou perversa desta potestade pública para satisfação de interesses particulares ou privados, dos titulares deste poder e/ou de terceiros relacionados com eles, mediante relações económicas ilícitas (como um suborno) ou relações de confiança (familiares, amigos, parceiros comerciais etc.), em detrimento da satisfação objetiva dos interesses públicos gerais da população, contrariando, sobretudo, a cláusula constitucional do Estado de Direito Social e Democrático. Observa, ainda, que este fenómeno socioeconómico e penal está baseado no "eterno" conflito de interesses (entre interesses públicos ou gerais e interesses privados ou particulares), alertando que a atividade económica da Administração Pública atrai poderosos interesses privados de carácter económico, desde concessões de obras ou serviços públicos até contratos de fornecimento de bens, de obtenção de vantagens ou renúncias tributárias até a dispensa de certas formalidades administrativas de elevado custo, entre outros.

Quanto à corrupção pública, adverte Sanz Mulas (2017, p. 200-204) que além da desconfiança generalizada que provoca, afastando ainda mais o cidadão do Estado e de um espírito de solidariedade, incide de modo incisivo e negativo na distribuição de renda, potencializando muito as fraudes fiscais e contra a seguridade social, com enormes consequências na manutenção dos programas sociais, que costumam ser os primeiros a sofrerem pesados cortes orçamentários em caso de diminuição dos recursos públicos. Anota que a corrupção fomenta a aplicação de gigantesca quantidade de dinheiro (dos contribuintes) em projetos faraônicos absurdos, ineficientes e inidôneos para a manutenção ou para a melhora do bem-estar dos indivíduos e, em especial, dos mais vulneráveis, beneficiando apenas os infratores. Além disso, percebe que a corrupção gera sobrepreços injustificáveis e outras distorções em setores económicos, uma diminuição dos investimentos (por causar desconfiança e aumento dos custos), proporcionando a concentração de riquezas em pequenos grupos ou classes, além de viabilizar os acordos estratégicos entre os partidos políticos (que alcançam fáceis e constantes recursos) e as empresas beneficiadas (que obtêm elevadíssimos lucros obtidos de forma criminosa), aumentando ainda mais as desigualdades e seus reflexos, como o trabalho clandestino, a criminalidade de subsistência e a criminalidade de massa.

A corrupção afeta a comunidade de várias maneiras, muitas vezes ao custo da liberdade, da saúde e do patrimônio público (pertencente a todos) e privado das pessoas ou, em alguns casos mais graves, de vidas, como aponta o Comitê Anticorrupção do Movimento *Transparency International* (TI, 2019). Alerta o referido grupo, ainda, que os custos da corrupção para a sociedade são principalmente políticos[315], económicos[316], sociais[317] e ambientais[318].

Neste rumo, Machado e Costa (2019b, p. 98-99) aduzem que os efeitos da corrupção são danosos a ponto de degradar as estruturas estatais e sociais, conspurcando a cidadania e rompendo o contrato social, arruinando a democracia e o Estado de Direito, remetendo a população de volta ao estado da natureza hobbesiano, anterior à sociedade civil, em que reina a violência, a imposição do homem sobre outro homem através da força. Trata-se de um mal, portanto, que impõe uma reação da sociedade organizada, para que se impeça a derrocada da democracia e dos valores essenciais dos indivíduos e da coletividade.

Em Portugal, a corrupção é tipificada no Código Penal, em especial no art. 372.º (recebimento indevido de vantagem), art. 373.º (corrupção passiva) e art. 374.º (corrupção activa), ressaltando-se que são considerados crimes

315 Para o TI (2019, passim), a corrupção é um formidável obstáculo para a democracia e para o Estado de Direito, pois os órgãos públicos e instituições estatais perdem sua legitimidade quando são utilizados de forma indevida para obtenção de vantagens e benefícios privados, além de criar enormes dificuldades no estabelecimento de lideranças políticas responsáveis e comprometidas com o bem de todos num ambiente corrompido.

316 Sob o prisma económico, a corrupção esgota a riqueza nacional, pois os agentes políticos corruptos investem os escassos recursos públicos em projetos e programas que os enriquecem (direta ou indiretamente) em vez de aplicá-los para beneficiar a sociedade, priorizando projetos de alto valor, como barragens, usinas, oleodutos e refinarias de alta complexidade, em vez de projetos de infraestrutura menos espetaculares, mas mais urgentes, como escolas, hospitais e estradas. A corrupção dificulta, ainda, o desenvolvimento de estruturas justas de mercado e distorce a concorrência, o que impede investimentos e afasta os investidores honestos, anota o TI (2019, *passim*).

317 Conforme o TI (2019, *passim*), a corrupção corrói o tecido social da sociedade, minando a confiança das pessoas no sistema político, em suas instituições e em suas lideranças, e uma população desconfiada ou apática pode então se tornar mais um obstáculo para a prevenção e repressão dos grupos e sistemas corrompidos.

318 Quanto a este custo, a degradação ambiental é outra consequência de sistemas corruptos, sobretudo quando a fiscalização administrativa e a persecução penal não aplicam os regulamentos e a legislação ambiental conforme as normas, resultando na exploração irresponsável de preciosos recursos naturais e devastando ou prejudicando em grande medida sistemas ecológicos inteiros, tanto na mineração, quanto na extração de madeira e de outros recursos da natureza (TI, 2019, *passim*).

formais, independentes do resultado. Deste modo, basta que o funcionário solicite ou aceite vantagem patrimonial ou não patrimonial indevida (ou que se dê ou se prometa tal vantagem) para configurar a conduta criminosa de recebimento indevido de vantagem (nas suas vertentes positiva e negativa)[319], como leciona Rodrigues de Almeida (2010, p. 52-53). Lembra, entretanto, que por mais tênue que seja a conexão que é exigida entre solicitar ou aceitar e o ato funcional, este deve ser, pelo menos, minimamente determinado ou determinável.

Da mesma forma, basta solicitar ou aceitar vantagem patrimonial ou não, ou a promessa de vantagem, para que pratique um qualquer acto ou omissão contrários aos deveres do cargo, para a conduta ser considerada criminosa (corrupção passiva)[320], praticando a corrupção ativa aquele der ou oferecer a referida vantagem patrimonial ou não[321], havendo outras circunstâncias que

[319] Conforme o Código Penal português: "[...] **Artigo 372º Recebimento ou oferta indevidos de vantagem.** 1- O funcionário que, no exercício das suas funções ou por causa delas, por si, ou por interposta pessoa, com o seu consentimento ou ratificação, solicitar ou aceitar, para si ou para terceiro, vantagem patrimonial ou não patrimonial, que não lhe seja devida, é punido com pena de prisão até cinco anos ou com pena de multa até 600 dias. 2- Quem, por si ou por interposta pessoa, com o seu consentimento ou ratificação, der ou prometer a funcionário, ou a terceiro por indicação ou conhecimento daquele, vantagem patrimonial ou não patrimonial, que não lhe seja devida, no exercício das suas funções ou por causa delas, é punido com pena de prisão até três anos ou com pena de multa até 360 dias. 3- Excluem-se dos números anteriores as condutas socialmente adequadas e conformes aos usos e costumes." (Grifos no original).

[320] Consta no Código Penal: "[...] **Artigo 373.º Corrupção passiva.** 1 – O funcionário que por si, ou por interposta pessoa, com o seu consentimento ou ratificação, solicitar ou aceitar, para si ou para terceiro, vantagem patrimonial ou não patrimonial, ou a sua promessa, para a prática de um qualquer acto ou omissão contrários aos deveres do cargo, ainda que anteriores àquela solicitação ou aceitação, é punido com pena de prisão de um a oito anos. 2 – Se o acto ou omissão não forem contrários aos deveres do cargo e a vantagem não lhe for devida, o agente é punido com pena de prisão de um a cinco anos." (Grifos no original).

[321] Dispõe o Código Penal: "[...] **Artigo 374.º Corrupção activa.** 1 – Quem, por si ou por interposta pessoa, com o seu consentimento ou ratificação, der ou prometer a funcionário, ou a terceiro por indicação ou com conhecimento daquele, vantagem patrimonial ou não patrimonial com o fim indicado no n.º 1 do artigo 373.º, é punido com pena de prisão de um a cinco anos. 2 – Se o fim for o indicado no n.º 2 do artigo 373.º, o agente é punido com pena de prisão até três anos ou com pena de multa até 360 dias. 3 – A tentativa é punível." (Grifos no original). O art. 374º-A estabelece hipóteses em que incidem agravantes para o crime de corrupção e o art. 374º-B prevê hipóteses de dispensa ou atenuação da pena.

podem causar a majoração da pena (art. 374.º-A), bem como dispensar ou atenuar a sanção penal (art. 374.º-B).

Neste sentido, os tipos incriminadores citados são voltados para a "corrupção pontual, ocasional, a pequena corrupção", anota Rodrigues de Almeida (2010, p. 53-55), afirmando que estes crimes não devem ser o objeto central de uma política criminal que queira ser adequada e eficaz para prevenir e reprimir este fenómeno criminológico, embora estes comportamentos também devam ser reprimidos. Sustenta que as condutas que devem ser sancionadas e às quais os órgãos estatais de legiferação e de persecução penal devem dirigir a atenção e a política criminal são aquelas que envolvem a "*corrupção organizada e sistémica*", que se estende ao longo do tempo, em relações prolongadas, relacionada com a atividade empresarial na maior parte dos casos, gerando atos de mútuo benefício com o passar do tempo e mediante conexões que nem os próprios agentes conseguem individualizar.

Deste modo, reconhece Rodrigues de Almeida (2010, p. 53-55) que, diante do sistema processual (constitucional) vigente, em que a infração penal deve ser comprovada afastando qualquer dúvida razoável (*in dubio pro reo*), na maioria destes casos de corrupção sistémica não serão possíveis a apresentação de uma prova segura e a respetiva condenação na seara penal. Analisa que, se já é complexo ao extremo comprovar a conexão entre os atos do corruptor e do corrupto, muito mais difícil será provar as condutas criminosas relacionadas a esta corrupção organizada e sistémica. Analisa, ainda, que os tribunais não podem exigir prova direta de elementos do tipo que só podem ser provados de modo indireto, pois as máximas de experiência, incluindo "conhecimentos técnicos, leis científicas e generalizações do senso comum" viabilizam, diante do seu peso individual e da sua valoração conjunta, que o tribunal alcance, com segurança, conclusões que não podem ser objeto de prova direta.

Há outras previsões penais relativas à corrupção no Código Penal português (art. 341.º, referente à corrupção de eleitor) e na legislação esparsa, como na Lei n.º 34/87, de 16 de julho, que regula os crimes de responsabilidade[322]

[322] Conforme a Lei n.º 34/87, de 16 de julho: "[...] **Artigo 16.º Recebimento ou oferta indevidos de vantagem**. 1 – O titular de cargo político que, no exercício das suas funções ou por causa delas, por si, ou por interposta pessoa, com o seu consentimento ou ratificação, solicitar ou aceitar, para si ou para terceiro, vantagem patrimonial ou não patrimonial, que não lhe seja devida, é punido com pena de prisão de 1 a 5 anos. 2 – Quem, por si ou por interposta

de titulares de cargos políticos[323], e na Lei n.º 20/2008, de 21 de abril, que disciplina a responsabilidade penal por crimes de corrupção no comércio internacional e na atividade privada[324].

pessoa, com o seu consentimento ou ratificação, der ou prometer a titular de cargo político, ou a terceiro por indicação ou conhecimento deste, vantagem patrimonial ou não patrimonial que não lhe seja devida, no exercício das suas funções ou por causa delas, é punido com pena de prisão até 5 anos ou com pena de multa até 600 dias. 3 – O titular de cargo político que, por si ou por interposta pessoa, com o seu consentimento ou ratificação, der ou prometer a outro titular de cargo político, a titular de alto cargo público ou a funcionário, ou a terceiro com conhecimento destes, vantagem patrimonial ou não patrimonial, ou a sua promessa, que não lhe seja devida, no exercício das suas funções ou por causa delas, é punido com as penas previstas no número anterior. 4 – Excluem-se dos números anteriores as condutas socialmente adequadas e conformes aos usos e costumes. **Artigo 17.º Corrupção passiva.** 1 – O titular de cargo político que, no exercício das suas funções ou por causa delas, por si ou por interposta pessoa, com o seu consentimento ou ratificação, solicitar ou aceitar, para si ou para terceiro, vantagem patrimonial ou não patrimonial, ou a sua promessa, para a prática de um qualquer ato ou omissão contrários aos deveres do cargo, ainda que anteriores àquela solicitação ou aceitação, é punido com pena de prisão de 2 a 8 anos. 2 – Se o ato ou omissão não forem contrários aos deveres do cargo e a vantagem não lhe for devida, o titular de cargo político é punido com pena de prisão de 2 a 5 anos. **Artigo 18.º Corrupção activa.** 1 – Quem, por si ou por interposta pessoa, com o seu consentimento ou ratificação, der ou prometer a titular de cargo político, ou a terceiro por indicação ou com o conhecimento deste, vantagem patrimonial ou não patrimonial com o fim indicado no n.º 1 do artigo 17.º, é punido com pena de prisão de 2 a 5 anos. 2 – Se o fim for o indicado no n.º 2 do artigo 17.º, o agente é punido com pena de prisão até 5 anos. 3 – O titular de cargo político que, no exercício das suas funções ou por causa delas, por si ou por interposta pessoa, com o seu consentimento ou ratificação, der ou prometer a funcionário, a titular de alto cargo público ou a outro titular de cargo político, ou a terceiro com o conhecimento deste, vantagem patrimonial ou não patrimonial que não lhe seja devida, com os fins indicados no artigo 17.º, é punido com as penas previstas no mesmo artigo." (Grifos no original).

323 Destaca-se que, entre as alterações realizadas pela Lei n.º 94/2021, de 21 de dezembro, ao aprovar medidas previstas na Estratégia Nacional Anticorrupção, foi aditado à Lei n.º 34/87, de 16 de julho, o art. 6.º-A, com a seguinte redação: "**Artigo 6.º-A Responsabilidade penal das pessoas coletivas e entidades equiparadas.** As pessoas coletivas e entidades equiparadas, com exceção do Estado, de pessoas coletivas no exercício de prerrogativas de poder público e de organizações de direito internacional público, são responsáveis, nos termos gerais, pelos crimes previstos no n.º 2 do artigo 16.º e nos n.os 1 e 2 do artigo 18.º." (Grifos no original).

324 Consta na Lei n.º 20/2008, de 21 de abril: "[...] **Artigo 7.º Corrupção activa com prejuízo do comércio internacional.** Quem por si ou, mediante o seu consentimento ou ratificação, por interposta pessoa der ou prometer a funcionário, nacional, estrangeiro ou de organização internacional, ou a titular de cargo político, nacional ou estrangeiro, ou a terceiro com conhecimento daqueles, vantagem patrimonial ou não patrimonial, que lhe não seja devida, para obter ou conservar um negócio, um contrato ou outra vantagem indevida no comércio

No Brasil, o crime de corrupção passiva está previsto no art. 317.º do Código Penal[325], e o crime de corrupção ativa no art. 333.º da mesma norma[326], assim como a corrupção ativa em transação comercial internacional (art. 337.º-B) e o tráfico de influência em transação comercial internacional (art. 337.º-C)[327].

internacional, é punido com pena de prisão de um a oito anos. **Artigo 8.º Corrupção passiva no sector privado.** 1 – O trabalhador do sector privado que, por si ou, mediante o seu consentimento ou ratificação, por interposta pessoa, solicitar ou aceitar, para si ou para terceiro, sem que lhe seja devida, vantagem patrimonial ou não patrimonial, ou a sua promessa, para um qualquer ato ou omissão que constitua uma violação dos seus deveres funcionais é punido com pena de prisão até cinco anos ou com pena de multa até 600 dias. 2 – Se o ato ou omissão previsto no número anterior for idóneo a causar uma distorção da concorrência ou um prejuízo patrimonial para terceiros, o agente é punido com pena de prisão de um a oito anos. **Artigo 9.º Corrupção activa no sector privado** 1 – Quem por si ou, mediante o seu consentimento ou ratificação, por interposta pessoa der ou prometer a pessoa prevista no artigo anterior, ou a terceiro com conhecimento daquela, vantagem patrimonial ou não patrimonial, que lhe não seja devida, para prosseguir o fim aí indicado é punido com pena de prisão até três anos ou com pena de multa. 2 – Se a conduta prevista no número anterior visar obter ou for idónea a causar uma distorção da concorrência ou um prejuízo patrimonial para terceiros, o agente é punido com pena de prisão até cinco anos ou com pena de multa até 600 dias." (Grifos no original).

325 Consta no CP brasileiro: "[...] **Corrupção passiva**. Art. 317 – Solicitar ou receber, para si ou para outrem, direta ou indiretamente, ainda que fora da função ou antes de assumi-la, mas em razão dela, vantagem indevida, ou aceitar promessa de tal vantagem: Pena – reclusão, de 2 (dois) a 12 (doze) anos, e multa. §1º- A pena é aumentada de um terço, se, em consequência da vantagem ou promessa, o funcionário retarda ou deixa de praticar qualquer ato de ofício ou o pratica infringindo dever funcional. § 2º – Se o funcionário pratica, deixa de praticar ou retarda ato de ofício, com infração de dever funcional, cedendo a pedido ou influência de outrem: Pena – detenção, de três meses a um ano, ou multa." (Grifos no original).

326 Conforme o CP brasileiro: "[...] **Corrupção ativa**. Art. 333 – Oferecer ou prometer vantagem indevida a funcionário público, para determiná-lo a praticar, omitir ou retardar ato de ofício: Pena – reclusão, de 2 (dois) a 12 (doze) anos, e multa. Parágrafo único – A pena é aumentada de um terço, se, em razão da vantagem ou promessa, o funcionário retarda ou omite ato de ofício, ou o pratica infringindo dever funcional." (Grifos no original).

327 Dispõe o CP brasileiro: "[...] **Corrupção ativa em transação comercial internacional.** Art. 337-B. Prometer, oferecer ou dar, direta ou indiretamente, vantagem indevida a funcionário público estrangeiro, ou a terceira pessoa, para determiná-lo a praticar, omitir ou retardar ato de ofício relacionado à transação comercial internacional: Pena – reclusão, de 1 (um) a 8 (oito) anos, e multa. Parágrafo único. A pena é aumentada de 1/3 (um terço), se, em razão da vantagem ou promessa, o funcionário público estrangeiro retarda ou omite o ato de ofício, ou o pratica infringindo dever funcional. **Tráfico de influência em transação comercial internacional**. Art. 337-C. Solicitar, exigir, cobrar ou obter, para si ou para outrem, direta ou indiretamente, vantagem ou promessa de vantagem a pretexto de influir em ato praticado por funcionário público estrangeiro no exercício de suas funções, relacionado a transação

Do mesmo modo que ocorre em Portugal, no Brasil o crime de corrupção também é formal, independente do resultado, e consuma-se com a mera solicitação ou recebimento de vantagem indevida por funcionário público, bem como por aceitar a promessa de vantagem indevida, no caso da corrupção passiva. Em se tratando da corrupção ativa, basta que o agente ofereça ou prometa a vantagem indevida a funcionário público para que o crime ocorra. Entretanto, se o funcionário retarda ou deixa de praticar qualquer ato de ofício ou o pratica infringindo dever funcional, *i. e.*, se ocorre o exaurimento do crime, segundo a legislação brasileira, incidirá uma agravação da pena, aumentando-a em um terço.

Acrescente-se que a Lei n.º 8.137/1990, de 27 de dezembro, também prevê o crime de corrupção[328], e a Lei n.º 8.666/1993, de 21 de junho, nos artigos 89.º a 99.º, estabelece crimes e penas para condutas criminosas em afronta às normas para concursos públicos (licitações) e contratos da Administração Pública, muitas vezes representando comportamentos vinculados à corrupção. Também contém importantes medidas para prevenção e repressão da corrupção a Lei n.º 8.429/1992, de 2 de junho, que dispõe sobre as sanções aplicáveis aos agentes públicos nos casos de enriquecimento ilícito no exercício de mandato, cargo, emprego ou função na administração pública direta, indireta ou fundacional.

Cite-se, também, a Lei n.º 1.079/1950, de 10 de abril, que define os crimes de responsabilidade e regula o respetivo processo de julgamento, contendo disposições relativas ao suborno e outras modalidades de corrupção. Por seu

comercial internacional: Pena – reclusão, de 2 (dois) a 5 (cinco) anos, e multa. Parágrafo único. A pena é aumentada da metade, se o agente alega ou insinua que a vantagem é também destinada a funcionário estrangeiro." (Grifos no original).

328 A Lei n.º 8.137/1990, de 27 de dezembro, estabelece entre os crimes praticados por funcionários públicos: "[...] Art. 3° Constitui crime funcional contra a ordem tributária, além dos previstos no [...] Código Penal: I – extraviar livro oficial, processo fiscal ou qualquer documento, de que tenha a guarda em razão da função; sonegá-lo, ou inutilizá-lo, total ou parcialmente, acarretando pagamento indevido ou inexato de tributo ou contribuição social; II – exigir, solicitar ou receber, para si ou para outrem, direta ou indiretamente, ainda que fora da função ou antes de iniciar seu exercício, mas em razão dela, vantagem indevida; ou aceitar promessa de tal vantagem, para deixar de lançar ou cobrar tributo ou contribuição social, ou cobrá-los parcialmente. Pena – reclusão, de 3 (três) a 8 (oito) anos, e multa. III – patrocinar, direta ou indiretamente, interesse privado perante a administração fazendária, valendo-se da qualidade de funcionário público. Pena – reclusão, de 1 (um) a 4 (quatro) anos, e multa."

turno, a Lei n.º 12.846/2013, de 1º de agosto, ficou conhecida como "Lei Anticorrupção" porque dispõe sobre a responsabilização administrativa e civil de pessoas jurídicas pela prática de atos contra a administração pública[329], nacional ou estrangeira, contendo importantes medidas para a recomposição dos danos causados pela corrupção e outros crimes contra a Administração Pública, bem como mecanismos e procedimentos internos de integridade e conformidade (*compliance*[330]) a serem adotados pelas pessoas jurídicas, como instrumento de prevenção da corrupção e de outros comportamentos ilegais[331]. Há, também, a previsão de corrupção eleitoral, no art. 299.º do Código Eleitoral brasileiro (Lei n.º 4.737/1965, de 15 de julho)[332].

Realizada esta análise, percebe-se que os crimes de corrupção, tanto em Portugal quanto no Brasil, são crimes formais, que se consumam com a simples solicitação ou aceitação de vantagem indevida (patrimonial ou não), ou a sua promessa, quando se tratar de corrupção passiva, ou então com o mero

[329] No Brasil, o Decreto n.º 8.420/2015, de 18 de março, regulamentou a Lei n.º 12.846/2013, de 1º de agosto, que dispõe sobre a responsabilização administrativa de pessoas jurídicas pela prática de atos contra a administração pública, nacional ou estrangeira.

[330] Observam Trovão do Rosário, Ramos e Camara (2019b, p. 28-30) que após a abertura económica advinda da globalização económica e financeira, os próprios investidores estrangeiros que aplicavam recursos financeiros em empresas portuguesas começaram a exigir práticas de boa governança corporativa e outras regras mais uniformizadas de conduta, como políticas de segurança, integridade e transparência perante sócios e investidores, sobretudo diante das mais diversas formas de corrupção, um problema estrutural, social, institucional e político, que estava a exigir uma solução igualmente estrutural, envolvendo tanto o Estado, quanto as empresas, os investidores e a sociedade civil. Comentam que a *boa governança corporativa* recebeu relevantes impulsos através do *Foreign Corrupt Practices Act* (FCPA), do Congresso dos Estados Unidos, e na União Europeia, mediante a divulgação do Relatório Cadbury, de 1992, motivado pelos casos graves de fraudes e de branqueamento de capitais em que estavam envolvidas empresas do Reino Unido.

[331] Lembramo-nos, com Zuñiga Rodriguez (2020, p. 532-533), que tomar a responsabilidade das organizações a sério envolve prevenir, colaborar e reparar todos os danos causados pelas empresas no exercício das suas atividades económicas, *i. e.*, vai muito além de apenas cumprir a formalidade de implementar um sistema de *compliance* sem modificar de facto os comportamentos que dão suporte às condutas criminosas, de modo que as medidas de *governance and compliance* não se tornem apenas uma saída "doce, negociável e flexível" para evitar a responsabilização penal das pessoas jurídicas.

[332] O Código Eleitoral brasileiro prevê: "[...] Art. 299. Dar, oferecer, prometer, solicitar ou receber, para si ou para outrem, dinheiro, dádiva, ou qualquer outra vantagem, para obter ou dar voto e para conseguir ou prometer abstenção, ainda que a oferta não seja aceita: Pena – reclusão até quatro anos e pagamento de cinco a quinze dias-multa."

ato de prometer ou de dar a referida vantagem, no caso da corrupção ativa, independentemente da prática do ato ou omissão (solicitada pelo corruptor) ao funcionário público, ao titular de cargo político ou de alto cargo público.

Entretanto, o que revela certa discussão doutrinária, sobretudo no caso da corrupção ativa, é a necessidade (ou não) de especificar de forma minuciosa o ato de ofício a ser praticado, omitido ou retardado pelo funcionário público ou agente político, que para alguns pesquisadores deveria ser demonstrado à exaustão, apontando de modo preciso tanto o tempo, quanto o local e as condições, bem como sua espécie e natureza.

Neste ponto, Cajado dos Santos (2019, p. 177-178) sustenta que se trata de um crime complexo e que esta visão que exige uma demonstração exaustiva de qual seria o ato de ofício ou omissão a ser praticada restringe de modo extremo a sua aplicação aos casos concretos, além de fragilizar muito a tutela penal estabelecida pelo legislador, pois a oferta ou a promessa ao funcionário público ou ao agente político é efetuada em razão da função que exerce, das vantagens que a posição pode representar para o corruptor. Assim, sustenta que o termo *ato de ofício* previsto no tipo penal não significa um ato específico (que possa ser *demonstrado à exaustão*), mas sim algum ato, pois a oferta ou promessa pode se destinar, *v. g.*, a "tornar o servidor mais suscetível, flexível ou receptivo a pedidos futuros".

Acrescenta Cajado dos Santos (2019, p. 177-178) que a promessa ou oferta, desta forma, destina-se a imbuir o espírito, motivar o funcionário público ou agente político ou deixá-lo propenso a uma ação ou inação relacionadas com o seu ofício ou atribuição, *i. e.*, busca-se a "compra" de um comportamento do funcionário público ou agente político[333], e não necessariamente um ato

[333] Comenta Teachout (2011, p. 701-702), após realizar a análise diversas manifestações de "fundadores" dos Estados Unidos como Hamilton, Madison, Washington e Franklin, além de dezenas de decisões judiciais de tribunais norte-americanos do século XIX (referentes a contratos públicos), que ditos fundadores e as cortes judiciais tinham especial preocupação quanto à integridade do processo político e de governo, e que prevenir (e em menor proporção reprimir) a corrupção foi uma das principais motivações dos "fundadores" que elaboraram as regras que conformam a Constituição dos EUA, fator este que influenciou de modo direto na redação final de muitos artigos, após centenas de versões destes artigos elaboradas com o objetivo claro de impedir a corrupção (evidenciando um *princípio constitucional anticorrupção*). Acrescenta que os fundadores deixaram claro em suas manifestações e na letra da Constituição norte-americana que a corrupção não é apenas o *quid pro quo* (ou dar uma coisa em troca por outra), *v. g.*, receber dinheiro em troca de votos, mas também comportamentos como *utilizar*

específico no momento da oferta, promessa o entrega da vantagem indevida, sendo a expressão ato utilizada no tipo penal para delimitar o campo de comportamento desejado pelo corruptor, que está relacionado, repita-se, com a competência e/ou atribuições do corrompido[334].

Neste vértice, o verdadeiro mal da corrupção não reside no facto de receber um presente, um suborno pontual, uma percentagem ou comissão, sustenta Sanz Mulas (2017, p. 198-200), mas sim na lógica da reciprocidade, na obrigação de devolver o favor ou benefício indevido, afastando a imparcialidade que deveria guiar os representantes políticos na busca pelo bem comum, na promoção e proteção dos valores fundamentais da democracia. Reconhece então que a desregulação da economia que caracteriza a globalização favoreceu a criação de muitas novas formas e práticas corruptas, que se maximizam na proporção das desigualdades que vão se fortalecendo, nos variados campos económicos internacionais e nacionais, nas searas jurídica, social e moral, transformando a corrupção (inclusive através do compadrio e do nepotismo) numa figura central da política contemporânea.

Sob o nosso ponto de vista, compartilhamos a linha de pensamento jurídico-constitucional de Rodrigues de Almeida (2010, 51-53), no sentido de

os órgãos e poderes públicos para ganhos privados, criar a dependência de agentes públicos e/ou políticos perante capitais privados, entre outras lesões e/ou ameaças estruturais evidentes à democracia, sacrificando o bem ou interesse público em benefício privado.

334 Sobre o tema, Damião da Cunha (2011, p. 82-90) as dificuldades em torno da comprovação do crime de corrupção e as dúvidas que surgiram quanto aos tipos penais relativos à corrupção. Comenta que, de "facto, relevante é o mero 'mercadejar com a 'função pública', com a autoridade do Estado. Não é necessária uma 'transacção' perfeita (bilateral); basta a mera proposta ou a mera predisposição exteriorizada (conhecida do destinatário) para que se preencha a tipicidade da corrupção. A prova do acto/omissão surge apenas para concretizar/comprovar a 'funcionalidade (pública)' da 'transacção' e consequente gravidade da corrupção. Neste sentido, qualquer 'alargamento' de punibilidade por corrupção – nomeadamente, por falta de demonstração da conexão com um determinado ato – suporá sempre um autónomo juízo de (equivalente) 'funcionalidade'. [...] Em resumo e na nossa perspectiva o que se pode dizer é que – embora não seja possível determinar o concreto acto/omissão a que a 'vantagem' se destina (qual a contrapartida) – será legítimo, tendo em conta todas as circunstâncias (p. ex., mas sempre umulativamente a qualidade daquele que oferece e a quantidade de vantagem, etc.), concluir pela muito maior probabilidade de aquela vantagem ter tido em vista 'remunerar' um qualquer acto de serviço – ou, se se quiser, o Tribunal convence-se, com segurança e para além de toda a dúvida razoável, de que o destino da 'remuneração' só pode ter sido o exercício do 'cargo' do agente, pelo que está em causa uma vantagem necessariamente indevida e por isso um caso (equiparável de um ponto de vista sancionatório) de corrupção imprópria."

que é necessário aperfeiçoar os tipos penais referentes à corrupção, porque são complexos, de difícil comprovação em juízo, pois preveem elementos subjetivos pouco determináveis ou verificáveis, gerando elevadas cifras ocultas, apesar destes componentes subjetivos estabelecerem consequências muito diferentes quanto à pena e quanto aos instrumentos processuais que podem ser utilizados na persecução penal. Pondera que os tipos penais de corrupção estão voltados para o exercício de funções administrativas de baixo escalão, não incluindo em seu âmbito outras condutas de elevada danosidade, inclusive aqueles comportamentos criminosos que têm lugar no exercício de funções legislativas[335], em que é quase impossível formular um juízo de licitude ou ilicitude, salvo em casos excecionais. Observa que os tipos incriminadores previstos no CP português têm claro direcionamento à prevenção e repressão de uma corrupção pontual, ocasional, enfim, a pequena corrupção, quando não deveria ser ela o objeto central de uma política criminal que queira responder de forma equilibrada e eficaz a este fenómeno criminoso.

Observa Sanz Mulas (2017, p. 198-200), inclusive, que muitos partidos políticos se converteram em "gigantescas máquinas burocráticas" que pedem transparência em todas atividades económicas enquanto mantêm uma contabilidade falsa, que elogiam a função redistributiva dos tributos arrecadados enquanto cometem crimes fiscais, que manipulam a sociedade enquanto dilapidam os recursos que pertencem a todos, que exaltam a imparcialidade enquanto suas ações são beligerantes e parciais, que enaltecem o mérito e os esforços pessoais enquanto se alimentam do nepotismo.

Portanto, as condutas que devem ser priorizadas pela política criminal e que devem ser sancionadas são aquelas que se inserem na *corrupção organizada*

[335] Neste rumo, destaca-se que os expertos que elaboraram a *Estratégia Nacional Anticorrupção 2020-2024* de Portugal (aprovada pela Resolução do Conselho de Ministros n.º 37/2021, de 6 de abril, p. 35), fizeram constar outro importante fator quanto à corrupção de titulares de cargos políticos: "[...] O Código Penal prevê a possibilidade de aplicação de uma pena acessória juntamente com a pena principal ou de substituição relativamente aos crimes de corrupção e análogos praticados por titulares de cargos públicos, funcionários públicos e agentes administrativos. No entanto, esta possibilidade não está prevista para os titulares de cargos políticos, os quais estão abrangidos por legislação especial. Em nome da eficácia preventiva geral e especial o titular de cargo político passa a ser também incapacitado para ser eleito ou nomeado para cargo político por um período idêntico ao proposto para aqueles funcionários e agentes, nos termos previstos no Código Penal."

e sistémica, analisa Rodrigues de Almeida (2010, 53-55), a qual é gerada em relações prolongadas, na maior parte dos casos vinculadas com a atividade empresarial e/ou organizações, gerando diversos atos de mútuo benefício ao longo do tempo, cujas conexões e ações (ilegais e descompromissadas com o bem comum) são tantas que nem os próprios criminosos as conseguem individualizar.

Refira-se, como sustenta Schünemann (2002, p. 66-67), que um sistema anticorrupção jamais terá um mínimo de eficácia enquanto os mais graves danos e as condutas mais lesivas aos interesses públicos estiverem sendo autorizados ou permitidos (de forma legal) pelo ordenamento jurídico, motivo pelo qual se pergunta o que significam os pequenos subornos (quase que bagatelas) recebidos por um funcionário público em comparação com o consolidado "complexo de corrupção gigantescamente estruturado do nepotismo dos partidos políticos, que se pratica por toda a classe política", o qual conta "com uma extensão de crescimento e com uma falta de escrúpulos só explicável como uma *insanidade moral* [in]constitucional."

Lembra Palazzo (2012, p. 493-494), inclusive, o quanto é importante que o Estado-legislador estabeleça o tipo penal referente à corrupção por "servilismo ou sujeição", em que o funcionário público (*lato sensu*), *v.g.*, não pratica um ato ilícito na sua função, mas sim sujeita a sua função, na totalidade, à ilicitude, sem que seja individualizado um ato apenas, mas sim colocando-se ao serviço do agente corruptor, conduta que se mostra abstratamente merecedora de punição (inclusive mais elevada), do ponto de vista criminológico e diante das transformações sociais e económicas atuais. Acrescenta que esta corrupção por sujeição, distinta daquela que se refere a um ato determinado, possui um conteúdo e um desvalor também distintos, muito mais graves "pela amplitude da sua potencialidade lesiva", sobretudo por não estar circunscrita a este ou aquele ato determinado[336].

Ademais, esta análise não pode ser feita de forma dissociada da realidade socioeconómica contemporânea. Entre as diversas classificações propostas na

[336] Entretanto, anota Palazzo (2012, p. 493-494) que esta escolha "tipológica" de desvalor deve ser definido pelo Poder Legislativo, conformada de acordo com a amplitude e a intensidade do dano e/ou risco à Administração Pública, pois ao juiz cabe aplicar o tipo penal estabelecido ao caso concreto, conforme limites previstos na norma penal prévia elaborada pelo Estado-legislador.

tentativa de definir os níveis de corrupção, a entidade *Transparency International* (2019, *passim*) propõe:

a) a *pequena corrupção* é aquela praticada por funcionários públicos de nível básico ou médio em sua interação regular com cidadãos comuns, que normalmente querem acesso a serviços de saúde, educação, segurança e a outras agências públicas (muitas vezes caracterizada como suborno, como um ato claramente identificável, em que há o abuso do poder confiado ao servidor público);

b) a *grande corrupção* é caracterizada por atos cometidos em alto nível das estruturas estatais, distorcendo as políticas públicas e o funcionamento do Estado, permitindo que os líderes e grupos se beneficiem às custas dos bens públicos, em que a *corrupção política* consiste em manipular políticas públicas, instituições e regras de procedimentos de alocação de recursos e financiamentos por tomadores de decisão políticos, em comportamento de abuso da função confiada "para sustentar seu poder, *status* e riqueza".

De facto, até mesmo numa verificação superficial desses elementos seria percebido que uma interpretação restritiva e demasiadamente dissociada da realidade dinâmica da sociedade tardo-moderna, relativa a qual ato ou omissão pode caracterizar a corrupção, faria com que só a pequena corrupção fosse sancionada (*quid pro quo*), permitindo que a grande corrupção, a corrupção sistémica e a corrupção política permanecessem impunes sob todos os aspetos.

Deste modo, a tipologia estabelecida no Brasil e em Portugal gera insegurança jurídica, pois uma interpretação restritiva que exija a perfeita delimitação de um ato específico do funcionário público ou do agente político para configurar a corrupção ativa pelo corruptor permitiria apenas a punição (e a prevenção geral e especial) do crime de "corrupção-suborno", que envolve uma retribuição material (em regra administrativa), segundo a classificação de Ferreira Filho (1991, p. 4-8), numa escala quanto à gravidade da corrupção. Entretanto, alerta que esta interpretação não permitiria a prevenção e a repressão da forma de gravidade intermediária, de "corrupção-favorecimento", consistindo em beneficiar setores privados em detrimento dos interesses públicos e da população em geral, e da forma mais grave e profunda, a "corrupção-solapamento", em que a própria legitimidade do sistema representativo é comprometida. Viciam-se então os próprios alicerces da sociedade, os seus princípios e valores básicos, as estruturas estatais e comunitárias, que são violadas para atender a interesse privado, legal ou ilegal. Trata-se esta última, enfim, da *corrupção sistemática.*

Realizando uma análise económica do crime de corrupção, inclusive sobre as suas consequências macroeconómicas e sociais, Magnoloux (2005, p. 46) anotou que a desvirtuação das políticas e investimentos públicos pela corrupção viabiliza a construção de "elefantes brancos" para direcionar recursos a determinadas empresas ou grupos económicos, contratando obras gigantescas com pouca utilidade para a melhoria da qualidade de vida das pessoas e que, às vezes, nem sequer são concluídas.

Além disso, outros gravíssimos prejuízos ao real desenvolvimento da comunidade nacional são causados por essas organizações criminosas (em regra empresariais, não violentas), que utilizam a *grande corrupção*[337] de modo habitual, conforme pontua Magnoloux (2005, p. 46), exemplificando: a construção de autoestradas desnecessárias ou direcionadas à propriedade de políticos em vez de estradas rurais (para escoamento da produção); construção de barragens e usinas hidrelétricas "faraônicas", em vez de sistemas de irrigação e de pequenas usinas locais; edificação de mais e mais hospitais "ultramodernos" nas capitais, apesar da falta pequenos centros de atendimento em cidades menores; enormes fábricas subsidiadas e projetos abandonados logo após a inauguração, em vez de apoiar a pequena e a média empresa. Relata que estes são apenas alguns dos prejuízos causados pela corrupção e pelo direcionamento criminoso das políticas públicas, ignorando a necessidade de planejamento das ações estatais.

[337] Conforme julgamento por unanimidade do Supremo Tribunal de Justiça, em Acórdão no processo n.º 200/06.0JAPTM.E1.S1, julgado em 12.11.2009: "[...] V – Não custa aceitar que o crime de corrupção, pelo menos a alta corrupção, assente numa organização refinada, capaz de influenciar os diversos centros de decisão, possa ser incluído no conceito constitucional de criminalidade altamente organizada e, como tal, que o seu julgamento esteja vedado ao tribunal do júri. Não é esse, decididamente o caso da "corrupção miúda", cometida pelo contacto directo entre duas pessoas, cujo propósito e execução nada têm de altamente organizado, e sem prejuízo de altamente lesiva."

Essas mais graves formas de corrupção são aquelas que possibilitam a total subjugação do interesse público pelo benefício privado em larga escala[338], observa Werner (2017, p. 63 e 73-74), deturpando a democracia e cedendo espaço ao neopatrimonialismo condutor do Estado-cleptocrata, viabilizando a corrupção sistemática, com os grupos mais poderosos se servindo e apossando-se dos instrumentos políticos e das estruturas estatais decisórias.

Nesta toada, Cajado dos Santos (2019, 179-180) comenta a mudança nesta perceção que o STF (Supremo Tribunal Federal) brasileiro demonstrou no acórdão de julgamento da Ação Penal n.º 470-Minas Gerais, relativo ao caso do "Mensalão", em que o Plenário da Corte decidiu que a consumação do "crime de corrupção, seja ela ativa ou passiva, independe da efetiva prática do ato de ofício", e que o ato de ofício não precisa ser determinado de maneira precisa, sendo necessária apenas a vinculação entre o aceite ou recebimento da vantagem indevida e a viabilidade da prática de ato pelo corrompido em sua esfera de poder funcional. Consideraram os ministros do STF que a norma pretende tutelar "é a legalidade e moralidade no exercício das funções públicas", cuja tipologia reprime a influência indevida e o direcionamento do desempenho de funções públicas, que comprometem a isenção e a imparcialidade dos atos dos poderes públicos, que devem ser direcionados pelo previsto no ordenamento jurídico, sobretudo na Constituição Federal, que irradia seus efeitos sobre todo o arcabouço legal.

Este entendimento do STF brasileiro viabilizou significativas investigações contra a corrupção perante as mais diversas instâncias judiciais, inclusive a operação "Lava Jato"[339], que está permitindo verificar a extensão da conta-

[338] Vejam-se, sobre os prejuízos causados pela corrupção ao desenvolvimento económico e social, à democracia e aos direitos humanos, as conclusões e gráficos apresentados por Hayashi (2015, p. 43-65), inclusive demonstrando, numa comparação entre dezenas de países, que onde a corrupção é menor, o PIB (Produto Interno Bruto) *per capita* e o IDH (Índice de Desenvolvimento Humano) são maiores.

[339] Segundo Saad (2019, p. 231-232), a "Operação Lava Jato" representa "o maior conjunto de processos criminais no Brasil relacionados à apuração de corrupção, lavagem de dinheiro e organização criminosa", iniciando-se em 2014 e tendo resultado em processos criminais cujas condenações penais, de mais de cento e quarenta indivíduos, incluem altas autoridades dos poderes legislativo e executivo, dirigentes das maiores empresas brasileiras de engenharia civil e diferentes instituições bancárias e/ou financeiras. Houve mais de trezentas e noventa solicitações de cooperação jurídica internacional por autoridades do Brasil a mais de sessenta nações, e foram recebidas mais de quinhentas solicitações de cooperação de trinta outros

minação do Estado Brasileiro pela corrupção sistémica, envolvendo grandes empresas privadas e públicas, em conluio com políticos e lideranças de partidos políticos.

Neste rumo, Teachout (2014, p. 4-9, 276-282) sustenta que a corrupção, de facto, não deve ser compreendida de forma estrita, sob um prisma penal de cariz reducionista, criticando com veemência as recentes decisões da Suprema Corte norte-americana, em que julgaram que a corrupção só ocorre quando houver uma troca explícita de algo de valor por um ato legislativo ou executivo específico e identificável (*quid pro quo*). Sustenta que esta visão do Poder Judicial nos Estados Unidos fragilizou muito a democracia, comprometendo todos os esforços anticorrupção e a necessidade que todas as nações têm de representantes políticos e funcionários públicos focados nos interesses da população em geral e no bem comum, inclusive sem "dívidas políticas" ao exercerem os seus mandatos ou funções públicas.

Citando diversos estudos sobre o tema, observa Teachout (2014, p. 281-282) que, quando um grande colaborador de campanha pode mudar a visão de um representante eleito devido ao acesso, poder e influência que decorrem da doação, as vozes são ouvidas em total desigualdade, situação intolerável em qualquer sociedade civilizada, *i. e.*, os governantes perdem a liberdade que necessitam para promover justamente a igualdade e passam a representar os interesses dos mais ricos, deturpando o processo democrático e influenciando tanto a produção política quanto as oportunidades políticas.

Estas decisões judiciais com visão reducionista da corrupção exaradas pela Suprema Corte dos EUA significaram, *v. g.*, uma "autorização" para que as corporações e grupos de interesses exerçam, de forma oblíqua, uma enorme influência como doadores de campanhas eleitorais, sustenta Teachout (2014, p. 281-282), tendo livre e privilegiado acesso aos congressistas e demais agentes públicos, utilizando elevados recursos financeiros para sugestioná-los e,

países, demonstrando a transnacionalidade de uma rede formada por diferentes organizações criminosas. As condenações se referem a crimes graves como fraudes em concursos públicos, licitações e contratos de obras públicas, cartéis formados por grandes corporações, corrupção passiva e ativa, crimes fiscais e lavagem de capitais, além de participação em organizações criminosas e vários outros comportamentos criminosos graves, com penas de prisão superiores a quatro anos, resultando em penas privativas de liberdade que, somadas, ultrapassaram dois mil anos de prisão.

de maneira óbvia, obterem decisões e atos legislativos que lhes interessam, em especial ao inexistirem limites para doações[340]. Observa que se trata de um atentado ao processo democrático, viabilizando que um congressista tenha que apoiar um projeto de lei em "retribuição" às doações de campanha, mesmo sabendo que a norma vai causar danos aos interesses da sociedade em geral, contrariando de modo absoluto as intenções dos "fundadores" dos Estados Unidos, que buscaram estabelecer as bases de um sistema constitucional democrático em que os representantes eleitos priorizem o interesse geral, com obviedade, em detrimento do interesse privado ou pessoal.

Percebe-se que na maioria dos países tanto o pagamento quanto o recebimento de suborno são considerados crimes, assim como o desvio de recursos públicos, pondera Rose-Ackerman (2013, p. 32-35)[341]. Por outro lado, reitera que a riqueza privada pode influenciar as escolhas dos agentes públicos e políticos de várias formas legais, como contribuições de campanha, despesas e "prendas" através de *lobby* (legalizado nos EUA), conflitos de interesses, pagamento de elevados valores de consultoria para pessoas conectadas com determinados políticos ou grupos políticos, além de possuírem condições, face à riqueza da qual dispõem, de realizarem campanhas maciças para influenciarem a opinião pública.

Sob este prisma, políticos que dependem em excesso dos interesses das empresas ou dos indivíduos milionários podem ser derrotados nas urnas, mas isto ocorrerá apenas onde e quando o sistema político for verdadeiramente transparente, em que os cidadãos souberem de facto quais são as fontes de financiamento dos candidatos e estiverem organizadas de modo adequado para

340 Em geral, esta questão relativa ao financiamento das campanhas eleitorais e dos partidos tem influência direta no nível de corrupção, segundo a entidade Transparência Internacional Portugal, em análise ao relatório do índice de perceção da corrupção: "[...] Os países em que os regulamentos de financiamento de campanhas são abrangentes e aplicados sistematicamente têm uma pontuação média de 70 no índice, enquanto os países em que esses regulamentos não existem ou são mal aplicados têm uma média de apenas 34 e 35, respectivamente. 60% dos países que melhoraram significativamente as suas pontuações no CPI desde 2012 fortaleceram os regulamentos em torno de doações de campanhas."

341 Refira-se que mais de 180 países já ratificaram a Convenção das Nações Unidas contra a Corrupção e os compromissos dos chefes de Estado foram reafirmados há pouco, em declaração política realizada em Assembleia Geral da ONU (UN, 2021, *passim*).

fiscalizarem estas questões, de modo democrático, pondera Rose-Ackerman (2013, p. 32-35).

Os atores internacionais interligados às empresas transnacionais ou globais devem dar um passo além da estrita agenda anticorrupção, solicitando apoio destas corporações não apenas para reduzir a corrupção em sentido penal, sustenta Rose-Ackerman (2013, p. 32-35), mas também para estimular políticas de responsabilidade social nos países (anfitriões) em que as subsidiárias estão instaladas. Analisa, desta forma, que não basta apenas não pagar subornos nos países em que as empresas globais se instalam, recomendando também esforços e códigos de conduta que beneficiem as comunidades e pessoas, melhorando a competitividade e a leal (e imprescindível) concorrência, aumentando a responsabilidade do governo perante os próprios governados.

E mais: a elevada riqueza privada pode ser utilizada como ameaça contra autoridades públicas, pois tanto as empresas locais quanto as transnacionais, além das elites locais, podem ameaçar investir ou transferir seus bens e empresas para fora do país se tiverem sua posição privilegiada ameaçada, ressalta Rose-Ackerman (2013, p. 32-35), exigindo-se da comunidade internacional e dos seus atores uma reação adequada (e coletiva) quanto a este comportamento. Analisa que a guerra fiscal entre os países ou a disputa para verificar qual governo oferecerá mais vantagens às empresas e indivíduos milionários precisa ser limitada mediante uma política internacional quanto ao tema, antes que os Estados sejam consumidos nesta rivalidade que enfraquece a passos largos os próprios Estados e fortalece os indivíduos e corporações com maior riqueza acumulada.

A corrupção mediante pagamento ou recebimento de subornos continuará sendo um problema de todos os países, em maior ou menor proporção, conclui Rose-Ackerman (2013, p. 32-35). mas os principais atores internacionais e agentes políticos devem ter a consciência de que, havendo interesse real em promover o crescimento económico, reduzir a pobreza, desenvolver a governança e aumentar a eficiência do mercado, deve ser considerado que o exercício do poder financeiro e económico (legais) também não devem ser utilizados de modo nocivo e irresponsável, minando valores imprescindíveis como: a legitimidade das ações e interesses dos governantes, o desenvolvimento econômico sustentável, os direitos humanos, a sadia e leal competitividade a nível internacional.

Para a compreensão adequada deste tema também se revela importante a conceção desenvolvida por Yingling (2013, p. 264), no sentido de que a "corrupção convencional" é aquela na qual agentes públicos e/ou legisladores abusam de modo ilegal dos cargos para obter ganhos privados[342], como ocorre no caso de suborno. Conceituou como "corrupção não convencional" aquela que ocorre, *v. g.*, quando agentes públicos eleitos tomam decisões sem levar em consideração o interesse público, em uma "transação" que envolve uma ilegal contrapartida, a fim de obter recursos para ser eleito de novo para cargos públicos. Aduz que essa tomada de decisão política deturpada busca induzir partes privadas[343] a fazerem contribuições, buscando a reeleição e servindo a um grupo reduzido de financiadores, em total contraposição a um regime democrático, que visa o bem comum.

Um sistema com uma verdadeira separação de poderes, de freios e contrapesos, tem extrema relevância para enfrentar a corrupção convencional, acrescenta Yingling (2013, p. 265), viabilizando uma adequada formulação das normas pelo legislador, uma efetiva execução destas pelo Poder Executivo e uma imparcial interpretação pelo Poder Judicial. Entretanto, alerta que uma adequada política de prevenção e repressão à corrupção convencional

342 Ao analisar as maiores doações realizadas por pessoas jurídicas para a campanha presidencial de 2014 no Brasil, quando ainda não eram proibidas essas doações de pessoas coletivas, percebeu Werner (2017, p. 64-66) que as maiores empresas da construção civil do Brasil, que depois foram implicadas nos processos criminais da "Operação Lava Jato", efetuaram doações milionárias aos partidos políticos, com uma particularidade: as doações de dezenas de milhões de reais de cada uma das empresas foram distribuídas entre os diversos partidos que disputavam as eleições presidenciais, numa proporção aproximada com as intenções de votos que eram divulgadas pelos institutos de pesquisa eleitoral no período, *i. e.*, as doações não tinham absolutamente nenhum vínculo com as correntes ideológicas ou com as agendas políticas dos partidos. Destaca que o mesmo sistema de doações milionárias, proporcionais às intenções de voto divulgados nas pesquisas eleitorais, está sendo usado pelas maiores empresas de telefonia, do mercado financeiro e do agronegócio, destacando-se neste último setor a JBS Sociedade Anônima, que doou mais de 360 milhões de reais a partidos políticos na campanha de 2014 (cerca de 120 milhões de euros, conforme câmbio naquele período eleitoral), também de forma proporcional às tendências de voto divulgadas.

343 Foi realizada por Ziembowicz (2020a, p. 97-109) uma análise de vários delitos económicos transnacionais, incluindo o branqueamento de capitais e casos graves de corrupção, resultando em prejuízos de centenas de bilhões (mil milhões) de dólares aos cofres públicos e a pequenos e médios investidores, valores estes que foram ocultados em paraísos fiscais, além de centenas de milhares de empresas *offshore* criadas para dissimular recursos financeiros de origem ilegal e/ou criminosa.

faz com que certos grupos, acostumados a obterem medidas governamentais favoráveis através de subornos e de outras formas de corrupção convencional, passem a usar métodos voltados para a "corrupção não convencional" para manipularem as estruturas do poder estatal, através de generosas doações para campanhas políticas e de pagamento de despesas de partidos políticos para influenciarem os agentes políticos, fazer com que apoiem determinadas leis, programas e investimentos do governo, de acordo com os objetivos privados dos financiadores, mesmo que contrariem os interesses da população e do próprio Estado[344].

Percebem-se, portanto, as muitas faces e nuances, jurídicas e éticas, acerca da corrupção, em especial porque é utilizada de modo habitual pelas organizações criminosas (violentas ou não violentas), causando uma ampla gama de efeitos nefastos à sociedade e aos seus bens jusfundamentais, de modo direto ou indireto. Esta situação se agrava ainda mais porque a corrupção, a criminalidade organizada, a criminalidade empresarial e o branqueamento de capitais estão entrelaçados na atualidade, tornando este tema de grande centralidade na definição das políticas públicas e na promoção do desenvolvimento de uma sociedade que busca elevar a qualidade de vida e proporcionar mais dignidade a todos.

Neste sentido, ressalta-se que a criminalidade organizada, quer seja violenta (envolvida em tráfico de armas, drogas, pessoas, órgãos, lixo tóxico ou radioativo etc.) ou não violenta (que pratica crimes económicos, contra a Administração Pública, contra a Fazenda Pública, contra a Seguridade Social etc.), costuma utilizar a corrupção como modo de obter vantagens, evitar a adequada fiscalização, manter a impunidade e outros benefícios de natureza criminosa.

[344] Face a estes fatores, Teachout (2016, p. 12-13) acrescenta que nos duzentos anos posteriores à independência dos Estados Unidos havia um relativo consenso sobre a corrupção como um tipo grave de falha ética, em que os indivíduos que usavam o poder público para fins privados eram considerados corruptos, assim como os juízes de todas as inclinações políticas e ideológicas consideravam a corrupção como uma das mais graves ameaças à governança. Entretanto, salienta que a Suprema Corte norte-americana, desde o caso Buckley *v.* Valeo (1976), passando pelos casos Citizens United *v.* FEC (2010) e as recentes decisões relativas às acusações de corrupção de Menendez e do governador Don Siegelman, eliminaram até as mais básicas e necessárias regras profiláticas ou estruturais para evitar a corrupção, como a limitação de contribuições em campanhas eleitorais.

Quanto à corrupção, as estruturas empresariais são elementos de elevada importância para as organizações criminosas violentas como instrumentos através dos quais, *v. g.*, conseguem transferir recursos aos corrompidos, legitimar a proximidade de servidores públicos dos poderes estatais (executivo, legislativo e judiciário) e de lideranças ou grupos políticos, indicar membros da organização criminosa para postos de trabalho nas estruturas de órgãos públicos e privados estratégicos, branquear dinheiro, entre outras atividades desta natureza.

Por outro lado, no caso da criminalidade organizada não violenta, voltada para crimes económicos (*lato sensu*[345]) graves, a própria estrutura da pessoa jurídica compõe o cerne da organização criminosa e das suas atividades delituosas (*v. g.*, por meio dos seus diretores e/ou órgãos de administração).

Neste formato, a empresa não é um mero instrumento da organização criminosa, mas sim o próprio empreendimento criminoso, o centro ético-social para a prática de crimes graves (e também centro ético-social de imputação jurídico-penal, portanto), tendo como principal objetivo um resultado económico.

Percebe-se, portanto, que essas organizações criminosas (não violentas), estruturadas como uma ou várias empresas legítimas, em que preponderam

345 Conforme Caro Coria e Reyna Alfaro (2016, p. 46-51), o Direito Penal Económico é um ramo do ordenamento jurídico-penal destinado à proteção da ordem económica, conforme a maioria dos doutrinadores, mas o consenso termina neste ponto, pois existem duas correntes maioritárias quanto ao que vem a ser a ordem económica, como bem jurídico penal tutelado. A primeira corrente, sustentada por Miguel Bajo Fernández (Bajo Fernández e Bacigalupo Saggese, 2010, *passim*), entre outros, defende uma visão restringida (estrita), afirmando que o Direito Penal Económico é um conjunto de normas jurídico-penais que tutelam a ordem económica, compreendida como regulação normativa do intervencionismo estatal na economia, *i. e.*, quase que um Direito Penal Administrativo Económico. A segunda corrente, de ampla aceitação doutrinária, conforme posição sustentada por Klaus Tiedemann (2010, *passim*), considera que a ordem económica engloba todos os instrumentos da vida económica, como as normas relativas à produção, à fabricação e à distribuição de bem económicos, *i. e.*, não protege apenas o direito do Estado de dirigir a economia. Assim, trata-se de uma conceção *lato sensu* de crimes económicos, abarcando todos os delitos relacionados com as atividades económicas e/ou dirigidos contra as normas estatais que organizam e protegem a vida económica. Acrescentam que esta conceituação ampla (*lato sensu*) de crimes económicos se deve, em grande parte, ao facto de estarmos vivendo numa sociedade de riscos, que colocam em perigo bens jurídicos importantes, sendo que os maiores e mais graves riscos provêm justamente da atividade económica nesta sociedade tardo-moderna.

as atividades lícitas, utilizam a corrupção para obter impunidade (penal, administrativa ou civil) por seus crimes, vantagens tributárias, contratos de obras e serviços públicos sem a leal e devida concorrência, aprovação de leis e programas governamentais favoráveis, uma fiscalização atenuada das suas atividades, entre outras benesses ilegais, para benefício da empresa ou de indivíduos desta.

2.2. O Princípio Anticorrupção

O ser humano é um ser gregário, destinado a viver em grupos, onde não apenas encontra maior segurança e fortalecimento, mas também busca, nesta sociedade tardo-moderna, maior dignidade humana e realização pessoal. Após uma longa evolução das sociedades, houve avanços (e retrocessos também) na qualidade de vida das pessoas e na estruturação da vida em comunidade, esta última agora consubstanciada no Estado, um instrumento que deve estar a serviço dos indivíduos para proporcionar uma coexistência com "liberdade, segurança e justiça".

Neste rumo, a União Europeia comprometeu-se a proporcionar aos cidadãos da Europa um espaço de liberdade, segurança e justiça (Tratado da União Europeia, art. 3.º, n.º 2), pacto social também firmado na Constituição da República Portuguesa com os seus cidadãos porque, não obstante os contextos em que essas palavras de enorme expressão axiológica foram empregadas, os constituintes as plasmaram em inúmeras oportunidades no texto constitucional português: *liberdade*, 69 vezes; *segurança*, em 43 ocasiões; e *justiça*, 34 vezes.

A Carta Magna do Brasil também estabelece, desde o preâmbulo, que o Estado tem por fim assegurar "[...] o exercício dos direitos sociais e individuais, a liberdade, a segurança, o bem-estar, o desenvolvimento, a igualdade e a justiça como valores supremos [...]".

Acrescente-se que, quando foi firmado o pacto social entre o indivíduo e o Estado, a renúncia quase completa à autodefesa pelo cidadão restou vinculada (inclusive sob os prismas racional e lógico) à proteção efetiva do Estado aos bens essenciais da comunidade, aos direitos fundamentais e à utilização dos instrumentos necessários para que esta tutela seja efetiva, *i. e.*, há a obrigação estatal de proporcionar justiça e segurança para que as liberdades e os direitos fundamentais possam ser exercidos e promovidos.

De facto, o exercício desses direitos jusfundamentais não dependem só da abstenção do Estado, como proibição do excesso (*Übermaßverbot*), porque também exigem a ação estatal para promover e proteger (inclusive mediante sanções penais em *ultima* e *extrema ratio*) os direitos fundamentais e os instrumentos para a sua efetivação[346]. Esta proibição do défice (ou vedação da proteção insuficiente) está sujeita ao *controle de mínimos*, como lembra Novais (2018, p. 316-325, 338-351), *i. e.*, o cumprimento pelo Estado do dever de proteger está sujeito a uma medida mínima, violando-se a proibição de insuficiência (*Untermaßverbot*) sempre que as normas de proteção estiverem *aquém do constitucionalmente exigível* e/ou não forem dotadas de *razoabilidade*[347].

Deste modo, verificados os enormes prejuízos causados pela corrupção, como meio que corrompe e desvirtua as mais importantes estruturas sociais e estatais que promovem e tutelam os direitos fundamentais, surge a necessidade da ação estatal como instrumento de justiça e de segurança.

Tendo em vista esses danos provocados pela corrupção à democracia e aos valores essenciais de uma sociedade, tão necessários para que uma nação alcance um saudável desenvolvimento e uma coexistência mais justa e equânime, quando Teachout (2014, p. 277-280) analisa a Constituição dos Estados Unidos e a própria estrutura social, política e histórica da sociedade norte-americana, conclui que, além dos demais princípios constitucionais estruturantes, há também o *princípio anticorrupção*, que deve ser considerado um princípio fundamental e precisa ser reincorporado ao debate público, à doutrina e à jurisprudência. Salienta que este necessário renascimento do

[346] Acrescenta Novais (2018, p. 316-325) que o Estado-legislador, bem como o Estado-administrador e o Estado-julgador, portanto, têm como balizas que norteiam a elaboração das normas, a sua execução e os julgamentos (em suma, sua margem de discricionariedade), um limite máximo (proibição do excesso – *Übermaßverbot*) e um limite mínimo (proibição do défice – *Untermaßverbot*).

[347] A densificação do princípio da proibição do défice tem duas dimensões (ou finalidades), conforme Novais (2018, p. 345-351): *a)* a garantia da *realização de um mínimo*, ou controlo de mínimos constitucionalmente exigíveis; *b)* a *proibição de desrazoabilidade*, *i. e.*, impedir que o atuar, o não atuar ou o atuar aquém do que era possível e exigível ao Estado, dentre as opções e os recursos disponíveis, tenha efeitos ou consequências intoleráveis sob a perspetiva de um Estado de Direito Democrático, vinculado à dignidade da pessoa humana e à proteção do núcleo essencial dos direitos fundamentais, que deve representar uma barreira intransponível.

princípio anticorrupção (porque estava presente desde a criação dos Estados Unidos, na sua estruturação pelos fundadores), deve ser um dos baluartes de uma sociedade que busca um saudável desenvolvimento e harmonia nos aspetos ético, económico e político, entre outros que são essenciais a um povo, pois a ética pública deve ser vista como o lastro da nação, a espinha dorsal de uma coletividade social e politicamente unida.

Assevera ainda, que a corrupção se caracteriza como "abuso do poder público confiado para benefício privado", ou como "atos pelos quais ganhos privados são obtidos através de expensas públicas", ocorrendo também quando o interesse privado substitui de modo excessivo o interesse público, quer sejam atos ou omissões de políticos ou lobistas, de cidadãos ou congressistas[348]. Assim, entende Teachout (2014, p. 277-280) que o princípio anticorrupção demanda inclusive uma definição clara do que é permitido ou não aos agentes políticos e funcionários públicos, bem como aos indivíduos, aos grupos de interesses e à iniciativa privada, neste relacionamento entre o setor privado e o setor público. Cita, então, medidas estruturais e profiláticas, como estabelecer um limite de doações para campanhas eleitorais dirigido às pessoas físicas e às pessoas jurídicas, a proibição ou estabelecimento de um limite de valor para presentes a funcionários públicos e representantes políticos, entre outras medidas desta natureza, de forma a estabelecer um sistema no qual a iniciativa privada e os agentes públicos possam resistir à tentação de ultrapassar a barreira que configurará um crime de corrupção.

Nesta seara, Peters (2012, p. 4-8) faz uma análise sobre a importância de estabelecer regras e procedimentos relativos ao "conflito de interesses"[349],

[348] Para Teachout (2014, p. 277), "orgulho, poder, ambição, atenção, amor e adulação que podem surgir com o poder público" são sentimentos humanos, mas o *princípio anticorrupção* impõe que aqueles que estão governando os rumos da nação se preocupem "diariamente com o bem-estar do público", como representantes eleitos ou nomeados e dotados de poder justamente para representarem e promoverem genuinamente os interesses da população, que devem sempre ser priorizados com relação aos seus interesses próprios.

[349] O *Mecanismo de Acompanhamento da Implementação da Convenção Interamericana contra a Corrupção* (MESICIC-OEA), criado no âmbito da Organização dos Estados Americanos, no Relatório da Comissão de Peritos (MESICIC, 2017, p. 1-3) que avaliou o Brasil sobre os progressos na aplicação da referida Convenção, logo no início do relatório tratou da questão do *conflito de interesses*, mediante a análise da recomendação e das medidas adotadas pelo Brasil: "[...] I. RECOMENDAÇÃO: 1.1. (a) Levando em consideração as iniciativas legislativas existentes, considerar incluir, em um único *conjunto de normas*, um regime em matéria de *conflito*

definido como aquela "situação em que algum interesse de uma pessoa tende a interferir com o adequado exercício de seu julgamento ou discernimento em favor de outra pessoa ou grupo", que pode ocorrer no julgamento por um juiz, na decisão de um ato administrativo ou de aprovação (ou não) de uma lei por um parlamentar, na deliberação de um dirigente de um conselho de administração de uma empresa, numa decisão médica.

Esta situação pode ser exemplificada, segundo Friedberg (2012, p. 39), pela situação de confiança e vinculação em que o profissional não pode deixar de dedicar sua atenção e direcionar os seus esforços para atender aos interesses do seu cliente, e não aos seus interesses pessoais ou de terceiros estranhos à relação, *v. g.*, como a relação do advogado com o seu cliente, do médico com o seu paciente.

Com obviedade, pode-se demonstrar esta situação também através da relação do agente político eleito e do funcionário público nomeado, compromissados com as normas estabelecidas na respetiva Constituição e na legislação infraconstitucional, voltadas ao bem comum e à isonomia, atendendo a princípios como legalidade, imparcialidade, ética, publicidade, transparência[350], eficiência e proporcionalidade.

de interesses que se aplique à generalidade dos funcionários públicos, no sentido de permitir tanto aos servidores públicos como aos administrados ou usuários *conhecer com exatidão seus deveres e direitos* e, ao mesmo tempo, eliminar as lacunas existentes na cobertura dos regulamentos atuais. Tal medida, entretanto, não impediria a existência de normas dirigidas a setores que por sua especificidade possam requerer um tratamento especializado ou o estabelecimento de normas mais restritivas. 1.1. (b) Estabelecer ou fortalecer, conforme aplicável, mecanismos destinados a *monitorar e resolver casos de conflitos de interesses*, de modo a cobrir a totalidade dos funcionários públicos, de acordo com a recomendação anterior. 1.1. (c) Estabelecer, em outros casos aplicáveis, restrições adequadas para os que deixem de desempenhar um cargo público, tais como a proibição de atuar nos assuntos em que interveio em razão de sua competência, ou junto às entidades com as quais esteve vinculado recentemente por um prazo de tempo razoável." (Grifos nossos).

350 A Convenção das Nações Unidas contra a Corrupção deixa clara a extrema relevância da transparência e do dever de informar ao público, *v. g.*, para prevenir e reprimir a corrupção: "[...] Artigo 10.º **Informação do público**. Tendo em conta a necessidade de combater a corrupção, cada Estado Parte deverá, em conformidade com os princípios fundamentais do seu direito interno, adoptar as medidas que entenda necessárias para aumentar a transparência na sua Administração Pública, incluindo, no que diz respeito à sua organização, ao seu funcionamento e, quando apropriado, aos processos de tomada de decisão. Essas medidas poderão incluir nomeadamente: *a)* A adopção de procedimentos ou de regulamentos que permitam ao público em geral obter, quando apropriado, informação sobre a organização, o

Quanto ao princípio anticorrupção em Portugal, Machado e Costa (2019b, p. 98-99) ponderam que este foi consagrado de maneira implícita na Constituição da República Portuguesa, decorrendo de balizas como o dever de observar a legalidade democrática (art. 3.º, n.º 2), os princípios da igualdade, proporcionalidade, imparcialidade, justiça e boa-fé por parte da Administração Pública (art. 266.º), a legalidade na realização das despesas públicas (art. 202.º), o direito da população às informações administrativas (art. 268.º, n.º 1 e n.º 2), entre outras disposições.

O Tratado de Funcionamento da União Europeia (TFUE) estabelece de modo claro que o Parlamento Europeu e o Conselho podem estabelecer regras mínimas relativas à definição de infrações penais e respetivas sanções em searas de criminalidade especialmente grave, constando no catálogo o crime de corrupção (art. 83.º, n.º 1), conforme pontuam Machado e Costa (2019b, p. 98-99). Acrescentam que esta pretensão foi reforçada pela previsão de que a União Europeia e os Estados-Membros irão reprimir as fraudes e quaisquer outras atividades ilegais lesivas dos interesses financeiros da União, por meio de medidas com efeito dissuasor e que proporcionem uma tutela efetiva nos Estados (art. 325.º). Neste vértice, defendem de forma vigorosa a necessidade de uma previsão expressa do *princípio anticorrupção* no Texto Constitucional, tornando claros o repúdio e a necessidade de prevenção e repressão a esta

funcionamento e os processos de tomada de decisão da sua Administração Pública e, tendo devidamente em conta a protecção da privacidade e dos dados de carácter pessoal, sobre as decisões e actos jurídicos que lhe dizem respeito; *b)* Quando apropriado, a simplificação de procedimentos administrativos com o fim de facilitar o acesso do público às autoridades competentes responsáveis pela tomada de decisões; e *c)* A publicação de informação, que poderá incluir relatórios regulares sobre os riscos de corrupção na Administração Pública. [...] Artigo 13.º **Participação da sociedade** 1 — Cada Estado Parte deverá, na medida em que os seus meios o permitirem e em conformidade com os princípios fundamentais do seu direito interno, adoptar as medidas adequadas para promover a participação activa de pessoas e de grupos que não pertencem ao sector público, tais como a sociedade civil, as organizações não governamentais e organizações locais baseadas nas comunidades, na prevenção e na luta contra a corrupção, bem como para a criação de uma maior consciencialização pública para a existência, as causas e a gravidade da corrupção e para a ameaça que ela representa. Esta participação deveria ser reforçada por medidas tais como: *a)* Aumentar a transparência e promover a participação do público nos processos de tomada de decisão; *b)* Assegurar o acesso efectivo do público à informação; [...]." (Grifos no original).

conduta criminosa, como consta de maneira expressa em muitas constituições recentes[351].

Quanto ao sistema constitucional brasileiro, Carneiro Júnior (2015, p. 40-41) pondera, após longa análise, que o princípio republicano é um dos seus princípios estruturantes, de largo espectro e densificado como uma democracia mais qualificada, com conteúdo ético vinculante de um Estado Democrático de Direito, fazendo surgir do seu âmago o *princípio anticorrupção.* Sustenta que o princípio anticorrupção exsurge de modo implícito da Constituição, através também do conjunto de princípios conformadores previstos na Lei Fundamental, como o sufrágio universal, a separação e a interdependência (ou independência) entre os poderes (que produzem o necessário equilíbrio e limitam possíveis desvios, abusos e arbitrariedades entre si), os princípios da legalidade e da igualdade, das liberdades e direitos fundamentais, dos direitos sociais, da independência e da imparcialidade do poder judicial, que consubstanciam um regime ético e de boa governança numa República democrática, incompatível e, portanto, completamente avessa à corrupção.

Refira-se que numa democracia verifica-se a imprescindibilidade da interdependência (ou independência) entre os poderes, como um sistema de freios e contrapesos para refrear os poderes, de forma a evitar os abusos e as arbitrariedades.

Neste sistema, percebe-se o quanto a corrupção é danosa e vilipendia este pilar da democracia republicana, em especial quando está vinculada a organizações criminosas empresariais e/ou políticas, através da decisão do Supremo Tribunal Federal brasileiro nos autos da Ação Penal n.º 470-Minas Gerais, relativa ao caso do "Mensalão", em que foram condenadas vinte e cinco pessoas, entre altas autoridades dos poderes federais executivo e legislativo, além de alguns dos maiores empresários do país. A decisão judicial emitida, após 53 sessões de julgamento, tem mais de 8 mil páginas.

De facto, consta no Acórdão na Ação Penal n.º 470, emitida pelo Plenário do STF (em 17 de dezembro de 2012) que houve um esquema de corrupção

[351] Conforme, *v.g.*, as Constituições: do Egito (2014; preâmbulo e art. 218.º); do Quênia (2010; art. 79.º e capítulo VI); de Angola [2010; art. 12.º, n.º 1, *h*), e art. 129.º, n.º 1, *b*)]; da Bolívia (art. 108.º, n.º 8); do Equador (2008, art. 3.º, n.º 8); das Maldivas [2008, arts. 170.º, *a*); 199.º, 200.º, 203.º, 204.º e 289.º]; do México (1917, arts. 79.º, 102.º-A, 109.º e 113.º); das Filipinas (1987, arts. II, 27.º; XI, 2.º e 13.º); da Arábia Saudita (1992, art. 67.º); de Singapura (1963, parte V, cap. 1.º, 22L).

no qual membros do Poder Executivo, sob coordenação do Ministro Chefe da Casa Civil da Presidência da República, em conluio com empresários e instituições financeiras, corrompiam membros do Poder Legislativo (incluindo o Presidente da Câmara dos Deputados) e lideranças partidárias, de forma a obter apoio parlamentar e a aprovação de normas que interessavam ao Poder Executivo e às instituições privadas envolvidas no programa criminoso de corrupção, além da prática de outros crimes contra a administração pública, formação de quadrilha (termo assemelhado, naquela época, a associação criminosa), evasão de divisas e branqueamento de capitais.

Ademais, a Constituição brasileira prevê de maneira clara que as ações dos agentes públicos (funcionários públicos *lato sensu*, incluindo funcionários públicos e agentes políticos) de qualquer dos Poderes da União, dos Estados, do Distrito Federal e dos Municípios obedecerão aos princípios de legalidade, impessoalidade[352], moralidade, publicidade e eficiência (CRFB, art. 37, *caput*). Estabelece, também, a responsabilização administrativa, civil e penal por atos de improbidade[353], sendo sancionados com a suspensão dos direitos políticos, a perda da função pública, a indisponibilidade dos bens e o ressarcimento ao erário, na forma e gradação previstas em lei, sem prejuízo da ação penal cabível (CRFB, art. 37, § 4º).

No mesmo rumo, entre os princípios fundamentais, a Constituição brasileira estabelece que "[t]odo o poder emana do povo, que o exerce por meio de representantes eleitos ou diretamente, nos termos desta Constituição", denotando que os agentes políticos eleitos têm o dever de exercerem seus cargos como representantes do povo, dos seus eleitores (CRFB, art. 1º, parágrafo único), sendo reconhecida esta disposição como parcela importantíssima do princípio democrático, relacionado de modo íntimo com o dever de lealdade

[352] Referente ao *princípio da impessoalidade*, intimamente ligado aos princípios da *legalidade* e da *igualdade*, no sentido de que todos cidadãos devem ser tratados de forma equânime, perceba-se o quanto está conectado ao dever que o funcionário público e o agente político têm de agir e decidir sempre em prol do bem comum, e não para atender interesses privados de determinada pessoa física ou coletiva, salvo nos casos previstos de modo expresso no ordenamento jurídico.

[353] No Brasil, a Lei n.º 8.429/1992, de 2 de junho, com redação dada pela Lei n.º 14.230/2021, de 25 de outubro, dispõe sobre as sanções aplicáveis em virtude da prática de atos de improbidade administrativa.

do agente político para com o bem-comum, o fiel cumprimento das normas e o atendimento aos valores estabelecidos na Carta Magna[354].

Nesta senda, Canotilho (2012, p. 326-333) sustenta que a *good governance* (boa governança), embora represente um conceito criado no âmbito da economia, deve ser compreendida na atualidade como uma dimensão básica e fundamental de um verdadeiro Estado Constitucional, a própria "essência do Estado", significando a condução responsável dos assuntos do Estado[355]. Comenta que o Direito Constitucional contemporâneo deve colocar o princípio da condução responsável dos assuntos do Estado no centro das suas investigações dada a sua importância, consubstanciando-se a governação responsável no desenvolvimento sustentável, centrada na pessoa humana, na democracia assente no Estado de Direito, num sistema de governo responsável (na gestão de recursos humanos, materiais, financeiros e económicos), transparente, *inclusive reforçando a capacidade de prevenir e reprimir a corrupção*, a busca pela coerência nos programas governamentais das mais diversas áreas entre si, a ampliação da democracia participativa, da cooperação transnacional (enquanto governança com reflexo em quase todos Estados).

Propõe Canotilho (2012, p. 326-333) então uma "gestão necessária, adequada, responsável e sustentável", acrescentando ao princípio da proporcionalidade outros princípios vinculativos para a boa governança: sustentabilidade, racionalização, eficiência, avaliação, enquanto "novos princípios imprescindíveis" ao Estado de Direito Democrático, ressaltando que, neste momento,

[354] A CRFB prevê: "[...] art. 10. [...] § 10. O mandato eletivo poderá ser impugnado ante a Justiça Eleitoral no prazo de quinze dias contados da diplomação, instruída a ação com provas de abuso do poder económico, corrupção ou fraude."

[355] Para Mouraz Lopes (2011, p. 15-18), embora a *good governance* tenha se originado no ambiente privado (como *corporate governance* ou governo das sociedades), assumiu um papel central no âmbito das ciências sociais e até os contornos de um novo paradigma na gestão pública, para remediar o défice de legitimidade e de eficácia da ação pública representada, em especial, pela crise do Estado-providência, Neste vértice, entende que a corrupção é uma patologia (de alcance global) em prejuízo da sociedade e da boa governança dos recursos económicos e sociais de um país. Na sua perspetiva inicial, comenta que a *good governance* a ser praticada pelos Estados, apontada de modo seminal pelo Banco Mundial em documento de 1992, envolve a responsabilidade, a transparência, o Estado de Direito e o pluralismo que intervêm no sistema de condução dos assuntos públicos e na gestão pública, através de procedimentos e de instituições que exercem a autoridade em determinado país em prol do bem comum.

a boa governança é um princípio estruturante do *multilevel constitucionalism* (não apenas nacional, mas também supranacional ou global).

Com base nestes fatores, sustenta-se até mesmo a autonomia dogmática do *princípio constitucional anticorrupção*, de forma que não possa ser enfraquecido ou diluído entre os demais princípios constitucionais, lecionam Machado e Costa (2019b, p. 101-103), muito embora este princípio anticorrupção seja fortalecido na sua interconexão com os outros princípios constitucionais. Concluem, então, que o *princípio constitucional anticorrupção* tem diversas funções:

a) *teleológica* (estabelecendo objetivos para o ordenamento jurídico e para os operadores jurídicos);
b) *agregadora* (articulando as normas de prevenção, deteção e repressão à corrupção);
c) *normativa* (preponderando sobre as normas que lhe são contrárias);
d) *irradiação* (propugnando o enfrentamento à corrupção aos ordenamentos jurídicos locais e internacionais);
e) *hermenêutica* (favorecendo a interpretação da substância sobre a forma, para não inviabilizar o esforço contra a corrupção);
f) *ponderação* (sopesando os objetivos anticorrupção com eventuais outros interesses constitucionais em conflito);
g) *crítica* (identificando lacunas legislativas ou administrativas que favoreçam a corrupção);
h) *reconstrutiva* (indicando novas e adequadas formas de prevenção e repressão à corrupção); e
i) *simbólica* (divulgando a relevância do enfrentamento à corrupção a nível nacional e internacional).

Em amplo estudo sobre os princípios constitucionais estruturantes, Novais (2019, p. 22) relaciona, ao lado dos princípios associados à estruturação do Estado (como a separação de poderes, o Estado de Direito e o princípio democrático), aqueles que considera os mais relevantes princípios relacionados aos direitos fundamentais. Nesta relação de princípios estruturantes que sugere, pode-se perceber a íntima relação que eles mantêm com o *princípio anticorrupção*:

a) *princípio da dignidade humana* – afetado de modo profundo pela corrupção, principalmente em relação aos menos afortunados, que dependem de programas sociais governamentais e de assistência estatal, inclusive jurídica, para terem um mínimo de condições dignas de existência;

b) *princípio da igualdade* – um sistema corrompido atende aos interesses de um pequeno grupo de pessoas ou setores, que são privilegiados em detrimento dos demais cidadãos, inviabilizando um tratamento equânime;

c) *princípio da proibição do excesso* – em um Estado corrompido, a elaboração das normas e as políticas estatais atendem aos interesses de pessoas ou grupos corruptores, e não a instrumentos axiológicos como a idoneidade, a necessidade e a proporcionalidade em sentido estrito, podendo causar a severa restrição de direitos fundamentais quando em conflito com os objetivos daqueles grupos que detêm o poder;

d) *princípio da proteção da confiança* – uma vez que no Estado corrompido não são defendidos ou promovidos os interesses dos cidadãos, mas sim os interesses dos grupos corruptores e dos corrompidos, que querem se perpetuar no poder, manter os privilégios e locupletar-se de modo ilegal ou criminoso, quebra-se a relação de confiança e de boa-fé que deveriam reger o relacionamento do Estado com o cidadão;

e) *princípio da proibição do défice* – um Estado com corrupção diminui em muito a sua capacidade de proteger e promover os direitos fundamentais, que não encontram ressonância nas políticas e nos programas públicos, diante da priorização de interesses privados de forma ilegítima e ilegal;

f) *princípio amplo da reserva de lei* – a norma não é elaborada conforme a sua essência, como promotora de harmonia social e de uma melhora na qualidade de vida na sociedade, pois onde há corrupção as normas são elaboradas sem compromisso com os direitos fundamentais e com o bem comum, da mesma forma que as normas não são aplicadas pelo poder executivo com idoneidade nem são interpretadas segundo os axiomas constitucionais pelo Poder Judicial;

g) *princípio da determinabilidade* – as normas legisladas, os atos administrativos e as decisões judiciais não promovem a segurança jurídica se estiverem viciados pela corrupção, favorecendo os corruptores e os corrompidos, inclusive com a utilização de eventuais lacunas do ordenamento jurídico para fins ilegais e ilegítimos.

Além disso, percebe-se com clareza o quanto a sociedade e os próprios constituintes citados, em Portugal, no Brasil, na Espanha e nos Estados Unidos, buscaram criar um sistema republicano, democrático e lastreado na probidade e no zelo pelo bem público, em que os funcionários do Estado e os agentes políticos estivessem vinculados a princípios éticos e aos interesses do bem comum, repudiando a utilização do poder público que lhes é confiado para proveito próprio ou de terceiros, em contraposição ao interesse geral, estabelecendo (de modo implícito) um princípio anticorrupção no cerne dos textos constitucionais.

Aliás, não foi ao acaso que tantos Estados, ao elaborarem suas Cartas Magnas ou após, ao efetuarem revisões constitucionais, consagraram o princípio anticorrupção, reforçando de maneira categórica a centralidade axiológica deste tema, de vital importância para o desenvolvimento da sociedade nos âmbitos nacional, regional e global.

2.3. As Iniciativas e Instrumentos Internacionais referentes à Corrupção

Os esforços contra a corrupção são muito antigos. Na antiguidade, as mais diversas religiões (como o cristianismo, o budismo, o hinduísmo, o judaísmo, o islamismo e o taoísmo) já condenavam a corrupção em seus textos sagrados e possuíam comentários quanto à necessidade de impedir, prevenir e até mesmo punir esta prática de elevada lesividade para a sociedade (Terracino, 2012, p. 28-30)[356].

A prevenção e a repressão à corrupção também podem ser comprovadas através de normas escritas como o Código de Urukagina (2.680-2.660 a. C.)[357],

[356] Como leciona Valente (2008, p. 184), o crescimento do ser humano no plano científico só tem valor quando for associado à desejada consciência histórica, apesar desta ser tantas vezes esquecida.

[357] Conforme Durant (1954, p. 128-130), o rei da cidade-estado mesopotâmica de Lagash, chamado Urukagina, realizou uma ampla reforma no sistema legal, adotando uma série de medidas anticorrupção, bem como utilizou outros meios para evitar que agentes públicos

o Código de Hammurabi (1754 a. C)[358], o Grande Édito de Horemheb (1300 a. C.)[359] e o *Arthaśāstra* indiano (século II a. C.)[360], prevendo penas para subornos e outras formas de corrupção de agentes públicos, inclusive juízes e outros funcionários da Justiça.

Além disso, face à perceção de que a corrupção envolve vultosas somas de recursos que são "expropriadas" de modo criminoso do tesouro público dos Estados, em seus diversos níveis (nacional ou autárquico, em Portugal, e federal, estadual ou municipal, no Brasil), ou então causam a tomada de decisões políticas para atender a determinados grupos de pessoas, muitas das vezes em total contraposição ao interesse geral da sociedade, à ética e às normas em vigor, causando danos incalculáveis (até o momento) à qualidade de vida do ser humano, foram surgindo várias discussões a nível internacional e floresceram diversas iniciativas em organizações transnacionais no sentido de enfrentar a corrupção[361], que existe (em maior ou menor proporção) em todos os países e cujos efeitos têm ultrapassado as fronteiras nacionais.

No entanto, os instrumentos anticorrupção internacionais são, de modo surpreendente, muito recentes.

e sacerdotes utilizassem os seus cargos para explorarem a população, protegendo de modo expresso os pobres, as viúvas e os órfãos, o que teria revelado o "código de leis mais antigo, mais breve e mais justo da história."

358 O Código de Hammurabi, apesar de possuir mais de 280 artigos, continha já no art. 5.º a previsão de que o juiz considerado culpado deveria pagar doze vezes a pena fixada por ele mesmo no veredito, além de ser destituído do seu cargo perante o público da localidade em que atuava.

359 O egiptólogo Breasted (1906, p. 31-32) traduz texto do Édito em que, neste aspeto, Horemheb demonstra cuidado até mesmo no sentido de determinar que os juízes não deveriam ser sócios de outras pessoas no local em que atuam como magistrados (evitando a falta de imparcialidade nos julgamentos).

360 Em tradução comentada do *Arthaśāstra*, Olivelle (2013, p. 179-252) transcreve uma série de medidas adotadas contra a corrupção por esta norma ancestral, em especial no "Livro Quatro – Justiça" e no "Livro Cinco – Erradicação de Espinhos [leia-se aflições]". A referida norma previu, inclusive, a utilização de "agentes secretos" (encobertos) para testar e verificar a honestidade dos agentes públicos.

361 Lembra Cardoso Pereira (2017, p. 177-178) que até mesmo as grandes organizações intergovernamentais, de alcance internacional, podem ser lesionadas pela corrupção, a exemplo das Nações Unidas, em cujo ventre teriam sido cometidas condutas como tráfico de influência e malversação de fundos em algumas operações realizadas em processos de pacificação, embora não tenham sido incriminados dirigentes da ONU.

Como anotam Wouters, Ryngaert e Cloots (2012, p. 6), durante a "guerra fria", ambos os lados da "cortina de ferro" tinham pouca ou nenhuma preocupação com o nível de corrupção dos países aliados, bem como alguns economistas defendiam que um certo nível de corrupção poderia até mesmo ser benéfico à sociedade onde o poder estivesse sob forte centralização e houvesse rígida e enorme carga burocrática.

Entretanto, os escândalos envolvendo grandes corporações dos Estados Unidos, em especial os diversos pagamentos de suborno a autoridades estrangeiras pela Lockheed (Japão, Holanda, Itália), Mobil Oil e Exxon (Itália)[362], assim como o caso *Watergate*, impuseram o debate sobre corrupção à agenda política, resultando no pioneiro *Foreign Corrupt Practices Act* (FCPA) do Congresso norte-americano, em 1977, proibindo o suborno em transações comerciais transnacionais.

Contudo, as maiores empresas norte-americanas (sobretudo as multinacionais) passaram a efetuar grande pressão sobre os políticos dos Estados Unidos, no sentido de que normas de conduta anticorrupção como o FCPA fossem adotadas também a nível internacional, e não impostas apenas às empresas dos EUA, tendo aquele país optado por tratar do assunto através da OCDE (Organização para a Cooperação e Desenvolvimento Económico).

Na ONU, após estudos sobre a corrupção, seus efeitos e as medidas mais adequadas para sua prevenção e repressão, o Secretariado das Nações Unidas apresentou um *Manual Prático de Medidas contra a Corrupção* (UN, 1990) para discussão do assunto, durante o *VIII Congresso das Nações Unidas de Prevenção ao*

[362] O relatório do Comitê de Comércio Interestadual e Estrangeiro (Report n.º 95-640, 28 sept. 1977), do Congresso dos Estados Unidos da América, informou que representantes de mais de 400 (quatrocentas) empresas norte-americanas admitiram de modo voluntário que pagaram subornos a funcionários de governos estrangeiros, políticos e partidos políticos de outros países, totalizando mais de trezentos milhões de dólares utilizados para corromper os referidos indivíduos. Concluiu o referido Comitê que o pagamento de suborno a oficiais estrangeiros "lança sombras sobre a integridade das empresas e do próprio Estado norte-americano", prejudica a imagem dos EUA perante os aliados e demais países, trazendo enormes prejuízos também à política externa. Alertaram também que essas formas de corrupção são contrárias aos valores éticos dos norte-americanos, acabam com a confiança no mercado livre e representam um mau negócio, pois direcionam as transações comerciais para as empresas ineficientes demais para competirem em termos de preço e qualidade do bem ou serviço, além de pressionarem as empresas éticas a reduzirem seus padrões, sob pena de perderem negócios, prejudicando o mercado e a sociedade como um todo.

Crime e Tratamento dos Delinquentes, trazendo o assunto a lume, mas sem lograr um acordo entre os países-membros e a elaboração de uma Convenção que vinculasse os Estados. Durante o referido Congresso, dois dos temas mais discutidos foram a criminalidade organizada transnacional e a corrupção, devido à íntima vinculação entre ambos e à alta lesividade que possuem a médio e longo prazos.

Na evolução das discussões sobre este tema no plano internacional, foi aprovada a *Convenção Interamericana contra a Corrupção* (CICC)[363], assinada em Caracas em março de 1996, representando o primeiro instrumento jurídico de caráter internacional a tratar de modo específico a prevenção e a repressão a este fenómeno criminológico, definindo atos de corrupção[364], ressaltando de forma expressa que a corrupção é um instrumento utilizado pela organizações criminosas para concretizar o respetivo programa criminoso e possui transcendência internacional, reconhecendo o interesse (e a necessidade) de cooperação entre os Estados nas atividades preventivas e de persecução penal[365].

363 O Decreto n.º 4.410/2002, de 07 de outubro, promulgou, no Brasil, a *Convenção Interamericana contra a Corrupção*.

364 A *Convenção Interamericana contra a Corrupção* (CICC), de março de 1996, previu: "[...] **Artigo VI - Atos de corrupção**. l. Esta Convenção é aplicável aos seguintes atos de corrupção: a. a solicitação ou a aceitação, direta ou indiretamente, por um funcionário público ou pessoa que exerça funções públicas, de qualquer objeto de valor pecuniário ou de outros benefícios como dádivas, favores, promessas ou vantagens para si mesmo ou para outra pessoa ou entidade em troca da realização ou omissão de qualquer ato no exercício de suas funções públicas; b. a oferta ou outorga, direta ou indiretamente, a um funcionário público ou pessoa que exerça funções públicas, de qualquer objeto de valor pecuniário ou de outros benefícios como dádivas, favores, promessas ou vantagens a esse funcionário público ou outra pessoa ou entidade em troca da realização ou omissão de qualquer ato no exercício de suas funções públicas; c. a realização, por parte de um funcionário público ou pessoa que exerça funções públicas, de qualquer ato ou omissão no exercício de suas funções, a fim de obter ilicitamente benefícios para si mesmo ou para um terceiro; d. o aproveitamento doloso ou a ocultação de bens provenientes de qualquer dos atos a que se refere este artigo; e. a participação, como autor, co-autor, instigador, cúmplice, acobertador ou mediante qualquer outro modo na perpetração, na tentativa de perpetração ou na associação ou confabulação para perpetrar qualquer dos atos a que se refere este artigo." (Grifos no original).

365 Na referida Convenção, os Estados Membros da OEA reconheceram: "[...] que a corrupção solapa a legitimidade das instituições públicas e atenta contra a sociedade, a ordem moral e a justiça, bem como contra o desenvolvimento integral dos povos; [...] que a democracia representativa, condição indispensável para a estabilidade, a paz e o desenvolvimento da região,

Anota Alejandro Posadas (2000, p. 375) que a referida Convenção foi muito celebrada pelas instituições e países comprometidos com a prevenção e repressão à corrupção, inclusive por introduzir uma nova e importante medida para desestimular os atos de corrupção no cenário internacional: a tipificação do delito de enriquecimento ilícito, que ocorre quando um funcionário público aumenta o seu patrimônio com evidente excesso em relação ao seu rendimento legítimo durante o exercício das suas funções, o qual não consegue justificar de modo razoável.

A *Convenção Interamericana contra a Corrupção* (Caracas, março de 1996) constituiu importante referência no enfrentamento à corrupção, em especial para a América Latina e para a América Central, denotando a supranacionalidade do tema e a necessidade de cooperação internacional. Os chefes de Estado reconheceram no referido documento internacional que "[...] o combate à corrupção reforça as instituições democráticas e evita distorções na economia, vícios na gestão pública e deterioração da moral social." Afirmaram, também, que "[...] muitas vezes, a corrupção é um dos instrumentos de que se serve o crime organizado para concretizar os seus fins."

Nesse aspeto, a década de 1980 trouxe uma entusiasmante onda de democratização para a América Latina, em que o autoritarismo e a violação de direitos fundamentais foram substituídos por Estados Democráticos de Direito,

exige, por sua própria natureza, o combate a toda forma de corrupção no exercício das funções públicas e aos atos de corrupção especificamente vinculados a seu exercício; [...] que o combate à corrupção reforça as instituições democráticas e evita distorções na economia, vícios na gestão pública e deterioração da moral social; [...] *muitas vezes, a corrupção é um dos instrumentos de que se serve o crime organizado para concretizar os seus fins*; [...] da importância de gerar entre a população dos países da região uma consciência em relação à existência e à gravidade desse problema e da necessidade de reforçar a participação da sociedade civil na prevenção e na luta contra a corrupção; [...] a corrupção, em alguns casos, se reveste de *transcendência internacional*, o que exige por parte dos Estados uma ação coordenada para combatê-la eficazmente; [...] a necessidade de adotar o quanto antes um instrumento internacional que promova e facilite a *cooperação internacional* para combater a corrupção e, de modo especial, para tomar as medidas adequadas contra as pessoas que cometam atos de corrupção no exercício das funções públicas ou especificamente vinculados a esse exercício, bem como a respeito dos bens que sejam fruto desses atos; [...] os vínculos cada vez mais estreitos entre a corrupção e as receitas do tráfico ilícito de entorpecentes, que ameaçam e corroem as atividades comerciais e financeiras legítimas e a sociedade, em todos os níveis; [...] que, para combater a corrupção, é responsabilidade dos Estados erradicar a impunidade e que a cooperação entre eles é necessária para que sua ação neste campo seja efetiva; [...]". (Grifos nossos).

anotam Malone e Malone-Rowe (2014, p. 57-58). Acrescentam, entretanto, que as organizações criminosas aproveitaram a diminuição do poder de controle dos Estados na região, bem como a transição para o neoliberalismo, para se infiltrarem nas estruturas económicas e políticas da sociedade, transformando a criminalidade organizada num formidável oponente à democracia nesses países. Alertaram, ainda, que a criminalidade organizada (tanto a clássica quanto a económica) aproveita-se das instituições estatais vulneráveis para, através da corrupção, facilitar suas atividades (lícitas e ilícitas/criminosas).

No âmbito da ONU, foram aprovados o *Código Internacional de Conduta para os Titulares de Cargos Públicos*, mediante a Resolução A/RES/51/59, da Assembleia Geral, de 12 de dezembro de 1996, e a *Declaração das Nações Unidas sobre a Corrupção e o Suborno nas Transações Comerciais Internacionais*, por meio da Resolução A/RES/51/191, da Assembleia Geral, de 16 de dezembro de 1996, mas ambos os instrumentos não tinham poder vinculativo para os Estados.

Em 26 de maio de 1997, foi concluída em Bruxelas a *Convenção Relativa à Luta contra a Corrupção em que Estejam Envolvidos Funcionários das Comunidades Europeias ou dos Estados-Membros da União Europeia*[366], cujo início da vigência na ordem internacional e relativamente a Portugal foi em 28 de setembro de 2005.

Alguns meses depois, foi adotada a *Convenção sobre o Combate da Corrupção de Funcionários Públicos Estrangeiros em Transações Comerciais Internacionais* pela OCDE, concluída em Paris, em dezembro de 1997, a qual entrou em vigor em fevereiro de 1999 e teve forte influência a nível mundial, ultrapassando a ONU nesta seara e estabelecendo uma espécie de liderança global no

[366] Importa salientar que a *Convenção Relativa à Luta contra a Corrupção em que Estejam Envolvidos Funcionários das Comunidades Europeias ou dos Estados-Membros da União Europeia*, internalizada pelo Decreto do Presidente da República n.º 58/2001, de 15 de novembro, já previu de modo expresso medidas relativas a dirigentes de empresas, embora sem estabelecer medidas em relação às pessoas coletivas: "**Artigo 6.º Responsabilidade penal dos dirigentes de empresas.** Cada Estado-Membro deve adoptar as medidas necessárias para permitir que os dirigentes de empresas ou quaisquer outras pessoas que exerçam poder de decisão ou de controlo numa empresa possam ser responsabilizados penalmente, em conformidade com os princípios definidos no respectivo direito nacional, caso um membro do pessoal que lhes esteja subordinado pratique, por conta da empresa, actos de corrupção, tal como referidos no artigo 3.º." (Grifos no original).

desenvolvimento de instrumentos para prevenção e repressão à corrupção, apresentando medidas, recomendações e ferramentas para esta finalidade.

Na sequência deste movimento internacional de prevenção e de repressão à corrupção[367], em janeiro de 1999 foi adotada a *Convenção Penal sobre a Corrupção* do Conselho da Europa (vigorando a partir de julho de 2002), e em novembro de 1999 foi adotada a *Convenção Civil sobre a Corrupção* do Conselho da Europa (que entrou em vigor em novembro de 2003)[368].

A *Convenção da União Africana sobre a Prevenção e a Luta contra a Corrupção* foi aprovada pelos Chefes de Estado e de Governo em 12 de julho de 2003, em Maputo (Moçambique), e vigorou a partir de agosto de 2006.

[367] Este tema consta no Plano de Acção contra a Criminalidade Organizada (97/C 251/01), adoptado pelo Conselho em 28 de abril de 1997: "[...] Parte II – Orientações Políticas [...] 8. [...] (13) O Conselho Europeu sublinha a importância de melhorar a transparência na Administração Pública e no sector empresarial e de prevenir a utilização de práticas de corrupção pela criminalidade organizada. Neste contexto, os Estados-membros, o Conselho e a Comissão deveriam: — desenvolver, tendo simultaneamente em conta os trabalhos realizados noutras instâncias internacionais, uma política global para enfrentar a corrupção, incluindo sanções adequadas e eficazes, mas que abranja igualmente todos os aspectos relacionados com o correcto funcionamento do mercado interno e outras políticas internas, bem como o auxílio e a cooperação externos , — elaborar regras que permitam o intercâmbio de informações entre os Estados-membros sobre as pessoas colectivas registadas em cada Estado-membro e as pessoas singulares envolvidas na respectiva constituição, direcção e financiamento, tendo em vista impedir a penetração da criminalidade organizada no sector público e no sector privado legítimo, — tomar iniciativas necessárias para permitir excluir as organizações criminosas ou os seus membros da participação em concursos públicos e da concessão de subsídios ou licenças estatais. Deveria ser dada especial atenção à origem ilegal de fundos como possível motivo para a exclusão de concursos públicos."

[368] Entre diversas iniciativas e estudos realizados no âmbito da União Europeia, no que tange à criminalidade organizada e à corrupção, deve-se destacar que na Comunicação da Comissão ao Conselho e ao Parlamento Europeu sobre a *Elaboração de um conceito estratégico para combater a criminalidade organizada*, de 02 de junho de 2005 [COM(2005) 232 final], a Comissão asseverou: "[...] Um dos principais meios de infiltração dos mercados legais pela *criminalidade organizada* é a *corrupção*. Por conseguinte, o aprofundamento e a aplicação de uma política global da UE de luta *contra a corrupção* que inclua medidas de direito penal, a promoção dos princípios éticos e de integridade da administração pública, bem como um melhor controlo das políticas nacionais de luta *contra a corrupção* no quadro das obrigações internacionais e europeias e de outras normas, são fundamentais e oportunas para aplicar eficazmente a Convenção das Nações Unidas contra a Corrupção. Melhorar a transparência do sector público constitui um dos objectivos estratégicos da Comissão [...]." (Grifos nossos).

A *Convenção da Liga de Estados Árabes contra a Corrupção* foi aprovada em 21 de dezembro de 2010 (Cairo, Egito), e foi assinada por 21 dos 22 países da Liga de Estados Árabes.

Realizado este escorço histórico, percebe-se o reconhecimento da comunidade internacional (nos mais diversos continentes e regiões do globo terrestre) sobre os efeitos devastadores da corrupção, diante da quantidade de convenções internacionais referentes ao tema. Desta maneira, deve-se abordar a Convenção das Nações Unidas contra a Corrupção com mais profundidade, em especial porque reuniu representantes de mais de cem países na fase da sua elaboração, bem como contou com a ratificação por 187 países até o momento, nos termos de declaração política contra a corrupção da Assembleia Geral das Nações Unidas (UN, 2021, *passim*) e relatório do Escritório das Nações Unidas para as Drogas e Crime (UNODC, 2021, *passim*)[369].

2.4. A Convenção das Nações Unidas contra a Corrupção e a Organização Criminosa Empresarial

Após a análise dos diversos fatores sociais, económicos, políticos e jurídicos referentes à criminalidade organizada e sobre a corrupção, sobrevém a necessidade de abordar o facto de que a ONU (Organização das Nações Unidas) adotou uma convenção multilateral específica de enfrentamento à corrupção

[369] Conforme informado pelo Escritório das Nações Unidas para as Drogas e Crime (UNODC, 2022, *passim*), por iniciativa deste setor das Nações Unidas, "[...] em novembro de 2009, mais de 1.000 delegados de 125 países se reuniram em Doha, no Catar, para examinar a implementação da Convenção das Nações Unidas contra Corrupção. O principal resultado obtido foi a criação de um mecanismo de monitoramento da implementação da convenção. Pelo acordo, todos os Estados serão monitorados a cada cinco anos, com o intuito de se avaliar como estão cumprindo suas obrigações. Essa avaliação é feita por um *software*, que inclui um *checklist* sobre a aplicação da convenção. Os resultados dessas avaliações, baseadas em processos de autoavaliação e em visitas de especialistas internacionais, serão compilados em relatórios de revisão por país. Ou seja, a partir de agora, os Estados passarão a ser julgados pelo que estão efetivamente fazendo contra a corrupção e não apenas por suas promessas. Além disso, essa avaliação mostrará as lacunas existentes em cada país e, assim, guiará a atuação do UNODC em termos de cooperação técnica."

em outubro de 2003[370], também conhecida como Convenção de Mérida (ou UNCAC)[371], na qual os Estados partes manifestaram, entre outros motivos

[370] No Brasil, o Decreto n.º 5.687/2006, de 31 de janeiro, promulgou a *Convenção das Nações Unidas contra a Corrupção* em janeiro de 2006. Em Portugal, o Decreto do Presidente da República n.º 97/2007, de 21 de setembro, promulgou a referida Convenção de Mérida.

[371] Previu-se na UNCAC que os Estados adotariam as medidas legislativas para qualificar como crimes as seguintes condutas: "[...] Artigo 15 – Suborno de funcionários públicos nacionais [...] *a)* A promessa, o oferecimento ou a concessão a um funcionário público, de forma direta ou indireta, de um benefício indevido que redunde em seu próprio proveito ou no de outra pessoa ou entidade com o fim de que tal funcionário atue ou se abstenha de atuar no cumprimento de suas funções oficiais; *b)* A solicitação ou aceitação por um funcionário público, de forma direta ou indireta, de um benefício indevido que redunde em seu próprio proveito ou no de outra pessoa ou entidade com o fim de que tal funcionário atue ou se abstenha de atuar no cumprimento de suas funções oficiais. Artigo 16 – Suborno de funcionários públicos estrangeiros e de funcionários de organizações internacionais públicas. 1. [...] a promessa, oferecimento ou a concessão, de forma direta ou indireta, a um funcionário público estrangeiro ou a um funcionário de organização internacional pública, de um benefício indevido que redunde em seu próprio proveito ou no de outra pessoa ou entidade com o fim de que tal funcionário atue ou se abstenha de atuar no exercício de suas funções oficiais para obter ou manter alguma transação comercial ou outro benefício indevido em relação com a realização de atividades comerciais internacionais. 2. [...] a solicitação ou aceitação por um funcionário público estrangeiro ou funcionário de organização internacional pública, de forma direta ou indireta, de um benefício indevido que redunde em proveito próprio ou no de outra pessoa ou entidade, com o fim de que tal funcionário atue ou se abstenha de atuar no exercício de suas funções oficiais. Artigo 17 – Malversação ou peculato, apropriação indébita ou outras formas de desvio de bens por um funcionário público. [...] a malversação ou o peculato, a apropriação indébita ou outras formas de desvio de bens, fundos ou títulos públicos ou privados ou qualquer outra coisa de valor que se tenham confiado ao funcionário em virtude de seu cargo. Artigo 18 – Tráfico de influências. [...] *a)* A promessa, o oferecimento ou a concessão a um funcionário público ou a qualquer outra pessoa, de forma direta ou indireta, de um benefício indevido com o fim de que o funcionário público ou a pessoa abuse de sua influência real ou suposta para obter de uma administração ou autoridade do Estado Parte um benefício indevido que redunde em proveito do instigador original do ato ou de qualquer outra pessoa; *b)* A solicitação ou aceitação por um funcionário público ou qualquer outra pessoa, de forma direta ou indireta, de um benefício indevido que redunde em seu proveito próprio ou no de outra pessoa com o fim de que o funcionário público ou a pessoa abuse de sua influência real ou suposta para obter de uma administração ou autoridade do Estado Parte um benefício indevido. Artigo 19 – Abuso de funções. [...] o abuso de funções ou do cargo, ou seja, a realização ou omissão de um ato, em violação à lei, por parte de um funcionário público no exercício de suas funções, com o fim de obter um benefício indevido para si mesmo ou para outra pessoa ou entidade. Artigo 20 – Enriquecimento ilícito. [...] o enriquecimento ilícito, ou seja, o incremento significativo do patrimônio de um funcionário público relativos aos seus ingressos legítimos que não podem ser razoavelmente justificados por ele."

de apreensão, a preocupação decorrente dos "[...] vínculos entre a corrupção e outras formas de delinquência, em particular o crime organizado e a corrupção económica, incluindo a lavagem de dinheiro."

Esta Convenção reconheceu definitivamente o caráter transnacional da corrupção, bem como consolidou uma série de medidas destinadas à prevenção, à deteção e à repressão dos atos de corrupção[372], além de fomentar a criação e a adoção de diversos sistemas de cooperação internacional.

Além disso, indicou estruturas estatais mínimas necessárias para a repressão da corrupção e ressaltou a importância do fortalecimento das instituições encarregadas da persecução penal, além de prever a criminalização dos atos de *corrupção privada*[373] e de outras condutas em seu rol de ações ou omissões a serem incriminadas na legislação dos Estados partes.

Este instrumento internacional de prevenção e repressão à corrupção também deu atenção, de forma expressa, às relações das pessoas coletivas com o poder público e com os respetivos funcionários públicos e agentes

[372] De facto, nenhuma estrutura tem completa imunidade contra a corrupção, e pode-se inclusive concluir que nem sequer a Organização das Nações Unidas e outras organizações internacionais estejam imunizadas contra este fenómeno criminológico. Neste rumo, cabe trazer à tona o artigo n.º 78 da conceituada revista alemã Der Spiegel (1994), intitulado "Nações Unidas: uma potência mundial corrupta", em que destacou-se a situação financeira caótica da ONU, a ponto de deixá-la à beira da falência, situação esta agravada pela realização de despesas milionárias desnecessárias, malversação de fundos, casos de tráfico de influência, fraudes na compra e distribuição de alimentos destinados a pessoas famintas em vários pontos do planeta, negociação espúrias de contratos de transporte, abusos de empresas privadas contratadas e desperdícios, casos graves de falta de gestão e inexistência de meios de prevenção e repressão à corrupção, apesar de muitos casos envolvendo funcionários da ONU, inclusive de alto escalão.

[373] A Convenção das Nações Unidas contra a Corrupção previu: "[...] Artigo 21.º – **Suborno no setor privado.** Cada Estado Parte considerará a possibilidade de adotar medidas legislativas e de outras índoles que sejam necessárias para qualificar como delito, quando cometido intencionalmente no curso de atividades económicas, financeiras ou comerciais: *a)* A promessa, o oferecimento ou a concessão, de forma direta ou indireta, a uma pessoa que dirija uma entidade do setor privado ou cumpra qualquer função nela, de um benefício indevido que redunde em seu próprio proveito ou no de outra pessoa, com o fim de que, faltando ao dever inerente às suas funções, atue ou se abstenha de atuar; *b)* A solicitação ou aceitação, de forma direta ou indireta, por uma pessoa que dirija uma entidade do setor privado ou cumpra qualquer função nela, de um benefício indevido que redunde em seu próprio proveito ou no de outra pessoa, com o fim de que, faltando ao dever inerente às suas funções, atue ou se abstenha de atuar." (Grifos no original).

políticos, permeando todo o texto com as interações destes com as pessoas coletivas que podem configurar atos de corrupção. A Convenção de Mérida ainda estabeleceu, quanto às pessoas coletivas[374], que cada Estado, conforme sua ordem jurídica, deverá adotar as medidas necessárias para responsabilizar as pessoas colectivas que participem nas infrações previstas na Convenção, e que a responsabilidade das pessoas coletivas não deverá obstar a responsabilização penal dos indivíduos que praticaram as infrações.

Quanto aos avanços proporcionados por esses instrumentos multilaterais, devemos reassinalar a previsão relativa à prevenção e à repressão da corrupção privada, que se justifica face aos danos que esta conduta pode causar, *v. g.*, ao mercado económico, impedindo a livre e leal concorrência, afastando os empresários e investidores honestos, além de atrair especuladores e outras espécies de oportunistas, sem qualquer compromisso com os valores jurídicos, éticos e sociais da comunidade. Destaca-se que a Acção Comum 98/742/JAI[375], de 22 de dezembro, relativa à *corrupção no setor privado*, também já previa uma série de medidas em relação às pessoas coletivas[376].

[374] Consta na Convenção de Mérida: "[...] Artigo 26.º **Responsabilidade das pessoas colectivas.** 1 – Cada Estado Parte deverá adoptar, em conformidade com o seu sistema jurídico, as medidas que se revelem necessárias para responsabilizar as pessoas colectivas que participem nas infracções enunciadas na presente Convenção. 2 – Em conformidade com o ordenamento jurídico do Estado Parte, a responsabilidade das pessoas colectivas poderá ser penal, civil ou administrativa. 3 – A responsabilidade das pessoas colectivas não obstará à responsabilidade penal das pessoas singulares que tenham praticado as infracções. 4 – Cada Estado Parte deverá assegurar que as pessoas colectivas consideradas responsáveis em conformidade com o presente artigo sejam objecto de sanções eficazes, proporcionais e dissuasivas, de natureza penal ou outra, incluindo sanções pecuniárias." (Grifos no original).

[375] A Acção Comum 98/742/JAI, de 22 de dezembro, relativa à corrupção no setor privado, foi publicada no Jornal Oficial das Comunidades Europeias de 31.12.1998.

[376] Constou na Acção Comum 98/742/JAI, de 22 de dezembro de 1998: "[...] Artigo 5.º **Responsabilidade das pessoas colectivas.** 1. Cada Estado-membro deve adoptar as medidas necessárias para que as pessoas colectivas possam ser consideradas responsáveis pelos actos de corrupção activa, na acepção do artigo 3.º, praticados em seu benefício por qualquer pessoa que, agindo individualmente ou como membro de um órgão de pessoa colectiva, nela ocupe uma posição de direcção, com base: – nos seus poderes de representação da pessoa colectiva, ou – no seu poder de tomar decisões em nome da pessoa colectiva, ou – na sua autoridade para exercer controlo dentro da pessoa colectiva, bem como pela cumplicidade ou instigação à prática dessas infracções. 2. Para além dos casos já previstos no n.º 1, cada Estado-membro deve tomar as medidas necessárias para que uma pessoa colectiva possa ser considerada responsável sempre que a falta de vigilância ou de controlo por parte de uma pessoa referida

De facto, na sociedade atual, que está impregnada por elementos de economia e de um mercado globalizado em todos os setores e níveis do corpo social (incluindo tanto as atividades de produção e distribuição quanto empréstimo, consumo, serviço etc.), em que o sistema financeiro se torna cada vez mais influente na rotina de todos os cidadãos (*homo economicus*), assinala Carbajo Cascón (2012, p. 285-286) que o fenómeno da corrupção não pode ser considerado exclusivo do âmbito público, *i. e.*, das Administrações Públicas e das Empresas Públicas, como demonstram os graves escândalos ocorridos nos mercados financeiros, nas empresas multinacionais (em geral sociedades anónimas cotizadas) e em Organizações Internacionais, em especial nas duas últimas décadas. Cita exemplos como os célebres casos ENRON, Parmalat, Comitê Olímpico Internacional, Organização Mundial do Comércio, FIFA e organizações não governamentais (terceiro setor), gerando desestabilização e uma enorme desconfiança nas empresas transnacionais e nas organizações privadas internacionais.

Consoante Carbajo Cascón (2012, p. 285-286), a *corrupção privada* causa diferentes e graves danos ao funcionamento correto e eficiente do mercado e à satisfação de diversos interesses públicos dependentes de um desenvolvimento económico sadio e sustentável, criando também uma profunda descrença na capacidade de regulação política e controle estatal sobre a economia de mercado, além de lesionar de forma direta ou indireta os indivíduos que são investidores, trabalhadores, segurados, consumidores, entre outros.

Assevera Bárbara Huber (2003, p. 49-51), inclusive, que em razão da recém citada Acção Comum 98/742/JAI, de 22 de dezembro, relativa à *corrupção no setor privado*, dois anos após a sua respetiva publicação no Boletim Oficial da UE, *i. e.*, ao final do ano 2000, todos os Estados-Membros da União Europeia deveriam ter contemplado em seus ordenamentos jurídicos a incriminação da corrupção ativa e passiva no âmbito privado[377], medida que foi descumprida

no n.º 1 tenha possibilitado a prática, por pessoa que lhe esteja subordinada, de um acto de corrupção activa, na acepção do artigo 3.º, em proveito dessa pessoa colectiva. 3. A responsabilidade da pessoa colectiva nos termos dos n.os 1 e 2 não exclui a instauração de procedimento penal contra as pessoas singulares que sejam autoras, instigadoras ou cúmplices do acto de corrupção activa." (Grifos no original).

377 A Acção Comum 98/742/JAI, de 22 de dezembro de 1998, relativa à corrupção no setor privado, publicada no Jornal Oficial das Comunidades Europeias de 31.12.1998, estabeleceu: "[...] Artigo 2º **Corrupção passiva no sector privado.** 1. Para efeitos da presente acção comum,

(porque apenas alguns Estados-Membros introduziram estes tipos penais nas suas legislações).

Quanto ao tema, também deve ser destacada a cooperação entre órgãos públicos, inclusive entre os diferentes poderes, para a prevenção e a repressão à corrupção e aos crimes conexos, em especial a criminalidade organizada, a criminalidade económica e o crime de branqueamento de ativos[378], os quais muitas vezes confluem e se tornam um só programa criminoso.

Neste rumo, revela especial importância o grupo de instituições públicas brasileiras que forma a ENCCLA (Estratégia Nacional de Combate à Corrupção e Lavagem de Dinheiro), criado no Brasil em 2003[379], que estabeleceu como uma das prioridades para o referido grupo desde o Plano de Diretrizes de 2018, a aprovação de anteprojeto de lei que criminaliza a corrupção privada (Ação 05/2018) no Brasil, face aos danos causados à sociedade, de maneira

constitui corrupção passiva no sector privado o acto deliberado de qualquer pessoa que, no exercício da sua actividade profissional, solicite ou receba, directamente ou por interposta pessoa, vantagens indevidas de qualquer natureza, ou aceite a promessa de tais vantagens, para si próprio ou para terceiros, a fim de, em violação dos seus deveres, praticar ou se abster de praticar determinados actos. 2. Sem prejuízo do disposto no n.º 2 do artigo 4.º, os Estados-membros tomarão as medidas necessárias para que as condutas referidas no n.º 1 constituam crimes. Tais medidas deverão visar, no mínimo, qualquer conduta que implique ou possa implicar distorções de concorrência, pelo menos no mercado comum, e da qual resultem ou possam vir a resultar prejuízos económicos para terceiros em virtude da indevida celebração ou da indevida execucão de um contrato. Artigo 3.º **Corrupção activa no sector privado.** 1. Para efeitos da presente acção comum, constitui corrupção activa no sector privado a acção deliberada de alguém que prometa, ofereça ou dê, directamente ou por interposta pessoa, uma vantagem indevida, de qualquer natureza, a uma pessoa, para esta ou para terceiros, no exercício das actividades profissionais dessa pessoa, a fim de, em violação dos seus deveres, pratique ou se abstenha de praticar determinados actos. 2. Sem prejuízo do disposto no n.º 2 do artigo 4.º, os Estados-membros tomarão as medidas necessárias para que as condutas referidas no n.º 1 constituam crimes. Tais medidas deverão visar no mínimo qualquer conduta que implique ou possa implicar distorções de concorrência, pelo menos no mercado comum, e da qual resultem ou possam vir a resultar prejuízos económicos para terceiros em virtude da indevida celebração ou da indevida execucão de um contrato." (Grifos no original).

[378] Para Tavares (2018, p. 17), o branqueamento e a corrupção "exemplificam a ligação entre o crime organizado nas suas formas mais graves e o crime económico-financeiro, também ele praticado, muitas das vezes, de forma altamente organizada."

[379] A ENCCLA (Estratégia Nacional de Combate à Corrupção e à Lavagem de Dinheiro) foi criada em 2003 pelo Ministério da Justiça brasileiro, congregando diversas instituições dos poderes executivo, legislativo e judiciário, para gestão da prevenção e da repressão à corrupção.

direta e/ou indireta[380], e ao avençado na Convenção das Nações Unidas contra a Corrupção.

Aliás, num Estado Democrático de Direito, o princípio da igualdade é importante não só para a dignidade da pessoa humana, pois também é indispensável para propiciar um mercado económico saudável. Diante da corrupção (pública ou privada), a livre iniciativa (alicerçada na boa-fé e na concorrência leal entre empresários e empresas), repita-se, é prejudicada ou até mesmo inviabilizada por desvios de conduta que resultam em vantagens indevidas a infratores, anota Montoro Filho (2012, p. 91-92).

Em Portugal, ganhou força em 2018 o movimento para que fosse estabelecida uma Estratégia Nacional de Combate à Corrupção, sobretudo após relatório do Grupo de Estados contra a Corrupção, do Conselho da Europa (GRECO), apontando em 2018 que Portugal era um dos países europeus mais atrasados na implantação de medidas para prevenção, deteção e repressão à corrupção, tendo leve melhora na avaliação em 2019[381].

A divulgação do referido relatório ocorreu num momento em que a preocupação da sociedade portuguesa, quanto à corrupção, vinha aumentando de modo gradativo, agravada pela divulgação de variadas e novas suspeitas relativas à "Operação Marquês", cujas investigações e processo judicial envolviam um ex-primeiro-ministro e outras altas autoridades políticas, em que eram apurados crimes que podem ter causado lesões de milhões de euros aos cofres públicos portugueses.

Há, também, uma relevante cobertura jornalística sobre as acusações de corrupção e de desvios de recursos públicos que pairam sobre a filha de um ex-presidente autocrata de Angola, também alcançando cifras de centenas de milhões de euros em possíveis fraudes e malversação de recursos financeiros

[380] Os representantes das mais diversas instituições dos três poderes, reunidos em novembro de 2018, em Brasília/DF, estabeleceram e consolidaram o Plano de Diretrizes de Combate à Corrupção, após a realização de eventos estratégicos e reuniões nas cinco regiões do Brasil.

[381] No Relatório do GRECO publicado em 2018, os avaliadores concluíram que, das 15 recomendações feitas a Portugal no relatório anterior, sobre medidas de prevenção e repressão à corrupção a serem adotadas, só uma havia sido atendida de modo satisfatório, onze não haviam sido implementadas e três haviam sido implementadas de forma parcial. No relatório publicado em 2019, os avaliadores reconheceram pequenas melhoras no atendimento às 15 recomendações, com uma recomendação atendida, oito implementadas de modo parcial e seis não implementadas.

estatais, representando enormes prejuízos monetários, estruturais, sociais e morais ao povo angolano.

Como resultado do momento histórico, em comunicado do Conselho de Ministros português, de 05 de dezembro de 2019[382], foi anunciada a criação de um grupo de trabalho para a definição[383] de uma "estratégia nacional, global e integrada de combate à corrupção, que compreenda os momentos da prevenção e da repressão, e que envolva a participação de diferentes entidades e profissionais[384]."

Verificou-se, então, que a pressão legítima que a sociedade portuguesa exerceu sobre o Governo e sobre a Assembleia da República teve um alento há pouco, com a publicação da *Estratégia Nacional Anticorrupção 2020-2024*,

382 O referido Comunicado do Conselho de Ministros português, no seu item 3, estabeleceu que o "[...] grupo de trabalho terá por finalidade desenvolver os objetivos do programa do Governo de, designadamente, instituir um relatório nacional anticorrupção, avaliar a permeabilidade das leis aos riscos de fraude, diminuir as complexidades legais e a carga burocrática, obrigar as entidades administrativas a aderir a um código de conduta ou a adotar códigos de conduta próprios, dotar algumas entidades administrativas de um departamento de controlo interno que assegure a transparência e imparcialidade dos procedimentos e decisões, melhorar os processos de contratação pública, reforçar a transparência das contas dos partidos políticos, e obrigar as médias e grandes empresas a disporem de planos de prevenção de riscos de corrupção e infrações conexas."

383 Trata-se de importante medida, desde que os esforços, de facto, venham a se somar à atuação do Conselho de Prevenção da Corrupção (CPC), criado pela Lei n.º 54/2008, de 04 de setembro, que é composto pelo Director-geral do Tribunal de Contas, Inspector-geral de Finanças, Inspector-geral das Obras Públicas, Transportes e Comunicações; Inspector-geral da Administração Local; um magistrado do Ministério Público, um advogado e uma personalidade de reconhecido mérito nesta área.

384 A *Transparency International Portugal*, associação sem fins lucrativos vinculada à *Transparency International*, sugere cinco pilares para a estratégia nacional portuguesa: *Justiça* (garantir a independência, capacitação e meios legais e materiais do sistema judicial para combater a corrupção, punindo os responsáveis e recuperando os ativos); *Política* (reforçar a aplicação efetiva de exigentes padrões de conduta, de regulação ética e de transparência no exercício de cargos eleitos e no financiamento político); *Administração Pública* (garantir a independência das instituições públicas face a riscos de captura partidária e dotá-las de meios para defender intransigentemente a legalidade e o interesse público na condução dos assuntos do Estado); *Sociedade* (garantir um acesso simples e eficaz dos cidadãos à informação pública e reforçar os mecanismos participação cívica e de escrutínio à ação dos eleitos, nas várias esferas de Governo); e *Setor Privado e Reguladores* (reforçar os mecanismos de *compliance* e prestação de contas das empresas e organizações e promover autoridades reguladoras independentes, exigentes e atuantes).

conforme a Resolução do Conselho de Ministros n.º 37/2021, de 6 de abril[385], embora tenham sido apenas lançadas promessas e intenções na referida estratégia, sem vincular os órgãos de governo, nem estipular prazos para a adoção das medidas julgadas necessárias para a prevenção e a repressão à corrupção.

Por outro lado, entre os mais importantes fatores detetados pelo grupo de expertos encarregado de propor uma estratégia nacional anticorrupção, destaca-se a necessidade de revisão de diversos diplomas que visam a deteção e repressão da corrupção e da criminalidade conexa, de forma a agregar num único diploma as disposições previstas, neste momento, em variadas normas dispersas, o que não apenas torna o trabalho de pesquisa, interpretação e aplicação da lei mais céleres e eficazes (permitindo a realização da justiça em prazo razoável e diminuindo a impunidade), pois também torna a legislação acessível aos destinatários.

Entretanto, embora grande parte das mudanças indicadas como necessárias na *Estratégia Nacional Anticorrupção 2020-2024* (Resolução do Conselho de Ministros n.º 37/2021, de 6 de abril) [386] tenham sido objeto de alteração

[385] A *Estratégia Nacional Anticorrupção 2020-2024* (Resolução do Conselho de Ministros n.º 37/2021, de 6 de abril), estabeleceu: "[...] Considerando os principais riscos e os obstáculos mais fortes ao enfrentamento eficaz dos fenómenos corruptivos, identifica -se como prioridades: 1 – Melhorar o conhecimento, a formação e as práticas institucionais em matéria de transparência e integridade. 2 – Prevenir e detetar os riscos de corrupção na ação pública. 3 – Comprometer o setor privado na prevenção, deteção e repressão da corrupção. 4 – Reforçar a articulação entre instituições públicas e privadas. 5 – Garantir uma aplicação mais eficaz e uniforme dos mecanismos legais em matéria de repressão da corrupção, melhorar os tempos de resposta do sistema judicial e assegurar a adequação e efetividade da punição. 6 – Produzir e divulgar periodicamente informação fiável sobre o fenómeno da corrupção. 7 – Cooperar no plano internacional no combate à corrupção."

[386] Na *Estratégia Nacional Anticorrupção 2020-2024* (Resolução do Conselho de Ministros n.º 37/2021, de 6 de abril, p. 31), reconheceu-se: "[...] É necessário empreender um trabalho de revisão dos vários diplomas que têm por objeto a repressão da corrupção e criminalidade conexa (como a Lei n.º 36/94, de 29 de setembro, a Lei n.º 5/2002, de 11 de janeiro, e a Lei n.º 19/2008, de 21 de abril), preferencialmente agregando num único diploma as soluções ali previstas, o que facilita o trabalho de pesquisa, interpretação e aplicação da lei. Em matéria de prescrição do procedimento criminal, verifica -se que, em alguns casos, a alínea *a)* do n.º 1 do artigo 118.º do Código Penal contempla apenas as modalidades do crime previstas nesse Código, deixando incoerentemente de fora aquelas previstas em legislação especial. O prazo de 15 anos de prescrição do procedimento criminal deve estender -se também aos crimes previstos no artigo 20.º, no n.º 1 do artigo 23.º e nos artigos 26.º e 27.º da Lei n.º 34/87, de 16 de julho (peculato, participação económica em negócio, abuso de poderes e violação de

legislativa através da Lei n.º 94/2021, de 21 de dezembro, a pretendida unificação ou consolidação visando agregar num único diploma as disposições que objetivam a deteção e repressão da corrupção e da criminalidade conexa não foi realizada.

De facto, a Lei n.º 94/2021, de 21 de dezembro, não logrou agregar ou reunir as disposições referentes à corrupção, pois alterou o Código Penal, o Código de Processo Penal, o Código das Sociedades Comerciais (aprovado pelo Decreto-Lei n.º 262/86, de 2 de setembro) e leis conexas, entre as quais a Lei n.º 34/87, de 16 de julho (que determina os crimes de responsabilidade dos titulares de cargos políticos), a Lei n.º 36/94, de 29 de setembro (que estabelece medidas de combate à corrupção e criminalidade económica e financeira), a Lei n.º 50/2007, de 31 de agosto (que estabelece um novo regime de responsabilidade penal por comportamentos suscetíveis de afetar a verdade, a lealdade e a correção da competição e do seu resultado na atividade desportiva), bem como a Lei n.º 20/2008, de 21 de abril (que cria o novo regime penal de corrupção no comércio internacional e no sector privado).

Repita-se, portanto, que num Estado de Direito Democrático, a toda pessoa (física ou jurídica) deve ser assegurada uma legislação prévia, escrita, compreensível, clara, em especial na seara criminal, afastando a indeterminabilidade[387] normativa e a insegurança jurídica que grassam na atualidade, como analisa Valente (2017a, p. 198-204), ressaltando os princípios da *legalidade* (com todos os valores que representa) e da *reserva de código* (enquanto legislação inteligível e segura, reunindo num código único todas as infrações penais e as respetivas sanções). Acrescente-se, como percebe Moccia (2001, *passim*),

segredo), nos artigos 10.º-A e 12.º da Lei n.º 50/2007, de 31 de agosto (oferta ou recebimento indevido de vantagem), nos artigos 36.º e 37.º do Código de Justiça Militar (corrupção passiva para a prática de ato ilícito e corrupção ativa) e no artigo 299.º do Código Penal, quando a finalidade ou atividade da associação criminosa seja dirigida à prática de um ou mais crimes relativamente aos quais se prevê excecionalmente um prazo de 15 anos. Importará ainda refletir sobre a inclusão do artigo 11.º (prevaricação) da Lei n.º 34/87, de 16 de julho, entre aqueles crimes."

[387] Lembra Costa Andrade (2009a, p. 258-259) que, sobretudo a partir de 1990, o legislador "se desdobra em alterações e inovações legislativas", realizando um "progressivo alargamento do número de incriminações" como que para responder "à irrepremível propensão da realidade para o imprevisto e a surpresa", como se fosse possível reprimir a aceleração que caracteriza a sociedade contemporânea e resolver os problemas estruturais mediante criminalizações.

que já é longa a história de descumprimento dos princípios da taxatividade e da determinabilidade que deveriam conformar o Direito Penal.

Por outro lado, diante da pressão internacional para que sejam adotados meios de prevenção, deteção e repressão à corrupção, percebe-se a relevante influência que organismos internacionais e convenções multilaterais, além de instrumentos de *soft law*, podem exercer sobre os países nessas questões de grande importância para a humanidade, nesta era em que as dinâmicas sociais e económicas da sociedade líquida[388] tardo-moderna estão em constante metamorfose, com tantas complexidades e riscos[389], em escalas e proporções jamais vistas, neste início de uma quarta revolução industrial[390].

Deve-se reforçar, ainda, que esta utilização de organismos intergovernamentais parece ser o único caminho viável para o Estado-nação, diante do gradativo esvaziamento do seu poder de definir e de impor as suas normas, que possuem alcance nacional, em um mundo social e economicamente globalizado, no qual as fontes do direito são múltiplas e os processos espontâneos de formação do direito no plano internacional, sobretudo económico e financeiro, vão gradativamente se tornando independentes das normas fixadas pelos Estados individualmente considerados, como salienta Teubner (2003, p. 11-14).

[388] Sustenta Bauman (2021b, p. 7-10) que a sociedade está migrando de uma "fase sólida" (com estruturas que oferecem alguma constância e orientação, que estabelecem padrões comportamentais) para uma "fase líquida", em que as dinâmicas económicas e sociais se liquefazem antes de estarem moldadas ou consolidadas, dissolvendo-se e escapando "entre os dedos".

[389] Exemplifica Beck (2010, p. 23-32) citando como riscos a quantidade de usinas nucleares e o lixo radioativo acumulado, o crescimento quantitativo de dejetos industriais altamente tóxicos, a produção de substâncias químicas e biológicas com enorme capacidade intoxicante (com efeitos extremamente danosos e acumulativos a médio e a longo prazo, como os herbicidas), entre outros comportamentos intoleráveis sob os prismas ético, social, medicinal, ecológico e também psicológico.

[390] O diretor do Fórum Económico Mundial, economista Klaus Schwab (2016, *passim*), afirma que a quarta revolução industrial está em andamento, alterando a forma como as pessoas se relacionam, vivem e trabalham. Anota, também, que não é apenas um novo ciclo de desenvolvimento da tecnologia, pois caracteriza uma verdadeira metamorfose voltada para novos sistemas edificados sobre a infraestrutura da revolução digital, convergindo as tecnologias digitais, biológicas e físicas, mediante um movimento em sinergia da neurotecnologia, da engenharia genética e também da nanotecnologia, com alcance e complexidade em escalas sem precedentes.

De facto, apesar do reduzido respaldo político, desenvolve-se com rapidez no plano internacional um direito "global" privado intimamente conectado aos processos económicos (e também sociais) que lhe impulsionam, em grande parte independente do poder político estatal, resultando em sistemas especializados e fragmentados das mais diversas searas (industrial, comercial, económica, financeira, científica, de energia, militar, cultural, de transporte, dos meios de comunicação social e outros), com suas próprias regras e interesses, priorizando a maximização dos lucros, o que é óbvio.

Assim, repita-se que avulta a importância das iniciativas intergovernamentais[391], através de convenções multilaterais e também de instrumentos de *soft law*, que visam estabelecer padrões mínimos aos ordenamentos jurídicos dos países e às condutas e procedimentos entre empresas, setores económicos e o mercado (transnacional e interno), bem como entre estes e os dirigentes políticos e/ou governamentais no plano internacional[392].

Busca-se promover, ao menos, uma regulação e uma supervisão mínimas das atividades económicas e financeiras empresariais transnacionais, mantendo um certo controle (apesar das limitações de impor normas nacionais em um ambiente internacional) sobre um mercado fragmentado e globalizado, em que não há compromisso com a dignidade da pessoa humana e com outros bens jurídicos essenciais previstos nas Constituições de Estados de Direito Democráticos, os quais são considerados fundamentais pela sociedade, mas dependem das ações do(s) Estado(s) para que sejam respeitados.

[391] Reitere-se que, apesar de todos os avanços (e também de alguns retrocessos) na condução das políticas públicas, o Estado de Direito Democrático ainda parece ser o único instrumento viável, através do qual as pessoas podem alcançar uma coexistência livre, justa e segura, com prioridade para a dignidade do ser humano e para os direitos fundamentais. Logicamente, não se pode entregar o destino da humanidade às empresas transnacionais ou a segmentos organizados do mercado no plano internacional, num sistema globalizado e desregulado, sem qualquer instrumento que possa frear os impulsos na busca pela maximização do lucro, em que não há compromisso, salvo algumas exceções, com a sociedade, com as pessoas, com os valores éticos ou com os direitos humanos, conquistados através de séculos de sofridos embates em prol da dignidade do ser humano.

[392] Entretanto, quanto a esses instrumentos internacionais, a sociedade (em especial através dos seus legítimos representantes, os legisladores, e daqueles encarregados de prover a justiça, os juízes) e a academia devem permanecer vigiando a constitucionalidade e a legitimidade desses instrumentos, sobretudo no que tange à utilização de medidas que restrinjam direitos fundamentais, a serem autorizadas apenas em *ultima et extrema ratio*.

Ademais, a nível internacional, em especial diante da capacidade de rápida adaptação das organizações criminosas para aproveitarem as oportunidades geradas pela ampliação ou migração das atividades ilícitas e os avanços sociais, económico-financeiros e tecnológicos, e das constantes mudanças de estrutura e de métodos que adotam (para evitarem a deteção e a repressão por órgãos estatais, bem como para maximizarem e ocultarem os produtos do crime), fatores estes somados às dificuldades e aos custos (em tempo[393], recursos financeiros e humanos) representados pela discussão, aprovação e posterior transposição de instrumentos multilaterais de *hard law* (de caráter jurídico vinculativo) para os Estados signatários, o amplo leque de ferramentas oportunizadas pelos instrumentos de *soft law*[394] pode e deve ser utilizado com frequência na prevenção e na repressão aos fenómenos criminológicos relativos à criminalidade grave. No entanto, devem ser conformados aos princípios constitucionais de uma "política criminal humanista e garantista", na qual a segurança seja o resultado da liberdade e da justiça, e não provenha da indevida e ilegítima redução ou compressão dos direitos e liberdades fundamentais, como pondera Valente (2017a, p. 26-27).

Neste rumo, a *soft law* tem grande importância no aprimoramento das medidas e no aumento da eficácia da prevenção, da deteção e da repressão à criminalidade organizada empresarial, devendo ter seu emprego potencializado em especial na coordenação e na cooperação entre os órgãos judiciários e policiais dos Estados em investigações e processos penais e civis (estes últimos em se tratando de medidas de congelamento ou confisco de

[393] Basta lembrar que o início da discussão sobre um instrumento internacional específico sobre a criminalidade organizada transnacional teve início no V Congresso das Nações Unidas de Prevenção ao Crime e Tratamento dos Delinquentes de 1975 (Genebra, Suíça), sendo aprovada a CNUCOT, em New York, apenas em 15 de novembro de 2000 (25 anos depois!), iniciando sua vigência na ordem internacional em 29 de setembro de 2003.

[394] Argumenta Santos Neves (2013, p. 263) que a *soft law* representa um sistema que produz padrões normativos que buscam regular comportamentos sociais, sem poder vinculativo e sem a previsão de sanções jurídicas pelo seu descumprimento. Acrescenta que esses *standards* normativos são adotados de forma voluntária, combinando o desenvolvimento e a difusão de boas práticas (com eficácia comprovável) com um sistema de pontos de pressão, porque a violação dos padrões gera sanções não jurídicas que, em várias oportunidades, são muito eficazes para pressionar os destinatários. São exemplos de *soft law* as declarações (*v. g.*, como a Declaração Universal dos Direitos Humanos), os memorandos de entendimento e as recomendações de um organismo internacional.

bens) de caráter transnacional, pois esta colaboração entre órgãos estatais de diferentes Estados demanda mais agilidade e uma maior operacionalização dos procedimentos (preservados os direitos fundamentais), uma vez que as organizações criminosas empresariais não encontram obstáculos na burocracia ao transporem fronteiras e possuem elevada desenvoltura e celeridade na prática de suas ações ilegais e/ou criminosas.

No que tange ao enfrentamento à corrupção, um instrumento de *soft law* que deve ser destacado é o mecanismo de desenvolvimento e divulgação de boas práticas anticorrupção e de avaliação anual do Movimento *Transparency International*, organismo internacional de cunho privado[395] e independente dos Estados, diante dos relevantes resultados que tem alcançado para melhorar a boa governança, ética, transparência e integridade de diversos países, e dos efeitos que gera na imagem dos Estados avaliados, indicados num *ranking* internacional de transparência baseado no *Índice de Perceção de Corrupção* (IPC)[396], quanto à aplicação das boas práticas desenvolvidas e divulgadas por este movimento civil global para evitar e/ou amenizar a incidência da corrupção e os prejuízos que causa.

O referido relatório anual sobre os índices de perceção de corrupção repercute transversalmente na credibilidade do Estado avaliado perante a comunidade internacional e nas avaliações de agências de classificação de risco (como Standard & Poor's, Moody's e Fitch Ratings) relativas aos Estados e às

[395] O *Transparency International* é um movimento anticorrupção da sociedade civil com alcance global, presente em mais de 100 países e sediado em Berlim (TI, 2020), que participa ativamente em fóruns e discussões de organismos multilaterais quanto a este tema e, face à capacidade de pesquisa comparada proporcionada pela sua vasta capilaridade e pela qualidade técnica dos seus especialistas, desenvolvedores de um diversificado leque de ferramentas e de soluções anticorrupção que aperfeiçoam continuamente, alcançou enorme prestígio a nível internacional, uma verdadeira referência quanto às políticas de boa governança, ética, transparência e integridade.

[396] Este *Índice de Perceção de Corrupção* é utilizado desde 1995, analisando atualmente mais de 180 países, tendo apontado o Brasil com a 105ª posição em 2018 e só 35 pontos, enquanto Portugal está numa posição muito mais confortável, em 30º lugar, com 64 pontos. Por outro lado, constam alguns dados preocupantes no Relatório *Global Corruption Barometer European Union 2021* (2021, p. 11-13), pois 88% dos mil portugueses entrevistados pela *Transparency International* em outubro e novembro de 2020 acreditam que há corrupção dentro do governo e mais de 40% creem que a corrupção aumentou nos últimos 12 meses. No âmbito da UE, 62% dos 40 mil entrevistados acreditam que a corrupção é um grande problema e 49% pensam que os governos estão falhando na prevenção e na repressão à corrupção.

empresas para fins de investimentos por pessoas físicas e jurídicas estrangeiras, *v. g.*, além de utilizar um mecanismo de divulgação de boas práticas e de pontos de pressão (representados pela divulgação dos relatórios de avaliação produzidos por peritos independentes, uma técnica conhecida como *naming and shaming*, *i. e.*, nomear/expor/denunciar e embaraçar/envergonhar quem age de forma contrária à ética ou às normas).

Sob este prisma, o Relatório *Global Corruption Barometer European Union 2021* (TI, 2021, p. 8-37, 61) coloca em cima da mesa de debate relevantes números quanto à corrupção sob a perceção de mais de 40 mil cidadãos europeus entrevistados nos 27 Estados-Membros da União Europeia, entre os quais se encontram mil cidadãos portugueses. A citada pesquisa denotou que em Portugal 48% das pessoas teve que usar conexões pessoais para conseguir a serviços públicos como educação, serviços de saúde, seguridade social, documentos oficiais e serviços policiais nos 12 meses anteriores, e na UE este número foi de 33%; 41% dos portugueses acredita que a corrupção aumentou nos últimos 12 meses, 60% pensa que o governo está falhando na repressão à corrupção, 63% considera que o governo sofre influência ilegal de empresas ou de pessoas com elevado poder económico ou político, 88% entende que há corrupção no governo e 27% acredita que a maioria dos deputados são corruptos ou facilitadores de corrupção[397].

Na Europa também tem especial projeção e capacidade de conformar as ações de Estados quanto às boas práticas para prevenção e repressão à corrupção o GRECO (Grupo de Estados contra a Corrupção), criado pelo Conselho

397 Ao analisar o relatório *Global Corruption Barometer European Union 2021*, Susana Coroado, Presidente da Transparência e Integridade Portugal, afirmou (TIPortugal, 2021, *passim*): "[...] A falta de confiança na integridade das instituições e a crença de que o poder político está capturado por interesses é incontestável e preocupante para a democracia. Urge pois uma boa e transparente aplicação dos códigos de conduta do governo e dos deputados, bem como a regulação do lóbi que garanta eficácia e transparência." Na referida análise do relatório, também foi afirmado que as contratações públicas pouco transparentes causam preocupação: "[...] Segundo o Barómetro Global da Corrupção, mais de metade dos europeus pensa que as regras da contratação pública não são seguidas à risca pelos governos. Pelo contrário, acreditam que os contratos públicos são atribuídos através de subornos e ligações pessoais entre governantes e empresários. Em Portugal 63% das pessoas entende que a administração central e local se encontra capturada por interesses empresariais e privados. Além disso, 74% dos portugueses acreditam que as grandes empresas fogem ao pagamento de impostos."

da Europa e congregando na atualidade 47 Estados-Membros, grupo este que também utiliza como ferramenta o sistema de avaliações mútuas periódicas. Para demonstrar a capacidade de influenciar as políticas anticorrupção dos países sob avaliação deste grupo, comente-se que em Portugal houve recente e novo impulso do movimento social para que seja adotada uma Estratégia Nacional de Combate à Corrupção, em especial após a divulgação do Relatório de Avaliação GRECO de 2018, indicando que Portugal representava um dos Estados da Europa mais atrasados na adoção de mecanismos necessários para prevenir, detetar e reprimir a corrupção, tendo progredido pouco segundo o Relatório de Avaliação GRECO de 2019[398].

Quanto ao tema central deste estudo, relativo às organizações criminosas empresariais e a respetiva capacidade de tomar total ou parcialmente as instituições e os órgãos estatais, bem como a utilização da corrupção como uma das suas principais ferramentas para o programa criminoso, devem ser ressaltados alguns dados recentes.

No relatório recente da Europol (2021, p. 18), *Report Serious Organised Crime 2021* (SOCTA/OCTA), constam dados relevantes, como o fato de que 80% das organizações criminosas em atividade na Europa usam estruturas empresariais legais nos seus programas criminosos, 60% utilizam a corrupção com regularidade e 68% usam o branqueamento de capitais de modo rotineiro.

Quanto ao Relatório "Global Corruption Barometer European Union 2021" (TI, 2021, p. 8-37, 61), deve-se ressaltar que 41% dos portugueses considerou que a corrupção aumentou no último ano (quando a boa e responsável governança deveria se impor, no fortalecimento de medidas sanitárias para vencer a crise causada pela pandemia de COVID). Quanto ao antes comentado tratamento dado pela Convenção das Nações Unidas contra a Corrupção, em relação às pessoas coletivas, acrescentem-se outros dados importantes do recém citado relatório (TI, 2021, p. 61), em que consta que 63% dos portugueses considera que o governo sofre influência ilegal de empresas ou de pessoas com elevado poder económico ou político, atendendo apenas a alguns poucos

[398] As quinze medidas anticorrupção indicadas como imprescindíveis pelos especialistas que efetuaram as avaliações de Portugal e elaboraram os Relatórios GRECO de 2018 e 2019 se referem a providências relativas a parlamentares, juízes e procuradores, sendo que apenas uma foi considerada cumprida, oito foram parcialmente atendidas e seis descumpridas.

interesses, um dos motivos pelos quais apenas 28% dos cidadãos portugueses acredita que o governo leva em conta os interesses da população ao definir as políticas e tomar decisões.

Deste modo, os citados relatórios permitem avaliar que as disposições expressas pela Assembleia Geral na Convenção das Nações Unidas contra a Corrupção (adotada em Mérida, em 2003), no que tange às pessoas coletivas e ao seu envolvimento com a corrupção, eram necessárias não apenas no início deste século[399], pois passadas quase duas décadas, continuam as pessoas coletivas sendo utilizadas como instrumentos para promoverem a corrupção de agentes públicos e privados por organizações criminosas e/ou indivíduos, ou então ditas pessoas coletivas são também centros ético-jurídicos para a prática de crimes graves (na forma de organização criminosa ou não), exigindo medidas (legítimas e equilibradas) dos Estados e de instituições intergovernamentais na prevenção e repressão a este fenómeno criminológico, em tantas oportunidades ligado de modo íntimo à criminalidade organizada e ao branqueamento de capitais.

Considerações capitulares

A criminalidade organizada vem aperfeiçoando seus métodos e estratégias, inclusive mediante gestão e estruturas empresariais avançadas, potencializadas pela adoção de estruturas em rede (difusas, discretas, voláteis), reforçando

[399] Entre as justificativas e dispositivos da Convenção das Nações Unidas contra a Corrupção, os Chefes de Governo e/ou Estado dos Estados-Membros da ONU fizeram constar: "[...] Preocupados com a gravidade dos problemas e das ameaças que a corrupção coloca à estabilidade e segurança das sociedades, na medida em que mina as instituições e os valores da democracia, os valores éticos e a justiça e na medida em que compromete o desenvolvimento sustentável e o Estado de direito; Preocupados igualmente com as ligações existentes entre a *corrupção* e *outras formas de criminalidade*, em especial a *criminalidade organizada* e a *criminalidade económica*, incluindo o *branqueamento de capitais*; [...]." Não se pode esquecer, também, que o art. 10 da Convenção das Nações Unidas contra a Criminalidade Organizada Transnacional tratou de modo específico da necessidade de responsabilizar as pessoas coletivas envolvidas em crimes graves (art. 10.º da CNUCOT) e, de modo específico, em crimes como a corrupção (arts. 8.º e 9.º da CNUCOT) e o branqueamento de capitais (arts. 6.º e 7.º da CNUCOT).

sua dissimulação e utilizando a sua capacidade de adaptação ao entorno operacional para evitar a deteção e a repressão pelos órgãos estatais[400].

Por outro lado, apesar das constantes modificações que as organizações criminosas implementam para aperfeiçoar os empreendimentos criminosos, continuam empregando de modo habitual dois instrumentos utilizados há muito tempo, que são a corrupção[401] e o branqueamento de capitais, embora ao longo do tempo estas técnicas criminosas tivessem outro tratamento jurídico-penal.

Verificou-se nos relatórios mais recentes da Europol e de outras instituições voltadas à pesquisa da criminalidade organizada e dos fenómenos circunvizinhos, no âmbito da União Europeia, que a corrupção é utilizada de modo regular por dois terços das organizações criminosas e que quatro quintos destas utilizam estruturas empresariais legais em seus programas criminosos, a ponto destes dois métodos serem considerados como atividades medulares da criminalidade organizada (violenta e não violenta), ao lado do branqueamento de valores.

Nesta senda, não podemos olvidar que a própria Convenção das Nações Unidas contra a Criminalidade Organizada Transnacional previu de modo expresso medidas relativas à corrupção, à responsabilização das pessoas jurídicas e ao branqueamento de capitais. Mediante a mesma perceção, a Convenção das Nações Unidas contra a Corrupção reconheceu a profunda interconexão entre a corrupção, a criminalidade organizada, a utilização das pessoas jurídicas nos empreendimentos criminosos e o branqueamento de capitais, prevendo uma série de medidas a serem adotadas pelos Estados para a prevenção e a repressão destas formas de criminalidade.

Percebeu-se, ainda, que a criminalidade organizada tem na utilização da corrupção uma das suas faces lesivas, porque proporciona a infiltração ou até mesmo a tomada (parcial ou total) das instituições dos três poderes do Estado

[400] Alerta Sanz Mulas (2016, p. 320-326) que a criminalidade organizada, a corrupção e os delitos económicos têm profunda interconexão na atualidade, provocando uma evidente ampliação na criminalidade da empresa, que não pode mais ser bagatelizada.

[401] Destaca Cláudia Santos (2009, p. 349-351) que é recorrente a conceção de que "não há crime organizado sem corrupção", e que neste crime muitas vezes confluem a criminalidade organizada, a criminalidade de colarinho branco e as autoridades públicas e políticas, esfumaçando eventuais fronteiras entre essas formas de criminalidade.

e de diversos outros setores sociais e económicos, conspurcando as suas estruturas e promovendo a destruição dos valores e dos bens jurídicos essenciais da comunidade, desconstruindo os pilares da sociedade e promovendo uma sensível diminuição da qualidade de vida, com efeitos (políticos, económicos, sociais etc.) extremamente danosos a médio e longo prazos.

Estes elevados danos causados pelas organizações criminosas mediante a corrupção de agentes políticos e funcionários públicos de qualquer um dos poderes, na maioria das vezes, envolve métodos não tão evidentes quanto o suborno. Citem-se o clientelismo, a patronagem, o servilismo e o assistencialismo, sujeitando o funcionário público ou o representante político e a sua função, na totalidade, a serviço do corruptor, distorcendo as políticas e decisões políticas, judiciais e administrativas no alto nível das estruturas estatais, subjugando o bem comum (público) ao interesse e ganho privado.

Acrescente-se que a criminalidade organizada da globalização e de alta danosidade é formada por grupos, em geral poderosos, que praticam sobretudo comportamentos criminosos de índole económica, os quais têm acentuado impacto negativo nas mais diversas áreas e erodem a própria estabilidade democrática, financeira e social de vários Estados.

Neste sentido, tanto a legislação portuguesa quanto a brasileira precisam evoluir muito, pois a tipologia (ultrapassada) prevista em ambos os Estados viabiliza tão só a prevenção e a repressão à pequena corrupção, à corrupção ocasional dos baixos escalões, em que se pratica um ato em troca de uma vantagem, quando uma política criminal equilibrada e eficaz deveria prevenir e reprimir a *corrupção organizada e sistémica*.

Esta corrupção organizada e sistémica, em regra praticada pela criminalidade organizada (violenta e não violenta), estabelece-se mediante relações duradouras que geram diversos atos e comportamentos contínuos de mútuo benefício entre os criminosos ao longo do tempo, com largos prejuízos à sociedade, aos seus mais importantes valores e às instituições públicas, políticas, sociais e privadas.

Neste rumo, há que se reforçar que não é apenas a corrupção de funcionários públicos que causa elevados prejuízos à sociedade, mas também a corrupção privada. Esta causa severos prejuízos à economia, à boa-fé e à livre e leal concorrência (em escala nacional e transnacional), enfim, ao desenvolvimento económico e ao empresário honesto, o qual investe em tecnologia e no aprimoramento dos seus recursos humanos, na inovação e no aperfeiçoamento dos métodos de gestão, gerando bens e riquezas, postos de trabalho e recolhimento de tributos e contribuições ao seguro social, que são imprescindíveis para o cumprimento das atribuições do Estado, inclusive para a manutenção do aparato estatal de saúde, de educação, de segurança, dos programas sociais etc.

Acrescente-se que a própria conceção de Estado de Direito Democrático, enquanto pacto social entre o indivíduo e o Estado, pressupõe que a renúncia à autodefesa pelo cidadão está vinculada ao dever de proteção estatal aos bens jusfundamentais (como detentor do monopólio do uso da força)[402].

Desta maneira, a promoção e a tutela das liberdades, garantias e direitos, a coexistência pacífica num espaço de liberdade, segurança e justiça, não dependem apenas da abstenção do Estado (enquanto proibição do excesso), pois também exigem ações deste mesmo Estado para promover e salvaguardar estes mesmos bens jurídicos, inclusive através da proteção penal, em *ultima ratio*, porque ao Estado está vedado fornecer uma proteção insuficiente, uma tutela *aquém do constitucionalmente exigível*.

Segundo esta ideia, ressalta-se que exsurge dos textos constitucionais português e brasileiro (além de diversas outras Constituições nos mais variados Estados) o *princípio anticorrupção*, consubstanciado em balizas constitucionais como o dever de respeitar a legalidade democrática e na sua interconexão profunda com os princípios da isonomia, da proporcionalidade, da igualdade, da justiça, da boa-fé da Administração Pública, da legalidade ao realizar despesas públicas, bem como no dever de transparência e no direito de acesso dos administrados às informações referentes aos poderes públicos. Estes e outros princípios e dispositivos conformam um regime ético e de boa governança,

[402] Lembra Monteiro Ramos (2019, p. 123-127) que a proibição da autodefesa só será legítima na medida em que o Estado, que reserva a si os meios coercitivos de aplicação da lei, seja capaz de conceder efetiva proteção aos direitos, interesses e bens jusfundamentais reconhecidos e atribuídos às pessoas. Por outro lado, assevera que há situações em que será permitida a autotutela, prevista de forma expressa na Constituição (CRP, art. 21.º), sobretudo o direito à resistência contra agressões ilícitas, que autoriza o indivíduo a não cumprir uma ordem que ofende um dos direitos, liberdades ou garantias, bem como o direito de repelir pela força qualquer agressão, quando não lhe for possível socorrer-se da força pública. Neste último caso, ressalta que a legítima defesa pode ser utilizada tanto para repelir a agressão ilícita de terceiros quanto de agentes ou órgãos do Estado.

repudiando-se a corrupção em todas as suas formas, sobretudo quando provoca acentuada danosidade por estar vinculada a organizações criminosas violentas ou não violentas (em que se destacam as empresariais e/ou políticas).

No caso de Portugal, o próprio Tratado de Lisboa (TFUE, art. 83.º, n.º 1) estabelece que a União Europeia pode definir regras mínimas para a definição das infrações penais e sanções referentes à *criminalidade particularmente grave*, em que são listados, *v. g.*, a corrupção, a criminalidade organizada e o branqueamento de capitais, denotando a relevância estratégica deste tema em nível comunitário, somando-se às demais Convenções Internacionais que abordam a matéria.

Ressalta-se que poucos temas geraram tantas iniciativas intergovernamentais, privadas e da sociedade civil organizada quanto a corrupção, resultando na elaboração e aprovação de instrumentos jurídicos vinculantes para os Estados (*hard law*), como as Convenções Internacionais[403], bem como na expedição de instrumentos de *soft law* com amplo alcance e elevada eficácia para compelirem os Estados a adotarem medidas para a prevenção e a repressão da corrupção e dos crimes circunvizinhos, em que se destacam, repita-se, a criminalidade organizada, a criminalidade económica e o branqueamento de capitais. Assoma-se também a necessidade apontada nos referidos instrumentos, de que cada Estado tome as medidas necessárias para responsabilizar as pessoas coletivas que participem nestas infrações penais, através de "sanções eficazes, proporcionais e dissuasivas".

Assim, revelam-se de extrema importância para a sociedade não só a criação de um efetivo sistema anticorrupção pelo legislador dos Estados e a sua

[403] Consta no preâmbulo da Convenção das Nações Unidas contra a Corrupção uma lista dos instrumentos multilaterais destinados a prevenir e reprimir a corrupção, como "[...] a Convenção Interamericana contra a Corrupção, adotada pela Organização dos Estados Americanos em 1 de Março de 1996, a Convenção de 26 de Maio de 1997 Relativa à Luta contra Corrupção em que Estejam Implicados Funcionários das Comunidades Europeias ou dos Estados Membros da União Europeia, a Convenção sobre a Luta contra a Corrupção de Agentes Públicos Estrangeiros nas Transações Comerciais Internacionais, adotada pela Organização para a Cooperação e o Desenvolvimento Económico em 21 de Novembro de 1997, a Convenção Penal sobre a Corrupção, adotada pelo Comité de Ministros do Conselho da Europa em 27 de Janeiro de 1999, a Convenção Civil sobre a Corrupção, adotada pelo Comité de Ministros do Conselho da Europa em 4 de Novembro de 1999, e a Convenção da União Africana sobre a Prevenção e a Luta contra a Corrupção, adoptada pelos Chefes de Estado e de Governo da União Africana em 12 de Julho de 2003."

fiel aplicação pelas instituições estatais e também privadas, porque também é imprescindível uma correta interpretação das normas pelo judiciário, tendo em conta o princípio anticorrupção. De facto, uma visão reducionista (quando ilegítima) do que vem a caracterizar a corrupção, do ponto de vista penal, resultará na punição única e exclusiva da pequena corrupção, do "fazer isto para receber aquilo", inviabilizando a prevenção e a repressão da média corrupção e, em especial, da grande corrupção, que corrompe as estruturas da sociedade e do Estado e arruína a democracia, esfacelando os valores e instrumentos que proporcionam uma coexistência harmónica com liberdade, justiça, segurança e desenvolvimento.

Deste modo, realizada a análise do momento atual, de uma sociedade líquida e repleta de riscos, em que o Estado está limitado pelo alcance nacional de suas normas administrativas e penais em um mundo social e economicamente globalizado, percebe-se com clareza que as iniciativas contra a criminalidade organizada, o branqueamento de capitais e a corrupção devem buscar, sobretudo através de organismos internacionais, de convenções governamentais multilaterais e de instrumentos de *soft law*, tratar de forma coordenada esses comportamentos criminosos de acentuada lesividade, visando prevenir, detetar e reprimir, através de cooperação policial, judiciária e de outras medidas integradas (e equilibradas), essas organizações criminosas (violentas ou não violentas), quer sejam locais ou transnacionais.

Acrescente-se que, muito embora a sociedade civil coopere com a manutenção do Estado, em especial através do pagamento dos tributos, os cidadãos não podem esquecer os resultados positivos obtidos por meio da vigilância dos atos e omissões dos órgãos estatais e das consequentes reivindicações. Estes avanços sociais (e civilizatórios) também são verificados na participação organizada dos indivíduos na tomada de decisões estruturantes e na utilização de sistemas de aprimoramento da sociedade, sobretudo por intermédio de entidades de promoção e de proteção dos direitos humanos e dos demais bens jurídicos fundamentais.

Em outras palavras, revela-se salutar a participação da sociedade civil (de um Estado de Direito Democrático) na definição e na promoção dos mais importantes (estruturantes) instrumentos de proteção da sociedade, atendidas as balizas constitucionais, sem olvidar a premente necessidade de um ativo e adequado envolvimento do Estado no desenvolvimento e aperfeiçoamento de instrumentos internacionais (de *hard law* e de *soft law*), com equilíbrio entre as liberdades, garantias e direitos fundamentais e a necessidade de oferecer proteção suficiente aos bens jurídicos essenciais.

Neste aspeto, não podemos olvidar que o movimento não pode continuar apenas na direção do securitarismo (ou até do belicismo, em alguns casos), na direção da restrição das liberdades, garantias e direitos fundamentais, nem mesmo pode a "legislação de emergência", que deveria ser excecional e temporária, tornar-se perene, sob pena de inviabilizar uma convivência pacífica com liberdade e justiça, enaltecendo tão só a segurança, em descompasso com a linha mestra (inclusive axiológica) das Constituições portuguesa, brasileira e de muitos outros Estados de Direito Democráticos.

CAPÍTULO 3
A ORGANIZAÇÃO CRIMINOSA EMPRESARIAL E O BRANQUEAMENTO DE CAPITAIS

O branqueamento de capitais é praticado em larga escala tanto pela criminalidade organizada violenta quanto pela criminalidade organizada não violenta. Esta conduta visa, em síntese, integrar no sistema económico-financeiro lícito os bens, vantagens e recursos financeiros provindos das atividades criminosas. Buscam as organizações criminosas (e seus membros), através do branqueamento de capitais, legitimar sob os prismas social e jurídico as vantagens patrimoniais auferidas mediante a prática de crimes graves, incluídos os lucros e dividendos deles decorrentes, viabilizando também o gozo do produto da atividade criminosa.

Neste vértice, a empresa se torna um instrumento de elevada importância para o empreendimento criminoso, quase que imprescindível, em especial para as organizações criminosas de maiores proporções (que não podem ou não conseguem terceirizar toda a atividade de lavagem do dinheiro), permitindo mascarar a motivação para vastas e rotineiras movimentações de capitais.

3.1. As Iniciativas e os Instrumentos Internacionais relativos ao Branqueamento de Capitais e a Organização Criminosa Empresarial

O branqueamento de capitais (ou lavagem de dinheiro) reflete comportamento praticado desde os primeiros agrupamentos humanos, em que eram usadas artimanhas como a criação de uma loja de compra e venda de mercadorias para justificar o acúmulo de riquezas provenientes de condutas ilícitas[404]. Entretanto, com o passar dos anos (ou melhor, dos séculos), intensificaram-se as relações socioeconómicas transnacionais (sobretudo depois da queda da barreira que separava os blocos capitalista e socialista), coadjuvadas por um intenso desenvolvimento das comunicações, dos sistemas de transportes e dos modos de fazer negócios, estendendo até mesmo a empresas medianas a possibilidade de negociar produtos e serviços num mercado globalizado.

Nesta onda globalizadora, entretanto, não foram apenas as relações económicas, financeiras, sociais, educacionais e humanitárias, *v. g.*, que se internacionalizaram. Também as organizações criminosas, violentas ou não, além de criminosos de toda natureza, passaram a utilizar esta economia de mercado[405], suas fragilidades e suas oportunidades para ocupar espaços, explorar novos

[404] Segundo Fernández Steinko (2013, p. 63-64), a ocultação e o fluxo ilegal de capitais (de origem lícita ou ilegal) jamais estiveram, de facto, sob controle estatal, pois acontecem desde tempos imemoriais, lembrando que a própria estrutura financeira da Suíça, *v. g.*, surgiu da necessidade dos nobres franceses de colocarem suas fortunas a salvo, durante os conturbados tempos da Revolução Francesa. Lembra, ainda, que os paraísos fiscais e sociedades *offshore* não são funcionais apenas para o branqueamento de capitais procedentes do narcotráfico e da corrupção, pois também são utilizados pelas grandes empresas multinacionais ou transnacionais de modo financeiro e fiscal estratégico, motivo pelo qual muitos Estados ocidentais e seus respetivos governos se negam a tratar esses paraísos fiscais com a devida atenção.

[405] Para Bauman (2021b, p. 8-14), o "grau de abertura" desta sociedade é associado neste momento aos efeitos imprevistos e não planejados da *globalização negativa*, enquanto globalização seletiva do capital e do comércio, da informação e da vigilância, das armas e da violência, do terrorismo e do crime, que desdenham de modo evidente do princípio da soberania territorial e das fronteiras entre os países, transformando a sociedade livre que almejava esta abertura uma população heterônoma, vulnerável e infeliz, sobrepujada por forças que não entende nem controla, obcecada com suas fronteiras e com a ilusória segurança que aparentam fornecer. Comenta que estas fronteiras apenas enfraquecem a segurança dos indivíduos enquanto o planeta continuar sendo submetido só à *globalização negativa*, sem justiça ou a mínima equidade na distribuição das vantagens deste mundo aberto, justiça esta que agora é avaliada e mensurada em comparações planetárias. Deste modo, ressalta que a inexistência de justiça bloqueia o caminho ou avanços para a paz a nível global, num planeta em que os 49 países

mercados consumidores de produtos e serviços de origem ou finalidade ilícitas, obter contratos e afastar os concorrentes do mesmo setor económico mediante comportamentos criminosos.

Ademais, assim como diversas redes sociais, educacionais, comerciais, industriais e outras, diante das facilidades proporcionadas pela revolução tecnológica digital e de transportes, também surgiram redes criminosas, dos mais diversos matizes.

Neste contexto, anota Zuñiga Rodriguez (2017a, p. 209-210) que as estruturas sociais contemporâneas, em especial aquelas de maior porte e transnacionais, configuram-se em redes, como conjuntos de nós interconectados, em geral sem centros, apenas nós. Os nós que não são necessários ou podem causar problemas ou prejuízos à rede são desconectados, enquanto outros podem ser adicionados, segundo a conveniência da rede. Em outras palavras, as redes podem se autoreconfigurar a qualquer momento, possuindo estruturas e métodos de comunicação próprios e complexos, além de enorme flexibilidade e unidade de propósitos e de resultados, fazendo com que apenas uma análise do múltiplo, contextual e multifatorial viabilize uma verdadeira compreensão ou investigação dessas redes.

O conhecimento sobre estas estruturas permite uma maior compreensão sobre a flexibilidade, a complexidade e o alcance exponenciais que atingiram também as organizações criminosas, comenta Zuñiga Rodriguez (2017a, p. 211), dados os diferentes ordenamentos jurídicos, realidades locais e regionais, organizações e tipos de criminalidade que as compõem, pois não são apenas as inter-relações socioeconómicas lícitas que se estruturaram como sociedades em rede.

Assim, verifica-se que a complexidade (sob os mais diversos prismas) caracteriza a criminalidade organizada desta sociedade tardo-moderna, trazendo a lume a incapacidade das categorias tradicionais para compreenderem, conceituarem jurídico-penalmente este fenómeno e promoverem o respetivo controle preventivo e repressivo.

Caracterizada está, portanto, a crise pela qual passa a Ciência Conjunta (total ou global) do Direito Penal, entre aqueles que sustentam que está

mais pobres do planeta, com 11% da população mundial, recebem só 0,5% do produto global, muitas vezes concentrados em ditadores autocratas, piorando o cenário global.

ocorrendo um expansionismo ilegítimo do sistema penal e outros que defendem a necessidade de adequadas ferramentas (inclusive aquelas que restringem diversos direitos fundamentais) para as devidas prevenção e repressão penal a fenómenos (em expansão) como a criminalidade organizada, a corrupção e o branqueamento de capitais.

Na realidade, o poder de adaptação para aproveitar oportunidades que surgiram com a abertura económica de um mundo que se tornou, sob diversos prismas, uma "aldeia global", viabilizou às organizações criminosas uma ampliação não apenas do seu alcance e da sua capacidade de se infiltrar ou tomar estruturas estatais, sociais ou económicas, pois também aumentou de maneira exponencial a lucratividade advinda das práticas criminosas.

Surgiu, assim, um "problema grave" para as lideranças diante do acúmulo de riquezas alcançado pelas mais lucrativas organizações criminosas: como poderiam ocultar tantos bens e recursos financeiros[406], uma vez que não possuíam condições de justificar a origem das vultosas quantias provenientes de comportamentos criminosos, ou então de condutas, no mínimo, ilegais.

Neste rumo, Castells (2012, p. 204-205) pontua que no centro da estrutura da criminalidade organizada está o sistema de branqueamento de capitais, de centenas de bilhões ou trilhões de dólares ao ano, em que esquemas financeiros de elevada complexidade e redes de empresas conectam a economia do crime e a economia formal, penetrando com profundidade nos mercados financeiros e tornando-se um elemento crítico e com alta volatilidade nesta frágil economia globalizada, de forte interdependência.

Destaca Castells (2012, p. 204-205), ainda, que as economias e políticas de diversos Estados "como a Itália, Rússia, as ex-repúblicas soviéticas, Colômbia, México, Bolívia, Peru, Venezuela, Turquia, Afeganistão, Burma, Tailândia, mas

[406] A título de exemplo, podemos citar o caso do "Barão das Drogas" colombiano Pablo Escobar, que durante a década de 1980 mantinha um faturamento anual de cerca de 22 bilhões (22 mil milhões) de dólares, tendo permanecido na lista de bilionários da Forbes por sete anos, a partir de 1987 (Época Negócios, 2015). Consta na referida reportagem que a organização criminosa de Pablo Escobar perdia cerca de 10% destes valores, *i. e.*, mais de 2 bilhões (2 mil milhões) de dólares por ano, porque não conseguia branquear capitais na mesma velocidade em que eles entravam nos cofres da organização. Assim, as notas de cem dólares eram embaladas e enterradas em fazendas de Pablo Escobar ou escondidas nas paredes das casas de membros da organização, mas a umidade ou os ratos consumiam parte desses recursos em espécie (moeda em papel).

também o Japão [...], Taiwan, Hong Kong e uma série de países pequenos que incluem Áustria e Luxemburgo", não podem ser compreendidas de modo adequado sem que sejam analisadas as dinâmicas das redes criminosas existentes no seu cotidiano. Complementa afirmando que a flexibilidade proporcionada às empresas através de redes transnacionais, estendeu-se também às organizações criminosas, denotando uma das mais evidentes características da nova economia global e das dinâmicas sociopolíticas desta era da informação.

Quanto aos vastos danos causados à sociedade, na história recente surgiram dezenas de escândalos que podem ilustrar o alcance e os custos socioeconómicos dessas condutas criminosas praticadas pela criminalidade organizada (violenta e não violenta) e por outros indivíduos, através do exemplo paradigmático representado pelo branqueamento de capitais.

Neste vértice, Zuñiga Rodriguez (2017a, p. 202-205) reúne e analisa alguns dos dados referentes ao caso *Panama Papers*, em que foi exposto um Escritório de Advogados (Mossack-Fonseca), que havia criado centenas de milhares de sociedades *offshore*[407] para políticos, empresários, desportistas e autoridades públicas, além de traficantes de drogas, terroristas e diversas outras espécies de criminosos, permitindo identificar o *modus operandi* dos profissionais que se dedicam ao branqueamento de capitais de origem criminosa e o sistema de utilização de paraísos fiscais para esta finalidade. Pontua que o sistema

[407] Este tema consta no Plano de Acção contra a Criminalidade Organizada (97/C 251/01), adoptado pelo Conselho em 28 de abril de 1997: "[...] Parte II – Orientações Políticas [...] 8. [...] (12) O Conselho Europeu sublinha a necessidade de se desenvolver uma estreita cooperação, a nível nacional, entre as autoridades fiscais e as autoridades responsáveis pela aplicação da lei na luta contra a criminalidade organizada. Deveriam ser analisadas normas destinadas a que: — haja defesas adequadas contra a utilização por parte da criminalidade organizada de centros financeiros e de estabelecimentos *off-shore* sob jurisdição dos Estados-membros, — em casos relacionados com a criminalidade organizada, não haja barreiras jurídicas a que as autoridades fiscais possam ou sejam obrigadas a trocar informações com as autoridades competentes do Estado-membro implicado e, em especial, com as autoridades judiciárias, na plena observância dos direitos fundamentais, — a fraude fiscal relacionada com a criminalidade organizada seja tratada como qualquer outra forma de criminalidade organizada, mesmo que a legislação fiscal contenha regras específicas sobre a recuperação dos lucros da fraude fiscal, — os desembolsos efectuados para fins delituosos tais como a corrupção não sejam dedutíveis dos impostos. Além disso, dever-se-ia melhorar substancialmente a prevenção e a supressão da fraude fiscal organizada, como a fraude no domínio do IVA e dos impostos especiais de consumo, incluindo em especial as suas vertentes transnacionais, tanto ao nível nacional como europeu."

offshore (que não é necessariamente ilegal) funciona mediante consentimento das autoridades públicas[408] de países considerados, em sua maioria, paraísos fiscais, proporcionando sociedades fictícias que fornecem uma barreira de proteção em torno dos verdadeiros proprietários dos bens ou recursos financeiros (opacidade), inclusive com a nomeação de diretores ("testas de ferro") que não exercem esta função de facto, pois apenas são designados diretores fiduciários, como ocorria no caso envolvendo o Escritório Mossack-Fonseca, no Panamá. Acrescenta que o emprego de sociedades *offshore*, além de impedir (ou criar enormes dificuldades para) a identificação do real proprietário dos bens e valores monetários, é fácil, limpo e muito barato, tornando-o um sistema ideal para todos tipos de negócios turvos e/ou criminosos do mundo, sobretudo para as organizações criminosas, violentas e não violentas.

Quanto a este caso *Panama Papers*, Zuñiga Rodriguez (2017a, p. 202-203) relata que o Escritório Mossack-Fonseca tinha cerca de 30 filiais e conexões com outras dezenas de escritórios em mais de 30 países, como Zurique, Genebra, Luxemburgo e Espanha, entre outros. Neste e noutros sistemas de branqueamento de dinheiro, quanto mais movimentações financeiras entre diferentes países (de preferência paraísos fiscais[409]) forem realizadas,

[408] Para exemplificar, Zuñiga Rodriguez (2017a, p. 203) comenta que um dos donos do Escritório Mossack-Fonseca havia sido Ministro Conselheiro da Presidência do Panamá e Presidente do Partido Panameñista, que governa o Panamá, deixando evidenciada a capacidade de influenciar a elaboração de leis que governam aquele país e evitar a persecução e/ou a responsabilização penal.

[409] É importante ressaltar que muitos dos países mais desenvolvidos do ponto de vista económico, que lideram ou impõem (mesmo que indiretamente, através de instituições como a OCDE ou o FMI) aos demais Estados regras rígidas para evitar o branqueamento de capitais, possuem um ou mais paraísos fiscais sob o seu controle e governabilidade, como o Reino Unido, que tem 13 territórios britânicos ultramarinos que são considerados paraísos fiscais. Esta forma (irresponsável e demagógica?!) de proceder fica clara na "lista dos países, territórios e regiões com regimes de tributação privilegiada, claramente mais favoráveis", publicada pelo governo português mediante a Portaria n.º 345-A/2016, de 30 de dezembro (p. Diário da República n.º 250, de 30.12.2016), atualizada pela Portaria n.º 309-A/2020, de 31 de dezembro (p. Diário da República n.º 253, de 31.12.2020), em que constam: "1) (Rev.); 2) Anguilha; 3) Antígua e Barbuda; 4) Antilhas Holandesas; 5) Aruba; 6) Ascensão; 7) Bahamas; 8) Bahrain; 9) Barbados; 10) Belize; 11) Ilhas Bermudas; 12) Bolívia; 13) Brunei; 14) Ilhas do Canal (Alderney, Guernesey, Great Stark, Herm, Little Sark, Brechou, Jethou e Lihou); 15) Ilhas Cayman; 16) Ilhas Cocos o Keeling; 17) (Revogado.) 18) Ilhas Cook; 19) Costa Rica; 20) Djibouti; 21) Dominica; 22) Emiratos Árabes Unidos; 23) Ilhas Falkland ou Malvinas; 24) Ilhas Fiji; 25) Gâmbia; 26) Grenada; 27) Gibraltar; 28) Ilha de Guam; 29) Guiana; 30) Honduras;

mais difícil se tornará rastrear a origem criminosa dos valores e quase que impossível comprová-la perante o Poder Judiciário (mediante provas encadeadas que demonstrem as diversas movimentações financeiras entre diferentes países e instituições), bem como promover a responsabilização penal dos envolvidos e recuperar os recursos monetários.

O Escritório Mossack-Fonseca e seus representantes criavam barreiras para impedir a identificação da origem criminosa (ou, no mínimo, ilegal) dos recursos financeiros, anota Zuñiga Rodriguez (2017a, p. 202-203), atuando não como clientes finais, mas sim como profissionais intermediários (advogados,

31) Hong Kong; 32) Jamaica; 33) Jordânia; 34) Ilhas de Queshm; 35) Ilha de Kiribati; 36) Koweit; 37) Labuán; 38) Líbano; 39) Libéria; 40) Liechtenstein; 41) (Revogado) 42) Ilhas Maldivas; 43) (Revogado); 44) Ilhas Marianas do Norte; 45) Ilhas Marshall; 46) Maurícias; 47) Mónaco; 48) Monserrate; 49) Nauru; 50) Ilhas Natal; 51) Ilha de Niue; 52) Ilha Norfolk; 53) Sultanato de Oman; 54) Ilhas do Pacífico não compreendidas nos restantes números; 55) Ilhas Palau; 56) Panamá; 57) Ilha de Pitcairn; 58) Polinésia Francesa; 59) Porto Rico; 60) Quatar; 61) Ilhas Salomão; 62) Samoa Americana; 63) Samoa Ocidental; 64) Ilha de Santa Helena; 65) Santa Lúcia; 66) São Cristóvão e Nevis; 67) São Marino; 68) Ilha de São Pedro e Miguelon; 69) São Vicente e Grenadinas; 70) Seychelles; 71) Suazilândia; 72) Ilhas Svalbard (arquipélago Spitsbergen e ilha Bjornoya); 73) Ilha de Tokelau; 74) Tonga; 75) Trinidad e Tobago; 76) Ilha Tristão da Cunha; 77) Ilhas Turks e Caicos; 78) Ilha Tuvalu; 79) (Revogado.) 80) República de Vanuatu; 81) Ilhas Virgens Britânicas; 82) Ilhas Virgens dos Estados Unidos da América; 83) República Árabe do Yémen." Por seu turno, o Brasil relaciona os países ou dependências com tributação favorecida e regimes fiscais privilegiados através da Instrução Normativa da Receita Federal do Brasil n.º 1.037, de 04 de junho de 2010 (p. no Diário Oficial da União de 07.06.2010), atualizada em sete oportunidades e contendo as seguintes jurisdições: "I - Andorra; II - Anguilla; III - Antígua e Barbuda; IV - (Rev.); V - Aruba; VI - Ilhas Ascensão; VII - Comunidade das Bahamas; VIII - Bahrein; IX - Barbados; X - Belize; XI - Ilhas Bermudas; XII - Brunei; XIII - Campione D' Italia; XIV - Ilhas do Canal (Alderney, Guernsey, Jersey e Sark); XV - Ilhas Cayman; XVI - Chipre; XVII - (Rev.); XVIII - Ilhas Cook; XIX - (Rev.); XX - Djibouti; XXI - Dominica; XXII - Emirados Árabes Unidos; XXIII - Gibraltar; XXIV - Granada; XXV - Hong Kong; XXVI - Kiribati; XXVII - Lebuan; XXVIII - Líbano; XXIX - Libéria; XXX - Liechtenstein; XXXI - Macau; XXXII (Rev.); XXXIII - Maldivas; XXXIV - Ilha de Man; XXXV - Ilhas Marshall; XXXVI - Ilhas Maurício; XXXVII - Mônaco; XXXVIII - Ilhas Montserrat; XXXIX - Nauru; XL - Ilha Niue; XLI - Ilha Norfolk; XLII - Panamá; XLIII - Ilha Pitcairn; XLIV - Polinésia Francesa; XLV - Ilha Queshm; XLVI - Samoa Americana; XLVII - Samoa Ocidental; XLVIII (Rev.); XLIX - Ilhas de Santa Helena; L - Santa Lúcia; LI - Federação de São Cristóvão e Nevis; LII - Ilha de São Pedro e Miguelão; LIII - São Vicente e Granadinas; LIV - Seychelles; LV - Ilhas Solomon; LVI - (Rev.); LVII - Suazilândia; LVIII - (Rev.); LIX - Sultanato de Omã; LX - Tonga; LXI - Tristão da Cunha; LXII - Ilhas Turks e Caicos; LXIII - Vanuatu; LXIV - Ilhas Virgens Americanas; LXV - Ilhas Virgens Britânicas; LXVI - Curaçao; LXVII - São Martinho; LXVIII - Irlanda."

gestores de patrimônio ou instituições bancárias), como uma verdadeira *holding*. Assim, caso surgissem problemas legais em alguma das suas filiais, *v. g.*, bastava desconectar-se, sem sofrer nenhum prejuízo e mantendo a opacidade, utilizando a transnacionalidade da rede para inviabilizar a recuperação dos valores e para manter a impunidade, até porque as constantes movimentações financeiras entre diferentes países e instituições tornava fácil aos envolvidos alegarem, perante os tribunais, que não conheciam a origem ilícita dos recursos financeiros, exigindo-se dos órgãos estatais de persecução penal a comprovação do dolo.

De facto, o branqueamento de capitais, que é praticado em larga escala tanto pela criminalidade organizada violenta quanto pela não violenta, visa, em síntese, integrar no sistema económico-financeiro lícito os bens e recursos financeiros provindos das atividades criminosas[410]. Buscam, enfim, legitimar sob os pontos de vista social, jurídico e económico as vantagens patrimoniais auferidas de modo criminoso, incluídos os lucros e dividendos delas decorrentes[411], mediante operações, negócios e expedientes que inviabilizem a descoberta da sua origem criminosa e lhe concedam uma aparência de legalidade, como lecionam Gouveia e Pinheiro (2019, p. 13).

Revela-se também preocupante, para Castells (2012, p. 205-206), o facto de que estudos sobre organizações criminosas italianas, *v. g.*, indiquem que mais da metade dos valores branqueados por estas organizações são reinvestidos em empresas legítimas, com atividades legalizadas, impedindo ou inviabilizando o controle até mesmo sobre o impacto económico que os lucros auferidos por meio de atividades criminosas causam sobre o funcionamento da dinâmica global do sistema económico, somando-se à manipulação de procedimentos

[410] Como anota a Comissão Especial sobre a Criminalidade Organizada, a Corrupção e o Branqueamento de Capitais do Parlamento Europeu (2013, p. 2-3), normalmente a lavagem de dinheiro possui três fases: *a)* colocação (*placement*) dos recursos provenientes das atividades criminosas no sistema financeiro; *b)* circulação ou ocultação (*layering*) da origem ilícita dos capitais através dos mais variados métodos e sistemas; *c)* integração (*integration*) dos fundos que foram depurados e desconectados da sua origem ilícita, sendo reinseridos no circuito económico-financeiro legal.

[411] Estudos realizados pelo Escritório das Nações Unidas sobre Drogas e Crime (UNODC, 2011, p. 7-8) estimam que são branqueados capitais anualmente num valor aproximado entre 1,6 e 2,1 trilhões de dólares (segundo metodologia de cálculo desenvolvida pelo FMI, aperfeiçoada por outros organismos), dos quais cerca de 70% são "lavados" por meio do sistema financeiro mundial.

legais e estruturas financeiras de muitos países, por meio do uso seletivo da corrupção e, em último caso, da violência e intimidação.

Na mesma direção, com a criação de redes criminosas de auxílio mútuo e cooperação transnacionais, inclusive para o branqueamento de capitais, observa Castells (2012, p. 205-206) que as organizações criminosas conseguem perdurar e prosperar até mesmo durante períodos de crise, em que os órgãos do sistema penal de determinado Estado intensificam as ações preventivas e repressivas. Anota que isto ocorre porque existem muitas organizações pertencentes às redes com longa história e tradições arraigadas, a nível regional ou nacional, social ou étnico, consolidadas a ponto de poderem acolherem criminosos que necessitam de um esconderijo ou de um meio para ocultar valores das respetivas organizações criminosas.

A nível internacional, embora a preocupação quanto a esta matéria tivesse se iniciado na década de 1970, só em 1980 o Comitê de Ministros do Conselho da Europa adotou a Recomendação n.º (80)10, de 27 de junho, apresentando várias disposições contra a dissimulação e a transferência de fundos de origem ilegal, recomendando uma série de medidas aos Estados, incluindo a previsão de medidas a serem adotadas pelos bancos e instituições financeiras.

Após, ocorreram outros avanços através do Comitê de Basileia sobre regras e práticas de controle das operações bancárias (com representantes dos bancos centrais dos dez países mais desenvolvidos – G10), organismo que divulgou, em 1988, uma Declaração de Princípios conclamando os bancos e demais instituições financeiras a tomarem medidas contra a lavagem de ativos.

Este crime foi expressamente previsto em instrumento jurídico internacional vinculante para os Estados (*hard law*) pela primeira vez na Convenção das Nações Unidas contra o Tráfico Ilícito de Estupefacientes e Substâncias Psicotrópicas (Convenção de Viena, 20 de dezembro de 1988)[412], e desde então os demais tratados multilaterais da ONU contra a criminalidade (em suas

[412] Fez-se constar já no preâmbulo da Convenção que os governantes signatários estavam "[...] conscientes de que o tráfico ilícito é fonte de rendimentos e fortunas consideráveis que permitem às organizações criminosas transnacionais invadir, contaminar e corromper as estruturas do Estado, as actividades comerciais e financeiras legítimas e a sociedade a todos os seus níveis', e que as referidas autoridades públicas estavam "[...] decididas a privar as pessoas que se dedicam ao tráfico ilícito dos produtos das suas atividades criminosas e a eliminar assim o seu principal incentivo para tal actividade", estabelecendo não só o compromisso dos países de criminalizarem o branqueamento dos bens e capitais nas ordens jurídicas internas, mas

múltiplas formas) têm estabelecido e aperfeiçoado sistemas contra a lavagem de dinheiro, *v. g.*, como as convenções contra o terrorismo, contra o crime organizado transnacional e contra a corrupção.

Na Europa, foram elaboradas a *Convenção Relativa ao Branqueamento, Deteção, Apreensão e Perda dos Produtos do Crime*, do Conselho da Europa (Estrasburgo, 08 de novembro de 1990)[413], e a *Convenção do Conselho da Europa Relativa ao Branqueamento, Deteção, Apreensão e Perda dos Produtos do Crime e ao Financiamento do Terrorismo* (Varsóvia, 16 de maio de 2005)[414], ambas ratificadas por todos

também incluir normas para o congelamento e o confisco dos bens oriundos das atividades criminosas.

[413] Nesta *Convenção Relativa ao Branqueamento, Deteção, Apreensão e Perda dos Produtos do Crime*, do Conselho da Europa, de 1990, constou: "[...] Artigo 6.º **Infracções de branqueamento** 1 – Cada uma das Partes adopta as medidas legislativas e outras que se revelem necessárias para conferirem carácter de infracção penal em conformidade com o seu direito interno, quando o acto tenha sido cometido intencionalmente à: *a)* Conversão e transferência de bens em relação aos quais aquele que as faz sabe que esses bens constituem produtos, com o fim de dissimular ou de ocultar a origem ilícita dos referidos bens ou de auxiliar qualquer pessoa implicada na prática da infracção principal a escapar às consequências jurídicas dos seus actos; *b)* Dissimulação ou ocultação da verdadeira natureza, origem, localização, disposição, movimento ou propriedade de bens ou de direitos a eles relativos, sabendo o autor que esses bens constituem produtos; e, sob reserva dos seus princípios constitucionais e dos conceitos fundamentais do seu sistema jurídico: *c)* Aquisição, detenção ou utilização de bens em relação aos quais aquele que os adquire, detém ou utiliza sabe, no momento em que os recebe, que eles constituem produtos; *d)* Participação numa das infracções previstas em conformidade com o presente artigo ou em qualquer associação, acordo, tentativa ou cumplicidade para prestação de assistência, auxílio ou aconselhamento com vista à sua prática. [...] 3 – Cada uma das Partes pode adoptar as medidas que considere necessárias para conferirem, em virtude do seu direito interno, carácter de infracções penais a todos ou a uma parte dos actos referidos no n.º 1, em um ou em todos os casos seguintes quando o autor: *a)* Devia presumir que o bem constituía um produto; *b)* Agiu com um fim lucrativo; *c)* Agiu para facilitar a continuação de uma actividade criminosa. [...]"

[414] A *Convenção do Conselho da Europa Relativa ao Branqueamento, Deteção, Apreensão e Perda dos Produtos do Crime e ao Financiamento do Terrorismo* (Varsóvia, 16 de maio de 2005) trouxe novas disposições em relação à Convenção de 1990, em especial quanto à atuação de Unidades de Informação Financeira a serem instituídos pelos Estados-Membros que ainda não os possuíssem, diversas medidas referentes à prevenção e repressão ao financiamento do terrorismo e, em particular, diversas previsões expressas quanto à responsabilidade das pessoas coletivas: "[...] Artigo 10.º **Responsabilidade das pessoas colectivas.** 1 — Cada uma das Partes adoptará as medidas legislativas e outras que se revelem necessárias para garantir que as pessoas colectivas possam ser responsabilizadas pela prática de infracções de branqueamento previstas de acordo com a presente Convenção, quando praticadas no seu interesse por uma pessoa singular, agindo individualmente ou como membro de um órgão da pessoa colectiva, e que

os membros da União Europeia[415], aperfeiçoando e ampliando as medidas de enfrentamento ao fenómeno do branqueamento de capitais, bem como a lista de crimes precedentes, incluindo-se diversos outros delitos graves.

Destacam-se, também, a Diretiva n.º 91/308/CEE, do Conselho, de 10 de junho de 1991, voltada à prevenção do branqueamento de capitais através do sistema financeiro (em especial de recursos derivados dos estupefacientes), e a Diretiva n.º 2001/97/CE, do Parlamento Europeu e do Conselho, de 4 de dezembro de 2001, que alargou a prevenção e repressão ao branqueamento de capitais, incluindo responsabilidades para agentes imobiliários, notários, profissões jurídicas e casas de jogo, além estender o conceito de crime antecedente, por não se referir mais de forma específica ao tráfico de drogas.

Deve-se citar também a enorme influência que tem tido na definição das políticas públicas relativas ao tema o GAFI ou FATF (*Groupe d'Action Financière* ou *Financial Action Task Force*). O GAFI foi instituído em 1989 pelo G7 (grupo dos sete países mais desenvolvidos economicamente), objetivando desenvolver e promover políticas, nacionais e internacionais, para prevenir e reprimir a lavagem de dinheiro proveniente do tráfico de estupefacientes, aumentando de forma gradativa os objetivos do seu mandato: financiamento do terrorismo (2001), proliferação das armas de destruição em massa[416] (2008) e corrupção

nesta detenha uma posição proeminente baseada em: *a)* Poderes de representação da pessoa colectiva; ou *b)* Poderes para tomar decisões em nome da pessoa colectiva; ou *c)* Poderes para exercer o controlo no seio da pessoa colectiva, bem como pela participação dessa pessoa singular como cúmplice ou instigadora na prática das infracções acima referidas. 2 — Ressalvados os casos previstos no n.º 1, cada uma das Partes tomará as medidas necessárias para garantir que uma pessoa colectiva possa ser responsabilizada sempre que a ausência de supervisão ou de controlo por parte de uma pessoa singular referida no n.º 1 tenha tornado possível a prática das infracções penais aí previstas, no interesse da referida pessoa colectiva por uma pessoa singular sujeita à sua autoridade. [...]" (Grifos no original).

415 Estas Convenções foram ratificadas por Portugal através do Decreto do Presidente da República n.º 73/97, de 13 de dezembro, e do Decreto do Presidente da República n.º 78/2009, de 27 de agosto.

416 Segundo Castells (2012, p. 212-218), o colapso da União Soviética forneceu uma grande oportunidade para o contrabando de materiais empregados na fabricação de armas nucleares ou para chantagens mediante ameaças de utilização desse tipo de armas de destruição em massa. Narra que, no caos que se seguiu à desintegração do bloco comunista, redes criminosas da Rússia e das ex-repúblicas soviéticas tiveram acesso a esses materiais de forma assustadora, o que foi muito facilitado por alguns líderes militares e/ou políticos russos que realizaram acordos com líderes criminosos (durante um período chamado pelo sociólogo de "pilhagem

e evasão fiscal (2012). Instalado na sede da OCDE, em Paris, neste momento compõe-se de 37 Estados-Membros e duas organizações regionais, a Comissão Europeia e o Conselho de Cooperação do Golfo.

No entanto, mais de 180 Estados aderiram às 40 recomendações de enfrentamento ao branqueamento de capitais e ao financiamento do terrorismo e da proliferação, instrumento de *soft law* desenvolvido e difundido pelo GAFI e que produziu um dos mais altos níveis de conformidade a nível global entre as diversas fontes de direito internacional existentes neste período de globalização das relações e de interlegalidade (com múltiplas redes de legalidade, nacionais, supranacionais e internacionais), de regras sociais ou jurídicas sendo produzidas por organismos estatais, intergovernamentais, da sociedade civil ou de setores profissionais ou empresariais.

De facto, apesar do instrumento intitulado "Padrões Internacionais de Combate ao Branqueamento de Capitais e ao Financiamento do Terrorismo e da Proliferação", produzido pelo GAFI (atualizado e divulgado em 2012), conter "40 Recomendações" direcionadas aos países para que implementem "medidas legais, regulamentares e operacionais" para que enfrentem o "branqueamento de capitais, o financiamento do terrorismo, o financiamento da proliferação de armas de destruição em massa, bem como outras ameaças à integridade do sistema financeiro internacional", estas recomendações têm sido utilizadas como parâmetros legislativos a nível internacional e têm sido transpostas para os ordenamentos jurídicos de centenas de países.

Esta enorme repercussão advém não só da pressão exercida pelas maiores economias mundiais (G7) que criaram o GAFI e que possuem condições de impor política e economicamente aos demais países (que desejam continuar

da Rússia [na] transição do estatismo soviético para o protocapitalismo selvagem"). Houve, de modo simultâneo, o desmantelamento do rígido sistema de supervisão e controle dos mais de cem mil trabalhadores da indústria de armas nucleares da Rússia, que se tornaram desempregados (e antes recebiam salários de pouco mais de cem dólares por mês), *i. e.*, tanto os altos escalões da Rússia e das ex-repúblicas soviéticas quanto os funcionários das centrais de desenvolvimento de armas nucleares eram atraídos pelas dezenas de milhões de dólares que passaram a valer no mercado os materiais radioativos. Apenas a Polícia Federal alemã registou 158 casos de comércio criminoso de material radioativo em 1992 e 241 casos em 1993, com mais de quinhentos suspeitos, metade dos quais alemães e o restante de países que compunham o Pacto de Varsóvia. Em 1994, *v. g.*, 350 gramas de plutônio enriquecido foram apreendidos com dois espanhóis e um colombiano. Em 1995, o governo da Estônia admitiu um roubo de material radioativo da base de Padilski.

realizando negócios com os países mais desenvolvidos), mas também da credibilidade técnica da equipe do organismo e pela qualidade das medidas desenvolvidas pelo GAFI.

Importa acrescentar que os atos de *soft law* provenientes do GAFI têm tido repercussão direta não só na legislação penal e processual de centenas de Estados nacionais, mas também em regulamentos e leis das searas civil e administrativa, como nas normas de regulação e supervisão bancária e financeira (tanto em normas nacionais quanto em diretivas e regulamentos da União Europeia, com estreita participação do Banco Central Europeu e demais bancos centrais dos países que compõem a UE) ou nas regras jurídicas civis relacionadas com o congelamento e o confisco de bens de origem ilícita[417]. Deste modo, provavelmente representa o mais alto nível de conformidade alcançado por normas de *soft law* no cenário global.

Refira-se que, além do predomínio técnico no desenvolvimento de mecanismos para prevenir e detetar o branqueamento de capitais, o GAFI também utiliza um sistema de avaliações mútuas entre os Estados, inclusive mediante a utilização de organismos regionais do tipo GAFI[418], verificando a adequação das ordens jurídicas dos Estados nacionais (em consonância com as citadas 40 recomendações, entre outros critérios) e a eficácia das instituições estatais nas ações para prevenir e reprimir a lavagem de dinheiro, resultando num *Relatório de Avaliação Mútua* para cada país que tem enorme repercussão na comunidade internacional (e sobretudo no sistema financeiro "globalizado").

[417] Apesar de ser instrumento de *soft law* e conter padrões mínimos (ou recomendações) "sugeridos" e "não vinculativos" aos Estados, além de notas explicativas que direcionam a metodologia de transposição das recomendações para os ordenamentos jurídicos dos Estados, transpõem-se através da criação de leis (*hard law*, portanto) vinculantes, na legislação doméstica dos mais de 180 países que aderiram aos precitados padrões internacionais.

[418] Entre os organismos regionais do tipo GAFI, encontram-se: APG (*Asia/Pacific Group on Money Laundering*), CFTAF (*Caribbean Financial Action Task Force*), EAG (*Eurasian Group*), ESAAMLG (*Eastern and Southern Africa Anti-Money Laundering Group*), GABAC (*Action Group against Money Laundering in Central Africa*), GAFILAT (*Financial Action Task Force of Latin America*), GIABA (*Inter Governmental Action Group against Money Laundering in West Africa*), MENAFATF (*Middle East and North Africa Financial Action Task Force*), MONEYVAL (*Committee of Experts on the Evaluation of Anti-Money Laundering Measures*). Destacam-se, ainda, as atividades desenvolvidas pelo Grupo de Egmont (FMI), composto por Unidades de Inteligência Financeira de mais de 150 países.

Utiliza, ainda, outro método eficaz, a divulgação periódica de duas listas:

a) os países que possuem alto risco ("lista negra") de ocorrência de lavagem de dinheiro, financiamento do terrorismo ou de armas de destruição em massa;
b) os países sob vigilância reforçada ("lista cinza"). Com as listas, divulgam-se diversas contramedidas relativas a essas jurisdições, que devem ser aplicadas pelos demais 180 Estados que adotaram as recomendações (padrões mínimos) do GAFI.

Em Portugal, o crime de branqueamento de capitais consta no art. 368--A[419] do Código Penal, introduzido pela Lei n.º 11/2004, de 27 de março.

[419] O Código Penal de Portugal estabelece: "Artigo 368.º-A. **Branqueamento.** 1 – Para efeitos do disposto nos números seguintes, consideram-se vantagens os bens provenientes da prática, sob qualquer forma de comparticipação, de factos ilícitos típicos puníveis com pena de prisão de duração mínima superior a seis meses ou de duração máxima superior a cinco anos ou, independentemente das penas aplicáveis, de factos ilícitos típicos de: *a)* Lenocínio, abuso sexual de crianças ou de menores dependentes, ou pornografia de menores; *b)* Burla informática e nas comunicações, extorsão, abuso de cartão de garantia ou de cartão, dispositivo ou dados de pagamento, contrafação de moeda ou de títulos equiparados, depreciação do valor de moeda metálica ou de títulos equiparados, passagem de moeda falsa de concerto com o falsificador ou de títulos equiparados, passagem de moeda falsa ou de títulos equiparados, ou aquisição de moeda falsa para ser posta em circulação ou de títulos equiparados; *c)* Falsidade informática, contrafação de cartões ou outros dispositivos de pagamento, uso de cartões ou outros dispositivos de pagamento contrafeitos, aquisição de cartões ou outros dispositivos de pagamento contrafeitos, atos preparatórios da contrafação, aquisição de cartões ou outros dispositivos de pagamento obtidos mediante crime informático, dano relativo a programas ou outros dados informáticos, sabotagem informática, acesso ilegítimo, interceção ilegítima ou reprodução ilegítima de programa protegido; *d)* Associação criminosa; *e)* Terrorismo; *f)* Tráfico de estupefacientes e substâncias psicotrópicas; *g)* Tráfico de armas; *h)* Tráfico de pessoas, auxílio à imigração ilegal ou tráfico de órgãos ou tecidos humanos; *i)* Danos contra a natureza, poluição, atividades perigosas para o ambiente, ou perigo relativo aanimais ou vegetais; *j)* Fraude fiscal ou fraude contra a segurança social; *k)* Tráfico de influência, recebimento indevido de vantagem, corrupção, peculato, participaçãoeconómica em negócio, administração danosa em unidade económica do setor público, fraude naobtenção ou desvio de subsídio, subvenção ou crédito, ou corrupção com prejuízo do comérciointernacional ou no setor privado; *l)* Abuso de informação privilegiada ou manipulação de mercado; *m)* Violação do exclusivo da patente, do modelo de utilidade ou da topografia de produtossemicondutores, violação dos direitos exclusivos relativos a desenhos ou modelos, contrafação,imitação e uso ilegal de marca, venda ou ocultação de produtos ou fraude sobre mercadorias. 2 – Consideram-se igualmente

Depois, verificou-se a promulgação de um robusto pacote legislativo sobre este tema em 2017, sobretudo a Lei n.º 83/2017, de 18 de agosto,[420] que estabeleceu medidas de repressão ao branqueamento de capitais e ao financiamento do terrorismo, transpondo parcialmente a Diretiva 2015/849/UE, do Parlamento Europeu e do Conselho, de 20 de maio de 2015, e a Diretiva 2016/2258/UE,

vantagens os bens obtidos através dos bens referidos no número anterior. 3 – Quem converter, transferir, auxiliar ou facilitar alguma operação de conversão ou transferênciade vantagens, obtidas por si ou por terceiro, direta ou indiretamente, com o fim de dissimular a sua origem ilícita, ou de evitar que o autor ou participante dessas infrações seja criminalmente perseguido ou submetido a uma reação criminal, é punido com pena de prisão até 12 anos. 4 – Na mesma pena incorre quem ocultar ou dissimular a verdadeira natureza, origem, localização, disposição, movimentação ou titularidade das vantagens, ou os direitos a ela relativos. 5 – Incorre ainda na mesma pena quem, não sendo autor do facto ilícito típico de onde provêm asvantagens, as adquirir, detiver ou utilizar, com conhecimento, no momento da aquisição ou nomomento inicial da detenção ou utilização, dessa qualidade. 6 – A punição pelos crimes previstos nos n.os 3 a 5 tem lugar ainda que se ignore o local da práticados factos ilícitos típicos de onde provenham as vantagens ou a identidade dos seus autores, ou ainda que tais factos tenham sido praticados fora do território nacional, salvo se se tratar de factos lícitos perante a lei do local onde foram praticados e aos quais não seja aplicável a lei portuguesa nos termos do artigo 5.º. 7 – O facto é punível ainda que o procedimento criminal relativo aos factos ilícitos típicos de ondeprovêm as vantagens depender de queixa e esta não tiver sido apresentada. 8 – A pena prevista nos n.os 3 a 5 é agravada em um terço se o agente praticar as condutas de formahabitual ou se for uma das entidades referidas no artigo 3.º ou no artigo 4.º da Lei n.º 83/2017, de 18 de agosto, e a infração tiver sido cometida no exercício das suas atividades profissionais. 9 – Quando tiver lugar a reparação integral do dano causado ao ofendido pelo facto ilícito típico decuja prática provêm as vantagens, sem dano ilegítimo de terceiro, até ao início da audiência de julgamento em 1.ª instância, a pena é especialmente atenuada. 10 – Verificados os requisitos previstos no número anterior, a pena pode ser especialmente atenuadase a reparação for parcial. 11 – A pena pode ser especialmente atenuada se o agente auxiliar concretamente na recolha dasprovas decisivas para a identificação ou a captura dos responsáveis pela prática dos factos ilícitostípicos de onde provêm as vantagens. 12 – A pena aplicada nos termos dos números anteriores não pode ser superior ao limite máximo dapena mais elevada de entre as previstas para os factos ilícitos típicos de onde provêm as vantagens." (Grifos no original).

420 Cabe comentar que o art. 2º, n.º 1, *j)*, da Lei n.º 83/2017, de 18 de agosto, estendeu o conceito jurídico-penal de branqueamento de capitais: "[...] *j)* Branqueamento de capitais: *i)* As condutas previstas e punidas pelo artigo 368.º-A do Código Penal; *ii)* A aquisição, a detenção ou a utilização de bens, com conhecimento, no momento da sua receção, de que provêm de uma atividade criminosa ou da participação numa atividade dessa natureza; e *iii)* A participação num dos atos a que se referem as subalíneas anteriores, a associação para praticar o referido ato, a tentativa e a cumplicidade na sua prática, bem como o facto de facilitar a sua execução ou de aconselhar alguém a praticá-lo".

do Conselho, de 6 de dezembro de 2016, alterando o Código Penal e o Código da Propriedade Industrial e revogando a Lei n.º 25/2008, de 5 de junho, e o Decreto-Lei n.º 125/2008, de 21 de julho, que antes tratavam deste tema.

Composta por 191 (extensos) artigos e 3 anexos, a Lei n.º 83/2017, de 18 de agosto, segundo Gouveia e Pinheiro (2019, p. 20-24), apresentou fortes linhas de continuidade com a Lei n.º 25/2008, de 05 de junho, quanto ao texto, sistemática e soluções, mas supriu lacunas que careciam de densificação regulamentar e aperfeiçoaram medidas, apesar da agilidade com que as organizações criminosas se adaptam às medidas normativas e às técnicas de persecução penal dos órgãos estatais.

Entretanto, a Lei n.º 83/2017, de 18 de agosto, ampliou de forma vasta o espectro de entidades e sujeitos obrigados (vinculados a vários deveres[421] previstos na norma), ponderam Gouveia e Pinheiro (2019, p. 20-24), abarcando não apenas instituições financeiras e não financeiras, mas também "uma multiplicidade infinita de outros sujeitos, que são, praticamente... todas as pessoas (e também entes sem personalidade)", além de admitir expressamente a possibilidade de aprovação de normas gerais ou preceitos regulamentares por autoridades setoriais[422], revelando traços securitários e autoritários, sem

[421] Cabe ressaltar que Gouveia e Pinheiro (2019, p. 27-28) anotam que a definição dos deveres contidos na Lei 83/2017, de 18 de agosto, segmentados e detalhados de um modo objetivo, claro e acessível, revelou uma técnica legislativa bem-vinda e "feliz", por detalhar as condutas exigíveis e facilitar o conhecimento e o cumprimento desses ditames legais, de índole preventiva. A Lei n.º 83/2017, de 18 de agosto, estabelece: "Artigo 11.º Deveres preventivos. 1 – As entidades obrigadas estão sujeitas, na sua atuação, ao cumprimento dos seguintes deveres preventivos: *a)* Dever de controlo; *b)* Dever de identificação e diligência; *c)* Dever de comunicação; *d)* Dever de abstenção; *e)* Dever de recusa; *f)* Dever de conservação; *g)* Dever de exame; *h)* Dever de colaboração; *i)* Dever de não divulgação; *j)* Dever de formação. 2 – A extensão dos deveres de controlo, de identificação e diligência e de formação deve ser proporcional à natureza, dimensão e complexidade das entidades obrigadas e das atividades por estas prosseguidas, tendo em conta as características e as necessidades específicas das entidades obrigadas de menor dimensão. 3 – As entidades obrigadas estão proibidas de praticar atos de que possa resultar o seu envolvimento em qualquer operação de branqueamento de capitais ou de financiamento do terrorismo e devem adotar todas as medidas adequadas para prevenir tal envolvimento."

[422] Estendeu-se o leque de entes obrigados, muito além daqueles vinculados às Autoridades Europeias de Supervisão, como a Autoridade Bancária Europeia, criada pelo Regulamento (UE) 1093/2010, do Parlamento Europeu e do Conselho, de 24 de novembro de 2010, a Autoridade Europeia dos Seguros e Pensões Complementares de Reforma, criada pelo Regulamento (UE) 1094/2010, do Parlamento Europeu e do Conselho, de 24 de novembro de 2010, e a

consonância com vários direitos e liberdades fundamentais. Por outro lado, verificam que o legislador português, ao transpor os instrumentos supranacionais e internacionais referentes ao tema, deixou claro que a prevenção e a repressão ao branqueamento de capitais se tornaram uma prioridade estratégica no plano normativo nacional português[423].

Foi publicada a Lei n.º 89/2017, de 21 de agosto, que aprovou o Regime Jurídico do Registo Central do Beneficiário Efetivo, transpondo o capítulo III da Diretiva (UE) 2015/849, do Parlamento Europeu e do Conselho, de 20 de maio de 2015, modificando diversas leis, códigos e regulamentos de órgãos estatais e de setores profissionais, que tiveram de se adequar ao regime jurídico de registo de beneficiários efetivos. Demonstrou-se, assim, alto nível de conformidade de Portugal às normas supranacionais e internacionais relativas à lavagem de dinheiro.

Entretanto, faz-se necessário comentar algumas novas disposições supranacionais sobre o tema, que deverão ser transpostas por Portugal e resultarão em novas mudanças, contidas na Diretiva (UE) 2018/1673, do Parlamento Europeu e do Conselho, de 23 de outubro de 2018, relativa ao combate ao branqueamento de capitais através do direito penal, e no Regulamento 2018/1805,

Autoridade Europeia dos Valores Mobiliários e dos Mercados, criada pelo Regulamento (UE) 1095/2010, do Parlamento Europeu e do Conselho, de 24 de novembro de 2010, e Autoridades Setoriais portuguesas, como a Autoridade de Supervisão de Seguros e Fundos de Pensões, o Banco de Portugal, a Comissão do Mercado de Valores Mobiliários (CMVM), a Inspeção-Geral de Finanças, a Inspeção-Geral do Ministério do Trabalho, Solidariedade e Segurança Social, o Serviço de Regulação e Inspeção de Jogos do Turismo de Portugal, o Instituto dos Mercados Públicos, do Imobiliário e da Construção (IMPIC), e a Autoridade de Segurança Alimentar e Económica (ASAE). As referidas autoridades estão listadas no art. 2º, 1, *d)* e *f)* da Lei n.º 83/2017, de 18 de agosto.

423 Citem-se, também, as demais normas relacionadas ao enfrentamento ao branqueamento de capitais publicadas a partir de 2017: Lei n.º 14/2017, de 03 de maio; Lei n.º 15/2017, de 03 de maio; Lei n.º 16/2017, de 03 de maio; Decreto-Lei n.º 81-B/2017, de 07 de julho; Lei n.º 97/2017, de 23 de agosto; Lei n.º 79/2021, de 24 de novembro. No plano infra-legislativo, o Aviso n.º 2/2018, de 26 de setembro, do Banco de Portugal, que fortaleceu e densificou diversas medidas de prevenção à lavagem de dinheiro, e a Portaria n.º 233/2028, de 21 de agosto, em que o Governo português, através do Secretário de Estado dos Assuntos Fiscais e da Secretária de Estado da Justiça, regulamentou o Regime Jurídico do Registo Central do Beneficiário Efetivo (RCBE). A Unidade de Inteligência Financeira de Portugal está incluída na estrutura da Direcção Nacional da Polícia Judiciária, conforme art. 27.º, *c)*, e art. 43.º, n.º 2, da Lei n.º 37/2008, de 6 de agosto, e competências previstas no art. 82.º da Lei n.º 83/2017, de 18 de agosto.

do Parlamento Europeu e do Conselho, de 14 de novembro de 2018, relativo ao reconhecimento mútuo das decisões de apreensão e de perda dos instrumentos e dos produtos do crime na União. Ressalta-se, ainda, que a Lei n.º 79/2021, de 24 de novembro, transpôs a Diretiva (UE) 2019/713 do Parlamento Europeu e do Conselho, de 17 de abril de 2019, relativa ao combate à fraude e à contrafação de meios de pagamento que não em numerário, alterando o Código Penal, o Código de Processo Penal, a Lei n.º 109/2009, de 15 de setembro, que aprova a Lei do Cibercrime, e outros atos legislativos, inclusive modificando as letras *b)* e *c)* do art. 368.º-A do Código Penal, que estabelece o crime de branqueamento.

Por outro lado, lembra Caeiro (2009, p. 429-430) que a moderação e o equilíbrio devem orientar a Política Criminal de um Estado de Direito democrático, de maneira que não se caia na tentação de prevenir todo e qualquer fenómeno delitivo que gire em torno do branqueamento de capitais através de uma pena severa ao extremo, com pena de prisão de até 12 anos (conforme art. 368.º-A, n.º 3, do CP português), opinião que compartilhamos. Acrescenta Caeiro que a tipologia da lavagem de ativos não pode servir como a panaceia de repressão de todos os demais crimes, de modo inconstitucional e desproporcional com as infrações penais que são assemelhadas, como o favorecimento pessoal[424], com pena de "prisão de até 3 anos ou com pena de multa", comprovando a total desproporcionalidade da sanção prevista. Acrescenta que Estados como a Áustria, a Bélgica, a Espanha, os Países-baixos, a Suécia e a Suíça previram penas máximas de 5 a 6 anos de prisão para o branqueamento,

[424] O CP de Portugal dispõe: "[...] Artigo 367.º **Favorecimento pessoal.** 1 – Quem, total ou parcialmente, impedir, frustrar ou iludir actividade probatória ou preventiva de autoridade competente, com intenção ou com consciência de evitar que outra pessoa, que praticouum crime, seja submetida a pena ou medida de segurança, é punido com pena de prisão até trêsanos ou com pena de multa. 2 – Na mesma pena incorre quem prestar auxílio a outra pessoa com a intenção ou com a consciênciade, total ou parcialmente, impedir, frustrar ou iludir execução de pena ou de medida de segurançaque lhe tenha sido aplicada. 3 – A pena a que o agente venha a ser condenado, nos termos dos números anteriores, não pode ser superior à prevista na lei para o facto cometido pela pessoa em benefício da qual se actuou. 4 – A tentativa é punível. 5 – Não é punível: *a)* O agente que, com o facto, procurar ao mesmo tempo evitar que contra si seja aplicada ou executada pena ou medida de segurança; *b)* O cônjuge, os adoptantes ou adoptados, os parentes ou afins até ao 2.º grau ou a pessoa, de outro ou do mesmo sexo, que viva em situação análoga à dos cônjuges com aquela em benefício da qual se actuou." (Grifos no original).

e a Alemanha (StGB, §261) e a França (CP, arts. 324-1 a 324-9) punem com penas de até 5 anos de prisão os casos de branqueamento simples e de até 10 anos de prisão o branqueamento agravado.

No Brasil, a repressão à Lavagem de Dinheiro teve como marco a promulgação da Lei n.º 9.613/1998, de 03 de março, a qual já foi elaborada como uma norma de segunda geração no enfrentamento a esta modalidade criminosa[425], estabelecendo os mecanismos legais contra o branqueamento de capitais e contendo uma lista taxativa dos crimes precedentes. Após algumas atualizações[426], teve uma mudança significativa através da Lei n.º 12.683/2012, de 09 de julho, que acrescentou diversos novos dispositivos e também métodos de prevenção e repressão à lavagem de capitais internacional, além de extinguir o rol de crimes antecedentes, permitindo a persecução em relação a quaisquer infrações penais[427].

425 Quanto às normas internacionais que tratam do branqueamento de capitais, seguindo a tendência de muitos estudiosos sobre o tema, Câmara Machado (2017, p. 43-44, 62) as divide em *1.ª geração* (voltados para as vantagens decorrentes do tráfico de drogas), de *2.ª geração* (tráfico de drogas, crime organizado, terrorismo e outros crimes graves), *3.ª geração* (que acrescentou especial atenção ao tráfico de armas de destruição massiva) e uma *4.ª geração*, em que diversos Estados ampliaram a utilização das técnicas de prevenção e repressão ao branqueamento de capitais a todos os crimes, inclusive crimes de corrupção e evasão fiscal.

426 Citem-se as disposições previstas nas seguintes normas brasileiras: Lei n.º 10.467/2002, de 11 de junho, Lei n.º 10.683/2003, de 28 de maio, e Lei n.º 10.701/2003, de 09 de julho.

427 Na atualidade a Lei n.º 9.613/1998, de 3 de março, estabelece, quanto aos Crimes de "Lavagem" ou Ocultação de Bens, Direitos e Valores: "Art. 1º Ocultar ou dissimular a natureza, origem, localização, disposição, movimentação ou propriedade de bens, direitos ou valores provenientes, direta ou indiretamente, de infração penal. Pena: reclusão, de 3 (três) a 10 (dez) anos, e multa. § 1º Incorre na mesma pena quem, para ocultar ou dissimular a utilização de bens, direitos ou valores provenientes de infração penal: I – os converte em ativos lícitos; II – os adquire, recebe, troca, negocia, dá ou recebe em garantia, guarda, tem em depósito, movimenta ou transfere; III – importa ou exporta bens com valores não correspondentes aos verdadeiros. § 2º Incorre, ainda, na mesma pena quem: I – utiliza, na atividade econômica ou financeira, bens, direitos ou valores provenientes de infração penal; II – participa de grupo, associação ou escritório tendo conhecimento de que sua atividade principal ou secundária é dirigida à prática de crimes previstos nesta Lei. § 3º A tentativa é punida nos termos do parágrafo único do art. 14 do Código Penal. § 4º A pena será aumentada de um a dois terços, se os crimes definidos nesta Lei forem cometidos de forma reiterada ou por intermédio de organização criminosa. § 5º A pena poderá ser reduzida de um a dois terços e ser cumprida em regime aberto ou semiaberto, facultando-se ao juiz deixar de aplicá-la ou substituí-la, a qualquer tempo, por pena restritiva de direitos, se o autor, coautor ou partícipe colaborar espontaneamente com as autoridades, prestando esclarecimentos que conduzam à apuração

Outras atualizações ocorreram depois, através da Lei n.º 13.964/2019, de 24 de dezembro, que aperfeiçoou a legislação penal e processual penal diante de diversas manifestações jurídicas que criticavam as lacunas e as controvérsias até então existentes nas normas brasileiras, e da Lei n.º 13.974/2020, de 07 de janeiro, que atualizou procedimentos e composição do Conselho de Controle de Atividades Financeiras (Coaf), Unidade de Inteligência Financeira do Brasil que foi criada no ano de 1998.

Quanto ao tema, destaca Zuñiga Rodriguez (2017a, p. 211-213) que o ânimo de lucro é um valor positivo e referencial na nossa sociedade capitalista, não apenas encorajando os investimentos e os empreendimentos, mas também motivando o desenvolvimento económico e proporcionando meios (ao Estado e à sociedade) para o desenvolvimento social. Entretanto, este mesmo ânimo de lucro, que caracteriza o *homo economicus* ocidental e as atividades empresariais lícitas, também incentiva e impulsiona as organizações criminosas, sempre no sentido de maximizar os lucros e diminuir os riscos.

Esta visão, em que se elege a conduta mais racional e favorável ao alcance dos objetivos ou benefícios económicos, caracteriza tanto os empreendimentos lícitos quanto ilícitos, sustenta Zuñiga Rodriguez (2017a, p. 211-213), distinguindo, até certo ponto, a criminalidade organizada (cujos lucros provêm de modo claro de atividades delituosas preponderantes desde sua origem) da criminalidade empresarial, em que há um abuso da estrutura de pessoa jurídica para o fim de cometer crimes, os quais costumam passar despercebidos e possuem uma "suposta" legalidade (ou, ao menos, não são vistos como ilegais ou criminosos de forma evidente). Entretanto, ressalta que o branqueamento de capitais constitui, de forma paradigmática, o exemplo do modo com que a criminalidade organizada e a criminalidade empresarial convergem inclusive porque as elevadas somas de recursos que as organizações criminosas vêm alcançando (de forma exponencial) e a necessidade de lavar os capitais auferidos têm corrompido de diversas formas a atividade económica legal e as estruturas democráticas, contaminando-as, resultando em pressões até mesmo sobre os poderes públicos, para que sejam obtidos, *v. g.*, contratos, obras públicas ou

das infrações penais, à identificação dos autores, coautores e partícipes, ou à localização dos bens, direitos ou valores objeto do crime. (Redação dada pela Lei n.º 12.683, de 2012) § 6º Para a apuração do crime de que trata este artigo, admite-se a utilização da ação controlada e da infiltração de agentes. (Incluído pela Lei n.º 13.964, de 2019)."

concessões imobiliárias, permitindo aos criminosos manterem e investirem capitais decorrentes das atividades criminosas.

Deste modo, o branqueamento de capitais "destruiu as comportas" que mantinham uma certa fronteira[428] entre o crime organizado e a criminalidade empresarial, porque para a lavagem de capitais confluem todos os gêneros de criminalidade, interpreta Zuñiga Rodriguez (2017a, p. 214), desde a criminalidade *violenta*, como o tráfico de drogas ou armas, o terrorismo, até a criminalidade *não violenta*, como a criminalidade empresarial e a corrupção. Pondera, ainda, que muitas organizações criminosas terceirizam esta atividade criminosa de lavagem de dinheiro, quer seja através de escritórios de advogados ou contadores, quer seja através de outros profissionais ou sociedades com alta qualificação, ocultando as origens criminosas de bens e/ou o real proprietário destes por meio de esquemas financeiros, pessoas jurídicas interpostas, paraísos fiscais, utilizando as lacunas entre os diferentes ordenamentos jurídicos e mantendo o ciclo económico da criminalidade.

3.2. As Recomendações do Grupo de Ação Financeira (GAFI) e os demais Instrumentos Internacionais de Soft Law

O empenho constante dos Estados contra o branqueamento de capitais promovido pela criminalidade organizada e demais delitos de elevada danosidade previstos nas respetivas legislações tem recebido importantes impulsos e avanços através de instrumentos de *soft law*, em especial através de atos elaborados e divulgados pelo GAFI (Grupo de Ação Financeira[429], organismo

[428] Ao nosso ver, entretanto, estas fronteiras não existem, ao menos do ponto de vista criminológico, em especial quando comparados os danos gravíssimos causados em larga escala por empresas, de forma desmesurada, como percebem Ferrajoli (2014, p. 81-96) e Morrison (2012, *passim*), do ponto de vista zemiológico (ou do volume de danos causados por certas condutas - individuais ou coletivas - à sociedade), embora em muitos países ainda existam sérias controvérsias quanto à possibilidade de responsabilização penal das empresas. Entendemos, deste modo, que também empresas que se originaram com finalidades lícitas podem atender à tipologia referente às organizações criminosas, mesmo quando realizam de forma preponderante atividades económicas legais, desde que atendam aos requisitos estabelecidos no ordenamento jurídico.

[429] O GAFI ou FATF (Grupo de Ação Financeira ou *Financial Action Task Force*) foi criado em 1989 pelo G7 (grupo formado por sete dos países mais desenvolvidos economicamente), com

intergovernamental criado em 1989), provavelmente caracterizando o melhor exemplo da importância que esta modalidade de criação e de desenvolvimento jurídico pode alcançar no âmbito internacional.

De facto, a *soft law* emanada do GAFI tem repercutido de modo direto na elaboração e também na atualização de normas jurídicas não só penais, mas também em leis e regulamentos administrativos e civis relativos ao sistema financeiro de vários países, *v. g.*, gerando altíssimos níveis de conformidade (em especial pela eficiência alcançada pelo sistema de *peer pressure* e de *benchmarking*, *i. e.*, a utilização combinada de pontos de pressão e da demonstração da eficácia das boas práticas divulgadas).

Anote-se que a utilização da *soft law* tem sido muito importante na estruturação e no desenvolvimento do direito internacional contemporâneo, segundo Santos Neves (2013, p. 264), como mecanismo de inovação da ordem jurídica internacional, em especial ao introduzir novos temas ou áreas ao direito internacional (*soft law* primária), ou como dispositivo correlacionado com instrumentos internacionais de *hard law* como as convenções, suprindo as suas lacunas e orientando a sua interpretação (*soft law* secundária).

Podem-se citar, neste sentido, os já comentados *Padrões Internacionais de Combate ao Branqueamento de Capitais e ao Financiamento do Terrorismo e da Proliferação*, elaborados pelo GAFI (atualizados em 2012), contendo "40 Recomendações" dirigidas aos Estados com o objetivo de implementarem "medidas legais, regulamentares e operacionais" para a prevenção e repressão ao "branqueamento de capitais, ao financiamento do terrorismo, ao financiamento da proliferação de armas de destruição em massa, bem como a outras ameaças à integridade do sistema financeiro internacional."

Este instrumento de *soft law* contém, além das recomendações, diversas notas explicativas que orientam até mesmo a transposição das recomendações

a finalidade de desenvolver e promover políticas, nacionais e internacionais, para prevenir e reprimir o branqueamento de capitais proveniente do tráfico de estupefacientes, adotando posteriormente outras finalidades em seu mandato, como o enfrentamento ao financiamento do terrorismo (2001) e da proliferação das armas de destruição em massa (2008), bem como passou a dar renovada atenção ao branqueamento de capitais provindos da corrupção a partir de 2012. O GAFI está instalado na sede da OCDE (Organização para a Cooperação e Desenvolvimento Económico), em Paris, e atualmente é composto por 37 países e duas organizações regionais, mas cerca de 180 Estados aderiram às 40 recomendações de enfrentamento ao branqueamento de capitais e ao financiamento do terrorismo e da proliferação.

para as ordens jurídicas dos Estados, resultando em normas (*hard law*, portanto) nas ordens jurídicas de mais de 180 países que aderiram aos citados padrões internacionais, provavelmente representando, repita-se, o mais alto nível de conformidade atingido por normas de *soft law* (ou até mesmo por regras estabelecidas através de *hard law*) a nível internacional.

No mesmo vértice, figuram entre os mais eficazes instrumentos de *soft law*, quanto à capacidade de estimular os países a adotarem determinados padrões (*standards*) mínimos para o adequado enfrentamento à lavagem de dinheiro, o sistema do GAFI que promove as avaliações mútuas entre os países, quanto à adequação dos ordenamentos jurídicos dos países (em relação às citadas 40 recomendações, entre outros fatores) e à eficácia da atuação dos órgãos estatais na prevenção e na repressão do branqueamento de capitais, gerando um Relatório de Avaliação Mútua para cada país com grande repercussão na comunidade internacional (em especial no sistema financeiro mundial).

Outro instrumento eficaz de *soft law* utilizado pelo GAFI é representado pelas listas que divulga periodicamente sobre os Estados que possuem alto risco ("lista negra") de ocorrência de branqueamento de capitais, financiamento do terrorismo ou de armas de destruição massiva, ou estão sob vigilância reforçada ("lista cinza"), divulgando diversas contramedidas relativamente a essas jurisdições a serem aplicadas pelos demais (180) países que aderiram às recomendações (padrões mínimos) do GAFI.

Reitere-se, entretanto, que as normas referentes ao branqueamento de capitais possuem claros excessos, sobretudo quanto à abusiva extensão dos sujeitos obrigados, como analisam Gouveia e Pinheiro (2019, p. 20-24), envolvendo não apenas instituições financeiras e não financeiras, mas também uma infinidade de outros sujeitos, que podem ser "praticamente... todas as pessoas."

Acrescentamos que tem sido fácil aos governantes e legisladores avançarem a passos largos na responsabilização penal dos sujeitos envolvidos (ou não) no branqueamento de capitais, porque costumam ser "os outros", que realizam "outras atividades", enquanto permanecem quase que inertes quanto à necessidade de aprimorarem a tipologia referente à corrupção, conduta praticada, em regra, por governantes e legisladores, além de pessoas físicas e coletivas com elevado poder político e/ou económico. Como nos referimos antes, tanto a legislação portuguesa quanto a legislação brasileira, em síntese, viabilizam tão só a repressão da pequena corrupção, sem prevenirem ou reprimirem a média e a grande corrupção, a corrupção organizada e sistémica.

Considerações capitulares

A criminalidade organizada evoluiu e se expandiu muito nas décadas recentes, empregando redes fluidas e multifacetárias, além de mecanismos avançados de gestão dos empreendimentos criminosos. Ademais, as organizações criminosas desenvolveram elevada capacidade de adaptação, tanto para usufruir as novas oportunidades que surgem em gigantescos mercados de consumo (de produtos e serviços ilícitos ou também legais) proporcionados pela livre circulação de agentes económicos desta globalização económico-financeira e social, quanto para evitar os sistemas estatais de prevenção e repressão penal dos Estados.

As organizações criminosas utilizam, ainda, redes e dinâmicas cada vez mais complexas e impercetíveis para ocultar os bens e recursos financeiros obtidos ilicitamente e os seus beneficiários efetivos, além de variados métodos para se infiltrarem ou até tomarem, parcial ou totalmente, instituições estatais, económicas e sociais, corrompendo as principais estruturas da sociedade e causando lesões severas, a médio e longo prazos, aos bens jurídicos essenciais da comunidade.

Esta situação é consideravelmente agravada pela gradativa redução do poder dos Estados-nação, limitados pelo alcance nacional das suas normas e das ações dos órgãos de persecução penal e julgamento, somando-se à multiplicidade de fontes do direito a nível internacional, com variados atores (estatais, intergovernamentais, privados e sociais).

Neste cenário, com tantos riscos, incertezas e complexidades, a cooperação entre os países no enfrentamento a esses fenómenos intimamente correlacionados e em processo de expansão (criminalidade organizada transnacional, corrupção e branqueamento de capitais) revela-se imprescindível, devendo ser vista esta cooperação não como uma diminuição do Estado perante a comunidade internacional, mas sim como fortalecimento e reforço da soberania, aumentando o seu alcance.

Além disso, a imprescindibilidade da participação de todos os Estados neste empenho revela-se, ainda, na necessidade de evitar que a criminalidade organizada encontre refúgio seguro neste ou naquele Estado, quer seja para praticar as atividades criminosas, quer seja para ocultar as vantagens obtidas pelo programa criminoso e/ou corromper as estruturas políticas, económicas e sociais, tendo em vista que a corrupção e o branqueamento de capitais são dois dos principais instrumentos utilizados em larga escala pelas organizações criminosas transnacionais[430].

A sociedade (em especial através dos Estados, legitimados para tanto se forem dignos do nome de Estados de Direito Democráticos) deve, portanto, desenvolver e empregar todos os sistemas e instrumentos legítimos à disposição (infranacionais, nacionais, supranacionais e internacionais), quer provenham de iniciativa intergovernamental, quer sejam oriundos de iniciativas privadas ou da sociedade civil organizada[431], de *hard law* ou de *soft law*, para prevenir e reprimir a criminalidade organizada transnacional (violenta e não violenta), desde que sejam instrumentos de um Direito legítimo, válido, vigente e efetivo, como alerta Valente (2020b, p. 173-175).

Estes instrumentos são imprescindíveis para prevenir e reprimir o branqueamento de capitais, utilizado em larga escala tanto pela criminalidade organizada violenta quanto pela não violenta, objetivando integrar no sistema

430 Veja-se o Relatório *Global Corruption Barometer European Union 2021* (TI, 2021, p. 11-61), onde consta que 88% dos portugueses entrevistados pela Transparency International acreditam que há corrupção dentro do governo e mais de 40% creem que a corrupção aumentou nos últimos 12 meses. Na média da UE, 62% das 40.600 pessoas que participaram da pesquisa pensam que a corrupção é um grande problema e 49% acreditam que o governo está falhando na prevenção e na repressão à corrupção. Por outro lado, 85% dos portugueses acreditam que as pessoas podem fazer a diferença na luta contra a corrupção, o que revela um número animador e a crença nas iniciativas pessoais e coletivas da sociedade civil, muito embora devam ser aperfeiçoados e divulgados os meios de realização de denúncias e de proteção dos denunciantes, pois 58% dos portugueses declararam que não podem reportar casos de corrupção por medo de retaliação.

431 Pondera Canotilho (2011, p. 9), quanto a um dos instrumentos mais utilizados pela criminalidade organizada, a corrupção, que é evidente o entrelaçamento da corrupção com a "erosão da juridicidade e democraticidade do Estado", porque representa um claro obstáculo "à radicação do Estado de direito democrático", beneficiando-se de cumplicidades, promovendo a intransparência tanto de atividades públicas quanto privadas, refugiando-se no "vazio de responsabilidades" e na ocultação de informações significativas, vivendo do "conúbio entre o económico e o político." Comenta então, sobre a necessidade de a sociedade passar do modo passivo de acompanhamento do fenómeno corruptivo para um agir cívico ativo, visando a prevenção da corrupção e dos seus efeitos nefastos sobre as sociedades democráticas.

económico-financeiro legal os produtos das atividades criminosas, para legitimá-los social e juridicamente, através de operações, negócios e outros métodos que dificultam ou inviabilizam a deteção da sua origem ilícita.

Deve-se buscar, então, reduzir de modo paulatino (mesmo que a pequenos passos, mas com constância), os vastos danos causados pela criminalidade organizada e recuperar os capitais e demais bens provenientes da atividade criminosa, sem olvidar os valores essenciais da sociedade, ponderando-se sempre as liberdades, os direitos e as garantias fundamentais pessoais nas decisões estruturantes deste sistema que deve promover liberdade, segurança e justiça.

Neste rumo, devem ser corrigidos os excessos legislativos que tornam a quase todos sujeitos obrigados (em relação às normas sobre branqueamento de capitais), bem como a esquizofrenia legislativa que, a todo momento, cria mais obrigações, responsabilidades e criminalizações, tornando quase todas as pessoas (inclusive instituições não financeiras e entes sem personalidade) *responsáveis* (com possibilidade de responsabilização não apenas civil e/ou administrativa, mas também penal), impingindo-lhes obrigações que são, com obviedade, atribuições dos órgãos estatais de regulação e/ou de persecução penal.

Devem ser corrigidos, portanto, não apenas os excessos relativos às penas previstas para o branqueamento de capitais, desproporcionais e com penas de prisão elevadíssimas, além do número abusivo de sujeitos obrigados, muitos dos quais não realizam atividades financeiras, imobiliárias e outras assemelhadas, tornando ilegítimas as obrigações que lhes estão sendo impostas (e que configuram, repita-se, atribuições dos órgãos de regulação e de persecução penal do Estado).

De facto, também deve ser reparada com urgência a inércia dos governantes e legisladores no aperfeiçoamento dos tipos penais relativos ao crime de corrupção, em regra praticados por governantes e representantes legislativos, além de ocupantes de altos cargos públicos, em conluio com a criminalidade económica e/ou com organizações criminosas empresariais. Com o aperfeiçoamento da tipologia referente às condutas referentes à corrupção, visa-se prevenir e reprimir a grande corrupção, a corrupção organizada e sistémica, substituindo-se a tipologia que, na atualidade, viabiliza tão só a repressão da pequena corrupção.

TÍTULO III
DAS ATRIBUIÇÕES CONSTITUCIONAIS DO ESTADO E DA CRIMINALIDADE ORGANIZADA EMPRESARIAL

A análise da sociedade ocidental, em sua maior parte baseada no modelo europeu continental de Estado, não pode ser realizada sem uma adequada compreensão da vinculação dessas comunidades às respetivas Constituições, nesta relação entre as pessoas e seus respetivos Estados mediante balizas fixadas pelas suas Cartas Políticas, embora diversos processos da globalização em curso e o surgimento de várias e influentes novas organizações neste cenário global atenuem alguns desses influxos recíprocos entre o ser humano e o Estado-coletividade.

Por outro lado, embora neste período tardo-moderno estejam sendo esmaecidos muitos dos poderes do Estado-nação, inclusive o poder de impor normas (de alcance nacional) e fazer com que sejam respeitadas num ambiente com tantas dinâmicas e relações globalizadas, desterritorializadas, os novos atores e organizações que surgiram e são beneficiadas por este Projeto-Global, como lembra Kosta (2012, p. 348-350), perceberam que o Estado tem sido relevante catalisador deste processo. Destaca que, na atualidade, está claro que passam pelo Estado tanto a globalização das economias locais quanto a manutenção de alguma regulação e ordem, somando-se ao facto de que o funcionamento global depende desta parcela de soberania que os Estados cederam. Deste modo, comenta que o perecimento do Estado causaria também a extinção do seu irmão siamês, o "Global", *i. e.*, se o "Local" for sacrificado, ao caos e à iniquidade da globalização que virão em seguida haverá uma provável retomada radical do "Local". Assim, a *globalização* depende da *localização* que, de maneira paradoxal, pode ser considerada o seu seguro de vida.

De qualquer modo, a conceção de Estado de Direito Democrático ocidental não pode ser compreendida sem a aceção que lhe atribui um caráter instrumental e uma série de tarefas que visam proporcionar à sociedade e aos indivíduos uma convivência harmónica e pacífica, com liberdade, justiça e segurança, priorizando a promoção e a proteção dos direitos, liberdades e garantias fundamentais, enfim, a dignidade humana.

Neste aspeto, deve-se recordar que o Estado, diante da atribuição constitucional de proteger os bens jurídicos essenciais, em especial quando conformados nas disposições constitucionais e no respetivo conteúdo axiológico, pode e deve, respeitadas as balizas constitucionais, utilizar a tutela penal (como *ultima*[432] e *extrema ratio*) como instrumento de prevenção às mais graves (e intoleráveis) agressões contra esses mesmos bens jurídicos, quer sejam praticadas por pessoas físicas, quer sejam realizadas por pessoas coletivas.

Entretanto, esta tutela de bens jurídicos com dignidade penal, quando necessária e legítima, deve atender a diversos princípios, vinculados de modo direito e/ou indireto à proteção da dignidade da pessoa humana. Tendo em vista que este estudo está voltado para as organizações criminosas empresariais, destaquem-se também: a tutela do desenvolvimento económico (na condição de instrumento imprescindível para que os direitos fundamentais sejam promovidos e viabilizados); o princípio da proporcionalidade (sob suas duas facetas, que proíbem tanto o excesso arbitrário quanto a proteção estatal deficiente dos bens jurídicos com dignidade penal); o princípio

[432] Comenta Zuñiga Rodriguez (2018a, p. 56-88) que, de modo lamentável, em muitas situações o Direito Penal está sendo expandido e também utilizado como *instrumento primário* para resolver confrontos ideológicos, religiosos, éticos, políticos e outros, não fazendo nada além de acrescentar mais violência a esta conflitividade, sem que sejam resolvidos os problemas de fundo, os problemas estruturais, sociais e económicos, reais causadores destes conflitos. Entende que os Estados e os governantes não podem continuar *ad infinitum* tentando *administrar* ou *compensar* a *diminuição do Estado do bem-estar* mediante a *ampliação do Estado repressor*. Ressalta, inclusive, que os programas sociais direcionados aos mais vulneráveis (pobres) costumam ser os primeiros e mais fortemente atingidos pela redução da arrecadação estatal decorrente de crises económicas e financeiras, crises estas que costumam ter entre seus principais causadores justamente a criminalidade organizada empresarial, a criminalidade do colarinho branco, a criminalidade dos poderosos.

da reserva de código, inafastável nesta busca incessante por coerência na Ciência Conjunta do Direito Penal; a análise económica do direito, imprescindível para uma melhor compreensão (sob o prisma da proporcionalidade) quanto ao tratamento dispensado às pessoas físicas e jurídicas envolvidas com organizações criminosas.

Neste caminho, serão abordados aspetos de extrema relevância para a análise criminológica deste fenómeno, sobretudo a lesividade política, económica e social dos comportamentos criminosos das organizações criminosas empresariais, tendo em vista a magnitude, o alcance e os efeitos danosos a curto, médio e longo prazos, causados aos bens jurídicos jusfundamentais, aos indivíduos e à sociedade como um todo.

Depois, esses dados serão analisados em conjunto com o Estado, os sistemas e entidades de cooperação internacional e demais instrumentos capazes de proporcionar (ou aumentar a capacidade) de construirmos um mundo mais pacífico e harmonioso, uma convivência com liberdade, justiça e segurança[433].

[433] Trata-se de ordem de valores proposto por Valente (2017a, p. 163-168), no sentido de que através da promoção da *Liberdade* e da *Justiça* pode ser alcançada a *Segurança* (L + J = S), conforme os valores de um Estado de Direito Democrático, garantista e humanista.

CAPÍTULO 1
DAS ATRIBUIÇÕES CONSTITUCIONAIS DO ESTADO E DA ORGANIZAÇÃO CRIMINOSA EMPRESARIAL

O modelo de Estado ocidental, em especial aquele que decorre das conceções da Europa continental, deve utilizar as vestes de um Estado de Direito Democrático, comportando-se como um instrumento que promova e proporcione uma coexistência pacífica com liberdade, justiça e segurança às pessoas. Deve, portanto, viabilizar o desenvolvimento dos indivíduos e proteger a dignidade do ser humano e os direitos fundamentais. No mesmo sentido, a comunidade internacional tem relevante responsabilidade na proteção (e na viabilização) dos direitos humanos.

Deste modo, tanto a política criminal quanto o próprio Direito Penal devem ser estabelecidos de modo a atenderem a esses valores consagrados nas Cartas Políticas de Estados de Direito Democráticos, respeitando, entre outros, o princípio constitucional da proporcionalidade (previsto de modo expresso em algumas Constituições e de maneira implícita em outras), em sua dupla vinculação do Estado, vedando tanto o excesso arbitrário quanto a proteção deficiente dos bens jurídicos essenciais (*i. e.*, aquém do mínimo constitucionalmente exigível), em especial nas situações em que a tutela penal se fizer necessária.

Este princípio, não se pode olvidar, tem especial relevância também na Análise Económica do Direito (*Economic Analysis of Law*), em que se verificará o tratamento dispensado à criminalidade organizada empresarial, neste momento histórico, em relação aos seus agentes enquanto seres racionais (*homo economicus* ou maximizador racional), que avaliam benefícios, custos e riscos esperados com a prática das condutas criminosas.

1.1. As Atribuições Constitucionais do Estado na Proteção dos Bens Jurídicos Essenciais, inclusive quanto ao Desenvolvimento Económico

A utilização do Direito Penal será legitimada (do ponto de vista constitucional e diante de instrumentos jurídicos internacionais relativos aos direitos humanos) quando for absolutamente necessária e desde que atenda a uma série de princípios delineados, em especial, a partir do período da ilustração[434] (ou da razão), tendo em vista que se trata da mais agressiva seara do direito e representa o mais conflituoso relacionamento entre o indivíduo e o Estado[435].

De facto, num Estado com estrutura democrática, as intervenções em interesses e direitos essenciais como aqueles relacionados à ameaça e à imposição de penas criminais, pondera Neumann (2012, p.523-524), precisam ser justificadas em face dos seus cidadãos, *i. e.*, os próprios tipos penais não podem ser legitimados tão só por estarem previstos no direito positivo e terem sido elaborados por uma decisão maioritária dos legisladores, que podem possuir diversas formas de "arbitrariedade, incoerência ou fugacidade".

[434] Parafraseando Kant, Schünemann (2018, p. 28-30) comenta que o iluminismo "é a libertação do ser humano de sua menoridade de que ele próprio é culpado", aduzindo que o direito penal, sobretudo através de Beccaria e de Hommel, passou da escuridão intelectual e moral da tradição religiosa para as luzes da razão e da humanidade, em especial mediante a *doutrina do dano social* como sua única e legítima finalidade. Em síntese, tratou-se de um período de efervescência nas mais diversas searas (política, social, cultural, filosófica etc.), de cariz liberal, a partir de meados do século XVIII, em que se busca derrubar o Antigo Regime (*Ancien Régime*), sistema social e político absolutista medieval (e teocêntrico), substituindo-o pelos ideais da razão e humanitários, da ciência, por meio de correntes iluministas, sob influência de pensadores como Cesare Bonesana (Marquês de Beccaria), Jeremy Bentham e John Howard na seara penal.

[435] Pondera Aguado-Correa (2019a, p. 103) que a Constituição, enquanto expressão máxima dos princípios fundamentais que inspiram um ordenamento jurídico, irradiando seus efeitos sobre todas as demais normas internas, vincula de modo íntimo o Direito Penal, podendo-se afirmar até que o Direito Penal é o ramo mais ligado à Constituição, por se tratar da seara jurídica que mais afeta ao indivíduo, um último recurso do poder do Estado cujas balizas estão previstas no texto constitucional.

Numa democracia, comenta que também é exigida uma argumentação, uma justificação para a criminalização de uma conduta, *i. e.*, não se exige do Estado-legislador apenas uma decisão na elaboração da norma penal (relacionada à dimensão política), mas também o atendimento a uma série de balizas, sobretudo aquelas delineadas na respetiva Constituição.

Na realidade, por ser de facto o ramo jurídico que mais pode restringir (ou invadir) os limites relativos aos direitos fundamentais das pessoas, inclusive a liberdade individual, a privacidade etc., poderá ser empregado apenas como *ultima* e *extrema ratio*, quando todas as demais esferas de controle social (família, escola, religião, grupo social etc.) e jurídico-estatal (civil, comercial, administrativo, entre outros) tiverem falhado e/ou se revelado incapazes de prevenir as mais graves (e intoleráveis) agressões aos bens jurídicos essenciais de uma sociedade.

Por outro lado, o Direito Penal também deve ser norteado por uma política criminal serena[436] e equilibrada. Esta afirmação revela especial importância porque todo poder, como pontua Naucke (2012, p. 473-475), assim como a própria razão (do ponto de vista kantiano), buscam se expandir, ampliando seu alcance e domínio, o que aumenta também as possibilidades de "enganos e ilusões" e o risco de tomar como verdadeiros "o infundado e o arbitrário", que podem ser contidos apenas por meio de uma "teoria negativa cautelar", que possa sujeitar a razão e o poder, *i. e.*, uma legislação negativa que impeça o "direito afirmativo" de incorrer em "excesso e erro", como um "sistema de atenção" preventivo[437].

[436] Lembra Costa Andrade (2009b, p. 230-239) a atenção, a serenidade e a técnica que o legislador deve ter ao elaborar os tipos penais, pois alguns destes parecem expostos "às intempéries das sucessivas reformas", como as figuras do "abuso de confiança fiscal" e do "abuso de confiança contra a segurança social", submetidos a "contínuas vicissitudes" e sofrendo "constantes e profundas metamorfoses", conhecendo formulações gradativas com total disparidade às versões antecedentes, promovendo insegurança jurídica e contendo inconstitucionalidades.

[437] Destaca-se que Kant [(1787) 2001, p. B737-B740 (B refere-se à 2.ª ed. da obra Crítica da Razão Pura)], já delineou o "direito penal negativo" e estabeleceu conceitos para disciplinar a razão, sobretudo por meio de "juízos negativos" que possam estabelecer limites (para a razão e para a legislação afirmativa) e impedir o erro e o excesso arbitrários, conforme destaca Naucke (2012, p. 473-475). Assim, alertou Kant que é indispensável uma "legislação completamente especial, mas negativa, que, sob o nome de *disciplina*, estabeleça como que um sistema de precaução e de autoexame, perante o qual nenhuma aparência falsa e sofística possa subsistir,

Nesta senda, uma vez que o Direito Penal também é uma manifestação da razão, Naucke (2012, p. 474-475) adverte que, como qualquer outra razão, também a "razão punitiva" tenta expandir-se de modo contínuo, com uma tendência de desviar de algumas regras, praticando às vezes um "jogo leviano" e utilizando "falsar aparências racionalizantes" e incorrendo em "erros e excessos"[438]. Assim, acrescenta que também a razão punitiva demanda uma disciplina (um sistema de coação), um "direito penal negativo"[439], para que não incorra de maneira contínua em erros e excessos, assegurando a "racionalidade da razão punitiva", como instrumento para buscar de modo incessante a correção do direito.

No momento atual, em que o Direito Penal afirmativo, segundo Naucke (2012, p. 478-450), possui viés securitário e utilitarista, tende ao excesso e à ampliação enquanto forma de poder estatal, faz-se necessário o estudo do

mas se deva imediatamente revelar, sejam quais forem os pretextos do seu disfarce". Alerta Kant, ainda, que esta legislação negativa (e uma doutrina negativa) deve ser totalmente distinta da legislação afirmativa, impondo limites e evitando os recém citados erros e excessos.

[438] Segundo Hassemer (1994, p. 63-67), uma política criminal equilibrada e digna de um Estado de Direito democrático que faz jus a este nome deve, nesta sociedade de riscos e de tantos alarmes sociais, discernir as diferenças entre a *criminalidade verdadeiramente organizada* (que produz elevadíssimos danos a médio e longo prazos e subverte as estruturas do Estado, do mercado, da democracia e do tecido social) e a *criminalidade massa*, a pequena criminalidade, que causa elevados índices de criminalidade e causa a sensação de insegurança (subjetiva) na sociedade (conforme tratado no Título II, Capítulo 1, seção 1.2). Lembra, ainda, que *a política social* (através de programas sociais de moradia, educação, pleno emprego, saúde e seguridade social) *é a melhor política criminal*, como se sabe há muito tempo. Acresce que as políticas públicas (inclusive de segurança) devem direcionar os meios e recursos antes empregadas em objetivos de segurança de curto prazo numa perspetiva de longo prazo, visando o resgate dos processos de solidarização porque a "existência, a harmonia a igualdade e a justiça de uma sociedade" são mensuradas tanto em bases económicas quanto normativas, entre outros critérios, somando-se ao facto de que os direitos fundamentais europeus num estímulo que poderia renovar o espírito comunitário e uma consciência mais solidária dos indivíduos. Conclui que o respeito pelos direitos dos demais membros da comunidade impõe-se também como um eficaz obstáculo contra a dissolução da sociedade e o desvio de comportamento que induz indivíduos às práticas criminosas.

[439] Orienta-se o direito penal negativo contra qualquer forma de poder, segundo Naucke (2012, p. 4874), atuando como limitador que impede os erros e os excessos, "contra o poder de um indivíduo sobre outro indivíduo, contra o poder de punir do Estado sobre o indivíduo, contra o poder injustificável do Estado e de outros poderes – por exemplo, o poder económico – sobre o indivíduo."

direito penal negativo, mas com cuidado para não o confundir com várias falsas impressões[440].

Cita Naucke (2012, p. 478-450), então, diversas disposições, em especial da seara do Direito Penal Económico, em que se estabelece e regulamenta uma ampla punibilidade para, em momento posterior (ou simultâneo), limitar essa mesma punibilidade. Nestes casos, afirma que não estamos diante de um direito penal negativo, mas sim de um "direito penal afirmativo oportunista", percetível, *v. g.*: na ampla gama de condutas que são penalizadas como branqueamento de capitais, logo após prometendo isenção se o agente colaborar com os órgãos de persecução criminal; em alguns crimes ambientais (punidos inclusive na forma culposa) que, logo após a descrição do tipo penal e da sanção aplicável, concedem isenções inexplicáveis de pena; em crimes tributários, que viabilizam a impunidade dos autores se estes promoverem a autodenúncia; em diversas formas de perdão judicial, arquivamento do processo e arquivamento do processo penal.

Neste sentido, Schünemann (2013a, p. 335-369) formula a exigência de que o Direito Penal, empregado de forma tradicional contra as classes populares há muito tempo (como deixam claras as taxas de encarceramento de pessoas pobres, em países subdesenvolvidos ou ricos), deve aplicar-se da mesma forma aos comportamentos criminosos dos setores privilegiados da sociedade, citando a crise financeira que teve início em 2007 nos Estados Unidos e alcançou escala global em 2008 para exemplificar.

[440] Comenta Naucke (2012, p. 480-483) que o *direito penal negativo* se encontra na Constituição, na Convenção Europeia dos Direitos do Homem, nos Códigos Penal e Processual Penal, na Lei de Organização Judiciária, entre outras normas que contêm regras que negam o poder absoluto em qualquer Estado de Direito Democrático digno desta alcunha, protegendo as liberdades e os direitos fundamentais do ser humano, suas garantias. Cita, entre outras, as disposições que vedam a retroatividade, a analogia, o *bis in idem*, estabelecem a prescrição, garantem a presunção de inocência, separam o órgão de acusação do órgão julgador, exigem que o julgamento seja realizado por juiz independente e imparcial (que não esteja sob suspeição), proíbe a tortura, garante o direito de defesa em qualquer fase do processo penal, veda o tribunal de exceção, inexige a autoincriminação, entre outros dispositivos desta natureza. Diante dessas justificativas, Naucke propõe, inclusive, que o direito penal negativo, como negação do poder, deve ser tratado como um setor próprio do direito penal, viabilizando a reunião de tantos institutos esparsos e o preenchimento das suas lacunas, pois são regulamentados apenas de forma pontual, além de muito fragilizados diante da expansão sem fim do direito penal afirmativo (inclusive do direito penal afirmativo oportunista).

Os efeitos ruinosos da citada crise se estendem até os dias atuais, representando quase que uma destruição (ou inviabilização) do Estado do Bem-Estar[441], pondera Schünemann (2013a, p. 335-369), sem sequer uma notícia sobre a responsabilização penal de qualquer um dos responsáveis:

a) *aqueles que praticaram uma fraude massiva* vendendo títulos de escasso ou nulo valor (*subprime mortgages*- créditos hipotecários sem garantias), a adquirentes de boa-fé;

b) *os diretores ou membros de conselhos de administração* de bancos públicos ou privados (por administração desleal), os quais determinaram ou autorizaram a compra (também massiva) de títulos derivados destas hipotecas sem qualquer garantia (MBS, *mortgage backed securities*), causando danos de enorme monta ao património de terceiros cujos recursos financeiros administravam (além dos prejuízos de milhares de milhões de euros causados aos contribuintes dos países europeus, uma vez que os Estados resgataram com recursos públicos e garantias estatais as instituições financeiras que haviam sofrido rombos devido à crise financeira;

c) as *autoridades públicas da área financeira* que demonstraram grave negligência, quer seja no controle e na supervisão do sistema bancário e financeiro como um todo, quer seja na utilização massiva de recursos de bancos públicos na compra de títulos sem garantias, somadas

[441] Segundo Castells (2017, p. 61-63), a revolução das tecnogias da informação e a abertura dos mercados remodelaram de forma acelerada as bases da sociedade, criando uma interdependência global e uma nova forma de Estado, economia e sociedade se relacionarem, num *sistema de geometria variável*. Sustenta que, em especial após o colapso do modelo de estatismo soviético e da oposição entre capitalismo e comunismo, a geopolítica foi muito modificada, ocorrendo uma profunda reestruturação do próprio capitalismo, obrigando uma organização das empresas em redes, com maior flexibilidade gerencial e descentralização, tanto no âmbito interno quanto externo, caracterizando-se também por um período em que o capital tem sobrepujado a importância do trabalho e a desregulação de mercados (de forma seletiva) tem causado uma concorrência global desleal, em que está se desfazendo o Estado do bem-estar social e o desenvolvimento desigual entre os países tem se acentuado, consolidando muitos "buracos negros da miséria humana", não apenas na divisão entre "o Norte e o Sul", mas também em segmentos e territórios de todas as sociedades em todos os lugares, com a desestruturação e deslegitimação de instituições, enfraquecimento de importantes movimentos sociais e culturais.

ao pagamento de bônus milionários[442] àqueles que, atuando nesses bancos prejudicados, coordenavam ou realizavam estas operações mobiliárias de altíssimo risco visando bônus milionários, sem que houvesse qualquer interesse público – nos bancos públicos, ao menos – na participação em operações mobiliárias de alto risco, sem garantias).

Por outro lado, apesar dos escândalos financeiros de grandes proporções (envolvendo graves condutas criminosas), envolvendo empresas transnacionais, autoridades públicas e organizações criminosas, não pode o Estado agir de modo desproporcional ao estabelecer a sua política criminal, quer seja no que se refere à *criminalidade de massa*, quer seja diante das *organizações criminosas violentas* ou *organizações criminosas não violentas*.

Nos Estados Democráticos de Direito, jamais deve ser esquecido que ao Direito Penal foram confiadas duas funções (aparentemente contraditórias, que causam tensão dialética), pondera Zuñiga Rodriguez (1995, p. 145-159): uma função de prevenção e repressão ao crime e outra de garantia e proteção de direitos fundamentais[443], e este delicado equilíbrio não pode ser rompido, privilegiando a atividade repressora, ou então desrespeitando direitos

[442] Em entrevista sobre o tema, Schünemann (Schünemann; Greco, 2013, p. 329-330) comenta: "[...] Quanto à crise financeira de 2008, aqui o que parece ter ocorrido não foi, em primeira linha, lesão a bens coletivos, e sim a bens individuais, a saber, ao patrimônio de instituições bancárias e de crédito. Os executivos que, animados pela expectativa de receber gordas bonificações pelos balanços positivos, optaram por participar de jogos especulativos de alto risco, investindo em títulos de crédito oriundos de hipotecas dos devedores americanos insolventes, causaram sérios prejuízos às instituições em que trabalhavam. É ingênuo e provavelmente tendencioso dizer que a crise é sistémica e que, portanto, nenhum indivíduo pode ser responsabilizado. Pelo contrário, deve-se investigar se as condutas desses executivos não configuram delitos de bancarrota (contra o patrimônio dos credores) ou de infidelidade patrimonial, e se a resposta for, como suspeito, afirmativa, eles devem ser punidos como quaisquer outros criminosos."

[443] Para Jorge Miranda (2018, p. 12-15), direitos fundamentais, em rigor, são sempre direitos que constam na Constituição formal e implicam "três firmes condições": *a)* só há de facto direitos fundamentais onde os indivíduos estão em relação imediata com o poder político e unidas por um estatuto comum, porque não existem direitos fundamentais sem Estado que os respeite e proteja; *b)* não existem direitos fundamentais sem o devido reconhecimento e tutela da autonomia das pessoas frente ao poder, *i. e.*, não existem estes direitos em regimes totalitários; *c)* não existem direitos fundamentais sem Constituição, enquanto "sistematização racionalizadora das normas estatutárias de poder e da comunidade". Por outro lado, reconhece que, no Direito Internacional, prevalecem fórmulas como "direitos humanos",

fundamentais e/ou oferecendo uma proteção deficiente aos bens jurídicos dignos de tutela penal[444]. Esta ambivalência do Direito Penal, como meio importante para garantir a convivência (função garantista) e as liberdades constitucionais, e por outro lado, como um poderoso instrumento para controlar os indivíduos e prevenir as lesões intoleráveis aos bens jurídicos essenciais (função repressiva), denota bem esta contraposição entre eficácia e garantias, prevenção de delitos e direitos fundamentais, ordem e liberdade.

Ademais, lembra Delmas-Marty (2004b, p. 21-23) que a relação entre o direito penal e os direitos humanos sempre foi uma vinculação ambígua[445], com uma evidente tensão entre dois pólos que, muitas vezes, podem ser confundidos, contrários e /ou divergentes. Observa que a antinomia com os direitos humanos está na essência do sistema penal, do direito estatal de punir, que restringe direitos fundamentais como o direito de liberdade (uma vez que o direito penal está lastreado, em regra, na pena restritiva de liberdade), mas apesar disto, o sistema penal exerce relevante função na proteção de direitos humanos.

Esta proteção dos direitos humanos é realizada mediante um duplo movimento, destaca Delmas-Marty (2004b, p. 21-23), pois se de um lado está a afirmação positiva dos valores e direitos humanos, de outro está a desqualificação do seu inverso, da transgressão contra estes valores e direitos humanos, e esta infração tem prevista uma sanção instituída pelo conjunto social em seu conjunto. Entretanto, porque a sanção penal *restringe* direitos humanos, visando *proteger* direitos humanos, faz-se tão necessário um direito processual penal que organize, de forma minuciosa, o respeito aos direitos humanos e às

"direitos do homem" ou "proteção internacional da pessoa humana", inclusive na busca por um "mínimo ético universal".

444 Lembra Anabela M. Rodrigues (2002a, p. 549-551) que, perante os novos e grandes riscos que pairam sobre a sociedade contemporânea, entre os quais se destaca a criminalidade organizada, pede-se ao Direito Penal que seja não apenas um "ordenamento de liberdade", limitativo dos poderes do Estado na sua intervenção sobre os cidadãos, mas também um "ordenamento de segurança", *i. e.*, de maneira paradoxal exige-se que *limite* os poderes do Estado para *proteger os cidadãos* e, ao mesmo tempo, *amplie* os poderes do Estado, também para *proteger os cidadãos*.

445 Anota Delmas-Marty (2004b, p. 21-23) que a ambiguidade dos direitos humanos não está relacionada apenas à sanção penal, pois também as sanções extrapenais, *v. g.*, como as administrativas ou de defesa social, podem atentar contra os direitos humanos

devidas garantias (como a ampla defesa e o contraditório), de modo a estabelecer um processo que seja o mais equitativo que for possível.

Diante deste cenário, devemos nos lembrar que o "medo difuso" e o "sentimento de insatisfação ante o sistema penal"[446] muitas vezes incutidos na sociedade, causam uma sensação hipertrofiada de insegurança (subjetiva) nos cidadãos (balizada por juízos de valor, estereótipos, variáveis sociais e económicas individuais e independentes da situação real), como alerta Zuñiga Rodriguez (1995, p. 145-149), e não costumam condizer com a insegurança concreta (objetiva), que deve ser analisada conforme critérios científicos, em especial criminológicos. Anota, ainda, que a sensação de insegurança decorre, no mais das vezes, de crimes violentos, inclusive em países europeus industrializados (como Itália, Alemanha, Espanha e Reino Unido), diante de ataques terroristas, contaminando o Direito com uma legislação de emergência[447] que, embora devesse ser excecional quanto ao período de sua vigência e aplicação exclusiva aos terroristas, acaba se tornando ordinária e sendo aplicada a qualquer cidadão, diante da impossibilidade de prévia determinabilidade de quem **é (ou não** é) terrorista.

Sustenta Zuñiga Rodriguez (1995, p. 145-149) que o Estado-legislador tem elaborado diversas normas de segurança cidadã, que diminuíram de modo significativo as garantias fundamentais dos indivíduos e, de facto, direcionaram-se apenas à repressão de determinados tipos de crime, em especial a "criminalidade de rua" e o tráfico de entorpecentes, que nem sequer são

[446] Segundo Zuñiga Rodriguez (1995, p. 146), o "medo do crime" ou a "insegurança cidadã" são noções ambíguas e difíceis de definir, pois o medo é uma das manifestações mais subjetivas dos seres humanos e é captado por meio de imagens ou representações de cada indivíduo, diante de eventos mais ou menos reais de perigo ou lesão, verificando-se o "medo difuso" pela perceção individual através de fontes como os meios de informação (mídia), sensação de aumento da criminalidade, experiência pessoal ou de indivíduo próximo, entre outras. Por outro lado, o "sentimento de insatisfação ante o sistema penal" pode derivar da sensação de que os mecanismos e órgãos de prevenção e repressão estatais são ineficazes, de que há muita impunidade e/ou pouca racionalidade no sistema penal.

[447] No mesmo vértice, Moccia (2000a, p. 29-50) adverte que a "legislação de emergência" na seara penal tem se tornado, de facto, perene, caminhando apenas numa direção, de índole punitivista, em que institutos penais que restringem de forma desproporcional os direitos e garantias do direito penal e processual penal permanecem vigorando após décadas (e não para fazer frente a fenómeno criminal limitado em determinado espaço-tempo), descumprindo princípios penais essenciais e ignorando o caráter subsidiário da intervenção penal.

os mais lesivos à sociedade, olvidando os delinquentes de colarinho branco e os delitos socioeconómicos (que não costumam atingir de forma direta os indivíduos), com uma alta taxa de impunidade, aumentando a descrença dos cidadãos nos órgãos estatais e nos mecanismos do Direito Penal como um todo.

Neste rumo, deve-se verificar também se o Estado, que de certa forma tem promovido (ou, no mínimo, permitido) a gradual redução da estrutura e dos programas do Estado do Bem-estar, falhando na resolução dos problemas estruturais dos Estados (como emprego, educação, saúde, condições dignas de vida etc.), não estaria buscando se legitimar (ou manter parcela da sua legitimação) mediante programas de segurança pública de índole repressora, sobretudo nos países desenvolvidos, destaca Zuñiga Rodriguez (1995, p. 151-152), os quais possuem baixas taxas de criminalidade.

Deve-se analisar, portanto, se a expansão e/ou endurecimento do Direito Penal e Processual Penal, em programas que restringem diversas garantias e direitos fundamentais, não representam apenas um complexo de técnicas visando obediência e controle social, além de legitimação de Estados que têm falhado no cumprimento das suas atribuições constitucionais, sem olvidar que o discurso "eleitoreiro" de "combate à criminalidade" rende, a políticos demagogos e pouco preocupados com as reformas estruturais necessárias para o desenvolvimento do país e do ser humano, ótimo retorno em votos e popularidade, além de dividendos para as mídias sociais, que lucram com a reiterada transmissão de cenas de crimes violentos e com a comoção popular.

Quanto a esta crise de legitimidade dos Estados, Habermas (2004, p. 121-132) a teorizava desde a década de 1970, apontando a "penúria de legitimação" pela qual perpassavam os Estados de "capitalismo tardio", nos quais o poder económico-político passou gradualmente a privilegiar determinados setores ou classes da sociedade em detrimento de outros, estabelecendo prioridades sem equilíbrio e sem atender aos interesses gerais da população, rompendo laços de integração da sociedade.

Deste modo, Estados podem tentar manipular seus cidadãos no afã de justificarem as decisões estratégicas, os programas e os investimentos de recursos públicos adotados, em especial utilizando crenças arraigadas, tradições e/ou simbologia (positiva e negativa) imanentes de uma sociedade, pondera Habermas (2004, p. 121-132). Entretanto, após um período inicial de aceitação, alerta que os indivíduos percebem (a depender do nível sociocultural da sociedade) a condução ou direcionamento fraudulentos da opinião pública e da boa-fé dos cidadãos, gerando descrença e desconfiança, uma verdadeira crise de legitimidade do Estado (agravada de maneira profunda pelos rotineiros escândalos de desvios de recursos públicos, corrupção das mais altas autoridades públicas, direcionamento de políticas públicas para atender a interesses privados etc.).

Esta crise de legitimidade também se deve, em grande parte, à insistência na sobrevalorização de temas de menor importância para a sociedade, destacados nas mídias e nas discussões políticas com o intuito de desviar o foco das pessoas de outras áreas temáticas de elevada relevância, acrescenta Habermas (2004, p. 121-132), afastando problemas graves e estruturais dos debates públicos e da agenda oficial, sobretudo quando as autoridades não encontram soluções aceitáveis ou não possuem aptidão para os desafios impostos por uma sociedade cada vez mais complexa e exigente no trato das questões públicas.

Aprofunda-se esta crise de legitimação do Estado, ainda, pelo exaurimento dos métodos de manipulação, ainda mais quando os argumentos apresentados por autoridades públicas são contraditados pelos factos e dados disponíveis (embora, em certos momentos e localidades, governantes busquem manter em sigilo as informações que lhes são desfavoráveis), criando um sistema autodestrutivo, observa Habermas (2004, p. 121-132), com alta probabilidade de gerar uma completa aversão da sociedade, em especial daquelas que possuem elevado nível sociocultural. Reconhece, então, que não é por acaso que têm surgido tantas e tantas organizações não governamentais e iniciativas cidadãs, exigindo participação nas decisões mais relevantes para a sociedade e modelos alternativos de governabilidade, com destaque para aquelas decisões que podem produzir um número incalculável de afetados pelas escolhas realizadas.

Por seu turno, acerca da legitimidade da política e dos agentes políticos, Bauman (Bauman e Donskis, 2019, p. 112-113) comenta o quanto têm falhado as iniciativas dos cidadãos que buscam aperfeiçoar as políticas dos Estados, no sentido de transformar as preferências dos indivíduos em realidades sociais, apesar de, neste momento, os avanços tecnológicos de comunicação e informação e, em especial, a ascensão dos "big data", permitirem que governantes (e empresas de maior porte) possam reunir, processar e acessar quantidades enormes de informações sobre os padrões de comportamento e sobre as preferências dos cidadãos. Analisa que, em vez de utilizar essas informações para promover um maior atendimento aos interesses dos cidadãos e ao bem-estar comum, os agentes políticos (e também as empresas) as têm usado para manipular as pessoas e também como instrumentos de coerção, porque todo e qualquer indivíduo pode estar sendo monitorado a qualquer momento (por órgãos públicos de inteligência ou por empresas privadas), destruindo os alicerces da democracia e a crença de que a boa-fé e a solidariedade (enquanto membro de uma comunidade) serão recompensadas.

Esta situação está sendo degradada pelo facto de que mesmo os países mais desenvolvidos estão promovendo a dissolução de uma rede de instituições e programas que forneciam algum apoio às vítimas de uma economia cada vez menos regulamentada e guiada apenas pelo lucro, alerta Bauman (Bauman e Donskis, 2019, p. 26-27), gerando total insensibilidade em relação à expansão da desigualdade e **à** entrega dos indivíduos à própria sorte, sem a proteção que o senso coletivo proporcionava até há pouco tempo atrás, por meio da solidariedade (representada pela seguridade social, assistência **à saúde** e outros programas sociais). Alerta que esses factos estão causando, inclusive, uma quase que total descrença no sistema político democrático e nas eleições, pois os cidadãos vêm percebendo de modo claro que se trata de uma encenação, em que os agentes políticos fingem governar e defender os interesses dos cidadãos, enquanto os detentores do poder económico simulam estarem sendo governados, sendo que os reiterados fracassos dos governantes e das políticas públicas desastrosas costumam ter como pretexto as "misteriosas leis do mercado".

Agrava esta crise de legitimidade o facto de que dois terços da população de países desenvolvidos estejam vivendo bem (empresários, trabalhadores, funcionários públicos), conforme Zuñiga Rodriguez (1995, p. 151), enquanto um terço dos indivíduos esteja à margem e na pobreza, criando uma *sociedade dual*, com dois tipos de controle social: os primeiros submetidos apenas a técnicas de controle primário informal e sutil, desde que se submetam ao "consenso político" em vigor; e os demais (marginalizados), fora deste "consenso" e do sistema produtivo e de consumo, aos quais são voltados programas assistenciais (cada vez mais incipientes) e o controle social severo e autoritário, por meio de "guetização, discriminação, estigmatização" e de uma intervenção policial e jurídico-penal cada vez mais intensa, reduzindo as possibilidades de integração social e, diante de uma política criminal repressora, reduzindo muito os espaços de liberdade e de direitos, tornando-os residuais.

Acrescente-se que esta atribuição essencial do Estado, como ente que promove e protege os direitos fundamentais, é inestimável nas comunidades ocidentais, conformadas em Estados de Direito Democráticos, gerando outras incumbências estatais prioritárias que visam proteger e aperfeiçoar os instrumentos que viabilizam, *v. g.*, esta promoção e defesa dos bens jurídicos mais importantes de uma sociedade. Além disso, estão delineados de forma expressa, tanto na Constituição da República Portuguesa quanto na Constituição brasileira, uma série de instrumentos de extrema relevância para viabilizar a promoção e a proteção de direitos fundamentais, entre os quais se destacam a empresa, o empresário, a livre iniciativa, o desenvolvimento económico[448].

Devem ser acrescentadas, ainda, as diversas semelhanças de caráter político, jurídico e axiológico, além dos influxos recíprocos entres as Constituições portuguesa e brasileira, decorrentes não apenas da colonização do Brasil por

[448] A CRP (1976) prevê: "[...] Artigo 81.º (Incumbências prioritárias do Estado) Incumbe prioritariamente ao Estado no âmbito económico e social: *a)* Promover o aumento do bem-estar social e económico e da qualidade de vida das pessoas, em especial das mais desfavorecidas, no quadro de uma estratégia de desenvolvimento sustentável; *b)* Promover a justiça social, assegurar a igualdade de oportunidades e operar as necessárias correcções das desigualdades na distribuição da riqueza e do rendimento, nomeadamente através da política fiscal; *c)* Assegurar a plena utilização das forças produtivas, designadamente zelando pela eficiência do sector público; *d)* Promover a coesão económica e social de todo o território nacional, orientando o desenvolvimento no sentido de um crescimento equilibrado de todos os sectores e regiões e eliminando progressivamente as diferenças económicas e sociais entre a cidade e o campo e entre o litoral e o interior; *e)* Promover a correcção das desigualdades derivadas da insularidade das regiões autónomas e incentivar a sua progressiva integração em espaços económicos mais vastos, no âmbito nacional ou internacional; *f)* Assegurar o funcionamento eficiente dos mercados, de modo a garantir a equilibrada concorrência entre as empresas, a contrariar as formas de organização monopolistas e a reprimir os abusos de posição dominante e outras práticas lesivas do interesse geral; *g)* Desenvolver as relações económicas com todos os povos, salvaguardando sempre a independência nacional e os interesses dos portugueses e da economia do país; *h)* Eliminar os latifúndios e reordenar o minifúndio; *i)* Garantir a defesa dos interesses e os direitos dos consumidores; *j)* Criar os instrumentos jurídicos e técnicos necessários ao planeamento democrático do desenvolvimento económico e social; *l)* Assegurar uma política científica e tecnológica favorável ao desenvolvimento do país; *m)* Adoptar uma política nacional de energia, com preservação dos recursos naturais e do equilíbrio ecológico, promovendo, neste domínio, a cooperação internacional; *n)* Adoptar uma política nacional da água, com aproveitamento, planeamento e gestão racional dos recursos hídricos."

Portugal e do facto de compartilharem a mesma língua e tantos interesses comuns, mas também das correntes liberais que impulsionaram e estimularam movimentos constitucionalistas em ambos os países, em especial a partir da década de 1820, como relata Bonavides (1996, p. 20-27).

Repita-se, portanto, que é latente a relevância que os constituintes de ambos os países atribuíram ao desenvolvimento económico através das atividades empresarial e cooperativa, bem como à necessidade de regulá-las e protegê-las, pois são alguns dos mecanismos mais importantes para viabilizar e reforçar vários direitos de cunho social, económico, cultural, ambiental, entre outros direitos essenciais, irradiando seus efeitos sobre o restante do ordenamento jurídico e gerando uma considerável legislação infraconstitucional sobre esta temática, como antes abordou-se (Ziembowicz, 2021, p. 89-94).

De facto, a Constituição de Portugal definiu diversas atribuições estatais e instrumentos de estímulo e proteção referentes ao desenvolvimento económico e empresarial, o qual foi vinculado a fins sociais. Quanto à organização económica, *v. g.*, previu-se entre seus princípios fundamentais a subordinação do poder económico ao poder político democrático, a coexistência dos setores público, privado e cooperativo, a liberdade de iniciativa[449] e de organização empresarial, a propriedade pública de recursos naturais e de meios de produção quando houver interesse coletivo e o planeamento democrático do desenvolvimento económico e democrático [art. 80.º, *a)*, *b)*, *c)*, *d)*, *e)*][450].

[449] Deve-se ter em conta que a "liberdade económica privada", embora funcionalizada a certas exigências socioeconómicas constitucionais (tratadas de modo mais minucioso na legislação infraconstitucional), conforma várias dimensões, como analisa Fonseca (2008, p. 67-68), entre as quais a liberdade para criar e para gerir empresas, liberdade de acesso a determinadas atividades e a investimento, liberdade de organização e liberdade para negociar e contratar, sendo que, em princípio, as limitações à liberdade económica não podem ser suprimidos, quando em conflito com outros direitos fundamentais, a ponto de comprimir inclusive seu núcleo essencial, que inviabilizaria toda e qualquer iniciativa privada e o desenvolvimento económico, o qual deve ser estimuldado e tutelado pelo Estado.

[450] Após analisar a jurisprudência do Tribunal Constitucional (TC) português, anota Fonseca (2008, p. 17-24) que os princípios fundamentais da organização económica previstos no art. 80.º da Constituição têm uma função estruturante, denotando que os constituintes quiseram dar unidade (em sentido formal estrito) à Parte II da CRP, onde consta a "Constituição Económica" portuguesa, promovendo uma "unificação em sentido jurídico-material" e uma "harmonização teleológico-interpretativa", subordinando os enunciados e a interpretação de toda esta Parte II (do art. 80.º ao 107.º da CRP) a estes princípios fundamentais, os quais, por seu turno, estão vinculados aos direitos fundamentais e aos valores que estes consagram,

Entretanto, quanto à subordinação do poder económico ao poder político democrático, analisa Fonseca (2008, p. 42-53) que se trata de uma conceção de significado complexo e alcance a ser verificado de acordo com a realidade, de um mercado globalizado e não restrito ao espaço de determinado Estado, além de serem poderes de natureza muito diversa. Amparando-se em lições de Canotilho e Vital Moreira, considera que o poder económico[451] é um poder de facto (*ser*), proporcionado pelas posições económicas dominantes e pela riqueza, enquanto o poder político democrático é jurídico ou juridicizado, que habita o mundo do *dever ser*. Desta maneira, inclusive diante das dinâmicas diferenciadas entre ambos os poderes e da realidade[452] de que nem todos os *factos* (*ser*) podem ser subordinados ao *dever ser*, apesar das teorias do

sujeitando os poderes estatais. Acrescenta que o TC tem entendido que estes princípios da organização económica, quer imponham ou não um padrão imediato de pronúncia, declaração ou julgamento de qualquer inconstitucionalidade, são princípios harmonizadores ou integradores, densificadores do Estado de Direito Democrático e vinculados aos direitos fundamentais, entre os quais são relevantes, neste caso, a liberdade de iniciativa económica, conformada pela "certeza do direito, segurança e confiança jurídicas", podendo fundamentar decisões judiciais positivas ou negativas de constitucionalidade.

451 O poder económico é de natureza fáctica e, portanto, um conceito inicialmente extrajurídico, além de polissêmico, como pontua Fonseca (2008, p. 49-51). Sustenta que se trata de uma ideia relacional, que pressupõe a ascendência de alguns sujeitos sobre outros, que nem sempre são determináveis com exatidão [em especial numa dinâmica globalizada e acelerada, com mudanças constantes e repentinas, que caracterizam o período atual]. Surge este poder, *a priori*, por razões económicas, em que determinados sujeitos detêm o poder sobre os demais por terem sob seu controle bens ou posições que estes necessitam, mas que não deveriam (na perspetiva do *dever ser* jurídico) pôr em causa os princípios do Estado de Direito e os direitos fundamentais, *i. e.*, "a ideia de Direito que concretiza a de justiça numa determinada ordem jurídico-política". Assim, pondera que a CRP busca, em suma, evitar a captura ou subordinação do poder político democrático pelo poder económico, por se tratar de um poder de facto, impedindo-se que, no mundo real, o poder económico viole de modo sistemático os valores essenciais que constam na Constituição.

452 Lembram Trovão do Rosário, Viana e Ramos (2019a, p. 7-26) que o próprio constitucionalismo resultou de uma série de movimentos que visavam a racionalização do Estado e limitação do poder dos governantes, sobretudo por meio do estabelecimento de direitos e garantias positivados. Por outro lado, se no passado sua força motriz estava centrada na limitação do poder do Estado, na separação dos poderes e nos direitos fundamentais, hoje enfrenta outras dificuldades muito mais desafiadoras e complexas, em face da multiplicidade de interesses e direitos da sociedade contemporânea, contemplando novos arranjos institucionais (discutidos na Teoria do Diálogo Institucional), que têm como atores não apenas os poderes estatais, mas também um pluralismo de instituições e de conceções.

contratualismo social, acrescenta que este primeiro princípio fundamental da organização económica [art. 80.º, *a)*, da CRP] **já denota**, entretanto, o quanto os constituintes consideraram importantes o poder e o desenvolvimento económicos como instrumentos para obtenção de avanços sociais e promoção dos direitos fundamentais.

Deste modo, não há poder político democrático se não houver poder económico que possa lastrear (e também custear) os direitos previstos na Constituição, conclui Fonseca (2008, p. 42-53), reforçando que este princípio fundamental da organização económica não pode ser interpretado sem considerar os demais princípios fundamentais e estruturantes, entre os quais sobressaem a liberdade de iniciativa e de organização empresarial, a leal, efetiva e sadia concorrência[453], livre de comportamentos danosos que impeçam

[453] Neste sentido, vejam-se as recentes sanções, de €92,8 milhões (noventa e dois milhões e oitocentos mil euros), aplicadas pela Autoridade da Concorrência – AdC (2021) a algumas das maiores cadeias de supermercados de Portugal, pela prática de cartel mediante o esquema *hub-and-spoke*, após mais de um ano de investigação e com a conclusão de que a infração era praticada há mais de de 12 anos, constando inclusive algumas das trocas de mensagens entre o fornecedor (*hub*) e os varejistas (*spokes*) em que combinavam os preços das mercadorias. As referidas medidas estão previstas na Lei n.º 19/2012, de 08 de maio, que estabelece o regime jurídico da concorrência. Consta no "Comunicado 21/2021" da *Autoridade da Concorrência*: "A decisão. Esta decisão diz respeito aos supermercados [...], a dois responsáveis individuais da [...] e ao fornecedor comum [...], por terem participado num esquema de hub-and-spoke. Trata-se de uma prática altamente prejudicial dos consumidores, que afeta a generalidade da população portuguesa dado que os grupos empresariais envolvidos representam grande parte do mercado nacional da grande distribuição a retalho de base alimentar. A prática sancionada. A investigação permitiu concluir que mediante contactos estabelecidos através do fornecedor comum, sem necessidade de comunicar diretamente entre si, as empresas participantes asseguravam o alinhamento dos PVP [preços de venda ao público] nos seus supermercados, numa conspiração equivalente a um cartel, designada na terminologia do direito da concorrência por "hub-and-spoke", que elimina a concorrência, privando os consumidores da opção por melhores preços, garantindo melhores níveis de rentabilidade para toda a cadeia de distribuição, incluindo fornecedor e cadeias de supermercado. [...] No presente caso, a investigação da AdC determinou que a prática durou mais de doze anos, entre 2003 e 2016, e visou vários produtos da [...], incluindo as cervejas [S. B., Ca., Cr. e Ch., as águas V. e Á. das P.], e ainda a sidra [So.]. [...] As coimas aplicadas pela AdC são determinadas pelo volume de vendas das empresas visadas nos mercados afetados, nos anos da prática. Acresce que de acordo com a Lei da Concorrência, as coimas não podem ultrapassar 10% do volume de negócios da empresa no ano anterior à decisão sancionatória. Para a determinação da coima, a AdC tem em conta a gravidade e a duração da infração, o grau de participação das empresas visadas na infração, a situação económica das empresas, entre outras circunstâncias,

a competição isonômica entre os concorrentes de um mesmo setor e porte económico (enquanto princípio essencial da economia capitalista) [454], além de proporcionar ao cidadão liberdade para tomar suas decisões e se planear do ponto de vista económico[455], bem como as diversas atribuições estatais, no sentido de apoiar e modernizar os variados setores económicos[456].

em conformidade com as boas práticas internacionais (v. Linhas de Orientação da AdC sobre metodologia a aplicar na aplicação de coimas). Seguem-se as coimas aplicadas a cada uma das pessoas visadas: [SBB] S.A.: €33.296.000 (trinta e três milhões, duzentos e noventa e seis mil euros); [MCH] S.A.: €27.480.000 (vinte e sete milhões, quatrocentos e oitenta mil euros). [PD] Distribuição Alimentar, S.A.: €20.362.000 (vinte milhões, trezentos e sessenta e dois mil euros). [ARP] S.A: €3.463.000 (três milhões, quatrocentos e sessenta e três mil euros). [I] Alimentar S.A.: €8.265.000 (oito milhões, duzentos e sessenta e cinco mil euros). [...] A AdC mantém como prioridade o reforço da investigação a práticas restritivas da concorrência, em particular as que tenham maior impacto nos consumidores, na competitividade das empresas e na economia como um todo, tal como a prática agora sancionada. 3 de novembro de 2021" (Grifos no original).

[454] Como observam Harrington Jr. e Harker (2018, p. 54-58), o cartel no formato *hub-and-spoke* envolve a troca de informações em que uma empresa (*hub*) reúne informações sobre preços entre seus fornecedores (a montante na cadeia de produção e/ou distribuição) ou clientes (a jusante na cadeia de produção e/ou distribuição) com o objetivo de combinarem preços entre si, restringindo ou impossibilitando a concorrência, método que dificulta muito a atuação, a deteção e a investigação dos fatos pelos órgãos de regulação e de persecução penal, porque a combinação de preços, de volume e de período de vendas, de modelos de produtos e serviços, além de outras medidas que inviabilizam a concorrência em prejuízo do mercado e dos consumidores, não é realizada de modo direto entre as pessoas jurídicas (*spokes*) envolvidas, em regra pertencentes ao mesmo setor económico, mas sim através de um intermediário (*hub*).

[455] Vejam-se, ainda: o Comunicado da AdC nº 26/2021, de 17 de dezembro de 2021, e PRC/2017/8, com a condenação das redes de supermercados A.. E. L., C., P. D., bem como o fornecedor de bebidas comum S. (vinhos e outras bebidas alcoólicas), em que restou comprovado que algumas redes de supermercados (entre as maiores de Portugal) combinaram os preços de bebidas de 2006 a 2017, mediante cartel *hub-and-spoke*, alcançado as coimas mais de 17 milhões de euros; o Comunicado da AdC nº 11/2022, de 20 de junho de 2022, e PRC/2017/3, com a condenação das redes de supermercados A., C., P. D., e a fornecedora comum B., por concertação de preços de produtos de higiene e cosméticos de 2011 a 2017, com coimas que, somadas, ultrapassam 19,4 milhões de euros; o PRC/2017/11, que condenou as redes de supermercados A., C., P. D., C.A.F.B.S., por terem combinado preços de produtos alimentícios e de higiene pessoal de fornecedora comum (empresa U.) de 2007 a 2017, sendo sancionadas com coimas que totalizaram mais de 132 milhões de euros. Deste modo, não é por acaso que Ferreira Monte (1996, p. 309-312) sustenta a necessidade de, *v.g.*, da utilização de um "direito penal de consumo", com relativa autonomia, inclusive diante da referência axiológico-normativa prevista na Constituição Portuguesa, com a intervenção penal sendo utilizada para uma proteção adequada e especial, de *ultima ratio*, sobretudo quando as demais medidas de direito civil, comercial e administrativo, bem como os respetivos órgãos e

Quanto à CRP, também foram estabelecidas, entre as "tarefas fundamentais do Estado", os deveres do Estado de promover o bem-estar e a qualidade de vida do povo, de efetivar os direitos económicos, sociais, ambientais e culturais, transformando e modernizando as estruturas económicas e sociais [art. 9.º, *d)*]. Estabeleceu-se que a iniciativa económica privada pode ser exercida com liberdade e deve ser incentivada pelo Estado (art. 61.º, n.º 1; art. 86.º, n.º 1), que também tem, como incumbências prioritárias, promover a plena utilização das forças produtivas e uma política científica e tecnológica que favoreça o desenvolvimento [art. 81.º, *a), c), l)*].

Entre os "objetivos" do Estado, também estão o desenvolvimento e a diversificação das relações económicas externas [art. 99.º, *d)*], a ampliação da produção das indústrias mediante modernização, o fortalecimento da inovação industrial e tecnológica, o incremento da produtividade e da competitividade das empresas, o auxílio às iniciativas e empresas que geram empregos e potencializam a exportação ou a substituição de importações, promovendo a projeção internacional das empresas de Portugal [art. 100.º, *a), b), c), d), e)*]. Releva ponderar, ainda, que consta na CRP que todas as pessoas têm direito à liberdade e à segurança, além de outros dispositivos e valores implícitos relativos a esses temas.

Por outro lado, também está previsto na Constituição portuguesa o dever do Estado de proteger e de assegurar o eficiente funcionamento do mercado, garantindo o equilíbrio na concorrência[457] entre as empresas, impedindo

medidas de controlo, não forem suficientes para prevenir e reprimir as condutas mais lesivas aos bens jurídicos essenciais.

[456] No Brasil, face à elevada importância da leal e efetiva concorrência para a economia em qualquer sociedade capitalista, conferindo-lhe dignidade penal diante dos mais graves e intoleráveis danos à ordem económica, a prática de cartel é tipificada como crime na Lei n.º 8.137/1990, de 27 de dezembro, que define crimes contra a ordem tributária, econômica e contra as relações de consumo: "[...] Art. 4° Constitui crime contra a ordem econômica: I – abusar do poder econômico, dominando o mercado ou eliminando, total ou parcialmente, a concorrência mediante qualquer forma de ajuste ou acordo de empresas; II – formar acordo, convênio, ajuste ou aliança entre ofertantes, visando: a) à fixação artificial de preços ou quantidades vendidas ou produzidas; b) ao controle regionalizado do mercado por empresa ou grupo de empresas; c) ao controle, em detrimento da concorrência, de rede de distribuição ou de fornecedores. Pena – reclusão, de 2 (dois) a 5 (cinco) anos e multa."

[457] Veja-se outro escândalo relativo à concorrência em Portugal, em que a *Autoridade da Concorrência* – AdC (2019, mediante o PRC/2012/9) aplicou coimas a 14 instituições financeiras

instaladas em Portugal, totalizando €225 milhões (duzentos e vinte e cinco milhões de euros) em sanções, por intercambiarem informações comerciais sensíveis, inclusive valores e taxas dos seus produtos e serviços, "de modo regular e numa base mensal" com o objetivo "de restringir e falsear de forma sensível a concorrência" durante mais de dez anos, com "infração ao artigo 4.º da Lei n.º 18/2003 (no caso das Visadas [N.A. e D.]) ou do artigo 9.º da Lei n.º 19/2012 (no caso das Visadas [B, BB, BP, BC, BE, SA, PS, BA, BAR, CA, MO, CG e UC])". Consta na referida decisão da AdC: "[...] M. Num mercado livre e concorrencial, os concorrentes não trocam entre si informação estratégica, pelo contrário, utilizam-na para se distinguirem dos seus adversários e concorrerem pelo preço, pela qualidade e pela inovação, em benefício do consumidor. N. A troca de informação analisada ocorreu num mercado relativamente concentrado, em que os seis maiores bancos representam mais de 80% do mercado. O que significa que a troca de informação em causa, reportada a preços e quantidades de natureza recente ou mesmo futura, revela-se efetivamente apta a restringir a concorrência, por se referir a parte muito substancial dos operadores nos mercados em causa. O comportamento adotado pelas Visadas, acabado de descrever, consubstancia uma prática concertada entre concorrentes (ou seja, neste caso, uma coordenação informal entre empresas que, não chegando à celebração de uma convenção, substitui os riscos da concorrência por uma consciente cooperação prática entre elas) à luz do artigo 9.º da Lei n.º 19/2012 e/ou do artigo 4.º da Lei n.º 18/2003, bem como do artigo 101.º do TFUE." Consta também na referida decisão que os tribunais reduziram o valor das coimas de apenas cinco das quatorze instituições, sendo aplicadas, "[...] nos termos dos artigos 43.º e 44.º da Lei n.º 18/2003 (no caso das Visadas [N.A. e D.]) ou dos artigos 68.º e 69.º da Lei n.º 19/2012 (no caso das restantes Visadas infra mencionadas), das seguintes coimas: 1. À Visada [B] S.A., uma coima de €500.000,00 (quinhentos mil euros); 2. À Visada [BB] S.A., Sucursal em Portugal, uma coima de € 2.500.000,00 (dois milhões e quinhentos mil euros); 3. À Visada [BP] S.A., uma coima de €30.000.000,00 (trinta milhões de euros); 4. À Visada [BC] S.A., uma coima de € 60.000.000,00 (sessenta milhões de euros); 5. À Visada [BE] S.A. – em Liquidação, uma coima de € 700.000,00 (setecentos mil euros); 6. À Visada [SA] S.A., uma coima de € 35.000.000,00 (trinta e cinco milhões de euros), pelos factos por si praticados e uma coima de € 650.000,00 (seiscentos e cinquenta mil euros), pelos factos praticados pelo [PS], aplicando-lhe, após o cúmulo jurídico, uma coima única de € 35.650.000,00 (trinta e cinco milhões, seiscentos e cinquenta mil euros); 7. À Visada [BA] S.A. – em Liquidação, uma coima de € 1.000,00 (mil euros); 8. À Visada [BAR] PLC, uma coima de € 8.000.0000 (oito milhões de euros); 9. À Visada [CA] CRL, uma coima de € 350.000,00 (trezentos e cinquenta mil euros); 10. À Visada [MO] S.A., uma coima de € 26.000.000,00 (vinte e seis milhões de euros); 11. À Visada [CG] S.A., uma coima de € 82.000.000,00 (oitenta e dois milhões de euros); 12. À Visada [D] – Sucursal em Portugal, uma coima de €350.000,00 (trezentos e cinquenta mil euros); e 13. À Visada [UC] S.A. – Sucursal em Portugal, uma coima de € 150.000,00 (cento e cinquenta mil euros). Refira-se que a medida concreta da coima fixada tem em conta o grau de participação de cada Visada na infração, bem como a duração da mesma, não sendo considerada, apenas para este efeito, a afetação do comércio entre estados-membros [...]." Comente-se que colocamos entre parênteses as letras iniciais das instituições financeiras visadas, de forma a preservar a informação essencial para o objetivo do nosso estudo.

organizações e formas monopolistas, reprimindo os abusos de posição dominante e outras práticas danosas ao interesse geral. Neste rumo, prevê também os objetivos de proteger os consumidores, os trabalhadores, os recursos naturais e o equilíbrio ecológico [art. 81.º, *f), i), m)*; art. 99.º, *e)*]. Ademais, impõe ao Estado o dever de fiscalizar o cumprimento das obrigações previstas na legislação para as atividades empresariais, em especial pelas empresas cujas atividades sejam de interesse económico geral (art. 86.º, n.º 1), além de estabelecer como objetivos a promoção de uma saudável concorrência entre os agentes mercantis, reprimindo as atividades e práticas de caráter especulativo e/ou restritivo [art. 99.º, *a), c)*], prevendo ainda outros instrumentos e medidas de órgãos públicos e do Estado para tutelar e promover um mercado hígido e proteger os indivíduos.

A Constituição do Brasil (CRFB), por seu turno, consagra que a República Federativa brasileira tem, entre seus fundamentos, os valores sociais do trabalho e da livre iniciativa (art. 1.º, IV), fundando-se a ordem económica na valorização do trabalho humano e da livre iniciativa, garantindo-se (a todos) o livre exercício de qualquer atividade económica, dependente de autorização de entes públicos apenas quando houver previsão legal (art. 170.º). Com esta perspetiva, estabelece também que as leis devem apoiar e estimular as empresas que investem em pesquisa e tecnologia, formam e aperfeiçoam seus recursos humanos (art. 218.º).

Estatuiu-se, ainda, que o mercado interno é parte integrante do patrimônio nacional e deverá ser incentivado, viabilizando-se o desenvolvimento socioeconómico e a autonomia tecnológica do País, cabendo ao Estado também estimular a formação e fortalecer a inovação nas empresas (art. 219.º); que o Estado poderá explorar diretamente alguma atividade económica apenas quando for indispensável a relevante interesse coletivo ou à segurança nacional (art. 173.º); que, na condição de ente que normatiza e regula a atividade económica, o Estado a fiscalizará, a incentivará e a planejará, na forma da lei, sendo que o planeamento será apenas indicativo para o setor privado (art. 174.º), competindo ao Estado diversos outros programas de diferentes naturezas para a promoção do crescimento e para fortalecer o mercado económico-financeiro.

Por outro lado, no seu preâmbulo, a CRFB estabelece que cabe ao Estado assegurar o exercício dos direitos sociais e individuais, a liberdade, a segurança, o desenvolvimento, a igualdade e a justiça e o bem-estar, consagrando-os como valores supremos. Depois, estatui que a lei deverá reprimir o abuso do poder económico que tenha por objetivo dominar o mercado, eliminar a concorrência ou aumentar de modo arbitrário os lucros. Prevê que a legislação irá estabelecer a responsabilidade das pessoas jurídicas, prevendo sanções compatíveis com sua natureza, em atos praticados contra a ordem económica e financeira e contra a economia popular, sem afastar a responsabilidade individual dos dirigentes da pessoa jurídica (art. 173.º, §4.º e §5.º). Dispõe que aos juízes federais compete processar e julgar os crimes contra o sistema financeiro e a ordem económico-financeira, bem como contra a organização do trabalho (art. 109.º, VI). Estatui, ainda, que a ordem económica visa assegurar a todos uma existência digna, lastreada em princípios como o pleno emprego, a defesa do consumidor e do meio ambiente, a livre concorrência (art. 170.º; art. 146.º-A), entre diversos outros dispositivos que objetivam proteger e fomentar o desenvolvimento económico.

Por seu turno, a *Constitución* espanhola (1978) anuncia no seu preâmbulo que a Nação, visando estabelecer a justiça, a liberdade e a segurança (entre outros objetivos), quer promover o progresso da economia para proporcionar a todos uma digna qualidade de vida. Assenta na parte conhecida como "Constituição Económica" a liberdade de empresa, numa economia de mercado (art. 38.º), possibilitando a atuação da iniciativa privada em atividades reservadas aos setores públicos se existir interesse geral (art. 128.º, n.º 2), encarregando o Estado de promover a modernização e o desenvolvimento dos setores económicos (art. 130.º, n.º 1).

Em contrapartida, a *Constitución* espanhola atribui aos poderes públicos: o dever de proteger e garantir o exercício das atividades empresariais e tutelar a produtividade, conforme necessário à economia e ao seu planeamento (art. 38.º); a atribuição do Estado como ente responsável pela promoção de condições favoráveis ao progresso económico e social (art. 40.º), quer seja tutelando os direitos económicos e sociais de trabalhadores (art. 42.º), quer seja protegendo os direitos de jovens (art. 48.º) e de consumidores (art. 51.º), além de defender o meio ambiente (art. 45.º), entre outros bens jurídicos essenciais.

Demonstra-se o quanto os constituintes dos precitados Estados reconheceram e valorizaram o desenvolvimento económico (sustentável), como instrumento[458] para consolidar, promover e defender os direitos, liberdades e garantias, enfim, os direitos fundamentais.

No mesmo vértice, transparece que os princípios e as demais disposições constitucionais, sobretudo quanto à organização económica, também priorizam e estão lastreados na manutenção (e proteção) de um mercado económico hígido e equilibrado, que possa atrair iniciativas, empresas e empresários com fins honestos, legítimos, que possa produzir bens e serviços, proporcionar empregos, a arrecadação tributária (ainda indispensável), enfim, gerar bem-estar e uma digna qualidade de vida.

Neste vértice, também é possível inferir com clareza, diante das disposições expressas e dos valores consagrados nessas Constituições, os deveres do Estado como ente que deve regular e supervisionar o mercado económico, com a também importante responsabilidade de protegê-lo (de forma equilibrada e legítima) contra as condutas que causem (ou possam causar) resultados lesivos, em especial aqueles comportamentos graves que agridem de modo intolerável a bens jurídicos relevantes e, portanto, apresentam relevância penal. São comportamentos criminosos praticados por indivíduos que podem ter a pessoa coletiva e/ou organizações criminosas como agentes ou causas do delito.

[458] Pergunta-se Bauman (2021a, p. 63-68) o que virá depois do Estado-nação, pois tudo parece estar a enorme velocidade e ainda acelerando, numa compressão do tempo/espaço, em que se abre uma divisão entre o Estado e a economia, em que o capital e os seus recursos (para fazerem mais dinheiro e mais coisas) se movem à velocidade da luz através de meio digitais por todo o mundo globalizado, mantendo-se sempre um passo à frente dos Estados (ainda limitados aos seus territórios) e incapazes de conterem ou redirecionarem suas viagens. Argumenta, citando empresas que anunciam a supressão de dezenas de milhares de postos de trabalho em determinado país para contratarem trabalhadores em outro país ou até em outro continente, verificando que o Estado-nação está definhando, diante de *forças erosivas transnacionais*, apesar de serem os Estados as únicas estruturas que mantêm alguma legitimidade política e democrática, mas são deixados à margem, sem que exista uma unidade ou coordenação das forças, formando uma *nova desordem mundial*, um verdadeiro campo de forças dispersas e díspares, em que "ninguém parece estar no controle agora". Acrescenta que o "[...] significado mais profundo transmitido pela ideia da globalização é o do caráter indeterminado, indisciplinado e de autopropulsão dos assuntos mundiais; a ausência de um centro, de um painel de controle, de uma comissão diretora, de um gabinete administrativo", ao contrário da esperança que parecia indicar, após a queda do Muro de Berlim e o fim do Grande Cisma entre os blocos capitalista e socialista, de uma *ordem universal*, de uma verdadeira ordem em escala global que tornaria o mundo diferente e melhor do que havia sido até então.

Contudo, não se pode esquecer o quanto estas tarefas atribuídas aos Estados se tornaram complexas no período contemporâneo, em que o Estado-nação (com o que lhe resta de soberania?!) necessita reavaliar-se como ente político-jurídico e económico-social, cujos reflexos se fazem sentir, inclusive, na definição da política criminal a ser utilizada neste mundo acelerado, em processo de globalização e sob constantes metamorfoses, em que surgem, a todo momento, novas complexidades e riscos inéditos.

1.2. Os Direitos Fundamentais, o Direito à Segurança e a Prevenção e Repressão às Organizações Criminosas Empresariais

O Estado tem como uma das suas principais atribuições (e fonte de legitimação) o dever de promover, viabilizar e tutelar os direitos fundamentais dos seus cidadãos e das demais pessoas que estejam sob a sua responsabilidade, inclusive utilizando o Direito Penal como *ultima ratio* para prevenção e repressão dos comportamentos mais graves contra bens jurídicos com dignidade penal, em tudo respeitando as balizas constitucionais, em que se destaca o princípio da proporcionalidade.

Importa ressaltar que embora o princípio (ou conceção) da proporcionalidade tenha evoluído, como analisado por Ziembowicz e Meira (2020b, p. 1033), esta ideia é muito antiga, conforme demonstram a Lei de Talião (olho por olho, dente por dente) e os estudos desenvolvidos pelos gregos (em especial Aristóteles[459]) no sentido de encontrar a justiça (ou o meio termo) e então aplicar esta conceção ao caso concreto.

Lembra Aguado-Correa (1999, p 113-114) que num Direito de intervenção estatal como é o Direito Penal, as garantias de um Estado de Direito Democrático desempenham a função de condicionar as intromissões e a sua intensidade mediante certos pressupostos, motivo pelo qual entende que o *princípio da proporcionalidade* (das intervenções do Estado) é o princípio central deste sistema, pois as intervenções devem ser (obrigatoriamente) adequadas e necessárias para alcançar seu objetivo, além de serem razoáveis (proporcionais)

[459] Na obra "Ética a Nicómaco", no livro V, consta: "[...] Eis aí, pois, o que é o justo: o proporcional; e o injusto é o que viola a proporção."

em cada caso concreto. Por estes motivos, sendo o Direito Penal voltado para a proteção de bens jurídicos dignos de tutela penal, tanto as normas elaboradas pelo legislador quanto a aplicação das normas e as sanções impostas[460] pelos juízes nos casos concretos (como penas, medidas de segurança, consequências acessórias e outras), bem como a execução das sanções, devem ostentar os requisitos de adequação, necessidade e proporcionalidade em sentido estrito.

Neste cenário, deve-se buscar sempre um equilíbrio na definição das políticas públicas, sobretudo na Política Criminal, visando uma proporcionalidade no tratamento entre os direitos fundamentais em conflito, na razoabilidade que proporciona uma convivência com liberdade, segurança e justiça, com especial enfoque na dignidade do ser humano, que não pode e nem deve ser coisificado, numa construtividade normativa, como lembra Valente (2013b, p. 56-59), subordinada ao *princípio da humanidade*, ao qual somam-se, dentre outros, os princípios da *constitucionalidade*, da *equidade*, da *legalidade material* e da *realidade*.

Esta conceção é de enorme relevância ao tratarmos dos direitos fundamentais e da resolução de eventuais conflitos entres estes, em que a solução buscada através da aplicação do princípio da proporcionalidade jamais deverá resultar na completa anulação de um dos direitos, liberdades e garantias sob exame, preservando-se em toda e qualquer situação o seu núcleo central, a dignidade humana.

Realizados estes comentários, quanto ao direito fundamental à segurança, enquanto "direito, liberdade e garantia"[461], pondera Gouveia (2018, p. 301-302)

[460] Lembra Inês Farinha (2022, p. 231-244) que a execução das penas também é um importante pilar da política criminal, pois nele convergem as mais relevantes finalidades do processo penal, exigindo uma releitura do sistema prisional e de aplicação das penas, pois a espiral cíclica do tipo "prender-soltar-repetir" que grassa na atualidade já demonstrou sua incapacidade de promover a prevenção dos atos criminosos, reforçando que o Direito Penal não pode continuar avançando apenas numa direção de viés securitário, transformando este ramo jurídico que deveria ser utilizado em *ultima et extrema ratio* no indesejável (e inaceitável num Estado de Direito Democrático) *unica et sola ratio.*

[461] Pondera Zuñiga Rodriguez (2018d, p. 88-89) que o Estado Moderno, em especial aquele que surge depois da Revolução Francesa, tem como uma das suas atribuições fundamentais salvaguardar a segurança dos cidadãos, segurança esta centrada na proteção dos direitos humanos dos indivíduos, com ênfase na tutela daqueles direitos previstos na Constituição (direitos fundamentais), tanto contra lesões praticadas pelo Estado, quanto por agressão realizada por terceiros (pessoas físicas ou pessoas coletivas).

que este possibilita o reconhecimento do direito à tutela reforçada, inclusive na proteção que se pode exercer em regime de autotutela. Entretanto, anota que um dos traços que caracteriza todo o Direito, assim como ocorre também com o *direito à segurança*[462], é a excecionalidade dos sistemas de autotutela ou de tutela privada, pois os conflitos que surgem na sociedade, em regra, são e devem ser dirimidos recorrendo-se às autoridades públicas (quando não for possível um acordo entre as partes envolvidas), em especial através das autoridades judiciais, e não por meio da utilização da força ou do exercício (arbitrário) das próprias razões. Deste modo, reconhece que a autotutela só será legítima (e autorizada pelo ordenamento jurídico de Estados de Direito Democráticos) em casos extremos e, ainda, vinculados à lógica da proporcionalidade. Cita, então, as principais instituições legais referentes à autotutela, reforçando que são casos excecionais: direito de legítima defesa[463]; direito de resistência; direito de necessidade; direito de ação direta; direito de retenção.

Quanto à relevância do direito fundamental à segurança (art. 27, n.º 1, da CRP)[464], apesar das diversas tentativas de obliterar a dimensão subjetiva deste direito à segurança, comenta Gouveia (2018, p. 303-304) que este direito

[462] Lembra Giupponi (2014, p. 7-9) que o as questões referentes à segurança, pessoal e coletiva, estão no centro do debate político, institucional e da opinião pública há algum tempo, conformando uma função tradicional dos Estados desde as suas origens, mas cujo tratamento tem mudado muito ao longo dos séculos e só pode ser compreendida a partir da enorme complexidade que alcançou, quer seja quanto à segurança interna ou externa, material ou ideal, subjetiva ou objetiva. Ao se referir ao ordenamento jurídico italiano, ressalta que a Carta Constitucional italiana de 1948 apontou de modo claro que a segurança é um bem jurídico digno de tutela jurídica, inclusive prevendo uma possível restrição legítima a algumas liberdades fundamentais em casos específicos, bem como a necessidade de criação e manutenção de um aparelho administrativo visando a sua proteção, tanto de caráter preventivo quanto repressivo. Conclui, então, que dada a complexidade do sistema de segurança contemporâneo (interno e externo, uma vez que a criminalidade não está limitada pelo território de um determinado país) e a quantidade de estruturas dos órgãos que estão vinculados (de maneira direta ou indireta) à segurança, deve-se investir nos estudos e numa regulamentação que viabilizem um melhor entendimento entre as diversas estruturas e órgãos voltados para a promoção de uma convivência pacífica, com liberdade, justiça e segurança.

[463] Pontua Gouveia (2018, p. 302) que, de certa forma, "[...] o direito de legítima defesa – na relação com as entidades privadas – e o direito de resistência – na relação com as entidades públicas – são conteúdos garantísticos do direito à segurança, que ao dele fazerem parte lhe conferem sua grande razão de ser."

[464] Convém lembrar que a *Convenção Europeia para a Proteção dos Direitos do Homem e das Liberdades Fundamentais* (Roma, 04 de novembro de 1950), aprovada para ratificação em Portugal

fundamental não se dilui ou dissolve no dever geral de proteção de bens jurídicos e direitos cuja atribuição é do Estado[465]. Pontua, então, que o direito à segurança não se revela como apenas uma garantia dos outros direitos, como um instrumento para proporcionar e assegurar o gozo dos demais direitos fundamentais, *i. e.*, não se trata de uma mera garantia para assegurar o exercício dos outros direitos, nem pode ser tratado como um "direito auxiliar". Diante disto, embora reconheça que o direito à segurança represente uma condição[466] essencial para que os outros direitos fundamentais possam ser usufruídos e/ou viabilizados, sustenta que o direito fundamental à segurança é um direito autónomo, que vale por si e tem um campo de ação e de proteção específico, não podendo ser "degradado" como tão só uma "ferramenta auxiliar" para dar efetividade aos outros direitos, que por suposição seriam os principais[467].

O direito à segurança tem duas claras dimensões, complementa Gouveia (2018, p. 304), quando analisados os poderes que o mesmo apresenta na relação do sujeito ativo para com o sujeito passivo numa relação jurídica: uma dimensão de cariz *negativo*, de forma a impedir que os poderes públicos intervenham ou perturbem o âmbito protegido do titular; uma dimensão de caráter *positivo*,

pela Lei n.º 65/78, de 13 de outubro, estabelece: "[...] Artigo 5° *Direito à liberdade e à segurança* 1. Toda a pessoa tem direito à liberdade e segurança. [...]." (Grifos no original).

465 Deve-se ressaltar que a Carta dos Direitos Fundamentais da União Europeia (proclamada em 2000, atualizada pelo Tratado de Lisboa em 2007) prevê: "[...] Consciente do seu património espiritual e moral, a União baseia-se nos valores indivisíveis e universais da dignidade do ser humano, da liberdade, da igualdade e da solidariedade; assenta nos princípios da democracia e do Estado de direito. Ao instituir a cidadania da União e ao criar um espaço de liberdade, segurança e justiça, coloca o ser humano no cerne da sua ação. [...] Artigo 6.º Direito à liberdade e à segurança. Toda a pessoa tem direito à liberdade e segurança." (Grifos no original).

466 Muitos direitos só possam ser gozados no espaço e momento em que for garantido o direito à segurança, como pondera Gouveia (2018, p. 304), reconhecendo que esta dimensão também existe, mas "[...] a verdade é que a segurança tem de ser perspetivada como um direito subjetivo principal, com o mesmo respetivo titular aproveitando-se de um bem próprio que é a proteção de bens individuais, sendo o mais evidente a sua liberdade física, mas a ela não se restringindo."

467 Entre diversas ponderações sobre o direito à segurança como um direito fundamental, anota Sousa (2016, p. 393-395) que "[n]o Estado de Direito, a segurança pública não constitui apenas fundamento de atuação das forças de segurança, mas também um direito fundamental e precisamente um dos direitos fundamentais mais importantes da vida humana em sociedade, na medida em que deste direito depende o gozo de todos os outros, desde logo o direito à vida."

obrigando os poderes públicos a conferirem determinado nível de segurança, proporcionando meios jurídicos e materiais que conduzam a tal resultado[468].

Neste sentido, anotam Canotilho e Vital Moreira (2007, p. 478-479) que, além do direito à *liberdade*, o n.º 1 do art. 27.º da CRP também garante o direito à *segurança*[469], significando em essência uma garantia ao indivíduo para que possa exercer seus direitos de forma segura e tranquila, livre de ameaças e agressões, sendo que o sentido atual do texto constitucional comporta duas dimensões:

a) *dimensão negativa*, estritamente associada ao direito à liberdade, traduzindo-se num direito subjetivo à *segurança* (direito de defesa perante agressões dos poderes públicos e dos seus representantes);
b) *dimensão positiva*, traduzindo-se num direito positivo à *proteção* através dos poderes públicos contra as agressões ou ameaças de outrem (segurança da pessoa, do domicílio, dos bens etc.).

A partir das disposições da Constituição italiana, Giupponi (2008, p. 275-301) verifica que a segurança está prevista dez vezes no texto constitucional, sendo cinco na Parte I, que estabelece os direitos e deveres dos cidadãos, e cinco na Parte II, que trata da Organização da República, concluindo que:

a) a *segurança é um bem constitucionalmente protegido*, pois só um bem que a comunidade organizada considera digno de tutela encontra tantas referências constitucionais amplas, indicando que não se trata de uma

[468] Vejam-se as considerações de Marcantônio Ferreira (2022, p. 49-52), em especial ao analisar as decisões de cortes internacionais de direitos humanos sobre o tema, no sentido de que existe o dever estatal de investigar as condutas violadoras de direitos humanos e de direitos fundamentais (em que se incluem as liberdades, direitos e garantias pessoais), caracterizando imperativo de tutela e direito da vítima e de seus familiares, impondo-se ao Estado o dever de evitar a impunidade e identificar (através de investigação séria, exaustiva, imparcial e efetiva), julgar e sancionar os responsáveis pelas violações.

[469] Avalia Baptista (2006, p. 104-105) que o *direito à segurança* é, em sua essência, um direito positivo (que exige ação estatal, inclusive criar e manter serviços públicos que proporcionem segurança), comparando-o ao *direito de acesso à justiça*, que também impõe uma prestação a cargo do Estado, ao qual não é exigid apenas elaborar leis sobre o tema, mas também criar e manter um serviço público prestador de justiça (tribunais e servidores).

simples necessidade, porque possui sua própria fisionomia concreta e autónoma em relação às áreas em que é suscitada;

b) a *segurança pode resultar na limitação de direitos fundamentais*, conforme a Constituição, mas apenas quando forem atendidas certas condições específicas, entre as quais são exigidas a previsão em lei e a sua aplicação em caráter excecional, além de, em regra, depender de autorização judicial, como nas restrições, *v. g.*, à inviolabilidade de domicílio, à liberdade, ao sigilo da correspondência e de outras formas de comunicação, à liberdade de circulação, ao direito de reunião pacífica e à livre iniciativa económica (arts. 14.º, 16.º, 17.º e 41.º da Costituzione della Repubblica Italiana – CRI);

c) a *segurança é uma das tarefas específicas do aparato estatal*, conforme previsões da Constituição italiana referentes à autoridade de segurança pública (art. 13.º), às competências do Estado em relação à ordem pública e à segurança [art. 117.º, *sec. comma, lettere d)* e *h)*], ao exercício de poderes substitutivos pelo Governo por motivos de segurança pública (art. 120.º, *sec. comma*), além da dissolução do Conselho Regional por motivo de segurança nacional (art. 126.º).

Entretanto, ao fazer uma leitura a partir das *dimensões* da segurança do ponto de vista constitucional (interna ou externa, individual ou coletiva, material ou ideológica), Giupponi (2008, p. 275-301) deixa claro que o direito constitucional à segurança do ponto de vista individual prevê uma série de liberdades ligadas à esfera intangível da segurança das pessoas, não apenas contra possíveis agressões de terceiros, mas também contra a arbitrariedade e os abusos de autoridades públicas. Por outro lado, conclui que esta *dimensão individual* do direito à segurança é acompanhada pela *dimensão coletiva* do direito constitucional à segurança, referindo-se de modo particular à segurança como limitação explícita ao exercício de certas formas de liberdade. Assim, à perspetiva puramente individual de proteção (em especial as *liberdades negativas*, no sentido de poder gozar com liberdade os seus direitos sem intervenções ou limitações indevidas), acrescenta-se um conceito de segurança que vai além dos limites do indivíduo, estendendo-se às necessidades coletivas, pois o Estado tem como atribuição proporcionar também as *liberdades positivas*, assegurando o justo (e constitucionalmente legitimado) equilíbrio entre as necessidades de tutela *individual* e *coletiva* das liberdades[470], direitos e garantias fundamentais, na perspetiva de um Estado de Direito Democrático e pluralista[471]. Entretanto, alerta que é exigido, tanto no ordenamento jurídico italiano

[470] A Declaração dos Direitos do Homem e do Cidadão (*Déclaration des Droits de l'Homme et du Citoyen*), de 1789, também contém diversas disposições sobre o tema: "[...] Art.1.º Os homens nascem e são livres e iguais em direitos. As distinções sociais só podem fundamentar-se na utilidade comum; Art. 2.º A finalidade de toda associação política é a conservação dos *direitos naturais e imprescritíveis do homem*. Esses direitos são *a liberdade, a propriedade, a segurança e a resistência à opressão*; [...] Art. 4.º A liberdade consiste em poder fazer tudo que não prejudique o próximo: assim, o exercício dos direitos naturais de cada homem não tem por limites senão aqueles que asseguram aos outros membros da sociedade o gozo dos mesmos direitos. Estes limites apenas podem ser determinados pela lei; [...] Art. 7.º Ninguém pode ser acusado, preso ou detido senão nos casos determinados pela lei e de acordo com as formas por esta prescritas. Os que solicitam, expedem, executam ou mandam executar ordens arbitrárias devem ser punidos; mas qualquer cidadão convocado ou detido em virtude da lei deve obedecer imediatamente, caso contrário torna-se culpado de resistência; Art. 8.º A lei apenas deve estabelecer penas *estrita e evidentemente necessárias* e *ninguém pode ser punido senão por força de uma lei estabelecida e promulgada antes do delito e legalmente aplicada*; Art. 9.º Todo acusado é considerado inocente até ser declarado culpado e, se julgar *indispensável prendê-lo*, todo o *rigor desnecessário* à guarda da sua pessoa deverá ser severamente *reprimido pela lei*; [...] Art. 12.º *A garantia dos direitos do homem e do cidadão necessita de uma força pública*; esta força é, pois, instituída para fruição por todos, e não para utilidade particular daqueles a quem é confiada;" (Grifos nossos).

[471] Neste viés, deve-se lembrar, inclusive, a *Declaração Universal dos Direitos Humanos* (DUDH), proclamada pela Assembleia Geral das Nações Unidas (Paris, 10 de dezembro de 1948), por meio da Resolução 217A (III), previu que: "[...] Artigo 1.° Todos os seres humanos nascem livres e iguais em dignidade e em direitos. Dotados de razão e de consciência, devem agir uns para com os outros em espírito de fraternidade. Artigo 2° Todos os seres humanos podem invocar os direitos e as liberdades proclamados na presente Declaração, sem distinção alguma [...] Artigo 3.° *Todo indivíduo tem direito à vida, à liberdade e à segurança pessoal*. [...] Artigo 5.° Ninguém será submetido a tortura nem a penas ou tratamentos cruéis, desumanos ou degradantes. [...] Artigo 7.° Todos são iguais perante a lei e, sem distinção, têm direito a igual protecção da lei. Todos têm direito a protecção igual contra qualquer discriminação que viole a presente Declaração e contra qualquer incitamento a tal discriminação. Artigo 8.° Toda a pessoa tem direito a recurso efectivo para as jurisdições nacionais competentes contra os actos que violem os direitos fundamentais reconhecidos pela Constituição ou pela lei. Artigo 9.° *Ninguém pode ser arbitrariamente preso, detido ou exilado*. Artigo 10.° Toda a pessoa tem direito, em plena igualdade, a que a sua causa seja equitativa e publicamente julgada por um tribunal independente e imparcial que decida dos seus direitos e obrigações ou das razões de qualquer acusação em matéria penal que contra ela seja deduzida. Artigo 11.° 1. Toda a pessoa acusada de um acto delituoso presume-se inocente até que a sua *culpabilidade fique legalmente provada no decurso de um processo público em que todas as garantias necessárias de defesa lhe sejam asseguradas*. 2. Ninguém será condenado por acções ou omissões que, no momento da sua prática, não constituíam acto delituoso à face do direito interno ou internacional. Do mesmo modo, não será infligida pena

quanto a nível comunitário e internacional, o respeito ao conteúdo essencial dos direitos e liberdades fundamentais, da dignidade da pessoa humana, bem como ao critério da proporcionalidade, pois as limitações constitucionais a esses direitos (embora previstas na Constituição) estão rodeadas por uma série de garantias de enorme relevância, sobretudo pela reserva legal (absoluta) e pela reserva de jurisdição[472].

De facto, entre os direitos fundamentais dos quais os indivíduos são titulares em face do Estado, estão não só os direitos de proteção em relação a agressões do próprio Estado, mas também os direitos à proteção contra intervenções de terceiros, tutela esta que pode ter os mais diversos objetos e também variadas formas de proteção. Leciona Alexy (2011, p. 450-455) que o Estado deve oferecer desde proteção contra o homicídio até proteção contra os perigos do uso pacífico da energia nuclear, pois não são apenas a vida e a saúde os bens jurídicos que devem ser protegidos, mas também vários outros bens jusfundamentais merecedores de tutela, como a dignidade, a família, a liberdade, a propriedade etc. Comenta que esta proteção envolve, inclusive, a tutela por meio de normas de responsabilidade civil e/ou administrativa, de direito processual e, em certos casos, por normas de direito penal (mediante proibições e respetivas sanções), ressaltando que os direitos à proteção são direitos subjetivos constitucionais a ações positivas fácticas ou normativas em relação ao Estado. Complementa que apenas através do direito subjetivo (dos indivíduos) à proteção (a ser exigida do Estado), os direitos fundamentais podem ser realizados na maior medida possível, embora dentro das possibilidades fácticas e jurídicas possíveis.

mais grave do que a que era aplicável no momento em que o acto delituoso foi cometido. Artigo 12.° *Ninguém sofrerá intromissões arbitrárias na sua vida privada, na sua família, no seu domicílio ou na sua correspondência, nem ataques à sua honra e reputação.* Contra tais intromissões ou ataques *toda a pessoa tem direito a protecção da lei.* Artigo 13.° 1. *Toda a pessoa tem o direito de livremente circular* e escolher a sua residência no interior de um Estado." (Grifos nossos).

472 Assevera Giupponi (2008, p. 275-301), nesta análise: "A lei, expressão do órgão representativo da soberania popular, assegurará que as hipóteses de limitação [de liberdades e de direitos fundamentais, que devem ser excecionais] estejam vinculadas a necessidades de caráter geral (e fundadas constitucionalmente)", e "[...] a intervenção da autoridade judiciária representará uma garantia técnica (e independente) do cumprimento dos pressupostos e procedimentos previstos pelo legislador."

Em regra, o reconhecimento de direitos subjetivos proporciona um maior grau de realização do que a mera previsão de um dever, e os direitos à proteção estão inseridos na conceção "liberal tradicional dos direitos fundamentais", enquanto fundamentação do Estado clássico contratualista, alerta Alexy (2011, p. 454-455), pois a abrangente renúncia à autoproteção efetiva, que caracterizou a transição do contexto pré-estatal para a situação estatal, só pode ser considerada racional se, em contrapartida, o indivíduo receber um direito à efetiva proteção estatal, lastreada na realidade[473].

Além disso, para que a política criminal de um Estado Democrático de Direito digno deste nome seja adequada e possua legitimidade, advertem Jescheck e Weigend (2002, p. 22-30), deve-se verificar com equilíbrio até que ponto o legislador pode estender o Direito Penal sem que restrinja mais do que o absolutamente necessário o espaço de liberdade dos cidadãos, cumprindo da melhor forma possível a sua missão precípua, de proteger a sociedade. Comentam que entre os princípios que devem reger a política criminal avultam de importância:

a) *o princípio da culpabilidade*, no sentido de que a pena estatal só pode ser fundamentada mediante a comprovação de que o autor pode ser reprovado pessoalmente por determinado ato;

b) *o princípio do Estado de Direito*, erigido na Constituição como princípio que dirige o conjunto de atividades do Estado, tanto no sentido *formal* (garantindo a segurança jurídica) quanto *material* (indicando como deve ser a configuração do Direito Penal para corresponder, da melhor forma possível, ao ideal de um Estado justo);

c) *o princípio da humanidade*, exigindo que tanto a fase que resulta na imposição da pena quanto o cumprimento da pena respeitem a personalidade do acusado ou condenado, de forma humana[474] e responsável,

[473] Ressalta Alexy (2011, p. 455) que onde o Estado não satisfaz o direito à proteção efetiva, surgem organizações privadas de proteção, com a intenção de fazer valer direitos individuais.

[474] Verifica Luisi (2003, p. 46-49) uma série de momentos históricos, em especial a partir das ideias iluministas dos séculos XVII e XVIII, em que se buscava a transformação do Estado, em especial através da afirmação de que existem e devem ser respeitados direitos inerente à condição humana, e da elaboração do Estado sob uma forma jurídica, como se tivesse origem num contrato em que o Estado, ao ser constituído, compromete-se com os direitos humanos,

> buscando lhe devolver a sua vida em sociedade. Quanto a este último, comentam que, apesar da necessidade de fazer valer a responsabilidade do autor do crime, de maneira que experimente a resposta da comunidade à infração praticada (pois não se pode renunciar ao prejuízo e ao sofrimento da sanção, sobretudo nos casos em que está prevista a pena privativa de liberdade para a conduta praticada), não se pode esquecer que todas relações humanas envolvidas no Direito Penal devem ser inspiradas no princípio da humanidade.

Por seu turno, Hassemer (2012, p. 335-337) alerta que o Direito Penal, o seu respetivo processo e as penas estabelecidas devem prover a proteção de bens jurídicos essenciais, precisam ser baseados na liberdade e na culpabilidade, no devido processo, mediante um Direito Penal "inteligente e do Estado de Direito", conformado à Constituição quanto à forma e conteúdo, de uma verdadeira justiça penal e das penas justas[475]. Comenta que não se pode esquecer que o Direito Penal e o próprio sentido da pena estatal jamais se darão por esclarecidos ou resolvidos por qualquer penalista racional de um Estado de Direito Democrático, diante dos limites do entendimento, que impedem uma exaustiva e clara conceção do direito de punir, exigindo um constante aperfeiçoamento da teoria, além do facto do Direito Penal se alterar e se desenvolver de modo permanente, tanto em sua fundamentação quanto em suas manifestações, neste "variável espírito do tempo" e nas suas relações com o mundo real.

Deste modo, ao Estado permanecem vedados tanto o excesso arbitrário quanto a proteção deficiente (aquém dos mínimos razoáveis e exigíveis diante das balizas constitucionais) dos bens jurídicos essenciais, sobretudo diante da capacidade de causar vastos danos que caracteriza a criminalidade organizada

que devem ser respeitados e assegurados, de maneira que o Direito Penal seja vinculado a legislação prévia e certa, limitada ao mínimo necessário, sem penas cruéis ou degradantes.

[475] A tarefa fundamental do Estado, de prover segurança, deve ser "promovida e garantida sob o primado do Direito/poder", lembra Valente (2019b, p. 129), impondo ao Estado "não só a organização de uma força capaz de servir os interesses vitais da comunidade política, a garantia da estabilidade dos bens, mas também a durabilidade credível das normas e a irrevogabilidade das decisões do poder que respeitem interesses justos e comuns."

empresarial, corroendo as mais importantes estruturas económicas, financeiras, sociais e estatais que caracterizam a sociedade contemporânea.

1.3. A Organização Criminosa Empresarial à Luz da Análise Económica do Direito

Há muito se discute a possibilidade de responsabilizar a pessoa coletiva na seara penal, apesar de ter vigorado por tanto tempo o princípio *societas delinquere non potest.* Em especial nas últimas décadas, este debate se aprofundou, pois entramos na era das organizações (e de uma certa obsolescência do ser humano), como pondera Günther Anders (2011, *passim*), diante de tantos danos causados aos indivíduos e à sociedade por pessoas coletivas.

Quanto à criminalidade empresarial, este tema foi tomando maior envergadura, diante do envolvimento de inúmeras pessoas coletivas em programas criminosos de organizações criminosas, não apenas como instrumentos para o branqueamento de capitais ou transporte de mercadorias ilícitas, mas também como centros ético-jurídicos para a prática de crimes graves, de elevada danosidade social.

Numa análise contemporânea relativa à criminalidade organizada e quanto aos contornos e estruturas que esta tem adotado, Ferreira e Cardoso (2006, p. 626-628) chegam a comentar que a tentativa de controle das organizações criminosas através tão só da acusação, da condenação e da aplicação de sanções privativas de liberdade aos seus membros, tem se revelado "totalmente ineficaz".

Isso exposto, a persecução penal não deve concentrar-se apenas nos indivíduos criminosos, sustentam Ferreira e Cardoso (2006, p. 626-628), pois esta modalidade de repressão penal permite que as estruturas económico-financeiras continuem a funcionar durante o período no qual parte dos líderes e/ou membros das organizações criminosas estão presos ou escondidos. Assim, sugerem que as investigações e demais ações de persecução penal devem direcionar os seus esforços para a identificação das estruturas económicas, financeiras e empresariais das organizações criminosas, em especial aquelas da economia legal, viabilizando a compreensão do programa criminoso e dos seus sistemas, de modo a responsabilizar todos os envolvidos, inclusive intermediários que cooperam com as organizações criminosas (como banqueiros, instituições financeiras, consultores económicos, financeiros e jurídicos, entre outros), confiscando os produtos do crime e descapitalizando as organizações criminosas.

Sob este prisma, discute-se a natureza das pessoas coletivas, havendo quem defenda que estas (enquanto pessoas morais, "sem vontade própria") só poderiam ser responsabilizadas nas searas administrativa, civil e comercial, enquanto outros sustentam que a pessoa coletiva pode e deve ser responsabilizada na área penal, pois insistir na sanção ou nas medidas restritivas só em desfavor das pessoas físicas (cujas condutas criminosas foram comprovadas perante o Poder Judicial) permitiria que o programa criminoso desenvolvido *na* ou *pela* empresa, *v. g.*, por uma organização criminosa, continuasse "a pleno vapor", mediante a simples substituição dos indivíduos (arguidos ou condenados), dada sua fungibilidade.

Neste vértice, Schünemann (2002, p. 63-65) visualiza pouca ou nenhuma efetividade de um *Direito de Intervenção* (civil, comercial ou administrativo) sobre as empresas ou indivíduos das classes mais altas, em substituição ao Direito Penal voltado para crimes económicos, ao contrário do sustentado por muitos penalistas alemães que veem este sistema como mais moderado e eficaz. Anota que, no âmbito da criminalidade de classe alta ou dos crimes de colarinho branco[476], o autor costuma estar protegido atrás de uma "empresa económica próspera e florescente", de maneira que pode praticar condutas ilegais sem temor e permanecer tranquilo, uma vez que os custos de um eventual

[476] Pontua Barbosa (2022, p. 195-230) que os "crimes de colarinho branco são indiscutivelmente mais difíceis de serem detectados e controlados", pois as atividades ilegais e/ou criminosas caracterizam-se pelo aspeto consensual entre as partes envolvidas e por não empregarem a violência (apesar de causarem alta lesividade económica a terceiros e ao Estado), além de envolverem motivações e interesses de pessoas e grupos poderosos que são beneficiados pelas condutas praticadas, em que a atividade ilícita e/ou criminosa configura um "espectro de uma atividade legítima" e os agentes possuem muito mais recursos (financeiros, materiais, tecnológicos etc.) para praticar os crimes e encobrir os rastros, sobretudo porque as condutas costumar ser realizadas em ambientes ocupacionais ou profissionais normalizados em que as condutas criminosas se mesclam com atos lícitos, viabilizadas e favorecidas pela posição e/ou *status* político, económico e social do agente criminoso, apresentando oportunidades ilegais com baixa possibilidade de deteção, elevados lucros e dentro de um ambiente criminógeno com relevante capacidade de neutralizar controles éticos.

processo civil ou administrativo "na maioria dos casos serão muito mais baixos que o benefício total da sua atividade criminal."

Pontua, então, que a derrogação do Direito Penal na seara dos crimes económicos, *v. g.*, não encontra justificativa em nossa sociedade pós-moderna, pois no caso de condutas criminosas deste gênero, que causam danos vastos e intoleráveis a indivíduos e a bens jurídicos individuais e/ou coletivos, apenas o Direito Penal tem a capacidade de obter resultados e manter alguma eficácia, com a ameaça de custos superiores aos benefícios da atividade criminosa, *i. e.*, impor motivos racionais (ao indivíduo egoísta racional) para a evitação do crime (Schünemann, 2002, p. 63-66).

Apesar da globalização e da perda relevante da capacidade de regulamentação do Estado nacional num ambiente "mundializado" dos pontos de vista social e económico, apenas este mesmo Estado, através da administração da justiça penal, acrescenta Schünemann (2002, p. 63-66), pode garantir e executar ao menos uma proteção parcial e setorial (como *ultima ratio*)[477] dos bens jurídicos essenciais de uma sociedade, diante da paralisia ou anulação de padrões éticos que entorpecem o indivíduo pós-moderno, voltado para o consumo e para o acúmulo económico sem qualquer vínculo com a ética ou com a solidariedade, situação agravada pela fragmentação e pela descompensação que grassam na sociedade.

Neste rumo, Weisburd e Piquero (2009, p. 153-171) realizaram uma pesquisa analisando dados de mais de uma década sobre os criminosos de colarinho branco condenados nos Estados Unidos, em que verificaram uma série de fatores que permitem uma melhor compreensão da criminalidade empresarial (organizada ou não) daquele país.

Os resultados da pesquisa podem ser resumidos mediante o gráfico que segue, em que os autores puderam distinguir três grupos, embora estes dados

[477] Alertam Prado e Carvalho (2012, p. 514-517) que tanto a importância quanto a gravidade da pena criminal impõem sua utilização como *ultima ratio* (fortalecida pelos princípios da intervenção mínima, da subsidiariedade e da fragmentariedade), e também demandam que seja cominada e aplicada a sanção penal apenas quando ocorrerem os graves ataques aos bens jurídicos mais relevantes, evitando que seu emprego de modo desmedido dela retirem seu significado e sua eficácia quando for necessária de facto, acrescentando que a utilização simbólica das penas criminais afeta sua efetividade a longo prazo e gera desconfiança no ordenamento jurídico, com consequências disfuncionais e muito negativas para o sistema normativo.

não sejam aplicáveis literalmente a Portugal ou ao Brasil. Por outro lado, podem ampliar nossa compreensão sobre o tema.

GRÁFICO 2 – Aspetos da criminalidade empresarial

	Percentagem dos criminosos condenados	**Frequência criminosa**	**Condutas mais frequentes**
Low rater offenders	70%	Envolvem-se em crimes episodicamente (ofensores de baixa frequência)	Reação diante de crise da pessoa coletiva, do setor ou da economia, aproveitando oportunidade pré-existente para violar a lei visando subsistir ou para aproveitar uma oportunidade inesperada, sabendo que a conduta é criminosa (*opportunity-takers*).
Intermittent offenders	25%	Frequência média (ofensores intermitentes)	Não apenas aproveita situações que surgem para obter ganhos com prática criminosa e evitar perdas, pois procura ativamente (*opportunity-seekers*) oportunidades de obter lucros mediante comportamentos criminosos, com claro padrão criminal, embora pratique os crimes de forma intermitente.
Persistent offenders	5%	Alta frequência (ofensores persistentes)	Realiza condutas criminosas, sobretudo económicas, com regularidade ao longo do tempo.

Fonte: Elaborado por Rodrigo L. Ziembowicz, com base em estudo de Weisburd e Piquero (2009, p. 153-171).

Esta situação se torna ainda mais relevante se levarmos em conta que as maiores empresas e, em especial, as empresas multinacionais, transnacionais e globais, contratam seguros para se protegerem de eventuais demandas judiciais (civis, comerciais ou administrativas) de responsabilização da própria empresa ou de seus diretores e oficiais (*D&O Insurance*). Deste modo, eventuais condenações judiciais de caráter administrativo, comercial ou civil não teriam absolutamente nenhum poder de persuasão, nenhuma capacidade de convencer os diretores ou representantes dessas pessoas coletivas a cumprirem as normas estabelecidas e a adotarem condutas éticas em suas atividades empresariais[478], muito menos para exigirem dos seus empregados obediência a códigos de conduta.

A estes fatores, soma-se o cenário de sobrecarga dos sistemas preventivo e repressivo da criminalidade, como alerta Bravo (2021, p. 29-30), que gera tantos bloqueios e disfunções diante do acúmulo de procedimentos [e de uma constante ampliação do direito penal], causando muitos desvios daquele que deveria ser o núcleo fundamental do sistema penal, reduzindo sua eficiência e eficácia, bem como a segurança e a confiança dos cidadãos, além da qualidade e da tempestividade das decisões. Isto se torna ainda mais evidente quando verificada a extensão dos danos provocados pela criminalidade organizada transnacional, violenta ou não violenta, clássica ou avançada, hierarquizada ou horizontal.

Assim, conforme abordamos noutra obra (Ziembowicz, 2018a, p. 197-219), trazemos à mesa de discussão a Análise Económica do Direito (*Economic Analisys of Law*), metodologia que pode ser utilizada para avaliarmos, *v. g.*, o Direito Penal e medidas processuais penais, possibilitando (em boa medida) verificar as causas de comportamentos criminosos, além dos métodos mais eficientes e eficazes de prevenir e reprimir estas condutas, proporcionando ótimos meios para a análise criminológica, como pontua Valadão (2011, p. 238).

[478] Há quem defenda que a divulgação de condenações judiciais nas mídias de massa pode causar enormes prejuízos às empresas, fazendo com que estas realizem suas atividades económicas em conformidade com as normas, mas a realidade aponta em outra direção: as mídias de massa não costumam denunciar as grandes empresas, as quais são clientes ou, no mínimo, potenciais clientes, além de possuírem departamentos jurídicos especializados em mover processos judiciais contra pessoas físicas ou coletivas que prejudiquem sua imagem e/ou reputação, motivo pelo qual são raras as efetivas denúncias contra grandes empresas, que costumam ocupar o espaço de uma pequena nota ao pé da página de um jornal ou notícia eletrônica.

Neste rumo, Gary Becker (1968, p. 169-217) desenvolveu trabalho seminal no sentido de teorizar e desenvolver técnicas analítico-económicas (inclusive equações) para analisar os incentivos (variáveis) para que o indivíduo escolha agir em conformidade com a lei ou de modo criminoso. Além disso, no ensaio "Crime e Castigo: uma abordagem económica", Gary Becker retomou alguns argumentos de Beccaria e Bentham, estabelecendo a conceção de que *a ação criminosa advém de uma opção racional do infrator*, após ponderar os possíveis ganhos e também as possíveis perdas decorrentes do comportamento criminoso[479], *i. e.*, a *utilidade esperada*. Deste modo, o criminoso avalia: qual é o ganho que poderá obter mediante a conduta criminosa; a probabilidade de ser descoberto, processado perante tribunal, preso e condenado; a forma e o tempo da sanção (prisão, liberdade condicional etc.), o valor da multa ou de indenizações às vítimas[480] e ao Estado, entre outras variáveis.

[479] Conforme leciona Gico Júnior (2010, p. 22), os agentes económicos ponderam tanto os custos quanto os benefícios de cada alternativa quando fazem suas escolhas, realizando a conduta que, naquelas circunstâncias e condições, traz mais bem-estar aos agentes, conformando uma conduta "racional maximizadora." Acrescenta, então: "A grande implicação desse postulado para a juseconomia é que se os agentes econômicos ponderam custos e benefícios na hora de decidir, então, uma alteração em sua estrutura de incentivos poderá levá-los a adotar outra conduta, a realizar outra escolha. [...] Todo o direito é construído sobre a premissa implícita de que as pessoas responderão a incentivos. Criminosos cometerão mais ou menos crimes se as penas forem mais ou menos brandas, se as chances de condenação forem maiores ou menores, se houver mais ou menos oportunidades em outras atividades mais atrativas. As pessoas tomarão mais ou menos cuidado se forem ou não responsabilizadas pelos danos que causarem a terceiros. [...] Os exemplos são incontáveis."

[480] Lembra Ferreira Monte (2021, p. 137-146) que o Regulamento (UE) 2018/1805, do Parlamento Europeu e do Conselho, de 14 de novembro de 2018, relativo ao reconhecimento mútuo das decisões de apreensão e de perda (dos instrumentos e produtos dos crimes praticados pela criminalidade), salvaguarda o direito das vítimas, em tríplice sentido: "a) dando 'prioridade à indemnização e à restituição dos bens às vítimas'; b) salvaguardando 'as regras em matéria de indemnização e de restituição dos bens às vítimas no âmbito de um processo nacional', se estas forem melhores que as do Regulamento; e c) garantindo o dever de o Estado de execução 'assegurar que os bens em causa são apreendidos e restituídos à vítima logo que possível." Os aspetos relativos à proteção de interesses das vítimas são reforçados por Costa Ramos e Pereira Coelho (2021, p. 227-276), ao analisarem o citado Regulamento, mas reforçam a necessidade de aperfeiçoamento do instrumento, viabilizando uma articulação mais efetiva entre as autoridades policiais e judiciárias e a vítima e seu advogado, em especial quando se tratarem de operações transfronteiriças, que possuem maior complexidade.

O citado ensaio recebeu muitas críticas, mas desencadeou uma série de estudos relativos à análise económica da conduta criminosa, os quais evoluíram e se tornaram mais completos, incluindo outras variáveis, como a *riqueza inicial* do infrator (riqueza da qual dispõe quando decide se vai ou não praticar o crime), a *probabilidade de não ser preso e/ou condenado* etc.

Quanto à *riqueza inicial* do infrator, Brown e Reynolds (1973, p. 508-514) incluíram esta variável à equação de Gari Becker ao sustentarem que o infrator que possui uma elevada riqueza inicial tem uma evidente tendência a praticar apenas comportamentos criminosos que proporcionem um ganho relevante quando comparado à riqueza da qual já dispõe, conciliando o modelo microeconómico com grande parte dos crimes empresariais e/ou de organizações criminosas. Assim, a equação proposta por Gari Becker recebe uma pequena alteração introduzida por Brown e Reynolds, em que são analisadas e avaliadas a riqueza inicial, a probabilidade de não ser preso e condenado e o ganho financeiro (ou a utilidade da conduta criminosa), bem como são subtraídos a probabilidade de ser preso e condenado e o ganho financeiro considerando o custo da condenação.

Ajustado o modelo de Becker conforme sugestões de Brown e Reynolds, verificam-se tanto as possibilidades quanto a utilidade da prática das condutas criminosas, conforme a equação abaixo, atualizada por Alencar (2010, p. 230) e Valadão (2011, p. 239):

GRÁFICO 3 – Equação para análise económica de uma conduta

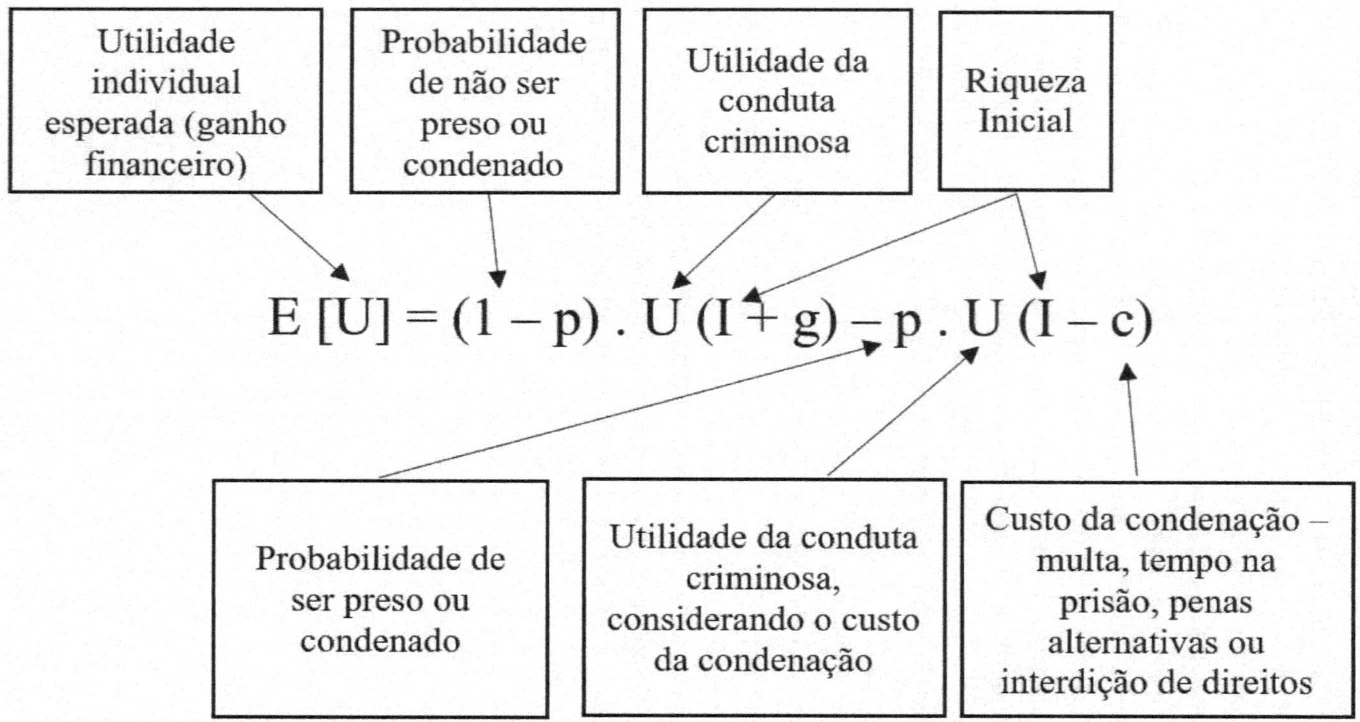

Fonte: Elaborado por Rodrigo L. Ziembowicz, com base no modelo proposto por Alencar (2010, p. 230) e por Valadão (2011, p. 239).

Nesta equação, "E[U]" representa a utilidade individual esperada decorrente da prática da conduta criminosa, *i. e.*, é uma função da utilidade derivada da conduta criminosa, podendo ser compreendida como o ganho financeiro e/ou outros benefícios. A variável "p" traduz a probabilidade de ser condenado ($0 \leq p \leq 1$) e ($1 - p$) exprime a possibilidade de não ser condenado. Sob esta perspetiva, quanto menor for a probabilidade de ser condenado, maior será a utilidade provinda da conduta criminosa. "U" representa uma função utilidade U (I + g), referente ao ganho ("g") financeiro ou outro benefício proveniente da conduta criminosa, enquanto a variável "I" corresponde à riqueza inicial. Na segunda parte da função utilidade individual esperada, "p.U (I – c)" constitui o resultado negativo da conduta criminosa para o agente, *i. e.*, a sanção e os seus efeitos, considerando a probabilidade de o infrator ser condenado por sua conduta criminosa retratada por "p". A letra "c" representa o custo da condenação, *i. e.*, o custo do tempo em que estiver preso, de multa(s), de cumprimento de pena(s) alternativa(s) ou de interdição de direitos.

Diante desta realidade do *homo economicus*, segundo a conceção de que o ser humano é racional e, porque toma decisões com base na razão, sempre avalia as opções com o objetivo de maximizar o seu bem-estar ao menor custo ou esforço possível, *i. e.*, maximizar a riqueza e minimizar os custos e os riscos, não podemos deixar de verificar a profunda interconexão entre esta teoria e as teorias relativas à função preventiva do Direito Penal e da sanção penal, à prevenção geral e à prevenção especial, sobretudo quando tratamos da criminalidade organizada empresarial (tanto aquela vinculada à criminalidade organizada violenta quanto à criminalidade organizada não violenta).

Neste vértice, reconhece Noversa Loureiro (2017, p. 220-222) que as empresas e os seus executivos atuam mediante critérios racionais e análise de riscos, e são "plenamente conscientes, portanto, tanto das suas ações como dos respetivos resultados", conforme a conceção proposta pela Análise Económica do Direito, através da ponderação de custos e benefícios. Por outro lado, acrescenta que há outras questões que também influem nas decisões dos executivos e pessoas coletivas (cuja vontade é formada por um conjunto de pessoas), motivando a escolha pela prática ou não do comportamento lícito ou ilícito (que pode adquirir relevância penal), como os danos que certas condutas podem causar à reputação e ao bom nome da pessoa coletiva, a específica competência dos dirigentes, a aversão ao risco, um cenário de crise económica generalizada ou do próprio setor económico específico, interesses pessoais quanto à carreira e à remuneração, elementos estes que configuram um "grande feixe de determinantes na atuação de empresários e executivos", lembrando que, de modo geral, todos os executivos e empresários procuram se distanciar o máximo possível dos crimes que eventualmente cometem *na* ou *pela* pessoa coletiva.

Revela intensa preocupação, desta maneira, com o facto de que, no quadro da União Europeia e da legislação portuguesa, condutas ilícitas (sobretudo económicas) que podem causar danos gravíssimos à sociedade e aos indivíduos, como a formação de cartéis nas suas modalidades mais graves, sejam sancionadas tão só através do direito de mera ordenação social (Noversa Loureiro, 2017, p. 229-230, 271-278).

Dada a relevância que os crimes socioeconómicos têm adquirido na atualidade, sobretudo porque o cidadão se tornou vinculado à economia na sua vida quotidiana (*homo economicus*) e a manutenção de condições mínimas de dignidade humana passou a depender desta economia, assevera que a tutela penal de, *v. g.*, de violações concorrenciais, máxime de cartéis *hard core* (como aqueles que realizam pactos para fixação de preços, distribuição de mercado, repartição de quotas de produção, licitações fraudulentas para contratos públicos etc.), exige que estas condutas sejam tratadas como crime, com base nos princípios da *dignidade*[481] e da *necessidade penal*[482], sem olvidar o *princípio da*

[481] A criminalização das ofensas à concorrência, segundo Noversa Loureiro (2017, p. 323-325), protege não apenas a sua dimensão ou aspeto económico (embora este já seja claramente expresso, em diversas oportunidades, na Constituição), mas também a liberdade de todo indivíduo de tomar suas decisões ou realizar seu planeamento económico de forma livre, conforme os ditames do sistema político-económico adotado pela comunidade na qual está inserido. Acrescenta que "antes de ser um princípio da ciência económica, ligado inexoravelmente ao sistema capitalista e à economia de mercado, a concorrência é também um princípio democrático, na medida em que exige a competição (em igualdade) de modo a possibilitar a melhor escolha – conceção que está, portanto, na base da própria ideia de eleição."

[482] Anota Noversa Loureiro (2017, p. 271-278) que estabelecer e aplicar sanções pecuniárias a pessoas coletivas que participam, *v. g.*, de concertação anticoncorrencial (na modalidade contraordenacional), previstas nos quadros europeu e português, não assegura o incentivo adequado para aqueles que atuam em nome *da* empresa ou *para* a própria pessoa coletiva (enquanto reunião de vontades), possuindo baixas capacidade dissuasória e eficácia, sobretudo para os casos mais graves. Acrescenta que estes riscos já são incluídos e/ou distribuídos nos custos da produção e/ou prestação de serviços quando o empresário ou dirigente opta pela realização da conduta ilícita, ou então podem ser distribuídos inclusive posteriormente,

subsidiariedade penal, que não deve ser entendido como um princípio estático, cristalizado nas sua "velha matriz liberal", mas antes como um princípio dinâmico e com capacidade de adaptação às necessidades de cada sociedade, em determinado tempo e lugar, atendidas as balizas constitucionais e, em especial, sua utilização como *ultima ratio* e para os casos mais graves (Noversa Loureiro, 2017, p. 295-311). Anota que o desvalor da ação e do resultado que está ínsito nessas mais graves condutas negam a própria sociedade enquanto tal, num dos bens que conforma um pilar fundamental do Estado de Direito Democrático, conforme previsto de forma expressa na Constituição.

Pondera Noversa Loureiro (2017, p. 271-278), que estatuir uma pena privativa de liberdade transmite uma mensagem clara e dissuasório-preventiva sobre a gravidade da violação em causa, sobretudo aos potenciais "criminosos de colarinho branco", pois a aplicação de uma pena de prisão a executivos e gestores empresariais obtém uma repercussão social e mediática muito mais acentuada do que aplicar uma coima ou multa.

O reconhecimento do efeito preventivo da pena de prisão na seara dos crimes socioeconómicos, reforça Anabela M. Rodrigues (2017b, p. 102-103), está ligado de modo íntimo à teoria da escolha racional para explicar o efeito das penas[483], com base no pressuposto de que os autores deste tipo de crimes são agentes racionais e possuem capacidade e conhecimento para avaliarem

aumentando o preço ao consumidor durante certo período de tempo, possuindo pouco poder de convencimento e de sujeição dos potenciais agentes aos bens jurídicos comunitários e à respetiva proteção promovida pelo Estado, exigindo-se (para os casos mais graves) a proteção penal de bens jusfundamentais dignos desta tutela reforçada, em *ultima ratio* e diante de danos intoleráveis.

483 Acrescenta Anabela M. Rodrigues (2017b, p. 102-103) que "os potenciais agentes da prática dos crimes percecionam as alterações de severidade das penas, sendo, pois, plausível admitir que a prisão, a mais grave das penas do sistema punitivo, tem efeitos preventivos. Embora o modelo de ator racional seja contestado a partir de várias perspetivas, suscitando dúvidas e críticas, aponta-se à teoria valor explicativo para o âmbito da criminalidade económica, desde logo enfatizando-se que os seus agentes, na prática dos crimes, são orientados pelos benefícios que deles esperam retirar. Para além disso, o efeito preventivo da pena de prisão neste âmbito de criminalidade tem ainda a ver com a censura pública que aquela pena envolve e o tipo de agente que está em causa. Fala-se, a este propósito, de vergonha social que a prisão tem intrinsecamente ligada a si: o estatuto social deste criminoso é posto em causa pela pena de prisão, com um efeito preventivo aliás maior em relação a ele, afirma-se, porque a humilhação da prisão é mais sentida nas classes mais altas do que nas mais baixas. Pode, além disso, ter o efeito de destruir uma carreira ou um potencial futuro na área económica."

tanto os eventuais custos quanto os benefícios das atividades criminosas que realizam, *i. e.*, uma verdadeira avaliação de riscos.

De facto, diante de tantas teorias nas quais são sugeridas apenas sanções administrativas, comerciais e civis às empresas, mesmo quando são praticadas condutas intoleráveis (a ponto de adquirirem relevância penal), causando elevados danos em escala nacional, supranacional ou até global, percebe-se que ditas sanções civis, comerciais e/ou administrativas teriam pouco ou nenhum efeito sobre as empresas de médio ou grande porte que, *v. g.*, contam com seguros que protegem a pessoa jurídica e seus oficiais contra toda e qualquer sanção desta natureza, inviabilizando a prevenção do comportamento criminoso, além do facto de que apenas uma pequena parte dos crimes é detetada, e numa parcela ainda menor desses crimes os autores (pessoa física e/ou coletiva) são responsabilizados[484], favorecendo uma impunidade que tem enorme efeito negativo e desagregador no tecido social, cancelando estímulos ao comportamento conforme as normas estabelecidas.

Ao contrário, num sistema penal que se quer eficaz, de modo a oferecer um mínimo de proteção aos bens jusfundamentais, ao Estado é vedado não apenas o excesso arbitrário[485], mas também a proteção deficiente do bem jurídico digno de tutela penal, *i. e.*, a sanção prevista, embora proporcional, deve possuir um grau mínimo de dissuasão, sob pena de total impossibilidade de cumprir sua função preventiva[486].

[484] Deste modo, não é por acaso que Noversa Loureiro (2017, p. 310-311) assevera que, além da criminalização dos casos mais graves de cartelização (*hard core*), face à dignidade penal e à necessidade de proteção dos bens jurídicos dignos de tutela penal, também devem ser atendidas outras condições imprescindíveis: *a)* um corpo investigatório dedicado; *b)* poderes investigativos suficientes e adequados; c) um consenso social quanto à gravidade deste crime, no momento sendo tratado como mera ordenação social; *d) recetividade e pré-disposição dos juízes para condenarem os agentes destes crimes, quando as condutas criminosas fossem comprovadas*; *e)* um adequado sistema sancionatório para os casos mais leves de ofensas a livre e leal concorrência, o qual permaneceria de cunho contraordenacional.

[485] Neste aspeto, perfilhamos o entendimento de Demetrio Crespo (2020, p. 18-20), no sentido de que o direito penal económico, *v. g.*, não pode continuar sendo tratado em múltiplas normas esparsas, bem como não pode continuar com o alto número de exceções em relação ao Direito Penal Geral, em especial suas garantias e vestes humanistas.

[486] Conforme argumenta Anabela M. Rodrigues (2017b, p. 101-102), ao defender a dignidade penal da pena de prisão como pena principal para os crimes socioeconómicos: "Com isto, quer-se chamar a atenção para o facto de que, se a punição não for proporcional à gravidade da criminalidade que está em causa, o direito penal económico presta-se à crítica,

Neste viés, Anabela M. Rodrigues (2017b, p. 100) assevera que a previsão legal da pena de prisão como penal principal para crimes socioeconómicos [praticados de forma organizada ou não] é "inteiramente correta", pois o sistema sancionatório de penas principais, no qual estão não só a prisão, mas também a prisão com multa, interconecta-se com a própria dignidade penal das incriminações, sustentando que não se justifica, portanto, afastar a pena de prisão e aplicar apenas a sanção de multa como pena principal. Ao contrário, sugere que apenas uma degradação, "contraditória em si mesma", da dignidade penal dos crimes económicos, em descompasso e conflito com os crimes em geral, poderia excluir a pena de prisão como pena principal. Arremata que a dignidade penal das atividades económicas criminosas é indiscutível, devendo corresponder à "dignidade das penas a aplicar", pois o "grau de eticização do direito penal económico" é demonstrado pela "categoria e caraterísticas das penas que o servem."

Para exemplificar, vejamos o cenário recente a nível global. A crise económico-financeira de 2008 atingiu quase todos os indivíduos e economias (e de uma forma mais aguda os mais vulneráveis), representando o melhor exemplo quanto aos elevados danos que podem ser causados pela criminalidade (organizada) económico-financeira (ou macrocriminalidade), conforme abordamos anteriormente (Ziembowicz, 2022, p. 49-83).

Neste viés, os comportamentos criminosos que provocaram a crise e as informações que já estão disponíveis quanto aos artifícios utilizados e os elevados danos causados em escala mundial às pessoas, às comunidades, aos

agora de conotação negativa, de que é meramente simbólico. Afastar a utilização da pena de prisão abriria a porta à objeção de que se estaria a 'mascarar' com o recurso ao direito penal a incriminação de certas atividades económicas. Essa incriminação seria, agora por aqui, do lado da punição, simbólica, no sentido de que em vez de contribuir para afirmar valores, exerceria um efeito contrário, corrosivo da essencialidade desses mesmos valores e o direito penal constituir-se-ia em ideologia encobridora da realidade onde se manifestam esses comportamentos criminais. [...] Pelo que aquelas devem ser adequadas a satisfazer a necessidade de neutralização da elevada capacidade de imunidade dos seus destinatários em relação às imposições normativas, em ordem a manter uma pressão punitiva eficaz sobre eles. Desta forma, o nível legítimo e necessário de punição não afasta a utilização da pena mais gravosa do sistema punitivo: a pena de prisão. Considerar a sua previsão, ao nível legal, é, pelo contrário, indispensável. Esta será, em abstrato, uma pena proporcional, por ser, em relação a certos crimes, a pena eficaz para responder à necessidade de promover a integração de valores no domínio económico-social."

mercados e aos Estados, deixa claro que a sociedade não pode mais "continuar a ignorar a presença e a quantidade da grande delinquência económica, frequentemente transnacional, e organizada de acordo com parâmetros empresariais", observa Anabela M. Rodrigues (2017a, p. 18-35). Alerta, então, que o poder-dever estatal de tutelar os bens (individuais e coletivos) jusfundamentais da sociedade (inclusive através do Direito Penal, em *ultima ratio*), advém dos mais relevantes valores consagrados na Constituição, em que os direitos fundamentais e a função social da propriedade têm precedência, mesmo diante deste panorama de economias de mercado e de acirrada concorrência a nível mundial, quando entrarem em conflito com eventuais necessidades industriais, mercantis ou financeiras.

Os próprios governos e governantes tornaram-se incapazes de resistir ou desobedecer às decisões (muitas vezes travestidas de orientações) de entes internacionais (públicos, privados ou híbridos), como relata Fernández Steinko (2013, p. 7-10), pois nesta sociedade tardo-moderna os Estados estão tendo que praticar políticas flexíveis e de desregulação, reduzir a tributação que incide sobre as pessoas coletivas, restringir ao extremo diversos programas sociais (voltados aos mais vulneráveis), reduzir ou desrespeitar direitos e garantias trabalhistas, entre outras ações desta natureza, esmaecendo o Estado social para manter alguma atratividade para os investimentos na sua respetiva economia. Analisa que o Estado, embora permaneça numa posição centralizada nos conflitos entre os poderes privados, não está conseguindo frear o seu debilitamento, neste contínuo processo de descentralização e também de recentralização, em que a governança, de facto, está sendo conduzida por outros atores. Diante destes fatores, entende que os Estados tentam gerenciar o mal-estar, a insegurança subjetiva e o medo, utilizando estes males que assolam a sociedade como fonte de legitimação, visando fundamentar a necessidade de manter o Estado e o seu poder.

Entretanto, preocupa-se Fernández Steinko (2013, p. 7-10) porque o medo está se apoderando da cidadania, sujeitando-a, pois entende ser inexplicável a inexistência de uma forte "pressão cidadã", de resultados práticos e da devida responsabilização frente à maior expropriação de bens e recursos públicos da nossa época, a crise financeira global ocorrida a partir de 2007, que afetou em escala global e de modo implacável a todos os indivíduos e às suas justas expetativas. Neste movimento, reconhece políticas criminais (funcionais) que buscam encobrir esta "macrocriminalidade dos poderosos", direcionada com extremo rigor só aos crimes de rua e/ou de pequeno vulto, praticados pelas classes sociais subalternas, voltando-se também a conceções que buscam responsabilizar estrangeiros (e até nacionais que praticam outras religiões ou costumes), através de políticas de intolerância que desviam o foco da realidade, dos mais elevados danos à sociedade.

Após analisar variadas manifestações do governo alemão e da União Europeia sobre essa crise financeira, também se sentiu completamente surpreendido Schünemann (2013a, p. 367-370), pois as declarações das citadas autoridades públicas consideraram a crise económico-financeira como uma fatalidade natural, que não poderia ter sido evitada, um facto consumado. Sustenta, em sentido exposto, que a situação exigia uma investigação profunda, sistemática e séria das responsabilidades administrativas, civis e/ou penais. Protesta, então, por uma verdadeira apuração, proporcional aos danos astronómicos provocados aos membros da sociedade mundo afora, tanto de contribuintes, quanto de trabalhadores, investidores, pensionistas, sócios, desfavorecidos dependentes de programas sociais estatais, entre outras pessoas atingidas, pois provavelmente estes foram os maiores danos causados durante esta geração, comparável só à crise de 1929.

No entanto, a retórica das altas autoridades governamentais e políticas da União Europeia e de muitos Estados desenvolvidos pugnou pela intensificação da persecução penal às fraudes tributárias e ao branqueamento de capitais pela criminalidade organizada (violenta, diga-se de passagem), pontua Schünemann (2013a, p. 367-370), com a clara intenção de desviar o foco a crimes que, somados, constituem uma lesão diminuta em desfavor das pessoas e da sociedade, quando comparada à magnitude daqueles prejuízos causados (em escala global) pelas condutas criminosas (e individualizáveis) praticadas pelo *establishment* financeiro. Diante disto, considera difícil não escrever uma sátira referente ao comportamento negligente e inexplicável das autoridades públicas da União Europeia em razão da crise. Arremata que os danos descomunais provocados pela crise financeira não tiveram como resultado a investigação e a responsabilização dos causadores dos prejuízos que atingiram as pessoas, as comunidades, os Estados e as economias de todo o planeta, não havendo notícia de incriminações ou sanções aplicadas pelos Estados europeus. Em contraponto, a maioria dos cidadãos foi triplamente sacrificada pela crise, com a redução dos programas assistenciais estatais (atingindo de forma direta as pessoas mais vulneráveis), a perda económica de investimentos, fundos de pensão e outras aplicações financeiras, além de pagar pela segunda vez "a conta" e os prejuízos na condição de contribuintes, pois o mercado financeiro impingiu aos Estados o "dever" de resgatarem as instituições financeiras (imediatamente) mediante a ameaça de um colapso generalizado da economia.

É neste sentido que Eugenio Sarrabayrouse (2015, p. 20-26) também destaca a crise financeira que se iniciou nos Estados Unidos em 2007 e atingiu vários países europeus e a própria economia mundial capitalista a partir de 2008, causando tanto clamor para que os Estados voltassem a intervir e regular com vigor os mercados financeiros. Relata que este movimento decorreu do facto de que a crise foi desencadeada por operações especulativas realizadas por instituições financeiras que compraram "títulos tóxicos", cujos valores eram lastreados em hipotecas norte-americanas subavaliadas (*subprime*), decorrentes de empréstimos para compra de imóveis concedidos a pessoas que não tinham condições de garantir os respetivos pagamentos, aumentando em grande proporção o risco pela falta de pagamento. Comenta que diversos economistas alertaram sobre os diversos riscos da operação (sem garantias), mas ninguém quis "estragar o clima de festa" em que todos pareciam estar ganhando dinheiro: construtoras de imóveis, agentes imobiliários, vendedores de materiais de construção, especuladores, investidores e até os consumidores, que podiam finalmente comprar suas próprias residências.

Entretanto, com o aquecimento do mercado imobiliário e com a imensa valorização dos imóveis diante do aumento vertiginoso da procura por residências, uma vez que apenas garantias irrisórias eram exigidas dos indivíduos que solicitavam os empréstimos, as taxas *subprime* dispararam em 2005 e 2006 e a maioria dos novos proprietários não conseguiu continuar pagando as prestações periódicas, relata Eugenio Sarrabayrouse (2015, p. 20-26), atingindo com força as instituições financeiras que haviam adquirido complexos e incompreensíveis pacotes financeiros, subprodutos e derivados financeiros baseados nesses empréstimos, que haviam sido realizados sem a menor garantia de pagamento.

Acrescenta Silva Dias (2014, p. 46-48) que as agências de avaliação contribuíram de modo significativo para o desencadeamento da crise financeira, dando notas máximas para os ativos derivados, em especial aos CDOs (*collateralized debt obligations*) que eram baseados nos citados MBS (*mortgage-backed securities*), cotados muito abaixo desta nota. Entretanto, anota que o relatório Levin do Senado dos EUA, realizado depois da citada crise, detetou que as empresas e os seus respetivos produtos e subprodutos financeiros eram avaliados por agências de *rating* que aquelas mesmas pagavam, revelando claro conflito de interesses e inviabilizando uma avaliação isenta e idônea, conforme é exigido de qualquer empresa de auditoria independente, inclusive tendo mantido a excelente classificação "A+" para a Lehman Brothers até uma semana antes do seu colapso[487]. Lembra que, neste cenário, em 2008 e 2009 mais de cento e cinquenta instituições financeiras norte-americanas entraram em processo de falência, com uma situação assemelhada na Europa.

O pânico se instalou, pois ninguém sabia quem era o dono dessas dívidas inúteis que já estavam sendo negociadas no mundo inteiro, relata Eugenio Sarrabayrouse (2015, p. 20-26), e os próprios bancos deixaram de fazer empréstimos, instalando-se uma crise de crédito em todo o mundo capitalista.

[487] Para Silva Dias (2014, p. 70-71), se por um lado os impactos sociais e económicos da crise de 2008 ainda perduram, por outro lado aumentou nossa capacidade de compreender o ocorrido e, sobretudo, a percepção de que apenas "uma mudança de estrutura institucional dos negócios, especificada e apoiada em regras e leis, pode resolver o problema", exigindo uma "intervenção político-económica global ou supranacional que institua processos de regulação e prevenção de distorções e desenvolvimentos perversos do seu funcionamento" para viabilizar um mínimo razoável de eficácia preventiva ou geral-preventiva. Neste rumo, Bauman e Donskis (2019, p. 13-27) rejeitam as teorias "*NHA*", no sentido de que "*não há alternativa*" a esta total dependência e subserviência dos seres humanos, dos Estados e das instituições, às leis do mercado económico-financeiro, e que justamente nesta total inabilidade dos governantes (de um Estado ou de vários Estados reunidos em organismos supra ou internacionais) para estabelecerem um mínimo de regulação, de previsibilidade e de supervisão deste mercado económico-financeiro global, bem como uma adequada responsabilização pelas condutas desviantes de seus operadores e organizações, reside um dos principais fatores para a progressiva descrença no sistema político "democrático". Alertam sobre os riscos representados pelo facto de que as pessoas já estão considerando a democracia um "jogo sem sentido", de fingimento ou encenação, em que os governantes utilizam em toda e qualquer crise financeira (apesar das suas profundas consequências sociais) a justificativa de que foi um crise do sistema, inexplicável, e que não havia outra alternativa para evitar o agravamento da crise além da utilização dos recursos públicos dos cidadãos-contribuintes para resgatar as instituições financeiras. Concluem que, neste cenário, os indivíduos têm percebido que: "Políticos fingem governar, enquanto os detentores do poder económico fingem ser governados. Para manter o estilo, as pessoas se arrastam para as urnas a cada quatro anos, fingindo serem cidadãos."

Anota que as perdas se acumularam e, apenas durante o ano de 2008, os principais bancos e demais instituições financeiras de todo o mundo anunciaram perdas de mais de 400 mil milhões de euros, motivando que em 2009 o britânico John Neill já se manifestasse pela sanção aos criadores dos *securities* (derivados) *tóxicos*, que deveriam ser tratados como quaisquer outros fabricantes de produtos venenosos e, quando comprovada a participação no crime, cumprissem as devidas penas de prisão. Comenta que na Europa e, em especial, na Alemanha, muitos gerentes e diretores de bancos haviam investido valores vultosos lastreados nessas hipotecas americanas sem garantias de pagamento, comprando produtos financeiros altamente duvidosos sem informações suficientes sobre a estrutura e o valor desses derivados financeiros, causando a necessidade de urgente resgate de bancos alemães mediante a utilização de recursos públicos do Estado alemão, *i. e.*, recursos pertencentes aos cidadãos alemães.

Após citar diversos escândalos financeiros, como de "Bernard Madoff, David Redmond (Morgan Stanley), Alexis Stenfors (Merril Lynch Londres), Sean Fitz Patrick (Anglo Irish Bank)" e outros casos em que bancos aceitaram pagar multas em razão de acusações de fraude contra investidores como "Citibank, Goldman Sachs, HSBC", comenta Eugenio Sarrabayrouse (2015, p. 20-26) que grandes casos de fraudes financeiras como a quebra da Lehman Brothers e outros relacionados direta ou indiretamente com a crise financeira fazem pensar que o mercado financeiro global representa uma espécie de "cassino[488] financeiro global", realçando que um ex-diretor do Fundo Monetário Internacional, inclusive, foi acusado em 2012 perante o Poder Judicial da Espanha por crimes como fraude, falsidade ideológica e apropriação indevida, junto a outros ex-diretores do Banco Bankia, pois o governo espanhol havia promovido um "milionário resgate" do banco por "perdas abismais" de cerca

[488] Na realidade, Silva Dias (2014, p. 47) pontua que o comportamento de altos diretores financeiros e outros operadores desse mercado financeiro agiram de forma muito mais irresponsável do que as pessoas que gastam seus recursos financeiros em cassino, pois estes apostam os seus próprios recursos em jogos arriscados. No caso da citada crise de 2007-2008 e de outros escândalos e fraudes financeiras, as "apostas" de extremo risco são realizadas com valores que pertencem às instituições financeiras (*i. e.*, dinheiro dos acionistas, de clientes, de poupadores) e, em grande parte dos casos, de valores pertencentes aos contribuintes, em relação às instituições financeiras resgatadas com dinheiro público.

de 23 mil milhões de euros, "chamando os contribuintes" espanhóis para cobrirem o rombo causado por especulação financeira.

Observa Naucke (2015, p. 126-136) que a desregulação "dolosa" do mercado financeiro internacional (com seus reflexos nas legislações nacionais), sobretudo a partir da década de 1980, criou uma formidável resistência à ideia de responsabilização de pessoas físicas e/ou jurídicas pelas gravíssimas lesões causadas em escala global por operadores do mercado financeiro, em que surgem diversos "técnicos" e "estudos" afirmando, diante das crises e fraudes financeiras gigantescas, que a crise é uma fatalidade, que não poderia ser evitada, e tudo isto antes mesmo de qualquer reação dos governos. Desta maneira, observa "uma liberdade ilimitada de atuar no mercado financeiro", sob a falsa premissa de que a lógica deste mercado, bem como a velocidade técnica com que se realizam e/ou modificam os processos e ações financeiras, são "incontroláveis" em face dos milhares de atores com objetivos distintos que atuam de modo simultâneo.

Entretanto, este e outros argumentos desta natureza não se justificam sob nenhuma perspetiva na seara penal, enquanto instrumento para prevenir justamente as mais graves e intoleráveis lesões em desfavor dos indivíduos, da sociedade e dos demais bens jurídicos essenciais, pontua Naucke (2015, p. 126-136). Entende que, ao contrário, revela a necessidade de um maior esforço do legislador e da comunidade internacional no sentido de regular, de forma equilibrada e eficaz, o mercado financeiro, concedendo a liberdade necessária não apenas ao mercado globalizado, mas também a liberdade de que necessitam as pessoas, no sentido de que estejam livres de fraudes e crises financeiras causadas por condutas criminosas gravíssimas, que lhes tolhem os investimentos e os recursos financeiros que lhes pertencem (inclusive aqueles valores que estão sob a administração do Estado para utilização em prol do bem comum), *i. e.*, deve-se proteger também a liberdade das pessoas para se planejarem e adotarem planos de vida libertos das fraudes e dos prejuízos causados por terceiros, quer sejam indivíduos ou pessoas coletivas que operam no mercado financeiro, quer sejam operadores de qualquer outro setor económico.

Neste vértice, os estudos e a legislação relativa ao mercado financeiro, centrada no "Direito Penal do Mercado de Capitais", precisam evoluir e superar este momento em que as normas penais desta seara se encontram "em ilhas isoladas", desconectadas entre si e com imensas lacunas, que exigem o seu desenvolvimento para se tornar um "Direito Penal operativo", alerta Naucke (2015, p. 126-136). Assevera que as crises e fraudes recentes demonstram de modo claro que a autorregulação nesta seara e a quase inexistente previsão de tipos penais com capacidade dissuasória e preventiva (que se restringe a tipificações como fraude em operações de câmbio, burla e administração fraudulenta), olvidando diversas outras condutas de imensa lesividade e dignas de tutela penal, impedem que as pessoas, repita-se, tenham um mínimo de liberdade e um mínimo razoável de segurança para se planejarem do ponto de vista financeiro, para adotarem um programa de vida (com respetivos investimentos, poupanças e rendimentos auferidos através do trabalho) que proporcione um mínimo aceitável de conforto à respetiva família.

Por outro lado, apesar da visível deficiência do Direito Penal em relação aos comportamentos com imensa lesividade dos mercados financeiros e económicos, diversos fundamentos jurídicos e estudos amparam a possibilidade de individualizar e de promover a responsabilização penal, de forma concreta, dos autores das condutas criminosas que desencadearam a crise financeira de 2008, como apontam Schünemann (2013b, p. 187-199) e Anabela M. Rodrigues (2017a, p. 18-26): a *burla* praticada com a venda de títulos depreciados ou sem qualquer valor a indivíduos ou empresas de boa-fé, ou a realização de investimentos em ações do mercado bursátil cuja falta de valor era sabida pelo agente, representando uma *administração fraudulenta ou danosa*, por executivo de um banco, fundo de investimentos ou outra instituição financeira. Com estes e outros argumentos, desmistificam as alegações de que a crise económico-financeira de 2008 decorreu de uma falha no sistema financeiro como um todo, impossibilitando a responsabilização individual nas searas civil, administrativa e/ou penal.

De facto, na sociedade lastreada e fundada sob a égide e supremacia dos direitos humanos, consubstanciada em Estados de Direito Democráticos, as liberdades individuais não podem ser consideradas uma "limitação inoportuna" ao mercado económico-financeiro, muito menos podem ser desconsiderados diante deste mesmo mercado, pois conformam os direitos humanos, antes de tudo, o começo, o meio e o fim essenciais da coexistência humana, da vida em comunidade, da dignidade da pessoa humana.

Desta maneira, não é por acaso que Anabela M. Rodrigues (2017b, p. 99-100) destaca de modo constante que conseguir um lucro económico (direto ou indireto) é o principal objetivo para a prática de condutas criminosas, e a citada racionalidade do comportamento dos autores é vislumbrada na análise dos custos (jurídicos, económicos e reputacionais) que realizam em comparação com os benefícios que provavelmente vão advir das atividades criminosas, sopesando as possibilidades de serem detetados, perseguidos e também condenados. Por seu turno, a empresa ou pessoa coletiva é indicada como o foco de perigo na atualidade por proporcionar a prática de crimes (que o indivíduo não realizaria se estivesse sozinho), viabilizando um "espírito criminal de grupo" e também uma "má cultura corporativa", fomentando o processo de aprendizagem de condutas criminosas e de neutralização da culpa.

Nesta senda, o papel determinante reside na "irresponsabilidade penal organizada/estruturada/institucionalizada" e na "despersonalização", que viabilizam a sobrevivência e a continuidade da organização, assevera Anabela M. Rodrigues (2017b, p. 99-100). Por outro lado, alerta que o sistema penal não pode continuar se dirigindo a passos largos em direção à responsabilização exclusiva da pessoa coletiva e, de forma paradoxal, favorecendo a prática criminosa individual e a sua impunidade (que estimula o agir criminoso), exemplificando através dos dados mais recentes dos Estados Unidos, onde cerca de metade dos processos penais contra pessoas coletivas, na atualidade, não indicam qualquer responsável individual, representando uma situação alarmante.

Compartilhamos desta opinião, no sentido de que deve ser possível a responsabilização da pessoa jurídica e também dos seus respetivos dirigentes, como ressalta Marques da Silva (2009, p. 126-125), ao advertir que as pessoas jurídicas não podem diminuir sua relevância para encobrirem-se "atrás dos próprios dirigentes", nem podem estes dirigentes acobertarem-se "atrás da estrutura da sociedade", pois podem e devem ser responsabilizados, a depender das circunstâncias do caso concreto, tanto a pessoa coletiva quanto o dirigente, sob pena de serem minados os alicerces da democracia e de estabelecer-se um sistema de impunidade diante de crimes gravíssimos, uma verdadeira irresponsabilidade organizada.

Considerações capitulares

O Estado de Direito Democrático de conceção europeia, enquanto instrumento para a promoção de uma convivência pacífica, com liberdade, segurança e justiça, deve viabilizar o desenvolvimento dos indivíduos, inclusive protegendo os direitos fundamentais, mediante as balizas estabelecidas na respetiva Constituição e nos instrumentos jurídicos supra e internacionais que tratam dos direitos humanos.

Nesta promoção e na proteção dos direitos fundamentais, o Estado deve atuar com serenidade e equilíbrio, pois o *princípio da proporcionalidade* tanto lhe veda o *excesso arbitrário*, sobretudo na seara penal (que representa o mais agressivo relacionamento entre o cidadão e o Estado, podendo resultar na restrição de direitos essenciais como a liberdade individual, a privacidade etc.), quanto proíbe a *proteção deficiente* dos direitos fundamentais, *i. e.*, oferecer uma tutela *aquém do mínimo constitucional exigível.*

Por outro lado, o Estado pode e deve utilizar o Direito Penal quando as demais instâncias de controle social (como a família, escola, grupo social e outras) e jurídico (civil, comercial, administrativo etc.) não tiverem conseguido prevenir e evitar os mais graves e intoleráveis comportamentos lesivos a bens jusfundamentais dignos de tutela penal estatal, desde que a respetiva tipificação seja legitimada conforme valores e princípios constitucionais do Estado e conforme aos direitos humanos fixados em âmbito supra e internacional.

Neste rumo, não se deve esquecer que o Direito Penal tem duas importantes finalidades (em aparente contradição), de prevenir e reprimir o crime por um lado, e proteger os bens jusfundamentais por outro, gerando uma certa tensão entre eficácia e garantias, entre liberdade e ordem, em que se deve proporcionar o máximo de segurança com um mínimo de restrição de liberdades, garantias e direitos fundamentais, com ênfase no ser humano e do modo mais equitativo possível, entre a proteção dos direitos humanos e a transgressão que lesiona os direitos humanos.

Diante deste cenário, a Política Criminal deve ser norteada pelos dados e estudos científicos que avaliem a criminalidade e a insegurança real, inclusive a danosidade real dos crimes praticados, e não baseada no medo difuso e na sensação de insegurança cognitiva (subjetiva) das pessoas, muitas vezes causados pela mídia de massa que visa ampliar seu lucro distorcendo a realidade, ou por discursos eleitoreiros e oportunistas em que candidatos ou partidos políticos se apresentam como aqueles que vão "salvar" a sociedade da criminalidade.

Neste vértice, embora a criminalidade de massa costume praticar crimes de rua violentos, que atingem o cidadão de forma direta e são os maiores causadores de insegurança subjetiva no seio da sociedade, a Política Criminal não pode continuar sendo direcionada apenas a esta pequena criminalidade, embora esta também precise ser prevenida e reprimida.

De facto, a Política Criminal não pode continuar ignorando ou bagatelizando, *v. g.*, a criminalidade empresarial, em especial aquela envolvida ou compondo organizações criminosas (violentas e não violentas), que causa os mais lesivos danos aos bens jurídicos essenciais da sociedade contemporânea (em proporções muito maiores que a criminalidade de massa), embora seus crimes tenham vítimas difusas, em geral atingidas de forma indireta, além dos infratores possuírem elevado *status* económico, político e social em muitos casos, alcançando alta taxa de impunidade.

No mesmo vértice, a penúria de legitimação dos Estados na atualidade e a redução do seu poder num cenário globalizado não deve ser compensada por um discurso de enfrentamento à criminalidade, sobretudo mediante um discurso eleitoreiro e que visa justificar a necessidade de manutenção do Estado e do seu poder.

Esta retórica é denunciada diuturnamente por juristas, em especial nos países desenvolvidos e nos centros acadêmicos, sobretudo em função:

a) da facilidade com que o legislador torna mais severas as medidas penais e processuais penais contra a criminalidade de massa, contra os crimes violentos e demais atividades delitivas de subsistência, cujas sanções são aplicadas com rigor pelas instituições que interpretam as normas;

b) da facilidade com que à criminalidade empresarial e aos criminosos que possuem elevado *status* político e/ou económico se concede a impunidade, tanto por quem legisla quanto por quem interpreta a lei, com ilegítima benevolência que fornece uma tutela penal de bens jurídicos fundamentais aquém do mínimo razoável e constitucionalmente exigível;

c) do esgotamento dos meios de manipulação do Estado e da economia sobre os indivíduos de países com maior nível sociocultural, enquanto cidadãos-contribuintes e consumidores, cumpridores dos seus deveres, que têm tomado consciência de que o Estado, que falhou na promessa de proporcionar bem-estar e dignidade humana a todos, está tentando manter o foco das atenções tão só nas questões da criminalidade violenta, quando diversos outros problemas estruturais também graves e muitas atribuições dos três poderes estão sendo ignorados e encobertos, como a pobreza, o desemprego, a redução drástica dos programas sociais voltados para os mais vulneráveis[489].

Esta manipulação procura encobrir o facto de que a criminalidade económica, a criminalidade nos meandros do poder político e a criminalidade organizada empresarial (em regra não violentas), recebem as benesses da lei e da interpretação da lei, como demonstram, inclusive, os dados relativos aos indivíduos que cometem crimes económicos e cumprem pena privativa de liberdade, que são raríssimos e parecem tão só atuarem como bodes expiatórios

[489] Um exemplo claro do tratamento desigual da criminalidade económica e financeira, apesar dos gravíssimos danos causados à sociedade, é descrito por Schünemann (2013a, p. 367-370), lembrando que os crimes violentos e outros da criminalidade de massa, somados, representam uma lesão ínfima contra os bens jusfundamentais, quando comparados à magnitude dos danos provocados (em nível global) pelos comportamentos criminosos (e individualizáveis) praticados no mercado financeiro, a ponto de merecer uma sátira diante da ilegítima e inexplicável atitude das autoridades públicas da União Europeia em relação à crise. Conclui que os danos gigantescos causados pela crise financeira não resultaram, na mesma proporção dos prejuízos, em investigações profundas e na responsabilização daqueles que lesionaram tanto as pessoas, quanto as comunidades, os Estados e as economias, em escala global. Ao contrário, conclui que a maior parte dos cidadãos foi triplamente sacrificada pela crise financeira, porque: *a)* houve uma relevante diminuição dos programas assistenciais dos Estados, inclusive dos programas de assistência social e à saúde, prejudicando com mais vigor os mais vulneráveis; *b)* a perda económica de investimentos, fundos de pensão e de outras aplicações financeiras, prejudicando até as pessoas simples, que jamais fizeram uma aplicação de risco leve ou médio, e mantinham seus recursos, obtidos através de uma vida inteira de trabalho e de economia de valores monetários, em instituições financeiras sem o mínimo compromisso com seus clientes ou com uma atuação responsável na administração de recursos alheios; *c)* os cidadãos, além de perderem investimentos e/ou valores poupados ao longo de suas vidas, ainda "pagaram a conta" ou o prejuízo uma segunda vez, na condição de cidadãos-contribuintes, pois o mercado financeiro impôs aos Estados, sob a ameaça de um colapso económico total, o "dever estatal" de resgatarem com urgência as instituições financeiras.

uma vez ou outra (em geral quando cometem crimes económicos vinculados à criminalidade organizada violenta), apesar de causarem prejuízos muitíssimo mais graves[490], quer sejam económicos ou sociais, quer sejam institucionais ou aos próprios pilares da democracia.

Destaca-se que as Constituições portuguesa e brasileira conformam o Estado como ente de promoção e proteção dos direitos fundamentais, que tem como importantíssima atribuição viabilizar uma coexistência pacífica com liberdade, segurança e justiça. E o Estado de direito material social democrático, para cumprir estas atribuições constitucionais, previu uma série de instrumentos de acentuada importância para que estas tarefas estatais possam ser cumpridas, em que se destacam a promoção e o estímulo do Estado à atividade empresarial, ao empresário, à livre iniciativa, à boa-fé nas relações económicas, à livre e leal concorrência e ao desenvolvimento económico.

Por outro lado, além do dever de estimular as atividades empresariais e o desenvolvimento económico, reconhecendo que são relevantes para proporcionar e potencializar vários direitos de cariz social, económico, ambiental, cultural, entre outros direitos fundamentais (que não poderiam ser concretizados sem que fossem custeadas as respetivas despesas que geram), as Constituições portuguesa e brasileira também previram, de forma expressa, o dever do Estado de regular e proteger a ordem económica, as atividades empresariais e cooperativas, bem como os demais bens jurídicos circunvizinhos às atividades económicas.

Estas atividades também foram vinculadas a fins sociais e a uma economia sustentável, emergindo, então, outros bens jurídicos a serem sopesados nesta equação, como a livre e leal concorrência, a isonomia nos concursos para contratos da Administração Pública, a proibição do monopólio, do abuso do poder e das práticas especulativas e/ou restritivas de mercado, bem como os direitos humanos, os direitos relativos aos trabalhadores, aos consumidores, ao meio ambiente ecologicamente equilibrado etc.

Nesta senda, os constituintes portugueses e brasileiros também previram a possibilidade de utilização do Direito Penal para proteger esses bens jurídicos,

490 Ao longo deste estudo foram citadas dezenas de casos concretos, em que os danos causados por empresas nacionais e/ou transnacionais à sociedade, cujas lesões ultrapassaram centenas de milhões de euros, repetem-se sem cessar, nos mais diversos locais e setores económicos ou financeiros.

como último recurso para prevenir e reprimir as mais danosas (intoleráveis) condutas que atinjam esses bens jusfundamentais, a ponto de adquirirem relevância penal.

Perante a conjuntura contemporânea, portanto, em que os mais graves danos aos bens jurídicos essenciais da sociedade decorrem dos comportamentos criminosos praticados pela criminalidade económica (aí incluída a prática de crimes como o branqueamento de capitais), pela criminalidade organizada (violenta e não violenta), pela criminalidade política e/ou de funcionários públicos de alto escalão (mediante a corrupção organizada sistémica, de relações prolongadas e de servilismo aos interesses privados em detrimento do interesse do bem comum), com capacidade de tomar setores e estruturas públicas, políticas, económicas e sociais, a própria persecução penal deve adotar uma nova metodologia, embora preservando o máximo de liberdades, direitos e garantias, mediante uma mínima e absolutamente necessária intervenção penal.

Estas medidas, além de reforçarem a cooperação policial e judicial diante da transnacionalidade que estas formas particularmente graves de criminalidade alcançaram, devem evoluir de uma investigação e repressão penal *retrospetiva*, reconstituindo o passado e com utilidade apenas na atuação contra a criminalidade comum, para métodos *prospetivos* e proativos, que buscam compreender o funcionamento, a estruturação empresarial e em redes das organizações criminosas contemporâneas, pois a complexidade e a sofisticação destas torna ineficazes os métodos clássicos de investigação.

Desta maneira, a persecução penal da criminalidade especialmente grave da globalização, em regra com estrutura empresarial organizada em redes, não pode permanecer baseada tão só na acusação, condenação e prisão de alguns dos seus membros, pois este sistema permite que as estruturas empresariais, financeiras e operacionais do programa criminoso continuem funcionando.

Ao contrário, estas modalidades criminosas exigem investimentos e aperfeiçoamentos constantes nos órgãos de repressão penal, para que, após detetadas as estruturas económico-financeiras, os membros participantes e o programa criminoso, possam responsabilizar todos os envolvidos e os colaboradores[491], adotar as medidas de responsabilização das pessoas coletivas

[491] Destacam-se entre os colaboradores pessoas físicas (quer sejam operadores financeiros, banqueiros, políticos e outros funcionários públicos, consultores económicos, financeiros

que participam do projeto criminoso[492], bem como apreender e confiscar os produtos do crime e seus dividendos, descapitalizando as organizações criminosas e, de facto, interrompendo as atividades e/ou projetos criminosos da organização, uma das principais finalidades da persecução penal na defesa dos direitos fundamentais (entre os quais está o direito fundamental à segurança), tratando-se de justas (e constitucionais) expetativas dos cidadãos.

Nesta direção, repetimos que não perfilhamos as constantes tentativas de ignorar ou bagatelizar a elevada danosidade das condutas da criminalidade empresarial[493], em especial aquela envolvida com organizações criminosas, sobretudo teorias que propõem a exclusiva aplicação de sanções de caráter pecuniário às empresas e aos indivíduos infratores, porque a generalidade das empresas transnacionais possui seguros *D&O* (*Directors and Oficcers Insurances*) que cobrem eventuais condenações judiciais de caráter administrativo, comercial ou civil, *i. e.*, as sanções não teriam absolutamente nenhuma eficácia, proporcionalidade, isonomia e poder dissuasório.

Isto resta demonstrado com clareza científica pela Análise Económica do Direito, segundo a qual o *homo economicus*, de forma racional, ao decidir se vai ou não cometer um crime, avalia os benefícios que obterá praticando o comportamento proibido, o risco de ser descoberto e sancionado, bem como os

e jurídicos, entre outros) e pessoas jurídicas (como empresas de comércio, de indústria, do setor de serviços, instituições financeiras etc.).

492 Através de instrumentos como a dissolução, encerramento do estabelecimento, proibição de contratar e/ou de receber subsídios, intervenção judicial ou proibição de atividade etc., conforme arts. 90.º-A a 90.º-M do CP português.

493 Quanto a esta questão, Ferrajoli (2014, p. 84-85) critica com veemência a incapacidade que grande parcela da criminologia e dos criminólogos têm para perceber e estigmatizar como crimes (porque considera que são crimes de massa contra a humanidade), as agressões aos bens comuns e aos direitos humanos cometidos pelos "Estados e mercados". Afirma que a criminologia só poderá alcançar este nível de iluminação ou esclarecimento quando ampliar sua autonomia em relação ao Direito Penal dos nossos ordenamentos, o qual mantém claros filtros seletivos visando proteger quem possui capacidade de impor ou influenciar a legiferação: os "Estados e mercados". Acrescenta que à *criminologia crítica* cabe, então, afastar-se da "velha criminologia", a qual sempre esteve subalternizada ao Direito Penal e à norma positivada (apesar da evidente seletividade), tornando quase que invisíveis à criminologia os vastos e "terríveis" danos sociais causados por crimes económicos de massa de acentuadíssima lesividade, agravados pela impunidade da qual continua desfrutando esta criminalidade estrutural do poder "público ou privado, político ou económico", caracterizando uma verdadeira "banalização do mal".

custos decorrentes de eventual condenação. Em outras palavras, não correndo sequer o risco de ser apenado com uma sanção privativa de liberdade, nem mesmo com os custos de uma condenação nas searas administrativa, civil ou comercial (pois serão cobertos pelo seguro), não haverá nenhum estímulo para que os diretores ou oficiais das empresas cumpram as normas estabelecidas.

Ao contrário, trata-se de um sistema que retira da equação toda e qualquer possibilidade de atendimento às normas e princípios constitucionais antes abordados, essenciais para um mercado sadio e sustentável, que produz riquezas, bens e serviços, empregos, tributos e contribuições à seguridade social (imprescindíveis para o cumprimento das atribuições constitucionais dos Estados, inclusive os programas de assistência social e de saúde, entre outros).

Além disso, retirar do âmbito da criminalidade empresarial e política a possibilidade de apenar a conduta com relevância penal mediante a pena privativa de liberdade, sanção por excelência do Direito Penal para os casos de alta lesividade, desrespeitaria o princípio constitucional da isonomia no tratamento jurídico-penal de condutas criminosas com igual gravidade e retiraria a dignidade penal dos bens jurídicos afetados pela criminalidade organizada empresarial, inclusive os direitos humanos.

CAPÍTULO 2
DA ORGANIZAÇÃO CRIMINOSA E DA EMPRESA

As condutas praticadas no interior das empresas, quer sejam aquelas adotadas pelos indivíduos, quer sejam aquelas praticadas em decorrência de uma decisão de um órgão executivo ou deliberativo da empresa, podem ser legais ou ilegais (ou até mesmo figurarem naquela zona cinzenta entre a licitude e a ilicitude).

Entre as condutas ilegais praticadas, há aquelas que desrespeitam normas, *v.g.*, do Direito Civil, do Direito Comercial, do Direito Administrativo, do Direito Tributário ou Previdenciário, entre outros ramos do Direito. No entanto, há condutas que não são apenas ilegais, porque também configuram crimes.

E mais: por se tratar de requisito para a configuração de uma organização criminosa, devemos nos ater aos crimes graves e/ou definidos nos instrumentos jurídicos internacionais, além das ordens jurídicas portuguesa e brasileira.

2.1. A Empresa como Mero Instrumento para o Programa Criminoso e a Empresa como Centro Ético-Jurídico para a Prática de Crimes Graves

A possibilidade de responsabilização penal da pessoa coletiva (como centro ético-social capaz de praticar crimes) e, em especial, a tipologia relativa às organizações criminosas (ou associações criminosas), só alcançaram as atividades empresariais nas últimas décadas, visto que vigorava na maioria dos países ocidentais o princípio *societas delinquere non potest*[494]. Entretanto, o envolvimento da pessoa coletiva com o crime através de um grupo estruturado de pessoas com a finalidade de cometer crimes, do ponto de vista criminológico, parece ser tão antigo quanto os primeiros empreendimentos comerciais, quando eram praticadas, *v. g.*, condutas com o fim sonegar os tributos previstos, contrabandear produtos proibidos, entre outras, muito embora não ocupasse o devido espaço na definição das políticas criminais e nas normas penais.

Ao tratar da realidade moderna, de países industrializados e em desenvolvimento, Tiedemann (1997, p. 101-103) já reconhecia há muito tempo o debilitamento da responsabilidade penal individual e a ascensão da possibilidade de responsabilização penal da pessoa jurídica[495], com base em diversos fundamentos político-criminais e na coletivização da vida económica e social (depois de uma inicial responsabilização administrativa, civil e fiscal da pessoa coletiva), tendo em vista que nos tornamos, de facto, uma sociedade das organizações, as quais têm influência muito maior nas relações sociais atuais do que as pessoas individualmente consideradas. Além disso, acrescenta que a sociologia e a psicologia souberam demonstrar que a agrupação de indivíduos cria um ambiente que facilita e também incita os autores (físicos ou materiais) a cometerem crimes para beneficiar o grupo, motivo pelo qual não se deve sancionar apenas os executores da conduta criminosa (que podem ser trocados ou substituídos com facilidade), mas sobretudo a organização mesma, em especial diante de formas de criminalidade como as organizações criminosas[496], os crimes económicos, ambientais e outros.

[494] Pondera Tiedemann (1997, p. 102-103) que desde a década de 1920, época em que surgiu o Direito Económico moderno, algumas normas da Europa continental já admitiam a responsabilização da pessoa jurídica em matéria fiscal, aduaneira e de concorrência, tendo o Japão seguido essa tendência na década de 1930 e a Rússia no final da década de 1980.

[495] Observa Sanz Mulas (2016, p. 353-354) que o rompimento com o princípio *societas delinquere non potest* pela legislação espanhola a partir de 2010 conformou uma decisão fundamental da política criminal, nos termos em que a maioria dos Estados-Membros da UE vinham construindo a possibilidade de responsabilização penal das pessoas jurídicas, considerando-se este um passo crucial para reprimir a criminalidade da empresa, muito relevante no campo da criminalidade económica, da corrupção e da criminalidade organizada.

[496] As organizações criminosas se servem da maior parte dos modelos de instituições económicas, segundo Tiedemann (1997, p. 102), assim como a maior parte dos crimes socioeconómicos são cometidos no seio de empresas.

Aliás, a inaplicabilidade à pessoa jurídica ou à sociedade de uma pena privativa de liberdade, alerta Marques da Silva (2009, p. 154), não pode influir na admissão da sua responsabilização penal, pois o Direito Penal não se caracteriza tão só pela existência de sanções privativas ou restritivas de liberdade, somando-se ao facto de que as diversas espécies de sanções criminais não são iguais nos diferentes sistemas e ordenamentos jurídicos, nem possuem imutabilidade ao longo do tempo. Pondera, ainda, que nem sequer seria absurdo tipificar e/ou conceber sanções aplicáveis às sociedades assemelhadas às penas restritivas ou privativas de liberdade, situações estas já estabelecidas mediante penas acessórias no ordenamento português, *v. g.*, no art. 8.º do Decreto-lei n.º 28/84, de 20 de janeiro, que estabelece a possibilidade do tribunal aplicar sanções como a suspensão da atividade por um certo período ou a nomeação de administrador(es) com poderes especiais de tutela sobre as atividades da sociedade[497].

Por outro lado, é óbvio que as sanções aplicadas às sociedades devem ser adequadas à natureza destas, como já é feito no Regime Geral das Infrações Tributárias, analisa Marques da Silva (2009, p. 154, 2018, p. 130-142), pois dispõe de modo expresso que aos crimes tributários cometidos por pessoas coletivas, sociedades, ainda que irregularmente constituídas, e outras entidades fiscalmente equiparadas, é aplicável a pena de multa de 20 até 1920 dias, sendo que a cada ano de prisão aplicável às pessoas físicas correspondem 240 dias de multa aplicáveis às pessoas coletivas.

Acrescenta que ocorre, de modo frequente, a substituição e/ou afastamento de um administrador ou funcionário responsável por um facto quando uma pessoa coletiva se torna arguida num processo penal, sem que se configure qualquer sanção material, tratando-se apenas de uma estratégia de defesa

[497] O Decreto-lei n.º 28/84, de 20 de janeiro, que trata de infracções antieconómicas e contra a saúde pública, prevê: "[...] Artigo 8.º (Penas acessórias) Relativamente aos crimes previstos no presente diploma podem ser aplicadas as seguintes penas acessórias: *a)* Perda de bens; *b)* Caução de boa conduta; *c)* Injunção judiciária; *d)* Interdição temporária do exercício de certas actividades ou profissões; *e)* Privação temporária do direito de participar em arrematações ou concursos públicos de fornecimentos; *f)* Privação do direito a subsídios ou subvenções outorgados por entidades ou serviços públicos; *g)* Privação do direito a participar em feiras ou mercados; *h)* Privação do direito de abastecimento através de órgãos da Administração Pública ou de entidades do sector público; *i)* Encerramento temporário do estabelecimento; *j)* Encerramento definitivo do estabelecimento; *l)* Publicidade da decisão condenatória."

perante o tribunal e a opinião pública. Ademais, anota o quanto seria "fácil afastar a responsabilidade da pessoa colectiva, afastando formalmente as pessoas físicas também responsáveis pelo facto criminoso." Porque as sanções penais tiveram, ao longo do tempo, caráter aflitivo, pondera ainda Marques da Silva (2009, p. 155), durante muito tempo foi sustentado que as sanções da seara penal não eram adequadas às pessoas coletivas, pois suas principais penas atingem a pessoa do criminoso no seu corpo ou liberdade.

Entretanto, quando se trata de pena de natureza patrimonial, *v. g.*, esta dificuldade está ausente, embora permaneça a natureza aflitiva da pena que, caso não seja paga, pode ser convertida em prisão, se o condenado for uma pessoa singular, e também pode resultar na dissolução da sociedade, em caso de aplicação de uma pena em pecúnia que não seja paga, observa Marques da Silva (2009, p. 155). Anota que, além disso, as sanções penais podem ser das mais variadas espécies[498], desde que tenham por finalidade o seu legítimo propósito, de proteger bens jurídicos e de integração (ou reintegração) do criminoso na sociedade, o que não exige que a pena seja restritiva ou privativa de liberdade.

Há mais de um século, ao tratar das pessoas coletivas e do Direito Criminal português, Matta (1911, p. 216) lecionava que a personalidade de direito penal se encontra na pessoa física do ser humano, capaz de vontade jurídica, mas ponderava que além do humano-indivíduo[499], o direito privado e o direito público também reconhecem a personalidade jurídica de certas coletividades

[498] A pessoa coletiva, leciona Marques da Silva (2009, p. 155), integra-se à sociedade sendo encorajada ou impelida às boas práticas na busca por seus fins sociais, em conformidade com o ordenamento jurídico.

[499] Lembra Anabela M. Rodrigues (2017b, p. 103-104), sobre a imprescindibilidade da manutenção da pena de prisão como pena principal para os crimes económicos com gravidade na atualidade, pois "os potenciais agentes da prática dos crimes percecionam as alterações de severidade das penas, sendo, pois, plausível admitir que a prisão, a mais grave das penas do sistema punitivo, tem efeitos preventivos [no] âmbito da criminalidade económica, desde logo enfatizando-se que os seus agentes, na prática dos crimes, são orientados pelos benefícios que deles esperam retirar. Para além disso, o efeito preventivo da pena de prisão neste âmbito de criminalidade tem ainda a ver com a censura pública que aquela pena envolve e o tipo de agente que está em causa", pois "o estatuto social deste criminoso é posto em causa pela pena de prisão, com um efeito preventivo aliás maior em relação a ele, afirma-se, porque a humilhação da prisão é mais sentida nas classes mais altas do que nas mais baixas."

de pessoas[500], sendo que o direito penal tem exigido de modo contínuo, em suas relações, as intervenções de uma pessoa coletiva, o Estado.

Acrescentou que o conceito romano de dolo resultava na incapacidade das pessoas coletivas para delinquirem e, portanto, não eram suscetíveis às sanções penais nem poderiam ser responsabilizadas por uma infração penal. Por outro lado, no direito alemão, escandinavo, franco e anglo-saxão, esta questão era tratada de modo diverso, analisou Matta (1911, p. 216), pois a unidade não era o indivíduo, mas sempre a coletividade (classe, família, guilda e outras), em que seus membros formavam um todo indivisível, orgânico, indissolúvel, cuja representação mais clara era a lei inglesa nominada "Frankpledge", como forma de responsabilidade coletiva e de garantia mútua.

O direito canônico, por seu turno, admitia de modo amplo tanto a imputabilidade quanto a responsabilidade penal de pessoas coletivas (conventos, capítulos, congregações e outras), salienta Matta (1911, p. 216), assim como o direito medieval em geral, em especial mediante a interpretação do direito realizada pelos pós-glosadores (ou comentaristas), mais vinculados à aplicação prática do direito, em consonância com a realidade social e económica (não idealizada ou transcendental), ao interpretarem as glosas e as normas romano-canônicas que então vigoravam (e não tanto à simples "letra da lei"), reconhecendo também o direito estatutário (com forte vinculação às leis locais/municipais) a responsabilização de pessoas coletivas.

Anote-se que também a ordenança criminal de 1670, em seu "Titre XXI – De la manière de faire le procès aux communautés des villes, bourgs et villages, corps et compagnies"[501], como descreve Matta (1911, p. 216-217),

500 Do ponto de vista sociológico, verifica Matta (1911, p. 217), a pessoa coletiva representa uma clara e inegável realidade, embora limitada aos interesses para os quais foi constituída, mas não se poderia considerar fictícia uma reunião de diversas forças individuais para a realização ou busca de um objetivo que não poderia ser alcançado de outra forma. Discorre, ainda, que a vontade dessas uniões se manifesta de modo real, inclusive quando há divergência entre os indivíduos que constituem essa pessoa coletiva, mas cujas vontades se dirigem a um único fim (através de certas condições como uma decisão por vontade da maioria), conservando o caráter de vontade da associação de indivíduos, reunidos numa coletividade.

501 A Ordenança Criminal francesa, do mês de agosto de 1670, previa: "[...] *Titre XXI – De la manière de faire le procès aux communautés des villes, bourgs et villages, corps et compagnies. Article 1 Le procès sera fait aux communautés des villes, bourgs et villages, corps et compagnies qui auront commis quelque rébellion, violence ou autre crime. Article 2 Elles seront tenues pour cet effet de nommer un syndic ou député, selon qu'il sera ordonné par le juge, et à leur refus, il nommera d'office un curateur. Article 3 Le*

reconhece que cidades, burgos e corporações, além de outras pessoas coletivas, podem cometer crimes, exemplificando, ainda, com a Lei Vendimiário, anno VI, sobre a responsabilização das comunas, o projeto saxônico de código penal de 1810 (arts. 140.º e 506.º a 518.º) e o anterior código penal russo (§ 530.º e § 985.º).

Neste vértice, o tema toma especial importância porque, como pontua Anders (2011, *passim*), vivemos no período das organizações (e/ou das redes), em que se pode falar, de certa forma, na "obsolescência do ser humano", pouco considerado ou invisível, um "espectro" apenas, quando individualmente analisado. Desta forma, nesta "era das organizações", não se pode deixar de considerar a realidade contemporânea, no sentido de que as ações e as grandes decisões, que refletem de modo direto e profundo na vida das pessoas e na sociedade, são praticadas no seio de organizações, de pessoas coletivas.

Por outro lado, apesar de terem evoluído os debates político-criminais, jurisprudenciais e doutrinários acerca da responsabilidade jurídico-penal (de pessoas físicas e coletivas) por comportamentos praticados em atividades empresariais, Figueiredo Dias (2019, p. 344-345) percebe que ainda não foi alcançado consenso quanto ao tema[502], apesar de não se sustentarem mais

syndic, le député ou curateur, subira les interrogatoires et la confrontation des témoins, et sera employé dans toutes les procédures en la même qualité et non dans le dispositif du jugement, qui sera rendu seulement contre les communautés, corps et compagnies. Article 4 Les condamnations ne pourront être que de réparation civile, dommages et intérêts envers la partie, d'amende envers nous, privation de leurs privilèges et de quelque autre punition qui marque publiquement la peine qu'elles auront encourue par leur crime. Article 5 Outre les poursuites qui se feront contre les communautés, voulons que le procès soit fait aux principaux auteurs du crime et à leurs complices; mais s'ils sont condamnés en quelque peine pécuniaire, ils ne pourront être tenus de celles auxquelles les communautés auront été condamnées."

[502] A título de exemplo, Schünemann (Schünemann; Greco, 2013, p. 329) afirma: "Há razões convincentes para não punir a pessoa jurídica. A punição viola o princípio da culpabilidade, porque ela acaba atingindo terceiros, especialmente os acionistas, que não praticaram delito algum. Ela também se mostra de todo ineficaz para prevenir delitos, porque ela não afeta aqueles que tomam as decisões de cometer delitos dentro de uma empresa, e sim a própria empresa (e os acionistas). Defendo, portanto, que a solução não é a pena, e sim uma medida de segurança, que chamei de 'curatela empresarial' (*Unternehmenskuratel*): a empresa cujos gerentes cometem delitos deve ser submetida a um curador público, ou seja, a uma figura similar ao síndico das falências, cuja atribuição será cuidar de que a empresa não possa continuar a servir de instrumento para violações da lei penal."

conceções de que a pessoa jurídica não pode delinquir[503] (*societas delinquere non potest*), diante do "crescimento exponencial da criminalidade desenvolvida no âmbito dos entes coletivos, nomeadamente da empresa." Salienta que a criminalidade vem se organizando melhor e se tornando mais complexa, utilizando sociedades industriais, comerciais, financeiras e de outras áreas para potencializar suas atividades, obtendo muitas vezes poder extremado e significativo alcance a nível global.

Em consequência dos extensos prejuízos[504] sociais causados por esta criminalidade, o Estado viu-se compelido a redefinir sua política criminal, observa Figueiredo Dias (2019, p. 344-345), inclusive para superar algumas dificuldades de responsabilização dos agentes criminosos "em virtude da extrema dispersão do poder decisório, da grande divisão de tarefas e das longas cadeias hierárquicas" nas pessoas coletivas de maior porte, em regra com alta complexidade e transnacional.

Para Valente (2007, p. 1-14), se antes a criminalidade era centrada no indivíduo isolado, transmutou-se numa "criminalidade sofisticada, organizada, de elevada complexidade de investigação, de altíssima e especialíssima gravidade", viabilizando em inúmeros casos a impunidade por factos criminosos praticados contra bens jusfundamentais e a indeterminabilidade dos agentes, embora permita a conscientização da sociedade e das autoridades públicas quanto aos gravíssimos danos que podem decorrer dessas

503 Neste sentido, Pradel (1998, p. 51-63) comenta que sempre foi partidário da possibilidade de responsabilização penal das pessoas jurídicas, introduzida no ordenamento jurídico francês pelo novo Código Penal que entrou em vigor em 01 de março de 1994 (art. 121.º-2). Pergunta-se, inclusive, se a responsabilização penal da pessoa jurídica caracterizou uma evolução ou uma revolução. O art. 121.º -2 do *Code Pénal* francês estabelece: "As pessoas jurídicas, com exceção do Estado, são penalmente responsáveis, segundo as disposições dos arts. 121-4 a 121-7 [sobre tentativa e cumplicidade], pelas infrações cometidas, por sua conta, por seus órgãos ou representantes. Todavia, as coletividades territoriais e seus grupamentos só são penalmente responsáveis pelas infrações cometidas no exercício de atividades suscetíveis de serem objeto de delegação de serviço público. A responsabilidade penal das pessoas jurídicas não exclui aquela das pessoas físicas autoras ou cúmplices dos mesmos factos [...]."

504 Segundo Anabela M. Rodrigues (2001b, p. 103), a "criminalidade constitui um fenómeno evolutivo e complexo, sendo evidente uma relação íntima entre a criminalidade em geral e a criminalidade organizada e transnacional. A prevenção da criminalidade diz respeito a todos estes tipos de criminalidade e deve levar em conta, nomeadamente, os danos causados pelo crime, seja a nível pessoal ou patrimonial, seja a nível da segurança ou do funcionamento das instituições públicas."

organizações criminosas, compelindo o Estado a responsabilizar as pessoas coletivas "por razões de política criminal, de imperiosa necessidade e de alta conveniência"[505].

De facto, a "liberdade de existência social e jurídica das sociedades e demais pessoas jurídicas arrasta consigo a necessidade de responsabilização penal pelos crimes cometidos no exercício de sua atividade social, porque não existe liberdade sem justiça penal", observa Marques da Silva (2009, p. 126-125). Pontua, ainda, que não podem as pessoas jurídicas diminuírem sua relevância para acobertarem-se "atrás dos próprios dirigentes", nem podem os dirigentes se esconderem "atrás da estrutura da sociedade", pois podem e devem ser responsabilizados, a depender do caso concreto, tanto a pessoa coletiva quanto o dirigente[506]. Adverte, por outro lado, que esta mudança na perspetiva da política criminal decorre do facto de que "o direito penal não pode deixar-se minar por uma irresponsabilidade organizada" ou impunidade diante de condutas criminosas graves, e não porque comprovar os factos durante o processo penal se revela difícil e/ou complexo.

Por seu turno, Schünemann (2002, p. 49-52) anotou que, na Alemanha, cinco leis[507] que tratavam da criminalidade económica, dos crimes contra o meio ambiente e da corrupção, promulgadas entre 1976 e 1997, já indicavam uma mudança de paradigma na Alemanha, do direito penal das *classes baixas* (cujos membros eram os únicos condenados a penas privativas de liberdade) para um Direito Penal que atende, no mínimo, a um postulado ou exigência moral, em direção a um maior equilíbrio, no sentido de incluir também as ofensas mais graves e intoleráveis praticadas pelas *classes altas* entre os crimes

[505] Em contraponto, adverte Valente (2007, p. 14) que esta política criminal não deve desconsiderar ou anular a dogmática penal consolidada ao longo do processo civilizatório, mas sim adequar-se aos princípios constitucionais essenciais de cada Estado e, de maneira concomitante, impedir que as pessoas jurídicas continuem a desfrutar de impunidade penal.

[506] O art. 11.º do Código Penal português, que trata da responsabilidade penal das pessoas singulares e coletivas, estatui: "[...] 7 – A responsabilidade das pessoas colectivas e entidades equiparadas não exclui a responsabilidade individual dos respectivos agentes nem depende da responsabilização destes."

[507] Cita Schünemann (2002, p. 49-52) as seguintes normas da Alemanha: leis contra a criminalidade económica, de 29 de julho de 1976 e de 15 de maio de 1986; leis contra a criminalidade do meio ambiente, de 28 de março de 1980 e de 27 de junho de 1994; e lei contra a corrupção, de 13 de agosto de 1997.

previstos em lei[508]. Comenta que as gravíssimas condutas cometidas pelas classes altas eram tratadas há muito tempo de forma privilegiada tanto na configuração dos tipos penais quanto na aplicação prática pelos órgãos encarregados da persecução penal (Polícia Judiciária, Ministério Público e Poder Judiciário), alertando sobre a necessidade de ações para que esta mudança de paradigma não se torne apenas simbólico ou superficial, sem eficácia na redução da criminalidade dos poderosos[509].

Quanto a este aspeto, acrescenta Marques da Silva (2009, p. 156-157) que também não se justifica mais o discurso de que seria inútil a pena criminal como meio de reprovação ou censura das sociedades, bem como seria ineficaz para fins de prevenção da criminalidade. Pondera então que os códigos penais ocidentais tutelam as pessoas coletivas, protegendo-as contra os crimes de injúria e difamação e tutelando, desta forma, seu prestígio, credibilidade e confiança, da mesma forma que protege a honra das pessoas físicas. Anota, então, que a reprovação decorrente de uma condenação penal afeta a credibilidade, a confiança e o prestígio tanto de uma pessoa física quanto de uma pessoa coletiva, desaprovação esta pelo descumprimento do comando da norma quando lhe era exigido e possível o cumprimento da norma no caso concreto.

E estes efeitos de censura que a condenação na seara criminal representa já podem, por si mesmos, condicionarem o comportamento atual e futuro da sociedade que busque, como seria natural e do melhor interesse da pessoa coletiva, manter seu prestígio, credibilidade e confiança, tanto nas suas relações com indivíduos quanto nos relacionamentos com outras pessoas coletivas. Deste modo, considera Marques da Silva (2009, p. 157) que a ameaça e a imposição das sanções pecuniárias, que atingem o patrimônio, além de outras penas que afetem suas atividades, podem constituir e constituirão,

[508] Por outro lado, lembrou Schünemann (2002, p. 49-51) que as classes baixas (do ponto de vista económico) representavam, naquele período, cerca de 20% da população alemã, enquanto a classe alta era composta por apenas 2% dos indivíduos, *i. e.*, um Direito Penal equilibrado e proporcional não significaria, do ponto de vista quantitativo, um igual número de pessoas das classes baixas e das classes altas cumprindo sanções penais.

[509] Entre os avanços citados por Schünemann (2002, p. 51-52), em especial na aplicação das normas contra a criminalidade económica pelo Poder Judiciário alemão, constam a persecução penal contra as doações ilegais para partidos políticos, as fraudes em concursos públicos para construção de obras públicas, a responsabilidade penal por produtos de consumo, a investigação em grandes bancos para detectar e comprovas os crimes fiscais mais relevantes.

na maior parte dos casos, razão de prevenção geral e especial, realizando os fins do direito penal. Sustenta que as sanções penais aplicadas às sociedades como meio de reprovação e censura têm efeito idêntico ou muito assemelhado às penas impostas às pessoas físicas, protegendo bens jurídicos e realizando uma prevenção positiva.

Aliás, também os efeitos simbólicos das penas criminais e a publicidade que a condenação penal costuma gerar nos meios de comunicação de massa, analisa Marques da Silva (2009, p. 158), exercem uma função importante de prevenção das condutas criminosas. Ressalta que a própria atividade socioeconómica das pessoas coletivas está baseada e calcada em grande parte na confiança e no prestígio que possuem perante outros indivíduos e outras pessoas coletivas, quer sejam clientes, quer sejam fornecedores, bancos e outras pessoas jurídicas que compõem o mercado. Desta maneira, a confiança depende muito da credibilidade que a empresa gera perante terceiros mediante suas boas práticas, sua atuação conformada ao ordenamento jurídico e à boa-fé que deve caracterizar os negócios, *i. e.*, notícias relativas à condenação por condutas contrárias ao direito, sobretudo se forem da seara penal (*i. e.*, graves), criam suspeitas sobre a lisura e a correção dos comportamentos empresariais e interferem na respetiva credibilidade, criando efeitos assemelhados, do ponto de vista da prevenção da criminalidade, àqueles que geram sobre as pessoas físicas, ou até mais eficazes, pois nos mercados contemporâneos e no mundo dos negócios a confiança na honestidade, na boa-fé e na correção de atitudes do parceiro empresarial são essenciais, em especial diante do desenvolvimento dos sistemas de informações, que permitem fácil e instantânea averiguação sobre as ações judiciais e condenações de sociedades empresariais.

Estes aspetos se tornam ainda mais importantes em se tratando de organizações criminosas empresariais, em que a impossibilidade de sanções penais à sociedade resultaria na impossibilidade de reprimir o programa criminoso de uma pessoa coletiva e/ou a continuidade delitiva, à qual bastaria substituir ou afastar o(s) administrador(es) e/ou as demais pessoas físicas[510] sob investigação ou acusadas para dar continuidade às condutas criminosas.

[510] A prevenção e a repressão, quando exclusivas sobre as pessoas físicas, costumam ter efeito negativo sobre a eficácia preventiva da sanção, sopesa Marques da Silva (2009, p. 158-159), lecionando que a sanção pode e deve ter como uma das suas finalidades essenciais impedir que a atividade criminosa continue sendo realizada e/ou repetida, e no caso das sociedades,

As modernas formas de criminalidade em grande escala configuram uma autêntica patologia do fenómeno criminal contínuo, segundo Ferreira e Cardoso (2006, p. 613-615), arrastando consigo tanto pessoas físicas quanto pessoas jurídicas, sendo que o crime organizado contemporâneo está ligado de modo profundo a um espírito e estrutura lucrativo-empresariais, praticando crimes com *animus lucrandi* na sua maior parte transfronteiriços. Analisam então alguns dados, concluindo que o valor anual dos negócios da criminalidade organizada em 2000 "é cinco vezes superior ao valor" da década anterior, e maior que o valor somado do comércio internacional do aço, petróleo, produtos farmacêuticos, trigo e açúcar, minando as estruturas económicas e sociais, situação esta agravada pela sofisticação dos meios empregados que parasitam o sistema financeiro[511]. Anotam, ainda, que a criminalidade organizada está de tal forma envolvida de modo direto com a economia que a agressividade negocial do passado, que já levava a alguns comportamentos cuja legalidade figurava naquela zona cinza entre o lícito e o ilícito, esteja ultrapassando,

os indivíduos e os órgãos que ocupam funções de responsabilidade podem permanecer na empresa, *v. g.*, por um tempo diminuto, sendo afastadas ao menor sinal de investigação ou de acusação pelos órgãos de repressão penal perante os tribunais. Deste modo, se não houver a possibilidade de responsabilização da sociedade, a contumácia e/ou a reincidência da sociedade na prática de ações criminosas graves nem sequer poderia ser penalizada.

511 Estima-se que as organizações criminosas transnacionais lucram aproximadamente três trilhões de dólares ao ano, havendo indícios que este prejuízo para a sociedade a nível mundial vai aumentar, segundo Congram, Bell e Lauchs (2013, p. 119-120). O organismo internacional independente *Global Financial Integrity* (2017, *passim*) apresentou o Relatório *Transnational Crime and the Developing World*, em que estimou os lucros anuais da criminalidade organizada transnacional, entre 1,6 e 2,2 trilhões de dólares ao ano. A pesquisa levou em conta onze atividades criminosas, cujos lucros anuais também foram estimados em dólares norteamericanos: *a)* Falsificação, de US$ 923 a 1130 mil milhões; *b)* Tráfico de entorpecentes, de US$ 426 a 652 mil milhões; *c)* Exploração (colheita, transporte, compra e venda) ilegal de recursos naturais, como madeira, de US$ 52 a 157 mil milhões; *d)* Tráfico Humano, US$ 150,2 mil milhões; *e)* Mineração ilegal, US$ 12 a 48 mil milhões; *f)* Pesca ilegal, US$ 15,5 a 36,4 mil milhões; *g)* Comércio ilegal de animais selvagens, US$ 5 a 23 mil milhões; *h)* Roubo de petróleo bruto, US$ 5,2 a 11,9 mil milhões; *i)* Tráfico de armas leves, US$ 1,7 a 3,5 mil milhões; *j)* Tráfico de órgãos, US$ 0,84 a 1,7 mil milhões; *l)* Tráfico de bens culturais, US$ 1,2 a 1,6 mil milhões. Entretanto, percebamos que se tratam de crimes praticados, em regra, pela criminalidade tradicional, em regra *criminalidade organizada violenta*. Deste modo, estas modalidades de crimes, utilizados nesta pesquisa, não aborda ou relaciona os crimes que são praticados pela criminalidade organizada não violenta, salvo os consequentes branqueamento de capitais, corrupção, perturbações à economia e uma série de outros danos que geram.

em muitos casos, todos os limites ético-sociais, configurando crimes graves cometidos por organizações criminosas avançadas, e não meras infrações administrativas, comerciais ou civis.

Além disso, nesta sociedade tardo-moderna a movimentação financeira de elevadas somas por meios digitais (inclusive com a utilização de cripto-moedas[512]), a utilização da economia formal e de empresas legítimas não só para a lavagem de capitais, mas também como empreendimentos em que as atividades lícitas podem ser preponderantes, são apenas algumas das técnicas adotadas nesse processo de evolução das organizações criminosas, que se tornaram fluidas e multifacetárias num ambiente globalizado[513].

Destaca-se, também, o facto de que a tipologia penal referente às organizações criminosas não se resume à criminalidade organizada violenta, que envolve o tráfico de drogas, pessoas, órgãos humanos[514], armas, material ra-

[512] O Parlamento Europeu e o Conselho, na Diretiva (UE) 2018/1673, de 23 de outubro de 2018, que trata do enfrentamento à lavagem de dinheiro através do direito penal, declararam: "[...] (6) A utilização de moedas virtuais apresenta novos riscos e desafios na perspetiva do combate ao branqueamento de capitais. Os Estados-Membros deverão assegurar-se de que esses riscos são adequadamente tomados em linha de conta."

[513] Como lança Cirino dos Santos (2001, p. 218), o tratamento estatal italiano inicial da criminalidade de grupos não se direcionava ao crime organizado, mas sim à atividade da *mafia*, como fenómeno sociológico, político e cultural da Itália meridional, como a Cosa Nostra da Sicília, a Camorra em Nápoles, a N'Andranghetta na Calábria, tratando-se de "associações ou estruturas empresariais" formadas para praticar atividades legais e ilegais, controlando determinados territórios e adquirindo posição de enorme vantagem económica e política (diante de relacionamentos ilícitos com membros de instituições públicas) ao competirem com outras empresas, disparidades concorrenciais ainda mais agravadas diante do contrabando de mercadorias, extorsão de empresas, homicídios e outras formas de intimidação, corrompendo as estruturas da sociedade.

[514] Narra Castells (2012, p. 214-215) casos gravíssimos de tráficos de órgãos na América do Sul, destinados em especial a compradores da Alemanha, Suíça e Itália. Considera muito mais preocupantes, entretanto, dados que apontam a remoção de mais de 700 órgãos vitais (rins, corações e pulmões) por uma única empresa de Moscou, em 1993, além de cerca de 1.400 secções de fígado, 18.000 timos. 2.000 olhos e mais de 3.000 pares de testículos, destinados a compradores que pagavam altos preços por ele, tratando-se de um mercado em franca expansão, conforme dados apresentados em conferência internacional intitulada "Comércio de Órgãos: Cultura, Política e Bioética do Mercado Global" (Universidade da Califórnia, Berkeley, 26 a 28 de abril de 1996). Na referida conferência teriam sido denunciadas também práticas do governo chinês, autorizando a venda de órgãos das pessoas executadas, bem como o comércio de órgãos humanos da Índia e do Egito para riquíssimos pacientes do Oriente Médio. Conclui que essas redes criminosas de tráfico de órgãos têm, como clientes finais, naturalmente,

dioativo, lixo hospitalar ou tóxico, extorsão, corrupção e branqueamento de capitais, pois também se refere às organizações criminosas não violentas que cometem crimes considerados graves e que possuem acentuada danosidade social, conforme parâmetros da Convenção das Nações Unidas contra a Criminalidade Organizada (CNUCOT).

Esta constatação é muito importante nesse contexto de sociedade mundializada, pois ocorreu um relevante crescimento da macrocriminalidade (ou criminalidade organizada avançada, dotada de fluidez e de alcance global, em que preponderam graves crimes económico-financeiros, conformando uma *criminalidade organizada não violenta*), que tem substituído de forma gradual a microcriminalidade (organizações criminosas convencionais ou clássicas, em regra pertencendo à criminalidade organizada violenta) sob diversos prismas, além de possuir um potencial de dano muito maior à sociedade como um todo.

Acrescente-se que a própria perceção quanto à criminalidade organizada empresarial tem mudado e encontrado ressonância em algumas políticas criminais e na seara académica, quer atue de modo exclusivo no cometimento de crimes económicos em seu programa criminoso (enquanto *criminalidade organizada não violenta*), quer esteja agindo como parte do projeto criminoso da *criminalidade organizada violenta*.

Entretanto, lembra Zuñiga Rodriguez (2021, p. 155-157) que se tem percebido que o Direito Penal contemporâneo, de caráter securitário, tem nítido caráter populista e punitivista, mas permanece concentrado de forma evidente na punição rigorosa dos crimes violentos e dos crimes com eles relacionados, enquanto os crimes de poder e os crimes no ambiente de negócios recebem uma maior tolerância da sociedade e dos operadores da justiça, por serem praticados em contextos normalizados, no exercício de outras atividades e profissões legais, criando-se (ou construindo-se) estereótipos seletivos desvinculados da real danosidade da criminalidade voltada para os crimes económicos, punindo-se com rigor (e com indisfarçável facilidade) os crimes contra a pessoa, mas concedendo a impunidade aos crimes socioeconómicos.

Reconhece Zuñiga Rodriguez (2021, p. 175-176) alguns fatores que causam este tratamento diferenciado e uma perceção distorcida da realidade

grandes hospitais nas regiões mais desenvolvidas ou ricas do planeta, demonstrando o abismo entre a pobreza e a alta tecnologia, entre a miséria e o desenvolvimento.

criminológica, em especial quanto à elevadíssima danosidade social dos crimes no âmbito do poder e dos negócios:

a) Estão correlacionadas a consideração social de crime grave, a sua visibilidade, a tolerância social para com as condutas desviantes e as exigências de punição, sendo que o punitivismo contemporâneo é seletivo, com amplo direcionamento para a persecução penal dos crimes de rua e/ou violentos, em regra cometidos contra a pessoa e/ou contra o patrimônio, em detrimento da perseguição criminal de crimes muito mais danosos, os crimes socioeconómicos, que lesionam bens jurídicos coletivos e são mais difíceis de identificar e comprovar;

b) Tendo em vista que o crime é uma "construção social", deve-se permanecer atento aos mecanismos que dão atenção e *visibilidade* constantes a certos crimes e, por outro lado, em especial aqueles crimes relacionados ao poder e aos negócios, como a corrupção, a criminalidade organizada não violenta e os crimes de colarinho branco, são *invisibilizados*;

c) A parcialidade da mídia já vem sendo denunciada há algum tempo, pois amplia em demasia a repercussão de determinados crimes enquanto oferecem pouca ou nenhuma cobertura a outras condutas criminosas associadas ao poder de facto, quer seja económico ou político, tratamento desigual que interfere na visibilidade do crime e na construção social do crime, com as respetivas demandas sociais por uma maior ou menor punição;

d) As estatísticas, os meios de comunicação e o sistema de persecução penal dão *visibilidade* a certas formas de crime, enquanto se *invisibilizam* outras "extraordinariamente graves", como a criminalidade organizada não violenta, a corrupção pública e privada, os crimes cometidos no âmbito dos negócios e do poder, crimes estes que costumam ser praticados em contextos normalizados, com aparência de legalidade;

e) Esta maior ou menor visibilidade de determinadas formas de crime pode ser percebida nas estatísticas criminais, *v. g.*, da Espanha, em que os crimes socioeconómicos estão subrepresentados e os crimes clássicos (homicídio, lesão, roubo, furto etc.) estão sobrerepresentados;

f) A dificuldade para traduzir em cifras estatísticas eventos tão dinâmicos como aqueles do campo dos negócios e do poder derivam da sua *complexidade* e da sua *menor visibilidade real*, decorrentes da pluralidade de autores e de vítimas, da lesão a bens jurídicos coletivos, da respetiva causalidade complexa e também da pluralidade de crimes, dificultando a representação desta forma de criminalidade em números;

g) A reconhecida expansão do Direito Penal em virtude do clamor público por segurança cidadã está tendendo a punir com mais rigor os crimes clássicos, os quais são mais *visíveis* e representam uma *ameaça direta* às pessoas, enquanto os crimes socioeconómicos, porque sua *complexidade* obsta a sua *visibilidade*, têm muito dificultada a real perceção da sua alta danosidade social (capacidade criminógena), além de gerar baixa representação nas estatísticas oficiais e uma menor persecução penal.

Assim, verifica-se uma realidade criminológica de elevados danos causados pelas pessoas coletivas, as quais se tornam um centro ético-social de imputação jurídico-penal, praticando crimes graves contra: a ordem económica e financeira, a Administração Pública, a Fazenda Pública e a Seguridade Social, os investidores e os sócios, os consumidores de produtos e serviços, os trabalhadores e o meio ambiente, entre outras condutas ilícitas perpetradas por meio de pessoas jurídicas, em benefício da pessoa coletiva ou de determinados membros da empresa. Nestas condutas delituosas são verificados atos e omissões previstos como crimes graves[515], mesmo quando a empresa é legítima e

[515] Além das dezenas de casos citados ao longo deste trabalho, podem ser citados outros como da *ENRON Corporation* (USA, 2002), em que os crimes (em especial fraudes financeiras e delitos no mercado de ações) causaram vastos danos diretos e indiretos, provocando a demissão de aproximadamente 20 mil empregados da *ENRON* e cerca de 80 mil funcionários da Empresa *Arthur Andersen LLP*, envolvida nas fraudes. Resultou ainda em danos de bilhões (mil milhões) de dólares aos investidores e uma pena de prisão de 24 anos para Jeffrey Skilling, além de penas de prisão para outras pessoas que ocupavam altos cargos executivos na empresa de energia. Há vários outros casos que poderiam exemplificar este tema, como da *Worldcom*, a segunda maior empresa de telefonia dos USA em 2002, em que as fraudes financeiras e contra o mercado de ações provocaram a demissão de cerca de 30 mil pessoas, bem como danos acima de 100 bilhões (mil milhões) de dólares para investidores, com a condenação de Bernard Ebbers (CEO) à pena de prisão de 25 anos. Os casos são múltiplos e, de modo infeliz, rotineiros.

tem fins lícitos, *i. e.*, não é apenas mero instrumento para o branqueamento de capitais ou para o transporte de mercadorias ilegais.

Neste vértice, adverte Marques da Silva (2009, p. 159) que a alegação de que as sociedades não poderiam ser responsabilizadas penalmente porque não seriam capazes de atos volitivos é "simplesmente alheia à realidade", pois as pessoas jurídicas foram criadas como um meio para formar uma vontade coletiva e concretizar esta mediante atos, sendo que a pessoa jurídica é dotada de órgãos cuja principal função é exercer no mundo exterior ações que correspondem à vontade coletiva formulada no interior da sociedade, quer sejam decisões tomadas por unanimidade, quer sejam expressões da vontade da maioria dos sócios e/ou acionistas. Acrescenta que não parece haver diferenças relevantes entre a capacidade de ação e de culpa de uma sociedade para praticar atos civis ou administrativos, legais ou ilegais, ou atos criminosos[516], embora não se possa depreender, deste facto, a admissibilidade de ação e culpa de uma pessoa jurídica, apesar do princípio da unidade da ordem jurídica.

Anota Marques da Silva (2009, p. 159) que, em decorrência da estrutura organizada que possuem, as sociedades dispõem das capacidades dos sujeitos de direito e, deste modo, detêm as características indispensáveis para assumirem os mandatos de conduta, como destinatárias das normas penais. Isto se deve, alerta, ao facto de que as pessoas coletivas possuem órgãos por meio dos quais são capazes de compreender as determinações legais e conduzir os comportamentos de acordo com o ordenamento jurídico. Arremata comentando que as pessoas jurídicas são entes reais que atuam na vida social e económica, além de serem dotadas, por disposições legais, de estrutura orgânica por meio da qual adquirem e assumem vontade e consciência próprias, permitindo que os atos dos seus órgãos sejam imputados à sociedade.

De facto, se as pessoas jurídicas são sujeitos de relações jurídicas e económicas, *i. e.*, são plenos sujeitos de direito e não meros instrumentos nas mãos de pessoas físicas, sustenta Sanz Mulas (2016, p. 356-360) que também hão de

[516] Recorda Marques da Silva (2009, p. 160-161) que o direito penal se manteve mais tempo preso à exclusividade da culpa pessoal do próprio agente, enquanto pessoa física, mas quando a pena se revestia de natureza pecuniária e/ou patrimonial, logo concordou-se com a responsabilidade solidária da sociedade com o agente que praticou a conduta criminosa, o que era nada mais do que um modo de responsabilizar a pessoa coletiva, de forma oblíqua, pelas condutas dos seus representantes ou órgãos, inclusive no domínio penal.

ser plenos sujeitos de direito para o fim de responder pelos comportamentos de organização. Comenta que esta responsabilização penal vai depender da finalidade visada pela sanção, pois quando o objetivo é evitar a continuidade das atividades delitivas e do programa criminoso da organização, uma vez que os entes coletivos podem desenvolver uma capacidade criminógena que pode ir muito além de seus membros, deve-se conceber a responsabilidade direta. Por outro lado, quando o objetivo é evitar que os indivíduos utilizem a organização como instrumento para a prática de crimes, deve-se estabelecer uma responsabilidade derivada.

As particularidades da criminalidade organizada contemporânea, acrescenta Sanz Mulas (2016, p. 356-360), exigem medidas eficazes dos Estados para sua prevenção e repressão, sendo que sua principal motivação é o lucro, *i. e.*, as citadas medidas devem viabilizar também aquelas de viés patrimonial, visando diminuir sua capacidade de atuação e seu poder económico, criando obstáculos para a sua infiltração na economia lícita, pois além de afetar as regras básicas e imprescindíveis do mercado (como a livre iniciativa e a leal concorrência), geram sérias ruturas nas bases sociais e democráticas de uma nação, quer seja corrompendo funcionários públicos dos mais diversos escalões, quer seja dominando setores económicos ou territórios através dos mais variados meios ilegais. Conclui que, se por um lado as empresas não podem ser enviadas para a prisão, pode-se evitar, ao menos, que continuem suas atividades criminosas que causam extremo prejuízo à sociedade, ao Estado e aos cidadãos, através de medidas como a retirada de licenças de exploração de determinadas atividades económicas, a proibição de contratar, multa, intervenção judicial, dissolução e outras.

É neste vértice que Zuñiga Rodriguez (2016a, p. 95-96) preconiza oito critérios que devem ser analisados para a responsabilização penal da pessoa coletiva em relação à criminalidade organizada:

i) quantidade e qualidade da atividade legal ou ilegal;
ii) complexidade da organização;
iii) comportamento reiterado ou ocasional;
iv) comportamentos criminosos em favor da pessoa jurídica ou de determinados sujeitos concretos;
v) finalidade criminosa;

vi) com ou sem atividade económica real;
vii) uso da violência;
viii) a classe dos crimes perpetrados.

De modo específico, as diversas formas de utilização da empresa em sua relação com as organizações criminosas resultaram em múltiplas classificações jurisprudenciais e doutrinárias, nos mais diversos Estados.

Neste amplo (e inabarcável) número de classificações, optamos por adaptar a proposta de Goes Pinheiro (2002, p. 603-628), porque reflete as categorias utilizadas com mais frequência pela doutrina e revelam suas principais características. Categorizamos as pessoas coletivas (geralmente empresas) em que são praticados comportamentos criminosos como:

a) *pessoas coletivas "fantasma"*, que não existem formalmente perante o Estado ou órgãos de regulação, mas são citadas em documentos e usadas como justificativa para o envio de recursos financeiros ou bens a outros locais, dentro ou fora do Estado;
b) *pessoas coletivas fictícias*, que existem sob o aspeto formal e são usadas (em regra) para a lavagem de capitais, em especial para ocultar os reais proprietários e os beneficiários dos bens, principalmente em "paraísos fiscais" e na forma *offshore*;
c) *pessoas coletivas de fachada*, formalmente constituídas perante o Estado e os órgãos de regulação, compondo-se de uma estrutura física mínima e realizando atividades económicas legais, embora as suas atividades sejam maioritariamente criminosas, voltadas, *v. g.*, para o branqueamento de capitais e para o tráfico de produtos ilícitos (ocultados entre os demais objetos transportados);
d) *pessoas coletivas reais*, constituídas de forma legítima e legalizada, em que preponderam as atividades financeiras e económicas lícitas, mas também são cometidos crimes graves em benefício da pessoa coletiva ou de membros.

Ademais, utilizar a pessoa coletiva nos empreendimentos criminosos, quer seja a pessoa coletiva *fantasma*, *fictícia* ou *de fachada* (como pessoa coletiva instrumental ou interposta para a efetivação do programa ilícito da organização)[517], quer seja a pessoa coletiva *real* (com atividades económicas maioritariamente legais), tem enorme potencial de provocar lesões e prejuízos vultosos à sociedade e ao mercado, de diversas maneiras e com a tendência de ampliar os danos com o passar do tempo, inclusive em face das volumosas movimentações de recursos financeiros e de bens que costumam ocorrer.

Ao tratar da criminalidade económica organizada, Di Nicola (2002, p. 276-289; 2006, p. 85-89) propõe uma classificação baseada em três principais formas de organização criminosa na atualidade, realizando importante contribuição ao relacionar a *criminalidade organizada tradicional* (em regra violenta) e a *criminalidade organizada económica* (geralmente não violenta, conformando uma criminalidade do poder – económico e político):

a) *Organização criminosa económica*, que pratica crimes económicos como instrumento da criminalidade organizada tradicional, infiltrando-se na economia legal, para branquear capitais, transportar mercadorias proibidas entre os demais objetos movimentados pela pessoa coletiva, dar aparência de legalidade às atividades do programa criminoso etc.;

b) *Organização criminosa económica*, formada por criminosos de colarinho branco (empresários, administradores, políticos, técnicos especializados e outros), os quais se associam para praticarem crimes económicos e outras condutas graves objetivando lucros e/ou poder, raramente utilizando a violência ou intimidação, agindo mediante o abuso do poder político e/ou económico, a corrupção, o clientelismo, a influência que exercem através do seu *status* político, económico e/ou social, geralmente possuindo estrutura estável, inclusive podendo contratar os serviços de organizações criminosas tradicionais em caso de necessidade;

517 Em estudo de doze anos sobre o tema, Castells (2014, p. 257-258) concluiu que o branqueamento de capitais, em especial a movimentação de vultosos recursos advindos de condutas criminosas nos mercados financeiros e de valores, da indústria e do comércio legais, além de representar uma "fonte de desestabilização das finanças e mercados de capitais internacionais", manipula diretamente alguns setores ou até economias nacionais e, em alguns casos, "como na Colômbia, Peru, Bolívia ou Nigéria, representa um montante suficientemente grande para condicionar os processos macroeconómicos."

c) *Organização criminosa económica*, formada por empresas legítimas e legalizadas, com finalidades lícitas, mas que empregam meios ilegais para ampliarem seus lucros, diminuírem os riscos, aumentarem sua competitividade e produtividade, realizando condutas criminosas de maneira constante (não ocasional).

Além disso, comente-se que a criminalidade organizada possui significativa capacidade de infiltração nas estruturas políticas, económicas e sociais (estatais ou privadas), imobilizando o Estado ou direcionando os órgãos públicos ou políticos, *v. g.*, para que sejam aprovadas normas e adotadas decisões administrativas com fins ilícitos[518].

Neste vértice, também podem dominar setores do mercado em determinados locais, contaminando e até inviabilizando, *v. g.*, a economia, a livre iniciativa e a livre concorrência, impossibilitando o desenvolvimento económico e todos os desdobramentos sociais e políticos decorrentes.

Acrescenta Zuñiga Rodriguez (2017a, p. 203-205) que a empresa (pessoa coletiva), a sociedade de responsabilidade limitada e a sociedade anônima são "fórmulas económico-jurídicas úteis" para a prática de condutas criminosas, pois a estrutura dúctil que possuem viabiliza a sua utilização com a

[518] Comenta Nunes (2021, p. 40-41) que a criminalidade organizada costuma ter *finalidades específicas* (como obter vantagem económica, aumentar o seu poder, prejudicar a integridade de um Estado ou órgão deste, intimidar grupos de pessoas ou os indivíduos em geral, subverter ou alterar o funcionamento de instituições estatais ou de organismos internacionais em prol do projeto criminoso) e *finalidades conaturais* (como proteger a organização criminosa, os seus líderes e os seus membros, além dos bens e valores obtidos através das atividades criminosas, da persecução penal das agências estatais, tratando-se de objetivo que, por natureza, é buscado por todo criminoso). Define Nunes (2021, p. 42-43) a *criminalidade organizada*, em seu sentido descritivo-fenomenológico, como "a prática de factos tipificados na Lei como crime (ainda que acompanhada de uma atuação no âmbito da economia legítima) por parte de um grupo de três ou mais pessoas, dotado de um mínimo de estrutura organizatória, que, de uma forma duradoura e concertada (com ou sem divisão de tarefas), com o objetivo de obter vantagens de natureza económica ou de atingir objetivos de uma qualquer outra natureza e de proteger a organização e os seus membros da perseguição penal, com utilização (se necessário) de violência ou outra forma de intimidação sobre os seus membros e/ou terceiros e de corrupção, bem como a colaboração consciente e voluntária com uma organização criminosa lato sensu por parte de pessoas (físicas ou jurídicas) que, não sendo formal e organizamente seus membros, auxiliam-na (material e/ou moralmente) na prossecução das suas finalidades específica e/ou conatural."

finalidade de evitar responsabilidades, quer seja porque há uma divisão entre o capital social da pessoa coletiva e o patrimônio dos administradores, quer seja porque consegue-se manter uma certa opacidade das contas e das movimentações financeiras. Anota que podem ser realizadas diversas modalidades de transformação das empresas ou grupos empresariais, bem como podem ser criados sistemas hierárquicos, divisões de funções, múltiplos setores e sistemas de gerenciamento tão complexos e plurilocalizados que comprovar juridicamente a eventual responsabilidade de um indivíduo ou de um grupo de pessoas perante o Poder Judicial se torne uma tarefa impossível.

Muitos *corporate crimes* (consoante expressão utilizada pela criminologia norte-americana), comenta Zuñiga Rodriguez (2017a, p. 203-205), caracterizam-se como crimes de *colarinho branco* cometidos através das corporações (inclusive através de pessoas coletivas *fictícias*, de *fachada* ou *reais*), conformam, de facto, "os latrocínios dos últimos tempos", sendo que a maioria dos indivíduos que cometem crimes através das sociedades ocupam posições de poder, que reforçam suas condutas delituosas nesta sociedade tardo-moderna dos riscos e distinguem-se por serem crimes que envolvem pessoas bem situadas dos pontos de vista económico e social, cujos comportamentos criminosos não causam repulsa ou reprovação social e, deste modo, alcançam um altíssimo índice de impunidade.

Em relação a esses aspetos, acrescentamos gráfico que permite uma melhor compreensão da classificação proposta.

GRÁFICO 4 – As pessoas coletivas em suas relações com a criminalidade

	Instituída formalmente perante Estado e/ou órgão regulador	**Realiza atividade económica real**	**Possui estrutura física**	**Utilização mais frequente pela criminalidade**
Fantasma	Não	Não	Não	Justificar remessa de mercadorias e/ou recursos financeiros
Fictícia	Sim	Em geral, não realiza	Não é necessária	Realizar o branqueamento de capitais, sobretudo através de sociedades *offshore*
Fachada	Sim	Sim, mas atividades criminosas são maioritárias	Mínima, para dar aparência de legalidade	Realizar o transporte de mercadorias proibidas (drogas, armas etc.), branquear capitais e praticar outras atividades criminosas
Real	Sim	Sim, com atividades económicas lícitas maioritárias	Normal	Prática de crimes graves, em sua maioria crimes económicos *lato sensu*

Fonte: Elaborado por Rodrigo L. Ziembowicz, adaptando classificação de Goes Pinheiro (2002, p. 603-628).

Pondera-se ainda que, em diversos casos de crimes graves (dos quais o branqueamento de capitais, a corrupção, a manipulação dos mercados de valores mobiliários e os crimes tributários, quando envolvem quantias vultosas, são exemplos paradigmáticos), as diferenças ou linhas demarcatórias entre a criminalidade organizada e a criminalidade económica desaparecem, com a convergência e/ou sinergia entre estes fenómenos criminológicos, caracterizados pelos elevados lucros ilícitos e pela utilização da estrutura da pessoa jurídica para a prática dos comportamentos criminosos, com alta danosidade a médio e longo prazos em desfavor da sociedade, apesar da forma indireta e difusa com que as pessoas (vítimas) são atingidas.

Diante deste cenário internacional, ao tratar das centenas de milhares de sociedades *offshore* criadas pelo Escritório Mossack-Fonseca, citadas no caso *Panama Papers*, grande parte destas administradas com a finalidade de branquear capitais, Zuñiga Rodriguez (2017a, p. 203-205) pondera que, apesar de pessoas jurídicas como esta manterem uma aparência externa de legalidade, utilizando programas de compliance, alegações de que adotam a diligência devida e de que possuem setor de avaliação de riscos e de estudos sobre clientes problemáticos do ponto de vista ético, a realidade interna desta e de outras empresas é oposta. Comenta então que o citado Escritório, conforme demonstraram as últimas análises de documentos, assessorava "corruptos, evasores fiscais, traficantes, terroristas, criminosos de meio mundo", *i. e.*, embora "formalmente" cumprissem o ordenamento jurídico, "materialmente" assessoravam delinquentes para violarem as normas estabelecidas, não utilizando apenas os vazios ou lacunas legais, mas também criando uma série de construções jurídicas com o fim de impedir a identificação das atividades ilícitas e a origem criminosa dos capitais.

Segundo Obermaier e Obermayer (2016, p. 173-175), os empregados do Escritório Mossack-Fonseca, ao orientarem os "clientes", inclusive "[...] explicavam quais paraísos fiscais eram os melhores para cada necessidade, qual esquema proporcionava a melhor proteção e juravam que os dados mais sensíveis dos autênticos proprietários estavam a salvo", pois tinham um centro de processamento e armazenamento de dados de última geração e todas as comunicações eram realizadas através de um sistema criptografado avançado e seguro.

Cabe acrescentar que, muito embora a criminalidade organizada empresarial não pratique de modo habitual crimes que envolvam violência, os quais provocam maior aversão da sociedade, são vastíssimos os danos causados à sociedade de modo indireto (ou mesmo de forma direta, em muitos casos), por meio desses "delitos de cavalheiros", em especial quando geram prejuízos de alcance nacional, regional ou global.

Neste vértice, não foi por acaso que a Convenção das Nações Unidas contra a Criminalidade Organizada Transnacional (Convenção de Palermo ou CNUCOT) deu especial atenção à pessoa jurídica, quando vinculada à criminalidade organizada.

A Convenção das Nações Unidas contra a Criminalidade Organizada Transnacional foi internalizada no ordenamento jurídico português através do Decreto do Presidente da República n.º 19/2004, de 02 de abril; no Brasil, mediante o Decreto n.º 5.015/2004, de 12 de março; e na União Europeia, por meio da Decisão do Conselho n.º 2004/579/CE, de 29 de abril de 2004.

A Convenção de Palermo estabeleceu que os crimes previstos para a criminalização da participação numa organização criminosa transnacional[519], devem ser crimes graves (infração punível com pena privativa de liberdade de quatro ou mais anos) ou então aqueles crimes previstos no art. 5.º (participação num grupo criminoso organizado), art. 6.º (branqueamento do produto do crime), art. 8.º (corrupção) ou art. 23.º (obstrução à justiça) da CNUCOT.

Neste sentido, destaca-se que também uma pessoa coletiva na qual as atividades lícitas preponderam pode compor uma organização criminosa, atendidos os demais requisitos previstos na CNUCOT [art. 2.º, *a)*], *i. e.*, "um grupo estruturado de três ou mais pessoas, existindo durante um período de tempo e actuando concertadamente com a finalidade de cometer um ou mais crimes graves ou infracções estabelecidas" na Convenção de Palermo, "com

[519] A Convenção de Palermo estabeleceu: "[...] Art. 2.º **Definições**. Para efeitos da presente Convenção, entende-se por: *a)* 'Grupo criminoso organizado' um grupo estruturado de três ou mais pessoas, existindo durante um período de tempo e actuando concertadamente com a finalidade de cometer um ou mais crimes graves ou infracções estabelecidas na presente Convenção, com a intenção de obter, directa ou indirectamente, um benefício económico ou outro benefício material; b) 'Crime grave' um acto que constitua uma infracção punível com uma pena privativa de liberdade não inferior a 4 anos ou com pena superior; c) 'Grupo estruturado' um grupo formado de maneira não fortuita para a prática imediata de uma infracção e cujos membros não tenham necessariamente funções formalmente definidas, podendo não haver continuidade na sua composição nem dispor de uma estrutura desenvolvida; [...] Artigo 3.º **Âmbito de aplicação**. 1 – A presente Convenção aplica-se, salvo disposição em contrário, à prevenção, à investigação e à repressão das: a) Infracções enunciadas nos artigos 5.º, 6.º, 8.º e 23.º da presente Convenção; e b) Infracções graves, na acepção do artigo 2.º da presente Convenção, sempre que tais infracções sejam de natureza transnacional e envolvam um grupo criminoso organizado." (Grifos no original).

a intenção de obter, directa ou indirectamente, um benefício económico ou outro benefício material."

Neste aspeto, conforme analisaremos a seguir com maior profundidade, destacamos que, ao nosso entender, os crimes que podem vir a configurar a criminalidade organizada devem ser crimes graves (com elevada moldura penal cominada), e além disto devem estar previstos em catálogo (princípio do catálogo), de forma a serem de *conhecimento de todos os cidadãos*, destinatários das normas.

Quanto às previsões relativas às pessoas coletivas, a CNUCOT[520] estabelece que cada Estado, conforme sua ordem jurídica, deverá adotar as medidas necessárias "para responsabilizar as pessoas colectivas que participem em crimes graves envolvendo um grupo criminoso organizado" e que cometam as infrações penais de obstrução à justiça, branqueamento de capitais e corrupção, dispondo, ainda, que a responsabilidade das pessoas coletivas não obstará a responsabilização penal dos indivíduos que praticaram as infrações.

Aliás, para análise desta situação, em que uma pessoa coletiva com atividades lícitas preponderantes pode ter uma organização criminosa em seu empreendimento[521], com vastíssimos danos causados a curto, médio e longo prazo, com reflexos negativos a nível local, regional e internacional, podemos citar alguns dados relativos à "Operação Lava Jato", consubstanciada no "maior conjunto de processos criminais no Brasil relacionados à apuração

520 A CNUCOT dispôs: "[...] Artigo 10.º **Responsabilidade das pessoas colectivas.** 1 – Cada Estado Parte deverá adoptar as medidas necessárias, em conformidade com o seu ordenamento jurídico, para responsabilizar as pessoas colectivas que participem em crimes graves envolvendo um grupo criminoso organizado e que cometam as infracções enunciadas nos artigos 5.º, 6.º, 8.º e 23.º da presente Convenção. 2 – Em conformidade com o ordenamento jurídico do Estado Parte, a responsabilidade das pessoas colectivas poderá ser penal, civil ou administrativa. 3 – A responsabilidade das pessoas colectivas não obstará à responsabilidade penal das pessoas singulares que tenham praticado as infracções. 4 – Cada Estado Parte deverá assegurar que as pessoas colectivas consideradas responsáveis em conformidade com o presente artigo sejam objecto de sanções eficazes, proporcionais e dissuasivas, de natureza penal ou outra, incluindo sanções pecuniárias." (Grifos no original).

521 Sobre o tema, vejam-se as análises de Pereira (2022, p. 29-37, 160-174), em que pontua diversas condutas de extrema danosidade social, praticadas no seio de grandes empresas, de partidos políticos e do próprio Estado, de forma organizada e em contextos normalizados, condutas estas que não são criminalizadas (apesar da elevada lesividade) e costumam resultar apenas em indenizações civis, sem qualquer sanção penal (ou civil) pessoal para os diretores das empresas e/ou para as altas autoridades do Estado que estão envolvidas.

de corrupção, lavagem de dinheiro e organização criminosa", como anota Saad (2019, p. 231-232). Este conjunto de processos criminais teve início em 2014 e resultou em condenações penais de mais de cento e quarenta pessoas, incluindo altas autoridades dos poderes legislativo e executivo, dirigentes de algumas das maiores empresas de engenharia e construção civil do Brasil e de diferentes bancos e instituições financeiras.

Entre as autoridades públicas e políticas que foram condenadas em ações penais estão indivíduos de seis diferentes partidos políticos do Brasil, inclusive senadores, deputados federais, governadores de Estados da República Federativa brasileira, um ex-presidente da República, ministros de estado, além de presidentes e diretores de empresas públicas brasileiras.

Segundo divulgação do Ministério Público Federal brasileiro (2021c, *passim*) sobre mais de quatrocentas ações penais relativas à "Operação Lava Jato", entre os processos criminais que foram julgados ou estão em andamento perante a Justiça Federal[522] brasileira devem ser destacados alguns que envol-

[522] A Constituição brasileira estabelece: "[...] Art. 106. São órgãos da Justiça Federal: I – os Tribunais Regionais Federais; II – os Juízes Federais. [...] Art. 108. Compete aos Tribunais Regionais Federais: I – processar e julgar, originariamente: a) os juízes federais da área de sua jurisdição, incluídos os da Justiça Militar e da Justiça do Trabalho, nos crimes comuns e de responsabilidade, e os membros do Ministério Público da União, ressalvada a competência da Justiça Eleitoral; b) as revisões criminais e as ações rescisórias de julgados seus ou dos juízes federais da região; c) os mandados de segurança e os habeas data contra ato do próprio Tribunal ou de juiz federal; d) os habeas corpus, quando a autoridade coatora for juiz federal; e) os conflitos de competência entre juízes federais vinculados ao Tribunal; II – julgar, em grau de recurso, as causas decididas pelos juízes federais e pelos juízes estaduais no exercício da competência federal da área de sua jurisdição. Art. 109. Aos juízes federais compete processar e julgar: I – as causas em que a União, entidade autárquica ou empresa pública federal forem interessadas na condição de autoras, rés, assistentes ou oponentes, exceto as de falência, as de acidentes de trabalho e as sujeitas à Justiça Eleitoral e à Justiça do Trabalho; II – as causas entre Estado estrangeiro ou organismo internacional e Município ou pessoa domiciliada ou residente no País; III – as causas fundadas em tratado ou contrato da União com Estado estrangeiro ou organismo internacional; IV – os crimes políticos e as infrações penais praticadas em detrimento de bens, serviços ou interesse da União ou de suas entidades autárquicas ou empresas públicas, excluídas as contravenções e ressalvada a competência da Justiça Militar e da Justiça Eleitoral; V – os crimes previstos em tratado ou convenção internacional, quando, iniciada a execução no País, o resultado tenha ou devesse ter ocorrido no estrangeiro, ou reciprocamente; V-A as causas relativas a direitos humanos a que se refere o § 5º deste artigo; VI – os crimes contra a organização do trabalho e, nos casos determinados por lei, contra o sistema financeiro e a ordem econômico-financeira; VII – os habeas corpus, em matéria criminal de sua competência ou quando o constrangimento provier de autoridade

vem dirigentes das maiores empreiteiras de engenharia e construção civil do Brasil, conforme as ações criminais (e as respetivas sentenças e/ou acórdãos) que tramitam perante a Seção Judiciária do Paraná (Curitiba, Paraná) e o Tribunal Regional Federal da 4.ª Região (Porto Alegre, Rio Grande do Sul): proc. n.º 503652823.2015.4.04.7000 [empresa O.]; proc. 508335189.2014.404.7000 [empresa E.], proc. n.º 508325829.2014.404.7000 [empresas C. C. e U.], proc. n.º 508337605.2014.4.04.7000 [empresa O.]; proc. n.º 501233104.2015.4.04.7000 [empresas S., M. J. e O.] e proc. n.º 503651876.2015.4.04.7000 [empresa A.].

Anotou Kenneth A. Blanco (Department of Justice of the USA, 2017, p.1-2), em palestra na 31.ª Conferência Anual sobre Crimes de Colarinho Branco da *American Bar Association* (ABA), *v. g.*, que a empresa de construção civil [O.] e a empresa petroquímica [B.], ambas brasileiras, declararam-se culpadas[523] por pagarem mais de 780 milhões de dólares de suborno a autoridades públicas, agentes políticos e partidos políticos de três continentes, num esquema internacional de corrupção com a finalidade de obter e manter de modo ilegal contratos com governos "[...] de 12 países: Angola, Argentina, Brasil, Colômbia, República Dominicana, Equador, Guatemala, México, Moçambique, Panamá, Peru e Venezuela". Narrou que [por meio dos seus representantes] as empresas [O.] e [B.], além de se declararem culpadas, aceitaram pagar multas pelos crimes cometidos que, somadas, alcançam 3,5 mil milhões de dólares.

No conjunto de processos criminais que conformam a "Operação Lava Jato", aponta a Secretaria de Cooperação Internacional do Ministério Público brasileiro (2021a, p.1) que já ocorreram, até janeiro de 2021, 597 (quinhentas

cujos atos não estejam diretamente sujeitos a outra jurisdição; VIII – os mandados de segurança e os habeas data contra ato de autoridade federal, excetuados os casos de competência dos tribunais federais; IX – os crimes cometidos a bordo de navios ou aeronaves, ressalvada a competência da Justiça Militar; X – os crimes de ingresso ou permanência irregular de estrangeiro, a execução de carta rogatória, após o "exequatur", e de sentença estrangeira, após a homologação, as causas referentes à nacionalidade, inclusive a respectiva opção, e à naturalização; XI – a disputa sobre direitos indígenas. [...]."

523 Neste sentido, é importante verificar: as acusações contra a B. S. A. (Eastern District of New York, 2016a) e o Acordo com a respetiva admissão de culpa pela B. S. A. – *Plea Agreement* (Eastern District of New York, 2016b) perante a Corte Eastern District of New York; as acusações contra a O. S. A. (Eastern District of New York, 2016c) e o Acordo com a respetiva admissão de culpa pela O. S. A. – *Plea Agreement* (Eastern District of New York, 2016d) perante a Corte Eastern District of New York, bem como o noticiado pelo Departamento de Justiça dos Estados Unidos (USA, 2016).

e noventa e sete) solicitações de cooperação jurídica internacional por autoridades do Brasil enviadas a 58 (cinquenta e oito) países, e foram recebidos 653 (seiscentos e cinquenta e três) pedidos de cooperação de 41 (quarenta e um) países, demonstrando a transnacionalidade de uma rede formada por diferentes organizações criminosas [considerada a conceituação jurídica de organização criminosa prevista na CNUCOT- art. 2º, *a)*; na Lei n.º 12.850/2013 – art. 1º, § 1º (Brasil); no Código de Processo Penal português – art. 1º, *m)*].

As condenações se referem a crimes graves como fraudes em concursos, licitações e contratos de serviços e obras públicas, cartéis formados por grandes corporações, corrupção passiva e ativa, crimes fiscais e branqueamento de capitais, além de participação em organizações criminosas e várias outras atividades criminosas graves, resultando em penas que, somadas, ultrapassam dois mil e duzentos anos de prisão.

2.2. A Criminalidade Organizada Empresarial

A criminalidade organizada representa um dos fenómenos criminais de maior notoriedade no cenário internacional, ao lado do terrorismo, embora esta modalidade criminosa tenha causado danos materiais e económicos, até o momento, muitíssimo inferiores aos prejuízos impingidos pelas organizações criminosas, se for desconsiderada a relevante sensação de insegurança (subjetiva) provocada na população e a descrença em governantes e instituições públicas que não conseguiram impedir os ataques terroristas.

Como salienta Prado (2015, p. 352-354), no Brasil as organizações criminosas têm se manifestado com mais intensidade (e maior repercussão social) no âmbito da criminalidade económica nas últimas décadas[524], em crimes

[524] Por outro lado, Ferreira e Cardoso (2006, p. 623-624) lembram que o "crime económico organizado *stricto sensu*", inclusive como criminalidade que poderia causar danos a nível transnacional, é um problema que foi percebido há muito tempo, exemplificando através do Acordo de Madri de 1891 relativo ao registo internacional de marcas de fábrica ou de comércio e do *Acordo de Madri de 1891 Relativo à Repressão das Falsas Indicações de Proveniência de Mercadorias*, adotado em 14 de abril de 1891. Os referidos Acordos Internacionais foram publicados e internalizados por Portugal por meio do "Diário do Govêrno n.º 107/1931, Série I, de 08 de maio de 1931", após algumas revisões realizadas "em Bruxelas em 14 de Agosto de 1900, em Washington em 2 de Junho de 1911 e na Haia em 6 de Novembro de 1925, e bem

cujos bens jurídicos tutelados são supra ou metaindividuais, tornando ainda mais complexa a árdua tarefa dos órgãos de persecução penal, diante das dificuldades de detetar e de comprovar a existência da organização criminosa e a prática de atividades criminosas, bem como delimitar quais são os seus membros e suas lideranças[525].

Por outro lado, Ferreira e Cardoso (2006, p. 623-624) ponderam que o "crime económico organizado *stricto sensu*" ampliou-se diante de diversos fatores quase que simultâneos que surgiram no âmbito internacional, como a liberalização dos mercados, o desenvolvimento económico e social em muitos países, a globalização e a tecnicização das sociedades, a progressiva integração política e económica em muitas regiões, além da parcelização crescente do poder, que deixa de pertencer de modo exclusivo aos Estados.

Neste vértice, Prado (2015, p. 352-354) salienta que a criminalidade organizada não está limitada à criminalidade económica *lato sensu* (na qual estão incluídas as atividades delitivas políticas, das quais a corrupção é um exemplo paradigmático), pois também envolve crimes como o tráfico de drogas, de pessoas etc. Acrescenta que afirmar que a principal característica de atividades criminosas organizadas é a finalidade de lucro indevido não leva em conta que esta também é a realidade da criminalidade económica, que envolve tanto a criminalidade *na* empresa (de cariz individual) quanto as formas de criminalidade complexas *da* empresa, como centro ético-social de imputação jurídico-penal.

Esta situação, comentam Greco e Estellita (2015, p. 1074-1076), exige significativos labor e técnica na elaboração das normas (na busca por uma tipologia

assim ao Acôrdo, celebrado na mesma capital e na mesma data, relativo à repressão das falsas indicações de proveniência nas mercadorias, revisto em Washington em 2 de Junho de 1911 e na Haia em 6 de Novembro de 1925."

525 Analisa Figueiredo Dias (2009, p. 25-28), ao tratar das atribuições dos órgãos de investigação que buscam comprovar a materialidade, a autoria e as circunstâncias dos crimes perante o Poder Judicial, que: "o aumento da complexidade do esclarecimento e perseguição da criminalidade organizada, os delitos de tráfico, a criminalidade internacional e globalizada tornou aquelas tarefas muito mais difíceis. A essa complexidade tem de corresponder uma maior liberdade de actuação dos órgãos de perseguição criminal e a estes casos terão de corresponder prazos mais dilatados para levar a cabo o inquérito." Contudo, ressalta que devem ser abolidos "formalismos inacreditáveis" que ainda perduram no processo penal e prejudicam tanto os órgãos de persecução penal quanto os arguidos, através da simplificação dos processos que conduziria a um "notável encurtamento dos prazos."

racional na definição de crimes como a participação numa organização criminosa), bem como na aplicação destas normas pelos intérpretes, tendo em vista as relevantes semelhanças, *v. g.*, entre as definições de organização criminosa e de empresa. Anotam que o conceito de "grupo criminoso organizado" utilizado na Convenção de Palermo tem como requisitos:

1. Três ou mais pessoas;
2. Duração por algum tempo;
3. Atuação concertada;
4. A intenção de obter, de modo direto ou indireto, benefício económico e/ou material;
5. Finalidade de cometer um ou mais crimes graves.

Ponderam, então, que as pessoas que se associam para fins lícitos, na maior parte das vezes, têm a pretensão de manter esta associação ao longo do tempo (de maneira que perdure), atuando de modo organizado (concertado), no intuito de obter lucro ou outra vantagem material (salvo associações sem fins de lucro). Deste modo, ressaltam que a diferença entre a organização criminosa e a associação de indivíduos criada para fins legais (na forma de uma pessoa coletiva), em suma, são apenas a finalidade: criminosa ou lícita.

Ademais, deve-se atentar ao estabelecido na Constituição da República Portuguesa[526], em que restou demonstrada a significativa importância das

[526] A Constituição da República Portuguesa também prevê, quanto às associações e pessoas coletivas: "[...] Artigo 12.º (Princípio da universalidade) 1. Todos os cidadãos gozam dos direitos e estão sujeitos aos deveres consignados na Constituição. 2. As pessoas colectivas gozam dos direitos e estão sujeitas aos deveres compatíveis com a sua natureza. [...] Artigo 37.º (Liberdade de expressão e informação) [...] 4. A todas as pessoas, singulares ou colectivas, é assegurado, em condições de igualdade e eficácia, o direito de resposta e de rectificação, bem como o direito a indemnização pelos danos sofridos. [...] Artigo 51.º (Associações e partidos políticos) 1. A liberdade de associação compreende o direito de constituir ou participar em associações e partidos políticos e de através deles concorrer democraticamente para a formação da vontade popular e a organização do poder político. [...] Artigo 52.º (Direito de petição e direito de acção popular) 1. Todos os cidadãos têm o direito de apresentar, individual ou colectivamente, aos órgãos de soberania, aos órgãos de governo próprio das regiões autónomas ou a quaisquer autoridades petições, representações, reclamações ouqueixas para defesa dos seus direitos, da Constituição, das leis ou do interesse geral e, bem assim, o direito de serem informados, em prazo razoável, sobre o resultado da respectiva apreciação.

associações (lícitas) e das pessoas coletivas para a defesa de interesses dos cidadãos, como associações de defesa dos consumidores, dos trabalhadores,

[...] 3. É conferido a todos, pessoalmente ou através de associações de defesa dos interesses em causa, o direito de acção popular nos casos e termos previstos na lei, incluindo o direito de requerer para o lesado ou lesados a correspondente indemnização [...] Artigo 55.º (Liberdade sindical) [...] 2. No exercício da liberdade sindical é garantido aos trabalhadores, sem qualquer discriminação, designadamente: *a)* A liberdade de constituição de associações sindicais a todos os níveis; *b)* A liberdade de inscrição, não podendo nenhum trabalhador ser obrigado a pagar quotizações para sindicato em que não esteja inscrito; *c)* A liberdade de organização e regulamentação interna das associações sindicais; [...] Artigo 56.º (Direitos das associações sindicais e contratação colectiva) 1. Compete às associações sindicais defender e promover a defesa dos direitos e interesses dos trabalhadores que representem. [...] Artigo 60.º (Direitos dos consumidores) [...] 3. As associações de consumidores e as cooperativas de consumo têm direito, nos termos da lei, ao apoio do Estado e a ser ouvidas sobre as questões que digam respeito à defesa dos consumidores, sendo-lhes reconhecida legitimidadeprocessual para defesa dos seus associados ou de interesses colectivos ou difusos. [...] Artigo 67.º (Família) [...] *g)* Definir, ouvidas as associações representativas das famílias, e executar uma política de família com carácter global e integrado; [...] Artigo 73.º (Educação, cultura e ciência) [...] 3. O Estado promove a democratização da cultura, incentivando e assegurando o acesso de todos os cidadãos àfruição e criação cultural, em colaboração com os órgãos de comunicação social, as associações e fundações de finsculturais, as colectividades de cultura e recreio, as associações de defesa do património cultural, as organizações demoradores e outros agentes culturais. [...] Artigo 77.º (Participação democrática no ensino) [...] 2. A lei regula as formas de participação das associações de professores, de alunos, de pais, das comunidades e dasinstituições de carácter científico na definição da política de ensino. [...] Artigo 79.º (Cultura física e desporto) [...] 2. Incumbe ao Estado, em colaboração com as escolas e as associações e colectividades desportivas, promover, estimular, orientar e apoiar a prática e a difusão da cultura física e do desporto, bem como prevenir a violência no desporto. [...] Artigo 82.º [...] 3. O sector privado é constituído pelos meios de produção cuja propriedade ou gestão pertence a pessoas singulares ou colectivas privadas, sem prejuízo do disposto no número seguinte. 4. O sector cooperativo e social compreende especificamente: *a)* Os meios de produção possuídos e geridos por cooperativas, em obediência aos princípios cooperativos, sem prejuízo das especificidades estabelecidas na lei para as cooperativas com participação pública, justificadas pela sua especial natureza; *b)* Os meios de produção comunitários, possuídos e geridos por comunidades locais; *c)* Os meios de produção objecto de exploração colectiva por trabalhadores; *d)* Os meios de produção possuídos e geridos por pessoas colectivas, sem carácter lucrativo, que tenham como principal objectivo a solidariedade social, designadamente entidades de natureza mutualista. [...] Artigo 270.º (Restrições ao exercício de direitos) A lei pode estabelecer, na estrita medida das exigências próprias das respectivas funções, restrições ao exercício dos direitos de expressão, reunião, manifestação, associação e petição colectiva e à capacidade eleitoral passiva por militares e agentes militarizados dos quadros permanentes em serviço efectivo, bem como por agentes dos serviços e das forças de segurança e, no caso destas, a não admissão do direito à greve, mesmo quando reconhecido o direito de associação sindical."

das famílias, da cultura, da educação, de professores e de alunos, do desporto, cooperativas etc.) e para o desenvolvimento económico, com todos os reflexos positivos que promove na sociedade.

De facto, a CRP previu, de forma expressa (art. 46.º), o direito dos cidadãos de constituírem associações de modo livre e sem dependerem de autorização, desde que não tenham como objetivos promover a violência ou finalidade contrárias à lei penal. Além disso, as associações podem prosseguir com liberdade as suas finalidades (sem interferência das autoridades públicas) e só podem ser dissolvidas pelo Estado ou terem suas atividades suspensas conforme os casos previstos em lei, por meio de decisão judicial. Entretanto, acrescente-se não são admitidas organizações armadas ou militares, militarizadas ou paramilitares, nem associações racistas ou de ideologia fascista, assim como ninguém pode ser obrigado a participar de uma associação ou coagido para permanecer nela.

Se fossem analisadas as normas supranacionais e infraconstitucionais sobre as associações e/ou pessoas coletivas (empresariais ou não, com ou sem fins de lucro), permaneceriam sendo somadas muitas outras virtudes e relevantes serviços prestados para as comunidades nas quais estão inseridas.

Por seu turno, a Constituição da República Federativa do Brasil (CRFB)[527] também deixou clara a relevância das associações e das pessoas coletivas para

[527] A CRFB (1988) definiu: "[...] Art. 5º Todos são iguais perante a lei, sem distinção de qualquer natureza, garantindo-se aos brasileiros e aos estrangeiros residentes no País a inviolabilidade do direito à vida, à liberdade, à igualdade, à segurança e à propriedade, nos termos seguintes: [...] XXI – as entidades associativas, quando expressamente autorizadas, têm legitimidade para representar seus filiados judicial ou extrajudicialmente; [...] LXX – o mandado de segurança coletivo pode ser impetrado por: a) partido político com representação no Congresso Nacional; b) organização sindical, entidade de classe ou associação legalmente constituída e em funcionamento há pelomenos um ano, em defesa dos interesses de seus membros ou associados; [...] Art. 8º É livre a associação profissional ou sindical, observado o seguinte: I – a lei não poderá exigir autorização do Estado para a fundação de sindicato, ressalvado o registro no órgão competente, vedadas ao Poder Público a interferência e a intervenção na organização sindical; [...] Art. 29. O Município reger-se-á por lei orgânica, votada em dois turnos, com o interstício mínimo de dez dias, eaprovada por dois terços dos membros da Câmara Municipal, que a promulgará, atendidos os princípios estabelecidosnesta Constituição, na Constituição do respectivo Estado e os seguintes preceitos: [...] XII – cooperação das associações representativas no planejamento municipal; [...] Art. 37. A administração pública direta e indireta de qualquer dos Poderes da União, dos Estados, do Distrito Federal e dos Municípios obedecerá aos princípios de legalidade, impessoalidade, moralidade, publicidade e

a proteção de interesses dos indivíduos (considerados de modo singular ou coletivo) e da sociedade, inclusive para a fiscalização do Estado e para cooperar na implementação de programas estaduais, regionais e nacionais. Da mesma forma que na CRP, definiu diversas searas nas quais as associações e as pessoas coletivas são de grande relevância para o desenvolvimento e aperfeiçoamento da sociedade.

Assim, a CRFB estabeleceu (art. 5.º, incisos XVII a XXI) a plena liberdade de associação para fins lícitos, proibidas aquelas de caráter paramilitar, sendo que a constituição de associação e de cooperativa não depende de autorização e é vedada a interferência estatal no seu funcionamento. No mesmo sentido, previu que uma associação só pode ser dissolvida pelo Estado ou ter suas atividades suspensas mediante decisão judicial (após trânsito em julgado), e que ninguém poderá ser coagido para associar-se ou para manter-se associado.

Neste rumo, lembram-se também as diversas disposições constitucionais portuguesas e brasileiras sobre as empresas e sobre a necessidade de fomentar, promover e viabilizar as atividades empresariais e o desenvolvimento económico, conforme antes exposto com clareza (Título III, cap. 1, Seção 1.1).

Feitas estas ponderações, prossegue-se na análise sobre as várias semelhanças entre as associações (ou organizações) para fins lícitos ou criminosos, em que Greco e Estellita (2015, p. 1077, 1083) trazem à mesa de discussão o facto de que, inclusive quando a finalidade da "associação dessas pessoas na atividade empresarial não seja a prática de crimes, pode suceder que em algum momento, algumas (ou todas, se a empresa for menor) pessoas decidam-se pela prática dos crimes", reunindo elementos como a pluralidade de sujeitos (quatro ou mais), associados por algum tempo e vínculo estável, com a finalidade, embora parcial, de perpetrar um número indeterminado de crimes. Desta forma, sustentam que "[d]eterminante não pode ser o motivo originário da associação", como a prática de crimes, "no sentido de que só se pudesse

eficiência e, também, ao seguinte: [...] VI – é garantido ao servidor público civil o direito à livre associação sindical; [...] Art. 74. Os Poderes Legislativo, Executivo e Judiciário manterão, de forma integrada, sistema de controle interno com a finalidade de: [...] § 2º Qualquer cidadão, partido político, associação ou sindicato é parte legítima para, na forma da lei, denunciarirregularidades ou ilegalidades perante o Tribunal de Contas da União. [...] Art. 217. É dever do Estado fomentar práticas desportivas formais e não-formais, como direito de cada um, observados: I – a autonomia das entidades desportivas dirigentes e associações, quanto a sua organização e funcionamento; [...]

considerar uma 'quadrilha ou bando' [ou organização criminosa] aquela que se uniu, desde sua origem, para a prática de crimes." Arrematam que "[n] ada impede que pessoas associadas para a prática de condutas lícitas tomem a decisão, em um determinado momento, de manter essa associação agora para fins criminosos, ou mesmo parcialmente criminosos."

De facto, quando a pessoa coletiva é constituída para fins ilícitos, criada para a prática de crimes, poderá ser caracterizada a organização criminosa sem maiores dificuldades, a depender da tipologia estabelecida no ordenamento jurídico de cada país, diante da "atitude geral criminógena" da empresa. Entretanto, aumenta muito a dificuldade para verificar a incidência ou não dos pressupostos jurídicos para a caracterização de uma organização criminosa quando as atividades lícitas preponderam, *i. e.*, quando a empresa foi criada em conformidade com o Direito, com fins lícitos e atendendo ao seu estatuto social, em que são praticadas condutas criminosas vinculadas à participação na vida económica, em especial quando forem delitos económicos.

Neste vértice, Greco e Estellita (2015, p. 1083-1086) trazem à tona também um aspeto de elevada importância nesta questão: nem todo delito praticado num grupo organizado de pessoas, de modo especial numa empresa, vai configurar uma associação ou organização criminosa, de forma automática.

De facto, nas associações, nas organizações e nas empresas (*i. e.*, nas pessoas coletivas), percebe-se desde sua respetiva criação uma estruturação ordenada, organizada (de forma lícita), com divisão de tarefas (e, na maioria dos casos, com ânimo de lucro), *i. e.*, não pode a simples ocorrência de crimes graves nessas pessoas coletivas induzir, de modo automático, à incidência e à respetiva aplicação do art. 299.º do Código Penal português[528], referente aos crimes

[528] Consta no CP português: "[...] Artigo 299.º Associação criminosa. 1 – Quem promover ou fundar grupo, organização ou associação cuja finalidade ou actividade seja dirigida à prática de um ou mais crimes é punido com pena de prisão de um a cinco anos. 2 – Na mesma pena incorre quem fizer parte de tais grupos, organizações ou associações ou quem os apoiar, nomeadamente fornecendo armas, munições, instrumentos de crime, guarda ou locais para as reuniões, ou qualquer auxílio para que se recrutem novos elementos. 3 – Quem chefiar ou dirigir os grupos, organizações ou associações referidos nos números anteriores é punido com pena de prisão de dois a oito anos. 4 – As penas referidas podem ser especialmente atenuadas ou não ter lugar a punição se o agente impedir ou se esforçar seriamente por impedir a continuação dos grupos, organizações ou associações, ou comunicar à autoridade a sua existência de modo a esta poder evitar a prática de crimes. 5 – Para os efeitos do presente artigo, considera-se que existe grupo, organização ou associação quando esteja em causa

de grupo, organização ou associação criminosa, ou dos crimes previstos na legislação brasileira, cujo Código Penal estabelece no art. 288.º o crime de associação criminosa[529] e, no art. 2.º da Lei n.º 12.850/2013, de 02 de agosto, o crime de pertencimento a organização criminosa[530].

Destaque-se que o *ânimo de lucro* é uma *referência* e um *valor muito positivo* na nossa *sociedade ocidental capitalista*, como lembra Zuñiga Rodriguez (2017a, p. 211-213), encorajando a livre iniciativa, os investimentos e os empreendimentos, além de viabilizar o desenvolvimento económico e proporcionar recursos e meios (ao Estado e à sociedade) para o desenvolvimento social e para os avanços no índice de desenvolvimento humano. Por outro lado, esta mesma busca pelo lucro, caracterizadora do *homo economicus* do ocidente e das atividades empresariais lícitas, também impulsiona as organizações criminosas, que visam maximizar os lucros e diminuir os riscos mediante condutas criminosas.

um conjunto de, pelo menos, três pessoas, actuando concertadamente durante um certo período de tempo."

529 O CP brasileiro dispõe: "[...] Associação Criminosa. Art. 288. Associarem-se 3 (três) ou mais pessoas, para o fim específico de cometer crimes: Pena - reclusão, de 1 (um) a 3 (três) anos. Parágrafo único. A pena aumenta-se até a metade se a associação é armada ou se houver a participação de criança ou adolescente."

530 A Lei n.º 12.850/2013, de 02 de agosto, estabelece: "Art. 1º [...] § 1º Considera-se organização criminosa a associação de 4 (quatro) ou mais pessoas estruturalmente ordenada e caracterizada pela divisão de tarefas, ainda que informalmente, com objetivo de obter, direta ou indiretamente, vantagem de qualquer natureza, mediante a prática de infrações penais cujas penas máximas sejam superiores a 4 (quatro) anos, ou que sejam de caráter transnacional. [...] Art. 2º Promover, constituir, financiar ou integrar, pessoalmente ou por interposta pessoa, organização criminosa: Pena – reclusão, de 3 (três) a 8 (oito) anos, e multa, sem prejuízo das penas correspondentes às demais infrações penais praticadas. § 1º Nas mesmas penas incorre quem impede ou, de qualquer forma, embaraça a investigação de infração penal que envolva organização criminosa. § 2º As penas aumentam-se até a metade se na atuação da organização criminosa houver emprego de arma de fogo. § 3º A pena é agravada para quem exerce o comando, individual ou coletivo, da organização criminosa, ainda que não pratique pessoalmente atos de execução. § 4º A pena é aumentada de 1/6 (um sexto) a 2/3 (dois terços): I – se há participação de criança ou adolescente; II – se há concurso de funcionário público, valendo-se a organização criminosa dessa condição para a prática de infração penal; III – se o produto ou proveito da infração penal destinar-se, no todo ou em parte, ao exterior; IV – se a organização criminosa mantém conexão com outras organizações criminosas independentes; V – se as circunstâncias do fato evidenciarem a transnacionalidade da organização. [...]"

Deste modo, não há que se falar em crime de associação criminosa ou de pertencimento a organização criminosa, quanto ao quesito referente ao "atuar concertadamente durante um certo período de tempo" (previsto no art. 299.º, n.º 5, do CP português), sem que se comprove que houve uma "atuação concertada durante um certo período de tempo" voltada para a prática de crimes. Sobretudo na atividade empresarial lícita, na qual as pessoas e as atividades realizadas já são (de maneira óbvia) coordenadas entre si, organizadas, com a pretensão de continuidade (ou perenidade) na condução do negócio, para a configuração do crime de organização criminosa, deve ser comprovada, portanto, uma "estrutura objetivamente orientada" para a prática de crimes durante um certo período de tempo.

Em outros dizeres, porque já há numa empresa uma atuação concertada durante um certo período de tempo (decorrente das atividades da empresa), para que se configure o crime de associação criminosa ou de pertencimento a uma organização criminosa, esta atuação concertada já deve ser direcionada à prática de crimes (graves e constando de um catálogo), além de serem atendidos os demais requisitos dos referidos tipos penais.

Entretanto, salientam Greco e Estellita (2015, p. 1084-1085), esta orientação não exige que a atividade da associação ou organização, *i. e.*, da própria empresa (*v. g.*, no caso de crimes económicos), seja voltada de modo exclusivo para a prática de crimes para que se possa configurar o crime de associação ou organização criminosa (atendidos os demais requisitos), nem sequer se exige que a prática de atos criminosos seja a "atividade principal ou predominante da associação ou organização", embora entendam necessário que a atividade criminosa "deixe a sua marca na estrutura da organização"[531], *i. e.*,

[531] Ponderam Greco e Estellita (2015, p. 1085) que, se a tipologia de associação ou de organização criminosa exigisse que a atividade criminosa fosse preponderante (maioritária) para sua incidência no caso concreto, bastaria que "a associação dedicasse a maior parte de seus recursos e pessoal para fins lícitos, e ela já escaparia da incidência do tipo associativo." Entretanto, Decomain (2014, p. 239-240) pontua que o Código Penal Alemão, em sentido contrário (e de modo excecional), dispõe de forma expressa: [...] § **129. Fundação de associações criminosas.** (1) Quem fundar uma associação ou participar como membro em associação que tenha por objeto ou atividade a prática de infrações penais puníveis com pena de prisão máxima de dois anos ou superior é punido com pena de prisão até cinco anos ou pena pecuniária. Quem apoiar tal associação ou recrutar membros ou apoiadores para a mesma é punido com pena de prisão até três anos ou pena pecuniária [...] (3) A alínea 1 não se aplica [...] 2. se a prática de infrações penais for apenas uma finalidade ou uma atuação de importância secundária [...]."

que na empresa exista ao menos "um setor de atividades em que se manifeste a mencionada orientação criminosa".

Acrescente-se o contido no Relatório sobre o Crime Organizado e Grave (SOCTA/OCTA), em que a EUROPOL (2021, p. 10-28) analisou as ameaças da criminalidade organizada e grave na União Europeia, ressaltando a influência corruptora causada pela infiltração e pelo enfraquecimento da economia e da sociedade europeias pelas organizações criminosas, inclusive diante do alto índice de utilização de estruturas empresarias nos programas e estruturas criminosos. Destacou-se no citado Relatório que "o uso da corrupção e o abuso de estruturas legais de negócios são características essenciais do crime organizado e grave na Europa", que cerca de "dois terços dos criminosos usam a corrupção regularmente" e que "mais de 80% das redes criminosas usam estruturas comerciais legais."

Esta proporção de organizações criminosas utilizando estruturas empresariais na União Europeia deixa transparente a necessidade de contínuo acompanhamento e avaliação destas questões relacionadas à criminalidade organizada e à sua interligação constante com a empresa nas discussões académicas, na definição das políticas criminal e económica, bem como nos debates legislativos sobre os assuntos circunvizinhos a este tema.

Considerações capitulares

Os comportamentos praticados em empresas, tanto aqueles adotados por indivíduos quanto aqueles realizados em cumprimento de uma decisão de um órgão deliberativo ou executivo da pessoa coletiva, podem ser lícitos ou ilícitos (ou então são praticados naquela zona gris entre o legal ou ilegal, sobretudo quando há lacunas legais na respetiva ordem jurídica).

Entre as condutas ilegais praticadas, há aquelas que desrespeitam dispositivos de normas civis, comerciais, administrativas ou de outros ramos jurídicos. Por outro lado, alguns comportamentos não são apenas ilícitos, porque também configuram crimes, e entre estes têm especial relevância os

(Tradução parcial de Decomain, 2014, p. 139-141, complementada por livre tradução nossa, do CP Alemão – StGB – atualizado até dezembro de 2021)."

crimes de elevada lesividade, conforme Convenções Internacionais que visam prevenir e reprimir a criminalidade particularmente grave, internalizadas nos ordenamentos jurídicos português e brasileiro, entre as quais se destaca a Convenção das Nações Unidas contra o Crime Organizado Transnacional, estabelecendo como crime grave um comportamento "que constitua infração punível com uma pena privativa de liberdade não inferior a 4 anos ou com pena superior"[532] e dando especial atenção a medidas contra pessoas coletivas que participam do programa criminoso, à corrupção e ao branqueamento de capitais.

Neste panorama, não há como ignorar o crescimento exponencial da lesividade das condutas e da criminalidade no âmbito das pessoas coletivas, sobretudo nas empresas, pois se antes a criminalidade estava centrada no indivíduo isolado, na atualidade se transformou numa criminalidade organizada, estruturada em pessoas coletivas e utilizando redes complexas, empregando métodos mais avançados e dissimulados, com ampla lesividade económica, social e política, comprometendo ou tomando instituições estruturantes da sociedade democrática e, diante do seu poder e influência, mantendo elevada impunidade e se conformando numa "criminalidade dos poderosos". Diante dos relacionamentos que as organizações criminosas mantêm com as pessoas coletivas, classificamos estas em:

a) *pessoas coletivas "fantasmas"*, que não estão formalizadas perante o Estado ou órgãos de regulação, mas são referidas em documentos e indicadas para justificar a remessa de recursos financeiros ou bens a outros locais, dentro ou fora do Estado;

[532] Consta na Convenção das Nações Unidas contra o Crime Organizado Transnacional (Convenção de Palermo), internalizada nas ordens jurídicas portuguesa (por meio do Decreto do Presidente da República n.º 19/2004, de 02 de abril), brasileira (através do Decreto n.º 5.015/2004, de 12 de março) e da União Europeia (mediante a Decisão do Conselho n.º 2004/579/CE, de 29 de abril de 2004) e, portanto, válida e vigorando nestes ordenamentos: "[...] Art. 2.º Definições. Para efeitos da presente Convenção, entende-se por: *a)* 'Grupo criminoso organizado' um grupo estruturado de três ou mais pessoas, existindo durante um período de tempo e actuando concertadamente com a finalidade de cometer um ou mais crimes graves ou infracções estabelecidas na presente Convenção, com a intenção de obter, directa ou indirectamente, um benefício económico ou outro benefício material; *b)* 'Crime grave' um acto que constitua uma infracção punível com uma pena privativa de liberdade não inferior a 4 anos ou com pena superior;"

b) *pessoas coletivas fictícias*, que existem sob o aspeto formal e são empregadas (em geral) para o branqueamento de capitais, para ocultar os reais proprietários e/ou beneficiários dos bens, sobretudo em "paraísos fiscais" e na forma *offshore*;

c) *pessoas coletivas de fachada*, constituídas de modo formal ante o Estado e os órgãos de regulação e controle, contendo uma estrutura física mínima e praticando atividades económicas legítimas também, embora a maior parcela das suas atividades seja criminosa, voltadas, *v. g.*, para o branqueamento de ativos e para o tráfico de produtos proibidos escondidos nas cargas transportadas;

d) *pessoas coletivas reais*, instituídas de forma legítima e legalizada, em que preponderam as atividades económicas e financeiras lícitas, mas também são praticados crimes graves para beneficiar a empresa e/ou membros da pessoa coletiva.

Acrescentamos que a criminalidade organizada (empresarial) tem outra grave característica, a tendência a conquistar a hegemonia em setores económicos e financeiros, diante dos vultosos lucros que obtém através das demais atividades (criminosas) praticadas pela organização e do envolvimento na corrupção sistémica, permitindo-lhe suplantar os concorrentes que atuam no respetivo setor.

Por outro lado, é importante ressaltar que a livre iniciativa e o objetivo de lucro são basilares na sociedade capitalista ocidental, não configurando uma atividade delitiva, salvo quando são praticados comportamentos criminosos nestas atividades e relações económicas.

Destaca-se, neste aspeto, que tanto as organizações criminosas[533] violentas e não violentas, quanto as pessoas coletivas que cumprem as normas em vigor, têm como características serem integradas por um grupo de pessoas, existindo durante um certo período de tempo, atuando concertadamente [de forma organizada] com a intenção de obter, direta ou indiretamente, um benefício

[533] Referimo-nos à conceção do art. 2.º da CNUCOT, que dispõe: "[...] *a)* 'Grupo criminoso organizado' um grupo estruturado de três ou mais pessoas, existindo durante um período de tempo e actuando concertadamente com a finalidade de cometer um ou mais crimes graves ou infracções estabelecidas na presente Convenção, com a intenção de obter, directa ou indirectamente, um benefício económico ou outro benefício material."

económico ou outro benefício material. O que distingue estas associações de pessoas, portanto, é a utilização do grupo organizado para finalidade lícita ou para o fim de cometer crimes graves.

Acrescente-se que a criminalidade organizada empresarial, utilizando empresas como mero instrumento para o programa criminoso ou como centro ético-social para a prática de graves crimes, também causa impactos de acentuada lesividade e enormes distorções à economia, inclusive ao inviabilizar a concorrência entre empreendedores, afastar os empresários honestos do mercado e conquistar a hegemonia através de meios criminosos.

CAPÍTULO 3
DA ORGANIZAÇÃO CRIMINOSA EMPRESARIAL E DA COERÊNCIA DA CIÊNCIA CONJUNTA DO DIREITO PENAL

A análise da Criminalidade Organizada Empresarial deve ser realizada sob os prismas da política criminal, da dogmática jurídico-penal e da criminologia[534], conforme a conceção tripartida de von Liszt, de uma "ciência conjunta (total ou global) do direito penal", utilizada por Figueiredo Dias (2019, p. 23) e examinada por Roxin (2002, p. 20-27), Ferreira Monte (2008, p. 737-771), Valente (2017a, p. 132-134) e Faria Costa (2017, p. 72-82).

Neste sentido, não se pode perder de vista que neste sistema económico (capitalista e com fins sociais) é essencial o princípio da liberdade para o exercício de atividades económicas, como anota Correia (1998, p. 364-365), sob pena de destruir a "força dinamizadora da livre iniciativa" e negar a "finalidade do lucro", que promove e impulsiona o progresso e o desenvolvimento da economia, viabilizando a prestação de serviços e a produção de bens, empregos, riquezas, o pagamento de tributos e de quotas para a seguridade

[534] Comente-se que a legislação atual, tanto em Portugal quanto no Brasil, encontra-se com sérias limitações e lacunas evidentes na definição ético-jurídica de organização criminosa e de participação em organização criminosa, quando esta possui contornos empresariais. As mesmas dificuldades ocorrem na prevenção e na eventual responsabilização criminal, bem como na aplicação de sanções penais à pessoa coletiva, membro de órgão de direção de ente coletivo e/ou dirigente, quando as condutas se relacionam com uma organização criminosa.

social, gerando melhorias e programas sociais, enfim, o bem-estar para os indivíduos e para a sociedade em seu conjunto.

Em virtude desta realidade ocidental (de Estado de direito material democrático), as Constituições portuguesa e brasileira preveem de modo expresso, em diversos dispositivos, não apenas a relevância das atividades económicas e da livre iniciativa para o desenvolvimento da sociedade, mas também diversas atribuições estatais no sentido de apoiar este desenvolvimento económico, bem como fomentá-lo e protegê-lo, conforme antes abordado (Título III, cap. 1), inclusive mediante a tutela penal (em *ultima et extrema ratio*).

Ponderada esta importância do desenvolvimento económico para a sociedade como um todo, Correia (1998, p. 366-368) lembra que há limites para a regulamentação das atividades económicas, e quando estes limites são ultrapassados a economia fica entorpecida, inoperante. Por outro lado, reconhece que a quantidade de fraudes e crimes económicos e financeiros, somada à elevada danosidade dos prejuízos diretos e indiretos causados pela criminalidade económica, para além da ressonância criminal e da estabilidade económica e ética, não permite negar ou diminuir a relevância da criminalidade económica.

Esta situação é agravada de forma especial pela criminalidade organizada, que (há algumas décadas) vem encontrando na empresa e nas demais pessoas coletivas o seu *habitat* natural, quer seja como pessoa coletiva instrumental para o programa criminoso, quer seja como centro ético-jurídico para a prática de crimes graves.

3.1. A Coerência do Sistema Penal e o Princípio da Reserva de Código

A conceção de um Estado de Direito Democrático, voltado para a promoção do desenvolvimento do ser humano, de uma convivência pacífica com liberdade, segurança e justiça, deve ser lastreada na construção de uma sociedade que priorize, fomente e, ao mesmo tempo, proteja os direitos, liberdades e garantias fundamentais, tanto de agressões do Estado quanto de terceiros, pessoas físicas ou jurídicas, públicas ou privadas.

E esta relação pacífica e harmoniosa entre o Estado e os indivíduos, bem como entre as pessoas (físicas e coletivas) entre si, tem enorme dependência de uma ordem político-jurídica coerente e estável, de um Estado de Direito (fundado e conformado sob os direitos fundamentais cujo núcleo ou cerne é a dignidade humana) em profunda interconexão com o Estado Democrático, enquanto legitimação de um processo permanente e contínuo de aperfeiçoamento do Direito[535] através do consenso entre os membros reunidos em comunidade.

Neste vértice, lembra Canotilho (2003, p. 254-256) que o "Princípio do Estado de Direito" tem capacidade de "fundamentar autonomamente direitos e pretensões dos cidadãos e justificar a inconstitucionalidade de actos normativos violadores dos princípios do Estado de direito", tendo se tornado também um "princípio estruturante da União Europeia" desde o Tratado de Amesterdão (art. 6.º). Acrescenta que se trata de um conceito constitucional, uma verdadeira forma de racionalização desta estrutura estatal-constitucional, tendo entre seus principais elementos concretizadores (ou princípios derivados): legalidade da Administração, segurança jurídica (em relação a atos normativos, jurisdicionais e da Administração), proteção da confiança dos cidadãos, a proibição do excesso e a proibição por defeito, a proteção jurídica, a garantia da via judiciária e as garantias processuais.

Quanto ao Estado Democrático, assinala Canotilho (2003, p. 287-299) aquela que considera a "síntese mais lapidar dos momentos fundamentais do princípio democrático", a conhecida fórmula de Lincoln: "governo do povo, pelo povo e para o povo." Anota, então, que a Constituição portuguesa

[535] Destaca Valente (2020a, p. 114-117) que a *legitimidade* do Direito Penal, quer seja nacional, quer seja supranacional ou transnacional, não pode se amparar tão só numa lógica de um Estado de Direito (formal), que desconsidere o facto de que todo indivíduo é um ser humano, *i. e.*, o Direito Penal não pode ser concebido numa "lógica de *represália* e de *intimidação* – antecipatória ou preventiva", restringindo ao extremo a já tão reduzida liberdade da qual dispomos. Desta maneira, como analisa Valente (2013a, p. 137-162), o Direito Penal deve se subordinar ao *princípio da legalidade* "concrecionante do Estado de Direito social material democrático", um princípio da legalidade assente numa Política Criminal do Ser Humano. Exsurge para Valente, portanto, também o *princípio da humanidade*, impondo a promoção e a defesa efetivas de um ordenamento jurídico (sobretudo na seara penal) centrado no *rosto humano* [das vítimas diretas e indiretas, das testemunhas, mas também dos investigados, dos acusados e, inclusive, dos condenados], em que a normatividade jurídico-penal, que envolve a aplicação de sanções penais a seres humanos, não pode ignorar a personalidade e humanidade do agente do crime (que não pode ser anulado ou coisificado), ao qual deverá ser possibilitada, inclusive, a reinserção na sociedade após o cumprimento da pena.

respondeu aos problemas de *legitimidade* (condicionada à busca de determinados fins, valores e princípios, como garantia dos direitos fundamentais, soberania popular, pluralismo e organização político democrática) e de *legitimação do poder* (mediante a obediência de determinadas regras e processos) da ordem jurídico-constitucional de modo normativo, conformando o princípio democrático como "forma de vida, como forma de racionalização do processo político e como forma de legitimação do poder", *i. e.*, como um verdadeiro "impulso dirigente" de uma sociedade, considerando sua matizes políticas, económicas, sociais e culturais.

Ademais, a própria ordem jurídica de um Estado de Direito Democrático, como elemento de enorme relevância para regular as relações e dirimir eventuais conflitos, promovendo justiça e paz social, deve ser coerente e, por óbvio, compreensível e acessível àqueles a quem são dirigidas as normas.

De facto, como poderia um Estado exigir determinadas condutas dos seus cidadãos e das pessoas coletivas sem que estes conhecessem os comportamentos que lhes são demandados e/ou proibidos?

Esta condição, de um Direito claro e acessível a todos, tratada de modo racional, envolve ou exige que o Direito seja compreensível não apenas para as pessoas físicas, mas também para as pessoas coletivas, em especial face à complexidade desta sociedade tardo-moderna e globalizada, em que os empreendimentos estão sujeitos ao Direito internacional, supra estatal, constitucional, penal e processual penal, civil e processual civil, administrativo e processual administrativo, tributário e processual tributário, comercial e de tantos outros ramos jurídicos. Esta situação, por si só, aumenta de maneira considerável a responsabilidade do Estado-legislador ao estabelecer o ordenamento jurídico (enquanto promotor da *ordem jurídica*, de segurança jurídica etc.).

Este aspeto se torna ainda mais evidente em se tratando do Direito Penal, trazendo-se ao debate o *princípio da reserva de código*, consubstanciado na necessidade de proporcionar aos destinatários normas penais claras e compreensíveis, reunidas em código ordenado e coerente, uma vez que que as pessoas estão submetidas ao ramo do Direito que representa o mais conflituoso e agressivo relacionamento entre o Estado e os indivíduos, possuindo evidente caráter preventivo-repressivo.

Aliás, o poder de punir e de julgar previsto na seara criminal, incluindo tanto o direito penal quanto o processual penal e o penitenciário, baseados principalmente na restrição da liberdade, que é um direito fundamental consagrado nas constituições de Estados civilizados, com certeza é o poder do Estado que é exercido de "maneira mais violenta e direta sobre as pessoas e no qual se manifesta de forma mais conflitante o relacionamento entre o Estado e o cidadão, entre autoridade e liberdade, entre segurança social e direitos individuais", como pondera Ferrajoli (2010a, p. 15), e considera que é por este motivo que o direito penal sempre esteve no "centro da reflexão jurídico-filosófica".

Neste viés manifesta-se Ferreira Monte (1996, p. 279-283), que também perfilhamos, no sentido de que o direito penal constitui, entre todos os instrumentos disponíveis de um Estado de Direito Democrático, "o meio mais gravoso, mais violento e mais restritivo dos direitos do Homem", pois utilizar o *jus puniendi* implica, em regra, no exercício de "violência estatal" para prevenir e reprimir *situações de danosidade social graves*, motivo pelo qual este recurso ao direito penal só deve ser utilizado em casos excepcionais, atendendo aos princípios do Direito Penal e respeitando os direitos, liberdades e garantias fundamentais de um Estado de Direito Democrático, voltado para a promoção e proteção da dignidade humana de toda e qualquer pessoa, quer seja vítima, quer seja arguido ou até mesmo condenado.

Sob este prisma, Valente (2017a, p. 198-205) enfatiza os princípios da *legalidade* (e o conteúdo axiológico que consagra) e da *reserva de código* (representado pela indispensabilidade de uma legislação inteligível e segura, que possa ser conhecida por todos e reúna num *código único* as condutas proibidas e as consequentes sanções, na seara penal). Acresce que a expansão de normas penais numa "esquizofrenia legislativa" causa indeterminabilidade normativa[536] e insegurança jurídica, em descumprimento ao dever estatal de apresentar a todo cidadão e/ou entidade submetidos às normas uma legislação penal escrita, prévia, compreensível e dotada de clareza.

Nesta senda, o princípio da legalidade tem duas principais vertentes a serem respeitadas na seara penal, considera Ferrajoli (2010a, p. 348-354),

536 Trata-se, na realidade, de uma promessa não cumprida pelos Estados, como analisa Moccia (2001, *passim*), face à longa história de descumprimento dos princípios da *determinabilidade* e da *taxatividade* que deveria caracterizar o Direito Penal, instrumento de política que representa a forma mais conflituosa de relacionamento entre os indivíduos e o Estado.

que podem agregar os demais aspetos jurídicos e axiológicos quanto à legalidade do Direito Penal de um Estado de Direito Democrático:

a) a *irretroatividade das leis penais*[537] como *princípio da legalidade em sentido amplo*, tratando-se de uma regra na distribuição no direito penal, a qual estabelece que o juiz deve considerar como delito o que o legislador tiver predeterminado como tal;

b) a *proibição da analogia* (*in malam partem*) como *princípio da legalidade em sentido estrito*, *i. e.*, como regra metajurídica de formação da linguagem penal, determinando ao legislador que estabeleça os termos de extensão que definem as figuras criminosas, viabilizando sua aplicação mediante a linguagem judicial através de "predicados verdadeiros" dos fatos que foram comprovados através do processo.

Deste modo, sustenta que estes dois princípios da legalidade (ampla e estrita), combinados com os princípios de jurisdicionalidade, fundamentam dois modelos de juízo penal: enquanto o *princípio da legalidade ampla* representa a simples reserva de lei, sujeitando o juiz à lei (em caráter empírico-formalista), o *princípio da legalidade estrita* estabelece que a reserva de lei é uma reserva absoluta, sujeitando o juiz apenas à lei, *i. e.*, à "estrita legalidade ou conformidade substancial às leis dos significados ou conteúdos das normas produzidas" (de natureza valorativo-substancialista), não permitindo ao juiz, *v. g.*, estender a figura delituosa além do estabelecido pelo legislador, numa analogia *in malam partem*[538].

[537] Em Leviatã, Thomas Hobbes (2003, p. 262-270) já apontava alguns alicerces para um direito penal (com alguma racionalidade e não baseado apenas na arbitrariedade), ao discutir *as penas e as recompensas* (cap. XXVIII), assinalando que "os danos infligidos por um ato praticado antes de haver uma lei que o proibisse não são penas, mas atos de hostilidade. Porque antes da lei não há transgressão da lei, e a pena supõe um ato julgado como transgressão de uma lei. Portanto, os danos infligidos antes de feita a lei não são penas, mas atos de hostilidade." Antes, Hobbes (2003, p. 246-260) já havia comentado, ao tratar dos *crimes, desculpas e atenuantes* (cap. XXVII), que: "Nenhuma lei feita depois de praticado um ato pode transformar este num crime [...] e uma lei positiva não pode ser conhecida antes de ser feita, portanto, não pode ser obrigatória."

[538] Sustenta Ferrajoli (2010a, p. 351-352) que a *proibição da analogia* é um corolário do princípio de estrita legalidade, pois as figuras típicas penais definidas em lei são verdadeiras ou falsas de acordo com os fatos que estão sob exame, sendo que "fórmulas elásticas ou carentes de

No entanto, embora reconheça que o *princípio da legalidade em sentido estrito* (de reserva absoluta da lei) no direito penal venha sendo reafirmado de modo solene desde o fim da Segunda Guerra Mundial, percebe Ferrajoli (2010a, p. 354-355) que, na prática, vem ocorrendo a constante desqualificação teórica das suas bases epistemológicas e, diante da crise das instituições penais, está em curso um "processo crescente de *descodificação*", mediante uma inflação do direito penal e processual penal, utilizados para substituir outras formas de controle e causando uma desmesurada legislação fragmentária e dispersa, inabarcável em sua totalidade.

Esta situação torna quase impossível até mesmo aos penalistas conhecerem todas as infrações penais previstas no ordenamento jurídico, diante da criação de tipos penais em profusão e da elaboração de normas e mais normas repressivas de caráter criminalizante em leis esparsas, além de não serem utilizadas outras formas de prevenção e controle sociais, bem como os demais ramos jurídicos cujas sanções não afetam de forma tão contundente as liberdades, garantias e direitos fundamentais. Ora, se nem aos especialistas em Direito Penal é dado conhecer todas as disposições penais criminalizantes, dada a amplitude e dispersão que atingiu, o que há de se esperar dos demais destinatários da norma, em sua maioria leigos quanto ao tema?

De facto, a *codificação* das grandes áreas do direito (direito penal, direito civil, direito comercial, direito processual etc.) trouxe sistematização ao direito, lembra Hassemer (2015, p. 285-287), após um longo período de fragmentação do direito através de leis esparsas, viabilizando inclusive uma jurisprudência mais segura dos tribunais e uma evidente maior proteção dos direitos dos indivíduos. Pontua que, de modo simultâneo, o *direito codificado* resultou na exigência de escrever e de justificar as posições jurídicas diante da arbitrariedade do Estado e da inovação jurisprudencial, condições básicas para a promoção da justiça. Viabilizou-se, ainda, a possibilidade de uma maior e mais exata correção das ações dos tribunais, assegurando muitas posições jurídicas aos cidadãos, quanto à elaboração e à motivação das decisões judiciais. Neste rumo, anota que a segurança jurídica proporcionada pelo direito codificado

denotação determinada permitem a chamada *analogia antecipada*". Por outro lado, ressalta que a analogia proibida é aquela *in malam partem*, sendo admitida em caso de *bonam partem*, pois apenas a extensão do significado que prejudique o acusado "por obra da discricionariedade judicial do âmbito legal da punibilidade" é proibida.

não apenas tornou o comportamento dos juízes e tribunais mais previsível, pois também permitiu o acesso às normas em livro acessível às pessoas em geral, que poderiam então saber quais direitos e quais deveres ou proibições lhes cabiam.

Entretanto, Delmas-Marty (2004a, p. 211-215) reconhece o enorme desafio representado também pela crescente especialização do direito, pela sua internacionalização e pela proliferação de normas e de fontes do direito, que afastam ou desconsideram os jurisdicionados, dificultando ou impossibilitando que a todos seja conferido um adequado "acesso à justiça e ao direito", apesar do Tribunal Europeu de Direitos Humanos ter se manifestado tantas vezes no sentido de que as leis devem ser acessíveis e transmitirem informações suficientes aos destinatários, de modo que os cidadãos compreendam as circunstâncias e as normas jurídicas aplicáveis às suas condutas, *i. e.*, as normas devem ser compreensíveis não apenas para os especialistas, mas também suficientemente inteligíveis para a população.

Aliás, o próprio princípio da *taxatividade* (ou da determinação taxativa), um dos corolários para a adequada edificação e fundamentação do *princípio da reserva de código*, apresenta um forte sentido *político*, como lembra Palazzo (2012, p. 486-488), quanto às fontes do direito penal, exigindo uma formulação precisa e rigorosa dos tipos penais, regulando a relação entre o legislador, legitimado para criar e modificar normas nas democracias constitucionais, e o juiz, que no seu papel de julgador deve ter sua liberdade interpretativa ou "espaço semântico" conformado e/ou reduzido à hipótese estabelecida, pois a democracia impõe ao Direito Penal, em especial na sua produção, justamente esta diferenciação, em que só o legislador possui esta legitimação democrática, da qual está privado o juiz[539], muito embora esta complexidade pós-moderna, dentro de uma racionalidade discursiva entre órgãos e poderes

[539] Por outro lado, reconhece Palazzo (2012, p. 488-489) que a Corte Europeia de Direitos Humanos (CEDH, Estrasburgo) dá muito maior ênfase ao princípio da taxatividade como *garantia pessoal* de todo indivíduo, como um "ser humano livre e racional em suas escolhas", que tem direito ao preceito lógico e compreensível, cognoscível, de toda e qualquer tipologia penal. Quanto à significação *política* do *princípio da taxatividade* em matéria penal, anota que a CEDH não tem se manifestado quanto à fonte do direito ou às relações entre os poderes legislativo e judicial dos Estados, verificando apenas se há uma norma incriminadora prévia (que permita ao indivíduo conhecê-la com antecedência e garanta seu direito de se autodeterminar com liberdade), somando-se ao facto de que a CEDH reconhece a atividade de

do Estado, exija que nesta abertura e diálogo de razões de uns de outros, no mínimo imponham-se limites na interferências entre estes.

Quanto ao (forte) sentido *individualista-personalista*, lembra Palazzo (2012, p. 487-488) que a elaboração precisa da lei penal deve servir também à "liberdade individual de autodeterminação", permitindo que cada pessoa possa conhecer e calcular com antecedência quais serão as consequências, inclusive jurídicas, das suas ações, para poder decidir, de modo coerente, qual comportamento adotará. Conforma-se, deste modo, não só uma garantia (que deveria ser inafastável) de todo e qualquer cidadão, mas também uma *adequada racionalidade intrínseca e lógica das disposições penais*, pois se o Direito Penal visa realizar uma orientação psicológica das condutas dos respetivos destinatários, por óbvio ela deverá ser formulada e transmitida de maneira que esses mesmos destinatários possam conhecê-la e compreendê-la.

Acrescenta Delmas-Marty (2004a, p. 211-226), inclusive, que o "abuso do direito de legislar" deve ser revisto e contraposto, pois não há como exigir, apesar dos esforços dos codificadores[540], *v. g.*, que os cidadãos franceses conheçam sequer os nomes dos cinquenta e seis códigos que vigoram na França, conforme levantamento realizado por uma Comissão Superior de Codificação francesa, em 1989. Entretanto, causa-lhe muito mais preocupação a inumerável quantidade de leis não codificadas, decretos e portarias, aos quais devem ser acrescentados incontáveis instrumentos jurídicos internacionais, entre Convenções Internacionais, Regulamentos e Diretivas da comunidade europeia, prejudicando o ideal lógico de um direito compreensível, transformando-o numa "fonte de incertezas e de desordem" e não num sistema capaz de harmonizar a sociedade e dirimir conflitos, motivos pelos quais se fala em "declínio",

interpretação realizada pelos juízes como parte natural do processo (complexo) de produção do direito penal.

540 Para Delmas-Marty (2004a, p. 215-226), a própria conceção de código tem sido muito dificultada pela multiplicação das fontes de direito (em quantidade e qualidade), pelo surgimento de fontes não estatais (em especial internacionais, sem transparência e/ou processos democráticos), variáveis no tempo e no alcance das regras que estabelecem. Entretanto, reconheçamos que, se conhecermos e regrarmos nossas condutas conforme normas estabelecidas em códigos (que visam reunir num só documento todas as disposições relativas a determinado ramo do direito) já se reveste de especial complexidade, imaginemos a multiplicação destas dificuldades enquanto continuarem proliferando normas esparsas, desvinculadas dos códigos.

"crise", "tendências regressivas do direito" ou na parcela de "responsabilidade do direito na angústia contemporânea".

Segundo Roberto Pastor (2012, p. 38-40), é palpável a negligência quanto à técnica legislativa na seara penal, que deveria utilizar preceitos homogêneos, respeitando uma unidade de elaboração e uma ordenação formal criteriosa e racional, *i. e.*, um *código*, considerado indispensável também por Ferrajoli (2002, p. 15-30). Acrescenta que só de uma maneira irônica se poderia falar numa "ordem jurídico-penal", pois considera que a legislação da seara criminal está tão desequilibrada que deveríamos chamá-la, na realidade, de "caos jurídico", em especial devido:

a) ao crescimento desmesurado de condutas qualificadas como criminosas (hipertrofia, inflação ou expansão penal), como se o "panpenalismo" pudesse solucionar todos os males sociais;
b) à deficiente qualidade descritiva dos tipos penais que jorram dessas ilusões panpenalistas, com muitas disposições ambíguas, incertas e até inconstitucionais, que desbordam e inviabilizam uma *lex certa* (que poderia dar a conhecer uma quantidade equilibrada de desviações).

Aliás, destacava Zaffaroni (1998, p. 458-459) há mais de vinte anos a grave e crescente desordem que vinha se instalando na legislação penal, reconhecendo alguns acertos, mas também alertando sobre uma notória diminuição da qualidade e do nível técnico, diante de "urgências políticas imediatas" (com frequência mal interpretadas) que vinham substituindo o debate frutífero e o estudo detido e responsável na seara criminal, tanto no âmbito nacional quanto internacional. Entre as maiores preocupações, citava a dispersão legislativa penal, com normas esparsas e/ou sobrepostas, representando um certo "adoecimento" do Direito Penal decorrente de "sérios defeitos técnicos" e de uma situação que poderia se tornar caótica[541]. Aliás, deve-se comentar

[541] Uma década após, numa palestra, Zaffaroni (2008, *passim*) afirmou que o Congresso argentino *destruiu o Código Penal*, o qual foi destroçado e do qual sobraram apenas restos ou pedaços, violando o mandato constitucional de ditar um Código Penal, situação esta que estava acontecendo, em maior ou menor proporção, nos demais Estados ocidentais, diante de "emergências" mal interpretadas, como o terrorismo, em que países centrais vêm adotando "um caminho que é altamente penoso e altamente arriscado". Acrescentou que esta

que o Sistema Integral de Direito Penal[542], face à profunda mitigação dos direitos e liberdades fundamentais que pode gerar, deveria conformar um paradigma da certeza jurídica, pois representa a mais aguda relação entre os indivíduos e o Estado.

Esta *descodificação penal* configura uma situação patológica, para Roberto Pastor (2012, p. 40-41), pois legislar *extra codicem,* emitindo figuras delitivas de modo abundante e inabarcável, muitas vezes com seus próprios princípios e regras gerais penais e processuais (não integrados aos respetivos códigos), desrespeita os princípios fundamentais (técnicos e axiológicos) que um código visa garantir: "harmonia, racionalidade, centralização, congruência, igualdade, vigência efetiva das disposições da parte geral, certeza, acessibilidade, inteligibilidade, segurança jurídica etc.", dentre outros cânones da seara penal. Anota, ainda, que esta "aluvião de proibições incertas [...] condena à morte" o dever de determinabilidade, o princípio da certeza do Direito e o conteúdo axiológico e normativo-constitucional da lei penal prévia, lembrando que a *reserva de código* é "filha do liberalismo penal" e instrumento de proteção contra autoritarismos punitivos.

"destruição" da *reserva de código penal* e do *sistema penal* "dificulta terrivelmente" até mesmo a tarefa de elaborar doutrina, diante de tantas incertezas e de contradições abundantes, configurando uma grave *deterioração legislativa.*

542 Para que não se confunda a *Ciência Conjunta do Direito Penal* proposta por von Liszt (e suas respetivas interpretações contemporâneas, interconectando Política Criminal, Dogmática Penal, Criminologia e Vitimologia), esclarecemos que no contexto acima utilizamos a conceção de *Sistema Integral de Direito Penal* apontada por Ferreira Monte (2008, p. 763-771), entre outros penalistas, como um sistema que "estabelece uma relação entre o direito penal material, o direito processual penal e o direito de determinação da pena", formando uma *unidade,* pois o direito substantivo só pode ser aplicado aos casos concretos, realizando ou concretizando sua função, através do direito processual e do direito de determinação da pena. Assim, comenta que se tem a *realização integral do direito penal,* viabilizando que o direito penal substantivo deixe de ser apenas uma abstração e, *em unidade* com o direito processual penal e com o direito da execução das penas, concretize-se e proporcione "soluções justas para os casos concretos". Deste modo, na Ciência Conjunta do Direito Penal, permaneceriam a interconexão da Política Criminal, da Dogmática Penal, da Criminologia e da Vitimologia, mas com a superação da conceção de dogmática jurídico-penal tradicional (dimensão do sistema), "cerrada e excessivamente sistemática", concentrada tão-só no direito penal substantivo, de modo a tornar-se uma dogmática penal "aberta", conformando o direito penal como um *sistema integral,* que conforma como *unidade* o direito penal substantivo, o direito processual penal e o direito da determinação da pena (dimensão do problema).

Aliás, não foi por acaso que Hassemer (2003, p. 15-30) afirmou que estruturas marcadas de forma profunda e histórica em nossas consciências e cultura cotidiana reconhecem o controle social através de normas, que se traduzem em segurança mediante a aplicação de sanções a quem desrespeita ditas normas. Alerta, contudo, que o equilibrado controle social depende do grau de conformidade com o modelo de Estado de Direito e do nível de humanidade que conforma a intervenção estatal através do Direito Penal, pois um controle social repressivo, primitivo, desproporcional, pouco claro ou não sistematizado[543], inviabiliza a construção de um Direito Penal civilizado[544], que permite o aprimoramento e a estabilização das normas, em que as intervenções sobre as pessoas sejam justificadas e atendam aos limites previstos no ordenamento jurídico. Repete-se, portanto, a imprescindibilidade de uma reserva de código racionalizadora, em especial ao tratarmos do Sistema Integral de Direito

[543] Nesta senda, lembra Palazzo (2012, p. 488-489) que o *princípio da determinação* da norma penal, sobretudo em sua acepção política, visando garantir um direito penal democraticamente fundado (apesar das limitações que os sistemas de representação política contemporâneos revelam), exige especial (e constitucional) observância. Comenta que esta necessidade se revela, em especial, porque nesta complexa sociedade hodierna a produção do direito tem se tornado cada vez mais difícil para o legislador, diante de tantas influências ou fontes do direito, concedendo mais e mais margem de interpretação ao juiz, desencadeando o fenómeno de uma "involução democrática na produção jurídica". Acrescenta a própria conceção universalista do principío da taxatividade, como garantia da liberdade de autodeterminação da pessoa, e a sua conexão com o princípio da culpabilidade, em que o desenvolvimento dogmático da problemática relativa à cognoscibilidade do direito penal passa a exigir *o conhecimento da norma* como *requisito inafastável para a reprovação do autor da conduta*. Conclui que a própria aceção de garantia democrática que deve caracterizar o direito penal de um Estado de Direito Democrático, coaduna-se com o princípio da separação dos poderes, visto que a formulação determinada e precisa da norma penal mantém, de forma legítima e constitucional, a demarcação entre os poderes legislativo e judiciário, pois os estudos de *psicologia política* já deixaram evidente que todos os sujeitos dotados de poder tendem a expandi-lo de forma ilimitada.

[544] Segundo Hassemer (2003, p. 16), a "flexibilidade das normas sociais, a proporcionalidade das normas sociais e a clareza no proceso de aplicação do controle social são os parâmetros que permitem estabelecer normas conforme as pautas de um Estado de Direito. Entretanto, a influência é recíproca, de maneira que, com o passar do tempo, também um Direito brutal embrutece o processo sancionador da vida cotidiana. Como tudo é assim resulta ingênuo crer que mediante a ação política se pode influir na sociedade que se encontra acorrentada a um controle social incivilizado e buscar implantar nesta um Direito penal sensível. O controle social e o Direito penal se regulam mutuamente, andam de mãos dadas e se influenciam. E os processos de controle social são muito mais difíceis de reformar do que o texto do Código penal." (Livre tradução nossa).

Penal, do qual a segurança jurídica deveria servir como exemplo paradigmático para todos os demais ramos do direito.

Acrescente-se que a segurança jurídica, como pondera Kaufmann (2014, p. 281-284), significa tanto "segurança através do direito", *i. e.*, segurança face ao crime, ao descumprimento do contrato etc., bem como a "segurança do próprio direito", garantindo sua cognoscibilidade, aplicabilidade e efetividade[545]. Acrescenta que *só é possível segurança por meio do direito quando o próprio direito é seguro.*

Trata-se de uma importante perceção, pondera Hassemer (2012, p. 343-344), em especial nestes tempos em que está sendo priorizada a segurança acima de tudo, afastando uma política criminal serena e fomentando o medo dos riscos, a busca pelo controle total, em que a agravação do Direito Penal encontra no princípio da proporcionalidade uma oposição fragilizada e com pouca voz, diante do cenário em que, a nível internacional, prioriza-se a busca pela eficiência e pelo controle.

Acrescente-se que o inglês Jeremy Bentham, reconhecido por muitos como aquele que redescobriu a importância[546] da *reserva de código* na era moderna,

545 Reconhece-se que o *princípio da reserva de código* já era considerado instrumento essencial para que os cidadãos conhecessem e observassem as normas há séculos, como comprovam codificações quase tão antigas quanto a escrita. Como observa Newton (2011, p. 1-15) ao tratar de normas escritas que estão registradas: em 2350 a.C., Urukagina, governante da cidade-estado de Lagash (na Mesopotâmia), estabeleceu o primeiro código de leis escrito sobre o qual há registros (confirmado por fontes secundárias), instituindo penalidades para roubo, usura e homicídio; Ur-Nammu, Rei de Ur (cerca de 2.112 a 2.095 a.C.) publicou o mais antigo código de leis do qual permanecem alguns fragmentos, instituindo, *v. g.*, pena de morte por roubo ou assassinato e pena de prisão e multa por sequestro; Lipid-Ishtar, quinto governante da dinastia de Isin (atual Ishan al-Bahriyat, Iraque), entre 1.934 a 1.924 a.C., instituiu um código dispondo sobre escravidão, prostituição e compensação financeira por danos à propriedade de terceiros; Eshunna, que governava a atual Ab'Harmal (Iraque), elaborou código em 1.930 a.C., impondo a pena capital por roubo, homicídio e crimes sexuais graves, prevendo sanções mais leves para furto, lesões corporais e danos materiais; em 1760 a.C., o Rei Hammurabi (Babilônia, 1.795-1.750 a.C.), criou código com 282 artigos, entre os quais previu crimes punidos com a pena de morte (homicídio, roubo etc.) e outros sancionados com mutilação.

546 Devem-se citar os esforços voltados para a *codificação justiniana*, no sentido de reunir as normas para torná-las conhecidas, compreensíveis e coerentes, além de atuar como instrumento para reforçar a consolidação do Império Romano Bizantino, após o imperador Justiniano I assumir o trono em 527 d.C., resultando no *Corpus Iuris Civilis Romanii* (Suma Completa do Direito dos Romanos), contendo quatro partes: Código (*Novus Justinianus Codex*, publicado em abril de 529, substituído em 534 pelo *Codex Justinianus repetitae praelectiones*, atualizando

como método de elaboração de normas que evita (ou diminui em grande parte) erros, incoerências e inconsistências, que dificultam a compreensão e a retenção das normas pelas pessoas. Também pontuou que, quanto mais complexa for a norma, maior será o número de pessoas que não poderão compreendê-la, exercendo menos influência sobre o comportamento dos indivíduos, motivo pelo qual as normas deverão ser reunidas em código[547], acessíveis e compreensíveis (sem a necessidade de um intérprete). Acresceu que, quanto mais úteis forem as normas, mais simples será promover o seu arranjo sistemático, conforme quinta condição para que a lei seja adequada, conhecida e respeitada (Bentham, 1843, *passim*)[548].

Entretanto, sobretudo após o movimento codificador napoleônico (cujo *Code Civil des Français* entrou em vigor em março de 1804), justificado em conceções iluministas, jusnaturalistas e atreladas ao jusracionalismo, e a sua influência na Europa continental[549], não se pode esquecer da disputa teórica quanto à codificação travada no território germânico, que estava fragmentado em Estados, mas sob uma crescente convicção nacionalista fortalecida diante do inimigo comum, da opressão francesa. Neste cenário, Anton Friedrich Justus Thibaut sustentava a necessidade de um Código Civil que pudesse

o Código e visando sanar contradições do anterior); *Institutas*, publicado em novembro de 533 (como manual para estudantes de direito, inclusive para proporcionar uma compreensão sistemática do direito); *Digesto* (em latim *digerere, i. e.*, "pôr em ordem") ou *Pandectas* (em grego *pandékoma, i. e.*, "recolho tudo"), publicado em dezembro de 533, contendo, em síntese, a jurisprudência e a doutrina romanas clássicas; e Novelas (contendo as novas normas imperiais que eram promulgadas por Justiniano).

547 Como anota DiFilippo (1972, p. 239-240), Bentham sustentava que, com pequenas adaptações para atender às crenças e costumes locais, clima, geografia e outras particularidades, a *codificação* poderia e deveria ser aplicada a qualquer país no planeta, tendo se oferecido para codificar as leis da Índia em 1782, além de ter enviado correspondência ao Presidente (Madison) dos Estados Unidos oferecendo seus serviços para codificar as leis americanas em 1811 e, depois, enviado cartas a cada um dos governadores dos EUA para propor a codificação das suas respectivas leis.

548 Essas manifestações se encontram, em sua maioria, no *Principles of the Civil Code*, de 1843, First Part, Chapter XVII, *Power of the Laws over Expectation.*

549 Apesar da projeção internacional e da influência que exerceu, diante da extensão dos domínios franceses, o *Code Civil des Français* foi precedido nas décadas anteriores, entre outros: pelo *Codex Theresianus*, elaborado sob o regime de Maria Tereza da Áustria (1766), embora não implementado; pelo *Codex Maximilianeus Bavaricus Civilis*, do Ducado da Baviera, de 1756; e pelo *Allgemeines Landrecht für die Preußischen Staaten* – Lei Geral para os Estados Prussianos (Prússia, promulgado em 1792 e vigorando a partir de 1794).

reunir as normas de direito dos Estados alemães de modo racional e seria "um símbolo da unidade da nação", ao qual se opunha Friedrich Carl von Savigny de forma veemente, como representante da Escola Histórica do Direito, caracterizada como uma "reação contra o jusnaturalismo racionalista e sua crença no poder do legislador para reformar a comunidade e o direito de acordo com a razão", como anota Ross (2000, p. 394-395)[550].

Em Portugal, os membros da Comissão encarregada de emitir parecer sobre o Código Penal Português e sobre eventuais reformas necessárias, elaboraram relatório encaminhado ao Rei português em 20 de outubro de 1861, *i. e.*, há mais de 160 anos, no qual deixavam clara a necessidade da *reserva de código* no Direito, para tornar as determinações legais compreensíveis a todos[551]

550 Pontua Ross (2000, p. 395) que após Thibaut publicar *Notwendigkeit eines allgemeinen bürgerlichen Rechst für Deutschland* (Sobre a necessidade de um Direito Civil Geral para a Alemanha), Savigny publicou seu famoso trabalho *Vom Beruf unserer Zeit für Gesetzgebung und Rechtswissenschaft* (Da Vocação da Nossa Época para a Legislação e a Jurisprudência), no qual "frisou o crescimento histórico-orgânico do direito e sua dependência da consciência ético-jurídica espontânea que prevalece na comunidade. Como a linguagem, o direito é um produto de forças anônimas e obscuras e não é criado por deliberação e por decisão arbitrária. A consciência ético-jurídica comum, popular, é a verdadeira fonte de todo direito. Num primeiro nível de desenvolvimento, ele se expressa diretamente no costume. Mais tarde, juntamente com um desenvolvimento cultural superior, surge uma classe especial, os juristas profissionais, cujo dever é interpretar e elaborar tecnicamente a consciência ético-jurídica do povo. A ciência do direito ocupa, então, o lugar do costume, como a forma mais importante de revelação do costume. O legislador não pode criar direito por meio de poder e ordens arbitrárias. [...] Uma codificação requer, se pretender constituir uma versão correta do direito vivo, um conhecimento jurídico altamente evoluído que, considerava Savigny, seus contemporâneos não possuíam. Ademais, se pretende ser definitiva, toda codificação se choca com o crescimento orgânico do direito e só pode ser justificada em períodos de decadência cultural. Essa idéia básica foi depois elaborada mais profundamente e sistematizada por Puchta (*Das Gewohnheitsrecht*, 1828-1837). Foi ele quem introduziu o termo *Volksgeist* como designação de uma substância espiritual que se desenvolve num povo, e que é o fundamento primário de todo direito."

551 Os membros da Comissão de Avaliação do Código Penal Português, Carvalho, Lima e Jordão (1861, p. 11), comentaram de forma expressa: "[...] Sem querer suscitar uma questão, já resolvida, poder-se-ha dizer com Odilon Barrot, no relatório apresentado ha quatro annos á academia das sciencias moraes e politicas de Paris: 'Se os codigos têem o defeito de parecerem tratados, de tenderem a tudo systematisar e definir, não é possivel dissimular as vantagens d'esse complexo, d'essa ordem, ou, se assim lhe quizerem chamar, d'essa symetria: servem pelo menos para tornar a lei mais comprehensivel a todas as intelligencias, para melhor harmonisar as suas differentes partes, impressionar os espiritos, e vulgarisar nas massas o pensamento do

e, em especial, familiarizar as massas com o Direito que lhes cabia obedecer (Carvalho, Lima e Jordão, 1861, p. 7-12).

No mesmo viés, Ferrajoli (2002, p. 24-30) sustenta que todos os delitos e todas as penas devem estar previstos no respetivo Código Penal, e nenhum crime pode ser inserido sem modificá-lo. Entende Ferrajoli (2001, p. 37-38), inclusive, que o futuro do Estado de Direito Democrático, diante da crise atual do princípio da legalidade penal e das suas vestes garantistas, deveria provir da substituição da simples *reserva de lei* por uma *reserva de código*[552]. Diante desta *reserva de código*, pondera que nenhuma norma poderia introduzir delitos e penas ou modificar o processo penal sem a respetiva alteração e integração ao texto do Código Penal ou do Código de Processo Penal, promovendo-se uma recodificação do Direito Penal mediante uma "meta-garantia", a qual poderia fazer "frente ao abuso da legislação especial, idónea para pôr fim ao caos existente e para proteger os códigos da arbitrariedade, daqueles que Hobbes chamou de 'juízes desordenados', e também dos atuais legisladores 'desordenados'."

É nesta senda que Hassemer (2015, p. 286-287) analisa que a ordenação dos problemas jurídicos em tipos legais, a divisão dos tipos em secções e capítulos, bem como a divisão em partes gerais e partes especiais, todos estes reunidos em códigos das grandes áreas do direito, tornou o conhecimento jurídico muito mais acessível, compreensível e de fácil consulta para os destinatários, quando comparado com as outras tentativas de documentação das normas. Assevera que esta *sistematização codificada* não apenas tornou este conhecimento mais *inteligível* e *coerente*, como também permitiu a *sistematização da jurisprudência* e um *maior controle sobre as decisões judiciais*, de uma forma *ordenada* e mais *previsível*.

Diante de todo o explanado, quanto ao *princípio da reserva de código* e à necessidade de coerência do *sistema penal integral* (penal, processual penal e de

legislador, tornando-o mais familiar aos que devem obedecer-lhe; e quando esta fôra a unica vantagem da codificação deveria ser tomada em grande consideração'."

[552] Segundo Ferrajoli (2001, p. 38), a *reserva de código* permitiria que os códigos penal e processual penal se convertessem em textos normativos exaustivos e exclusivos para toda a matéria penal, cujas *sistematicidade* e *coerência*, a cargo do legislador, acrescentando *certeza*, *credibilidade* e *capacidade reguladora* ao Direito Penal, aumentariam não apenas sua *eficiência*, mas também o seu grau de *garantismo* conformado num Estado de Direito Democrático.

execução penal), bem como de uma legiferação desenvolvida sob os ditames da política criminal do ser humano, essencial na estruturação contemporânea da *Ciência Conjunta* (total ou global) *do Direito Penal* (sob os prismas da política criminal, da dogmática jurídico-penal e da criminologia), outro aspeto deve ser abordado, em especial ao tratarmos da criminalidade organizada.

Para Figueiredo Dias (2008, p. 27-30), o conceito jurídico-penal de organização criminosa deve implicar a prática do crime de associação criminosa agravada pela prática de crimes de especiais danosidade e natureza (cuja lista cabe ao legislador definir), sugerindo que no catálogo devem constar os crimes "de tráfico (de droga, de armas, de órgãos, de seres humanos), os de branqueamento de capitais, os de corrupção", os quais também devem ser de maior gravidade[553] (*i. e.*, com sanção penal elevada), de modo a excluir desta conceção "a pequena criminalidade".

Por seu turno, Silva Dias (2010, p. 26-30) assevera que não se pode exigir esta conexão entre a criminalidade organizada e o crime de associação criminosa por três motivos:

a) porque implicaria na perda da função do conceito de criminalidade organizada, pois se praticar o crime de associação criminosa sempre autorizasse a aplicação das medidas processuais e as sanções caracterizadas por severa excecionalidade (pois causam forte restrição de liberdades, direitos e garantias), a conceituação de criminalidade organizada perderia sua autonomia e relevância prática;

b) o crime de associação criminosa não corresponde à conceituação de criminalidade organizada, pois há casos em que não ocorrem ou não podem ser provados um ou mais elementos previstos no art. 299.º do CP português, embora possa o juiz concluir que o crime foi cometido de forma organizada, bem como pode ocorrer o inverso, em que se prova o crime de associação criminosa e não se comprova algum

553 Comenta Figueiredo Dias (2008, p. 27-30) que costumam caracterizar uma organização criminosa a frequente prática de crimes de elevada gravidade, de modo duradouro e período indeterminado, com divisão de tarefas e emprego de "estruturas empresariais, societárias ou análogas" no respetivo programa criminoso e/ou a força, o medo, podendo influenciar o entorno também através "da política, da mídia, da administração pública ou da economia."

elemento necessário para a conceituação de criminalidade organizada, como o objetivo de lucro, para exemplificar;

c) a tese de conexão necessária entre o crime de associação criminosa e de criminalidade organizada não se coaduna com o previsto no art. 1.º da Lei n.º 5/2002, pois podem ser cometidos diversos crimes de modo organizado, autónomos em relação ao crime de associação criminosa. Sustenta, então, que a relação entre o crime de associação criminosa e o conceito de criminalidade organizada é contingente, porque pode não ocorrer a infração penal de associação criminosa e, apesar disto, o crime pertencer ao rol previsto e ter sido consumado de forma organizada, ou vice-versa.

Neste aspeto, a simples prática do crime de associação criminosa [que consta tanto no rol do art. 1.º, alínea *m)*, do Código de Processo Penal, quanto no catálogo do art. 1.º da Lei n.º 5/2002, de 11 de janeiro] não justifica a aplicação das medidas investigativas e/ou processuais de especial severidade destinadas à repressão da criminalidade organizada, sustenta Silva Dias (2010, p. 28-29). Assevera, então, que a prática do crime de associação criminosa sem a presença dos demais elementos caracterizadores da criminalidade organizada não justifica a aplicação das medidas que causam excecional compressão de direitos, liberdades e garantias, por ofensa direta ao princípio constitucional da proporcionalidade (art. 18.º, n.º 2, da CRP). Lembra então de outras normas, entre as quais de destaca a Convenção das Nações Unidas contra a Criminalidade Organizada Transnacional – Convenção de Palermo –, internalizada no ordenamento jurídico português mediante o Decreto n.º 19/2004, de 2 de abril de 2004, em que a conceção de organização criminosa prevista no art. 2.º, alínea *a)*, da referida Convenção[554], pode e deve ser utilizada como uma referência neste aspeto (pois o art. 1.º do CPP e o art. 1.º da Lei n.º 2/2002,

[554] Consta na Convenção de Palermo: "[...] **Artigo 2.º Definições.** Para efeitos da presente Convenção, entende-se por: *a)* «Grupo criminoso organizado» um grupo estruturado de três ou mais pessoas, existindo durante um período de tempo e actuando concertadamente com a finalidade de cometer um ou mais crimes graves ou infracções estabelecidas na presente Convenção, com a intenção de obter, directa ou indirectamente, um benefício económico ou outro benefício material; [...]." (Grifos no original).

de 11 de janeiro, apenas apresentaram um catálogo de crimes, sem definirem os elementos que configuram uma organização criminosa).

Desta maneira, a referida conceituação da CNUCOT pode servir de parâmetro para evitar que uma simples prática de corrupção, *v. g.*, por um único servidor e numa única oportunidade, possa ser considerada um caso de criminalidade organizada (tão só porque a conduta consta entre os citados catálogos de crimes do CPP e da Lei n.º 5/2002, de 11 de janeiro), o que seria não só desproporcional, mas também uma verdadeira aberração jurídica, por prever como realizado pela criminalidade organizada um crime previsto no catálogo, mas cometido:

a) por apenas uma pessoa;
b) sem que exista um grupo estruturado;
c) sem uma atuação concertada;
d) sem que o grupo tenha existido durante um certo período de tempo[555].

555 Veja-se, sobre a diferenciação de uma coautoria, bando ou associação, o julgado do Supremo Tribunal de Justiça no Acórdão do processo n.º 4171/17.9T9CBR.C1.S1, de 14.07.2021: "Este crime de associação criminosa, previsto no art. 28º do Dec.-Lei n.º 15/93, encontra-se numa relação de especialidade para com o crime de associação criminosa em geral, previsto no art. 299º do Código Penal. Como é sabido, o bem jurídico protegido pela norma incriminadora é a paz pública, pela especial perigosidade para a paz social que as organizações que tenham por escopo a prática de crimes significam – constituindo um crime de perigo abstrato. Assim, basta a ameaça da prática de crimes (no caso, o tráfico de estupefacientes) por um grupo de pessoas, em razão do estímulo para a sua concretização gerado pela associação de pessoas/membros com vista à sua prática, para que o crime seja consumado. Na verdade. A 'mera existência de associações criminosas, ligada à dinâmica que lhes é inerente, põe em causa o sentimento de paz que a ordem jurídica visa criar nos seus destinatários e a crença na manutenção daquela paz a que os cidadãos têm direito, substituindo-os por um nocivo sentimento de receio generalizado e de medo do crime'. Aquela especial perigosidade do crime prende-se com as transformações da personalidade individual no seio da organização, derivada do seu particular poder de ameaça e dos mútuos estímulos e contra-estímulos de natureza criminosa que aquela cria nos seus membros (cf., neste sentido, Figueiredo Dias, *in* Comentário Conimbricense do Código Penal, II, pág. 1156 e ss.). Assim, a associação, grupo, ou organização, pressupõe uma entidade prévia à prática do crime que constitui o seu objetivo, colocando-se num estádio anterior, numa congregação de vontades, na criação de uma entidade pré-ordenada ao cometimento de crimes (cf. Ac. do STJ de 27.5.2010, relatado pelo Cons. Raúl Borges, proc. 17/07.2GAAMT.P1.S1). A generalidade da doutrina e jurisprudência enuncia os seguintes elementos do tipo legal de crime de associação criminosa: *a) Uma pluralidade de pessoas (duas ou mais) – pressupondo um encontro de vontades dos participantes; b) Uma certa duração ou permanência do grupo, organização ou associação – não carecendo de ser determinada ou duradoura,*

exigindo-se que exista o tempo suficiente para a realização do fim criminoso; c) Um mínimo de estrutura organizatória que sirva de substrato material à existência de algo que supere os agentes – não se exigindo uma estrutura do tipo societária, mas requerendo uma certa estabilidade ou permanência das pessoas que compõem a organização; d) Uma qualquer formação de vontade coletiva – independentemente do princípio a que obedeça, nomeadamente autocrático ou democrático; interessa para não confundir uma vontade coletiva com a expressão da vontade individual de um chefe que atua em nome e em seu proveito exclusivos, caso em que se estaria perante um bando, como se verá; e e) Um sentimento de ligação por parte dos membros da associação – não apenas ao seu chefe, mas entre os vários membros, como algo que os transcende e se apresenta como uma unidade diferente de qualquer um dos elementos que a compõem. Naturalmente que a associação tem de preexistir aos crimes praticados, como um factor que os originou e impulso inicial da actividade criminosa. Acresce que o facto de prosseguir um escopo criminoso não significa que os crimes tenham de ser praticados por membros da associação, sendo suficiente que esta ofereça um apoio essencial à sua prática, mesmo que por pessoas ou organizações que lhe sejam estranhas. A associação criminosa distingue-se da figura criminosa de 'Bando', a que se refere a al. *j)* do art. 24º do Dec.-Lei n.º 15/93 ('o agente atuar como membro de bando destinado à prática reiterada dos crimes previstos nos artigos 21.º e 22.º, com a colaboração de, pelo menos, outro membro do bando.'). Conforme se refere no Ac. do STJ de 27.5.2010, citando Miguel Pedrosa Machado, o 'conceito de bando assenta numa designação de cariz criminológico, que pretende traduzir uma situação em que haja, simultaneamente, e em razão da existência de um líder, algo menos do que na associação e algo diferente da coautoria; algo próximo, mais do que o 'concurso de pessoas' (incluindo a coautoria, espécie mais relevante ou forte de tal «concurso»), mas menos do que a 'associação'. 'Essa figura penal surge com a revisão do Código Penal operada pelo Dec.-Lei n.º 48/95, de 15.3, no domínio do crime de furto qualificado, no art. 204º, n.º 2, al. *g)* (eliminando a anterior referência à prática do crime de furto cometido por duas ou mais pessoas), consagrando a qualificação do furto a quem atuar 'como membro de bando destinado à prática reiterada de crimes contra o património, com a colaboração de pelo menos outro membro do bando'. É a partir desta norma que a doutrina e a jurisprudência determinaram a noção de bando. Assim, Taipa de Carvalho (Comentário Conimbricense ao Código Penal, II, pág. 353), define bando como 'uma cooperação duradoura entre várias pessoas. É um conceito menos exigente que o de associação criminosa (cf. art. 299º), pois que, diferentemente desta, não pressupõe uma estrutura organizacional. Mas também não se basta com uma mera associação conjuntural (ocasional) de pessoas' – caso em que estaríamos perante uma simples coautoria, nos termos do arts. 26º e 28º do Código Penal). Para Paulo Pinto de Albuquerque (Comentário do Código Penal, 3ª ed., pág. 807), o conceito de bando tem as seguintes caraterísticas cumulativas: é um grupo de duas ou mais pessoas, que se juntam para ('destinado') praticar um número indeterminado de crimes contra o património (no que se distingue da coautoria), podendo não ter cometido previamente outros crimes contra o património e destinar-se a praticar um só tipo de crime, não sendo suficiente o plano para a execução de vários crimes numa só ocasião, mas sendo suficiente o plano para a execução de um número incerto de crimes num período certo de tempo, e é um grupo de pessoas que não tem um líder, uma estrutura de comando e um processo de formação de vontade coletiva (no que se distingue da associação criminosa). Pelo contrário, a jurisprudência tem-se pronunciado pela possibilidade – e mesmo pressuposto – de, no bando, os seus membros se agregarem em redor de um líder, conforme

Para Silva Dias (2010, p. 16-27), faz-se também necessária uma retificação pelo legislador, no sentido de corrigir as discrepâncias entre o catálogo de crimes do art. 1.º, alínea *m)*, do Código de Processo Penal[556] (em que é utilizada a expressão *criminalidade altamente organizada*), e o rol do art. 1.º da Lei n.º 5/2002[557] (em que são empregados os termos *criminalidade organizada e*

se referiu, e defendem os arestos mencionados no citado Ac. do STJ de 27.5.2010, designadamente os Ac.s do STJ de 11.12.2003 (relatado pelo Cons. Carmona da Mota), de 4.6.2002 (relatado pelo Cons. Lourenço Martins), e de 6.11.2003 (entre outros), relatado pelo Cons. Pereira Madeira, onde se define 'bando' como 'uma atuação plural e voluntária com vista à prática de crime ou crimes, em que cada agente não tem consciência e (ou) intenção de pertença a um ente coletivo com personalidade distinta da sua e objetivos próprios – o que permite afastar a figura da associação criminosa típica – mas em que os diversos 'colaboradores', inseridos numa orgânica ainda incipiente, reconhecem, todavia, a existência de uma liderança de facto a que se subordinam – o que permite, por seu lado, distinguir a figura da simples coautoria' [...]. *Para aferir se, em determinado caso concreto, a associação de vontades dos agentes preenche os elementos do crime de associação criminosa, importa questionar se o juiz condenaria os agentes mesmo que não tenham cometido outro crime – aquele a que se destinaria a associação criminosa. E só no caso de resposta positiva se poderá afirmar indubitavelmente ter sido violado o bem jurídico que o crime visa proteger: a paz pública,* 'no preciso sentido das expetativas sociais de uma vida comunitária livre de especial perigosidade de organizações que tenham por escopo o cometimento de crimes, não se tratando pois da intervenção da tutela penal apenas quando foi posta em causa a segurança ou a tranquilidade públicas pela ocorrência efetiva de crimes ou de violências, mas de intervir num estádio prévio, através de uma dispensa antecipada de tutela, quando a segurança e a tranquilidade públicas não foram ainda necessariamente perturbadas, mas se criou já um especial perigo de perturbação que só por si viola a paz pública' (Figueiredo Dias, ob. e loc. cit.)." (Grifos nossos).

556 O Decreto-Lei n.º 78/87, de 17 de fevereiro, que estabelece o Código de Processo Penal português, dispõe: "[...] **Artigo 1.º Definições legais.** Para efeitos do disposto no presente Código considera-se: [...] *j)* 'Criminalidade violenta' as condutas que dolosamente se dirigirem contra a vida, a integridade física, a liberdade pessoal, a liberdade e autodeterminação sexual ou a autoridade pública e forem puníveis com pena de prisão de máximo igual ou superior a 5 anos; *l)* 'Criminalidade especialmente violenta' as condutas previstas na alínea anterior puníveis com pena de prisão de máximo igual ou superior a 8 anos; *m)* 'Criminalidade altamente organizada' as condutas que integrarem crimes de associação criminosa, tráfico de órgãos humanos, tráfico de pessoas, tráfico de armas, tráfico de estupefacientes ou de substâncias psicotrópicas, corrupção, tráfico de influência, participação económica em negócio ou branqueamento."(Grifos no original).

557 Consta na Lei n.º 5/2002, de 11 de janeiro, que estabelece medidas de combate à criminalidade organizada e económico-financeira: "**Artigo 1.º Âmbito de aplicação** 1 – A presente lei estabelece um regime especial de recolha de prova, quebra do segredo profissional e perda de bens a favor do Estado, relativa aos crimes de: *a)* Tráfico de estupefacientes, nos termos dos artigos 21.º a 23.º e 28.º do Decreto-Lei n.º 15/93, de 22 de janeiro; *b)* Terrorismo, organizações terroristas, terrorismo internacional e financiamento do terrorismo; *c)* Tráfico de armas;

económico-financeira), para uniformizar o conceito de criminalidade organizada na ordem jurídica portuguesa, permitindo ainda uma interpretação corretiva (dentro das balizas estabelecidas pelos princípios da reserva de lei e da separação de poderes), que permitiria corrigir a objetividade do rol de crimes ao princípio da proporcionalidade, inclusive concordando com Figueiredo Dias (2008, p. 28), no sentido de que, além de crimes de especial gravidade e natureza a constarem no catálogo legal, deveriam ser também crimes com elevada pena.

Neste rumo, concordamos com Figueiredo Dias e Silva Dias quando sustentam que o conceito jurídico de criminalidade organizada deve incluir, além de outros requisitos, uma lista de crimes graves a ponto de conseguirem justificar (ao menos parcialmente) a aplicação de medidas jurídicas específicas com forte restrição de direitos, liberdades e garantias, para reprimir a criminalidade organizada.

De facto, para que exista coerência na política criminal e no sistema penal integral, os crimes graves a serem utilizados (como um dos requisitos) para o fim de configurar uma organização criminosa, além de serem puníveis com pena privativa de liberdade superior a determinado período de restrição da liberdade, *i. e.*, um ponto de corte de acordo com a gravidade do crime praticado, subsumido no período de prisão previsto como sanção, também devem constar em catálogo, concedendo a todo e qualquer cidadão, destinatário da

d) Tráfico de influência; *e)* Recebimento indevido de vantagem; *f)* Corrupção ativa e passiva, incluindo a praticada nos setores público e privado e no comércio internacional, bem como na atividade desportiva; *g)* Peculato; *h)* Participação económica em negócio; *i)* Branqueamento de capitais; *j)* Associação criminosa; *l)* Pornografia infantil e lenocínio de menores; *m)* Dano relativo a programas ou outros dados informáticos e a sabotagem informática, nos termos dos artigos 4.º e 5.º da Lei n.º 109/2009, de 15 de setembro, e ainda o acesso ilegítimo a sistema informático, se tiver produzido um dos resultados previstos no n.º 4 do artigo 6.º daquela lei, for realizado com recurso a um dos instrumentos referidos ou integrar uma das condutas tipificadas no n.º 2 do mesmo artigo; *n)* Tráfico de pessoas; *o)* Contrafação de moeda e de títulos equiparados a moeda; *p)* Lenocínio; *q)* Contrabando; *r)* Tráfico e viciação de veículos furtados. 2 – O disposto na presente lei só é aplicável aos crimes previstos nas alíneas *p)* a *r)* do número anterior se o crime for praticado de forma organizada. 3 – O disposto nos capítulos ii e iii é ainda aplicável aos demais crimes referidos no n.º 1 do artigo 1.º da Lei n.º 36/94, de 29 de setembro. 4 – O disposto na secção ii do capítulo iv é ainda aplicável aos crimes previstos na Lei n.º 109/2009, de 15 de setembro, quando não abrangidos pela alínea *m)* do n.º 1 do presente artigo." (Grifos no original).

norma, um mínimo razoável de segurança jurídica neste aspeto, diante das centenas de normas avulsas que criminalizam condutas e são desconhecidas pela população em geral e, inclusive, inabarcáveis até mesmo para os penalistas, quer seja em Portugal e no Brasil[558], quer seja em outros países.

Além disso, não podemos ignorar que as acentuadas restrições de direitos, liberdades e garantias viabilizadas pelos meios de obtenção de prova destinados à repressão da criminalidade organizada, além das elevadas penas cominadas aos crimes de participação numa organização criminosa, não podem ser utilizadas em desfavor de indivíduos que cometem crimes de pequena lesividade, em que o legislador criou a possibilidade de aplicação de elevadas penas (de 4 anos de prisão ou superior) de forma totalmente desproporcional, incompatível com os princípios constitucionais mais básicos e com os instrumentos internacionais de proteção dos direitos humanos.

De facto, além de continuar criando de maneira constante novos crimes e sanções penais em normas avulsas, repita-se, inviabilizando um mínimo de segurança jurídica aos cidadãos e em visível contrariedade ao *princípio da reserva de código*, surgem também inexplicáveis novas sanções totalmente desproporcionais em relação às demais sanções previstas no próprio ordenamento jurídico-penal.

Veja-se, neste sentido, aberrações jurídico-legiferativas que agridem os mais básicos princípios constitucionais, penais, dogmáticos e criminológicos, como a recente criminalização, no Brasil, de maus-tratos a cães e gatos (?!), cujas penas são de 2 a 5 anos de reclusão e multa (?!), conforme art. 32.º, § 1º-A, da Lei n.º 9.605/1998, de 12 de fevereiro, permitindo que este crime (?!)[559] possa configurar uma organização criminosa. Esta situação via-

[558] Basta lembrar, neste aspeto, que tanto no Brasil quanto em Portugal, o número de criminalizações em normas avulsas já ultrapassa a quantidade de tipos penais previstos nos respetivos Códigos Penais. Ao longo dos últimos cinco anos, ao conversar com penalistas brasileiros e portugueses, nenhum deles quis sequer arriscar uma manifestação sobre a quantidade de tipos penais previstos no respetivo ordenamento, dado o número acentuado (e abusivo) de criminalizações que constam em normas penais *extra codicem*.

[559] No mesmo vértice, insurge-se Valente (2017a, p. 132-135) contra as recentes criminalizações de diversas condutas, cujos bens jurídicos não são verossímeis e não possuem dignidade penal, em visível desrespeito aos princípios mais elementares de um Estado de direito material social democrático. Exemplifica citando a criminalização das lutas entre animais (art. 31.º do Decreto-Lei n.º 315/2009, de 29 de outubro) e de maus-tratos ou abandono de animais

biliza a interpretação de que alguns rapazes ou moças, que atingiram a maioridade penal há pouco e, durante alguns dias, estejam perambulando pelo bairro e a jogar pedras em cães e gatos de rua, compõem uma organização criminosa!?!?

Na mesma direção, percebamos o crime de provocar poluição sonora, consoante o art. 279.º do Código Penal de Portugal, prevendo pena de até 5 anos de prisão, situação que permitiria, caso não houvesse um catálogo de crimes atuando como limitador dos excessos e arbitrariedades estatais, considerar que alguns rapazes ou moças (três ou mais) que há pouco atingiram a maioridade penal e, pelo terceiro ou quarto final de semana consecutivo, reuniram-se em determinado local com seus veículos para confraternizarem e utilizaram um volume sonoro mais alto do que o permitido em disposições regulamentares, são membros de uma organização criminosa?!?!

De modo óbvio, até mesmo a (necessária) reunião dos tipos penais em apenas um código (e não em dezenas – ou centenas – de leis esparsas, também viabilizará um melhor controle dos cidadãos e dos especialistas sobre a atividade legiferativa, permitindo que as sanções para que os crimes tenham penas previstas proporcionais, considerados todos os tipos penais em seu conjunto, inviabilizando (ou, no mínimo, dificultando) casuísmos e desvios (não amparados na Constituição) na elaboração do tipo penal e na fixação da respetiva sanção, para atender a desejos ilícitos deste ou daquele indivíduo ou grupo.

Neste exato sentido, exsurge a necessidade de corrigir não só as discrepâncias entre os catálogos de crimes do art. 1.º, alínea *m)*, do Código de Processo Penal (em que é utilizada a expressão criminalidade altamente organizada), e do art. 1.º da Lei n.º 5/2002, de 11 de janeiro (em que são empregados os termos criminalidade organizada e económico-financeira), para uniformizar o conceito de criminalidade organizada na ordem jurídica de Portugal, conforme apontamentos de Silva Dias (2010, p. 16-27).

De facto, deve o legislador, sobretudo, retificar ambos os catálogos, fazendo constar também os crimes de extrema lesividade praticados pela *criminalidade organizada não violenta*, como aqueles citados por Valente (2019a,

(arts. 387.º a 389.º do Código Penal português), introduzidos pela Lei n.º 69/2014, de 29 de agosto.

p. 27-28, 2017b, p. 147-149), que além da corrupção e do branqueamento de capitais, incluem crimes como a manipulação do mercado de valores mobiliários, crimes tributários e contra a seguridade social, desvios de subsídios e de subvenções económico-financeiras, entre outros crimes desta natureza que possuem acentuada danosidade económica, social, política etc. Refira-se que estes crimes podem não ter nenhuma relação com a *criminalidade organizada violenta*, que costuma praticar crimes como o tráfico de drogas, armas, órgãos humanos, pessoas, entre outros deste gênero.

Neste ponto, entendemos que não se pode excluir do âmbito da criminalidade organizada (e dos respetivos desdobramentos penais e processuais penais) vários crimes que são praticados de modo habitual por *organizações criminosas não violentas* e que não constam nos citados catálogos, repita-se, exigindo a correção destes.

Esta nossa conceção, de que os crimes que possam vir a caracterizar a criminalidade organizada (como um dos seus elementos) devem ser listados em catálogo, bem como relacionados ao tempo de pena privativa de liberdade prevista, deriva do fato de que um sistema penal de um Estado de Direito Democrático, em que se buscam penas proporcionais à gravidade das condutas criminosas praticadas, bem como uma proteção reforçada (e não desequilibrada) contra os mais graves ataques aos bens jusfundamentais do ser humano e da sociedade, deve ser construído (e desenvolvido) sob a perspetiva do princípio da proporcionalidade, que veda ao Estado tanto o excesso arbitrário quanto a proteção deficiente (ou insuficiente) dos bens jurídicos fundamentais.

Deste modo, ao nosso sentir, há que se reformar o catálogo de crimes em vigor em Portugal, voltado tão só contra a *criminalidade organizada violenta* (e contra a corrupção e o branqueamento de capitais que a mesma criminalidade organizada violenta costuma praticar), pois as medidas processuais penais e penais compressoras de direitos, liberdades e garantias (quando presentes, por óbvio, os demais elementos típicos), que só podem ser usadas de modo legítimo dos pontos de vista constitucional e legal em casos excecionalíssimos, também devem ser utilizadas diante de condutas criminosas com vasto potencial de dano praticadas pela *criminalidade organizada não violenta*, inclusive quando esta não tem qualquer relação com a prática de crimes violentos ou com organizações criminosas violentas.

Refira-se que a maior parte dos crimes previstos em catálogos referentes à criminalidade organizada (inclusive em Portugal), lista quase que de modo exclusivo crimes cometidos pela *criminalidade organizada violenta*, que pratica condutas como tráfico de drogas[560], pessoas, órgãos humanos, armas, terrorismo, pornografia, lenocínio, contrabando [que constam no art. 1.º,

[560] Cabe destacar, de qualquer modo, que as medidas adotadas em relação à criminalidade organizada violenta também são legítimas e justificadas nos casos mais graves, inclusive na prevenção e na repressão ao tráfico de drogas, cujos números e danos aos indivíduos e à sociedade continuam aumentando, conforme comentários do Supremo Tribunal de Justiça, por ocasião do julgamento de Acórdão no processo n.º 206/18.6JELSB.L2.S1, de 03.11.2021. Consta na referida decisão judicial que no "[...] último Relatório Europeu sobre Drogas, do Observatório Europeu da Droga e da Toxicodependência (Relatório de 2021), em sede de 'Infrações à legislação em matéria de droga' e no respeitante à cocaína pode ler-se: 'As apreensões recorde de cocaína são um sinal preocupante de um potencial agravamento dos danos para a saúde. A cocaína continua a ser a segunda droga ilícita mais comummente consumida na Europa, e a procura dos consumidores faz dela uma parte lucrativa do comércio europeu de droga para os criminosos. O número recorde de 213 toneladas de droga apreendida em 2019 indica um aumento da oferta na União Europeia. A pureza da cocaína tem vindo a aumentar na última década e o número de pessoas que iniciam tratamento pela primeira vez aumentou nos últimos 5 anos. Estes e outros indicadores indicam um potencial aumento dos problemas relacionados com a cocaína. Em 2019, os Estados-Membros da UE comunicaram 98 000 apreensões de cocaína, totalizando 213 toneladas (...) A pureza média da cocaína no mercado de retalho variou entre 31 e 91% na Europa, em 2019 (...) A pureza da cocaína tem vindo a aumentar na última década e, em 2019, atingiu um nível 57% mais elevado do que o ano de referência de 2009 (...) A cocaína foi a substância mais frequentemente submetida para testagem aos serviços de controlo de drogas em 14 cidades europeias entre janeiro e junho de 2020. A pureza média das amostras de cocaína foi de 60% (69% no mesmo período de 2019), sendo que uma em cada três amostras continha 80% ou mais de cocaína. Na União Europeia, os inquéritos indicam que cerca de 2,2 milhões de jovens entre os 15 e os 34 anos (2,1% deste grupo etário) consumiram cocaína no último ano. (...) O número de consumidores de cocaína que iniciaram tratamento pela primeira vez aumentou em 17 países, entre 2014 e 2019, tendo 12 países comunicado um aumento no último ano. (...) A cocaína foi a segunda substância comunicada com mais frequência pelos hospitais Euro-DEN Plus em 2019, estando presente em 22% dos casos de intoxicações agudas relacionadas com droga." Desta maneira, gostaríamos de deixar bem claro que, sob nenhuma hipótese, sustentamos que a utilização dos instrumentos penais e processuais penais diferenciados, relativos à criminalidade altamente organizada, é ilegítima naqueles casos mais graves, de condutas gravíssimas praticadas pela criminalidade organizada violenta, causando acentuadas lesões aos bens jurídicos essenciais da sociedade. Ao contrário, sustentamos que também nos mais graves crimes cometidos pela criminalidade organizada não violenta, que se dedica, conforme pontua Valente (2017b, p. 147-149; 2019a, p. 27-28), a crimes de elevado potencial lesivo aos bens jusfundamentais como a manipulação do mercado de valores, crimes fiscais e/ou contra a seguridade social, desvio de subvenções e de subsídios, entre outros desta natureza (geralmente conformados

alínea *m)*, do CPP, e/ou no art. 1.º, da Lei n.º 5/2002, de 11 de janeiro][561], deixando de adotar as mesmas medidas substantivas e processuais penais na repressão à *criminalidade organizada não violenta*, que pratica, *v. g.*, outros graves crimes (e com elevadas penas restritivas de liberdade previstas), que causam ou podem causar danos muito mais elevados contra os indivíduos, a sociedade e o Estado, entre os quais estão crimes tão ou mais graves do que a corrupção e o branqueamento de capitais (os quais estão previstos no CPP e na Lei n.º 5/2002, de 11 de janeiro). Entre estes crimes, Valente (2017b, p. 147-149; 2019a, p. 27-28) destaca crimes praticados pela criminalidade organizada com acentuada danosidade socioeconómica a médio e longo prazos, como a manipulação do mercado de valores, os crimes fiscais e/ou contra a seguridade social, o branqueamento de valores, o desvio de subvenções e de subsídios, a corrupção pública e privada, além de outros crimes deste gênero.

Neste rumo, Anabela M. Rodrigues (2001a, p. 181-191) colaciona diversos argumentos relativos aos efeitos negativos para a sociedade causados pela aplicação de dois pesos e duas medidas na aplicação das normas penais, em que o direito penal aplicado às elites económicas e às condutas criminosas que costumam praticar, em especial crimes económicos (como a sonegação tributária), que podem causar elevadíssimos danos à sociedade, são tratados com penas restritivas de liberdade leves ou estas são substituídas por multa, enquanto crimes cometidos pelas pessoas mais vulneráveis do ponto de vista socioeconómico (como o furto), embora causem prejuízos bem menores, podem ser punidos com severidade, demonstrando uma evidente desproporcionalidade, com nenhuma ou baixíssima capacidade dissuasória em relação aos crimes de colarinho branco ou crimes de cavalheiros cometidos pelas pessoas de elevado status profissional, económico ou político. No mesmo sentido, verifica que mesmo nos casos em que uma pena adequada é prevista na legislação, há uma forte resistência do Poder Judicial na aplicação de pena

em crimes económicos), também deve ser oportunizada a utilização desses instrumentos diferenciados de prevenção e repressão à criminalidade altamente organizada.

561 Perceba-se que o catálogo de crimes previstos no art. 1.º, alínea *m)*, do CPP, e a lista que consta no art. 1.º da Lei n.º 5/2002, de 11 de janeiro, nem sequer são semelhantes, embora o CPP liste condutas referentes à "criminalidade altamente organizada" e a Lei n.º 5/2002, de 11 de janeiro, relacione crimes relativos "à criminalidade organizada e económico-financeira". De modo inexplicável, a Lei n.º 5/2002, de 11 de janeiro, *v. g.*, não insere no catálogo o crime de tráfico de órgãos humanos.

restritiva de liberdade nesses casos, gerando impunidade e uma baixa capacidade de prevenção geral desta espécie de crimes, diante da "imunidade" concedida aos *white collars* infratores.

Desta maneira, a correção do catálogo de crimes em Portugal permitirá não apenas reparar distorções relevantes (como deixar de prever o tráfico de órgãos na Lei n.º 5/2002, de 11 de janeiro, como crime caracterizador de um dos elementos previstos na conceituação de criminalidade organizada), mas também serão viabilizados instrumentos diferenciados de prevenção, investigação e repressão penal às organizações criminosas que praticam crimes graves que não envolvam violência.

Repita-se que esta proporcionalidade também significa reconhecer que as medidas de persecução penal mais rigorosas e detratoras dos direitos, liberdades e garantias fundamentais, para prevenção, detecção e repressão de organizações criminosas, não serão empregadas apenas e tão só contra a criminalidade organizada violenta, cujos membros costumam ser recrutados entre grupos sociais com alta vulnerabilidade económico-social (e que muitos legisladores ainda creem que são "estrangeiros inadaptados" ou "os outros"), mas também contra os graves crimes económicos, cometidos por pessoas com elevado *status* socioeconómico e que podem causar vastíssimos danos aos indivíduos (individual ou coletivamente considerados).

Neste espaço, entretanto, não vamos discutir até que ponto a própria impunidade da *criminalidade organizada avançada (não violenta)*, bem como as crises económicas e acentuados prejuízos económico-financeiros que desencadeiam em desfavor das ordens económica, política e social, em escala regional e/ou global, criam condições para o desenvolvimento da *criminalidade organizada violenta* e um "exército infindável de voluntários" para comporem estas organizações criminosas que utilizam a violência, num sistema vicioso de retroalimentação constante entre ambas as formas de criminalidade organizada (que nem sempre são distinguíveis uma da outra).

Entretanto, para que seja exigida esta coerência do sistema penal, inviabilizando que apenas a *criminalidade organizada violenta* (ou a criminalidade organizada convencional ou clássica) receba as devidas prevenção e repressão penais, também à *criminalidade organizada avançada* (preponderantemente económico-financeira e/ou empresarial, não violenta) devem ser aplicadas as mesmas medidas de prevenção, detecção e repressão criminais, por motivos político-criminais, jurídico-constitucionais e penais, jurisprudenciais e dogmáticos, repita-se, demandando a correção do catálogo de crimes previsto na legislação portuguesa e a inserção de um catálogo de crimes no caso brasileiro.

Avulta de importância, portanto, a *reserva de código*, de modo que todo cidadão possa não apenas conhecer as condutas permitidas e aquelas que lhe são vedadas, mas também reconhecer eventuais (e talvez graves) distorções que a elaboração da legislação esparsa viabiliza a legisladores corrompidos, mal-intencionados ou com escassa capacidade técnico-legiferativa, pois a edição de leis dispersas proporciona oportunidades para que crimes semelhantes tenham sanções e instrumentos de investigação totalmente díspares, a depender da classe social, da ideologia, da atividade económica exercida ou de outro critério discriminatório vedado na respetiva Constituição.

Este e outros graves desvios legiferativos são muito dificultados quando é respeitado o *princípio da reserva de código*, diante da divisão dos tipos legais em secções e capítulos, permitindo uma imediata deteção (pelos demais parlamentares, pelos especialistas e pelos cidadãos) quanto às distorções e manipulações de penas e de medidas processuais propostas e direcionadas de modo inconstitucional e ilegítimo, concedendo benefícios indevidos e desproporcionais a determinados grupos ou prejudicando de maneira injustificada e desproporcional a outros grupos.

E mais: como alerta Hassemer (2015, p. 286-287), a *codificação* das grandes áreas do direito, como o direito penal e o direito processual penal, também viabiliza um acompanhamento muito melhor da atividade do Estado-Julgador, do desenvolvimento da jurisprudência e das decisões judiciais, facilitando a verificação de eventuais desvios e proporcionando uma maior segurança às posições jurídicas dos cidadãos, além de disponibilizar aos juízes em geral uma fonte mais segura, estável e equilibrada de parâmetros, decisões e orientações judiciais provindas das cortes superiores.

Neste rumo, quanto à criação de muitas leis esparsas na seara penal e processual penal, Figueiredo Dias (2009, p. 28) comenta que a "teoria e a *praxis* mal têm tempo de estudar uma alteração e já outra vem a caminho", minando "mesmo nos seus fundamentos os melhores propósitos de adequada aplicação da lei."

Refira-se que este *princípio da reserva de código* é de extrema relevância na seara penal, porque se trata da forma mais conflituosa entre o cidadão e o Estado, com as mais graves sanções a serem aplicadas aos indivíduos, como ponderou Palazzo (1989, p. 16-17) há décadas: "Se, de um lado, a ação delituosa constitui, de facto, ao menos como regra, o mais grave ataque que o indivíduo desfere contra os bens sociais máximos tutelados pelo Estado", deve-se levar em conta que, "por outro lado, a sanção criminal, também por natureza, dá corpo à mais aguda e penetrante intervenção do Estado na esfera individual".

Complementa Faria Costa (2009b, p. 116-117), afirmando que esta *crise da reserva do código* e a *proliferação de leis* (que já não atendem aos requisitos de leis de emergência), que se caracterizam por uma "política criminal à flor da pele", muitas vezes sob os ecos dos *media*, impedem ou dificultam qualquer ideia de programação, qualquer possibilidade de sistematização, criando não uma solução estável para um problema, mas antes um remédio tópico que pode estancar (ou não) de modo momentâneo os efeitos, mas não tem qualquer efeitos sobre as causas dos fenómenos criminais.

3.2. A Lesividade Política, Económica e Social das Atividades das Organizações Criminosas Empresariais

O sistema penal contemporâneo tem uma manifesta dupla irracionalidade, sustenta Bernardi (2003, p. 75-78), com o tratamento de suspeitos e acusados da *criminalidade de rua e/ou violenta* mediante *extremo rigor* (restringindo em excesso direitos e garantias penais e processuais), ignorando garantias e princípios básicos do sistema penal em seu conjunto, enquanto à *criminalidade económica e política* "de caráter organizado", que causa vastos danos a médio e longo prazo, aplica-se um *direito penal mínimo* que muito se aproxima do *abolicionismo*, a ponto de criar mecanismos para "perdoar" os acusados e condenados, mediante o pagamento de pequenas parcelas dos valores sonegados aos cofres públicos ou recebidos de forma ilícita ou até criminosa, favorecendo a *cultura da ilegalidade* e transmitindo a perceção de que, em alguns casos, o *crime compensa*, diante da *imunidade* concedida às "classes hegemônicas". À criminalidade de rua ou violenta, o rigor máximo do direito penal, e à criminalidade económica e política (mesmo quando organizada), um direito penal mínimo e/ou a imunidade penal[562].

Acrescenta Fernández Steinko (2013, p. 23-24) que, além da realidade representada pelos escassos recursos dos quais dispõem os Estados para a prevenção e repressão criminal em vários países, esta situação é agravada pelo direcionamento das ações policiais e investigações criminais sobre crimes realizados por pessoas à margem da sociedade (crimes de rua), em vez de concentrar seus esforços no sentido de esclarecer os crimes mais sofisticados e relevantes, que causam danos muito mais destrutivos e prejudiciais à sociedade. Sustenta que esta política criminal, que direciona o sistema de persecução penal contra os delitos de "colarinho azul" e proporciona a impunidade dos crimes de "colarinho branco", causa não apenas a erosão da legitimidade dos sistemas policial e judicial, mas também uma rápida perda da eficácia prática do sistema penal.

Segundo Figueiredo Dias e Costa Andrade (1998, p. 319-321), pela dimensão dos danos materiais e morais que provoca, pela sua capacidade de sobrevivência e de adaptação às mudanças políticas e da sociedade, pela sua habilidade para se defender e criar obstáculos aos meios desenvolvidos para prevenir e reprimir esta modalidade criminosa, "a criminalidade económica é uma ameaça séria a minar os alicerces de qualquer sociedade organizada". Comentam que, diante desses fatores, todos os países capitalistas mobilizam enormes recursos para a prevenção e repressão da criminalidade económica, que chega a ser considerada o cancro da sociedade moderna. Consideram, apesar de não haver possibilidade de um cálculo exato devido às acentuadas

562 Para exemplificar, Bernardi (2003, p. 82-84, 90-92) comenta que entre os presos na Itália, a partir do ano 2000, cerca de 30% eram jovens toxicodependentes, 25% imigrantes extracomunitários, 20% eram jovens pobres que haviam cometido crimes contra o patrimônio ou violência leve, e outros 25% eram criminosos reincidentes. Entretanto, o número de presos por crimes económicos ou políticos era próximo do 0%. Repita-se: 0%. Deste modo, sustenta que resta demonstrada com clareza a "desigualdade do sistema repressivo operante", porque diante das "grandes emergências criminais" deste período aumentou-se o índice de *repressão* e de *limitação às garantias* de acusados de *crimes de rua ou violentos*, com total desproporcionalidade quando comparada com o tratamento dado à *criminalidade de colarinho branco* (económica e/ou política, *i. e., criminalidade do poder*), tratada através de um direito penal mínimo e/ou abolicionista, fornecendo *imunidade penal* e *impunidade*.

cifras negras neste campo, que a criminalidade económica cause mais danos do que todas as demais formas de criminalidade somadas.

Neste vértice, Faria Costa e Costa Andrade (1998, p. 347-349) pontuam as principais razões para a ampliação dos debates sobre a criminalidade económica nos âmbitos da criminologia e da dogmática jurídica, e também para a expansão da criminalização dos comportamentos lesivos nesta seara:

a) as transformações filosófico-culturais e políticas ocorridas na Europa, alçando os princípios da igualdade e da solidariedade ao primeiro plano, tornando a reivindicação por uma *igualdade real* constante no seio da sociedade, diante da evidente distribuição desigual do sistema penal então aplicado, que "prende os pequenos e deixa fugir os grandes", situação que vinha sendo destacada pela criminologia das *cifras negras* e pela criminologia da *seleção*. Desta maneira, os crimes económicos deixaram de ser considerados meros "delitos de cavalheiros" perante os estudiosos e especialistas no tema, por serem comportamentos desviantes com claros e lesivos reflexos na vida económica das pessoas, dificultando o cumprimento da atribuição estatal de garantir "limiares mínimos de dignidade para a generalidade dos cidadãos."

b) as mutações no plano económico-político, que se conformou em Estado de Direito Social na Europa, fez com que os Estados contemporâneos adotassem medidas (inclusive criminalizantes) para induzirem conformidade, sobretudo diante da baixa repulsa social causada pelos crimes económicos na população em geral, em regra praticados por pessoas que têm elevado *status* social e/ou económico, simbolizando o sucesso, a virtude, que os distancia dos infratores comuns.

c) As crises económicas, os danos sociais e os acentuados impactos negativos que costumam causar à generalidade das pessoas geraram a necessidade de respostas estatais, inclusive no campo legislativo penal, num período de reivindicações da sociedade por mais segurança, diante das mais variadas condutas e modalidades criminosas, gerando muitas vezes criminalizações precipitadas com a finalidade de evitar "sobressaltos da gestão económica."

Por seu turno, Moccia (2000b, p. 554-560) observa erros significativos quanto à política criminal voltada para a criminalidade empresarial:

a) as sanções penais não incidem e não evitam, na maior parte dos casos, a continuidade da perpetração de atividades delitivas pelas empresas, pois incidem de modo contundente apenas sobre administradores ou representantes que são substituídos com facilidade, e as medidas de caráter apenas pecuniário surtem pouco efeito contra a sociedade ou pessoa jurídica, sem a suspensão de determinadas atividades ou interdição temporária, pois no mundo dos negócios a impossibilidade de realizar contratos ou a exclusão do mercado por determinado período são sanções muito mais eficazes que a pena pecuniária [ainda mais se levarmos em conta que todas grandes empresas e boa parte das empresas medianas já estão protegidas por seguradoras mediante *Directors and Officers Liability Insurances – D&O Insurances* –, seguros estes que ressarcem todos custos das empresas diante de ações e/ou condenações judiciais, além de outras responsabilidades atribuídas às empresas ou aos seus diretores e funcionários].

b) a proliferação de normas com função apenas simbólica[563], criminalizando condutas empresariais que causam graves danos e oferecendo, de modo simultâneo, formas de evitar a sanção ou obter o perdão, gerando descrença no sistema penal e na eficácia dos órgãos estatais,

[563] Como sugere Bonini (2018, p. 240-250), estão avançando no contexto europeu e internacional algumas tendências expansionistas irracionais do Direito Penal, muitas delas de caráter simbólico "patológico", *i. e.*, uma "absolutização" da *função simbólica*, elevada a função exclusiva ou primordial, uma verdadeira "hipetrofia" simbólica ou "hipersimbolismo" que assume de modo indevido a posição ou lugar da *função instrumental* da intervenção penal, causando um profundo desequilíbrio entre os componentes instrumentais (que deveriam ser primordiais e preponderantes) e os elementos simbólicos (que deveriam ser meramente complementares), sob a justificativa de que se trata de privilegiar a prevenção geral positiva, quando, na realidade, demonstra um autoengano e uma manipulação indevida dos cidadãos (que obedecem às normas) e da opinião pública, passando a estes uma falsa sensação de segurança e tranquilizando-os, quando surtem pouco ou nenhum efeito sobre o *destinatário natural*, o autor potencial do delito. Pondera que esta política criminal autoritária e ineficaz escapa de um "leito de rio constitucional", *i. e.*, afasta-se das "ideias norteadoras de subsidiariedade, merecimento da punição [adequabilidade, necessidade e proporcionalidade da sanção], de ofensividade e de eficácia, bem como de princípios [...] como a legalidade e a [...] culpabilidade."

além de demonstrar rasgos autoritários incompatíveis com um Estado de Direito Democrático;

c) as normas elaboradas em abundância e sem definições claras, muitas vezes utilizando as técnicas de reenvio a outras normas (civis, comerciais, tributárias etc.) de uma forma pouco coordenada, causa perplexidade e desrespeita os princípios da determinabilidade e da taxatividade que devem estruturar toda e qualquer incriminação penal;

d) as normas penais que preveem os crimes empresariais contêm previsões que parecem dissociadas ou desconsideram a "perspetiva da real danosidade social da conduta", resultando na sua ineficácia;

e) há uma enorme discrepância entre o tratamento (de extremo rigor) empregado pelo Direito Penal contra os crimes patrimoniais tradicionais e as previsões relativas aos crimes económicos e financeiros, tratados com generosa clemência, apesar destes serem difusos (atingindo a todos) e possuírem acentuadíssima danosidade social, muito mais grave.

Não foi por acaso que, há mais de 20 anos, Silva Sánchez (1998, p. 67-69) previu que a criminalidade da globalização seria económica (em sentido amplo) e muito lucrativa, embora também cause danos e ponha em perigo outros bens jurídicos, exigindo uma análise aprofundada destes crimes de viés económico-financeiro, muito mais complexos e tão diversos dos crimes tradicionais. Pontua que são os *crimes of the powerful* (crimes praticados por sujeitos poderosos)[564], cujas regulação e dogmática não estão assentadas, demandam estudos críticos e compatíveis com os signos de Estados de Direito Democráticos, alertando que a configuração e as bases desta seara penal são

[564] Lembra Anabela M. Rodrigues (2019, p. 36-37) que, sob o prisma material, a criminalidade organizada "é uma atividade económica em sentido amplo – ou, em todo caso, lucrativa, embora possa ir além disso –, desenvolvendo relações smbiônticas com a estrutura ambiental com a qual convive e que lhe assegura um certo grau de imunidade. É caracterizada por produzir efeitos danosos vultuosíssimos, normalmente económicos, mas também financeiros, sociais e políticos. Destacam-se a sua capacidade de desestabilização geral dos mercados, bem como a corrupção de funcionários e governantes. Trata-se de crimes qualificados criminologicamente como *crimes of the powerful*, com uma configuração jurídica imprecisa e significativamente diversa da dos crimes do direito penal clássico, neste contexto de compreensão, *crimes of the powerless*."

muito diversas do Direito Penal clássico, caracterizado pela criminalidade passional ou dos *crimes of the powerless*.

De facto, o sistema de responsabilização individual é insuficiente para solucionar os variados casos nos quais são causadas lesões graves a bens jurídicos (injustos penais) no seio de organizações complexas, assevera Zuñiga Rodriguez (2003, p. 249-251), pontuando que o potencial para causar riscos e danos (penalmente relevantes) das organizações empresariais, mediante a efetiva prática de condutas que são consideradas crimes (tributários ou contra a seguridade social, contaminação ambiental gravíssima, fraudes e danos graves contra os consumidores, investidores etc.), além de branqueamento de capitais, corrupção e outros crimes desta natureza, está criando relevantes desafios ao sistema penal, desenhado através de paradigmas totalmente diferentes, em que há uma pessoa (que pode ser individualizada) causando uma lesão a um bem jurídico de outra pessoa, a vítima (também individualizável)[565].

Esta macrocriminalidade, *i. e.*, a criminalidade organizada transnacional empresarial, anota Zuñiga Rodriguez (2003, p. 249-251), pratica crimes em contextos complexos, em que as lesões aos bens jurídicos se desenvolvem em sociedades também complexas, com diferentes níveis hierárquicos e órgãos decisórios de relevante complexidade, provocando uma série de diferentes nexos causais e lesões em que as vítimas são indeterminadas. Esclarece que este modelo de empresa-rede, em que a organização é descentralizada, com significativa autonomia e flexibilidade de cada um de seus nós especializados, dificulta muito a responsabilização. Por este motivo, sustenta que a imputação de crimes a sujeitos individuais corresponde a uma resposta apenas parcial da ordem jurídica (ao focar só em representantes, órgãos ou titulares da empresa), os quais podem ser substituídos com facilidade, viabilizando a continuidade do programa criminoso da organização. Lembra que esta situação é muito agravada em diversos casos, nos quais são responsabilizados dirigentes dos baixos escalões, mantendo a impunidade dos dirigentes de mais alto escalão,

565 Anota Zuñiga Rodriguez (2003, p. 250) que os instrumentos dogmáticos delineados a partir de um injusto pessoal não estão viabilizando a imputação de responsabilidade aos titulares das grandes empresas, porque a utilização de sistemas como da comissão por omissão e da posição de garante flexibilizam as garantias a tal ponto que estão pondo em risco a idoneidade e a integridade do sistema de responsabilização penal individual, contrariando até mesmo princípios elementares.

que organizam as atividades e traçam as diretrizes, inclusive aquelas vinculadas às práticas criminosas.

Deste modo, com o objetivo de responder às demandas político-criminais de persecução penal eficaz contra a criminalidade organizada de cunho empresarial, sem desrespeitar as garantias do sistema de responsabilização penal, reconhece Zuñiga Rodriguez (2003, p. 250) a necessidade de um sistema de dupla imputação:

a) mantendo a responsabilização individual, sancionando indivíduos que utilizam ou se aproveitam da cobertura da empresa para praticar condutas criminosas;
b) promover a imputação dos crimes, dos injustos de organização, naqueles casos em que se produzam danos sociais penalmente relevantes que sejam evitáveis e que possam ser imputados a toda a organização.

Observa, ainda, que as normas penais que tutelam bens jurídicos coletivos se dirigem, em sua maior parte, às empresas, motivo pelo qual Zuñiga Rodriguez (2003, p. 250-251) sustenta que também é possível e necessário reconhecer que as empresas podem cometer estes crimes, pois, do contrário, as normas que protegem bens jurídicos coletivos perderiam quase toda sua função preventiva e motivacional. Conclui que as categorias atuais de injusto e de culpabilidade, elementares para a imputação penal, são plenamente aplicáveis a pessoas jurídicas e outras organizações, conforme as recentes interpretações quanto à ação penal, dolo e culpabilidade, pois se a culpabilidade é reconhecida como a relação funcional entre um injusto penal e um sujeito, e o injusto penal é considerado como um dano social evitável, quando esta lesão for causada com dolo ou culpa (enquanto erro evitável) mediante conduta organizacional, "é perfeitamente possível conceber que as pessoas jurídicas cometem crime."

Ademais, sob o prisma criminológico estas diferenças ficam muito esmaecidas, vistos os danos muito mais graves provocados em larga escala por pessoas coletivas (empresas e, inclusive, Estados), observam Ferrajoli (2014, p. 81-96), Rivera Beiras (2014, p. 192-203)[566] e também Morrison (2012, *passim*), sob a

[566] Para Rivera Beiras (2014, p. 192-203), transparece que a própria União Europeia tem sido um dos mais importantes catalizadores para o progressivo retorno da comunidade

perspetiva da corrente criminológica da zemiologia[567], que analisa a quantidade e a natureza dos danos sociais provocados por certos comportamentos criminosos coletivos ou individuais às pessoas e/ou à sociedade, lesionando bens jusfundamentais.

Quanto à política criminal relativa ao tema (sobretudo da Itália), Bernardi (2003, p. 75-78) comenta que, se por um lado foram verificadas demonstrações claras de racionalidade no tratamento proporcional e adequado quanto a ilícitos menos graves, inclusive despenalizando alguns destes (como certos crimes ambientais), por outro lado surgiram diversos tons de irracionalidade na definição do tratamento direcionado a alguns graves fenómenos criminais contemporâneos. Ocorreram respostas institucionais e penais com excessivo rigor e carentes de um mínimo de garantias para suspeitos e acusados, desprezando o princípio da *ultima et extrema ratio*, nos casos de crimes que envolvem violência. Por outro lado, observa indevidas e inexplicáveis tendências negacionistas no tratamento de criminalidade económica e política, cujos crimes, "na maioria dos casos com caráter organizado", vêm sendo tratados sob uma perspetiva e um movimento no sentido da despenalização e de uma "generosa clemência", apesar desta criminalidade contaminar de forma gravíssima o mundo dos negócios e o desenvolvimento das funções e atribuições públicas.

Ressalta Bernardi (2003, p. 75-78), ainda, que mesmo após escândalos económico-financeiros e políticos que envolveram elevadíssimos valores (desviados dos cofres do Estado, por fraudes em contratos públicos, pagamento de subornos a autoridades legislativas, executivas e judiciais, fraudes tributárias e

internacional do estado civil para o estado selvagem da natureza hobbesiano, tendo em vista o vertiginoso aumento da exportação de armas pela UE no período de 2006 a 2010, culminando com o ano de 2012, em que a UE, de forma irônica, recebeu o Prêmio Nobel da Paz no mesmo ano em que se tornou o maior exportador mundial de armas.

567 Lembra Schünemann (2018, p. 28-30) que o direito penal, estimulado por pensadores como Beccaria e Hommel, saiu da escuridão intelectual e moral (de caráter religioso) para alcançar as luzes da humanidade e da razão, alçando em especial a *doutrina do dano social* como seu único e legítimo propósito. Acrescenta que esta preocupação com o *dano social* causado pelo crimes advém deste iluminismo, enquanto época de ebulição humanista e liberal nas mais diversas áreas (social, política, filosófica, cultural etc.), iniciada em meados do século XVIII para substituir o Antigo Regime (*Ancien Régime*), sistema político e social de cariz teocêntrico e absolutista medieval, permutando-o pelas ideias humanitárias, amparadas na razão e na ciência, influenciada por correntes iluministas de intelectuais como Beccaria e Bentham na área criminal.

contra a seguridade social etc.), em que se esperava um movimento do Poder Legislativo no sentido de oferecer mais instrumentos para prevenir e reprimir estes tipos de criminalidade que erodem o poder público e a ordem económica, tem-se visto um movimento contrário.

Ao tratar das teorias do "Direito de Punir do Estado de Direito", Hassemer (2012, p. 340) afirma que estas teorizações não funcionam com uma parcela muito relevante da realidade penal, pois "crimes gravíssimos não podem ser compensados de forma justa e adequada (adequação), e a persecução criminal seletiva continua escandalosa (justiça da persecução)".

Por outro lado, exigem-se cuidados na definição da política criminal, para que a resposta à globalização e à sua criminalidade não tenha sentido único, apenas punitivista e de restrição das liberdades e direitos fundamentais, tendência esta decorrente da "forte sensação de insegurança" transmitida não apenas aos indivíduos, como pondera Silva Sánchez (1998, p. 67), mas também aos próprios Estados. Considera, ainda, que Estados de Direito Democráticos não devem procurar compensar a deficiência na execução ou aplicação da norma penal, diante da magnitude da tarefa em relação à sofisticada criminalidade contemporânea e da consequente incerteza quanto à imposição da sanção jurídico-penal àqueles que praticam as condutas criminosas "ou, em outras palavras, o inevitável caráter seletivo da repressão", mediante uma maior severidade desta mesma repressão penal, reforçando apenas os aspetos simbólicos da sanção.

Nesta senda, diante da expansão do direito penal, são percebidos dois grandes blocos de infrações penais, sustenta Silva Sánchez (2001, p. 158-161): o primeiro, com crimes aos quais são cominadas penas de prisão, que constituem o núcleo duro do direito penal (ou Direito Penal de *primeira velocidade*), e o segundo bloco, em que os crimes são punidos com outro gênero de sanções (ou Direito Penal de *segunda velocidade*). Deste modo, entende que o Direito Penal da pena de prisão não deve se afastar do modelo liberal quanto às regras de imputação e às garantias político-criminais clássicas, estabelecidas ao longo da evolução do Direito Penal nos Estados de Direito democráticos.

Por outro lado, a demanda social crescente por proteção e segurança, tutelando interesses e bens jurídicos que não pertencem ao âmbito clássico de tutela penal, em regra coletivos e/ou difusos, analisa Silva Sánchez (2001, p. 158-161), revela um viés intervencionista e de prevenção a riscos, antecipando a tutela penal e flexibilizando regras de imputação, princípios e garantias penais clássicos. Defende que deve ser realizado, portanto, por um Direito Penal mais afastado do núcleo do criminal e estabelecer penas aproximadas às sanções administrativas (multas, privativas de direitos, sanções às pessoas jurídicas etc.), em face da predita flexibilização das regras garantísticas. Desta maneira, afirma que a diminuição das garantias e do rigor dogmático na aplicação do sistema penal seria permitida apenas aos crimes cuja penas fossem, *v.g.*, sanções pecuniárias, restritivas de direitos e de reparação, compensando a menor intensidade garantística "*dentro* do Direito Penal, sempre e quando – isso sim – as sanções previstas para os ilícitos correspondentes não fossem de prisão." Embora este bloco de crimes continuasse sendo judicializado e fosse mantida a significação "penal" quanto aos injustos praticados e às sanções, não haveria a repercussão pessoal representada pela pena de prisão.

Entretanto, Corcoy Bidasolo (2011, p. 98-99) opõe-se com veemência à proposta de Silva Sánchez, de um *Direito Penal de duas velocidades*, em que a primeira seria aquela do Direito Penal nuclear (ou clássico), com todas suas garantias, enquanto naquele de segunda velocidade (da criminalidade económica e/ou que lesione bens supraindividuais) seriam restringidas algumas garantias e, em contrapartida, não seriam estabelecidas penas privativas de liberdade. A *terceira velocidade* seria aquela do Direito Penal do Inimigo, sem garantias por considerar que os agentes dos crimes não seriam considerados cidadãos e, portanto, não seriam titulares de direitos.

Entre seus principais argumentos, aduz Corcoy Bidasolo (2011, p. 96-101) que, num jogo de mudança de etiquetas ou de denominações, aquela proposta nada mais faz do que propor três "classes" de Direito Penal que correspondem a três "classes" de cidadãos, e que esta segunda velocidade nada mais seria que uma forma de deixar de aplicar o Direito Penal nuclear [ou clássico] e as sanções privativas de liberdade àqueles que possuem poder e/ou riqueza, porque, em geral, apenas quem tem capacidade económica poderia cometer crimes tributários, societários, ambientais, de corrupção, entre outros. Adverte, então, que a alegação de que nestes casos do Direito Penal de *segunda velocidade* (em que a criminalidade económica é maioritária), não é adequada ou eficaz a pena privativa de liberdade e que a sanção mais adequada seria a multa não faz o menor sentido, quer seja sob uma perspetiva criminológica, quer seja sob um prisma político-criminal. Pontua que, ao contrário, a multa não faz o menor sentido [e aqui devem ser citados, *v. g.*, os seguros empresariais D&O – *Directors and Officers Liability Insurance*] e apenas a pena privativa de liberdade pode trazer alguma eficácia e dificultar a impunidade, evitando a indevida exclusão da intervenção penal das condutas que provocam danos e/ou perigos de dano gravíssimos em diversas áreas, como na atômica, química, ecológica, saúde, genética, farmacêutica e socioeconómica, como demonstram as catástrofes de "Chernobyl, Doñana, Prestige, Colza, Contergan, Madoz, Lehman Brothers."

Neste rumo, também devem ser trazidas à mesa de discussão as preocupações dos mais diversos juristas, sobretudo Ferrajoli (2018, p. 70-76), quanto ao atual momento a nível global. Destaca, antes de qualquer outro fator, o princípio internacional da paz e as Cartas da ONU de Direitos Humanos (de 1948 e de 1966, além de outras Convenções acerca destes temas), que considera (quando em conjunto) uma "Constituição global embrionária", e a realidade sobre as relações entre os Estados, uma verdadeira divergência "patológica e estrutural", em boa parte causada pela total falta de garantias, violando-se de modo claro a legalidade internacional mediante a utilização das guerras, apresentadas como "solução ilusória" das controvérsias e conflitos, sem legitimação pelos demais Estados ou pelas instituições internacionais criadas de modo específico para evitar as guerras e as centenas de milhares (ou milhões) de vítimas civis, os mais vulneráveis em toda e qualquer situação, tratados apenas como "vítimas colaterais" e invisíveis, que não têm gerado nenhuma responsabilização das "potências mundiais".

3.3. O Estado, a Cooperação Internacional e os Organismos Internacionais como Instrumentos para a Promoção de uma Convivência Pacífica com Liberdade, Segurança e Justiça

O Estado de Direito Democrático, apesar de estar sendo enfraquecido e sobrepujado em vários aspetos, continua sendo um dos mais importantes, senão o mais relevante dos atores para a viabilização de uma coexistência pacífica com liberdade, justiça e segurança às pessoas, promovendo e protegendo (na medida do possível) a dignidade do ser humano e os direitos fundamentais. No mesmo sentido, a comunidade internacional tem enorme responsabilidade na proteção (e na viabilização) dos direitos humanos (de todos os povos).

Entretanto, como pontua Santos (1999, p. 250-251), um dos traços mais característicos da globalização é "a primazia total das empresas multinacionais, enquanto agentes do *mercado global*", conforme denota até mesmo a evolução destas, de multinacionais para transnacionais, e de transnacionais para globais, aumentando a concentração do seu poder sob qualquer abordagem utilizada, quer seja percentagem da produção mundial, quer seja percentagem do investimento, do comércio intraempresas ou do comércio global, número de filiais e subsidiárias em outros países etc., sobretudo devido à desregulação dos mercados financeiros e dos avanços das tecnologias de comunicação, transmissão de dados e transportes.

Outro traço evidente da globalização é "a erosão da eficácia do Estado na gestão macro-económica", pondera Santos (1999, p. 251-259), pois a transnacionalização da economia significou "precisamente tal erosão e não seria possível sem ela", retirando do Estado a gestão da moeda e das comunicações, que eram importantes atributos que mantinham alguma soberania e consistiam em importantes peças estratégicas para a segurança nacional. Por outro lado, percebe que as empresas transnacionais alcançaram poder de intervenção global e enorme mobilidade para transferir os processos de produção e de movimentação de recursos financeiros, permitindo-lhes colocar em concorrência dois ou mais países, ou mesmo regiões dentro dos mesmos Estados, *i. e.*, viabilizando que essas empresas decidam sobre a localização do investimento com enormes vantagens (como atores globais) sobre os Estados e demais entes nacionais ou subnacionais, dependentes desses empreendimentos.

Acrescenta Santos (1999, p. 258-259) que diante da globalização, do aumento da população e da degradação ambiental, o modelo de desenvolvimento liberal que concentra os benefícios numa pequena minoria da população mundial, enquanto divide os ônus ou custos com a maioria, agrava de modo gradual e acelerado as desigualdades norte-sul e centro-periferia, além de dar uma proeminência a atores económicos cada vez mais poderosos, os quais "não se sentem devedores de lealdade ou de responsabilidade para com nenhum país, região ou localidade do sistema mundial", lealdade e responsabilidade estas que assumem apenas em relação aos acionistas e sob certos limites. Além disso, adverte que a perda da capacidade institucional e da eficácia reguladora que os Estados possuíam é um dos mais significativos obstáculos à busca de solução para os problemas globais que assolam os indivíduos, tendo em vista que a erosão do poder dos Estados não foi "compensada pelo aumento de poder de qualquer instância transnacional com capacidade, vocação e cultura institucional viradas para a resolução solidária[568] dos problemas globais."

De facto, o *standard* de Estado nacional de base democrática se fundamentava (e ainda se fundamenta) em princípios como a *solidariedade*, a *participação*, a *justiça* e o *bom governo*, lembra Faria Costa (2009a, p. 98-99), mas considera que nenhum destes princípios parece estar presente nos horizontes éticos e políticos da globalização em curso. Pondera então que, apesar do Estado nacional já não deter as prerrogativas sobre as quais foi edificado e idealizado (num evidente processo de desarticulação e desagregação do Estado), em contrapartida nenhuma outra instituição que possa substituir ou exercer as atribuições do Estado nesta era da globalização foi arquitetada e, muito menos, edificada.

Ao abordar a globalização (ou mundialização), Kosta (2012, p. 336-338) analisa que este processo tem horizontes e conceções díspares nas mais diversas áreas do conhecimento que buscam conceituá-lo e compreendê-lo, quer seja através do direito, quer seja por meio da economia, da política, da sociologia, da cultura, da tecnologia ou do ambiente, *i. e.*, pode-se falar em *policentrismo da globalização*[569], em que os diversos centros estão conectados em

568 Alerta Santos (1999, p. 259) que o dilema reside no facto de que a perda de eficácia e de poder dos Estados nacionais se agrava com a incapacidade destes para a construção ou consolidação de instituições internacionais que compensem essa perda de eficácia, somando-se ao facto de que as instituições internacionais (sob controle dos países centrais) têm imposto aos Estados periféricos e semiperiféricos a adoção de sistemas democráticos, de proteção dos direitos humanos e do meio ambiente, mas no âmbito dessas instituições interestatais as relações entre os países "são cada vez menos democráticas, na medida que os países do sul têm cada vez menos autonomia interna e estão sujeitos a imposições externas de toda ordem, por vezes indiciadoras do início de um novo ciclo de colonialismo ou, pelo menos, de neocolonialismo."

569 Segundo Kosta (2012, p. 337), os espaços onde estas redes ou teias decorrentes da globalização se entretecem denominam-se: "[...] comércio livre; economias abertas de mercado; mercado; alargamento exponencial das interacções sócio-políticas, comerciais e financeiras; alastramento da dinâmica democrática; proximidade entre as pessoas, em razão da eficiência dos sistemas de comunicação; crescimento impressionante das tecnologias de informação e comunicação; aparecimento de novas entidades produtoras de normas; multiplicação de

rede, mas permanecem autónomos, conformados em "subsistemas do sistema global". Reconhece que a globalização é um processo-projeto em andamento que coloca em crise alguns territórios potestáticos do Estado, cuja soberania vem perdendo sua impermeabilidade, que está sendo infiltrada por agentes externos e endógenos.

Pondera, então, que se trata de um processo em andamento e, do ponto de vista espacial, não se trata de um fenómeno total e mundialmente global, *i. e.*, a ideia de uma "aldeia global" oferece uma "forte aparência, mas uma fraca realidade", embora o fator transnacional tenha cobrido uma série de áreas dos Estados soberanos (Kosta, 2012, p. 343-344). Comenta que a riqueza se desterritorializou (por meio da tecnologia de informação que viabilizou um mercado financeiro instantâneo e universal), retirando do Estado o controle da economia (e até a soberania monetária, delegada a outros entes em muitos casos).

O Estado já não é mais a única fonte de direito, acrescenta Kosta (2012, p. 343-344), pois confronta-se de modo ininterrupto com regras forjadas à margem dos Estados, *v. g.*, por organizações empresariais transnacionais e mercados especializados, atingindo também aquele que seria o "último reduto jurídico-político da soberania", a Constituição, fragilizada diante de normas globais de um "constitucionalismo multi-nível", "constitucionalismo pós-nacional" ou "supranacionalização das Constituições estaduais", mediante entes como a Organização Mundial do Comércio e a União Europeia. Conclui que esta tensão que conecta o Estado ao "Projeto-Global" não representa um "jogo de soma zero", pois embora os Estados estejam perdendo parte da soberania, ao facultarem uma fatia ao Projeto-Global, também o Projeto-Global cede parte da sua soberania aos Estados, *i. e.*, não perdem tudo, apesar de não existir uma proporcionalidade entre ganhos e perdas.

Neste cenário mundial ou global, Ferrajoli (1992, p. 50-52) comenta que alguns instrumentos do direito internacional têm viabilizado certos avanços, causando determinadas mudanças de uma "*racionalidade formal*" para uma "*racionalidade substancial*", na forma de direitos humanos ou de direitos fundamentais (estes quando internalizados e previstos de forma expressa nos

instituições de carácter internacional, com pretensão de se afirmar como sujeitos políticos globais, etc."

ordenamentos dos Estados), consubstanciados, *v. g.*, na Declaração Universal dos Direitos Humanos (UN, 1948), no Pacto Internacional dos Direitos Civis e Políticos (UN, 1966a), no Pacto Internacional dos Direitos Sociais, Econômicos e Culturais (UN, 1966b) e demais Convenções e Tratados Internacionais sobre Direitos Humanos. Reconhece nesta "*racionalidade substancial*" do direito internacional positivo uma "*Constituição embrionária do mundo*", pois valores consagrados nessas Cartas Internacionais (como a proibição da guerra, os direitos dos povos e dos seres humanos) não são mais *instrumentos externos* ao sistema jurídico internacional, pois se tornaram normas jurídicas acima de todas as demais (embora não tenham força cogente *formal* em alguns casos, diante de Estados que não as ratificaram ou por adotarem formas diferentes daquelas que, como a Convenção ou o Tratado ratificados, tornam-se vinculantes para os Estados). Assim, adverte que não são mais fontes de legitimação: ao contrário, são *fontes de deslegitimação*, tornando inválidas normas e decisões que se contrapõem aos valores incorporados nessas "cartas fundamentais" do direito internacional contemporâneo.

É neste "constitucionalismo mundial", lastreado nos direitos humanos e nas cartas que os preveem de forma expressa, que os juristas e líderes deste momento ímpar devem elaborar, ou melhor, forjar e amparar seus trabalhos de construção do direito e das normas, sustenta Ferrajoli (1992, p. 50-52), de modo a realizarem uma constante crítica construtiva ao direito e às estruturas existentes (quando detratoras desses direitos humanos), denunciando toda injustiça, ilegalidade ou ilegitimidade provindas de quaisquer fontes jurídicas que desrespeitem essas normas de proteção ao ser humano, ou mesmo daquelas que não prevejam garantias concretas e eficazes de paz, de justiça e de liberdade, previstas no direito internacional. Propõe, então, uma "radicalidade científica e política" que, embora pareça estranha ao "direito internacionalista atual", consubstanciava a "radicalidade típica do pensamento filosófico clássico – de Locke a Montesquieu, de Beccaria a Kant – quando se tratava de projetar a teoria do estado de direito moderno."

Isto não significa que os juristas e, sobretudo, os internacionalistas, devam se deixar influenciar por um otimismo ingênuo ou pela crença de que a lei não continuará sucumbindo à força, anota Ferrajoli (1992, p. 50-52), em especial quando ausentes garantias jurídicas e políticas. Ao contrário, entende que a história nos ensina que os direitos e os sistemas de garantias "não caem do céu" ou são construídos em pouco tempo, porque são frutos de longos e cansativos (e às vezes sangrentos) conflitos, motivos pelos quais as nossas ainda frágeis democracias, pondera Ferrajoli, necessitam tanto do nosso engajamento, a nível nacional e, em especial, internacional, no sentido de serem respeitados os direitos humanos, mediante o empenho de todos aqueles comprometidos com as garantias das quais depende o nosso futuro.

Esta linha de raciocínio é de extrema relevância quando tratamos da criminalidade organizada avançada (preponderantemente económica e/ou empresarial), em que não são cometidos crimes violentos como aqueles praticados de modo rotineiro pela criminalidade organizada clássica ou convencional (violenta). De facto, embora não costume praticar crimes violentos, que causam maior alarme social, a criminalidade organizada avançada pratica diversos outros comportamentos criminosos de elevada gravidade, comprometendo o mercado económico e os alicerces institucionais da sociedade: crimes contra a ordem económica e financeira, em desfavor da Administração Pública, da seguridade social e da Fazenda Pública, em relações de consumo de setores como a saúde, farmacêutica, alimentar e tantos outros, além de crimes trabalhistas, ambientais, contra a concorrência, branqueamento de capitais, corrupção pública e privada, contra investidores e/ou sócios, manipulando o mercado de valores mobiliários, entre outros comportamentos criminosos graves com elevadas consequências negativas a médio e longo prazo. Estes danos atingem a sociedade e os seus elementos estruturantes de modo alargado e difuso, muito embora costumem ser danos indiretos ou transversais.

De facto, a alta lesividade contra a ordem económica e financeira (sob os mais variados prismas) e à regular arrecadação de tributos e de contribuições para a seguridade social (imprescindíveis para que o Estado possa cumprir suas atribuições constitucionais), reflete de modo direto na qualidade de vida dos indivíduos e na capacidade das instituições (públicas e privadas) de cumprirem suas funções socioeconómicas, situação esta que é muito agravada devido ao efeito cumulativo de condutas criminosas graves perpetradas de forma organizada por pessoas coletivas, seus órgãos e/ou dirigentes, quer sejam crimes relacionados à criminalidade organizada violenta (que costumam utilizar as empresas como instrumentos para o programa criminoso), quer seja a *criminalidade organizada não violenta* (em que a própria pessoa coletiva costuma ser o centro ético-jurídico para a prática de crimes económicos, financeiros e outros desta natureza). Estes prejuízos de elevada monta somam-se aos danos transversais[570] causados à democracia quando as estruturas do poder (público e/ou privado) são infiltradas ou tomadas por grupos empresariais que utilizam métodos criminosos para ampliarem os lucros e, sempre que for possível, para minimizarem os riscos, numa verdadeira conduta racional e criminosa maximizadora.

Deve ser destacado que inviabiliza-se um mercado económico e financeiro saudável, *v. g.*, quando sociedades coletivas e empresários concorrentes de um mesmo setor e porte empresarial são submetidos a desiguais cargas de tributos e de obrigações diante do Estado (trabalhistas, ambientais, contribuições à seguridade social etc.), quando os concursos públicos para contratos com a Administração Pública forem direcionados de forma fraudulenta, quando segmentos da economia, instituições estatais e estruturas sociais estiverem corrompidas, infiltradas ou tomadas por organizações criminosas, adotando comportamentos que beneficiam os criminosos e prejudicam os cidadãos e o bem coletivo.

Estes fatores que provocam o descontrole e desmesuradas desigualdades em desfavor da leal concorrência e da livre iniciativa (bens tutelados inclusive pelas constituições portuguesa e brasileira de forma expressa), produzem

570 Diversos casos divulgados pelo Consórcio Internacional de Jornalistas Investigativos (ICIJ) demonstram os prejuízos bilionários causados aos cofres públicos e/ou ao mercado económico-financeiro: O caso *Swissleaks*, denotando um programa de evasão fiscal mediante fraudes, envolvendo o HSBC Private Bank (Suíça) e movimentando cerca de 180 bilhões (mil milhões) de euros por meio de mais de 20 mil empresas *offshore*, número este referente tão só ao período de novembro de 2006 até março de 2007; o caso dos *Panama Papers*, no qual a sociedade de advogados Mossack Fonseca gerenciava mais de 200 mil empresas *offshore* registadas em paraísos fiscais, cujos valores e movimentação financeira astronômicos pertenciam a centenas de empresas transnacionais ou globais, além de chefes de Estado e membros de alto escalão de dezenas de Estados, valores estes que não haviam sido declarados às Autoridades Tributárias competentes; o caso *Luxembourg Leaks*, que revelou diversos esquemas fraudulentos empregados por cerca de 340 empresas transnacionais ou globais para furtarem-se ao pagamento de tributos, trazendo à tona acordos secretos entre autoridades de Luxemburgo e as empresas, os quais eram intermediados pelas 4 maiores empresas de auditoria mundiais. O caso *Pandora Papers*, há pouco divulgado, também serve para demonstrar os sistemas utilizados para o branqueamento de capitais decorrente de crimes como a corrupção e fraudes para evitar o recolhimento de tributos, relacionando autoridades e dirigentes públicos de alto escalão (inclusive presidentes e ex-presidentes de muitos Estados), artistas renomados e empresários milionários de dezenas de países.

consideráveis prejuízos económicos e sociais, favorecem a criminalidade organizada (sem qualquer compromisso ético ou com a legalidade), além de prejudicarem ou afastarem de modo definitivo do mercado o empresário honesto, que empreende visando ampliar o lucro mediante investimentos em tecnologia e inovação, capacitação dos seus recursos humanos, aprimoramento gerencial e aperfeiçoamento dos respetivos serviços e produtos, pontua Montoro Filho (2012, p. 92-93).

Ademais, não se pode esquecer que a criminalidade organizada (violenta e não violenta) tende a alcançar a hegemonia (ou um forte predomínio) nos segmentos do mercado económico em que atua, como lembra Gayraud (2008, p. 168-170), pois utiliza instrumentos como a corrupção (pública e privada), a enorme capacidade financeira que possui (proveniente do lucro das demais atividades criminosas praticadas pela organização criminosa) e, em alguns casos, o uso da ameaça e da força, em especial quando estiver envolvida a criminalidade organizada violenta.

Ao analisar a "criminalidade organizada económica", sustenta Velloso (2007, p. 237-238) que todos os meios legítimos disponíveis devem ser utilizados para adequadas prevenção e repressão penal, asseverando que as sociedades desenvolvidas ou em fase de desenvolvimento económico "representam o terreno mais propício à atuação da macrocriminalidade, que atinge os seus objetivos recorrendo à ardilosidade, às 'brechas' legais e às fraudes, ou ainda, ao suborno [...]."

Os crimes cometidos por esta "criminalidade dourada" representam "um típico exemplo de macrodelitos, uma vez que atingem uma parcela considerável da população, no qual os indivíduos que praticam essa espécie de delito não se utilizam de qualquer tipo de violência", alerta Velloso (2007, p. 237-238), acrescentando que os membros destas organizações possuem elevado *status* socioeconómico, motivo pelo qual ignoram "com tranquilidade a legislação para aumentar os lucros de suas atividades ocupacionais, principalmente aquelas relativas ao gerenciamento de negócios e empresas."

De facto, a *criminalidade organizada empresarial*, quando utiliza as empresas como mero instrumento para o programa criminoso e nas oportunidades em que a própria empresa é o centro ético-social que pratica os crimes do projeto criminoso, causa uma enorme diminuição da capacidade de produção e de prestação de serviços, enfim, do potencial de desenvolvimento das empresas e empresários que utilizam condutas legais e honestas. Estes, inclusive, instituem programas de *compliance* reais e eficazes (e não apenas simbólicos com a finalidade de atenuarem ou evitarem a responsabilização penal dos respetivos dirigentes). Geram, deste modo, bens e riquezas, oportunidades e vagas de trabalho, tributos e contribuições sociais, bem-estar e dignidade humana, através da boa-fé, da livre iniciativa, da salutar e leal concorrência. Neste sentido, a perceção quanto à necessidade de proteger o desenvolvimento económico e os empreendimentos com finalidades lícitas, a livre iniciativa e a leal concorrência, foi decisiva para que os constituintes portugueses e brasileiros atribuíssem ao Estado diversas atribuições visando promover e proteger (inclusive através do Direito Penal) o desenvolvimento económico.

Nesta senda, foram os fins político-criminais que impulsionaram os legisladores espanhóis a incluírem a responsabilidade penal das pessoas jurídicas mediante a reforma do Código Penal realizada em 2010, ressalta Zuñiga Rodriguez (2018d, p. 106-109), decorrente da alta percentagem de crimes económicos cometidos no âmbito deste entes coletivos, evitando a impunidade que grassava em decorrência da necessidade de individualizar condutas, buscando sobretudo prevenir futuros comportamentos corporativos com alta lesividade contra bens jurídicos de elevada importância, Complementa asseverando que quem gera os riscos também tem a obrigação de controlá-los, e que cabe ao Estado proporcionar uma adequada tutela penal aos bens jurídicos essenciais, de forma equilibrada e legitimada pelas balizas constitucionais.

Entretanto, causa preocupação a reforma penal realizada em 2015 na Espanha, pois ao tratar da responsabilidade penal da pessoa jurídica (CP Espanhol, art. 31.º bis), os legisladores acrescentaram apenas atenuantes aos crimes praticados por pessoas coletivas, observa Zuñiga Rodriguez (2018d, p. 106-109), deixando de estabelecer agravantes, quando os códigos penais sempre preveem, para a determinação das penas, agravantes e atenuantes, com a finalidade de adequar as sanções à responsabilidade individualizada do infrator da norma penal. Preocupa-se ainda mais a autora porque o CP Espanhol (no art. 31.º bis 2) incluiu um catálogo de causas de isenção da responsabilidade da pessoa jurídica quando a conduta advém da atuação dos diretores, enquanto esta forma de responsabilidade derivada deveria receber a maior reprovação penal, tendo em vista que se refere aos indivíduos que têm poder de decisão e de controle dentro da respetiva organização.

Entretanto, conclui que ainda mais grave foi a mudança relativa aos programas de *compliance*, cujo efetivos controle e vigilância para evitar a prática de crimes eram considerados, desde 2010, motivo para atenuar a sanção, mas a partir da reforma de 2015, tornaram-se uma eximente de responsabilidade, tornando quase impossível a responsabilização de pessoas jurídicas na seara penal, uma verdadeira "porta aberta para a impunidade".

Externando preocupação assemelhada diante de fatores como aqueles há pouco citados, afirmava Figueiredo Dias (1984, p. 69) há mais de três décadas que não é por acaso que, em todos os Estados e regiões, "perpassa hoje um sentimento generalizado de injustiça estrutural, em relação ao qual a impunibilidade dos delinquentes económicos ou a sua menor punição injustificada adquirem acentuada ressonância simbólica."

Destaca-se, ainda, que algumas condutas criminosas praticadas por ou através de empresas transnacionais ou globais causam danos à humanidade e/ou a grupos de pessoas em níveis tão intoleráveis que podem, em alguns casos, serem configurados como crimes contra a humanidade. Alguns organismos internacionais vêm analisando os deveres dos Estados de tutelarem os direitos humanos perante condutas criminalizadas em convenções internacionais e praticadas de modo rotineiro por pessoas jurídicas, em especial buscando a prevenção e a repressão destes crimes quando gravíssimos e/ou massivos (de ordem humanitária, trabalhista, ambiental etc.), os quais costumam ser praticados por empresas transnacionais em Estados com subdesenvolvimento económico-social, por possuírem normas, governo e instituições ainda frágeis, incapazes de promoverem a adequada responsabilização administrativa, civil e penal dos infratores.

São causados, portanto, relevantes e severos prejuízos às economias locais, aos trabalhadores, ao meio ambiente e também à própria economia a nível global, inclusive inviabilizando-se a livre e leal concorrência e deteriorando o equilíbrio das forças económicas entre os países e as regiões do planeta, diante de instrumentos criminosos como o uso de trabalho escravo (ou em condições assemelhadas a esta), o descumprimento rotineiro de regras mínimas destinadas à proteção da saúde e da integridade física dos trabalhadores, a realização de experimentos químicos e testes biológicos em homens e mulheres, crianças e idosos, sem o devido e consciente consentimento, danos severos ao sistema ecológico, entre outros comportamentos semelhantes.

Estariam esta sociedade tardo-moderna e a comunidade internacional preparadas, então, para mais um passo na evolução da responsabilização penal internacional?

Nesta senda, entre as várias fases da responsabilização penal internacional, Gouveia (2018, p. 1021-1045) as classifica em:

a) *Primeira Fase*, representada pelas jurisdições estatais penais;
b) *Segunda Fase*, caracterizada pelos Tribunais Militares Internacionais de Nuremberg e de Tóquio;
c) *Terceira Fase*, que consiste no empenho político e doutrinário para robustecer e instituir os crimes internacionais;
d) *Quarta Fase*, em que foram constituídos os Tribunais Internacionais *ad hoc* para julgar os casos da ex-Iugoslávia e de Ruanda;
e) *Quinta Fase*, mediante a promulgação do Estatuto de Roma e a criação do Tribunal Penal Internacional.

Pergunta-se, então, se a comunidade das nações tem condições de adotar aquela que representaria uma sexta fase neste caminho evolutivo da responsabilização penal internacional, na qual os dirigentes de empresas transnacionais ou globais e as próprias pessoas jurídicas, atendidos determinados critérios, poderiam ser responsabilizados por crimes contra a humanidade, tendo em vista os severos danos que vêm sendo causados a comunidades inteiras, a milhares de pessoas em muitos casos, sem a devida responsabilização e sem normas que possam promover uma adequada prevenção geral e especial, uma vez que resta evidente que crimes desta natureza têm sido cometidos em países subdesenvolvidos ou em desenvolvimento com frequência.

Este desafio imposto ao Direito Penal Internacional, no sentido de responsabilizar empresas multinacionais por severas lesões aos direitos humanos, inclusive já foi tema das discussões anteriores à aprovação do Estatuto de Roma, de 17 de julho de 1998, do Tribunal Penal Internacional (TPI)[571], observa Demetrio Crespo (2018, p. 11-13). Acrescenta que naqueles debates,

[571] O Estatuto de Roma do Tribunal Penal Internacional foi promulgado no Brasil mediante o Decreto n.º 4.388/2002, de 25 de setembro, e em Portugal foi internalizado através do Decreto do Presidente da República n.º 2/2002, de 18 de janeiro.

realizados na década de 1990, já foi discutido se o TPI deveria julgar apenas a responsabilidade penal de pessoas físicas ou se também as pessoas jurídicas poderiam ser responsabilizadas pela Corte. Relata que a delegação francesa foi a mais ferrenha defensora da tese de que deveria ser incluída a possibilidade de responsabilização de pessoas jurídicas, sobretudo em virtude da possibilidade de pagarem indenizações para repararem graves danos que fossem causados e pelo prejuízo que seria causado à imagem da empresa diante do processo perante o Tribunal Penal Internacional, além do forte efeito preventivo-geral que teria em escala global.

Ressalta Demetrio Crespo (2018, p. 19-23) os estudos realizados pela *Comisión Internacional de Juristas* (CIJ) no ano de 2008, cujos trabalhos foram compilados e publicados em 2010. Deste modo, relata que a CIJ (2010a) desenvolveu o conceito de *cumplicidade empresarial*, permitindo a condenação de gestores de empresas, com base em responsabilizações assemelhadas àquelas de diretores de empresas que foram cúmplices dos piores crimes do nacional-socialismo alemão, produzindo e encaminhando gás venenoso aos campos de concentração para extermínio de centenas de milhares de pessoas, solicitando aos comandantes nazistas e obtendo mão de obra escrava para suas fábricas, graves crimes estes que continuaram ocorrendo após o término da 2.ª Guerra Mundial, em que empresas petroleiras e mineradoras, para obterem concessões públicas de exploração e segurança, entregaram armas, munições e veículos para milícias e forças militares que as utilizavam para atacar e matar dezenas de milhares de civis desarmados.

Pontua Demetrio Crespo (2018, p. 19-23) que as conclusões dos expertos da CIJ (2010a, 2010b e 2010c) são firmes no sentido de que os diretores e membros das empresas podem ser responsabilizados penalmente quando tiverem participado da prática de crimes de competência do TPI, embora se tratando de uma responsabilidade penal individual (como líder, organizador, instigador, cúmplice etc.), mas sem responsabilizar pessoas jurídicas. Conclui que as vulnerações massivas de direitos humanos por empresas transnacionais não podem continuar sem resposta da comunidade internacional, devendo ser realizado um esforço muito sério para serem criados instrumentos jurídicos adequados, inclusive do Direito Penal internacional, sobretudo para prevenir e reprimir as "terríveis consequências" que continuam provocando contra seres humanos

Neste rumo, são variados os casos pontuados por Neglia (2015, p. 11-15), em que descreve gravíssimos comportamentos praticados por pessoas coletivas contra os direitos humanos, apesar de terem sido resolvidos mediante acordos extrajudiciais:

a) o caso da U. que, em cooperação com a T., foi processada em ação judicial sob a acusação de utilizar pessoas em trabalhos forçados e de torturar milhares de pessoas, com a ajuda do Exército de Mianmar, durante o período em que construiu um oleoduto[572];

b) a situação da Nestlé, acusada de participar do tráfico de menores de Mali para a Costa do Marfim[573];

c) o caso da P., acusada de realizar experimentos e testes biomédicos (sobre meningite) que não haviam sido autorizados em centenas de menores de idade na Nigéria[574];

d) o desastre humano e ambiental da U. C. C., ocorrido em Bophal, na Índia, em que morreram mais de três mil e quinhentas pessoas e foram contaminadas e/ou feridas outras centenas de milhares, devido ao vazamento de cerca de quarenta toneladas de gás com alta letalidade de uma indústria de produtos químicos, provocando ainda uma contaminação tóxica em toda aquela região[575];

e) o caso de Rana Plaza, em Bangladesh, de uma indústria produtora de tecidos para empresas transnacionais norte-americanas e europeias, em que mais de mil e cem pessoas faleceram e cerca de duas mil foram gravemente feridas em 2013, sem que tivessem sido tomadas as providências necessárias diante das numerosas denúncias anteriores apresentadas pelos trabalhadores da fábrica.

[572] Trata-se do caso United States District Court, Central District of California, Doe v. Unocal Corp., 25 march 1997.

[573] O caso foi United States District Court, Central District of California, Doe v. Nestlè, 8 september 2010.

[574] Refere-se ao caso United States District Court, Southern district of New York, Abdullahi et al. v. Pfizer Inc, 17 september 2002.

[575] Diz respeito ao caso United States District Court, Southern District of New York, Union Carbide Corp. Gas Plant Disaster at Bophal, 12 may 1986.

Estes desastres reavivaram nos organismos intergovernamentais a urgente necessidade de prever a responsabilidade das empresas transnacionais quanto às condições de trabalho nas empresas subcontratadas nas cadeias de produção e ao respeito pelos direitos humanos, em contraposição à "cegueira deliberada" usada com frequência por empresas de alcance global para justificarem seu envolvimento em graves incidentes e obterem impunidade, como pontua Bright (2015, p. 2-9).

Vejam-se, neste aspeto, os "Princípios Orientadores sobre Empresas e Direitos Humanos" das Nações Unidas, endossados por unanimidade pelo Conselho de Direitos Humanos das Nações Unidas em 16 de junho de 2011. Os princípios orientadores conformam a única orientação emitida para os Estados e empresas quanto aos direitos humanos, baseando-se em três princípios gerais:

a) o dever do Estado de *proteger* os direitos humanos[576];
b) a responsabilidade das empresas de *respeitar* os direitos humanos[577];

[576] São dez os princípios a serem seguidos pelos Estados para a *proteção dos direitos humanos*, entre os quais se destacam (Brasil, MMFDH, 2019): "1. Os Estados devem proteger contra violações a direitos humanos cometidas em seu território e/ou jurisdição por terceiros, incluindo empresas. Para tanto, devem adotar as medidas adequadas para prevenir, investigar, punir e reparar essas violações por meio de políticas públicas adequadas, normas, regulamentação e apreciação judicial. 2. Os Estados devem estabelecer claramente a expectativa de que todas as empresas domiciliadas em seu território e/ou jurisdição respeitem os direitos humanos em todas as suas atividades e operações. [...] 4. Os Estados devem adotar medidas adicionais de proteção contra as violações a direitos humanos cometidas por empresas de sua propriedade, sob seu controle ou que recebam significativo apoio e serviços dos órgãos estatais [...] 5. Para cumprir as suas obrigações internacionais de direitos humanos, os Estados devem exercer um monitoramento adequado quando contratam empresas ou promulgam leis para a prestação de serviços que podem impactar o gozo e usufruto dos direitos humanos. [...] 9. Os Estados devem manter um marco normativo nacional adequado a fim de assegurar o cumprimento de suas obrigações de direitos humanos ao firmar acordos políticos sobre atividades empresariais com outros Estados ou empresas, por exemplo, por meio de tratados ou contratos de investimento."

[577] Os princípios (Brasil, MMFDH, 2019) relacionados à responsabilidade das empresas de *respeitarem os direitos humanos* são quatorze, entre os quais consideramos de maior relevo: "[...] 11. As empresas devem respeitar os direitos humanos. Isso significa que elas devem se abster de violar os direitos humanos e devem enfrentar os impactos adversos nos direitos humanos com os quais tenham algum envolvimento. 12. A responsabilidade das empresas de respeitar os direitos humanos refere-se aos direitos humanos internacionalmente reconhecidos – entendidos, no mínimo, como aqueles expressos na Carta Internacional de Direitos

c) o acesso a mecanismos para *reparar* as violações de direitos humanos[578].

Humanos e os princípios de direitos fundamentais estabelecidos na Declaração da Organização Internacional do Trabalho sobre os Princípios e Direitos Fundamentais no Trabalho. 13. A responsabilidade de respeitar os direitos humanos exige que as empresas: *a)* Evitem causar ou contribuir para impactos adversos nos direitos humanos por meio de suas próprias atividades e enfrentem esses impactos quando eles vierem a ocorrer; *b)* Busquem prevenir ou mitigar impactos adversos nos direitos humanos que estejam diretamente relacionados às suas atividades e operações, produtos ou serviços prestados em suas relações comerciais, mesmo se elas não tiverem contribuído para esses impactos. [...] 17. Para identificar, prevenir, mitigar e responder aos impactos adversos nos direitos humanos, as empresas devem realizar um processo de devida diligência em direitos humanos. O processo deve incluir a avaliação dos impactos reais e potenciais de suas atividades e operações nos direitos humanos; a consideração desses impactos nas suas políticas, em seus programas, na sua gestão; a adoção de medidas de prevenção e mitigação; o monitoramento das ações adotadas; e a comunicação sobre como esses impactos são enfrentados. [...] 22. Quando as empresas constatarem que causaram ou contribuíram para causar impactos adversos nos direitos humanos, elas devem reparar ou contribuir para sua reparação por meio de processos legítimos. [...] 24. Quando for necessário priorizar medidas para fazer frente aos impactos adversos, reais e potenciais, nos direitos humanos, as empresas devem primeiramente buscar prevenir e mitigar as consequências mais graves ou que possam se tornar irreversíveis caso não recebam uma resposta imediata."

[578] Entre os princípios orientadores (Brasil, MMFDH, 2019) relativos à *reparação* de violações de direitos humanos, destacam-se: "[...] 25. Como parte de seu dever de proteção contra violações a direitos humanos relacionadas com atividades empresariais, os Estados devem tomar medidas adequadas para garantir, por meios judiciais, administrativos, legislativos ou outros meios apropriados que, quando essas violações ocorram em seu território e/ou jurisdição, os indivíduos ou grupos impactados tenham acesso a mecanismos de reparação eficazes. 26. Os Estados devem adotar as medidas apropriadas para assegurar a eficácia dos mecanismos judiciais nacionais ao tratarem de violações a direitos humanos relacionadas às atividades empresariais, especialmente considerando formas de reduzir os obstáculos jurídicos, práticos e de outras naturezas que possam levar a uma negação do acesso aos mecanismos de reparação. 27. Os Estados devem fornecer mecanismos de denúncia extrajudiciais eficazes e apropriados, paralelamente aos mecanismos judiciais, como parte de um sistema estatal integral de reparação de violações a direitos humanos relacionadas às atividades empresariais. 28. Os Estados devem disponibilizar formas de facilitar o acesso a mecanismos não-estatais de denúncia efetivos que tratem de violações a direitos humanos relacionadas às atividades empresariais. 29. Para que seja possível atender rapidamente e reparar diretamente os danos causados, as empresas devem estabelecer ou participar de mecanismos de denúncia de nível operacional eficazes, que estejam à disposição de indivíduos e grupos que possam sofrer os impactos adversos. 30. As corporações industriais, as coletividades formadas por múltiplas partes interessadas e outras iniciativas colaborativas baseadas no respeito às normas de direitos humanos devem garantir que mecanismos de denúncia efetivos estejam disponíveis."

Esta mudança de perspetiva, representada pela aprovação (por unanimidade do Conselho de Direitos Humanos da ONU) e divulgação dos "Princípios Orientadores sobre Empresas e Direitos Humanos", pode ter a aparência de um pequeno e simples passo, inclusive por não criar obrigações juridicamente vinculativas para Estados e empresas. Entretanto, sua relevância e o seu alcance vão muito além, pois os 31 princípios são acompanhados por comentários que descrevem o respetivo significado, bem como seus desdobramentos e efeitos políticos, legais e práticos, incluindo todos os direitos reconhecidos a nível internacional, aplicando-se a todos Estados e empresas (como instrumento de *soft law*), diante do endosso pelos Estados que compõem a ONU, da ampla aceitação (e participação na sua elaboração) das partes envolvidas (governos, empresas, órgãos setoriais e normalizadores internacionais, grupos da sociedade civil e organizações de trabalhadores, como analisa Ruggie (2019, p. 7-8).

Revela-se, neste aspeto, uma certa evolução na conceção que a comunidade internacional mantinha sobre o tema, deixando de dar atenção apenas à segurança político-estatal e da economia, acrescentando a esta um patamar mínimo de zelo de Estados e de empresas ao direito individual à segurança humana[579], buscando-se lhe atribuir uma maior objetividade e eficácia, através de princípios como a universalidade, a interdependência, a prevenção e a humanidade[580]. E esta ideia precisa continuar evoluindo, em especial quando os mais vulneráveis, de Estados desenvolvidos, em desenvolvimento ou subdesenvolvidos, continuam representando quase a metade da humanidade, que sobrevive com dois dólares ou menos por dia, como lembra Kofi Annan (2002, *passim*).

[579] Segundo Neglia (2015, p. 12-13), as acusações de exploração de trabalho em condições de escravidão de milhares de seres humanos na Indonésia contra a Nike, pagando valores apenas simbólicos por hora trabalhada e utilizando trabalho infantil, como destacam Burns (2002, *passim*) e Ruggie (2013, *passim*), repercutiu de modo extremamente negativo na opinião pública e denegriu a imagem da empresa, mas a fez reconhecer o erro e tornou-a uma referência mundial quanto à *responsabilidade social empresarial*.

[580] Conforme Gouveia (2015, p. 16-19), a partir do relatório do "Programa das Nações Unidas para o Desenvolvimento" apresentado em 1994, vem sendo invocada e densificada a conceção de "segurança humana", inclusive revelando maior relevância que o conceito de segurança político-estatal em muitos contextos.

Esta extrema pobreza viabiliza abusos e verdadeiros crimes contra a humanidade, praticados em larga escala não apenas por ditadores sanguinários de países falhados ou subdesenvolvidos, mas também por empresas e empresários sem qualquer compromisso com valores éticos ou com os direitos humanos previstos em normas internacionais, que exploram estas condições subumanas de fome e pobreza para submeter pessoas a condições análogas à escravidão no intuito de obterem maior lucro.

E não esqueçamos que a própria criminalidade organizada empresarial, quer seja aquela do crime organizado violento, quer seja aquela do crime organizado não violento, possuem uma capacidade ainda maior de causar danos às populações mais vulneráveis (sobretudo quando empreendem e estabelecem empresas em Estados falhados ou subdesenvolvidos), em que o princípio da não ingerência em outros Estados exige, no mínimo, a existência de padrões mínimos de alcance internacional para regular comportamentos empresariais, mesmo que através de instrumentos de *soft law*, como os "Princípios Orientadores sobre Empresas e Direitos Humanos" do Conselho de Direitos Humanos da ONU.

E sob este prisma de proteção dos direitos humanos em relação às empresas, reforça Zuñiga Rodriguez (2018d, p. 109) que organismos internacionais, entre os quais a ONU e a OCDE se destacam, estabeleceram também diversas outras obrigações dirigidas aos Estados, visando "prevenir, investigar, sancionar e reparar" as lesões e os danos causados pelas empresas. Acrescenta que a segurança, o desenvolvimento humano e os direitos humanos são interdependentes entre si, resultando num especial interesse [e necessidade] de evitar a impunidade das condutas das empresas que *contrariam a ética de mercado e vulneram de forma massiva os direitos humanos*, atingindo, em regra, aqueles que já são os mais debilitados. Recorda, ainda, as diversas Convenções Internacionais em que os Estados se comprometeram a contemplar sanções "efetivas, proporcionais e dissuasórias" contra empresas (nacionais ou transnacionais) que pratiquem condutas criminosas como a corrupção pública e privada, contra o meio ambiente, contra os trabalhadores, financiamento do terrorismo, criminalidade organizada, *i. e.*, criminalizando estes e outros comportamentos graves, deixando para os casos de controle de riscos e de infrações menos graves as sanções administrativas.

Revela-se necessário, portanto, trazer à mesa de discussão a possibilidade de uma nova fase do Direito Internacional Penal, que viabilizaria a responsabilização penal de dirigentes de pessoas jurídicas por crimes contra a humanidade, em especial em casos como os recém citados, em que são provocadas centenas ou milhares de mortes, mutilações ou contaminações, ou então reduzem milhares de pessoas a condições semelhantes à escravidão, entre outros comportamentos considerados como crimes contra a humanidade[581].

De facto, inclusive percebendo-se a profunda interconexão do direito com as iniciativas sociais que visavam a limitação do poder (o qual costuma se tornar arbitrário e/ou abusivo quando não lhe são impostos limites), tanto de governantes quanto de grupos de indivíduos (sociais, étnicos, políticos etc.)

[581] Neste sentido, consta na Lei n.º 31/2004, de 22 de julho, que trata da Violação do Direito Internacional e adapta a legislação penal portuguesa ao Estatuto do Tribunal Penal Internacional: "[...] **Artigo 9.º Crimes contra a humanidade**. Quem, no quadro de um ataque generalizado ou sistemático contra qualquer população civil, praticar: *a)* Homicídio; *b)* Extermínio, entendido como a sujeição de toda ou de parte da população a condições de vida adversas, tais como a privação do acesso a alimentos ou medicamentos, idóneas a provocar a morte de uma ou mais pessoas; *c)* Escravidão, nos termos do artigo 159.º do Código Penal; *d)* Deportação ou transferência forçada de uma população, entendidas como a deslocação ilícita de uma ou mais pessoas para outro Estado ou local através da sua expulsão ou outro acto coercivo; *e)* Prisão ou qualquer outra forma grave de privação da liberdade física de uma pessoa, em violação das normas ou dos princípios do direito internacional; *f)* Tortura, entendida como o acto que consiste em infligir dor ou sofrimento, físico ou psicológico, grave, a pessoa privada da liberdade ou sob o controlo do agente; *g)* Pela força, ameaça de força ou outra forma de coacção, ou aproveitando uma situação de coacção ou a incapacidade de autodeterminação da vítima: *i)* Causar a penetração, por insignificante que seja, em qualquer parte do corpo da vítima, ou do agente, de qualquer parte do corpo do agente, da vítima ou de terceiro, ou de um objecto; *ii)* Constranger uma pessoa, reduzida ao estado ou à condição de escravo, a praticar actos de natureza sexual; [...] *vi)* Outra forma de violência no campo sexual de gravidade comparável; *h)* Perseguição, entendida como a privação do gozo de direitos fundamentais, em violação do direito internacional, a um grupo ou colectividade que possa ser identificado por motivos políticos, raciais, nacionais, étnicos, culturais, religiosos, de sexo ou em função de outros critérios universalmente reconhecidos como inaceitáveis no direito internacional; *i)* Desaparecimento forçado de pessoas, entendido como a detenção, a prisão ou o sequestro promovido por um Estado ou organização política, ou com a sua autorização, apoio ou concordância, seguidos de recusa a reconhecer tal estado de privação de liberdade ou a prestar qualquer informação sobre a situação ou localização dessas pessoas, com o propósito de lhes negar a protecção da lei por um longo período de tempo; *l)* Actos desumanos de carácter semelhante que causem intencionalmente grande sofrimento, ferimentos graves ou afectem a saúde mental ou física; é punido com pena de prisão de 12 a 25 anos."

que possuíam poder quase que absoluto sobre o destino das demais pessoas, em tantos e diferentes momentos e locais da história da civilização humana, deve ser avaliado também que as fases anteriores do sistema de responsabilização penal internacional buscaram a responsabilização (e as respetivas prevenção geral e prevenção especial) relativas a crimes gravíssimos (como genocídio, contra a humanidade, de guerra e de agressão) praticados por chefes de Estado, governantes e oficiais dos Estados cujas maiores vítimas sempre foram as populações civis. Como lembra Giddens (1998, p. 09-21), não podemos continuar ignorando os conflitos que provocaram mais de 100 milhões de mortes no século XX e permanecem ceifando milhares de vidas em diferentes locais do planeta, nem deveríamos esquecer as lições que estas atrocidades deixaram.

Entretanto, diante da emergência representada pelos novos e poderosos atores[582] no cenário internacional, como reconhece Neves (2009, p. 34), os quais conformam centros ou redes de poder económico-financeiros com enorme capacidade de impor suas decisões, vinculando coletividades, mercados e setores globais inteiros, deve-se buscar um meio equilibrado e com legitimidade, a ser proporcionado pela comunidade internacional, mediante consenso, que viabilize a eventual responsabilização destas empresas de alcance transnacional ou global diante de eventuais graves crimes, sobretudo quando praticados em Estados frágeis, subdesenvolvidos ou falhados, incapazes de promoverem a devida responsabilização penal.

Esta necessidade se revela imprescindível neste período em que grandes empresas transnacionais ou globais desenvolvem suas atividades em escala mundial, com localização incerta e escapando aos controlos estatais, como relata Anabela M. Rodrigues (2020, p. 29-30), porque se instalam ou realizam parte ou a totalidade das suas operações empresariais no Estado mais favorável em áreas como "fiscal, laboral, segurança social, capacidade industrial,

[582] A globalização, sustenta Beck (1999, p. 13-28), também significou a saída da política do "marco categorial do Estado nacional", pois surgiram novos atores (protagonistas) na política internacional, agora não mais "domesticados" ou submissos ao Estado fundado em alicerces democráticos, ao Estado do bem-estar. Comenta que estes protagonistas são as empresas que atuam em escala global, que vêm exercendo um papel central tanto na economia quanto na conformação da sociedade e na definição das políticas dos Estados, os quais se converteram em entes "domesticados" perante as grandes empresas transnacionais e globais, invertendo os papéis sob o "domínio subordinador do mercado mundial".

exigências ambientais, apoios públicos ou em matéria de sigilo bancário", além de outro importante fator, relativo ao "direito penal, cujas opções legislativas condicionam o investimento e são, em contrapartida, condicionadas por ele." Arremata asseverando que, na atualidade, as "grandes empresas desterritorializadas detêm o poder real e invisível de definir as agendas políticas globais, cabendo aos Estados procederem à sua concretização de forma visível."

Em sentido semelhante, sustenta Naucke (2015, p. 135-137) que o *Direito Penal Internacional* deve ser complementado pelo *Direito Penal Económico Internacional*, por um Direito Penal Económico da liberdade, com respeito aos serviços, bens e produtos financeiros. Reconhece que, se hoje os *cidadãos estatais* podem chamar em seu auxílio o Direito Penal Internacional contra as agressões ou lesões causadas pelo poder do Estado, os *cidadãos económicos* também devem poder chamar em seu auxílio um Direito Penal Económico Internacional, "ante o poder avassalador de uma organização económico-financeira", pois entende que o Direito Penal Moderno deve ser ordenado de forma a controlar todo poder sobre a liberdade humana e demais direitos humanos, *i. e.*, o Direito Penal deve impor limites a todo e qualquer poder que pode atingir (de modo avassalador, intolerável) a liberdade do ser humano (e da respetiva família), o direito de tomar suas decisões e planejar sua vida económico-financeira com um mínimo de segurança[583], livre de fraudes, crises e outros comportamentos criminosos de alta lesividade que lhe tolham as economias e os frutos do seu trabalho de toda uma vida.

[583] Lembra Naucke (2015, p. 63-65) que a história da civilização humana teve vários períodos em que o *cidadão* teve sua liberdade cerceada por algum poder avassalador e coercivo, o qual só foi contido ou limitado após muitas lutas e pressões dos cidadãos, como o poder *monárquico* e o poder *religioso*, de modo gradativo submetidos ao direito como instrumento para refrear os excessos arbitrários. Alerta que depois veio o poder da *política*, que só foi "domesticada" após se tornar uma *política punível*, também mediante normas (inclusive penais) que passaram a tutelar alguns direitos dos cidadãos. Neste momento em que o ser humano se tornou um *cidadão submetido à economia*, em que ao indivíduo diz-se que a economia é o seu destino, não há nada mais razoável e proporcional do que estabelecer limites também a este poder através do direito, inclusive mediante a evidentemente necessária tutela penal perante os excessos e as lesões massivas causadas aos cidadãos, pois é intolerável a manutenção deste "abismo" entre o *Direito Penal* e a *economia* que se manifesta de modo claro a cada crise financeira, que causa danos gravíssimos, de alcance regional ou global, granjeando aos responsáveis, altos membros da classe política e/ou de setores económico-financeiros, total impunidade, sem qualquer proteção ao cidadão.

Diante destes fatores, de modo óbvio a comunidade internacional precisa avançar na proteção das pessoas e das comunidades contra os mais graves crimes contra a humanidade, praticados por entes económicos tão ou mais poderosos do que muitos Estados, com capacidade de causarem vastos danos, milhares de mortos, mutilados e contaminados, em especial quando atuam em países subdesenvolvidos ou falhados, incapazes de promoverem a persecução penal dos responsáveis e a adequada reparação aos indivíduos e grupos vitimados.

Reitera-se, portanto, a extrema relevância do Estado de Direito Democrático[584], enquanto único ente da sociedade com legitimidade para exercer a coerção sobre as pessoas físicas e jurídicas, desde que atue como instrumento voltado para a promoção de uma convivência pacífica com liberdade, justiça e segurança, tutelando as pessoas e a sociedade como um todo, estimulando e proporcionando um bom e adequado ambiente para investimentos e negócios, entre outras atribuições e tarefas constitucionais. Neste vértice, deve também adotar medidas adequadas e legítimas para prevenir, detetar e reprimir a macrocriminalidade, que conforma um severo obstáculo ao desenvolvimento económico e social, à promoção e proteção dos direitos humanos, além de favorecer o parasitismo.

Considerações capitulares

A Criminalidade Organizada Empresarial deve ser analisada sob os pontos de vista da política criminal, da dogmática penal e da criminologia.

Nesta direção, repita-se que o exame deste fenómeno também não pode ignorar que ao Estado cabe promover e estimular o exercício da livre iniciativa

[584] Nas lições de Canotilho e Vital Moreira (2007, p. 277-278), o princípio do *Estado de Direito Democrático* tem na garantia dos direitos fundamentais, sobretudo dos direitos, liberdades e garantias, seu componente essencial. Alertam que ao consignar esta *tarefa fundamental* ao Estado, o Texto Constitucional determina que os direitos e liberdades fundamentais e o Estado de Direito não impõem apenas o devido respeito pelo Estado, numa postura de não ingerência e de abstenção, porque também implica no dever estatal de os garantir e fazer com que sejam observados por todos, enquanto tarefa fundamental e positiva do Estado. Exige-se do Estado, portanto, não apenas uma atitude passiva, no sentido de não cometer excessos e/ou arbitrariedades, mas também uma postura ativa, protegendo e fazendo com que os direitos, as liberdades e as garantias fundamentais sejam respeitados por todos, pessoas físicas ou coletivas.

de atividades económicas, força empreendedora e dinamizadora da sociedade que proporciona o desenvolvimento da economia, impulsiona o progresso e a melhora das condições de vida, em que a busca pelo lucro é um dos principais objetivos do ser humano nesta sociedade ocidental de cariz capitalista.

Por outro lado, o Estado também foi incumbido de regular e supervisionar estas atividades económicas e financeiras, vinculadas a fins sociais e a um sistema sustentável, mas sob a perceção de que a regulação excessiva e a supervisão desequilibrada geram o entorpecimento e a inoperância da economia e das atividades geradoras de bens, serviços e riquezas, empregos, tributos e contribuições à seguridade social, essenciais ao bem-estar e à dignidade humana dos indivíduos em Estados de Direito Democráticos.

Entretanto, nesta sociedade tardo-moderna globalizada, os gravíssimos crimes económicos, financeiros, políticos e outros desta natureza atingiram níveis alarmantes, sobretudo mediante condutas altamente lesivas em escala transnacional, provocando prejuízos diretos e indiretos que repercutem na estabilidade da economia e das instituições estruturantes da sociedade ocidental e da democracia.

Estes danos causados pela criminalidade particularmente grave, em que a utilização da pessoa coletiva (como instrumento ou como centro ético-jurídico para a prática de crimes graves) se tornou habitual, teve tal ressonância no cenário nacional, regional e global, que à Política Criminal não foi mais permitido acobertar a quantidade, a natureza, a gravíssima e especialíssima danosidade desta criminalidade organizada empresarial, que já vinha sendo abordada e anunciada há muito tempo pela criminologia, sobretudo pela criminologia crítica e mais recentemente pela zemiologia, que direcionam especial ênfase aos danos causados pelas condutas de pessoas físicas e jurídicas aos bens considerados jusfundamentais pelas Constituições e pelos instrumentos jurídicos internacionais de direitos humanos.

Deste modo, diante da impossibilidade de continuar acobertando a alta danosidade da criminalidade empresarial que já vinha sendo denunciada há mais de um século[585], em especial aquela cuja alta lesividade é ampliada

[585] Destaca-se que a criminologia (sobretudo a correcionalista) e a sociologia já denunciavam os abusos empresariais e seus comportamentos de alta lesividade a bens jurídico-constitucionais dignos de tutela penal desde a segunda metade do século XIX, em que também se tornaram conhecidas várias alianças criminosas entre políticos (subornados)

de modo exponencial por ser praticada de forma organizada em ambientes normalizados, da economia legal, conformando organizações criminosas, verificou-se uma expansão penal direcionada a estes crimes económicos e financeiros, embora até o momento aparentem conter tão só uma função simbólica no contexto dos Estados com economias capitalistas[586].

Entretanto, não podemos deixar de registar a imensa dificuldade que a necessidade de responsabilizar penalmente as pessoas coletivas envolvidas nestes graves crimes trouxe aos governantes e aos legisladores, à definição da Política Criminal, à Criminologia, à Dogmática Jurídica e aos intérpretes do Direito, pois o Direito Penal vinha sendo construído ao longo dos séculos com base em paradigmas muito diferentes, em que um indivíduo (que pode ser identificado) causa uma lesão ao bem jurídico de outro indivíduo (vítima), também individualizável.

Este sistema clássico tem várias distinções em relação ao sistema de responsabilização das pessoas coletivas, exigência esta que decorre de uma mudança contemporânea em que foram reconhecidos os danos gravíssimos ou os altos riscos aos seres humanos (de cariz ambiental, nuclear, de poluição altamente tóxica, radioativa, alimentar, farmacêutica, de crises financeiras e económicas, de fraudes bilionárias, contra os direitos humanos etc.), os quais são causados, em regra, justamente por empresas e demais pessoas coletivas. Deste modo, restou inviabilizado que estas modalidades criminosas e os crimes praticados mediante a utilização de pessoas jurídicas pudessem continuar sendo ignorados ou bagatelizados, visto que são dignos de tutela reforçada pelo Estado de Direito Democrático, ou seja, dignos de proteção penal.

No entanto, esta tutela estatal reforçada, de cariz penal, por representar o relacionamento mais contundente entre o Estado e as pessoas (físicas ou jurídicas), inclusive porque em crimes económicos e em outras searas criminais é possível a responsabilização individual e da pessoa jurídica de modo

e grupos empresariais desonestos, além de outros comportamentos ilícitos apontados por autores como Karl Röder (1867), Pedro Dorado Montero (1895), Thorstein Veblen (1899), Ida Tarbell (1904), Upton Sinclair (1906), Edward Alsworth Ross (1907), Willem Bonger (1916), Josephson (1934), Albert Morris (1935), Edwin Sutherland (1937, 1939, 1949[2015]).

586 Conforme comprovam os dados de indivíduos condenados e cumprindo pena privativa de liberdade nos países ocidentais de economia capitalista, os apenados desta modalidade criminosa são extremamente raros.

simultâneo, deve ser proporcional, coerente, estável, promotora de segurança jurídica e de pacificação social.

Desta maneira, para que a Política Criminal, a legislação e o Estado-julgador possam atuar como instrumentos que proporcionam uma convivência pacífica, com liberdade, segurança e justiça, na seara penal de um Estado de Direito Democrático, com toda a carga axiológica que este termo traz consigo, deve-se estabelecer um sistema penal que regule as relações e comportamentos de modo coerente, compreensível e acessível a todos os destinatários.

Nesta direção, enfatizamos o *princípio da constitucionalidade*, o *princípio da legalidade* e o *princípio da reserva de código*, indispensáveis para que as normas penais, *i. e.*, as condutas permitidas e os comportamentos proibidos (com as respetivas sanções), sejam conhecidos por todos, de modo inteligível e seguro, num código único, evitando que a edição de normas esparsas em profusão (inabarcáveis até mesmo para especialistas) inviabilize totalmente o cumprimento de princípios basilares como o fornecimento de uma legislação penal escrita, prévia, acessível e clara a todos, com as devidas determinabilidade jurídica e taxatividade.

Esta necessidade clara e óbvia, que viabiliza também a livre determinação dos cidadãos diante do ordenamento jurídico, tem sido desrespeitada diariamente pelos Estados e organismos internacionais, diante de um evidente abuso no direito de legislar[587] em que, ao contrário do que o bom senso e as atribuições constitucionais do Estado e das suas instituições recomendam, promovem um crescente processo de descodificação da legislação penal e sérios danos à racionalidade do *Sistema Penal Integral* (penal, processual penal e de execução da sanção).

Gera-se, então, uma inconstitucional queda na qualidade técnica da ordem jurídico-penal e da coordenação entre as normas e dispositivos, gerando alta insegurança jurídica (e consequentes decisões judiciais díspares), agravada pela falta de resolução de outros problemas estruturantes da sociedade (emprego, moradia, alimentação, pobreza etc.), em que o Estado busca resolver os problemas causados pela redução de programas assistenciais e sociais (redução

587 Neste aspeto, perfilhamos o entendimento de Castanheira Neves (2012, p. 9-17), no sentido de que este abuso no direito de legislar, sem o profundo e responsável labor político, a apurada técnica legiferativa e a sistematicidade que são necessários, de forma paradoxal acabam produzindo "muitas leis e pouco direito".

esta causada, *v. g.*, por crises financeiras), mediante a ampliação do rigor em normas penais voltadas à criminalidade de subsistência e/ou violenta.

Esta evidente queda na qualidade técnica das normas penais, dispersas e descoordenadas entre si, ao contrário da capacidade racionalizadora que advém de um verdadeiro *Sistema Penal Integral*, também causa sérios prejuízos à *Ciência Conjunta do Direito Penal* (enquanto integração da política criminal[588], da dogmática, da criminologia e da vitimologia), em que poderiam ser viabilizados (apesar da velocidade com que ocorrem mudanças nesta sociedade tardo-moderna líquida e acelerada) estudos e políticas públicas com maior estabilidade e equilíbrio, de médio e longo prazo, na prudente velocidade do Direito Penal, sobretudo neste momento em que a "legislação de emergência", que deveria vigorar de forma temporária, parece ter se tornado "legislação permanente".

Estas questões são de enorme relevância ao tratarmos da criminalidade organizada empresarial, diante da citada necessidade de coerência no sistema penal integral, pois as disposições relacionadas à responsabilização das pessoas coletivas e à conceituação da criminalidade organizada (em sistema aberto e fechado) precisam evoluir e reparar as lacunas legais, e o tratamento das pessoas coletivas e da criminalidade organizada na seara processual penal precisa ser estabelecido com clareza, assim como no que se refere à execução penal.

Neste rumo, sustentamos que, no que se refere à conceituação de uma organização criminosa e do pressuposto relativo aos crimes que visam praticar, que estes crimes devem ser estabelecidos mediante um catálogo e a fixação

[588] Utilizamos como referência o entendimento de Valente (2013a, p. 536), para quem a *Política Criminal* de um Estado de Direito Democrático, "[...] como ciência não jurídica que desenha o conteúdo e os fins do Direito penal, está subordinada aos vectores da legitimidade e da eficácia e aos princípios ético-filosófico-jurídicos da legalidade, da culpabilidade, da humanidade e da ressocialização, e compete-lhe debruçar-se sobre as causas do crime, sobre a correcta redacção dos tipos legais de crime de modo a corresponderem à realidade delituosa, sobre os efeitos das sanções penais, sobre o limite de extensão da aplicação do Direito penal de que dispõe o legislador face à liberdade do cidadão, sobre a adequação do Direito penal material ao Direito processual penal e, ainda, sobre o fundamento, o fim e os limites atribuídos aos operadores judiciários – sem exclusão de algum – na prossecução da prevenção criminal: evitar o crime e, tendo sido cometido, restabelecer a paz jurídica e social pela reintegração do bem jurídico-criminal lesado ou colocado em perigo de lesão e responsabilização e reinserção do seu autor."

de uma moldura penal (ou seja, de uma elevada pena privativa de liberdade cominada). Entretanto, o catálogo de crimes do ordenamento jurídico português precisa ser corrigido, incluindo no seu rol os crimes praticados pela *criminalidade organizada não violenta*, de modo a evitar que outros crimes graves (inclusive alguns com maior pena e capacidade lesiva) permaneçam excluídos do âmbito da criminalidade organizada e tratados mediante a utilização de meios de persecução penal menos eficazes.

Deste modo, o Estado evitaria oferecer uma *proteção aquém do mínimo exigível aos bens jurídicos dignos de tutela penal reforçada*, que desrespeita o *princípio da proporcionalidade*, por configurar uma proteção deficiente ou insuficiente, contrariando também o *princípio da isonomia* no tratamento jurídico-penal de crimes assemelhados (inclusive quanto à danosidade social e económica).

Ademais, deve-se retomar ao debate político, repita-se, o *princípio da codificação*, restituindo alguma segurança jurídica ao ordenamento jurídico-penal e diminuindo os lamentáveis erros[589]técnico-legiferativos e/ou desvios legislativos graves, como aqueles decorrentes da corrupção organizada e sistémica, em que o legislador poderia, na defesa de interesses privados e contrários ao bem-comum e à coerência do sistema penal, deixar de incluir no catálogo de crimes gravíssimas condutas praticadas pela criminalidade económica (organizada) e pela criminalidade (organizada) de representantes políticos e funcionários públicos de alto escalão, que erodem as mais importantes instituições e princípios estruturantes do Estado, da economia e da democracia. Aliás, os sintomas de desvios incoerentes, ilegítimos e desproporcionais na legislação penal, no sentido de adotar medidas penais e processuais penais severas tão só contra a *criminalidade organizada violenta*, estão se tornando evidentes com o passar dos anos, dada a elevada impunidade concedida à *criminalidade organizada empresarial*, geralmente *não violenta*, embora possa prestar serviços a organizações criminosas violentas em certas oportunidades.

[589] Vejam-se, *v. g.*, as disparidades entre os catálogos do art. 1.º, alínea *m)*, do CPP, e do art. 1.º, da Lei n.º 5/2002, em que esta última norma, de maneira inexplicável, deixa de incluir entre os crimes listados o tráfico de órgãos, além de ambos os catálogos não incluírem crimes que podem causar danos bilionários aos cofres públicos, à economia e aos direitos humanos, voltando-se quase que com exclusividade à prevenção e repressão à criminalidade organizada violenta, em total descompasso com a realidade criminológica.

Contudo, reiteramos que as medidas de persecução penal voltados para a prevenção e repressão da criminalidade particularmente grave, inclusive a criminalidade organizada, por causarem alta compressão de liberdades, garantias e direitos, só poderão ser usadas em casos excecionais, *i. e.*, não poderão ser utilizados contra todos os grupos que visem a prática de crimes, quando estes forem crimes leves, respeitando-se o princípio da proporcionalidade, no que tange à vedação do excesso.

Em sendo assim, devem ser mantidos os estudos referentes à *criminalidade organizada violenta*, mas devem ser ampliadas as pesquisas relativas à *criminalidade organizada não violenta*, influenciando-se os Estados através da criminologia e dos progressos dogmáticos penais, visando uma mais coerente e proporcional política criminal, que diminua a inconstitucional seletividade penal que grassa na sociedade contemporânea, que dirige à *criminalidade de rua e/ou violenta* o *direito penal do inimigo* (de ilegítimo rigor e compressão de direitos, liberdades e garantias pessoais fundamentais) e à *criminalidade empresarial e dos poderosos* o *direito penal do amigo* (de ilegítima e inconstitucional benevolência).

No mesmo vértice, evitar-se-ia que a definição da política criminal tivesse sentido único, punitivista e redutor de liberdades, garantias e direitos, viabilizando também a redescoberta da liberdade e a busca de um (re)equilíbrio desta com a segurança, com o importante contrabalanceamento com a justiça, inclusive mediante a descriminalização de condutas que, na atualidade, não possuem dignidade penal.

CONCLUSÕES

É chegado o momento de reunir as conclusões que tivemos ao longo deste estudo sobre a *criminalidade organizada empresarial*, apesar de as considerarmos mais como elementos de reflexão e pontos de partida para a continuidade do debate sobre o tema, do que propriamente pontos de chegada, pois as mudanças sociais, económicas e estruturais são constantes e, portanto, o Direito nunca estará pronto e acabado, sempre sendo passível de atualização, para adaptar-se às novas realidades humanas, e de aperfeiçoamento, para corrigir seus desvios, lacunas e imperfeições.

Nesta perspetiva, a sociedade continua em acelerado ritmo de globalização sob diversos prismas, com reflexos nas dinâmicas, relações e processos sociais, políticos, económicos, culturais, científicos e outros.

É neste cenário globalizado, em que além das vantagens proporcionadas pelos avanços científicos e tecnológicos, pela livre circulação de agentes económicos e pela permeabilização das fronteiras, também surgiram maiores ameaças, riscos, complexidades e incertezas para a humanidade, fazendo com que o Estado e suas instituições sejam a cada dia mais demandados, mais pressionados para que forneçam mais liberdade, mais segurança e mais justiça.

Entretanto, o Estado está perdendo muito do seu poder de regular as atividades e de impor suas normas, pois continua com alcance nacional enquanto as relações e processos se desenvolvem de forma dinâmica num ambiente globalizado, que desconhece fronteiras geográficas. Além disso, emergem diversas fontes do direito (infranacionais, nacionais, supranacionais e internacionais) no cenário globalizado, muitas delas sem qualquer vínculo com os processos democráticos de formação das normas. Essas fontes do direito costumam surgir e/ou são organizadas em redes de legalidade, gerando sistemas complexos e assíncronos, públicos ou privados, alguns com o poder em ascensão e outros em declínio, algumas vezes se complementando e em outras oportunidades se contrapondo, mediante instrumentos de *hard law* ou de *soft law*.

Diante de tantos atores e fontes de direito, destacam-se os organismos internacionais de segmentos privados do mercado ora globalizado, porque possuem consistente poder económico (*i. e.*, um *poder de facto* e não do *dever ser*) e capacidade de impor suas normas a nível internacional aos agentes económicos que atuam nos seus respetivos setores, agentes estes que se submetem para continuarem participando da economia de mercado. Os citados organismos têm como interesse quase que exclusivo maximizar os lucros das empresas que atuam no seu respetivo mercado e possuem também uma enorme capacidade de influenciar as decisões dos Estados e as políticas governamentais e legislativas, sobretudo quanto à regulação e supervisão das atividades económicas desenvolvidas no seu respetivo setor económico.

Deste modo, apesar de falhas dos Estados na definição e na execução de políticas públicas, os Estados de Direito Democráticos parecem ser o único instrumento que, diante da contínua pressão dos cidadãos e da sociedade civil organizada, pode proporcionar alguma liberdade, segurança e justiça aos indivíduos e comunidades, atuando na promoção e proteção de direitos humanos, desde que os governantes ampliem o interesse no cumprimento das atribuições estatais previstas no respetivo Texto Constitucional e, como reforço da soberania, atuem mediante cooperação com os demais Estados, através de organismos intergovernamentais internacionais, alcançando (ao menos) uma capacidade mínima de regular as relações do ambiente glocalizado.

De facto, as decisões e as regras mais relevantes deste cenário de capitalismo globalizado, desregulado e desorganizado (de uma *sociedade mundial sem um Estado mundial*), cujos reflexos diretos e indiretos causam modificações no destino das pessoas e das comunidades de todo o globo, não podem ser delegadas a organismos descompromissados com os valores éticos e com bens jusfundamentais da sociedade contemporânea, entre os quais têm especial relevância os direitos humanos.

Este facto tem acentuada importância, inclusive, porque enquanto os lucros da globalização são direcionados aos conglomerados empresariais transnacionais, as suas mazelas (como o desemprego e as migrações em massa, as alterações climáticas, a pobreza, a violência etc.) são despejadas sobre o Estado, ao mesmo tempo em que este perde o *poder regulador* e tem o *poder tributador* muito reduzido.

Ademais, as pessoas dependem do Estado-coletividade também para a prevenção e repressão de elementos causadores de outros impactos negativos e ameaças graves que pairam sobre o ser humano, como os riscos nucleares, os dejetos radioativos ou altamente tóxicos, além de fenómenos criminológicos de alta danosidade em escala global, como a criminalidade organizada, a criminalidade empresarial, a corrupção e o branqueamento de capitais.

Esta situação é agravada pelo facto das organizações criminosas terem adotado sistemas empresariais e estruturas em rede avançados, com melhor flexibilidade e capacidade de adaptação às oportunidades e às técnicas dos órgãos estatais de persecução penal, alcance transnacional, maior habilidade para dissimular as ações, as lideranças e os produtos do programa criminoso, além da ampliação e sofisticação dos métodos utilizados para infiltração e tomada de setores públicos, económicos e sociais estruturantes da sociedade.

Estas mudanças adotadas pela *criminalidade organizada violenta* (que pratica, em regra, tráfico de drogas, armas, pessoas e outros crimes desta natureza) e pela *criminalidade organizada não violenta* (que costuma praticar crimes económicos, tributários, contra a segurança social, contra o mercado de valores mobiliários etc.) exigem uma mudança na metodologia dos órgãos estatais de persecução penal. Esta deve evoluir de uma busca pelo conhecimento tão só *retrospectivo* para o conhecimento em tempo real das estruturas, do programa criminoso, dos membros e colaboradores, bem como dos produtos do crime da organização criminosa, através de uma visão *prospetiva*, *proativa*, embora sob autorização e acompanhamento judicial, de forma a preservar os direitos, liberdades e garantias fundamentais dos envolvidos.

Nesta senda, deve-se perceber também que a simples investigação, acusação e condenação individualizadas de membros das organizações criminosas não permitem interromper os programas criminosos de alta danosidade que executam, tornando necessário este conhecimento sobre as estruturas e sistemas criminosos, de forma a viabilizar a prisão da maioria dos envolvidos e o confisco dos produtos do projeto criminoso.

Entretanto, não podemos olvidar que a larga utilização de *pessoas coletivas* (sobretudo empresas) pelas organizações criminosas, como instrumentos do programa criminoso (nas modalidades *fantasma*, *fictícia* ou *de fachada*) ou como *centro ético-jurídico para a prática de crimes graves*, alcançou nível transnacional e lesividade alarmante, motivos pelos quais a *criminalidade organizada* e outras formas de *criminalidade grave* com as quais mantém profunda interconexão, como a corrupção, a criminalidade económica e o branqueamento de capitais, passaram a ser tratadas em Convenções Internacionais de organismos intergovernamentais como a ONU, a UE e a OEA.

Estas Convenções Internacionais contra a *criminalidade particularmente grave* criaram meios um tanto amplos de responsabilização penal, exigindo dos legisladores nacionais profundo labor e técnica apurada na legiferação necessária para a internalização das medidas de investigação e/ou processuais e dos crimes listados nas respetivas ordens jurídicas, em especial para corrigir distorções decorrentes do facto de que estas normas foram elaboradas por representantes de mais de uma centena de Estados. De facto, esses instrumentos jurídicos internacionais são um reflexo de sistemas de direito díspares (como o codificado e o de *common law*) e de culturas diferentes, bem como envolvem peculiaridades e interesses específicos de cada país envolvido na sua discussão, elaboração e aprovação.

No entanto, as autoridades estavam e estão cientes de que a *harmonização* (ou, no mínimo, uma *aproximação*) das normas penais e processuais penais são de acentuada relevância para a viabilização da cooperação policial e judiciária entre os Estados, mediante a definição de padrões mínimos, conformando os únicos instrumentos viáveis para a prevenção e repressão de uma criminalidade particularmente grave e com alcance transnacional, inclusive porque a cooperação não reduz a soberania. Entendemos, ao contrário, que a cooperação viabiliza uma extensão da soberania penal, inclusive evitando que uma criminalidade plurilocalizada encontre refúgio seguro para seus membros, suas atividades criminosas e/ou para os produtos do programa criminoso.

Por outro lado, estas medidas de prevenção e repressão à criminalidade organizada e às demais formas de criminalidade grave não podem ser lastreadas na sensação de insegurança subjetiva, na mídia sensacionalista ou em discursos eleitoreiros que obtêm vantagens do medo e do pânico, mas sim baseadas em dados e estudos analisados por especialistas, definindo uma Política Criminal fundamentada na criminalidade real (objetiva), inclusive mediante escolhas que visem não apenas a *segurança*, mas também o equilíbrio com a *liberdade* e com a *justiça*, afastando a disputa contraproducente entre o securitarismo extremo e o garantismo radical.

Acrescente-se que o Direito Penal deve representar um paradigma de *certeza jurídica e de segurança através do Direito*, de modo que este ramo jurídico, que conforma a mais agressiva relação entre o indivíduo e o Estado, seja capaz de colaborar na promoção da harmonia e da pacificação sociais, em especial a médio e longo prazos. Assim, o *princípio da reserva de código* é imprescindível para que a legislação seja conhecida pelos seus destinatários, pois na atualidade nem sequer aos penalistas é possível conhecer todas as condutas humanas tipificadas como criminosas, diante da proliferação de criminalizações em normas avulsas, caracterizando um verdadeiro adoecimento irresponsável do Direito Penal, Processual Penal e Penitenciário, tornando o *Sistema Penal Integral* descoordenado e atécnico, causando prejuízos à sociedade.

Neste rumo sustentamos, ainda, que a Política Criminal não pode continuar ignorando (ou bagatelizando) a alta lesividade da *criminalidade empresarial*, sobretudo quando conformada em *organização criminosa*, pois são evidentes os tratamentos diferenciados (e desproporcionais) que são direcionados à *criminalidade violenta, de rua ou de subsistência* (com excessivo rigor) e à *criminalidade empresarial* (com excessiva benevolência).

No mesmo vértice, percebe-se, inclusive, um tratamento desproporcional entre a *criminalidade organizada violenta* (com severidade) e à *criminalidade organizada não violenta* (com elevada condescendência), em que há enorme resistência em alguns países, inclusive, para reconhecer esta criminalidade não violenta como organização criminosa (com a consequente imposição das medidas processuais e penais correspondentes).

Neste sentido, cabe acrescentar que, tendo em vista a larga utilização das pessoas coletivas (em especial as empresas) para a prática de *crimes de alta lesividade* e com *impactos negativos plurilocalizados*, várias medidas para a responsabilização das pessoas coletivas envolvidas em atividades criminosas foram previstas de forma expressa tanto em instrumentos de *hard law* (como as Convenções da ONU contra a criminalidade organizada e contra a corrupção) quanto de *soft law* (como as recomendações do GAFI contra o branqueamento de capitais). Estes instrumentos jurídicos internacionais se tornaram referências mundiais na prevenção e na repressão a estas *graves formas de criminalidade*, mediante a ratificação de mais de cento e sessenta Estados em cada um destes instrumentos, conferindo-lhe sensível legitimidade perante a comunidade internacional.

Estes instrumentos jurídicos internacionais também realçaram, quer seja nos seus preâmbulos ou justificativas, quer seja nas tipologias e nas medidas previstas nos respetivos textos, a *íntima interconexão* entre a *criminalidade organizada*, a *corrupção*, o *branqueamento de capitais* e a *utilização das pessoas coletivas* nos seus programas criminosos. Esta constatação foi reforçada, nos últimos anos, por relatórios da Europol, em que os dados relativos à *criminalidade grave* indicaram que a *corrupção* é utilizada de maneira rotineira por dois terços das organizações criminosas e mais de quatro quintos destas usam *estruturas empresariais legais* em seus projetos criminosos, comprovando que estes métodos são atividades medulares da criminalidade organizada (violenta e não violenta), em conjunto com o *branqueamento de capitais.*

Deste modo, reconhecemos como organização criminosa um grupo estruturado de três ou mais pessoas, existindo durante um período de tempo e atuando concertadamente com a finalidade de cometer um ou mais crimes graves constantes de um catálogo (que liste tanto os crimes praticados pela criminalidade organizada violenta quanto pela criminalidade organizada não violenta) com a intenção de obter, direta ou indiretamente, um benefício económico ou outro benefício material.

Entendemos, ainda, que para que se configure a organização criminosa, os crimes que este grupo estruturado tem por finalidade cometer ou já cometeu, além de constarem num *catálogo* (repita-se, que contenha tanto os crimes praticados pela criminalidade organizada *violenta* quanto pela *não violenta*), devem ser *crimes graves*, de acordo com a respetiva moldura penal (quantidade de pena privativa de liberdade cominada), em conformidade com os dados criminológicos (reais), com a cultura e com as necessidades de cada país.

Desta forma, quanto ao Brasil, entendemos que deva ser adotado um catálogo de crimes que possam configurar a criminalidade organizada (pois na atualidade exige-se apenas que seja infração penal cuja pena máxima seja superior a 4 anos, ou que seja de caráter transnacional, nos termos do art. 1.º, §1.º, da Lei n.º 12.850/2013, de 2 de agosto), somando-se aos demais requisitos.

No mesmo vértice, discordamos do catálogo de crimes em vigor em Portugal, diante da evidente inconstitucionalidade material (embora legítima do ponto de vista formal) que inviabiliza, em regra, a utilização das medidas penais e processuais penais diferenciadas para prevenir e reprimir a *criminalidade organizada não violenta*, em total descompasso com a realidade criminológica e com o dano social produzido por esta espécie de criminalidade organizada, em geral conformando uma criminalidade económica e/ou política, *i. e.*, a *criminalidade dos poderosos.*

De facto, a *criminalidade organizada não violenta* (que costuma praticar *crimes com acentuada danosidade* – entre os quais estão os crimes económicos, tributários, contra a seguridade social, contra o meio ambiente, contra a Administração Pública, contra o mercado de valores, trabalhadores, consumidores, contribuintes e demais cidadãos), inclusive quando a organização pretende cometer ou tenha cometido crimes mais graves do que aqueles previstos no catálogo na atualidade, não é alcançada pelas medidas penais e processuais penais voltadas à prevenção e à repressão da criminalidade organizada.

Percebe-se, portanto, visível contrariedade ao *princípio da isonomia*, ao prever-se tratamento diferenciado para crimes com potencial lesivo assemelhado, ou mesmo tratamento mais benéfico para crimes mais graves, contrapondo-se ainda ao *princípio da proporcionalidade*, que veda tanto o *excesso* quanto o fornecimento de *proteção penal insuficiente, aquém do mínimo exigível do ponto de vista constitucional.*

Citem-se como exemplos os crimes previstos no Código Penal português de burla qualificada [art. 218.º, n.º 2, alíneas *a), b), c)* e *d)*], com *pena de 2 a 8 anos de prisão*; a corrupção de substâncias alimentares ou medicinais (art. 282.º, n.º 1), com pena de 1 a 8 anos; a poluição com perigo comum dolosa [art. 280.º, al. a)], com *pena de 1 a 8 anos de prisão*, os quais não constam no catálogo, além de múltiplos outros crimes e condutas que citamos ao longo deste estudo.

Precisam ser sanadas, ainda, as diferenças entre os catálogos do art. 1.º, alínea *m)*, do Código de Processo Penal, e do art. 1.º, da Lei n.º 5/2002, de 11 de janeiro, em que esta última norma, de maneira inexplicável, deixa de incluir entre os crimes listados, *v. g.*, o *tráfico de órgãos*, apesar da atualização realizada pela Lei n.º 13/2022, de 01 de agosto.

Ao mesmo tempo, cremos que a legislação portuguesa deve estabelecer uma moldura penal mínima (quantidade da pena) para que um crime do catálogo possa configurar a criminalidade organizada, impossibilitando a utilização dessas medidas compressivas de direitos fundamentais quando estiverem em causa, *v. g.*, a *corrupção ativa para a prática de ato lícito* (art. 374.º, n.º 2, do CP), cuja pena é de prisão de *até 3 anos ou de multa* até 360 dias, o qual tem um potencial de dano social mínimo em comparação com as demais tipos penais referentes à corrupção.

Divergimos, portanto, da utilização destas medidas penais e processuais penais com alta carga restritiva de liberdades, garantias e direitos fundamentais, contra grupo que pretenda praticar crimes leves, de baixo potencial ofensivo, pois entendemos que seria desrespeitado o princípio da proporcionalidade, na vertente que *proíbe o excesso*, justamente porque a restrição aos direitos fundamentais só pode ser usada em casos excecionalíssimos.

Noutro vértice, reiteramos que não há como continuar desconsiderando o crescimento exponencial da *criminalidade nas ou através das pessoas coletivas*, utilizadas com habitualidade pela criminalidade organizada (violenta e não violenta), estruturada em empresas (e noutros formatos societários legais) e empregando complexas redes com múltiplos níveis gerenciais, além de membros e atividades plurilocalizados, meios avançados de dissimulação, corrupção e branqueamento, com acentuada lesividade económica, política e social, desestabilizando ou tomando instituições estruturantes da sociedade democrática e, através do seu poder, prestígio e influência, conquistando impunidade e se conformando numa criminalidade dos poderosos.

Desta forma, a *criminalidade organizada empresarial* utiliza a pessoa coletiva (sobretudo a empresa) como instrumento para o programa criminoso (em geral como empresa fantasma, fictícia ou de fachada), ou então a própria pessoa coletiva se torna o núcleo ético-jurídico para a prática de crimes graves (*v. g.*, como empresa real, com atividades legais preponderando, mas também praticando condutas e empregando estruturas que caracterizam uma organização criminosa).

Nesta senda, a *criminalidade organizada violenta* costuma utilizar com mais frequência empresas instrumentais (para branquear capitais, transportar mercadorias proibidas, drogas, armas, seres humanos, órgãos e outros objetos entre os demais bens transportados etc.). Por seu turno, a *criminalidade organizada não violenta* costuma operar pessoas coletivas reais, no âmbito das quais praticam graves crimes económicos (tributários, contra a seguridade social, contra a Administração Pública, de manipulação do mercado de valores mobiliários, de corrupção, de branqueamento de capitais, de desvio de subsídios e subvenções, entre outros graves crimes desta natureza).

Acrescenta-se que a *criminalidade organizada empresarial* ainda possui outro gravíssimo traço, a tendência à hegemonia no respetivo setor de atuação, tendo em vista os enormes lucros obtidos de forma criminosa, que lhe concedem vultosos recursos financeiros, bem como a utilização da *corrupção sistémica* e organizada, permitindo afastar a concorrência e dominar mercados, exigindo que este fenómeno criminológico continue sendo objeto de estudos e pesquisas, permitindo que o Estado (com a participação democrática da sociedade) aprimore os meios de prevenção e repressão a esta criminalidade, equilibrando os essenciais valores da liberdade, da segurança e da justiça.

Por outro lado, é importantíssimo reconhecer as enormes dificuldades (normativas, jurisprudenciais e doutrinais) para definir, prevenir e reprimir tanto a *criminalidade organizada* quanto a *criminalidade económica e a criminalidade empresarial*.

Acrescentamos que as *pessoas coletivas*, em regra, também possuem: várias pessoas atuando durante determinado tempo, mediante atuação concertada (organizada, estruturada) e visando benefício económico e/ou material. Desta forma, diferenciam-se das *organizações criminosas* (que também possuem estes traços) porque as pessoas coletivas com fins lícitos buscam obter lucro ou outra vantagem material mediante atividades regulares (legais), enquanto as organizações criminosas visam lucro ou outra vantagem material através de atividades criminosas.

Verifica-se, portanto, que a *organização criminosa empresarial* poderá ser caracterizada sem grande dificuldade quando a pessoa coletiva for criada para a prática de crimes, conforme a tipologia estabelecida em cada ordem jurídica, pois estaremos diante de um *comportamento em geral criminógeno da empresa*, como instrumento para o programa criminoso (como pessoa coletiva fantasma, fictícia ou de fachada).

Entretanto, surge relevante dificuldade para verificar a incidência ou não dos pressupostos jurídicos para caracterizar uma organização criminosa quando as atividades lícitas forem preponderantes, *i. e.*, quando a pessoa coletiva foi constituída em conformidade com o Direito, com fins lícitos e atendendo ao seu estatuto social, em que são praticadas *condutas criminosas graves vinculadas à participação na vida económica*, sobretudo quando forem crimes económicos (dos quais o desvio de recursos públicos e a corrupção são exemplos paradigmáticos), porque nem todo crime (mesmo que constando no catálogo) praticado num grupo organizado de pessoas, de modo especial numa empresa, permite reconhecer ou configurar uma organização criminosa de forma automática.

De facto, nas associações, nas organizações e nas empresas (*i. e.*, nas pessoas coletivas), verifica-se desde sua criação uma estruturação ordenada, organizada (de forma lícita), com divisão de tarefas (e, na maioria dos casos, com ânimo de lucro), *i. e.*, a simples ocorrência de crimes graves (que constem no catálogo) nessas pessoas coletivas não deve induzir, de modo automático, à aplicação do art. 299.º do Código Penal português, referente aos crimes de grupo, organização ou associação criminosa, ou dos crimes previstos na legislação brasileira, cujo Código Penal estabelece no art. 288.º o crime de associação criminosa e, no art. 2.º da Lei n.º 12.850/2013, de 02 de agosto, o crime de pertencimento a organização criminosa.

Para que seja reconhecida uma organização criminosa numa pessoa coletiva, portanto, as condutas de mais de três pessoas que nela atuam devem ter por finalidade cometer um ou mais crimes graves (conforme catálogo), durante determinado tempo e mediante atuação concertada (organizada, estruturada) voltada para a prática criminosa, visando benefício económico e/ou material. Para atender a estes critérios, ao nosso sentir, pouco importa se a finalidade de cometer condutas criminosas estava presente na criação da pessoa coletiva ou se esta finalidade foi adotada posteriormente por um mínimo de três pessoas (para benefício dos envolvidos, de um grupo de pessoas ou da pessoa coletiva), desde que tais requisitos possam ser comprovados perante o Poder Judicial.

No entanto, repetimos que a *pessoa coletiva* na qual, *v. g.*, são cometidos crimes de modo eventual, em que não há três ou mais pessoas que tenham por finalidade cometer um ou mais crimes graves (conforme catálogo) ao longo do tempo, mediante atuação concertada (organizada, estruturada) voltada para a prática de crimes, visando benefício económico e/ou material, não configurará uma organização criminosa, podendo resultar apenas em condutas que podem se amoldar, *v. g.*, aos institutos da cumplicidade ou da comparticipação.

Quanto a estes aspetos, entendemos também que uma Política Criminal equilibrada e racional, planejada para médio e longo prazos, embora ciente das eventuais interconexões que podem existir entre estas modalidades criminosas, deve procurar distinguir a *criminalidade de massa*, que pratica comportamentos como o furto a residências e roubos a pedestres, o pequeno tráfico local e outros crimes de rua, em geral crimes de subsistência e/ou de oportunidade, da *criminalidade verdadeiramente organizada*, com estruturas voltadas para a prática de crimes graves, muitas vezes adotando projetos mediatos para a infiltração e/ou tomada de importantes setores públicos, económicos e sociais, maximizando seus lucros e minimizando os riscos, ampliando a sua capacidade de dissimulação e alcançando elevado poder económico, político ou social, sobretudo mediante a utilização de pessoas coletivas em seus planos e atividades criminosas.

Acrescente-se que, nos Estados de Direito Democráticos que adotaram economia capitalista, o lucro é um valor essencial, e a livre iniciativa empresarial e o desenvolvimento económico devem ser promovidos e estimulados pelo poder estatal, conforme previsões expressas, *v. g.*, nas Constituições portuguesa e brasileira.

Entretanto, estes Textos Constitucionais também previram a necessidade de proteger a ordem económica, a livre e leal concorrência, a igualdade nos concursos para contratos de obras e serviços da Administração Pública, vedando o monopólio, as práticas especulativas e/ou restritivas, o abuso do poder no mercado. Com este viés, também foram tutelados os direitos humanos, os trabalhadores, os consumidores, o meio ambiente e outros bens jusfundamentais, inclusive mediante a proteção penal em relação às condutas mais graves, pois causam danos intoleráveis aos bens jurídicos essenciais de cada Estado e da respetiva sociedade.

REFERÊNCIAS BIBLIOGRÁFICAS

AGUADO-CORREA, Teresa – *El Principio de Proporcionalidad en Derecho Penal.* Madrid: EDERSA, 1999.

___Principio de proporcionalidade y delitos de peligro abstracto. *In Galileu Revista de Direito e Economia.* Lisboa: Universidade Autónoma de Lisboa, vol. XX, fasc. 2, jul./dez. 2019a.

___Embargo y Decomiso en la Unión Europea: novedades legislativas y retos. *In* VALENTE, Manuel Monteiro Guedes (Coord.) – *Criminalidade Organizada Transnacional.* Corpus Delicti I. Coimbra: Almedina, 2019b.

___Criminalidad Organizada en Tiempos de Pandemia en la UE: tolerância cero com el dinero ilícito. *In* VALENTE, Manuel Monteiro Guedes (Coord.) – *Criminalidade Organizada Transnacional.* Corpus Delicti IV. Coimbra: Almedina, 2022.

ALBANESE, Jay S. – *Organized Crime in our Times.* 5th ed. New York: LexisNexis, 2007.

ALBUQUERQUE, Paulo Pinto – *Comentário do Código Penal à Luz da Constituição da República Portuguesa e da Convenção Europeia dos Direitos do Homem.* 4.ª ed. Lisboa: Universidade Católica Editora, 2015.

ALENCAR, Carlos Higino Ribeiro de – *Prevenção e Combate à Corrupção e Eficácia Judicial no Brasil.* Brasília: CGU, 2010.

ALEO, Salvatore – Delitti Associativi e Criminalità Organizzata. I contributi della teoria dell'organizzazione. *In Rassegna Penitenziaria e Criminologica.* Roma: IPZS, fascicolo 3, 2012.

ALEXY, Robert – *Teoria dos Direitos Fundamentais.* Trad. do alemão por Virgílio Afonso da Silva. 4.ª ed. São Paulo: Malheiros, 2011.

ALMEIDA, Reginaldo Rodrigues de – *De la Sociedad de la Información a la Sociedad del Conocimiento*: la sociedad del bit. Madrid: Universidad Complutense de Madrid, Facultad de Ciencias de la Información, 2003. Tese de Doutoramento em Ciências da Informação.

ALSTON, Richard – The revolt of the Boukoloi: geography, history and myth. *In* HOPWOOD, Keith (Ed.) – *Organised Crime in Antiquity.* Swansea, Wales: The Classical Press of Wales, 2009.

ALSWORTH ROSS, Edward – *The criminaloid. In Sin and Society*: an analysis of latter-day iniquity. Boston: Houghton Mifflin Company, 1907.

ANDRADE, José Carlos Vieira de – *Os Direitos Fundamentais na Constituição Portuguesa de 1976*. 4.ª ed. Coimbra: Almedina, 2009.

ANDERS, Günther – *La Obsolescencia del Hombre*. vol. II. Sobre la destrucción de la vida en la época de la tercera revolución industrial. Traduzido do alemão por Josep Monter Pérez. Valencia: Pre-Textos, 2011.

ANES, José Manuel (Coord.) – *Organizações Criminais*: uma introdução ao crime organizado. Lisboa: Universidade Lusíada Editora, 2010.

BAJO FERNÁNDEZ, Miguel; BACIGALUPO SAGGESE, Silvina – *Derecho Penal Económico*. 2.ª ed. Madrid: Editorial Universitaria Ramón Areces, 2010.

BAPTISTA, Eduardo Correia – *Os Direitos de Reunião e de Manifestação no Direito Português*. Coimbra: Almedina, 2006.

BARBOSA, Emerson Silva – Capital Criminal e Corrupção Organizada: *In* VALENTE, Manuel Monteiro Guedes (Coord.) – *Criminalidade Organizada Transnacional*. Corpus Delicti IV. Coimbra: Almedina, 2022.

BASSIOUNI, Cherif – *Introduction to International Criminal Law*. 2.ª ed. rev. Leiden, Boston: Martinus Nijhoff Publishers, 2014.

BASSIOUNI, M. Cherif; VETERE, Eduardo – *Organized Crime*: a compilation of U.N. documents 1975-1998. Ardsley, New York: Transnational Publishers, 1998.

BAUMAN, Zygmunt – *Globalização*: as consequências humanas. Trad. do inglês por Marcus Penchel. Rio de Janeiro: Zahar, 2021a.

___*Tempos Líquidos*. Trad. do inglês por Carlos A. Medeiros. Rio de Janeiro: Zahar, 2021b.

BAUMAN, Zygmunt; DONSKIS, Leonidas – *Mal Líquido*: vivendo num mundo sem alternativas. Trad. do inglês por Carlos Alberto Medeiros. Rio de Janeiro: Zahar, 2019.

BECK, Ulrich – *O que é Globalização?* Equívocos do globalismo, respostas à globalização. Trad. do alemão por André Carone. São Paulo: Editora Paz e Terra, 1999.

___*Sociedade de Risco*: rumo a uma outra modernidade. Trad. do alemão por Sebastião Nascimento. São Paulo: Editora 34, 2010.

___Viver na Sociedade do Risco Mundial e Lidar com Ele. Trad. do espanhol por Emílio M. Guedes. *In* INNERARITY, Daniel; JAVIER SOLANA (Orgs.) – *A Humanidade Ameaçada: a gestão dos riscos globais*. Lisboa: Teodolito, 2013.

___*Sociedade de Risco Mundial*: em busca da segurança perdida. Trad. do alemão por Marian Toldy e Teresa Toldy. Lisboa: Edições 70, 2015.

BECKER, Gary – Crime and Punishment: an economic approach. *In The Journal of Political Economy*. Chicago: The University of Chicago Press, vol. 76, n.º 2, mar.-apr. 1968.

BELEZA DOS SANTOS, José – O Crime de Associação de Malfeitores: interpretação do artigo 263.º do Código Penal (de 1886). *In Revista de Legislação e Jurisprudência*. Coimbra: Coimbra Editora, ano 70, n.º 2594, 1937.

BELL, Daniel – *The Coming of Post-Industrial Society*: A venture in social forecasting. New York: Basic Books, 1973.

BENTHAM, Jeremy – Principles of the Civil Code, First Part, Chapter XVII, Power of the Laws over Expectation. *In* BOWRING, John (Executor) – *The Works of Jeremy Bentham*. vol. 1. Edinburgh: William Tait, 1843. [Em linha]. [Consult. em 27 de fevereiro de 2021]. Disponível em WWW: <https://www.laits.utexas.edu/poltheory/bentham/pcc/pcc.pa01.c17.html>.

BERDAN, Frances B. – Crime and control in Aztec society. *In* HOPWOOD, Keith (Ed.) – *Organised Crime in Antiquity*. Swansea, Wales: The Classical Press of Wales, 2009.

BERNARDI, Alessandro – La Evolución de la Política Criminal Italiana entre Opciones Represivas i Soluciones Minimalistas. *In Cahiers de Defense Sociale* – Bulletin de la Société internationale de defense sociale pour une politique criminelle humaniste. Mélanges en l'honneur de Louk Hulsman. Milão: CNPDS, 2003.

BOBBIO, Norberto; MATTEUCCI, Nicola; PASQUINO, Gianfranco – *Dicionário de Política*. vol. 1. 11.ª ed. Trad. do italiano por Carmen C. Varriale [et al.]. Brasília: UNB, 1998.

BOBBITT, Philip – *The Shield of Achilles*. Londres: Penguin, 2003.

BONAVIDES, Paulo – Constitucionalismo Luso-brasileiro: influxos recíprocos. *In* MIRANDA, Jorge (Org.) – *Perspetivas Constitucionais nos 20 anos da Constituição de 1976*. Coimbra: Coimbra Editora, vol. 1, 1996.

BONGER, Willem Adrian – *Criminality and Economic Conditions*. Boston: Little, Brown and Company, 1916.

BONINI, Sergio – *La Funzione Simbolica nel Diritto Penale del Bene Giuridico*. Trento: Università degli Studi di Trento, 2018.

BRAVO, Jorge dos Reis – Criminalidade Económico-financeira e Organizada: ensaio de diagnóstico para uma estratégia. *In Scientia Ivridica*. Braga: Universidade do Minho, Tomo LXX, n.º 355, 2021.

BRAZ, José – Um Novo Paradigma metodológico na Investigação do Crime Organizado. *In* PALMA, Maria Fernanda; SILVA DIAS, Augusto; MENDES, Paulo de Sousa (Coord.) – *2.º Congresso de Investigação Criminal*. Coimbra: Almedina, 2010.

___*Investigação Criminal*: a organização, o método e a prova. Os desafios da nova criminalidade. 3.ª ed. Coimbra: Almedina, 2013.

BRIGHT, Claire – *L'esercizio Extraterritoriale della Giurisdizione Civile con Riferimento alle Gravi Violazioni dei Diritti Umani da parte delle Imprese Multinazionali*. San Domenico di Fiesole, Italia: European University Institute, 2015.

BROWN, William W.; REYNOLDS, Morgan O. – Crime and Punishment: risk implications. *In Journal of Economic Theory*. California: University of California, v. 6, n.º 5, 1973.

BURNS, J. Spar – Hitting the Wall: Nike and International Labor Practices. *In Harvard Business Publishing*. Boston: Harvard, 2002.

CAEIRO, Pedro – A Decisão-quadro do Conselho, de 26 de junho de 2001, e a Relação entre a Punição do Branqueamento e o Facto Precedente: necessidade e oportunidade de uma reforma legislativa. *In Direito Penal Económico e Europeu*: textos doutrinários. Coimbra: Coimbra Editora, vol. III, 2009.

CAJADO DOS SANTOS, Marlon Oliveira – Corrupção Política: a possibilidade de enquadramento da mercancia da influência política nos crimes de corrupção passiva e ativa. *In Revista Brasileira de Ciências Policiais*. Brasília: ANP, vol. 10, n.º 1, jan./jun. 2019.

CALDERONI, Francesco – A Definition that Could not Work: the EU framework decision on the fight against organised crime. *In European Journal of Crime, Criminal Law and Criminal Justice*, vol. 16, n.º 3, 2008.

___*Organized Crime Legislation in the European Union*: harmonization and approximation of criminal law, national legislations and the EU framework decision on the fight against organized crime. London [etc.]: Springer, 2010.

CÂMARA MACHADO, Miguel da – Problemas, Paradoxos e Principais Deveres na Prevenção do Branqueamento de Capitais. *In* MENDES, Paulo de Sousa; FERRO, Miguel Sousa (Dir.) – *Revista da Concorrência e Regulação*. Lisboa, Coimbra: IDEFF, Almedina e AC, a. VII, n.º 31, jul./set. 2017.

CANCIO MELIÁ, Manuel; SILVA SÁNCHEZ, Jesús Maria – *Delitos de Organización*. Montevideo, Buenos Aires: Editorial Bdef, 2020.

CANOTILHO, J. J. Gomes – *Direito Constitucional e Teoria da Constituição*. 7.ª ed. Coimbra: Almedina, 2003.

___Terrorismo e Direitos Fundamentais. *In* VALENTE, Manuel Monteiro Guedes (Coord.) – *Criminalidade Organizada e Criminalidade de Massa*: interferências e ingerências mútuas. Coimbra: Almedina, 2009.

___Prefácio. *In* LOPES, José Mouraz – *O Espectro da Corrupção*. Coimbra: Almedina, 2011.

___*"Brancosos" e Interconstitucionalidade*: itinerários dos discursos sobre a historicidade constitucional. 2.ª ed. reimp. Coimbra: Almedina, 2012.

CANOTILHO, J. J. Gomes; MOREIRA, Vital – *Constituição da República Portuguesa Anotada*. vol. I. 4.ª ed. revis. Coimbra: Coimbra Editora, 2007.

CAPPARELLI, Bruna – Il Potere Giudiziario e la Legge Processuale Penale in Italia. *In* VALENTE, Manuel Monteiro Guedes (Coord.) – *Os Desafios do Direito do Século XXI*: genoma humano, europeísmo, poder e política, Constituição e democracia. Coimbra: Almedina, 2018.

CARBAJO CASCÓN, Fernando – Corrupción en el Sector Privado (I): la corrupción privada y el derecho privado patrimonial. *In Iustitia*, Revista de la Facultad de Derecho de la Universidad Santo Tomás. Bucaramanga – Santander, Colômbia, n.º 10, 2012.

CARDOSO PEREIRA, Flávio – *Crime Organizado e sua Infiltração nas Instituições Governamentais*. 2.ª ed. Belo Horizonte, Brasil: Fórum, 2017.

CARO CORIA, Dino C.; REYNA ALFARO, Luis M. – *Derecho Penal Económico*: parte general. Tomo I. Lima: Jurista Editores, 2016.

CARNEIRO JÚNIOR, Amilcar Araújo – *A República Brasileira e o Princípio Constitucional Anticorrupção*. Coimbra: Universidade de Coimbra, 2015. Tese de Doutoramento em Direito.

CARRARA, F. – L'Associazione per Delinquere secondo l'abolito Códice Toscano. *In* MANCINI, Pasquale Stanislao (Dir.) – *Enciclopedia Giuridica Italiana*. Milano: Società Editrice Libraria, 1884.

CARVALHO, Antonio de Azevedo Mello e (Pres.); LIMA, Jose Antonio Ferreira; JORDÃO, Levy Maria (Secr. e Rel.) – *Código Penal Portuguez. Tomo I. Relatório da Comissão*. Lisboa: Imprensa Nacional, outubro de 1861.

CASTANHEIRA NEVES, António – *O Direito Hoje e com que Sentido?* Lisboa: Instituto Piaget, 2012.

CASTELLS, Manuel – Crimen Global. *El País*. (20 de febrero de 1997) sección tribuna.

___*Fim de Milênio*. A era da informação: economia, sociedade e cultura. vol. 3. 6.ª reimp. Traduzido do inglês por Klauss B. Gerhardt e Roneide V. Majer. São Paulo: P&T, 2012.

___*A Era da Informação*: economia, sociedade e cultura. 3.ª ed. Trad. do inglês. Lisboa: Calouste Gulbenkian, 2014.

___*A Sociedade em Rede*. A era da informação: economia, sociedade e cultura. vol. 1. Traduzido do inglês por Roneide V. Majer. 18.ª ed. rev. ampl. São Paulo: P&T, 2017.

CASTRO, Tony Gean Barbosa de – *Crime Organizado Transnacional*: cooperação jurídica internacional, direito penal transnacional e tutela dos direitos humanos. Porto Alegre: Núria Fabris, 2018.

CEPIK, Marco; BORBA, Pedro – Crime Organizado, Estado e Segurança Internacional. *In Contexto Internacional*. Rio de Janeiro: PUC/RJ, vol. 33, n.º 2, jul./dez. 2011.

CHRISTÓFOLO, João Ernesto – *Solving Antinomies Between Peremptory Norms in Public International Law*. Zurich: Schulthess Éditions Romandes, 2016.

___*Princípios Constitucionais de Relações Internacionais*: significado, alcance e aplicação. Belo Horizonte, Brasil: Del Rey, 2019.

CHU, Yiu Kong – *The Triads as Business*. Routledge Studies in the Modern History of Asia. London: Routledge, 2000.

CIRINO DOS SANTOS, Juarez – Crime Organizado. *In* BONATO, Gilson (Org.) – *Direito Penal e Direito Processual Penal: uma visão garantista*. Rio de Janeiro: Lumen Juris, 2001.

CLÁUDIA SANTOS – A Corrupção: da luta contra o crime na intersecção de alguns (distintos) entendimentos da doutrina, da jurisprudência e do legislador. *In Direito Penal Económico e Europeu*: textos doutrinários. Coimbra: Coimbra Editora, vol. III, 2009.

COHEN, Stanley – *Folk Devils and Moral Panics*: the creation of the mods and rockers. London and New York: Routledge, 1972.

CONGRAM, Mitchell; BELL, Peter; LAUCHS, Mark – *Policing Transnational Organized Crime and Corruption*: exploring the role of communication interception technology. New York and Basingstoke: Palgrave Macmillan, 2013.

CORCOY BIDASOLO, Mirentxu – Legitimidad de la Protección de Bienes Jurídico-penales Supraindividuales. *In Revista CENIPEC*. Mérida: ULA, n.º 30, enero/diciembre 2011.

CORREIA, Eduardo – Notas Críticas à Penalização de Actividades Económicas. *In Direito Penal Económico e Europeu*: textos doutrinários. Coimbra: Coimbra Editora, vol. I, 1998.

COSTA ANDRADE, Manuel da – A Fraude Fiscal: dez anos depois, ainda "um crime de resultado cortado"? *In Direito Penal Económico e Europeu*: textos doutrinários. Coimbra: Coimbra Editora, vol. III, 2009a.

___O Abuso de Confiança Fiscal e a Insustentável Leveza (de um Acórdão) do Tribunal Constitucional. *In Direito Penal Económico e Europeu*: textos doutrinários. Coimbra: Coimbra Editora, vol. III, 2009b.

COSTA RAMOS, Vânia; PEREIRA COELHO, Diogo – Cooperação Judiciária para Efeitos de Defesa dos Interesses Patrimoniais da Vítima. *In* FERREIRA, Maria Raquel Desterro; CARDOSO, Elina Lopes; CORREIA, João Conde (Coords.) – *Cooperação Internacional para Efeitos de Recuperação de Ativos*. Coimbra: Almedina, 2021.

DAMIÃO DA CUNHA, José Manuel – *A Reforma Legislativa em Matéria da Corrupção*: uma análise crítica das Leis n.º 32/2010, de 2 de setembro, e 41/2010, de 3 de setembro. Coimbra: Coimbra Editora, 2011.

DANTAS, Mônica Duarte – Revoltas, Motins e Revoluções: das Ordenações ao Código Criminal. *In* DANTAS, Mônica Duarte (Org.) – *Revoltas, Motins, Revoluções*: homens livres pobres e libertos no Brasil do século XIX. São Paulo: Alameda, 2011.

___Da Luisiana para o Brasil: Edward Livingston e o primeiro movimento codificador no Império (o Código Criminal de 1830 e o Código de Processo Criminal de 1832). *In* Jahrbuch für Geschichte Lateinamerikas – *Anuario de Historia de America Latina*. Hamburgo: HUP, vol. 52, issue 1, December 2014.

DAVIN, João – *A Criminalidade Organizada Transnacional*: a cooperação judiciária e policial na UE. Coimbra: Almedina, 2007.

DECOMAIN, Pedro Roberto – *O Código Penal Alemão*: tradução, comparação e notas. Porto Alegre: Núria Fabris, 2014.

DELMAS-MARTY, Mireille – A Mundialização do Direito: probabilidades e riscos. *In Perspetivas do Direito no Início do Século XXI. Studia Ivridica 41*. Coimbra: Coimbra Editora, 1999.

___*Por um Direito Comum*. Trad. do francês por Maria E. A. P. Galvão. São Paulo: Martins Fontes, 2004a.

___*Os Grandes Sistemas de Política Criminal*. Trad. do francês por Denise R. Vieira. Barueri, Brasil: Manole, 2004b.

DEMETRIO CRESPO, Eduardo – Vulneración de Derechos Humanos por Empresas Multinacionales: ¿De un derecho penal económico transnacional a un derecho penal internacional económico? *In* DEMETRIO CRESPO, Eduardo; NIETO MARTÍN (Dir.); MAROTO CALATAYUD, Manuel; MARCO FRANCIA, Maria Pilar (Coord.) – *Derecho Penal Económico y Derechos Humanos*. Valencia: Tirant lo Blanch, 2018.

___Derecho Penal Económico y Teoría del Delito: otra vuelta de tuerca. *In* CUERDA MARTÍN, Mónica de; TORRE GARCÍA, Faustino García de la (Coord.); DEMETRIO CRESPO, Eduardo (Dir.) – *Derecho Penal Económico y Teoría del Delito*. Valencia: Tirant lo Blanch, 2020.

DEZAN, Sandro Lúcio – Direito Administrativo de Polícia Judiciária. *In* PEREIRA, Eliomar da Silva (Coord.) – *Curso de Direito de Polícia Judiciária*. vol. 3. Belo Horizonte, Brasil: Fórum, 2019.

DIAS, Guilherme Mansur – Notas sobre as Negociações da "Convenção do Crime" e dos Protocolos Adicionais sobre Tráfico de Pessoas e Contrabando de Migrantes. *In Revista Interdisciplinar da Mobilidade Humana* – REMHU. Brasília: CSEM, ano XXIII, n.º 45, jul./dez. 2015.

DIFILIPPO, Terry – Jeremy Bentham's Codification Proposals and Some Remarks on Their Place in History. *In Buffalo Law Review*. Buffalo, USA: BSL, vol. 22, number 1, 1972.

DI NICOLA, Andrea – La Criminalità Economica Organizzata: implicazioni di politica penale. *In Rivista Trimestrale di Diritto Penale dell'Economia*. Padova: CEDAM, n.º 1-2, gennaio-giugno 2002.

___*La Criminalità Economica Organizzata*: le dinamiche dei fenomeni, una nuova categoria concettuale e le sue implicazioni di policy. Milano: Franco Angeli, 2006.

DORADO MONTERO, Pedro – *Problemas de Derecho Penal*. t. I. Madrid: Imprenta de la Revista de Legislación, 1895.

___*De Criminología y Penología*. Madrid: Casa Editorial Viuda de Rodríguez Serra, 1906.

DUPUY, René-Jean – *O Direito Internacional*. Trad. do francês por Clotilde Cruz. Coimbra: Almedina, 1993.

EDUARDO ABOSO, Gustavo – *Criminalidad Organizada y Derecho Penal*. Montevideo: Editorial Bdef, 2019.

EMANUEL CARVALHO – A Criminalidade Organizada como Condicionante à Perseculção Penal do Tráfico de Seres Humanos. *In* VALENTE, Manuel Monteiro Guedes (Coord.) – *Criminalidade Organizada Transnacional*. Corpus Delicti IV. Coimbra: Almedina, 2022.

ESTELLITA, Heloísa; GRECO, Luís – Empresa, Quadrilha (art. 288 do CP) e Organização Criminosa: uma análise sob a luz do bem jurídico tutelado. *In Doutrinas Essenciais: Direito Penal e Processo Penal*. vol. III. Parte Especial. São Paulo: RT, 2015.

EUGENIO SARRABAYROUSE – Estudio Preliminar. *In* NAUCKE, Wolfgang – *El Concepto de Delito Económico-Político*: una aproximación. Madrid [et al.]: Marcial Pons, 2015.

FARALDO CABANA, Patricia – *Los Delitos Societarios*: presupuestos de su criminalización em España. La Coruña: Universidad de La Coruña, 1995. Tese de Doutoramento em Direito.

FARIA COSTA, José de; COSTA ANDRADE, Manuel da – Sobre a Concepção e os Princípios do Direito Penal Económico. *In Direito Penal Económico e Europeu*: problemas gerais. Coimbra: Coimbra Editora, vol. I, 1998.

FARIA COSTA, José de – O Fenómeno da Globalização e o Direito Penal Económico. *In Direito Penal Económico e Europeu*: textos doutrinários. Coimbra: Coimbra Editora, vol. III, 2009a.

___A Criminalidade em um Mundo Globalizado: ou playdoier por um direito penal não securitário. *In Direito Penal Económico e Europeu*: textos doutrinários. Coimbra: Coimbra Editora, vol. III, 2009b.

___*Direito Penal e Globalização*: reflexões não locais e pouco globais. Coimbra: Coimbra Editora, 2010.

___*Direito Penal*. Lisboa: Imprensa Nacional, 2017.

FERNANDES, Antonio Scarance – O conceito de crime organizado na Lei n.º 9.034. *In Boletim do Instituto Brasileiro de Ciências Criminais*. São Paulo: IBCCRIM, vol. 31, n.º 3, jul. 1995.

FERNÁNDEZ STEINKO, Armando – Delito e Criminalización en una Sociedad Global. *In* FERNÁNDEZ STEINKO, Armando (Coord.) – *Delincuencia, Finanzas y Globalización*. Madrid: CIS (Colección Academia), n.º 35, 2013.

FERRAJOLI, Luigi – El Derecho Penal Mínimo. *In Control y Poder*. Barcelona: PPU, n.º 10, 1985.

___L'America, la Conquista, il Diritto: l'idea di sovranità nel mondo moderno. *In Meridiana*, n.º 15, 1992.

___Pasado y futuro del estado de derecho. *In Revista Internacional de Filosofía Política*. Universidad Nacional de Educación a Distancia. Madrid: n.º 17, 2001.

___Legalidad civil y legalidad penal: sobre la reserva de código en matéria penal. Trad. do italiano por N. Guzmán. *In Cuadernos de Doctrina y Jurisprudencia Penal*. Buenos Aires: Ad-hoc, vol. 9, n.º 15, 2002.

___*Epistemologia Jurídica y Garantismo*. Trad. do italiano por José Juan Moreso *et al*. México: Fontamara, 2004.

___*Direito e Razão*: teoria do garantismo penal. 3.ª ed. rev. Trad. do italiano por Juarez Tavares *et al.* São Paulo: RT, 2010a.

___*Derechos y Garantías*: la ley del más débil. Trad. do italiano por Andrés Perfecto Ibáñez e Andrea Greppi. 7.ª ed. Madrid: Editorial Trotta, 2010b.

___Criminologia, Crímenes Globales y Derecho Penal: el debate epistemológico en la criminologia contemporânea. *In* RIVERA BEIRAS, Iñaki (Coord.) – *Delitos de los Estados, de los Mercados y Daño Social.* Barcelona: Anthropos, 2014.

___*Constitucionalismo más allá del Estado.* Trad. do italiano por Andrés Perfecto Ibáñez. Madrid: Editorial Trotta, 2018.

FERREIRA, Nuno; CARDOSO, Sofia – O Quinto Poder: o crime organizado como elemento perturbador do livre desenvolvimento da pessoa humana e da paz social e a cooperação luso-brasileira. *In Boletim da Faculdade de Direito.* vol. LXXXII [Separata]. Coimbra: Universidade de Coimbra, 2006.

FERREIRA FILHO, Manoel Gonçalves – A Corrupção como Fenômeno Social e Político. *In Revista de Direito Administrativo.* Rio de Janeiro: RDA, vol. 185, 1991.

FERREIRA MONTE, Mário – *Da Protecção Penal do Consumidor*: O problema da (des) criminalização no incitamento ao consumo. Coimbra: Almedina, 1996.

___Da Realização Integral do Direito Penal. *In* FIGUEIREDO DIAS, Jorge de; CANOTILHO, José Joaquim Gomes; FARIA COSTA, José de (Org.) – *Ars Iudicandi.* Estudos em Homenagem ao Prof. Doutor Antônio Castanheira Neves. Coimbra: Universidade de Coimbra, vol. III, 2008.

___Tutela Jurídica dos Direitos Humanos: uma visão transconstitucional. *In* FERREIRA MONTE, Mário; BRANDÃO, Paulo de Tarso (Coords.) – *Direitos Humanos e sua Efetivação na Era da Transnacionalidade.* Curitiba: Juruá Editora, 2012.

___Reconhecimento Mútuo em Decisão de Perda. *In* FERREIRA, Maria Raquel Desterro; CARDOSO, Elina Lopes; CORREIA, João Conde (Coords.) – *Cooperação Internacional para Efeitos de Recuperação de Ativos.* Coimbra: Almedina, 2021.

FIGUEIREDO DIAS, Jorge de – Sobre a Autonomia Dogmática do Direito Penal Económico: uma reflexão à luz do novo direito penal económico português. *In Conferência na Faculdade de Direito da Universidade de Santiago de Compostela.* Santiago de Compostela: USC, 1984.

___*As Associações Criminosas no Código Penal Português de 1982 (arts. 287.º e 288.º).* Coimbra: Coimbra Editora, 1988.

___; COSTA ANDRADE, Manuel da – A Criminalidade Organizada: do fenómeno ao conceito jurídico-penal. *In Direito Penal Económico e Europeu*: problemas gerais. Coimbra: Coimbra Editora, vol. I, 1998.

___A Criminalidade Organizada: do fenómeno ao conceito jurídico-penal. *In Revista Brasileira de Ciências Criminais.* São Paulo: RT, n.º 71, 2008.

___As Revisões Pioraram em Certos Aspectos a Solução dos Problemas. *In Boletim da Ordem dos Advogados.* Lisboa: OA, n.º 59, out. 2009.

___*Direito Penal: Parte Geral.* Tomo I. Questões fundamentais, a doutrina geral do crime. 3.ª ed. Coimbra: Gestlegal, 2019.

FOFFANI, Luigi – Criminalidad Organizada y Criminalidad Económica. *In Revista Penal.* Huelva: Universidades de Huelva, Salamanca y Castilla-La Mancha, n.º 7, 2001.

FONSECA, Rui Guerra da – *Comentário à Constituição Portuguesa*. vol. II. Organização Económica (artigos 80.º a 107.º). OTERO, Paulo (Coord.). Coimbra: Almedina, 2008.

FORSTHOFF, Ernst – *El Estado de la Sociedad Industrial*. Trad. do alemão por Luis López Guerra y Jaime Nicolás Muñiz. Madrid: Instituto de Estudios Políticos, 1975.

FOUCHARD, Philippe – L'Autonomie de l'Arbitrage Commercial International. *In Comité Français de l'Arbitrage*, séance du 30 juin, 1965.

___; GAILLARD, Emmanuel; GOLDMAN, Berthold – *Traité de l'Arbitrage Commercial International*. Paris: Editions Litec, 1996.

FRAGOSO, Heleno Cláudio – *Lições de Direito Penal*: Parte Especial. vol. II. 6.ª ed. rev. atual. Rio de Janeiro: Forense, 1988.

FRANÇA, Rafael Francisco – *Controle de Fronteiras no Brasil*. São Paulo: Estante Acadêmica, 2018.

FRANCESC BARATA – Los Mass media y el Pensamiento Criminológico. *In* BERGALLI, Roberto (Coord.) – *Sistema Penal y Problemas Sociales*. Valencia: Tirant lo Blanch, 2003.

FRANCO, Alberto Silva – Globalização e Criminalidade dos Poderosos. *In Revista Brasileira de Ciências Criminais*. São Paulo: RT, ano 8, n.º 31, jul./set. 2000.

___; STOCO, Rui (Coords.) – *Leis Penais e sua Interpretação Jurisprudencial*. vol. 1. São Paulo: RT, 2001.

FUKUYAMA, Francis – *O Fim da História e o Último Homem*. Trad. do inglês por Maria Goes. Lisboa: Gradiva, 1992.

GARCÍA SÍLBERMAN, Sarah; RAMOS LIRA, Luciana – *Medios de Comunicación y Violencia*. México: Instituto Mexicano de Psiquiatria, 1998.

GAYRAUD, Jean-François – *Le Monde des Mafias*: géopolitique du crime organisé. Paris: Odile Jacob, 2008.

GIACOMOLLI, Nereu José – O Processo Penal e a Lei 12.850/2013. *In* PEREIRA, Eliomar S.; WERNER, Guilherme C.; VALENTE, Manuel M. G. (Coords.) – *Criminalidade Organizada: investigação, direito e ciência*. São Paulo: Almedina, 2017.

___Normatividade e Perspectivas Supranacionais. *In* VALENTE, Manuel Monteiro Guedes (Coord.) – *Os Desafios do Direito do Século XXI*: genoma humano, europeísmo, poder e política, Constituição e democracia. Coimbra: Almedina, 2018.

___; GALÍCIA, Caíque Ribeiro – Cooperação Judicial em Matéria Criminal no MERCOSUL: reconhecimento mútuo e modelo horizontal de cooperação. *In Galileu Revista de Direito e Economia*. Lisboa: Universidade Autónoma de Lisboa, vol. XXI, jul./dez. 2020.

GICO JR., Ivo Teixeira – Metodologia e Epistemologia da Análise Econômica do Direito. *In Economic Analysis of Law Review*. Brasília: UCB, vol. 1, n.º 1, jan./jun. 2010.

GIDDENS, Anthony – *As Consequências da Modernidade*. Trad. do inglês por Fernando L. Machado e Maria Manuela Rocha. Oeiras, Portugal: Celta Editora, 1998.

GIUPPONI, Tomaso F. – La Sicurezza e le sue "Dimensioni" Costituzionali. *In* VIDA, Silvia (Cur.) – *Diritti Umani:* trasformazioni e reazioni. Bologna: BUP, 2008.

___Prefazione. *In* GALLO, Nicola; GIUPPONI, Tomaso F. (Curat.) – *L'Ordinamento della Sicurezza*: soggetti e funzioni. Milano: Franco Angeli, 2014.

GODOY, Luiz Roberto Ungaretti de – *Crime Organizado e seu Tratamento Jurídico Penal*. Rio de Janeiro: Elsevier, 2011.

GOES PINHEIRO, Luís – O Branqueamento de Capitais e a Globalização. *In Revista Portuguesa de Ciência Criminal*. Coimbra: Coimbra Editora, ano 12, n.º 4, 2002.

GOUVEIA, Jorge Bacelar – *Direito Internacional da Segurança*. Coimbra: Almedina, 2015.

___*Direito da Segurança*: cidadania, soberania e cosmopolitismo. Coimbra: Almedina, 2018.

___; PINHEIRO, Júlio Elvas – *Branqueamento de Capitais e Beneficiário Efetivo*: introdução e legislação. Lisboa: Petrony, 2019.

GUÉHENNO, Jean-Marie – *O Fim da Democracia*. Trad. do francês por Howard Johnson e Amaury Temporal. Rio de Janeiro: Bertrand Brasil, 1994.

GUINOTE, Hugo B. – Respostas Táctico-policiais ao Fenómeno da Droga. *In* VALENTE, Manuel Monteiro Guedes (Coord.) – *Criminalidade Organizada e Criminalidade de Massa*: interferências e ingerências mútuas. Coimbra: Almedina, 2009.

HÄBERLE, Peter – *Hermenêutica Constitucional*. Trad. do alemão por Gilmar F. Mendes. Porto Alegre: SAFE, 1997.

HABERMAS, Jürgen – *A Constelação Pós-nacional*: ensaios políticos. Trad. do alemão por Márcio Seligmann-Silva. São Paulo: Littera Mundi, 2001.

___*Problemas de Legitimación en el Capitalismo Tardio*. Traduzido do alemão por José L. Etcheverry. Colección Teorema. Madrid: Ediciones Cátedra, 2004.

HARRINGTON JR, Joseph E.; HARKER, Patrick T. – How Do Hub-and-Spoke Cartels Operate? Lessons from nine case studies. *In SSRN Electronic Journal*. Amsterdão: Elsevier, sept. 2018.

HASSEMER, Winfried – Segurança Pública no Estado de Direito. Trad. do alemão. *In Revista Brasileira de Ciências Criminais*. São Paulo: Revista dos Tribunais, n.º 5, 1994.

___*Por qué no debe Suprimirse el Derecho Penal*. Trad. do alemão por M. Ontiveros Alonso. México: INACIPE, 2003.

___Punir no Estado de Direito. *In* GRECO, Luís; MARTINS, Antonio (Orgs.) – *Direito Penal como Crítica da Pena*. Madrid [etc.]: Marcial Pons, 2012.

___Sistema Jurídico e Codificação: a vinculação do juiz à lei. *In* HASSEMER, Winfried; KAUFMANN, Arthur (Orgs.) – *Introdução à Filosofia do Direito e à Teoria do Direito Contemporâneas*. 3.ª ed. Trad. do alemão por Marcos Keel e Manuel S. de Oliveira. HESPANHA, António Manuel (Rev. Cient.). Lisboa: Marcial Pons, 2015.

HAYASHI, Felipe Eduardo Hideo – *Corrupção*: combate transnacional, compliance e investigação criminal. Rio de Janeiro: Lumen Juris, 2015.

HESSE, Konrad – *A Força Normativa da Constituição*. Trad. do alemão por Gilmar F. Mendes. Porto Alegre: SAFE, 1991.

___*Elementos de Direito Constitucional da República Federal da Alemanha*. Trad. do alemão por Luís Afonso Heck. Porto Alegre: Sérgio Fabris Editor, 1998.

HOBBES, Thomas – *Leviatã ou Matéria, Forma e Poder de uma República Eclesiástica e Civil*. Trad. do inglês por João P. Monteiro e Maria B. N. da Silva. São Paulo: Martins Fontes, 2003.

HOPWOOD, Keith – Bandits Between Grandees and the State: the structure of order in Roman Rough Cilicia. *In* HOPWOOD, Keith (Ed.) – *Organised Crime in Antiquity*. Swansea, Wales: The Classical Press of Wales, 2009.

HUBER, Bárbara – La Lucha Contra la Corrupción desde una Perspectiva Supranacional. *In Revista Penal.* Huelva: Tirant lo Blanch y Universidades de Huelva, Salamanca, Pablo de Olavide y Castilla-LaMancha, n.º 11, 2003.

INNERARITY, Daniel – A Humanidade Ameaçada: gerir os riscos globais. Trad. do espanhol por Emílio M. Guedes. *In* INNERARITY, Daniel; JAVIER SOLANA (Orgs.) – *A Humanidade Ameaçada: a gestão dos riscos globais.* Lisboa: Teodolito, 2013.

INÊS FARINHA – A Criminalidade Organizada Transnacional e os Desafios no Sistema de Execução de Penas: da plurilocalização à ameaça intramuros. *In* VALENTE, Manuel Monteiro Guedes (Coord.) – *Criminalidade Organizada Transnacional.* Corpus Delicti IV. Coimbra: Almedina, 2022.

JAYME, Erik – O Direito Internacional Privado do Novo Milênio: a proteção da pessoa humana face à globalização. *In* MARQUES, Cláudia Lima; Araújo, Nádia de (Orgs.) – *O Novo Direito Internacional.* Rio de Janeiro, São Paulo, Recife: Renovar, 2005.

JAPIASSÚ, Carlos Eduardo Adriano; FERREIRA, Ana Lúcia Tavares. *In* VALENTE, Manuel Monteiro Guedes; CHOUKR, Fauzi Hassan (Coords.) – *O Processo Penal no Âmbito da Responsabilidade Penal da Pessoa Jurídica.* Coimbra: Almedina, 2022.

JESCHECK, Hans-Heinrich – *Desenvolvimento, Tarefas e Métodos do Direito Penal Comparado.* Trad. do alemão por Pablo R. Alflen da Silva. Porto Alegre: Safe, 2006.

JESCHECK, Hans-Heinrich; WEIGEND, Thomas – *Tratado de Derecho Penal*: parte general. 5.ª ed. renov. ampl. Trad. do alemão por Miguel Olmedo Cardenete. Granada: Comares, 2002.

JOSEPHSON, Matthew – *The Robber Barons*: the great american capitalists, 1861-1901. New York: Harcourt, Brace & Company, 1934.

KANT, Immanuel – *Crítica da Razão Pura.* 5.ª ed. Tradução da 2.ª ed. em alemão, de 1787, por Manuela P. dos Santos e Alexandre F. Morujão. Lisboa: Fundação Calouste Gulbenkian, 2001.

KAUFMANN, Arthur – *Filosofia do Direito.* 5.ª ed. Trad. do alemão por António Ulisses Cortês. Lisboa: Fundação Calouste Gulbenkian, 2014.

KAWAMOTO, Silvia Reiko – Breves apontamentos sobre o crime organizado e a proteção à testemunha na Itália e nos Estados Unidos. *In* PENTEADO, Jaques de Camargo (Coord.) – *Justiça Criminal Moderna.* São Paulo: Revista dos Tribunais, 2000.

KOSTA, E. Kafft – A Local Globalização da Soberania. *In* CORREIA, Fernando A.; MACHADO, Jónatas E. M.; LOUREIRO, João C. (Orgs.) – *Stvdia Ivridica 103.* Estudos em Homenagem ao Prof. Doutor José Joaquim Gomes Canotilho. vol. II. Constituição e Estado: entre teoria e dogmática. Coimbra: Coimbra Editora, 2012.

KRIELE, Martin – *Introdução à Teoria do Estado*: os fundamentos históricos da legitimidade do estado constitucional democrático. Porto Alegre: SAFE, 2009.

LAGRANGE, Hughes – *Demandes de Sécurité*: France, Europe, États-Unis. Paris: Seuil, 2003.

LARENZ, Karl – *Metodologia da Ciência do Direito.* 8.ª ed. Trad. do alemão por José Lamego. Lisboa: Calouste Gulbenkian, 2019.

LEVI, Michael – The Organization of the Serious Crime for Gain. *In* MAGUIRE, Mike; MORGAN, Rod; REINER, Robert (Eds.) – *The Oxford Handbook of Criminology.* Fifth ed. Oxford: Oxford University Press, 2012.

LEVITT, Theodore – The Globalization of Markets. *In Harvard Business Review*. Boston: Harvard University, may 1983.

LYOTARD, Jean-François – *La Condition Postmoderne*: rapport sur le savoir. Paris: Les Éditions de Minuit, 1979.

___*O Pós-Moderno*. 3.ª ed. Trad. do francês por Ricardo C. Barbosa. Rio de Janeiro: José Olympio Editora, 1988.

LOPES, José Mouraz – *O Espectro da Corrupção*. Coimbra: Almedina, 2011.

LUISI, Luiz – *Os Princípios Constitucionais Penais*. 2.ª ed. rev. aument. Porto Alegre, Brasil: SAFE, 2003.

MACHADO, Jónatas E. M. – *Direito Internacional*: do paradigma clássico ao pós-11 de setembro. 5.ª ed. Coimbra: Gestlegal, 2019a.

___; COSTA, Paulo Nogueira da – *Manual de Direito Fiscal*: perspetiva multinível. 3.ª ed. Coimbra: Almedina, 2019b.

MALONE, Mary Fran T.; MALONE-ROWE, Christine B. – Transnational Organized Crime in Latin America. *In* ALBANESE, Jay S.; REICHEL, Philip L. (Edits.) – *Transnational Organized Crime:* one overview from six continents. Los Angeles [etc.]: Sage, 2014.

MANTOVANI, Ferrando. El Derecho Penal del Enemigo, el Derecho Penal del Amigo, el Enemigo del Derecho Penal y el Amigo del Derecho Penal. GUIDO STIPA, Virio; FIGUEROA NAVARRO, Maria Carmen (Trad. do italiano). In GARCÍA VALDÉS, Carlos *et al.* (Coord.). *Estudios Penales en Homenaje a Enrique Gimbernat*, tomo I. Madrid: Edisofer, 2008.

MARCANTONIO FERREIRA, Thiago – *A Expansão da Titularidade do Poder Investigatório Penal*. Belo Horizonte, Brasil: Arraes Editores, 2022.

MARQUES DA SILVA, Germano – *Responsabilidade Penal das Sociedades e dos seus Administradores e Representantes*. Lisboa: Editorial Verbo, 2009.

___*Direito Penal Tributário*. 2.ª ed. rev. ampl. Lisboa: Universidade Católica, 2018.

MATTA, José Caeiro da – *Direito Criminal Português*. vol. II. Coimbra: F. França Amado, 1911.

MAYOR ZARAGOZA, Federico – Globalización (?) y sociedad. *In* ROBLEDO HERNÁNDEZ, Ricardo (Pres.) – *Globalización y Sociedad*. Salamanca: Ediciones Universidad de Salamanca, 2003.

MEIRELES, Mário Pedro Seixas – *Da Associação Criminosa à Criminalidade Organizada no Ordenamento Jurídico-penal Português*. Coimbra: Universidade de Coimbra, 2017. Tese de Doutoramento em Direito.

MENDES DE ALMEIDA, Cândido – *Código Filipino ou Ordenações e Leis do Reino de Portugal*. Reimp. da 14.ª ed., de 1870. Brasília: Edições do Senado Federal, vol. 38-A, 2012.

MERCADO PACHECO, Pedro – Estado y Globalización ¿Crisis o redefinición del espacio político estatal? *In Anuario de La Facultad de Derecho*. Globalización y Derecho. Madrid: Universidad Autónoma de Madrid, n.º 9, 2005.

MIRANDA, Jorge – *Manual de Direito Constitucional*. Tomo I. 6ª ed. rev. actual. Coimbra: Coimbra Editora, 1997.

___Revisitando os Atos de Governo. *In* CORREIA, Fernando A.; MACHADO, Jónatas E. M.; LOUREIRO, João C. (Orgs.) – *Stvdia Ivridica 103*. Estudos em Homenagem ao Prof. Doutor José Joaquim Gomes Canotilho. vol. II. Constituição e Estado: entre teoria e dogmática. Coimbra: Coimbra Editora, 2012.

___*Curso de Direito Internacional Público*. 6.ª ed. Cascais: Principia, 2016.

___*Direitos Fundamentais*. 2ª ed. reimp. Coimbra: Almedina, 2018.

MITCHELL, Stephen – Native rebellion in the Pisidian Taurus. *In* HOPWOOD, Keith (Ed.) – *Organised Crime in Antiquity*. Swansea, Wales: The Classical Press of Wales, 2009.

MOCCIA, Sergio – *La Perenne Emergenza*: tendenze autoritarie nel sistema penale. 2.ª ed. riveduta ed ampliata. Napoli: Edizioni Scientifiche Italiane, 2000a.

___Reflexiones sobre los Aspectos Problemáticos de la Normativa Italiana en Materia de Criminalidad Económica. *In Revista Chilena de Derecho*. Santiago, Chile: PUCC, vol. 27, n.º 3, jul./sept. 2000b.

___*La Promessa Non Mantenuta*: ruolo e prospettive del principio di determinatezza/tassatività nel sistema penale italiano. Napoli: Edizioni Scientifiche Italiane, 2001.

MONTEIRO RAMOS, José Joaquim – A Autotutela Jurídica na Era Digital. *In* VALENTE, Manuel Monteiro Guedes (Coord.) – *Os Desafios do Direito do Século XXI: violência, criminalização, consenso, tutela digital e laboral*. Coimbra: Almedina, 2019.

___A Criminalidade Organizada como Fator Limitante da Possibilidade do Direito. *In* VALENTE, Manuel Monteiro Guedes (Coord.) – *Criminalidade Organizada Transnacional*. Corpus Delicti IV. Coimbra: Almedina, 2022.

MONTORO FILHO, André Franco – *Corrupção, Ética e Economia*: reflexões sobre a ética concorrencial em economias de mercado. São Paulo: ETCO, 2012.

MOREIRA, Vital – Constitucionalismo Supranacional: a União Europeia depois do Tratado de Lisboa. *In* CORREIA, Fernando A.; MACHADO, Jónatas E. M.; LOUREIRO, João C. (Orgs.) – *Stvdia Ivridica 103*. Estudos em Homenagem ao Prof. Doutor José Joaquim Gomes Canotilho. vol. II. Constituição e Estado: entre teoria e dogmática. Coimbra: Coimbra Editora, 2012.

MORRIS, Albert – *Criminals of the Upperworld*: criminology. New York: Longmans Green, 1935.

MORRISON, Wayne – *Criminología, Civilización y Nuevo Orden Mundial*. ZAFFARONI, Eugenio Raul (presentación). Barcelona: Anthropos, 2012.

NAUCKE, Wolfgang – Direito Penal Negativo. *In* GRECO, Luís; MARTINS, Antonio (Org.) – *Direito Penal como Crítica da Pena*. Madrid [etc.]: Marcial Pons, 2012.

___*El Concepto de Delito Económico-Político*: una aproximación. Trad. do alemão por Eugenio Carlos Sarrabayrouse. Madrid: Marcial Pons, 2015.

NEDEL, Antônio – *Uma Tópica Jurídica*: clareira para a emergência do direito. Porto Alegre: Livraria do Advogado Editora, 2006.

NEGLIA, Maddalena – *Imprese Multinazionali e Diritti Umani: I principi guida delle Nazioni Unite e la loro attuazione nel contesto dell'Unione Europea*. Udine: Università degli Studi di Udine, 2015. Tesi di Dottorato in Diritto.

NEUMANN, Ulfrid – Bem Jurídico, Constituição e os Limites do Direito Penal. *In* GRECO, Luís; MARTINS, Antonio (Org.) – *Direito Penal como Crítica da Pena*. Madrid [etc.]: Marcial Pons, 2012.

NEVES, Marcelo – *Transconstitucionalismo*. São Paulo: WMF Martins Fontes, 2009.

NEWTON, Michael – *Chronology of Organized Crime Worldwide, 6000 B.C.E. to 2010*. Jefferson, North Carolina, and London: McFarland & Company Inc., 2011.

NOVAIS, Jorge Reis – *Direitos Fundamentais nas Relações entre Particulares*: do dever de protecção à proibição do défice. Coimbra: Almedina, 2018.

___*Princípios Estruturantes de Estado de Direito*. Coimbra: Almedina, 2019.

NOVERSA LOUREIRO, Flávia – *Direito Penal da Concorrência*: a tutela da liberdade concorrencial e a criminalização do cartel. Coimbra: Almedina, 2017.

NOZICK, Robert – *Anarquia, Estado e Utopia*. Traduzido do inglês por Ruy Jungmann. Rio de Janeiro: Zahar, 1991.

NUNES, Duarte Rodrigues – Criminalidade Organizada e Economia Lícita: intimidazione del vincolo associativo ou joint venture? *In* VALENTE, Manuel Monteiro Guedes (Coord.) – *Criminalidade Organizada Transnacional*. Corpus Delicti III. Coimbra: Almedina, 2021.

OBERMAIER, Frederik; OBERMAYER, Bastian – *Los Papeles de Panamá*: el club de los evasores de impuestos. Madrid: Titivillus, 2016.

OLASOLO ALONSO, Hector – Reflexiones sobre la Corrupción Asociada a la Delincuencia Transnacional Organizada y los Obstáculos para una Respuesta Eficaz desde el Derecho Público y el Derecho Internacional. *In Foro Sucrense*. Sucre, Bolívia: ICACH, n.º 14, oct. 2019.

PALAZZO, Francesco – *Valores Constitucionais e Direito Penal*. Trad. do italiano por Gérson P. dos Santos. Porto Alegre: SAFE, 1989.

___O Princípio da Determinação Taxativa da Lei Penal. Traduzido do italiano por Antonio Martins. *In* GRECO, Luís; MARTINS, Antonio (Org.) – *Direito Penal como Crítica da Pena*. Madrid [etc.]: Marcial Pons, 2012.

PAOLI, Letizia – Las Paradojas del Crimen Organizado. *In* FERNÁNDEZ STEINKO, Armando (Ed.) – *Delincuencia, Finanzas y Globalización*. Madrid: CIS, 2013.

PEREIRA, Eliomar da Silva – Fundamentos Teórico-conceituais do Crime Organizado. *In* VALENTE, Manuel Monteiro Guedes (Coord.) – *Criminalidade Organizada Transnacional*. Corpus Delicti II. Coimbra: Almedina, 2020.

___*Processo Penal*: conceito, fundamentos e princípios. São Paulo: Tirant lo Blanch, 2021.

___*Crime Organizado*: a racionalidade penal no século XXI. São Paulo: Tirant lo Blanch, 2022.

PEREIRA CORREIA, Eduardo – Estado, Poder e Segurança. *In* VALENTE, Manuel Monteiro Guedes (Coord.) – *Os Desafios do Direito do Século XXI: genoma humano, europeísmo, poder e política, Constituição e democracia*. Coimbra: Almedina, 2018.

PÉREZ LUÑO, Antonio E. – *Los Derechos Fundamentales*. 9.ª ed. Madrid: Tecnos, 2007.

___*Perspectivas e Tendências Atuais do Estado Constitucional*. Trad. do espanhol por José L. Bolzan Morais e Valéria R. do Nascimento. Porto Alegre: Livraria do Advogado Editora, 2012.

PIEROTH, Bodo; SCHLINK, Bernhard – *Direitos Fundamentais*. 2.ª ed. São Paulo: Saraiva, 2019.

PINHEIRO, Alexandre Sousa; FERNANDES, Mário João – *Comentário à IV Revisão Constitucional*. Lisboa: AAFDL, 1999.

PIRES, Alex Sander – O Compliance como Instrumento para o Fortalecimento da Cultura de Paz. *In* PIRES, Alex Sander; TROVÃO DO ROSÁRIO, Pedro; BAHAMONDE, Ruben (Orgs.) – *Compliance*: perspetivas e novas dinâmicas. Coimbra: Almedina, 2019.

PRADEL, Jean – A Responsabilidade Penal das Pessoas Jurídicas no Direito Francês. *In Revista Brasileira de Ciências Criminais*. São Paulo: RT, ano 6, n.º 24, out./dez. 1998.

PRADO, Luiz Regis – Associação Criminosa, Crime Organizado (Lei 12.850/2013). *In Doutrinas Essenciais*: Direito Penal e Processo Penal. vol. V. Leis Penais Especiais II. São Paulo: RT, 2015.

___; CARVALHO, Érika Mendes de – *Societas Delinquere Potest?* Desafios e perspectivas da recente reforma do Código Penal espanhol. *In* GRECO, Luís; MARTINS, Antonio (Org.) – *Direito Penal como Crítica da Pena*. Madrid [etc.]: Marcial Pons, 2012.

QUÉAU, Philippe – A Revolução da Informação: em busca do bem comum. *In Ciência da Informação*. Brasília: IBICT, vol. 27, n.º 2, maio-ago. 1998.

RAWLINGS, Louis – Condottieri and Clansmen: early Italian raiding, warfare and the state. *In* HOPWOOD, Keith (Ed.) – *Organised Crime in Antiquity*. Swansea, Wales: The Classical Press of Wales, 2009.

REZEK, Francisco – "Nova Ordem" e Crise de Direito Internacional. *In* TEIXEIRA, Maria Elizabeth Guimarães; PETERSEN, Callado Fadul (Coords.) – *Coletânea de Estudos Jurídicos*. Brasília: STM, 2008.

RIVERA BEIRAS, Iñaki – La Unión Europea: Prêmio Nobel de la Paz y principal exportador mundial de armas. El negócio del tráfico legal/ilegal de armamento (también en España). *In* RIVERA BEIRAS, Iñaki (Coord.) – *Delitos de los Estados, de los Mercados y Daño Social*. Barcelona: Anthropos, 2014.

ROBERTO PASTOR, Daniel – La Recodificación Penal en Marcha: una iniciativa ideal para la racionalización legislativa. *In Pensar en Derecho*. Buenos Aires: Universidad de Buenos Aires, a. 1, n.º 0, 2012.

RÖDER, Karl David August – *Las Doctrinas Fundamentales Reinantes sobre el Delito y la Pena en sus Interiores Contradicciones*. Trad. do alemão por Francisco Giner de los Rios. Madrid: Librería de Victoriano Suárez, 1876.

RODRIGUES, Anabela Miranda – Contributo para a Fundamentação de um Discurso Punitivo em Matéria Penal Fiscal. *In* PODVAL, Roberto (Org.) – *Temas de Direito Penal Económico*. São Paulo: RT, 2001a.

___Que Política de Prevenção da Criminalidade para a Europa. *In* MAIOR, Mariana Sotto (Org.) – *Conferência de Alto Nível Sobre a Prevenção da Criminalidade*. Lisboa: Ministério da Justiça, Gabinete para as Relações Internacionais, Europeias e de Cooperação, 2001b.

___A Defesa do Arguido: uma garantia constitucional em perigo no "admirável mundo novo". *In* FIGUEIREDO DIAS, Jorge de (Dir.) – *Revista Portuguesa de Ciência Criminal*. Coimbra: Coimbra Editora, ano 12, n.º 4, out.-dez. 2002a.

___; MOTA, José Luís Lopes da – *Para uma Política Criminal Europeia*: quadro e instrumentos jurídicos da cooperação judiciária em matéria penal no espaço da União Europeia. Coimbra: Coimbra Editora, 2002b.

___Um Sistema Sancionatório Penal para a União Europeia: entre a unidade e a diversidade ou os caminhos da harmonização. *In* RODRIGUES, Anabela Miranda – *O Direito Penal Europeu Emergente*. Coimbra: Coimbra Editora, 2008.

___Direito Penal Económico: É legítimo? É necessário? *In Revista Brasileira de Ciências Criminais*. São Paulo: RT, vol. 127, 2017a.

___Direito Penal Económico: fundamento e sentido da aplicação das penas de prisão e de multa. *In Revista do Ministério Público.* Lisboa: SMMP, n.º 151, jul.-set. 2017b.

___Direito Penal Económico: uma política criminal na era da globalização. *In* VALENTE, Manuel Monteiro Guedes (Coord.) – *Os Desafios do Direito (Penal) do Século XXI.* Lisboa: Legit Edições, 2018.

___Criminalidade Organizada: das fronteiras à cooperação judiciária. *In* VALENTE, Manuel Monteiro Guedes (Coord.) – *Criminalidade Organizada Transnacional.* Corpus Delicti I. Coimbra: Almedina, 2019.

___*Direito Penal Económico*: uma política criminal na era compliance. 2.ª ed. Coimbra: Almedina, 2020.

___O Regulamento (UE) 2018/1805, de 14 de novembro de 2018, relativo ao reconhecimento mútuo das decisões de apreensão e perda como pedra angular da cooperação judiciária na união Europeia: eficácia versus direitos fundamentais? *In* FERREIRA, Maria Raquel Desterro; CARDOSO, Elina Lopes; CORREIA, João Conde (Coords.) – *Cooperação Internacional para Efeitos de Recuperação de Ativos.* Coimbra: Almedina, 2021.

RODRIGUES DE ALMEIDA, Carlos – Criminalidade Organizada e Corrupção. *In* PALMA, Maria Fernanda; SILVA DIAS, Augusto; MENDES, Paulo de Sousa (Coord.) – *2.º Congresso de Investigação Criminal.* Coimbra: Almedina, 2010.

ROSE-ACKERMAN, Susan – The Role of International Actors in Fighting Corruption. *In* ROSE-ACKERMAN, Susan; CARRINGTON, Paul (Eds.) – *Anti-Corruption Policy*: can international actors play a constructive role? Durham (USA): Carolina Academic Press, 2013.

ROSS, Alf – *Direito e Justiça.* Trad. do alemão por Edson Bini. Bauru, São Paulo: Edipro, 2000.

ROXIN, Claus – *Derecho Penal*: parte general. t. I. Fundamentos, la estrutura de la teoria del delito. Trad. do alemão por Diego-Manuel Luzón Peña, Miguel Díaz García Conlledo e Javier de Vicente Remesal. Madrid: Civitas, 1999.

___*Política Criminal e Sistema Jurídico-Penal.* Trad. do alemão por Luís Greco. Rio de Janeiro, São Paulo: Renovar, 2002.

___*Autoría y Dominio del Hecho en Derecho Penal.* Trad. do alemão por Joaquín Cuello Contreras e José L. S. González de Murillo. Madrid [etc.]: Marcial Pons, 2016.

___*A Proteção de Bens Jurídicos como Função do Direito Penal.* Org. e trad. do alemão por André Luis Callegari e Nereu José Giacomolli. 2.ª ed. 3.ª tir. Porto Alegre: Livraria do Advogado, 2018.

RUGGIE, John Gerard – *Apenas Negócios*: as corporações multinacionais e os direitos humanos. São Paulo: Editora PS, 2014.

___Prefácio. *In Princípios Orientadores sobre Empresas e Direitos Humanos*: implementando os parâmetros "proteger, respeitar e reparar" das Nações Unidas [Em linha]. Brasília: MMFDH, 2019. [Consult. em 18 de outubro de 2021]. Disponível em WWW: <https://www.gov.br/mdh/pt-br/assuntos/noticias/2019/outubro/Cartilha_versoimpresso.pdf>.

SAAD, Marta – Notas Atuais sobre Medidas Cautelares Patrimoniais no Sistema Processual Penal Brasileiro. *In* VALENTE, Manuel Monteiro Guedes (Coord.) – *Criminalidade Organizada Transnacional.* Corpus Delicti I. Coimbra: Almedina, 2019.

SANTOS, Boaventura de Sousa – O Estado e o Direito na Transição Pós-Moderna: para um novo senso comum sobre o poder e o direito. *In Revista Crítica de Ciências Sociais*. Coimbra: Universidade de Coimbra, n.º 30, 1990.

___*Pela Mão de Alice*: o social e o político na pós-modernidade. 7.ª ed. Porto: Edições Afrontamento, 1999.

SANTOS NEVES, Miguel – Direito Internacional da Água e conflitualidade internacional: Implicações do reconhecimento da água como direito humano. In *Jurismat*. Revista Jurídica do Instituto Superior Manuel Teixeira Gomes. Portimão, Portugal: ISMTG, n.º 3, 2013.

SANZ MULAS, Nieves – Justicia y Medios de Comunicación: un conflicto permanente. *In* SANZ MULAS, Nieves; GOMEZ DE LA TORRE, Ignacio Berdugo (Coord.) – *Derecho Penal de la Democracia vs Seguridad Pública*. Granada: Comares, 2005.

___Criminalidad Transnacional y Responsabilidad Penal de las Personas Jurídicas: la necessária armonización en el Marco de la UE. *In* PÉREZ CEPEDA, Ana Isabel (Dir.) – *Política Criminal ante el Reto de la Delincuencia Transnacional*. Valencia: Tirant lo Blanch, 2016.

___Criminalidad de los Poderosos e Impunidad: la evidente falta de voluntad política en la lucha contra la corrupción. *In* JIMÉNEZ GARCIA, Francisco; ROPERO CARRASCO, Julia (Dir.); PASTOR PALOMAR, Antonio (Coord.) – *Blanqueo de Capitales y Corrupción:* interacciones para su erradicación desde ele derecho internacional y los sistemas nacionales. Cizur, Navarra: Aranzadi Editorial, 2017.

SCHÜNEMANN, Bernd – Del Derecho Penal de la Clase Baja al Derecho Penal de la Clase Alta. ¿Un cambio de paradigma como exigência moral? *In* SCHÜNEMANN, Bernd – *Temas Actuales y Permanentes del Derecho Penal Después del Milenio*. Madrid: Editorial Tecnos, 2002.

___La llamada crisis financeira: ¿fracaso del sistema o crimen organizado global? *In* FERNÁNDEZ STEINKO, Armando (Coord.) – *Delincuencia, Finanzas y Globalización*. Madrid: CIS (Colección Academia), n.º 35, 2013a.

___A Chamada Crise Financeira: falha sistémica ou criminalidade globalmente organizada? *In* SCHÜNEMANN, Bernd; GRECO, Luís (Coord.) – *Estudos de Direito Penal, Direito Processual Penal e Filosofia do Direito*. São Paulo: Marcial Pons, 2013b.

___*Direito Penal, Racionalidade e Dogmática*: sobre os limites invioláveis do Direito Penal e o papel da ciência jurídica na construção de um sistema penal racional. Traduzido do alemão e coordenado por Adriano Teixeira. São Paulo: Marcial Pons, 2018.

SCHÜNEMANN, Bernd; GRECO, Luís (Coord.) – *Estudos de Direito Penal, Direito Processual Penal e Filosofia do Direito*. São Paulo: Marcial Pons, 2013.

SCHWAB, Klaus – *A Quarta Revolução Industrial*. Trad. do inglês por Daniel M. Miranda. São Paulo: EDIPRO, 2016.

SELLERS, Mortimer – As Bases da Democracia e Autodeterminação dos Povos no Direito Internacional sob a Perspectiva Republicana: distinção entre povos, nações, países e Estados. *In* MARQUES, Cláudia Lima; Araújo, Nádia de (Orgs.) – *O Novo Direito Internacional*. Rio de Janeiro, São Paulo, Recife: Renovar, 2005.

SEN, Amartya – *Sobre Ética e Economia*. Trad. do espanhol por Laura Teixeira Motta. São Paulo: Companhia das Letras, 1999.

___*Desenvolvimento como Liberdade*. Trad. do espanhol por Laura Teixeira Motta. São Paulo: Companhia de Bolso, 2010a.

___; KLIKSBERG, Bernardo – *As Pessoas em Primeiro Lugar*: a ética do desenvolvimento e os problemas do mundo globalizado. Trad. do espanhol por Bernardo Ajzemberg e Carlos E. Lins da Silva. São Paulo: Companhia das Letras, 2010b.

SILVA DIAS, Augusto – Criminalidade Organizada e Combate ao Lucro ilícito. *In* PALMA, Maria Fernanda; SILVA DIAS, Augusto; MENDES, Paulo de Sousa (Coord.) – *2.º Congresso de Investigação Criminal*. Coimbra: Almedina, 2010.

___O Direito Penal como Instrumento de Superação da Crise Económico-Financeira: estado da discussão e novas perspectivas. *In Anatomia do Crime*, Revista de Ciências Jurídico-criminais. Coimbra: Almedina, n.º 0, jul.-dez., 2014.

SILVA SÁNCHEZ, Jesús Maria – El Derecho Penal ante la Globalización y la Integración Supranacional. *In Revista Brasileira de Ciências Criminais*. São Paulo: RT, ano 6, n.º 24, out./dez. 1998.

___*La Expansión del Derecho Penal*: aspectos de la política criminal en las sociedades postindustriales. 2.ª ed. Madrid: Civitas, 2001.

SINCLAIR, Upton – *The Jungle*. New York: Doubleday, Jabber & Company, 1906.

SOUSA, António Francisco de – *Manual de Direito Policial*: direito da ordem e segurança públicas. Porto: Vida Económica, 2016.

SUTHERLAND, Edwin H. – *The Professional Thief*: by a professional thief. Chicago: The University of Chicago Press, 1937.

___White-Collar Criminality. *In American Sociological Review*. vol. 5, n.º 1, febr. 1940.

___*Crime de Colarinho Branco*: versão sem cortes. Traduzido do inglês. Rio de Janeiro: Revan, 2015.

TARBELL, Ida – *The History of the Standar Oil Company*. New York: McClure, Phillips, 1904.

TAVARES, José Daniel – Ordem Internacional, Crime Organizado e Direito Penal. *In* AGRA, Cândido da; TORRÃO, Fernando – *Criminalidade Organizada e Económica*: perspetivas jurídica, política e criminológica. Lisboa: Universidade Lusíada Editora, 2018.

TEACHOUT, Zephyr – The Unenforceable Corrupt Contract: corruption and nineteenth century contract law. *In NYU Review of Law and Social Change*. New York: NYU, n.º 35, 2011.

___*Corruption in America*: from Benjamin Franklin's snuff box to Citizens United. Cambridge, London: Harvard University Press, 2014.

___The "New" Corruption and the Unhelpful Supreme Court. *In Public Administration Review*. Washington: American Society for Public Administration, vol. 76, 2016.

TEUBNER, Günther – A Bukowina Global sobre a Emergência de um Pluralismo Jurídico Transnacional. Trad. do alemão. *In Impulso*. Piracicaba, Brasil: vol. 13, n.º 33, 2003.

TERRACINO, Julio Bacio – *The International Legal Framework against Corruption*: States obligations to prevent ans repress corruption. Cambridge: Intersentia, 2012.

TERRADILLOS BASOCO, Juan María – Corrupción, Globalización y Derecho Penal Económico. *In Revista de la Facultad de Derecho*. Lima: Pontificia Universidad Católica del Perú, n.º 74, 2015.

TIEDEMANN, Klaus – Responsabilidad penal de las personas jurídicas. *In* José Hurtado Pozo (Coord.) – *Anuario de Derecho Penal*, vol. 96, 1997.

___*Manual de Derecho Penal y Económico*: parte general y especial. Trad. do alemão por Manuel A. Abanto Vásquez *et al.* Valencia: Tirant lo Blanch, 2010.

TOURAINE, Alain – *La Société Post-Industrielle*: naissance d'une société. Paris: Denoël, 1969.

___*La Fin des Sociétés*. Paris: Seuil, 2013.

TRIUNFANTE, Luís de Lemos – *Manual de Cooperação Judiciária Internacional em Matéria Penal*. Reimp. Coimbra: Almedina, 2019.

TROVÃO DO ROSÁRIO, Pedro – O GPRD, ou RGPD como Exemplo da Tendência de um Estado Fiscalizador do Cumprimento de Direitos Fundamentais. *In* VALENTE, Manuel Monteiro Guedes (Coord.) – *Os Desafios do Direito do Século XXI:* genoma humano, europeísmo, poder e política, Constituição e democracia. Coimbra: Almedina, 2018.

___; VIANA, Pedro N. Moreira; RAMOS, Paulo R. Barbosa – Uma abordagem conceitual da teoria do diálogo institucional na jurisdição constitucional portuguesa. *In Galileu Revista de Direito e Economia*. Lisboa: Universidade Autónoma de Lisboa, vol. XX, fasc. 1, jan./jun. 2019a.

___; RAMOS, Paulo R. Barbosa; CAMARA, David E. Cardoso – Governo das sociedades e compliance em Portugal: um escorço de sua delimitação histórico-normativa. *In Galileu Revista de Direito e Economia*. Lisboa: Universidade Autónoma de Lisboa, vol. XX, fasc. 2, jul./dez. 2019b.

VALADÃO, Marcos Aurélio Pereira – Crimes de Sonegação Fiscal: um enfoque criminológico e econômico. *In* OTERO, Paulo; ARAÚJO, Fernando; GAMA, João Taborda da (Orgs.). *Estudos em Memória do Prof. Dr. J. L. Saldanha Sanches*. Coimbra: Coimbra Editora, vol. V, set. 2011.

VALENTE, Manuel Monteiro Guedes – *Do Mandado de Detenção Europeu*. Coimbra: Almedina, 2006.

___La Responsabilidad Penal de las Personas Jurídicas en el Derecho Portugués. Breve reflexión del marco legal y de la evolución doctrinal. *In* SANZ MULAS, Nieves (Coord.) – *El Derecho Penal y la Nueva Sociedad*. Granada: Comares, 2007.

___O Olhar Jusdemocrático em Miguel Torga: o desejo de uma polícia humanista. *In* VALENTE, Manuel Monteiro Guedes; MARTINS, Maria Teresa Payan (Coord.) – *Estudos de Homenagem ao Professor Doutor Artur Anselmo*. Coimbra: Almedina, 2008.

___A Investigação do Crime Organizado: buscas domiciliárias nocturnas, o agente infiltrado e intervenção nas comunicações. *In* VALENTE, Manuel Monteiro Guedes (Coord.) – *Criminalidade Organizada e Criminalidade de Massa*: interferências e ingerências mútuas. Coimbra: Almedina, 2009.

___Segurança: bem jurídico supranacional. *In JANUS.NET e-journal of International Relations*. Lisboa: Observare, vol. 3, n.º 2, outono de 2012.

___*Do Ministério Público e da Polícia*: prevenção criminal e acção penal como execução de uma política criminal do ser humano. Lisboa: Universidade Católica Editora, 2013a.

___A Ciência Jurídica como Caminho de Afirmação e Valoração do Ser Humano. *In Revista da Escola Superior da Procuradoria-Geral do Estado de São Paulo*. São Paulo: ESPGE-SP, v. 4, n.º 1, jan./dez. 2013b.

___*Segurança*: um tópico jurídico em reconstrução. Lisboa: Âncora Editora, 2013c.

___Processo Penal, Segurança e Liberdade: uma provocação. *In Revista Brasileira de Direito Processual Penal.* Porto Alegre: PUCRS, vol. 1, n.º 1, 2015a.

___[et al.] – *Prova Penal*: Estado Democrático de Direito. Lisboa, São Paulo: Rei dos Livros e Empório do Direito, 2015b.

___As "Novas" Fronteiras do Direito e do Processo Penal. *In* VALENTE, Manuel Monteiro Guedes (Coord.) – *V Congresso de Direito Penal e de Processo Penal.* Coimbra: Almedina, 2016.

___*Direito Penal*: fundamentos político-criminais. Lisboa: Edição do Autor, 2017a.

___Criminalidade Organizada: tópico juscriminológico supranacional. *In* PEREIRA, Eliomar S.; WERNER, Guilherme C.; VALENTE, Manuel M. G. (Coords.) – *Criminalidade Organizada: investigação, direito e ciência.* São Paulo: Almedina, 2017b.

___Criminalidade Organizada Transnacional: um estudo crítico jurídico-político emergente. *In* VALENTE, Manuel Monteiro Guedes (Coord.) – *Criminalidade Organizada Transnacional.* Corpus Delicti I. Coimbra: Almedina, 2019a.

___*Teoria Geral do Direito Policial.* 6.ª ed. Coimbra: Almedina, 2019b.

___*Direito Penal do Inimigo e o Terrorismo*: o "progresso ao retrocesso". 4.ª ed. Coimbra: Almedina, 2020a.

___*Direito Processual Penal*: da sociedade internético-personocêntrica. Lisboa: ed. do autor, 2020b.

___*O Princípio da Superioridade Ética do Estado e os Princípios da Legalidade e da Constitucionalidade na Persecução Criminal. In* FONSECA, Lígia Dias; FONSECA, Sofia Duprer (Orgs.) – Liberdade, Sempre! Homenagem a José Carlos de Almeida Fonseca por ocasião dos seus 70 anos. Praia, Cabo Verde: LPC, 2020c.

___Criminalidade Organizada Transnacional: um estudo multicientífico transnacional. *In* VALENTE, Manuel Monteiro Guedes (Coord.) – *Criminalidade Organizada Transnacional.* Corpus Delicti IV. Coimbra: Almedina, 2022.

___[et al.] – O Tratamento Jurídico-Processual Penal das Pessoas Coletivas em Portugal. *In* VALENTE, Manuel Monteiro Guedes; CHOUKR, Fauzi Hassan (Coords.) – *O Processo Penal no Âmbito da Responsabilidade Penal da Pessoa Jurídica.* Coimbra: Almedina, 2022.

VEBLEN, Thorstein – *The Theory of the Leisure Class.* New York: Macmillan, 1899.

VELLOSO, Renato Ribeiro – *Crimes Tributários e Econômicos.* São Paulo: Quartier Latin, 2007.

VLASSIS, Dimitri – *Overview of the provisions of the United Nations Convention Against Transnational Organized Crime and its Protocols.* Tokyo: The United Nations Asia and Far East Institute for the Prevention of Crime and the Treatment of Offenders – UNAFEI Annual Report for 2000 and Resource Material Series n.º 59, 2002.

VOGEL, Joachim – *Política Criminal y Dogmática Penal Europeas.* Trad. do alemão. Huelva: Tirant lo Blanch y Universidades de Huelva, Salamanca, Pablo de Olavide y Castilla-LaMancha, n.º 11, 2003.

___Derecho penal y globalización. Trad. do alemão. *In* CANCIO MELIÁ, Manuel (Coord.) – *Anuario de la Facultad de Derecho de la Universidad Autónoma de Madrid.* Madrid: UAM, n.º 9, 2005.

___La internacionalizacion del Derecho Penal y el proceso penal. Trad. do alemão. *In Revista Penal*. Huelva: Universidades de Huelva, Salamanca y Castilla-La Mancha, n.º 22, 2008.

WEES, Hans van – The Mafia of early Greece: violent exploitation in the seventh and sixth centuries B.C. *In* HOPWOOD, Keith (Ed.) – *Organised Crime in Antiquity*. Swansea, Wales: The Classical Press of Wales, 2009.

WEISBURD, David; PIQUERO, Nicole Leeper – *In* SIMPSON, Sally S.; WEISBURD, David (Eds.) – *The Criminology of White-Collar Crime*. New York: Springer, 2009.

WERNER, Guilherme C. – Teoria Interpretativa das Organizações Criminosas: conceito e tipologia. *In* PEREIRA, Eliomar S.; BARBOSA, Emerson S. (Coords.) – *Organizações Criminosas:* teoria e hermenêutica da Lei n.º 12.850/2013. Porto Alegre: Núria Fabris, 2015.

___Cleptocracia: Corrupção sistêmica e criminalidade organizada. *In* PEREIRA, Eliomar S.; WERNER, Guilherme C.; VALENTE, Manuel M. G. (Coords.) – *Criminalidade Organizada*: investigação, direito e ciência. São Paulo: Almedina, 2017.

WEYEMBERGH, Anne – Coordination and Initiation of Investigations and Prosecutions trough EUROJUST. *In ERA Forum*. Trier, Deutschland: Europäische Rechtsakademie, 2013.

___; ARMADA, Inés; BRIÈRE, Chloé – Competition or Cooperation? State of play and future perspectives on the relations between Europol, Eurojust and the European Judicial Network. *In New Journal of European Criminal Law*. Londres: SAGE, 2015.

WUNDERLICH, Alexandre; MORAES DE OLIVEIRA, Rodrigo – Resistência, Prática de Transformação Social e Limitação do Poder Punitivo a partir do Sistema de Garantias: pela (re)afirmação do garantismo penal na contemporaneidade. *In* WUNDERLICH, Alexandre (Coord.) – *Política Criminal Contemporânea*: criminologia, direito penal e direito processual penal. Porto Alegre: Livraria do Advogado, 2008.

YINGLING, M. Patrick – Conventional and Unconventional Corruption. *In Duquesne Law Review*. Pittsburgh: Duquesne University, vol. 51, 2013.

ZAFFARONI, Eugenio Raúl – Crime Organizado: uma categorização frustrada. Trad. do espanhol. *In* BATISTA, Nilo (Org.) – *Discursos Sediciosos*: crime, direito e sociedade. Rio de Janeiro: Ed. Relume Dumará, ano 1, n.º 1, 1996.

___*Tratado de Derecho Penal*: Parte general. Tomo I. Buenos Aires: EDIAR, 1998.

___*La Destrucción Total del Código Penal en la Argentina*. [Em linha]. Palestra. Buenos Aires: Universidade de Buenos Aires, dezembro de 2008. [Consult. em 24 de fevereiro de 2021]. Disponível em WWW: http://www.derecho.uba.ar/multimedia/v_zaffaroni_01.php e http://www.derecho.uba.ar/multimedia/transcripcion/tr_zaffaroni_01.pdf

ZAGREBELSKY, G. – *El Derecho Dúctil*: ley, derechos, justicia. 10.ª ed. Madrid: Trotta, 2011.

ZIEMBOWICZ, Rodrigo L. – A Extinção da Punibilidade pelo Pagamento nos Crimes Tributários à Luz da Análise Econômica do Direito: um estímulo à sonegação fiscal no Brasil? *In Corpus Delicti* – Revista de Direito de Polícia Judiciária. Brasília: Editora ANP, 2018a.

___; VALADÃO, Marcos A. Pereira – Revisitando o Dever Fundamental de Pagar Tributos sob a Perspectiva da Sociedade dos Direitos. *In NOMOS*. Fortaleza: UFC, vol. 38, n.º 2, 2018b.

___*Crimes Tributários*: extinção da punibilidade e sonegação. São Paulo: Almedina, 2020a.

___; MEIRA, Liziane A. – A Extinção da Punibilidade dos Crimes Tributários em Face do Princípio Constitucional da Proporcionalidade. *In Argumentum Journal of Law*. Marília: Unimar, vol. 21, n.º 3, 2020b.

___Relatório, Arquivamento e Desarquivamento. *In* PEREIRA, Eliomar da Silva; ANSELMO, Márcio Adriano (Org.) – *Direito Processual de Polícia Judiciária I*. Curso de Direito de Polícia Judiciária. Belo Horizonte: Fórum, 2020c.

___A Notificação da Vítima. *In* PEREIRA, Eliomar da Silva; ANSELMO, Márcio Adriano (Org.). *Direito Processual de Polícia Judiciária I*. Curso de Direito de Polícia Judiciária. Belo Horizonte: Fórum, 2020d.

___Estimular e Proteger o Desenvolvimento Econômico diante da Criminalidade Organizada. *In* VALENTE, Manuel Monteiro Guedes (Coord.) – *Criminalidade Organizada Transnacional*. Corpus Delicti III. Coimbra: Almedina, 2021.

___As Organizações Criminosas e as suas Relações com as Empresas: meros instrumentos e/ou centros ético-jurídicos para a prática de crimes graves. *In* VALENTE, Manuel Monteiro Guedes (Coord.) – *Criminalidade Organizada Transnacional*. Corpus Delicti IV. Coimbra: Almedina, 2022.

___[et al.] – O Tratamento Jurídico-Processual Penal das Pessoas Coletivas em Portugal. *In* VALENTE, Manuel Monteiro Guedes; CHOUKR, Fauzi Hassan (Coords.) – *O Processo Penal no Âmbito da Responsabilidade Penal da Pessoa Jurídica*. Coimbra: Almedina, 2022.

ZIPPELIUS, Reinhold – *Teoria Geral do Estado*. Trad. da 16ª ed. alemã, de 2010, por Antônio Franco e Antônio Francisco de Sousa. São Paulo: Saraiva, 2016.

ZUÑIGA RODRIGUEZ, Laura – La Ley de Seguridad Ciudadana: un síntoma de la crisis del poder ejecutivo. Especial consideración del sistema penal. *In Themis Revista de Derecho*. Lima: Asociación Civil THEMIS, n.º 32, 1995.

___*Bases para un Modelo de Imputación de Responsabilidad Penal a las Personas Jurídicas*. 2.ª ed. TIEDEMANN, Klaus (prol.). Cizur, Navarra: Thomson Aranzadi Editorial, 2003.

___La Cuestión de la Responsabilidad Penal de las Personas Jurídicas: un punto y seguido. *In Revista de Derecho*. Coquimbo, Chile: Universidad Católica del Norte. a. 11, n.º 2, 2004.

___Criminalidad Organizada, Derecho Penal y Sociedad: apuntes para el análisis. *In* SANZ MULAS, Nieves (Coord.) – *El Desafío de la Criminalidad Organizada*. Granada: Comares, 2006.

___Responsabilidad Penal de las Personas Jurídicas y Criminalidad Organizada: la problemática de las sanciones. *In Cuadernos Penales José María Lidón*. El Anteproyecto de Modificación del Código Penal de 2008. Bilbao: Universidad de Deusto, n.º 6, 2009.

___Criminalidad Organizada, Derecho Penal y Sociedad: apuntes para el análisis. *In Foro Jurídico*. Lima: PUCP, n.º 10, 2010.

___Criminalidad de Empresa y Criminalidad Organizada: dos modelos para armar en el derecho penal. *In Colección de Ciencias Penales*. Lima: Jurista Editores, n.º 4, 2013.

___Modelos de Política Criminal frente a la Criminalidad Organizada: la experiencia italiana (entre eficacia y garantías). *In Revista General de Derecho Penal*. Madrid: Iustel, n.º 23, 2015a.

___Culpables, Millonarios e Impunes: el difícil tratamiento del derecho penal del delito de cuello blanco. *In Revista IUS*. Puebla, México: Instituto de Ciencias Jurídicas de Puebla, vol. 9, n.º 35, ene./jun. 2015b.

___El concepto de criminalidad organizada transnacional: problemas y propuestas. *In Revista Nuevo Foro Penal*. Medellín: Universidad EAFIT, vol. 12, n.º 86, 2016a.

___La Responsabilidad Penal de las Personas Jurídicas como Piedra de Toque de la Criminalidad Organizada. *In Anuario de Derecho Penal 2015-2016*. Problemas Actuales de Política Criminal. Fribourg, Suisse: Université de Fribourg, 2016b.

___Tratamiento Jurídico Penal de las Sociedades Instrumentales: entre la criminalidad organizada y la criminalidade empresarial. *In* ZUÑIGA RODRIGUEZ, Laura (Dir.); BALLESTEROS SÁNCHEZ, Julio (Coord.) – *Criminalidade Organizada Transnacional:* una amenaza a la seguridade de los Estados democráticos. Valencia: Tirant lo Blanch, 2017a.

___El abolicionismo en América Latina. *In Derecho & Sociedad*. Lima: PUCP, n.º 49, 2017b.

___Dogmática funcionalista y política criminal: una propuesta fundada en los derechos humanos. *In Revista de la Facultad de Derecho*. Lima: PUCP, n.º 81, dic./may 2018a.

___Trata de seres humanos y criminalidad organizada transnacional: problemas de política criminal desde los derechos humanos. *In Estudios Penales y Criminológicos*. Santiago de Compostela, España: USC, n.º 38, 2018b.

___Corrupción y la categoría "delito de cuello blanco": cuando los delitos se cometen en contextos normalizados. *In Revista Ius et Veritas*. Lima: PUCP, n.º 57, dic. 2018c.

___Responsabilidad Penal de las Personas Jurídicas y Derechos Humanos: una valoración desde la reforma de 2015 de la legislación española. *In* DEMETRIO CRESPO, Eduardo; NIETO MARTÍN, Adán (Coord.) – *Derecho Penal Económico y Derechos Humanos*. Valencia: Tirant lo Blanch, 2018d.

___Tratamiento Jurídico Penal de las Sociedades Instrumentales: entre la criminalidad organizada y la criminalidad empresarial. *In* VALENTE, Manuel Monteiro Guedes (Coord.) – *Criminalidade Organizada Transnacional*. Corpus Delicti I. Coimbra: Almedina, 2019.

___ ¿Cuál es la valoración jurídica de los *compliance* en la teoría de la responsabilidad penal de las personas jurídicas? *In* CUERDA MARTÍN, Mónica de; TORRE GARCÍA, Faustino García de la (Coord.); DEMETRIO CRESPO, Eduardo (Dir.) – *Derecho Penal Económico y Teoría del Delito*. Valencia: Tirant lo Blanch, 2020.

___Derecho Penal de la Seguridad: Delincuencia Grave y Visibilidad. *In Anales de la Cátedra Francisco Suárez*. Protocolo I. Crisis del Derecho Penal del Estado de Derecho: Manifestaciones y Tendencias. Granada: Editorial Universidad de Granada, 2021.

___Derecho Penal de la Seguridad: ¿Seguridad para todos? *In* VALENTE, Manuel Monteiro Guedes (Coord.) – *Criminalidade Organizada Transnacional*. Corpus Delicti IV. Coimbra: Almedina, 2022.

REFERÊNCIAS NORMATIVAS

ALEMANHA – *Strafgesetzbuch* [Código Penal Alemão], após reforma de 07.01.1975, publicada no Diário da Lei Federal da Alemanha, de 01.02.1975.

BRASIL – *Constituição da República Federativa do Brasil*. Assembleia Nacional Constituinte, 05 de outubro de 1988.

___*Decreto-lei n.º 2.848/1940*, de 7 de dezembro, *Código Penal*.

___*Decreto-lei n.º 3.689/1941*, de 3 de outubro, *Código de Processo Penal*.

___*Decreto n.º 847/1890*, de 11 de outubro, *Codigo Penal dos Estados Unidos do Brazil*.

___*Decreto n.º* 154/1991, de 26 de junho. Promulga a Convenção Contra o Tráfico Ilícito de Entorpecentes e Substâncias Psicotrópicas.

___*Decreto n.º 4.388/2002*, de 25 de setembro. Promulga o Estatuto de Roma do Tribunal Penal Internacional.

___*Decreto n.º* 4.410/2002, de 7 de outubro. Promulga a Convenção Interamericana contra a Corrupção, de 29 de março de 1996.

___*Decreto n.º* 5015/2004, de 12 de março. Promulga a Convenção das Nações Unidas contra o Crime Organizado Transnacional.

___*Decreto n.º* 5.640/2005, de 26 de dezembro. Promulga a Convenção Internacional para Supressão do Financiamento do Terrorismo, adotada pela Assembleia-Geral das Nações Unidas em 9 de dezembro de 1999 e assinada pelo Brasil em 10 de novembro de 2001.

___*Decreto n.º* 5.687/2006, de 31 de janeiro. Promulga a Convenção das Nações Unidas contra a Corrupção, adotada pela Assembleia-Geral das Nações Unidas em 31 de outubro de 2003 e assinada pelo Brasil em 9 de dezembro de 2003.

___*Decreto n.º* 10.364/2020, de 21 de maio. Promulga o Acordo de Cooperação Estratégica entre a República Federativa do Brasil e o Serviço Europeu de Polícia (EUROPOL), firmado em Haia, em 11 de abril de 2017.

___*Decreto n.º* 10.452/2020, de 10 de agosto de 2020. Promulga o texto do Acordo Quadro de Cooperação entre os Estados Partes do Mercosul e Estados Associados para a Criação de Equipes Conjuntas de Investigação, firmado pela República Federativa do Brasil, em San Juan, em 2 de agosto de 2010.

___*Lei de 16 de dezembro de 1830. Codigo Criminal do Imperio do Brazil*.

___*Lei n.º 6.368/1976*, de 21 de outubro. Dispõe sobre medidas de prevenção e repressão ao tráfico ilícito e uso indevido de substâncias entorpecentes ou que determinem dependência física ou psíquica, e dá outras providências.

___*Lei n.º* 7.170/1983, de 14 de dezembro. Define os crimes contra a segurança nacional, a ordem política e social, estabelece seu processo e julgamento e dá outras providências.

___*Lei n.º* 8.137/*1990*, de 27 de dezembro. Define os crimes contra a ordem tributária, económica e contra as relações de consumo.

___*Lei n.º* 8.429/1992, de 2 de junho. Dispõe sobre as sanções aplicáveis aos agentes públicos nos casos de enriquecimento ilícito no exercício de mandato, cargo, emprego ou função na administração pública direta, indireta ou fundacional

___*Lei n.º* 8.666/1993, de 21 de junho. Regulamenta o art. 37, inciso XXI, da Constituição Federal, institui normas para licitações e contratos da Administração Pública e dá outras providências.

___*Lei nº 9.034/1995*, de 3 de maio. Dispõe sobre a utilização de meios operacionais para a prevenção e repressão de ações praticadas por organizações criminosas.

___*Lei nº 9.605/1998*, de 12 de fevereiro. Dispõe sobre as sanções penais e administrativas derivadas de condutas e atividades lesivas ao meio ambiente, e dá outras providências.

___*Lei n.º* 9.613/1998, de 3 de março. Dispõe sobre os crimes de "lavagem" ou ocultação de bens, direitos e valores; a prevenção da utilização do sistema financeiro para os ilícitos previstos nesta Lei; cria o Conselho de Controle de Atividades Financeiras – COAF, e dá outras providências.

___*Lei n.º 10.467/2002*, de 11 de junho. Acrescenta o Capítulo II-A ao Título XI do Código Penal, e dispositivo à Lei no 9.613, de 3 de março de 1998, que "dispõe sobre os crimes de 'lavagem' ou ocultação de bens, direitos e valores; a prevenção da utilização do Sistema Financeiro para os ilícitos previstos nesta Lei, cria o Conselho de Controle de Atividades Financeiras (Coaf), e dá outras providências.

___*Lei n.º 10.683/2003*, de 28 de maio. Dispõe sobre a organização da Presidência da República e dos Ministérios, e dá outras providências.

___ *Lei n.º 10.701/2003*, de 09 de julho. Altera e acrescenta dispositivos à Lei no 9.613, de 3 de março de 1998, que dispõe sobre os crimes de lavagem ou ocultação de bens, direitos e valores; a prevenção da utilização do sistema financeiro para os ilícitos previstos nesta Lei; cria o Conselho de Controle de Atividades Financeiras – Coaf, e dá outras providências.

___*Lei n.º 11.340/2006*, de 7 de agosto. Cria mecanismos para coibir a violência doméstica e familiar contra a mulher.

___*Lei nº 11.343/2006*, de 23 de agosto. Institui o Sistema Nacional de Políticas Públicas sobre Drogas – Sisnad; prescreve medidas para prevenção do uso indevido, atenção e reinserção social de usuários e dependentes de drogas; estabelece normas para repressão à produção não autorizada e ao tráfico ilícito de drogas; define crimes e dá outras providências.

___*Lei nº 12.527/2011*, de 18 de novembro. Lei de Livre Acesso às Informações e Transparência.

___*Lei n.º* 12.683/2012, de 9 de julho. Altera a Lei n.º 9.613, de 3 de março de 1998, para tornar mais eficiente a persecução penal dos crimes de lavagem de dinheiro.

___*Lei n.º 12.694/2012*, de 24 de julho. Dispõe sobre o processo e o julgamento colegiado em primeiro grau de jurisdição de crimes praticados por organizações criminosas, e dá outras providências.
___*Lei n.º 12.720/2012*, de 27 de setembro. Dispõe sobre o crime de extermínio de seres humanos; altera o Decreto-Lei nº 2.848, de 7 de dezembro de 1940 – Código Penal; e dá outras providências.
___*Lei n.º* 12.846/2013, de 1º de agosto. Dispõe sobre a responsabilização administrativa e civil de pessoas jurídicas pela prática de atos contra a administração pública, nacional ou estrangeira, e dá outras providências.
___*Lei n.º* 12.850/2013, de 2 de agosto. Define organização criminosa e dispõe sobre a investigação criminal, os meios de obtenção da prova, infrações penais correlatas e o procedimento criminal.
___*Lei n.º 13.344/2017*, de 6 de outubro. Dispõe sobre prevenção e repressão ao tráfico interno e internacional de pessoas e sobre medidas de atenção às vítimas.
___*Lei n.º 13.505/2017*, de 8 de novembro. Acrescenta dispositivos à Lei n.º 11.340, de 7 de agosto de 2006 (Lei Maria da Penha), para dispor sobre o direito da mulher em situação de violência doméstica e familiar de ter atendimento policial e pericial especializado, ininterrupto e prestado, preferencialmente, por servidores do sexo feminino.
___*Lei n.º* 13.964/2019, de 24 de dezembro. Aperfeiçoa a legislação penal e processual penal.
___*Lei n.º* 13.974/2020, de 7 de janeiro. Dispõe sobre o Conselho de Controle de Atividades Financeiras (COAF), de que trata o art. 14 da Lei n.º 9.613, de 3 de março de 1998.
___*Lei n.º 14.064/2020*, de 29 de setembro. Altera a Lei nº 9.605, de 12 de fevereiro de 1998, para aumentar as penas cominadas ao crime de maus-tratos aos animais quando se tratar de cão ou gato.
___*Projeto de Lei n.º 3.890/2020*, de 21 de julho, que visa instituir o Estatuto da Vítima. [Em linha]. [Consult. em 22 de agosto de 2021]. Disponível em WWW: <https://www.camara.leg.br/proposicoesWeb/prop_mostrarintegra?codteor=1915623&filename=PL+3890/2020>.
___Secretaria da Receita Federal do Brasil. *Instrução Normativa RFB n.º 1.037*, de 04 de junho de 2010. Relaciona países ou dependências com tributação favorecida e regimes fiscais privilegiados [Em linha]. Publicada no Diário Oficial da União de 07.06.2010, p. 21. [Consult. em 22 de março de 2021]. Disponível em WWW: <http://normas.receita.fazenda.gov.br/sijut2consulta/link.action?naoPublicado=&idAto=16002&visao=anotado>.
CONSELHO DA EUROPA – *Convenção Europeia dos Direitos do Homem* [Em linha]. Roma: CE, 04 de novembro de 1950. [Consult. em 20 de setembro de 2021]. Disponível em WWW: <https://gddc.ministeriopublico.pt/sites/default/files/convention_por.pdf>.
___*Convenção Relativa ao Branqueamento, Deteção, Apreensão e Perda dos Produtos do Crime* [Em linha]. Estrasburgo: CE, 08 de novembro de 1990. [Consult. em 22 de agosto de 2020]. Disponível em WWW: <http://gddc.ministeriopublico.pt/sites/default/files/documentos/instrumentos/convencao_relativa_branqueamento.pdf>.
___*Convenção Penal sobre a Corrupção* [Em linha]. Estrasburgo, 27 de janeiro de 1999. [Consult. em 21 de agosto de 2021]. Disponível em WWW: <http://www.ministeriopublico.pt/instrumento/convencao-penal-sobre-corrupcao-do-conselho-da-europa-19>.

___*Convenção Civil sobre a Corrupção* [Em linha]. Estrasburgo: CE, 04 de novembro de 1999. [Consult. em 21 de agosto de 2021]. Disponível em WWW: <https://rm.coe.int/168007f3f6>.

___*Convenção do Conselho da Europa Relativa ao Branqueamento, Deteção, Apreensão e Perda dos Produtos do Crime e ao Financiamento do Terrorismo* [Em linha]. Varsóvia: CE, 16 de maio de 2005. [Consult. em 20 de agosto de 2020]. Disponível em WWW: <http://www.ministeriopublico.pt/instrumento/convencao–do–conselho–da–europa–relativa–ao–branqueamento–deteccao–apreensao–e–perda–d–0>.

ESPANHA – *Constitución Española.* Aprobada por Las Cortes en sesiones plenarias del Congreso de los Diputados y del Senado celebradas el 31 de octubre de 1978.

FRANCE – *Déclaration des Droits de l'Homme et du Citoyen.* Paris: Assemblée Nationale, 26 août 1789.

___*Loi du 12 février 1810. Code Pénal de l'Empire Français.*

___*Loi n.º 92/683*, du 22 juillet 1992. *Code Pénal Français.*

___*Ordonnance Criminelle*, du mois d'août 1670. Enregistrée par le Parlement de Paris le 26 août 1670.

ITÁLIA – *Costituzione della Repubblica Italiana.* Assemblea Costituente, 22 dicembre 1947.

ORGANIZAÇÃO DE COOPERAÇÃO E DE DESENVOLVIMENTO ECONÓMICO (OCDE/OECD) – *Convenção sobre a Luta contra a Corrupção de Agentes Públicos Estrangeiros nas Transacções Comerciais Internacionais* [Em linha]. Paris, 17 de dezembro de 1997. [Consult. em 28 de setembro de 2021]. Disponível em WWW: <http://www.ministeriopublico.pt/instrumento/convencao-sobre-luta-contra-corrupcao-de-agentes-publicos--estrangeiros-nas-transaccoe-16>.

ORGANIZAÇÃO DOS ESTADOS AMERICANOS – *Convenção Interamericana contra a Corrupção* [Em linhas]. Caracas, 29 de março de 1996. [Consult. em 28 de setembro de 2021]. Disponível em WWW: <http://www.oas.org/juridico/portuguese/treaties/b-58.htm>.

PORTUGAL – *Constituição da República Portuguesa.* Assembleia Constituinte, Sessão Plenária de 2 de abril de 1976.

___*Decreto de 10 de dezembro de 1852. Código Penal.*

___*Decreto-Lei n.º 400/82*, de 23 de setembro. *Código Penal.*

___*Decreto-Lei n.º 28/84*, de 20 de janeiro. Altera o regime em vigor em matéria de infracções antieconómicas e contra a saúde pública.

___*Decreto-Lei n.º 262/86*, de 2 de setembro. *Código das Sociedades Comerciais.*

___*Decreto-Lei n.º 78/87*, de 17 de fevereiro. *Código de Processo Penal.*

___*Decreto-Lei n.º 15/93*, de 22 de janeiro. Revê a legislação de combate à droga.

___*Decreto-Lei n.º 315/2009*, de 29 de outubro. No uso da autorização legislativa concedida pela Lei n.º 82/2009, de 21 de agosto, aprova o regime jurídico da detenção de animais perigosos e potencialmente perigosos enquanto animais de companhia.

___*Decreto do Presidente da República n.º 45/1991*, de 6 de setembro. Ratifica a Convenção das Nações Unidas contra o Tráfico Ilícito de Estupefacientes e Substâncias Psicotrópicas.

___*Decreto do Presidente da República n.º 73/1997*, de 13 de dezembro. Ratifica a Convenção Relativa ao Branqueamento, Detecção, Apreensão e Perda dos Produtos do Crime, do Conselho da Europa, assinada por Portugal em 8 de novembro de 1990.

___*Decreto do Presidente da República n.º 19/2000*, de 31 de março. Ratifica a Convenção sobre a Luta contra a Corrupção de Agentes Públicos Estrangeiros nas Transacções Comerciais Internacionais.

___*Decreto do Presidente da República n.º 31/2001*, de 25 de junho. Ratifica a Convenção Internacional para a Repressão de Atentados Terroristas à Bomba.

___*Decreto do Presidente da República n.º 2/2002*, de 18 de janeiro. Ratifica o Estatuto de Roma do Tribunal Penal Internacional.

___*Decreto do Presidente da República n.º 19/2004*, de 2 de abril de 2004. Ratifica a Convenção das Nações Unidas contra a Criminalidade Organizada Transnacional e os seus protocolos.

___*Decreto do Presidente da República n.º 97/2007*, de 21 de setembro. Ratifica a Convenção das Nações Unidas contra a Corrupção.

___*Decreto do Presidente da República n.º 78/2009*, de 27 de agosto. Ratifica a Convenção do Conselho da Europa Relativa ao Branqueamento, Detecção, Apreensão e Perda dos Produtos do Crime e ao Financiamento do Terrorismo, adoptada em Varsóvia em 16 de maio de 2005.

___*Lei n.º 65/78*, de 13 de outubro. Aprova, para ratificação, a Convenção Europeia dos Direitos do Homem, também designada Convenção para a Protecção dos Direitos do Homem e das Liberdades Fundamentais, concluída em Roma, em 4 de novembro de 1950.

___*Lei n.º 34/87*, de 16 de julho. Regula os crimes da responsabilidade de titulares de cargos políticos.

___*Lei n.º 36/94*, de 29 de setembro. Estabelece medidas de combate à corrupção e criminalidade económica e financeira.

___*Lei n.º 15/2001*, de 05 de junho. Reforça as garantias do contribuinte e a simplificação processual, reformula a organização judiciária tributária e estabelece um novo Regime Geral para as Infracções Tributárias.

___*Lei n.º 5/2002*, de 11 de janeiro. Estabelece medidas de combate à criminalidade organizada e económico-financeira.

___*Lei n.º 65/2003*, de 23 de agosto. Aprova o regime jurídico do mandado de detenção europeu.

___*Lei n.º 11/2004*, de 27 de março. Estabelece o regime de prevenção e repressão do branqueamento de vantagens de proveniência ilícita.

___*Lei n.º 23/2007*, de 04 de julho. Aprova o regime jurídico de entrada, permanência, saída e afastamento de estrangeiros do território nacional.

___*Lei n.º 50/2007*, de 31 de agosto. Estabelece um novo regime de responsabilidade penal por comportamentos suscetíveis de afetar a verdade, a lealdade e a correção da competição e do seu resultado na atividade desportiva.

___*Lei n.º 20/2008*, de 21 de abril. Disciplina a responsabilidade penal por crimes de corrupção no comércio internacional e na atividade privada.

___*Lei n.º 25/2008*, de 05 de junho. Estabelece medidas de natureza preventiva e repressiva de combate ao branqueamento de vantagens de proveniência ilícita e ao financiamento do terrorismo.

___*Lei n.º 19/2012*, de 08 de maio. Aprova o novo regime jurídico da concorrência.

___*Lei n.º 130/2015*, de 04 de setembro. Procede à vigésima terceira alteração ao Código de Processo Penal e aprova o Estatuto da Vítima, transpondo a Diretiva 2012/29/UE do Parlamento Europeu e do Conselho, de 25 de outubro de 2012, que estabelece normas relativas aos direitos, ao apoio e à proteção das vítimas da criminalidade.

___*Lei n.º 26/2016*, de 22 de agosto. Aprova o regime de acesso à informação administrativa e ambiental e de reutilização dos documentos administrativos.

___*Lei n.º 83/2017*, de 18 de agosto. Medidas de Combate ao Branqueamento de Capitais e ao Financiamento do Terrorismo.

___*Lei n.º 89/2017*, de 21 de agosto. Regime Jurídico do Registo Central do Beneficiário Efetivo.

___*Lei n.º 15/2019*, de 12 de fevereiro. Transparência e escrutínio das operações das instituições de crédito relativas a fundos públicos.

___*Lei n.º 115/2019*, de 12 de setembro. Altera o regime jurídico do mandado de detenção europeu.

___*Lei n.º 79/2021*, de 24 de novembro. Transpõe a Diretiva (UE) 2019/713 do Parlamento Europeu e do Conselho, de 17 de abril de 2019, relativa ao combate à fraude e à contrafação de meios de pagamento que não em numerário, alterando o Código Penal, o Código de Processo Penal, a Lei n.º 109/2009, de 15 de setembro, que aprova a Lei do Cibercrime, e outros atos legislativos.

___*Lei n.º 94/2021*, de 21 de dezembro. Aprova medidas previstas na Estratégia Nacional Anticorrupção, alterando o Código Penal, o Código de Processo Penal e leis conexas.

___*Resolução do Conselho de Ministros n.º 37/2021*, de 18 de março. Aprova a Estratégia Nacional Anticorrupção 2020-2024. [Em linha]. Lisboa: Presidência do Conselho de Ministros, publicada no DR n.º 66, de 06 de abril de 2021. [Consult. em 20 de setembro de 2021]. Disponível em WWW: <https://files.dre.pt/1s/2021/04/06600/0000800049.pdf>.

___Ministério das Finanças – *Portaria n.º 345-A/2016*, de 30 de dezembro. Publica para os efeitos previstos na lei, a lista dos países, territórios e regiões com regimes de tributação privilegiada, claramente mais favoráveis [Em linha]. Lisboa: 30 de dezembro de 2016. [Consult. em 20 de dezembro de 2021]. Disponível em WWW: <https://files.dre.pt/1s/2016/12/25003/0012300124.pdf>.

___Ministério das Finanças – *Portaria n.º 309-A/2020*, de 31 de dezembro. Altera a Portaria n.º 150/2004, de 13 de fevereiro, que aprova a lista dos países, territórios e regiões com regimes de tributação privilegiada, claramente mais favoráveis [Em linha]. Lisboa: 31 de dezembro de 2020. [Consult. em 20 de dezembro de 2021]. Disponível em WWW: <https://dre.pt/dre/detalhe/portaria/309-a-2020-152637737>.

UNIÃO EUROPEIA – *Acção Comum Relativa à Incriminação da Participação numa Organização Criminosa nos Estados-Membros da União Europeia (98/733/JAI)* [Em linha]. Bruxelas: UE, 21 de dezembro de 1998. [Consult. em 20 de outubro de 2021]. Disponível em WWW: <https://eur-lex.europa.eu/resource.html?uri=cellar:63c93028-6fe8-494c-a805-c061ad3058df.0011.02/DOC_1&format=PDF>.

___*Carta de Direitos Fundamentais da União Europeia* [Em linha]. Carta proclamada em 07 de dezembro de 2000 e atualizada pelo Tratado de Lisboa. Lisboa: UE, 12 de dezembro de 2007. [Consult. em 20 de setembro de 2020]. Disponível em WWW: <https://eur-lex.europa.eu/legal-content/PT/TXT/PDF/?uri=CELEX:12016P/TXT&from=ES>.

___*Convenção Relativa à Luta contra a Corrupção em que Estejam Envolvidos Funcionários das Comunidades Europeias ou dos Estados-Membros da União Europeia* [Em linha]. Bruxelas: UE, 26 de maio de 1997. [Consult. em 20 de setembro de 2021]. Disponível em WWW: <https://gddc.ministeriopublico.pt/sites/default/files/documentos/instrumentos/convencao_base_n2_al_c_art_k3_tratado_ue_luta_contra_corrup_implicados_funcionarios_ce_ou_est-memb_ue.pdf>.

___*Convenção do Conselho (2000/C 197/01)*, de 29 de maio de 2000, relativa ao Auxílio Judiciário Mútuo em Matéria Penal entre os Estados-Membros da União Europeia, de 29 de maio de 2000.

___*Decisão do Conselho n.º 2004/579/CE*, de 29 de abril de 2004, relativa à celebração, em nome da Comunidade Europeia, da Convenção das Nações Unidas contra o Crime Organizado Transnacional.

___*Decisão-Quadro do Conselho 2001/220/JAI*, de 15 de março de 2001, relativa ao estatuto da vítima em processo penal [Em linha]. [Consult. em 19 de outubro de 2021]. Disponível em WWW: <https://eur-lex.europa.eu/legal-content/PT/TXT/PDF/?uri=CELEX:32001F0220&from=pt>.

___*Decisão-Quadro do Conselho 2002/465/JAI*, de 13 de junho de 2002, relativa às equipas de investigação conjuntas [Em linha]. [Consult. em 20 de outubro de 2021]. Disponível em WWW: <https://eur-lex.europa.eu/legal-content/PT/TXT/?uri=celex%3A32002F0465>.

___*Decisão-Quadro do Conselho 2008/841/JAI*, de 24 de outubro de 2008, relativa à luta contra a criminalidade organizada [Em linha]. [Consult. em 20 de outubro de 2021]. Disponível em WWW: <https://op.europa.eu/pt/publication-detail/-/publication/4fe81fa6-0324-4fc4-bfe8-ae6bcf2b722c/language-pt>.

___*Directiva 91/308/CEE* do Conselho das Comunidades Europeias, de 10 de junho de 1991, relativa à prevenção da utilização do sistema financeiro para efeitos de branqueamento de capitais. Luxemburgo: Jornal Oficial das Comunidades Europeias, 28.06.1991.

___*Directiva 2001/97/CE* do Parlamento Europeu e do Conselho, de 4 de dezembro de 2001, que altera a Directiva 91/308/CEE do Conselho relativa à prevenção da utilização do sistema financeiro para efeitos de branqueamento de capitais. Luxemburgo: Jornal Oficial das Comunidades Europeias, 28.12.2001.

___*Diretiva (UE) 2010/64* do Parlamento Europeu e do Conselho, de 20 de outubro de 2010 relativa ao direito à interpretação e tradução em processo penal. Estrasburgo: Jornal Oficial da União Europeia, 26.10.2010.

___*Diretiva (UE) 2012/13* do Parlamento Europeu e do Conselho, de 22 de maio de 2012, relativa ao direito à informação em processo penal. Estrasburgo: Jornal Oficial da União Europeia, 01.06.2012.

___*Diretiva (UE) 2012/29* do Parlamento Europeu e do Conselho, de 25 de outubro de 2012, que estabelece normas mínimas relativas aos direitos, ao apoio e à proteção das vítimas da criminalidade e que substitui a Decisão-Quadro 2001/220/JAI do Conselho. Estrasburgo: Jornal Oficial da União Europeia, 14.11.2012.

___*Diretiva (UE) 2013/48* do Parlamento Europeu e do Conselho, de 22 de outubro de 2013, relativa ao direito de acesso a um advogado em processo penal e nos processos de execução de mandados de detenção europeus, e ao direito de informar um terceiro aquando da privação de liberdade e de comunicar, numa situação de privação de liberdade, com terceiros e com as autoridades consulares. Estrasburgo: Jornal Oficial da União Europeia, 06.11.2013.

___*Diretiva (UE) 2015/849* do Parlamento Europeu e do Conselho, de 20 de maio de 2015, relativa à prevenção da utilização do sistema financeiro para efeitos de branqueamento de capitais ou de financiamento do terrorismo. Estrasburgo: Jornal Oficial da União Europeia, 05.06.2015.

___*Diretiva (UE) 2016/343* do Parlamento Europeu e do Conselho, de 9 de março de 2016, relativa ao reforço de certos aspetos da presunção de inocência e do direito de comparecer em julgamento em processo penal. Estrasburgo: Jornal Oficial da União Europeia, 11.03.2016.

___*Diretiva (UE) 2016/800* do Parlamento Europeu e do Conselho, de 11 de maio de 2016, relativa a garantias processuais para os menores suspeitos ou arguidos em processo penal. Estrasburgo: Jornal Oficial da União Europeia, 21.05.2016.

___*Diretiva (UE) 2016/1919* do Parlamento Europeu e do Conselho, de 26 de outubro de 2016, relativa ao apoio judiciário para suspeitos e arguidos em processo penal e para as pessoas procuradas em processos de execução de mandados de detenção europeus. Estrasburgo: Jornal Oficial da União Europeia, 04.11.2016.

___ *Diretiva (UE) 2016/2258* do Conselho, de 6 de dezembro de 2016, que altera a Diretiva 2011/16/UE no que respeita ao acesso às informações antibranqueamento de capitais por parte das autoridades fiscais. Estrasburgo: Jornal Oficial da União Europeia, 16.12.2016.

___*Diretiva (UE) 2018/1673* do Parlamento Europeu e do Conselho, de 23 de outubro de 2018, relativa ao combate ao branqueamento de capitais através do direito penal. Estrasburgo: Jornal Oficial da União Europeia, 12.11.2018.

___*Diretiva (UE) 2019/713* do Parlamento Europeu e do Conselho, de 17 de abril de 2019, relativa ao combate à fraude e à contrafação de meios de pagamento que não em numerário e que substitui a Decisão-Quadro 2001/413/JAI do Conselho. Estrasburgo: Jornal Oficial da União Europeia, 10.05.2019.

___*Regulamento (UE) 1094/2010* do Parlamento Europeu e do Conselho, de 24 de novembro de 2010, que cria uma Autoridade Europeia de Supervisão (Autoridade Europeia dos Seguros e Pensões Complementares de Reforma). [Em linha]. [Consult. em 20 de janeiro de 2022]. Disponível em WWW: <https://eur-lex.europa.eu/legal-content/PT/TXT/?uri=celex:32010R1094>.

___*Regulamento (UE) 1095/2010* do Parlamento Europeu e do Conselho, de 24 de novembro de 2010, que cria uma Autoridade Europeia de Supervisão (Autoridade Europeia dos Valores Mobiliários e dos Mercados). [Em linha]. [Consult. em 20 de janeiro de 2022]. Disponível em WWW: <https://eur-lex.europa.eu/legal-content/PT/TXT/?uri=CELEX%3A32010R1095>.

___*Regulamento (UE) 2016/794* do Parlamento Europeu e do Conselho, de 11 de maio de 2016, que cria a Agência da União Europeia para a Cooperação Policial (Europol). Estrasburgo: Jornal Oficial da União Europeia, 24.05.2016.

___*Regulamento (UE) 2018/1725* do Parlamento Europeu e do Conselho, de 23 de outubro de 2018, relativo à proteção das pessoas singulares no que diz respeito ao tratamento de dados pessoais pelas instituições e pelos órgãos e organismos da União e à livre circulação desses dados. [Em linha]. [Consult. em 20 de setembro de 2021]. Disponível em WWW: <https://eur-lex.europa.eu/legal-content/PT/TXT/?uri=CELEX%3A32018R1725>.

___*Regulamento (UE) 2018/1727* do Parlamento Europeu e do Conselho, de 14 de novembro de 2018, que cria a Agência da União Europeia para a Cooperação Judiciária Penal (Eurojust), e que substitui e revoga a Decisão 2002/187/JAI do Conselho. Estrasburgo: Jornal Oficial da União Europeia, 21.11.2018.

___ *Regulamento (UE) 2018/1805* do Parlamento Europeu e do Conselho, de 14 de novembro de 2018, relativo ao reconhecimento mútuo das decisões de apreensão e de perda [Em linha]. [Consult. em 20 de novembro de 2021]. Disponível em WWW: <https://eur-lex.europa.eu/legal-content/PT/TXT/?uri=CELEX:32018R1805>.

___*Resolução do Conselho (2009/C 295/01)*, de 30 de novembro de 2009, sobre um roteiro para o reforço dos direitos processuais dos suspeitos ou acusados em processos penais [Em linha]. [Consult. em 20 de setembro de 2021]. Disponível em WWW: <https://eur-lex.europa.eu/legal-content/PT/TXT/PDF/?uri=CELEX:32009G1204(01)&from=EN>.

___*Resolução do Conselho (2017/C 18/01)*, de 19 de janeiro de 2017, relativa a um modelo de acordo para a criação de equipas de investigação conjuntas (EIC) [Em linha]. [Consult. em 22 de setembro de 2021]. Disponível em WWW: <https://eur-lex.europa.eu/legal-content/PT/TXT/PDF/?uri=OJ:C:2017:018:FULL&from=EN>.

___*Tratado da União Europeia* [Em linha]. Maastricht: UE, 07 de fevereiro de 1992. [Consult. em 18 de setembro de 2020]. Disponível em WWW: <http://www.ministeriopublico.pt/instrumento/tratado-da-uniao-europeia-1>.

___*Tratado sobre o Funcionamento da União Europeia* [Em linha]. Lisboa: UE, 13 de dezembro de 2007. [Consult. em 20 de setembro de 2020]. Disponível em WWW: <http://www.ministeriopublico.pt/instrumento/tratado-de-lisboa-que-altera-o-tratado-da-uniao-europeia-e-o-tratado-que-institui-0>.

UNITED NATIONS – *Convenção das Nações Unidas contra o Tráfico Ilícito de Estupefacientes e Substâncias Psicotrópicas* [Em linha]. Viena: UN, 20 de dezembro de 1988. [Consult. em 18 de setembro de 2020]. Disponível em WWW: <http://www.ministeriopublico.pt/instrumento/convencao-das-nacoes-unidas-contra-o-trafico-ilicito-de-estupefacientes-e-substancias-1>.

___*Convenção Internacional para a Repressão de Atentados Terroristas à Bomba* [Em linha]. Nova Iorque, 15 de dezembro de 1997. Disponível em WWW: <http://gddc.ministeriopublico.pt/sites/default/files/documentos/instrumentos/convencao_internacional_repressao_atentados_terroristas_bomba.pdf>. [Consult. em 18 de setembro de 2020].

___*Convenção Internacional para a Eliminação do Financiamento do Terrorismo* [Em linha]. Nova Iorque: UN, 09 de dezembro de 1999. [Consult. em 08 de setembro de 2020]. Disponível em WWW: <http://www.ministeriopublico.pt/instrumento/convencao-internacional-para-eliminacao-do-financiamento-do-terrorismo-2>.

___*Convenção das Nações Unidas contra a Criminalidade Organizada Transnacional e Protocolos* [Em linha]. Palermo: UN, 15 de novembro de 2000. [Consult. em 08 de setembro de 2020]. Disponível em WWW: <http://www.ministeriopublico.pt/instrumento/convencao-das-nacoes-unidas-contra-criminalidade-organizada-transnacional-0>.

___*Convenção das Nações Unidas contra a Corrupção* [Em linha]. Mérida: UN, 31 de outubro de 2003. [Consult. em 08 de setembro de 2020]. Disponível em WWW: <http://www.ministeriopublico.pt/instrumento/convencao-contra-corrupcao-0>.

___*Declaração Universal dos Direitos Humanos* [Em linha]. Paris: UN, 10 de dezembro de 1948. [Consult. em 08 de setembro de 2020]. Disponível em WWW: <https://dre.pt/declaracao-universal-dos-direitos-humanos>.

___*Pacto Internacional sobre Direitos Civis e Políticos* [Em linha]. New York: UN, 16 de dezembro de 1966. [Consult. em 08 de setembro de 2020]. Disponível em WWW: <https://www.ministeriopublico.pt/instrumento/pacto-internacional-sobre-os-direitos-civis-e-politicos-0>.

___*Pacto Internacional sobre Direitos Económicos, Sociais e Culturais* [Em linha]. New York: UN, 16 de dezembro de 1966. [Consult. em 08 de setembro de 2020]. Disponível em WWW: <https://undocs.org/pdf?symbol=es/A/RES/2200(XXI)>.

___*Resolução A/RES/217 (III) A*, da Assembleia Geral, de 10 de dezembro de 1948. Aprova a Declaração Universal dos Direitos Humanos [Em linha]. Paris: UN, 10 de dezembro de 1948. [Consult. em 08 de setembro de 2021]. Disponível em WWW: <https://www.un.org/ga/search/view_doc.asp?symbol=A/RES/217(III)&Lang=S>.

___*Resolução A/RES/2200 (XXI)*, da Assembleia Geral, de 16 de dezembro de 1966. Aprova o Pacto Internacional sobre Direitos Económicos, Sociais e Culturais, o Pacto Internacional sobre Direitos Civis e Políticos e o Protocolo Facultativo do Pacto Internacional sobre Direitos Civis e Políticos [Em linha]. New York: UN, 16 de dezembro de 1966. [Consult. em 08 de setembro de 2021]. Disponível em WWW: <https://undocs.org/pdf?symbol=es/A/RES/2200(XXI)>.

___*Resolução A/RES/51/59*, da Assembleia Geral, de 12 de dezembro de 1996. Aprova o Código Internacional de Conduta para os Titulares de Cargos Públicos [Em linha]. New York: UN, 28 de janeiro de 1997. [Consult. em 08 de setembro de 2021]. Disponível em WWW: < https://secretaria.anticorrupcion.org/wp-content/uploads/2019/12/Resoluci%C2%A2n-de-las-Naciones-Unidas-51.59-Medidas-contra-la-corrupci%C2%A2n.pdf>.

___*Resolução A/RES/51/191*, da Assembleia Geral, de 16 de dezembro de 1996. Aprova a Declaração das Nações Unidas sobre a Corrupção e o Suborno em Transações Comerciais Internacionais [Em linha]. New York: UN, 21 de fevereiro de 1997. [Consult. em 08 de setembro de 2021]. Disponível em WWW: <http://cdn01.pucp.education/idehpucp/wp-content/uploads/2017/06/28205115/normainter017.pdf>.

___*Resolução A/RES/54/126*, da Assembleia Geral, de 17 de dezembro de 1999. Projeto de Convenção das Nações Unidas contra o Crime Organizado Transnacional e projetos de protocolo relacionados [Em linha]. New York: UN, 26 de janeiro de 2000. [Consult. em 08 de setembro de 2021]. Disponível em WWW: <https://digitallibrary.un.org/record/404749>.

___*Resolução A/RES/54/128*, da Assembleia Geral, de 17 de dezembro de 1999. Medidas contra a Corrupção [Em linha]. New York: UN, 28 de janeiro de 2000. [Consult. em 08 de setembro de 2021]. Disponível em WWW: <https://digitallibrary.un.org/record/404749>.

___*Resolução A/RES/55/25*, da Assembleia Geral, de 15 de novembro de 2000. Adota a Convenção das Nações Unidas contra o Crime Organizado Transnacional e os seus protocolos [Em linha]. New York: UN, 08 de janeiro de 2001. [Consult. em 08 de setembro de 2021]. Disponível em WWW: <https://www.unodc.org/pdf/crime/a_res_55/res5525s.pdf>.

___*Resolução A/RES/58/4*, da Assembleia Geral, de 31 de outubro de 2003. Adota a Convenção das Nações Unidas contra a Corrupção [Em linha]. New York: UN, 21 de novembro de 2003. [Consult. em 08 de setembro de 2021]. Disponível em WWW: <https://digitallibrary.un.org/record/505186>.

___*Resolução A/RES/67/234*, da Assembleia Geral, de 04 de janeiro de 2013. Adota o Tratado sobre o Comércio de Armas das Nações Unidas [Em linha]. New York: UN, 24 de dezembro de 2012. [Consult. em 08 de setembro de 2021]. Disponível em WWW: <https://undocs.org/es/A/RES/67/234>.

___*Tratado de Comércio de Armas das Nações Unidas* [Em linha]. Nova Iorque: UN, 02 de abril de 2013. [Consult. em 08 de novembro de 2021]. Disponível em WWW: <https://files.dre.pt/1s/2014/08/15700/0422804239.pdf>.

___Conselho de Direitos Humanos – *Resolução A/HRC/RES/17/4*, do Conselho de Direitos Humanos, de 06 de julho de 2011. Aprova os "Princípios Orientadores sobre as Empresas e os Direitos Humanos" do informe do Representante Especial A/HRC/17/31 [Em linha]. New York: UN, 06 de julho de 2011. [Consult. em 08 de outubro de 2021]. Disponível em WWW: <https://documents-dds-ny.un.org/doc/RESOLUTION/GEN/G11/144/74/PDF/G1114474.pdf?OpenElement>.

UNITED STATES OF AMERICA. United States Congress – *Foreign Corrupt Practices Act.* Washington: December 19, 1977.

REFERÊNCIAS JURISPRUDENCIAIS

BRASIL. Supremo Tribunal Federal – *Acórdão na Ação Penal n.º 470 – Minas Gerais* [Em linha]. Plenário. Brasília: STF, 17 de dezembro de 2012. [Consult. em 02 de setembro de 2021]. Disponível em WWW: <https://redir.stf.jus.br/paginadorpub/paginador.jsp?docTP=TP&docID=3678648>, <https://www.conjur.com.br/dl/ap470.pdf>.

___; Supremo Tribunal Federal – *Agravo Regimental no Recurso Ordinário em Habeas Corpus nº 182.208-RJ* [Em linha]. Primeira Turma. Brasília: STF, 15 de abril de 2020. [Consult. em 02 de setembro de 2021]. Disponível em WWW: <https://redir.stf.jus.br/paginadorpub/paginador.jsp?docTP=TP&docID=752633965>.

___; Justiça Federal. Juízo Federal da 13ª Vara Federal de Curitiba – *Ação Penal n.º 5036528-23.2015.4.04.7000*. [Consult. em 12 de setembro de 2021]. Disponível em WWW: <https://www2.trf4.jus.br/trf4/controlador.php?acao=consulta_processual_resultado_pesquisa&txtValor=50365282320154047000&selOrigem=PR&chkMostrarBaixados=&todaspartes=S&selForma=NU&todasfases=&txtChave=&numPagina=0>.

___; Justiça Federal. Juízo Federal da 13ª Vara Federal de Curitiba – *Ação Penal n.º 5083351-89.2014.4.04.7000*. [Consult. em 11 de setembro de 2021]. Disponível em WWW: <https://www2.trf4.jus.br/trf4/controlador.php?acao=consulta_processual_resultado_pesquisa&txtValor=50833518920144047000&selOrigem=PR&chkMostrarBaixados=&todasfases=&selForma=NU&todaspartes=S&txtChave=&numPagina=1>.

___; Justiça Federal. Juízo Federal da 13ª Vara Federal de Curitiba – *Ação Penal n.º 5083258-29.2014.4.04.7000*. [Consult. em 10 de setembro de 2021]. Disponível em WWW: <https://www2.trf4.jus.br/trf4/controlador.php?acao=consulta_processual_resultado_pesquisa&txtValor=50832582920144047000&selOrigem=PR&chkMostrarBaixados=S&todaspartes=S&selForma=NU&todasfases=&txtChave=&numPagina=0>.

___; Justiça Federal. Juízo Federal da 13ª Vara Federal de Curitiba – *Ação Penal n.º 5083376-05.2014.4.04.7000*. [Consult. em 09 de setembro de 2021]. Disponível em WWW: <https://www2.trf4.jus.br/trf4/controlador.php?acao=consulta_processual_resultado_pesquisa&selForma=NU&txtValor=508337605.2014.4.04.7000&chkMostrarBaixados=S&todasfases=&todosvalores=&todaspartes=&txtDataFase=&selOrigem=PR&sistema=&txtChave=>.

___; Justiça Federal. Juízo Federal da 13ª Vara Federal de Curitiba – *Ação Penal n.º 5012331-04.2015.4.04.7000.* [Consult. em 08 de setembro de 2021]. Disponível em WWW: <https://www2.trf4.jus.br/trf4/controlador.php?acao=consulta_processual_resultado_pesquisa&txtValor=50123310420154047000&selOrigem=PR&chkMostrarBaixados=S&todaspartes=S&selForma=NU&todasfases=&txtChave=&numPagina=0>.

___; Justiça Federal. Juízo Federal da 13ª Vara Federal de Curitiba – *Ação Penal n.º 5036518-76.2015.4.04.7000.* [Consult. em 07 de setembro de 2021]. Disponível em WWW: <https://www2.trf4.jus.br/trf4/controlador.php?acao=consulta_processual_resultado_pesquisa&selForma=NU&txtValor=503651876.2015.4.04.7000&chkMostrarBaixados=S&todasfases=&todosvalores=&todaspartes=&txtDataFase=&selOrigem=PR&sistema=&txtChave=>.

PORTUGAL. Tribunal Constitucional – *Acórdão n.º 450/2008-TC,* no processo n.º 61/08 [Em linha]. Lisboa: TC, 3.ª Secção, 24 de setembro de 2008. [Consult. em 02 de dezembro de 2021]. Disponível em WWW: <http://www.tribunalconstitucional.pt/tc/acordaos/20080450.html>.

___Supremo Tribunal de Justiça. *Acórdão no processo n.º 200/06.0JAPTM.E1.S1* [Em linha]. Lisboa: STJ, 3.ª Secção, 12 de novembro de 2009. [Consult. em 02 de dezembro de 2021]. Disponível em WWW: <https://jurisprudencia.csm.org.pt/ecli/ECLI:PT:STJ:2009:200.06.0JAPTM.E1.S1.2C/#ecli-title>.

___Supremo Tribunal de Justiça. *Acórdão no processo n.º 18/07.2GAAMT.P1.S1* [Em linha]. Lisboa: STJ, 3.ª Secção, 27 de maio de 2010. [Consult. em 02 de dezembro de 2021]. Disponível em WWW: <http://www.dgsi.pt/jstj.nsf/954f0ce6ad9dd8b980256b5f003fa814/bf9755dc1e737be08025775900394e1b?OpenDocument&Highlight=0,Haver%C3%A1,sempre,que,distinguir,claramente,o,crime,de,associa%C3%A7%C3%B5es,criminosas,dos,crimes,que,venham,a,ser,cometidos,por,todos,ou,alguns,dos,associados>.

___Supremo Tribunal de Justiça. *Acórdão no processo n.º 101/11.0PAVNO.S1* [Em linha]. Lisboa: STJ, 3.ª Secção, 26 de setembro de 2012. [Consult. em 02 de dezembro de 2021]. Disponível em WWW: <http://www.dgsi.pt/jstj.nsf/954f0ce6ad9dd8b980256b5f003fa814/6f6c44ee86a0619e80257b5200365d84?OpenDocument&Highlight=0,Haver%C3%A1,sempre,que,distinguir,claramente,o,crime,de,associa%C3%A7%C3%B5es,criminosas,dos,crimes,que,venham,a,ser,cometidos,por,todos,ou,alguns,dos,associados>.

___Supremo Tribunal de Justiça. *Acórdão no processo n.º 138/09.9JELSB.L1.S2* [Em linha]. Lisboa: STJ, 3.ª Secção, 17 de abril de 2013. [Consult. em 02 de dezembro de 2021]. Disponível em WWW: <http://www.dgsi.pt/jstj.nsf/954f0ce6ad9dd8b980256b5f003fa814/6f6c44ee86a0619e80257b5200365d84?OpenDocument&Highlight=0,Haver%C3%A1,sempre,que,distinguir,claramente,o,crime,de,associa%C3%A7%C3%B5es,criminosas,dos,crimes,que,venham,a,ser,cometidos,por,todos,ou,alguns,dos,associados>.

___Supremo Tribunal de Justiça. *Acórdão no processo n.º 60/19.0SFPRT.P1.S1* [Em linha]. Lisboa: STJ, 3.ª Secção, 09 de junho de 2021. [Consult. em 02 de dezembro de 2021]. Disponível em WWW: <http://www.dgsi.pt/jstj.nsf/954f0ce6ad9dd8b980256b5f003fa814/76d5b59faa4d6db4802586f5004c21b7?OpenDocument&Highlight=0,criminalidade,altamente,organizada>.

___Supremo Tribunal de Justiça. *Acórdão no processo n.º 4171/17.9T9CBR.C1.S1* [Em linha]. Lisboa: STJ, 3.ª Secção, 14 de julho de 2021. [Consult. em 02 de dezembro de 2021].

Disponível em WWW: <http://www.dgsi.pt/jstj.nsf/954f0ce6ad9dd8b980256b5f003fa814/b247c77655b728a4802587490058 42f1?OpenDocument&Highlight=0,criminalidade,altamente,organizada>.

___Supremo Tribunal de Justiça. *Acórdão no processo n.º 206/18.6JELSB.L2.S1* [Em linha]. Lisboa: STJ, 3.ª Secção, 03 de novembro de 2021. [Consult. em 02 de dezembro de 2021]. Disponível em WWW: <http://www.dgsi.pt/jstj.nsf/954f0ce6ad9dd8b980256b5f003fa814/e8d04fe61992d28c80258788006031c3?OpenDocument&Highlight=0,criminalidade,altamente,organizada>.

UNITED STATES OF AMERICA – United States District Court. Eastern District of New York – *The United States charges against BRASKEM S.A.* [Em linha]. Cr. Nº. 16-644 (RJD). New York, 2016a. [Consult. em 02 de agosto de 2021]. Disponível em WWW: <https://www.justice.gov/opa/press-release/file/919901/download>.

___; United States District Court. Eastern District of New York – *Plea Agreement of the BRASKEM S.A.* [Em linha]. Cr. No. 16-644 (RJD). New York, 2016b. [Consult. em 02 de agosto de 2021]. Disponível em WWW: <https://www.justice.gov/opa/press-release/file/919906/download>.

___; United States District Court. Eastern District of New York – *The United States charges against ODEBRECHT S.A.* [Em linha]. Cr. No. 16-643 (RJD). New York, 2016c. [Consult. em 02 de agosto de 2021]. Disponível em WWW: <https://www.justice.gov/opa/press-release/file/919911/download>.

___; United States District Court. Eastern District of New York – *Plea Agreement of the ODEBRECHT S.A.* [Em linha]. Cr. No. 16-643 (RJD). New York, 2016d. [Consult. em 02 de agosto de 2021]. Disponível em WWW: <https://www.justice.gov/opa/press-release/file/919916/download>.

FONTES DOCUMENTAIS

ANNAN, Kofi A. – Problems Without Passports. *In Foreign Policy Journal* [Em linha]. Columbia: CIAO, september/october 2002. [Consult. em 27 de outubro de 2021]. Disponível em WWW: <https://ciaotest.cc.columbia.edu/olj/fp/fp_sepoct02_ank01.html>.

BBC NEWS Brasil – *Os 5 países que fabricam 75% das armas do mundo e seus maiores compradores* [Notícia em linha]. BBC *online*, 24.03.2019. [Consult. em 27 de dezembro de 2021]. Disponível em WWW: <https://www.bbc.com/portuguese/internacional-47538464>.

BRASIL. Ministério da Mulher, da Família e dos Direitos Humanos – *Princípios Orientadores sobre Empresas e Direitos Humanos:* implementando os parâmetros "proteger, respeitar e reparar" das Nações Unidas [Em linha]. Brasília: MMFDH, 2019. [Consult. em 18 de outubro de 2021]. Disponível em WWW: <https://www.gov.br/mdh/pt-br/assuntos/noticias/2019/outubro/Cartilha_versoimpresso.pdf>.

___Ministério Público Federal – *Combate à Corrupção* [Notícia em linha]. Quantidade de denúncias oferecidas em 2019 é a maior já registrada na operação. [Consult. em 20 de agosto de 2020]. Disponível em WWW: <http://www.mpf.mp.br/pr/sala-de-imprensa/noticias-pr/quantidade-de-denuncias-oferecidas-em-2019-e-a-maior-ja-registrada-na-operacao>.

___Ministério Público Federal – *Caso Lava Jato* [Notícia em linha]. Efeitos no Exterior: Cooperação Ativa e Passiva na Lava Jato, 2021a. [Consult. em 12 de agosto de 2021]. Disponível em WWW: <http://www.mpf.mp.br/grandes-casos/lava-jato/efeitos-no-exterior>.

___Ministério Público Federal – *Caso Lava Jato* [Notícia em linha]. Ações na Lava Jato, 2021b. [Consult. em 13 de agosto de 2021]. Disponível em WWW: <http://www.mpf.mp.br/grandes-casos/lava-jato/acoes>.

___Ministério Público Federal – *Caso Lava Jato* [Notícia em linha]. Resultados na Lava Jato, 2021c. [Consult. em 14 de agosto de 2021]. Disponível em WWW: <http://www.mpf.mp.br/grandes-casos/lava-jato/resultados>.

COMISIÓN INTERNACIONAL DE JURISTAS. *Complicidad Empresarial y Responsabilidad Legal.* vol. 1. Afrontar los hechos y establecer un camino legal. Informe del panel de Expertos juristas sobre Complicidad Empresarial en Crímenes Internacionales. Genebra: CIJ, 2010a.

___*Complicidad Empresarial y Responsabilidad Legal.* vol. 2. Derecho penal y crímenes internacionales. Informe del panel de Expertos juristas sobre Complicidad Empresarial en Crímenes Internacionales. Genebra: CIJ, 2010b.

___*Complicidad Empresarial y Responsabilidad Legal.* vol. 3. Derecho de daños. Genebra: CIJ, 2010c.

CONSELHO DA EUROPA – *Recomendação n.º R(80)10, do Comitê de Ministros do Conselho da Europa aos Estados-Membros,* sobre medidas contra a transferência e a dissimulação de fundos de origem criminosa [Em linha]. Estrasburgo: CE, 27 de junho de 1980. [Consult. em 18 de outubro de 2020]. Disponível em WWW: <https://ms.hmb.gov.tr/uploads/sites/2/2019/04/R8010.pdf>.

___*Recomendação n.º R(81)12, do Comitê de Ministros do Conselho da Europa aos Estados-Membros,* sobre criminalidade económica, [Em linha]. Estrasburgo: CE, 25 de junho de 1981. [Consult. em 18 de outubro de 2021]. Disponível em WWW: <https://rm.coe.int/16806cb4f0>.

___Grupo de Estados contra a Corrupção (GRECO). *Quarto Ciclo de Avaliação GrecoRC4(2017)23, de 06 de março de 2018* [Em linha]. [Consult. em 20 de outubro de 2020]. Disponível em WWW: <https://rm.coe.int/quatrieme-cycle-d-evaluation-prevention-de-la-corruption-des-parlement/1680790834>.

___Grupo de Estados contra a Corrupção (GRECO). *Quarto Ciclo de Avaliação GrecoRC4(2019)13, de 28 de junho de 2019* [Em linha]. [Consult. em 20 de outubro de 2020]. Disponível em WWW: <https://rm.coe.int/quatrieme-cycle-d-evaluation-prevention-de-la-corruption-des-parlement/1680954335>.

DER SPIEGEL – *Vereinte Nationen: die korrupte weltmacht* [Nações Unidas: uma potência mundial corrupta]. Artikel 78/118 [Notícia em linha]. Der Spiegel *online*, 23.01.1994, 13.00 Uhr. Der Spiegel n.º 4, 1994.

DEUTSCH WELLE BRASIL – *Cresce Exportação de Armas Alemãs:* relatório mostra que vendas subiram novamente neste ano, especialmente as de armamento de pequeno porte para países fora da Otan. [Notícia em linha]. DW *online*, 22.10.2015. [Consult. em 20 de agosto de 2021]. Disponível em WWW: <https://www.dw.com/pt-br/cresce-exporta%C3%A7%C3%A3o-de-armas-alem%C3%A3s/a-18799945>.

ÉPOCA NEGÓCIOS ONLINE – *Dez fatos que mostram quão grande era a fortuna de Pablo Escobar:* ele ficou sete anos na lista de bilionários da Forbes. [Notícia em linha]. [Consult. em 20 de março de 2021]. Disponível em WWW: <https://epocanegocios.globo.com/Informacao/Acao/noticia/2015/09/10-fatos-que-mostram-quao-grande-era-fortuna-de-pablo-escobar.html>.

FRANCE. SÉNAT – *Europol et Eurojust:* perspectives d'avenir. Rapport d'information fait au nom de la commission des affaires européennes par MM. André Gattolin, Dominique Bailly, Pierre Bernard-Reymond et Mme. Colette Mélot [Em linha]. Paris: Sénat, le 17 avril 2014 [Consult. em 11 de agosto de 2021]. Disponível em WWW: <https://www.senat.fr/rap/r13-477/r13-4771.pdf>.

GLOBAL FINANCIAL INTEGRITY – *Transnational Crime and the Developing World 2017* [Em linha]. [Consult. em 30 de dezembro de 2021]. Disponível em WWW: <https://secureservercdn.net/50.62.198.97/34n.8bd.myftpupload.com/wp-content/uploads/2017/03/Transnational_Crime-final.pdf>

INTERNATIONAL CONSORTIUM OF INVESTIGATIVE JOURNALISTS (ICIJ) – *Swiss Leaks* [Em linha]. [Consult. em 11 de agosto de 2021]. Disponível em WWW: <https://www.icij.org/project/swiss-leaks/new-countries-seek-hsbc-data-and-undeclared-cash> e <https://www.icij.org/project/swiss-leaks/100000-clients-100-billion-swiss-leaks-data>.

___*Panama Papers* [Em linha]. [Consult. em 16 de agosto de 2021]. Disponível em WWW: <https://panamapapers.icij.org/> e <https://panamapapers.icij.org/20160403-panama-papers-global-overview.html>.

___*Luxembourg Leaks* [Em linha]. [Consult. em 20 de agosto de 2021]. Disponível em WWW: <https://www.icij.org/project/luxembourg-leaks> e <https://www.icij.org/project/luxembourg-leaks/luxembourg-leaks-stories-around-world>.

INTERPOL – *Interpol Annual Report 2018*. Lyon: Interpol, 2018.

___*Interpol Annual Report 2019*. Lyon: Interpol, 2019.

ORGANIZAÇÃO DOS ESTADOS AMERICANOS – *Carta da Organização dos Estados Americanos* [Em linha]. Bogotá: OEA, 30 de abril de 1948 [Consult. em 12 de novembro de 2021]. Disponível em WWW: <http://www.oas.org/es/sla/ddi/tratados_multilaterales_interamericanos_A-41_carta_OEA.asp>.

___*Declaração sobre Segurança nas Américas* [Em linha]. CES/DEC. 1/03 rev. 1. México: OEA, 28 de outubro de 2003. [Consult. em 12 de novembro de 2021]. Disponível em WWW: <https://www.oas.org/documents/por/DeclaracionSecurity_102803.asp>.

___*Plano de Ação Hemisférico contra a Criminalidade Organizada Transnacional* [Em linha]. CP/RES. 908 (1567/06). Washington: Conselho Permanente da OEA, 25 de outubro de 2006. [Consult. em 12 de novembro de 2021]. Disponível em WWW: <http://www.oas.org/consejo/pr/resolucoes/res908.asp>.

___*Declaração de San Salvador sobre Segurança Cidadã nas Américas* [Em linha]. AG/DEC. 66 (XLI-O/11). San Salvador, El Salvador: OEA, 07 de junho de 2011. [Consult. em 12 de novembro de 2021]. Disponível em WWW: <https://www.oas.org/pt/41ag/docs/declaration.doc>.

PORTUGAL – Banco de Portugal – *Aviso do Banco de Portugal n.º 2/2018:* estabelece os aspetos necessários a assegurar o cumprimento dos deveres preventivos do branqueamento de capitais e do financiamento do terrorismo [Em linha]. [Consult. em 12 de novembro de 2021]. Disponível em WWW: <https://files.dre.pt/2s/2018/09/186000000/2621326238.pdf>.

___Autoridade da Concorrência – *Decisão Final PRC/2012/9:* Decisão, adotada pelo Conselho de Administração da Autoridade da Concorrência, em 09 de setembro de 2019, no âmbito do PRC/2012/9. [Em linha]. [Consult. em 12 de novembro de 2021]. Disponível em WWW: <https://www.concorrencia.pt/sites/default/files/processos_e_decisoes/prc/decisoes/AdC-PRC_2012_09-Decisao-VNC-final-net.pdf> e <https://www.concorrencia.pt/pt/artigos/adc-condena-14-bancos-coima-de-225-milhoes-de-euros>.

___*Comunicado 17/2019*: AdC condena 14 bancos a coima de 225 milhões de euros. [Notícia em linha]. [Consult. em 12 de novembro de 2021]. Disponível em WWW: <https://www.concorrencia.pt/pt/artigos/adc-condena-14-bancos-coima-de-225-milhoes-de-euros>.

___*Comunicado 21/2021:* AdC sanciona supermercados e distribuidor de bebidas. [Notícia em linha]. [Consult. em 12 de novembro de 2021]. Disponível em WWW: <https://

www.concorrencia.pt/pt/artigos/adc-sanciona-supermercados-e-distribuidor-de-bebidas>.

___*Comunicado 26/2021*, de 17 de dezembro de 2021, e PRC/2017/8: AdC sanciona Auchan, E. Leclerc, Intermarché, Modelo Continente, Pingo Doce, uma distribuidora de vinhos e outras bebidas alcoólicas e dois responsáveis individuais por combinarem preços em prejuízo dos consumidores [Notícia em linha]. [Consult. em 12 de setembro de 2022]. Disponível em WWW: <https://www.concorrencia.pt/pt/artigos/adc-sanciona-auchan--e-leclerc-modelo-continente-pingo-doce-e-unilever-por-concertarem> e <https://extranet.concorrencia.pt/PesquisAdC/PRC_OR_INC_OR_PCC_Page.aspx?Ref=PRC_2017_8&isEnglish=False>.

___*Comunicado 11/2022*, de 20 de junho de 2022, e *PRC/2017/3*: AdC sanciona Auchan, Modelo Continente, Pingo Doce e Beiersdorf por concertação de preços [Notícia em linha]. [Consult. em 12 de setembro de 2022]. Disponível em WWW: <https://www.concorrencia.pt/pt/artigos/adc-sanciona-auchan-modelo-continente-pingo--doce-e-beiersdorf-por-concertacao-de-precos> e <https://www.concorrencia.pt/sites/default/files/processos/prc/AdC-PRC_2017_03-Decisao-VNC-final-net.pdf>.

___*PRC/2017/11*: AdC sanciona Auchan, E. Leclerc, Modelo Continente, Pingo Doce e Unilever por concertarem preços em prejuízo do consumidor [Notícia em linha]. [Consult. em 12 de setembro de 2022]. Disponível em WWW: <https://www.concorrencia.pt/sites/default/files/processos/prc/AdC-PRC_2017_11-Decisao-VNC-final-net.pdf> e <https://www.concorrencia.pt/pt/artigos/adc-sanciona-auchan-e-leclerc-modelo--continente-pingo-doce-e-unilever-por-concertarem>.

TRANSPARENCY INTERNATIONAL – *Impact Report 2015*. Fighting corruption, demanding justice [Em linha]. [Consult. em 19 de agosto de 2020]. Disponível em WWW: <https://www.transparency.org/impact>.

___Índice de Perceção de Corrupção: Relatório 2018 [Em linha]. [Consult. em 11 de agosto de 2020]. Disponível em WWW: <https://ipc2018.transparenciainternacional.org.br/>.

___Transparency International Portugal – *Uma Estratégia Nacional contra a Corrupção* [Em linha]. [Consult. em 14 de agosto de 2020]. Disponível em WWW: <https://transparencia.pt/juntos-contra-a-corrupcao/>.

___Transparency International Portugal – *Resultados do Índice de Perceção da Corrupção 2019* [Em linha]. [Consult. em 14 de agosto de 2020]. Disponível em WWW: <https://transparencia.pt/cpi2019/>.

___Transparency International Portugal – *Global Corruption Barometer 2021:* O Global Corruption Barometer, divulgado pela Transparency International esta terça-feira, revela que quase dois terços das pessoas na União Europeia acredita que a corrupção governamental é um problema no seu país [Notícia em linha]. [Consult. em 20 de setembro de 2021]. Disponível em WWW: <https://transparencia.pt/wp-content/uploads/2021/06/GCB_EU_2021-WEB.pdf>.

___*What is Corruption?* Anti-Corruption Committee 2021a [Em linha]. [Consult. em 20 de agosto de 2021]. Disponível em WWW: <https://www.transparency.org/what-is-corruption>.

___*Global Corruption Barometer European Union 2021b* [Em linha]. [Consult. em 20 de setembro de 2021]. Disponível em WWW: <https://transparencia.pt/wp-content/uploads/2021/06/GCB_EU_2021-WEB.pdf>.

UNIÃO EUROPEIA. Agência Europeia de Proteção de Dados. Opinion 4/2021 European Data Protection Supervisor Wojciech Rafał Wiewiórowski – *EDPS Opinion on the Proposal for Amendment of the Europol Regulation* [Em linha]. Brussels: UE, 8 march 2021. [Consult. em 13 de setembro de 2021]. Disponível em WWW: <https://edps.europa.eu/system/files/2021-03/21-03-08_opinion_europol_reform_en.pdf>.

___Comissão das Comunidades Europeias – Comunicação da Comissão ao Parlamento Europeu e ao Conselho. *Controlo Democrático sobre a Europol* [Em linha]. COM(2002) 95 final. Bruxelas: COM, 26 de fevereiro de 2002 [Consult. em 19 de agosto de 2021]. Disponível em WWW: <https://eur-lex.europa.eu/LexUriServ/LexUriServ.do?uri=COM:2002:0095:FIN:PT:PDF>.

___Comissão das Comunidades Europeias – *Comunicação da Comissão ao Conselho e ao Parlamento Europeu sobre a prevenção da criminalidade da União Europeia*, de 16 de abril de 2004 [Em linha]. Jornal Oficial da União Europeia: COM(2004) 165 final, de 16.4.2004. [Consult. em 13 de setembro de 2021]. Disponível em WWW: <https://eur-lex.europa.eu/LexUriServ/LexUriServ.do?uri=OJ:C:2004:092:0002:0011:PT:PDF>.

___Comissão das Comunidades Europeias – Comunicação da Comissão ao Parlamento Europeu e ao Conselho. *Reforçar a Cooperação Policial e Aduaneira na União Europeia* [Em linha]. COM(2004) 376 final. Bruxelas: COM, 18 de maio de 2004 [Consult. em 19 de agosto de 2021]. Disponível em WWW: <https://eur-lex.europa.eu/legal-content/PT/TXT/?uri=CELEX:52004DC0376>.

___ Comissão das Comunidades Europeias – Comunicação da Comissão ao Conselho e ao Parlamento Europeu. *Desenvolvendo um conceito estratégico de combate ao crime organizado* [Em linha]. COM(2005) 232 final. Bruxelas: COM, 02 de junho de 2005 [Consult. em 19 de agosto de 2021]. Disponível em WWW: <https://eur-lex.europa.eu/legal-content/PT/TXT/?uri=CELEX%3A52005DC0232>.

___Comissão Europeia – Comunicação da Comissão ao Parlamento Europeu e ao Conselho. *Estratégia de Segurança Interna da UE em Acção:* cinco etapas para uma Europa mais segura [Em linha]. COM(2010) 673 final. Bruxelas: COM, 22 de novembro de 2010 [Consult. em 19 de agosto de 2021]. Disponível em WWW: <https://eur-lex.europa.eu/legal-content/PT/TXT/?uri=CELEX%3A52010DC0673>.

___Comissão Europeia – Comunicação da Comissão ao Parlamento Europeu e ao Conselho. *Estratégia da UE para a União da Segurança* [Em linha]. COM(2020) 605 final. Bruxelas: COM, 24 de julho de 2020 [Consult. em 19 de agosto de 2021]. Disponível em WWW: <https://eur-lex.europa.eu/legal-content/PT/TXT/?uri=CELEX%3A52010DC0673>.

___Comissão Europeia – *Proposta de Diretiva do Parlamento Europeu e do Conselho, relativa ao combate ao branqueamento de capitais através do direito penal* [Em linha]. COM(2016) 826 final, 2016/0414(COD). Bruxelas: COM, 21 de dezembro de 2016. [Consult. em 19 de agosto de 2020]. Disponível em WWW: <https://eur-lex.europa.eu/legal-content/PT/TXT/?uri=CELEX:52016PC0826>.

___Comissão Europeia – *Comunicação da Comissão ao Parlamento Europeu, ao Conselho, ao Comité Económico a Social Europeu e ao Comité das Regiões sobre a estratégia da UE para lutar contra a criminalidade organizada (2021-2025)* [Em linha]. COM(2021) 170 final. Bruxelas: COM, 14.4.2021. [Consult. em 08 de maio de 2022]. Disponível em WWW: <https://eur-lex.europa.eu/legal-content/PT/TXT/PDF/?uri=CELEX:52021DC0170&from=EN>.

___Conselho Europeu – *Plano de Acção contra a Criminalidade Organizada* (97/C 251/01) adoptado pelo Conselho em 28 de abril de 1997 [Em linha]. Consult. em 11 de julho de 2021]. Disponível em WWW: <https://op.europa.eu/en/publication-detail/-/publication/367cd9fb-841b-41c9-a6d6-9f12c8aed4f7/language-pt>.

___Conselho Europeu – *Documento de Reflexión de Alemania y de la Unidad de Drogas de Europol:* sugerencias para mejorar el informe de situación de la UE sobre la delincuencia organizada [Em linha]. Bruselas, 30 de junio de 1999 (22.07) (OR. D). Doc 8469/1/99 REV 1 CRIMORG 55. [Consult. em 11 de julho de 2021]. Disponível em WWW: <https://data.consilium.europa.eu/doc/document/ST-8469-1999-REV-1/es/pdf>.

___Conselho Europeu – *Revision of doc. 6204/2/97 ENFOPOL 35 REV 2, based on doc. 8469/1/99 CRIMORG 55 REV 1* [Em linha]. CRIMORG 111 ENFOPOL 54. Brussels: UE, 3 august 2000. [Consult. em 11 de julho de 2021]. Disponível em WWW: <https://data.consilium.europa.eu/doc/document/ST-10415-2000-INIT/en/pdf>.

___Conselho Europeu – *Estratégia de Segurança Interna da União Europeia:* rumo a um modelo europeu de segurança [Em linha]. Bruxelles: CE, aprovado pelo Conselho Europeu de 25 e 26 de março de 2010. [Consult. em 11 de julho de 2021]. Disponível em WWW: <https://www.consilium.europa.eu/media/30754/qc3010313ptc.pdf>.

___Conselho Europeu – *Programa de Estocolmo:* uma Europa aberta e segura que sirva e proteja os cidadãos (2010/C 115/01) [Em linha]. Bruxelles: JOUE, 04 de maio de 2010. [Consult. em 20 de agosto de 2021]. Disponível em WWW: <https://eur-lex.europa.eu/LexUriServ/LexUriServ.do?uri=OJ:C:2010:115:0001:0038:pt:PDF>.

___Eurojust – Eurojust: a Agência da União Europeia para a Cooperação Judiciária Penal. *Informativo Eurojust 2020* [Em linha]. Haia: Eurojust, 2020. [Consult. em 29 de agosto de 2021]. Disponível em WWW: <https://www.eurojust.europa.eu/sites/default/files/2020-12/2020-08_Generic-factsheet_public_Final4_PT.pdf>.

___ Eurojust – Eurojust: *Relatório Anual da Eurojust 2020* [Em linha]. Haia: Eurojust, 2021. [Consult. em 29 de agosto de 2021]. Disponível em WWW: <https://www.eurojust.europa.eu/eurojust-annual-report-2020-criminal-justice-across-borders-eu>.

___Europol – European Union Agency for Law Enforcement Cooperation 2019. *Europol in Brief 2018.* [Em linha]. Haia: Europol, 2019. [Consult. em 20 de agosto de 2021]. Disponível em WWW: <https://www.europol.europa.eu/activities-services/main-reports/europol-in-brief-2018>.

___Europol – European Union Agency for Law Enforcement Cooperation 2020. *Europol in Brief 2019* [Em linha]. Haia: Europol, 2020. [Consult. em 20 de agosto de 2021]. Disponível em WWW: <https://www.europol.europa.eu/activities-services/main-reports/europol-in-brief-2019>.

___Europol – *Report Serious Organised Crime 2021* (SOCTA/OCTA) [Em linha]. European Union serious and organised crime threat assessment. Haia: EUROPOL, 12 April 2021. [Consult. em 11 de agosto de 2021]. Disponível em WWW:

<https://www.europol.europa.eu/activities-services/main-reports/european-union-serious-and-organised-crime-threat-assessment>.

___*Proposta de Regulamento do Parlamento Europeu e do Conselho 2020/0349 (COD)*, que altera o Regulamento (UE) 2016/794 no que respeita à cooperação da Europol com os organismos privados, ao tratamento de dados pessoais pela Europol para apoiar investigações criminais e ao papel da Europol em matéria de investigação e de inovação [Em linha]. Bruxelas: CE, 09 de dezembro de 2020. [Consult. em 22 de setembro de 2021]. Disponível em WWW: <https://eur-lex.europa.eu/legal-content/PT/TXT/PDF/?uri=CELEX:52020PC0796&from=EN>.

UNITED NATIONS – *Eighth United Nations Congress on the Prevention of Crime and the Treatment of Offenders*. Working paper prepared by the Secretariat A/Conf. 144/15. Havana, Cuba: UN, 27 aug.-7 sep., 1990.

___*Un Concepto Más Amplio de la Libertad*: desarrollo, seguridad y derechos humanos para todos. Informe del Secretario General de Naciones Unidas Kofi Annan. [Em linha]. Vienna: UN Asamblea General A/59/2005, 21 marzo 2005. [Consult. em 12 de março de 2021]. Disponível em WWW: <https://www2.ohchr.org/spanish/bodies/hrcouncil/docs/gaA.59.2005_Sp.pdf>.

___*Informe de la Conferencia de los Estados Partes en la Convención de las Naciones Unidas contra la Corrupción sobre sus trabajos preparatorios para el período extraordinario de sesiones de la Asamblea General sobre los desafíos y las medidas para prevenir y combatir la corrupción y reforzar la cooperación internacional* A/S-32/2/Add.1 [Em linha]. New York: UN, 17 de mayo de 2021. UNGASS 2021. [Consult. em 12 de setembro de 2021]. Disponível em WWW: <https://undocs.org/es/A/S-32/2/ADD.1>.

___United Nations Conference On Trade and Development (UNCTAD) – *World Investment Report 2002* [Em linha]. Geneva: UNCTAD, 16 Sep. 2002. [Consult. em 12 de junho de 2021]. Disponível em WWW: <https://unctad.org/webflyer/world-investment-report-2002>.

___United Nations Office on Drugs and Crime (UNODC) – *United Nations Global Program against Transnational Organized Crime: results of a pilot survey of forty selected organized criminal groups in sixteen countries*. Vienna: UNODC, 2002.

___United Nations Office on Drugs and Crime – *Estimating illicit financial flows resulting from drug trafficking and other transnational organized crimes*. Research Report. Vienna: UNODC, 2011.

___United Nations Office on Drugs and Crime – *International Cooperation in Criminal Matters* [Em linha]. [Consult. em 20 de agosto de 2021]. Disponível em WWW: <https://www.unodc.org/unodc/en/organized-crime/international-cooperation.html>.

___United Nations Office on Drugs and Crime – *Travaux Préparatoires of the Negotiations for the Elaboration of the United Nations Convention against Transnational Organized Crime and the Protocols thereto*. New York: UN, 2006. [Em linha]. [Consult. em 20 de julho de 2021]. Disponível em WWW: <https://www.unodc.org/documents/treaties/UNTOC/Publications/Travaux%20Preparatoire/04-60074_ebook-e.pdf>.

___United Nations Office on Drugs and Crime – *Signature and Ratification Status of the United Nations Convention Against Corruption (UNCAC) 2021a*. [Em linha]. [Consult.

em 20 de março de 2021]. Disponível em WWW: <https://www.unodc.org/unodc/en/corruption/ratification-status.html>.

___United Nations Office on Drugs and Crime – *Signature and Ratification Status of the United Nations Arms Trade Treaty 2021b.* [Em linha]. [Consult. em 20 de agosto de 2021]. Disponível em WWW: <https://treaties.un.org/Pages/ViewDetails.aspx?src=TREATY&mtdsg_no=XXVI-8&chapter=26&clang=_en#3>.

___United Nations Office on Drugs and Crime – *Sobre a Convenção das Nações Unidas contra a Corrupção. 2022.* [Em linha]. [Consult. em 06 de janeiro de 2022]. Disponível em WWW: <https://www.unodc.org/lpo-brazil/pt/corrupcao/convencao.html>.

UNITED STATES OF AMERICA. United States Congress – *United States Congress Report n. 95-640* [Em linha]. Washington: september 28, 1977. [Consult. em 08 de setembro de 2020]. Disponível em WWW: <https://www.justice.gov/sites/default/files/criminal-fraud/legacy/2010/04/11/houseprt-95-640.pdf >.

___Department of Justice – *Odebrecht and Braskem plead guilty and agree to pay at least $3.5 billion in global penalties to resolve largest foreign bribery case in history* [Em linha]. December 21, 2016. [Consult. em 29 de agosto de 2021]. Disponível em WWW: <https://www.justice.gov/opa/pr/odebrecht-and-braskem-plead-guilty-and-agree-pay-least-35-billion-global-penalties-resolve>.

___Department of Justice – *Acting Assistant Attorney General Kenneth A. Blanco Speaks at the American Bar Association National Institute on White Collar Crime* [Notícia em linha]. Miami: March 10, 2017. [Consult. em 02 de agosto de 2021]. Disponível em WWW: <https://www.justice.gov/opa/speech/acting-assistant-attorney-general-kenneth-blanco-speaks-american-bar-association-national>.